总主编 李红权 朱 宪
本卷主编 朱 宪 李红权

近代蒙古文献大系

见闻卷

◇ 第一册 ◇

中华书局

图书在版编目（CIP）数据

近代蒙古文献大系.见闻卷/李红权,朱宪总主编;朱宪,李红权本卷主编. —北京:中华书局,2019.5
ISBN 978-7-101-13671-5

Ⅰ.近… Ⅱ.①李…②朱… Ⅲ.蒙古族-民族历史-中国-近代-文集 Ⅳ.K281.2-53

中国版本图书馆 CIP 数据核字（2019）第 003025 号

书　　名	近代蒙古文献大系·见闻卷（全五册）
总 主 编	李红权　朱　宪
本卷主编	朱　宪　李红权
责任编辑	张荣国
出版发行	中华书局
	（北京市丰台区太平桥西里 38 号　100073）
	http://www.zhbc.com.cn
	E-mail:zhbc@zhbc.com.cn
印　　刷	北京瑞古冠中印刷厂
版　　次	2019 年 5 月北京第 1 版
	2019 年 5 月北京第 1 次印刷
规　　格	开本/880×1230 毫米　1/32
	印张 97⅛　插页 10　字数 2400 千字
印　　数	1-800 册
国际书号	ISBN 978-7-101-13671-5
定　　价	490.00 元

本卷目录

前　言

第一册

第二册

第三册

第四册

目 录

前　言

　　《近代蒙古文献大系》（以下简称《大系》）是一部将 1833—1949 年百余年中，散见于各种期刊杂志、报纸文摘、回忆录，及各类公报中，关于蒙古的中文文献，进行分类编辑整理而成的史料集成，旨在全面系统地汇总近代蒙古文献，为研究近代蒙古历史提供可用的史料。

　　这里的"蒙古"一词，含义有二。一为地理含义的蒙古，即指蒙古高原。蒙古高原地域辽阔，物产丰富，自古就是多民族共同生活的家园。匈奴、鲜卑、柔然、突厥、回纥、契丹、蒙古、女真、满、回、达斡尔、鄂温克、鄂伦春等民族，均曾在此生息繁衍。二为民族含义的蒙古族。蒙古族居住和活动的区域，遍布于我国北部的内蒙古、黑龙江、吉林、辽宁、河北、陕西、宁夏、甘肃、青海、新疆等省区，及今蒙古国的广大地区。

　　自元至清，蒙古问题已经不是单纯的区域性问题，而是关系到中国乃至世界的全局性问题，是中国北部边疆最为重要的问题之一。鸦片战争以后，中华民族饱受内忧外患之苦，蒙古亦不例外，且有过之而无不及。为挽救危亡，包括蒙古民族在内的中华民族作了种种努力。本民族的自救尝试、帝国主义势力的侵略与宰割、内地移民的大量涌入，三者共同作用于这片广袤的土地之上，使得该地区的社会结构、阶级关系、行政建制、经济文化、社会面貌等，都发生了急剧的变化。

这种急剧的变化，自然引得各种各样的目光投向这里，各方出于不同的目的，对蒙古的关注和研究空前增加，这就为今天的我们提供了大量的史料。

道、咸以降，清政府与俄国勘界立约之事，时常发生。清廷使臣不谙边务，不明界域，交涉中每每失地，动辄千里。激于此，部分学者开始了对边疆史地的研究，产生了诸如《蒙古游牧记》、《蒙古志》、《朔方备乘》、《藩部要略》等著作。但其研究均以西部舆地为主，旨趣皆在讲求中俄边界交涉沿革，冀以挽救时艰，且由于体例的限制，涉及社会生活等领域的篇幅不多。

20 世纪以来，特别是辛亥革命后，随着民族危机的加深，国人对蒙古地区的研究活动呈现出蓬勃发展的态势，例如：

翻译外国文章。主要是将日本、俄国早期的关于蒙古的调查文章，翻译而揭载于报刊之上。

成立研究组织。赵守钰在重庆，马鹤天在榆林，顾颉刚在成都，分别成立了边疆学会，均以促进民族团结、考察边疆情形、研究建设方案为宗旨。

开展实地调查。政府部门、社会团体、民间组织、机构，以及名人学者等，纷纷前往，并撰写和出版了大量调查报告、考察日记、访古实录等。

创办刊物。内蒙地区仅在 1928 至 1937 年的短短 9 年时间内，就有约 90 种期刊问世。①

京、津、平、沪等地创办的边疆期刊，更是不胜枚举。

俄国很早就开始了对蒙古地区的研究。俄国政府不惜耗费巨资，数次派探险队深入蒙古地区进行实地调查，搜集了大量资料。

——————————

① 忒莫勒：《内蒙古近代报刊事业发展概述》，《内蒙古旧报刊考录》，远方出版社，2010 年。

日俄战争后，日本在中国构建了庞大的谍报机关网，用以收集情报。其间谍组织，遍布山海关、张家口、多伦、百灵庙、归绥、包头、额济纳旗，及凉州、西宁等处。① 日本政府还在东京外国语学校开设蒙古语文班，培养精通蒙古语文的人员，以作侵略的工具。所训练的"蒙古通"，不断出入蒙古地区，平日旅行、调查、测量工作极为紧张。② "常见日人乘坐汽车，出入蒙古草地，只凭地图与指南针，在此茫茫草海中，未尝下车一询土人，丝毫均未错误。"③

通过这些活动，日、俄等帝国主义势力对蒙古地区的了解，令国人自叹弗如。有人感慨："蒙汉本是一家人，我们一向的漠视这一家人，彼此不能了解的地方已很多，我们研究蒙古问题，反要在日文书籍中找材料。""一望近数十年来帝国主义者的调查工作和出版工作，好像水银泻地无孔不入的，真使得我们又痛恨又惭愧。"④

当时的报刊上，也登载了一些欧美人士对蒙古问题的评论和观感。

由以上所述，可知《大系》的文献来源，很是广泛。这些文献的体裁，有论述文、社论、论战、史抄、消息、报导、报告、通讯、调查、考察、旅行记、探险记、访谈、电文、计划、大纲、译文、日记、演讲、讲议、年鉴、诗歌、小说、散文、歌曲等，十分多样。文献涵盖的地方行政区划层级较为完整，大到整个内

---

① 黎小苏：《日本对于蒙古之间谍工作》，《边疆》1941 年 5 期。
② 谢再善：《日寇侵略蒙古阴谋的失败》，《塞风》1939 年 4、5 期合刊。
③ 锋：《"九一八"事变后日本对于蒙古之侵略》，《中国新论》1936 年 2 卷 8 期。
④ 顾颉刚等：《中国边疆学会丛书总序》，许崇灏：《漠南蒙古地理》，正中书局，1945 年。

外蒙古，黑龙江、吉林、辽宁、河北、宁夏、新疆、青海等省区，小到旗县村镇，均有所涉及。作者来自中外，身份各异。这些，都是《大系》史料丰富性的体现。

驳杂的内容，使这部《大系》有了近代蒙古"百科全书"的色彩，我们把这些文献分类分卷整理出版，想来当是研究者和爱好者所乐见的。

各篇文献的底本，因年代久远、印数有限、使用频繁、保存不善等诸多因素，流传稀少，加以馆藏分散、缺藏破损严重，我们虽然做了广泛搜罗、精心比对等等工作，仍不能实现影印出版的初衷。同时，多用繁体竖排，有许多文章没有标点，有标点者，既有"新式标点"，也有"句读"，但其"新式标点"，与今日标点规范仍有很大差距；且由于印刷技术的局限、出版节奏的变化、从业人员的专业水平等问题，原文中的错漏衍舛问题突出，这些，都会给读者的使用带来不便。为此，我们就花了很多时日和精力，把它进行了整理。

各卷的篇目，以发表的年、卷、期先后排序。发表年代相同的文章，不分卷者居前，分卷者居后。连载的文章，以第一期著录的年、卷、期、刊名为排序标准。多期合刊，按首起期数排序。年、卷、期相同者，以刊名、作者、篇名的拼音顺序排序。

重复发表而内容差别甚微的文章，取最先发表者，若文字改动较大，则兼收并存。

各篇之出处，标注于篇末。原刊的出版频率，或称"号"，或称"期"，今悉依其旧。若某刊，封面与内文，"期"与"号"杂称，以原刊封面为准。连载文章出处的著录，如1911年2卷5—7期，表明此文连续刊载在2卷5期、2卷6期、2卷7期上；2卷5、6期，表明此文刊载在2卷5期、2卷6期上；若是双期合刊，则标为"2卷5、6期合刊"。

著述方式，用以下办法处理：1. 若原刊未标明著作方式，则统一加"撰"字。2. 若原刊有"著"、"作"等字样，则一仍其旧。3. 原刊没有标明作者和著述方式，但从通篇内容中可以知道的，按所述添加，如《西北考察团经过》，标题下说明这是"徐炳昶之报告"，用"徐炳昶报告"表示。4. 作者不详的文章，标为"作者不详"。5. 原刊在作者名字后出现"女士"、"先生"等字样的，予以保留。

在文字校勘上，以忠实于底本原貌为基本原则。1. 将异体字、俗体字，规范为简化字，有特殊含义者除外。2. "异形词"用字，不作改动，如"真象"、"真像"，予以保留。3. 对与今天用字不同的"专有名词"，不作改动。4. 对人名、地名等的音译用字，不作改动，如"乌生旗"，不改为"乌审旗"。

校勘符号使用如下：1. 正文中的（）皆为原有，并非整理者所加。2. 原刊缺字或漫漶无法识别之处，以□标识。3. 错字随文更正，改正字置于〔〕内。4. 增补的脱字，置于〈〉内。5. 衍文，置于［］内。6. 疑有讹误者，以［？］标识。文义不通之处及其他疑难问题，以"整理者注"的方式加以说明。

各篇文献的作者，立场不同，身份各异，自然观点不一。特别是站在日伪立场上叙事者，其言辞之荒谬，逻辑之带有强盗性，至为明显。为保持资料的完整性，我们在按出版规范加以处理后，予以收录，请读者明鉴。

编者识
2018 年 9 月

万里长城及蒙古旅行谈

——附有贺长雄诸人问答

[日] 户水宽人　撰

　　余既巡览万里长城诸隘，见其重要之所，为山海关、八达里、张家口、汉诺尔坝等界。其山海关一带之长城，幅约一间半，高约丈许。因当日筑长城时，即山之高低以成之，故间有过高及过低之处，然视之总不出丈余。其八达里一段较山海关为新，闻为明万历年中修葺者，幅约二间余，虽视山海关一带较广，然就大体言之，曰山海关，曰八达里，甚相似也。构造质料，重经炼化之物固有，间亦有纯为半面泥者，其炼瓦为鼠色，模形甚大，与日本所见之赤色炼化不同。而北京城壁之炼化，色形与此亦复相似。余初之山海关纵览，次八达里，以为万里长城之为物，皆经炼化造成者，继而觉前言其为打趣。当余旅行之至蒙古也，先之张家口，而不见有长城，遂至蒙古之汉诺尔坝宿泊。时尚未日暮，既卸尘装，乃登近旁之山，越喋喋之石，迤逦而上。取双眼镜回环四望，而所心醉神驰之长城，终无所睹，于是诘同行者，亦以穷搜不得为答。汉诺尔坝之地，其有长城之迹欤，其迹将安在欤？遂交相语，既欲探此胜迹，曷寻随行之支那兵士，既而答以吾人现踏之地，即长城是。异哉！孰意乱石喋喋者，斯即所谓长城也哉？斯处乱石延连，殊少规律，圆石及四角形者俱无。唯见有巉崖之峭立，准此以往，延及遐方，所谓万里长城者，胥无以异也。

闻之，长城原经赵国所筑，以为之起点，秦始皇复扩而充之。汉诺尔坝所见者，为赵人筑之耶，抑秦人筑之耶，固不可知，然思二者必居其一。苍苔交叠，古石宛然。君目所览者，迄今曾无少异（时指长城之石而言）。自汉诺尔坝进至河沱驿，其地亦系沿长城而往，筑城之石，与前所见者亦复相同。

蒙古之旅行既终，归途出张家口，见该处之长城，使然石造而非炼化。然其石则极新，适如日本燧石之类，而建筑之法，秩序井然，石质净明，分排适合。语其形，则宛似角锥（Pyramid），延续觉甚遥远，上端形尖，下幅形广，其下幅约二间或一间半余（按日本一间，约合我六尺），高可丈许，虽间有缺坏之处，然此时此地一带之长城，率皆如上所述。合张家口、汉诺尔坝两处之长城观之，当为近代新成之物，至其果为何时代所建筑者，则非余之所能知也。

约而言之，万里长城之名虽一，其形质则因地而不同。有利于〔者〕用炼化〈者〉，有利于用石者，据土地之便宜，以定建筑之质料。规模宏远，气象巍然，恐西伯利亚与东清之铁路，犹觉非其比也。噫！支那之事物，如此其宏大也，以视日本，实居优胜之点，觉我日本衮衮诸公，狭隘真堪怜悯。寄语政治家诸君，盍来此大陆之地，一览此宏大之规模乎？

有贺："前防御北京公使馆已死之亡友楢原君尝为余言：异哉！欲至支那内地游历，以衣西服为最宜，缘土人尝为西人所苦，声威久播，故衣华美之西装而往，最是上策。但兹所述非北方边界之地，乃中央繁庶之区也。"

户水："余初意不必偕兵士同往，自身遂携有枪械。而蒙古人、支那人不畏刀剑，或然见军器则甚惊怖其刀剑之式样。余所携归日本者，即支那之物也。"

有贺："猎枪尚佳乎？"

户水："如持此物在满洲行走，即为俄人逮去。虽手枪之类，亦不敢使俄人瞥见，岂非怪事？"

有贺："此行以何者为苦？"

户水："大抵吾人止宿之处，其屋室与炊事之法，各自不同。当余宿恰克图时，寝处与灶下同室，半为起居之所，半为炊事之场。其燃料非煤非薪，纯为牛粪。若马粪，尚须运至张家口，为造马粪纸之用，故以马粪当燃料者不多，而牛粪之上等者，亦复视为珍物，惟取其干末者用之耳。其法先以牛粪入火中，用风箱吹之，土人既已习惯，故无所苦，而余于冰天雪地之时，适至当地游历，行则苦于冰霜，居则苦于烟火，惟寝时则无所觉耳。"

有贺："当地其知日本之事乎，人心之向背如何？"

户水："此事余虽未得闻知，然于支那人殊觉轻视，遇外国人则甚为向慕。余当日洋装而往，即今日所着之服也。"

有贺："戈壁沙漠之谓，始于何地？"

户水："戈壁果始何地，实无此说，沙烟漠漠，皆戈壁也。相传越张家口即为戈壁，斯说殊不尽然，张家口之土地与沙漠中沃饶之区，绝无所异，且其地既有居人，复不乏水，柳阴草色，遍地青纤。此即向帐篷中人索归之果品（时以实物示之），是皆土人并牛乳以飨客者也。蒙古人虽弗精于食馔，然既系乘骡轿、偕兵队而往之人，威势必非等闲，供奉精美，固意中事，至帐篷中依然设有粪灶，焚时臭烟缭绕焉。"

烟山："帐篷者，其聚部落而居乎？"

户水："散居四处，离而不群。"

户水与他友谈话云："俄人思设由蒙古通张家口之铁路，正在热心计画。尝闻俄人欲自哈义拉尔（俄地名）造一铁路直达北京，其能成就与否，固非余之所知。然此线路之外，自戈壁通沙漠，复经库伦木阳塔，延及张家口边境，经营此处铁路，决无疑义。何则？因当地骆驼生涯颇为不恶，商旅频繁，络绎不绝。既有此绝好地位，建一铁路，经济上必不致受困，且俄人在张家口已有设专管居留地（即租界也）之说，观此则俄人之筑至张家口之铁路之设专管居留地，皆为扶植己国之势力，压伏北京之计，犹复巧为掩饰，欲伸故缩。张家口之外，彼既得大伸其势力，今后必更图侵略之策，语其结果之端，北京其终出俄人范围之下欤。呜呼！吾日本国民，其应有如何之良策，以精心攻究此问题，实为重要之点。自余视之，计惟有速与俄人开衅，以挫彼之锋锐。如此，则北京庶不受俄人之压伏，而日本亦可大伸势力于张家口等地云。”

是篇由日文直译者，迩来疾病相侵，兴趣索然，故不及辞藻其言，阅者谅之。

译者识

《直说》（月刊）

日本东京直说编辑社

1903 年 1 期

（李红权　整理）

蒙古旅行谈

录《同文报》

驻津英国领事馆员扣卑儿氏，久留清国，熟悉情形，庚子之役，尝为西摩提督之翻译官，近者游历蒙古各地，日前归国，在伦敦帝国地学会总会演说游历蒙古情形，谓蒙古之地，英人向不留心考察，间唯考古学者加之研究，□以蒙古今日之人情风俗及习惯何若，地理何若，知者绝鲜，诚一大憾事也。顾蒙古之研究，实为要图，安可委诸考古学者而已哉。故余自去年夏间，由北京首途，出张家口，由伊奴所属之嘉哈地方，越柏基脱吾摩靳克河、布罗卡仑两溪谷，而达库伦。

库伦为东北蒙古地方行政之中心府，有藩王驻焉。藩王者，亚于西藏拉萨首府之达赖喇嘛及突昂柏之旁彰喇嘛之高僧也。其职权乃总理北蒙古之喇嘛寺院，号称活佛。其政治上之势力，则及乎蒙古全部，且握有生杀予夺之权。顾藩王之握有此权也，由千六百五十三年土谢图汗王从西藏之达赖喇嘛夺而畀之者也。现任藩王生于千八百七十年，方四岁，即来库伦继续王位。王之宫殿，号称蒙古中最圣最灵之地，区域颇广，装饰罕伦，为蒙古首屈一指之处，成吉思汗之墓即在该处。库伦南隅三十英里，有增亚克地方，此间有著名西伯利亚考古学者摩康克赖夫人之墓，与十七世纪中游历该地最博勇名之土耳其人之碑巍巍屹立，令人感佩深之。

要之，该□□人来者极稀，致其地方情形不获表发于世，洵一大憾事也云云。

《时事采新汇选》
西部时报社
1903 年 6 卷 2 期
（李红菊　整理）

西喇木伦及兴安岭地方旅行谈

[日] 鸟居龙藏　著　张福年　译

　　兴安岭北起黑龙江上游爱珲地方，渐趋西南，南至西喇木伦附近而止。其南端与横走之阴山脉，相冲突于热河围场，乃一种复杂之区域也。当兴安岭与阴山脉相合之处，有河东向流，是为西喇木伦。其末端曰辽河，注入营口。此河在上流地方，与老哈河合为辽河。而自昌图附近，南下兴安岭之东，以东戈壁为境，而接于满洲，西则接近西戈壁，北接黑龙江省，南与阴山脉相会，而及于热河离宫之附近。

　　余于前年冬，偕一蒙古语先生，至赤峰，度新年，遂于此处附近，先行调查。赤峰者，商业上将来最有望之地也。乾隆年间，中国人入其地不居，故现今仍为西翁牛特王管辖。乾隆以后，中国人乃渐有来居者。赤峰，蒙古语为渥兰哈塌。渥兰者，赤色之义；哈塌者，山岩之义。盖此处岩石，皆呈赤色，乃此山之特征。蒙古人因此特征为标识，故呼曰渥兰哈塌，中国人以意译之，曰赤峰云。自喀喇沁沿河伯河，路程不过二日即至也。

　　当老哈河之上流，英金河之沿岸，现今输入兴安岭地方之货，悉从此地而进。虽亦有由多伦诺尔输入者，然以从此地输入为便。西喇木伦之上流地方，有户数二千四五百，赤峰为一州治。赤峰之高度，则达六百米。

　　喀喇沁为蒙古附近最高之所。阴山脉自热河围场稍出于东方，其山脉东向之方面，与自北而南走之兴安岭相遇，恰值热河围场。阴山脉东向所经之土地，高峻非常。例如自热河行宫赴喀喇沁，必越分水岭；自平泉州北行，亦必越分水岭。自热河至喀喇沁所经之分水岭，在千五百米以上。沿河而下，喀喇沁之王府在焉。至此处则有仅五百米者，有仅千米者。西伯河者，犹言有牛寨之河也。沿河多生树木，如天然之屏障，故以为名。考蒙古人之地名，与日本北海道土人之地名，大略同义，即以其处所有之物名其地。如其地名为榆林者，今日虽不见有榆林，在昔日则必有斯物，达〔遂〕沿称至今，以故蒙古诸地之名，多有足资参考者。由是暂住赤峰，以此为中心，而调查其附近焉。至昨年三月，气候渐暖，始为旅行计。初拟与蒙古语先生偕行，彼虑北行不易，不欲往，余弗能强，乃携妻及小儿前进，亦不佣舌人，专借平素稍为熟练之蒙古语，以达中情而已，时三月初旬也。在喀喇沁府所得聘金，尽为品物费去，所余腰缠，仅二十四五两。然行志已决，不能中止。其时中国官宪，待遇甚优，因从赤峰假马勇四名为护卫，三月五日，遂自赤峰起程，北行二日，已达乌丹城。此城为中国人居处之最北地方也，中国人之户数仅二百，自为一小街市。蒙古人称此为博罗活屯，活屯者，城之义；博罗者，有色之义，译言即青城也。此处有屯城，名曰博罗活屯。三月九日，初至乌丹城。时天气甚寒，朝则华氏零度以下三度，昼则二度，夜乃至八度焉。乌丹城之东，有称为国公坟者，今荒矣，然翁仲犹存。又有隆碑岿然矗立，碑质为大理石，按其碑文，为元代元统三年物，文字为汉文与回纥文相间并行，两者对译，读之颇有趣也。

自乌城东行，诣东翁牛特衙门，即东翁牛特王所居之府也。此处地形骤变，一望平坦，无冈陵起伏，是为东戈壁之边境。而沙漠草原，渐见牧畜之风趣，东翁牛特草地中，牛、马、羊等，多游行其间，中国语言之影响，相距已远。东翁牛特王府前，有流入西喇木伦之拜察河，中国人呼为南河。此河形势似注老哈河者，然实际调查之，则入西喇木伦河也。其源发于乌丹城西方牙马哈塔山，经城南流过王府前，遂注入于西喇木伦。余计沿此河行，则必至西喇木伦之沿岸矣。于此遂径访东翁牛特王。其时王赴北京朝未归，而王之叔父辈居守焉，睹余等至，谓余曰："汝三人居此不妨，但彼四兵勇，决不敢招留。"不得已，乃辞马勇令返，余三人遂止宿焉。乃就此调查左近，留滞三日，觅二蒙古人为伴，遂行。二蒙古人乘骆驼，余等三人乘蒙古车，行李尽附载于车上，亦甚便也。此行计先渡西喇木伦，而附近为东戈壁之区域，岩石显露，一望平沙，蒙古人呼沙土为们哈。凡沙地乘马乘车，皆艰于行走，故余等所乘之蒙古车，皆由本处征发，而随行人亦由王府派遣，非易事也。自东翁牛特衙门至西喇木伦，平常不过二日，余徬徨于此，约费五日之久，以故抵西喇木伦沿岸时，已为三月下旬。然竟不得渡，盖旅行于蒙古者，大概以冬季最为适宜。然冰结之期，凡马骆驼车等，皆可由冰上渡过无碍。余至时，气候已暖，层冰渐有融解之处，河水亦大增，冰排顺流而下，各处巡视，竟无可济之地。初意由王府起程三日，即可渡河，乃今至尼马摩利之地，既不能渡，更向西方之活罗库及哈西拉加等处亦然，踌躇莫进。适有一事，足为庆幸，即当此徘徊流连之际，于沿岸有发见之物，其物维何，盖历史所称东胡民族，其古代之石器、土器等遗物是也。得此调查，则于学问上有最大关系。由是而前，进至格晓多村，乃得渡。此处西喇木伦之高度，在四百六十米，其河辐约二十四五町，河冰半冻半解，欲渡颇难，乃嘱村长，多募村中之蒙古人，各乘大马，持柳竿涉水前导，随来之二蒙古人，皆乘骆驼，余乘马，妻乘车，小儿则使蒙古人之强健者负之以渡。河中有急流之处，又有虽结冰而仍有孔洞之处，稍不注意，则虞陷落。吁！亦险矣。中流有浮尸，乃余等渡河之二日前，有中国人自活罗库及哈西拉加渡河而死者，而余等安然竟渡，不可不谓之天幸也。斯时同行之蒙古人，皆下骆驼，呼佛号焉。

次则有宜注意者，西喇木伦之名，果何所取义乎？当昔时，此河一名潢河，因与中国北方黄河之名混，故加水旁以志区别，昔之饶乐水等，亦由此发音。蒙古语，西喇者，黄色之义；木伦者，即较通常水稍大之义也。现今蒙古语呼此河为夏喇木伦，欧人所制之地图，亦有多书夏喇木伦者，然考诸文语，则皆为西喇木伦，即黄水之义也。

就此河畔，施种种调查之法，石器、土器之内，杂有五铢钱。如依地质学者研究之说，则必以化石为极远时代。而余意则不然，其极远时代，盖即在此古钱也。此地蒙古人呼为帖木鲁巴斯多，蒙古之铁屎存焉。此铁系何物，倘持归以付工科大学，使分析之，必能明矣。考《后汉书·乌桓传》云："男子能作弓矢鞍勒，锻金铁为兵器。"按此时代适与所见五铢古钱相符合，余意此处殆为乌桓或鲜卑之地域欤。

既渡西喇木伦，由此而西，约五十清里之处，蒙古人呼为活罗库，或又呼为哈西拉加，以日本语译之，则为架桥，即架桥而行之处也。中国人呼此桥为巴林桥，盖渡西喇木伦，则为巴林王之所管辖，非复翁牛特之地矣。桥为道光年间所修筑，工程犹新，至此兴安岭南走巴林之地势甚明。巴林者，历史上有名之地也。辽时，宋使者赴契丹上京之道，而契丹使赴宋，亦多在此道往来，时呼为潢水桥。《辽史·地理志》为上京道。宋大中祥符九年，《薛映记》（当时使辽之旅行记）云："五十里至咸宁馆。三十里度潢水石桥，旁有饶乐，唐于契丹尝置饶乐，令渤海人居之。五十里保安馆，度黑水河"云云。由是观之，知辽当圣宗时代，在西喇木伦流域中，最为强盛。陷渤海，置捕虏于此。余乃注意调查之，盖契丹民族为人种学及历史学最重之事项也。唐之盛时，降契丹，置松漠都皆〔督〕；降奚，置饶乐都督，盖于西喇木伦北方，置松漠都督府以治契丹，于其南置饶乐都督府以治奚也。又《纪行》云："五十里保和馆，度黑水河。"《辽史》谓黑河即为注入西喇木伦之白河，余于此河，断之为辽时之黑河，盖无疑也。自潢水石桥至辽都之上京，依《薛映记》为二百十清里，路程为三日，与余现在实地调查者，无甚差池也。

未完①

《地学杂志》（月刊）

北京中国地学会

1910 年 5 号

（张敬钰　整理）

---

① 经核查，《地学杂志》并无后续文章发表。——整理者注

西部蒙古游历谈（节录）

[俄] 拔杜耶甫　撰

俄人拔杜耶甫君，以茶叶贸易为业，住库伦埠有年，历年考察内外蒙古各地。西历千九百零九年八月，由库伦起程，至西部蒙古之游，迢迢万里，著《西部蒙古旅行记〔谈〕》一书。兹特译出，以一商人资格，寄居吾国，关心时局若此，吁！可畏也。

甲　自库伦至赛尔乌苏驿

一　自库伦启行

余在库伦，预备旅装，雇用骆驼两头、骡马四匹。去年八月六日，与在库伦友人诀别，出哲布尊丹巴呼图之凯旋行，渡塞尔必川，南行，遵图拉河畔，格根之白垩宫殿，巍峨壮丽，为库伦埠美观。沿路土质，沙土间，杂混石块，车行甚为可厌。

余等由库伦西行，至乌里雅苏台，因此行志愿，不在考查土谢图汗中部，故出库伦，即依官道南下，至赛尔乌苏，始行西进。

二　抵博苏噶驿

车行渐离库伦要塞，过汗山，渡图拉河。河幅约三百尺，水流极浅，左岸一带附近有急流，华人每年在此淹毙者有四五人之多。

吁！惨矣。交通阻碍，甚可虑也。由河畔眺望，茫茫溪谷，行至西方，渐高峻，杂草繁茂，郁乎苍苍，亦奇观也。溪谷尽处即汗山，密林茂生，风景佳绝。附近有比虏杜摩深谷，春时河水泛滥，夏季干燥，河床中石块累累，自外望之，一大石原也。由此观之，春时河水奔流之激烈，从可知矣。薄暮时，入素诺斯呼兰图溪谷，溪中有同名驿，有行台，为库伦出征后第一驿，其官名即博苏噶驿也。博苏噶驿在图拉河左岸，驿西有素诺斯呼兰图山，北方即孙基那山，东南即接壤之汗山也。

驿中蒙古人帐幕，凡十有二，十一归属车臣汗，一属土谢图汗。闻此等蒙古人，来住日浅，一律有服从邮便物递送之义务，故附近土地，均贷与邮递义务者，游民甚少。

三　抵布黑克驿

由博索〔苏〕噶驿越一山，右望布尔罕图达巴山。回顾十五年前，余来游时，道路崎岖，山岭险峻，通行极难。现已于该山中凿成新道，行路便利，亦足见蒙人进步之一端也。过布尔罕图达巴山南方，望见乌尔杜塞杜罕崖山，溪各〔谷〕连绵，约二十五俄里之长，回首忽见布尔罕图达巴山南方一座壮丽屋舍，所谓博索〔苏〕噶驿储粮操械等仓库也。附近牧草青青，散见牛、马、羊群甚多。蒙古人帐幕，隐约草间，四周风光颇属幽雅，如隔俗界。蒙古帐幕亦极清洁，以铁炉代灶，上部安置烟筒。又见西南耸立苏木雅山，南方为布黑金塔巴丘，牧草丛生，土人游牧甚多，遂入宿布黑克驿。

布黑克驿，亦有行台，四周山岳围绕，中央图拉河支流一道，纵贯山麓，水泉清洁。土人性质，极为温和，平常货物，均由库伦订购。该蒙人俱隶属车臣汗旗，其北方图拉河畔土人，一律供养喇嘛，亦云盛矣。

四　抵多伦驿

余等在布黑克驿，改装行李，分雇骆驼与大车，望巴雅斯夫兰杜山启行。道路迷茫，间以砂土，一片平野间，芳草萋萋，望之无际。车行轳辘，达巴雅斯夫兰杜山。由巴山至多伦驿，有东西二道，西路地险，多山峦，春夏雨水涨溢，蒙人必经过之。东路为多伦驿通行大道，无山坡，行路坦适。余等即遵此路，沿多伦山脉前进。该溪谷幅员，约四俄里之广，时有泉水，中部均系沮洳，蒙人为避春夏山水涨发之厄，咸卜居于山腹高处。水含盐质，土人开凿地穴，以土法造盐，极为巧妙。多伦山脉附近地势，渐高峻，巨石崚嶒，猛兽出没，甚属危险，著名黑鹫最多。朔漠旷远之地，物产之奇诡，不可名言。至多伦驿休息，其驿在多伦溪谷边隅，即在多伦乌拉山麓，附近有布里都之泉。麻尔塞山上，有多伦驿官立公栈房，驿中又设行台。行台附近有喇嘛庙，每年行供佛祭典。庙中有七十余喇嘛，以故高僧念经之声，与善男信女烧香者，络绎不绝。

五　抵济尔噶朗图驿

由多伦驿南行，顺多伦溪，至麻尔塞山，连峰蜿蜒接天，雄壮无匹。溪谷土质纯系黏沙，土质疏松，山鼠之属甚多。路遇蒙人猎户，且谈且行。猎户云："冬季猎物，以狼、狐为大宗。狼肉不适食用，采取脏腑与胆，为喇嘛僧医药耳。只狼皮价值较昂，故每年所获二三百张，均运至张家口、恰克图两处贸易，以资生活。惟恰克图俄人，购价甚廉，每张不过三四角。如于张家口出售华商，每张可出一元五角至二元不等。"遂达巴尔基那山，巴山矗矗摩天，毫无树木，层叠花岗石，悬崖千丈，山势欲倾，景致颇佳。至诺昆达巴山丘，杂草苍润，恰如驰突敌围、春海泛舟之概。丘下有泉，混混不息，流潴为诺昆内乌苏河，然诺河水量少，毫无效用。附近有鹤，游息甚多。由诺昆内乌苏河南转，达博罗陀罗海岭。岭南有济尔噶朗图驿。驿西北连山郁结，东南则茫茫大野，一望无际。地平线上，散点一二小丘。观此可知，戈壁沙漠之光景，较之平原、大海，别饶佳趣也。

六 温都尔多博驿

距济驿四俄里之处，有嬉丽丘，蒙人甚渴仰。温都尔多博驿附近出盐。温驿在同名丘腹，亦有邮政局与行台，属车臣汗爱麻克部。一夜驿长来访，余等预备酒餐，扫榻以待，颇为款洽。畅谈稍久，驿长为余语云："蒙人性质犷悍，极富武勇精神，然习染宗教心，因袭既久，不易恢复往昔统一宇内之壮志，甘坐禅以终世，茫茫大地，极可抱恨。回首家国，讵堪设想哉。前日回教民谋为不轨，窜〔深〕入蒙境，袭喀尔喀地方牧场，幸超勇亲王率诸父老死力抗拒，竭忠防战，击退逆回，使牧地有泰山之安。而今而后，恐无复如此声威矣。惜乎鄙人已老，不克弯长弓、骑骏马，老死沙场，复我成吉斯汗之旧规耳。"俯仰身世，若有不胜感慨者然。谈毕就寝。

温都尔多博以南，平野膴膴，一望无际，真有太平洋中航行之感，长天苍茫，直与地平。蒙古各旗，从古如斯，苦无划然界标，争攘不断，且牧草错杂，尤恐难免亡羊之叹。蒙人为惩毖起见，安置鄂博（指路石牌），以为向导，此亦沙漠中一奇现象也。过博罗和硕，牧民帐幕，散见各处，如点点杨花泛于一池春水者，然毫无整齐状态，丛杂可厌。驱车半日，初见察罕德勒山，山巅大块硫黄，斜日反映，金黄夺目，亦伟观也。达搭拉布拉克驿休憩。

七　搭拉布拉克驿

搭驿土地硗瘠，并无草木，只见石块累累耳。驿中有二庙及官办库栈，附近有比赖湖，湖滨有泉，地质多含盐质，不适饮水。比赖湖南方蜥、蝎极多。出那蓝驿。

八　那蓝驿

那蓝溪谷，东西极狭窄，南北一道开通。所在有泉水，冬季不冰，驿亭均系车臣汗部爱麻克人掌管，而驿中又有哲布尊丹呼图克图所命之喇嘛僧侨居其间。时大雨忽至，雨息虹现，漠地得润，略有活泼气象。过尔乌苏，乃杜里巴卡阿达克等处，薄暮冥冥，至莫敦驿宿焉。

九　莫敦驿

驿四周皆山，附近产盐甚多。驿中有堪布巴克席寺、呼弼尔罕寺，均极闳壮。车臣汗部爱麻克人掌管驿务。莫敦驿以南，道路崎岖，风景萧索，客怀殊渺渺矣。经苏杜基夫克井、耶木杜湖，至套里木驿，驿中有呼弼尔罕寺。郊外合约尔鄂博丘，蒙人尊崇不置。丘下有无数蒙人帐幕，市况寂寥，不足考查也。

十　博罗达噶驿

套里木驿，南有套里木湖，地域平坦，旷野尽处，见射克德山，连峰耸峙。山下溪谷，凸凹不定，湖沼散点，地质湿润，雨季行路极难，不可言状。湖畔芳草丛生，至博罗达噶驿，驿长语云："套里木驿北方，由木图诺尔井，至土谢图汗部南境，均系喀尔喀官有牧场。"驿南二俄里之处，有稽查处。余与驿长茇场参观，场内各分区域，有监督，规则严肃，惟现时牧场不完备，牲畜稀少，牧场内有场长一名、笔帖式一名、牧长三名、牧役五十名。场长与笔帖长，每三月交代一次。场内现存牲畜数目：土谢图汗部，牝马六百七十四头，牡马五十二头，骆驼一百八十七头，牛五十一头，羊一千一十一头；车臣汗爱麻克部，牝马五百五十八头，牡马四十三头，骆驼五十六头，牛四十六头，羊六十八头，共计三千五百头之谱。

十一　巴彦和硕驿

博罗达噶驿南，即塞尔腾山脉，为博罗达噶溪谷与波罗克定溪谷之分水岭。博溪谷幅员十俄里，细流绵亘。越塞尔腾山，至搭本陀罗海，附近有泉，泉旁有巴彦和硕驿。驿长驻扎此地，以司牧畜者也。巴驿山腹小市，有车臣汗爱麻克部十户、土谢图汗二户，游牧之民帐幕甚多。东南遥望毕尔汗山，山势崴嵬，雄姿压人。薄暮，过图克里克乌苏，有盐泽，时烈风卷土，异常困难，路不能行，遂宿。次日，至毕尔噶库驿。毕驿附近有瘴气，薰蒸甚为可恐。夜间，蒙人角技颇热闹也。

十二　毕尔噶库驿

自毕尔噶库驿，越和勒博察罕、洪俄尔察罕等处，至苏鲁海驿，皆由车臣汗部蒙人管掌驿务。出苏鲁海驿，旷野无际，土壤带灰色，人物寂寥，无一物阻碍眼界，即锡伯格戈壁是也。平原中只有图克里乌苏井耳。

十三　苏鲁海驿

车行半日，地平线上，始见哈毕喇噶山脉，连峰苍苍，限天南北。西沙巴克台山，连亘札们和鄂博山，襞襀重叠。山脉尽处，为杜夫木戈壁沙漠，广袤一百俄里，萧瑟寂寞，并无住户，车行轫辘，更为岑寂矣。正午，望见巴彦乌拉山，达搜吉驿。查搜吉驿，属库伦办事大臣管下。南进，越哈拉朱尔山，石块叠叠，各有奇彩。过萨木因田村、特勒斯村、哈拉下那村，至赛尔乌苏驿。时怕烈风竞发，地平线上，出现团团黑云。霎时间，闪电惊雷，狂雨袭人。只见旋风卷起，尘土冲天，蒙蒙晦暝，凄惨奇景，不可言状。余等帐幕在旋风中翻来覆去，仅保残喘。风息雨止，须臾天碧，日光辉煌，闷气蒸蒸。戈壁沙漠中，变化倏忽，盖此类也。

十四　赛尔乌苏驿

赛尔乌苏驿，为土谢图汗中部要隘，系向乌里雅苏台、张家口、库伦等处之歧点。西南峙立色尔木、乌拉塔、奇勒克图诸山。西南地平线上，可隐隐望见圣格拉山，东北则平原荒漠，渺无尽处。市街分为四区，南区供关帝庙，规模壮丽。庙北开凿赛尔乌苏井，井北即蒙人部落，驿长驻此。附近有喇嘛庙，蒙人焚香者甚多。驿中房屋，均系中国式样，四围绕以墙壁。蒙人居住帐幕，生活极简。喇嘛庙仿照西藏式，庙中安置各样佛像，技工巧妙，姿态毕肖，颇足动人。

余等安抵赛驿以来，官场中人，热心照料，无微不到，真有使客忘归之概。万里绝域，殆可引为知己。赛驿为中部蒙古繁冲要地，握内外蒙古军务、商务之中心点，将来铁路告成，于蒙古政治、商务上之贡献，匪浅鲜也。

乙　自赛尔乌苏至乌里雅苏台

一　自赛驿启行

余等盘留赛驿三日，考查事毕，再启行。由赛尔乌苏驿，改变路程，辞张家口大路，直指西部蒙古，横绝赛尔乌苏溪谷，至夫拉该浑和尔，始见牧草丛生。过乌科尔齐老山隘，越莫屯山，夜阴沉沉，至莫屯驿宿。

二　莫屯驿

莫屯驿，山岳围绕，塔奇勒噶图鄂山最高，土人尊崇之，名为灵山。有邮站，由喀喇沁人掌管，均系土谢图汗统御。帐幕疏落，各幕蒙人，三年交代一次。附近牧草甚肥。莫屯驿之西，有孛克杜乌拉因山，与杜尔彼利金乌拉山，对峙为壁障。山道嶙峋，车行甚难。过二山后，即旷野苍茫。西方远望巴彦乌拉山脉，红色断崖，斜阳反影，恰似焰柱直立者。巴山南方，屹立呼查陀罗海山，山下有盐泽，盐户环居。过阿勒塔图乌拉山，阿山极急峻，且石块如剑铓，车行极窄。余在车中，频为颠摇，头晕甚，休息多时，始克续行。山下芳草萋萋，游牧民牧羊者颇多。过哈尔勒图鄂博丘右方，沿巴彦乌拉山脉行，景致渐变化，至诺谟珲戈壁沙漠。

三　诺谟珲戈壁

诺谟珲戈壁，因有诺谟珲井，故名。旷野苍苍，杂草茂生，黄花点缀，甚足娱目。渡阿巴达兰图溪，至达母哈毕尔噶驿。驿中有喀喇沁部帐幕十八幕、杜克达部十一幕、哈布苏尔哈部六幕。华人业农者，时与蒙人以茶与羊绒、驼绒相交换云。

四　达母哈毕尔噶驿

入达母哈毕尔噶以来，地势渐变。乌兰德尔附近，景致最佳。余等忘车行倾轧之苦，至修夫杜驿休憩。

五　修夫杜驿

修驿归土谢〈图〉汗部，各种游民杂居，治绩纠葛，颇形棘手。驿外即穆垒戈壁，沙漠旷野，一望无际。中通一溪，为巴牙穆垒戈壁之界。薄暮冥冥，望见和和硕山。越乌兰德利丘，即阿拉克搭勒旷原，盐泽甚多，泽边有罗斯驿，即投宿焉。

六　罗斯驿

罗斯驿在旷原中央，东、西、北三面负山，惟南方豁然。安设邮局，各部蒙人，杂居其间，商务颇盛，以盐为大宗。居民欣欣然，咸有生气。余节〔等〕由赛尔乌苏驿至此，常西行，由斯北行，更转向西进。越乌拉格特哈达山，旷原开展，草花缭乱，饱览风景，逸兴遄飞。须臾，飓风大起，小雨淅淅，行路无人，转觉凄然。及至济尔噶朗图山附近，花岗石材甚多，道路亦崎岖，车身动摇，屡觉头晕。由哈达图陀罗海，经和勒博陀罗海，雨师又来，马蹄得得，入哲林穆驿。

七　哲林穆驿

哲驿有哈喇沁人管掌驿务，人口稍多，其数约百余幕左右。土谢〈图〉汗旗民四十二幕、哈夫苏尔卡部二十八幕，及其他，计共一百七十幕，洵蒙驿中大驿也，住民以牧业为生活。雨歇，天霁，云散，忽西方见得勒格尔杭爱山，山势崚嶒，山麓即土谢〈图〉汗部著名牧场，山南特门哲林穆高原，牧草繁生，有盐泽。下尽高原，色尔本平原半途有布尔基因夫孛（泉之岸）盐泉涌出，系蒙人第一财源。西方见杜尔坎杜山，散见羊群。入蒙格图驿，有喇嘛庙。

八 蒙格图驿

蒙格图驿，又名达母沙克珠尔驿，因盐泽称名。除蒙人土谢图汗二幕、墨尔根王旗一幕，另有十数幕，均系牧民。自蒙格图驿以后，土壤变为枯土，盐泽中牧草甚多。过此西北，则盐泽较少。出赛杜尔因戈壁，地势高平，芳草丛生，景色苍润，仿佛中原沃土。薄暮，过塔尔布哈因搭拉旷野，块石垒垒。徒涉达布基拉河、布尔克河，至察布齐尔驿宿。夜灯明灭，虫声切切，夜甚寒，碛中气候变化，迥出意料外矣。

九 察布齐尔驿

察驿蒙人杂处，为土谢〈图〉汗所统治。朝起，寒风凛烈，鼓励御者启行。入塔尔拜溪谷，路逢乌里雅苏台参赞大臣使节，仪容堂堂。又见达欧尔莫阿克山，北方有杜克欧波山。至特克力克驿，停车避风。特克力克驿，为土谢〈图?〉汗部爱麻克驿与土谢〈图?〉汗部中界，喀喇沁人住户六十户，游牧民颇多。特驿以下，东南山脉，迤逦接天，西北则一望无际，蒙人称为布打（灌木）。杂树、牧草，蔚然成林，为阿尔塞克驿著名牧地。北方地平线上，仅见博罗温都尔山。过工福杜克村，涉欧利克杜溪，经博罗乌杜尔高原，车马疾驰，入哲林驿休息。

十 哲林驿

哲林驿南北负山，东西开通，地质系黏土，多含盐质。人民均系蒙古人，喀喇沁部五十二户，塞克达部十一户，哈布苏尔夏部六户。以牧畜为生业，牧场旷豁，牧草繁茂，人民富饶有生气。驿中喇嘛庙，规模宏阔，仿照古国古式建筑法。市况旺盛，查西蒙古各地，从来无纳税义务，只有献贡，每岁各献其地之所有产，以通过该驿故，遂为蒙地著名大站，车马络绎不绝。内外蒙古各民麇集，各属每年以白马八匹、白骆驼一头为贡，即所谓九白之贡是也。贡物均付站兵，由驿恭送，规则整严，决无耽误之事。驿有房二间，储积帐幕、绒毡、铺盖、衣料、弓矢、枪械等，以备缓急。

十一　恩依锦驿

出哲林驿后，车行达罕特尔丘、博罗库图勒山脉，旷野无人，转觉寂寥，惟产盐地甚多。由玛尼特高原，沿恩依锦哥拉川畔，有恩依锦驿。驿在恩依锦哥拉川畔，亦谓之恩依锦鄂博高原。蒙人帐幕有六十五所，且筹设赛尔乌苏邮政分局，以便通信灵速。

恩驿各货物，悉由三音诺颜之爱麻克部杭爱人供给。余等在驿中，遇一办货华商，语谈稍久。据云，华商多天津商人，携带洋广杂货，与蒙古人为实物交换。其比例率骆驼自二十两至二十五两不等，羊自一两至二两五钱不等，羊毛一斤五分。办货之法，极为巧妙，以故华人在彼赚巨利者，实繁有徒云。

恩依锦哥拉河，河幅四十间，水势急湍，河东纯系石岸，跋涉甚难。恩依锦鄂博山之西，有袋青车部颏尔哲伊图温都尔山，在云烟缥缥间，路旁灌木茂生，石块与车轮相搏，车行不易。余等遂舍车而骑，以免倾摇之苦。至乌兰塞溪谷，道路稍平。过苏里平原，道路益平坦，车行甚速。须臾，至萨大卡河畔之乌纳克特驿休憩。

十二　乌纳克特驿

乌纳克特驿以西，为哈尔海图高原，降攀数次，过和勒博乌兰丘、颏尔哲伊陀罗海丘，丘上芳草丛生，美花烂缦，空气极为清新。可憾者，朔风逼人，微雨蒙蒙，易惹客愁也。

十三　哈达图驿

哈达图驿，有邮政局、喇嘛庙，及游牧民户二十余家。驿路廖寂，毫无乐趣。驿外为哈达图山。余等于布尔罕图山隘，发见和罗维杜尔克泉。哈达图为喀喇沁最终驿，余等盘留一日，考察政治、风俗等情形，事毕，始启行。晓风残月，出哈达图驿，墨云蒙蒙，阴风怒号，气候似冬季。蒙人等各着皮衣，戴毛绒风帽。越贺通图山，风势愈紧，山地草花散漫，恰如春冬同在一时者。然由山顶远望，群山纠纷，壁垒重叠。就中杭爱一山，壮丽峭绝，天空豁然，脱却风雨之苦，真佳境也。过和屯杜乌来汉隘路，石块垒垒，马车动摇愈甚。出隘路，道路始平，平野茫茫，只地平线上望见坎塞德罗哥孤丘耳。车行四十俄里，望博果图乌拉山峰，白雪皓皓，一大观也。达拉因杜罗贵平原，游牧蒙人甚多，平原中有群拿尔湖，周围六俄里，湖水清漪，湖畔即哈拉尼敦驿。

十四　哈拉尼敦驿

哈拉尼敦驿以西，为乌里雅苏台将军管辖之喀尔喀地方，由各台吉实施行政者也。该台吉专管五驿，蒙地规则，因管辖之异，所用夫役，即须改换。余所雇夫役，均系库伦喀尔喀人，沿途更换数次，殊可厌也。哈拉尼敦驿，系车臣、土谢图、三音诺颜等部之游牧民杂处。群拿尔湖滨，地势平坦，杭爱山脉，在指顾之间。夏季牧民麇集驿西，湖沼、河流甚多，道路亦颇崎岖。沿察罕诺尔湖，北折入哥尔河溪谷，达哥尔驿。查哥尔河，分为昆布里杜哥尔河与格里定哥尔河二道，合为阿尔哥因哥尔河，遂改入沙漠。惟地图极不正确，于蒙古内地水流尤疏，游历人入境，欲悉蒙地内情者，每不免因此误会也。哥尔溪谷，杂草丛生，石块亦多。溪谷尽处，即巴彦乌兰山脉。越和和鄂博险坂，入布里杜平原，沮洳甚多，富于盐泉。至汗达巴岭，乱石与车轮相搏击，倾侧殊甚。哥尔河发源于此，遂入塔楚驿而宿。

十五　塔楚驿

塔楚驿，土地湿润，有害卫生。蒙人常因回避恶疫，在山上筑建房屋。时当夏季，夜间蒙人犹着绵衣，气候不适，可畏也。驿中车臣汗、土谢图汗、三音诺颜汗牧民最多。三音诺颜部牧民，分为七部，各部有提调办理部务，秩序整然，毫无隔阂。

由塔楚驿启行，越巴彦布拉克高原，渡塔楚河，两岸断崖，壁立千丈，水势喷越，群山欲倾，绝景也。就中夫赖温都尔乌兰等诸山，连峰接嶂，皆为奇胜。塔楚河，宽六十间，水势既大，中流尤急。塔楚河在行政上，为三音诺颜与喇木因格根之界水，下流地域，蒙人之业农地极多，菽麦萋萋。阿尔塞乌拉山南麓，有著名蒙人茔地，奈余等无历史上智识，考查无凭，倘学富五车，来蒙考查史迹，则贡献世界，裨益于考古学，匪浅鲜矣。徒涉阿尔塞因乌苏河，迂回曼塔尔杜罗贵丘，出宇哥基溪谷，草花缭乱可赏。阿尔那林溪谷，土地肥沃，牧草繁茂，蒙地罕有之饶土也。南方三十俄里，有博罗和屯废墟。呜呼！"国破山河在，城深草木春"。回顾当年蒙古拔都王之雄图，蹂躏欧亚各国，建设蒙古大帝国，伟勋赫灼，名垂不朽，此中国历史之美谈也，而今无望矣。言念及此，不禁浩叹。

十六　呼都克乌尔图驿

呼驿为三音诺颜部统制，由此西进，入锡伯平原，北方塔奇〈尔〉勒噶鄂博山耸立，蒙古人甚尊崇之，目为圣山。山南有茔地，塔奇尔噶鄂博驿以西，地质硗确，山路羊肠，石原极多。越颋尔德尼库图勒山，达夫伊苏因平原。北方杜尔因乌拉山，矗矗接天，山容奇特，恰如桌状。山麓即苏里杜罗哥深溪，至罕鄂山溪谷，豁然一水自北来，即沙尔噶勒卓特河，潺湲清流，并无盐性。河畔有沙尔噶勒卓特驿，即宿于此。

十七　沙尔噶勒卓特驿

沙尔噶勒卓特驿，荒凉一寒驿也。游牧民帐幕，散在沙尔噶勒卓特。河水干涸，由布连群山发源。布连溪谷，土地硗确，并无草木，溪尽处即和硕岭，山上有宝塔，岩石突兀，极偃蹇之观。

十八　推驿

沿途道路崎岖，倾摇颇甚。车马颠覆，身受微伤。抵推驿，休憩疗治。堆〔推〕驿为三音诺颜汗、车臣汗、达亲王旗等部人民聚居之地。达亲王旗极贫寒，旗民帐幕不过二百余。亲王羸弱，旗务不振。推驿襟带推河，汇十五支流，河水急奔，间有飞瀑，恰似悬崖白练，风景佳绝。余自得推河溪谷，顿忘车行倾轧之苦。由此西进，入巴因乌杜尔山峡谷。路旁地质皆赭土，山容形似圆锥，危峰冲天，为雨水侵蚀，遂呈各种奇状，天然变化，至可恐怖。道路无石，车行快适，越布杜克乌拉山，遥望乌尔图哈拉河，河畔有同名驿，设邮政局。

十九　乌尔图哈拉驿

乌尔图哈拉驿，位在阿苏和巴山斜面，乌河水量甚少，湮没碛中。驿归马扎萨克达赖公及达亲王旗，牧畜极盛。西方经察汗库图勒山，据扎们哈达山，土地肥沃，树木苍郁。地势北方负山，南方开豁。达哈萨林宗杜库勒岭，路左望见鄂洛该湖，湖畔有鄂洛该驿，宿焉。

二十　鄂洛该驿

鄂洛该驿，在济尔噶朗图山、额勒索图陀罗海山之平野，土地宜农，植物怒生。济尔噶朗图山，有二河发源于此，一名济尔噶朗图河，一名铁勒哥尔河，俱注鄂洛该河。下流更合为乌夫克河，注入拜塔里湖。蒙人语云："鄂洛该河、拜塔里河流域，极富矿物，就中沙金最多，均属玛扎萨克公。部中政府严禁采取沙金，误犯者，就地正法不贷。"然蒙人盗取之术巧妙，一人三日，恒盗取沙金二百五十两之谱。若用新法开掘蒙地金矿，其为利当不可限量也。

鄂洛该湖，亦谓之咸湖，蒙人多于湖畔制盐，兽类栖息繁殖。回顾西历一千六百八十八年噶尔丹战争时，喀尔喀部之土谢图汗及三音诺颜汗，主持独立起见，就鄂洛该湖畔，与噶尔丹决战，血斗三日，战不利，喀尔喀败走，遂归顺中国。呜呼！星霜冉冉，历三百年，当年战迹，芳草萋萋，蒙人几不知历史上有此事实，亦可慨哉。然喀尔喀人极富爱土观念，嫌恶我国（俄国）人甚深。常云："乌里雅苏台有俄商义克那基耶夫者，侨居五年，每岁编成商队，所有蒙古各地，一面办货，一面查考蒙地情形。"吁！我俄人考查甚为拙劣，遂至使蒙人抱此观念。我俄国对蒙政策，此后须应慎重讲求，以免蹈满洲失败之辙。然蒙人所买货物，均系俄人货物，如我国商贾通晓蒙人性质，推广商务，则我国收拾外蒙古商权极易易耳。惟憾我商界中人，每以蒙古商务，置之九霄云外。回顾我国蒙古政策，岂堪设想哉！（案，拔君仅一俄商，其抱负之大，观察之奇，语语中肯。回首北望，不禁竦然）

鄂洛该驿西部，即鄂洛该河，河幅甚隘，水亦极少，地质粘土，雨后水潦，行旅不易，平原尽湿。和勒博山耸立，山麓有库勒木杜河，水势急湍，下流合入鄂洛该河，禽鸟甚多。越扇达内山、欧尔杜勒山，至乌塔平野，乌塔河流贯其间，地质沙土，支流纵横，蒙人利用其水以溉耕地。乌塔驿在右岸，有邮政局。三音诺颜汗、土谢图汗二部牧民杂处，由达赖公管辖，驿甚萧条。休憩须臾，启行。

二十一　拜塔里克驿

蒙地山势，巇巇迎人，前途苍茫，不禁感慨。过温都尔库图勒山，石块栗碌，车行甚苦。乌塔以后，土地干燥，盐泽稀少。至拜塔里溪谷，小麦茂生。路上遇华商之转运蒙地出产者，就中如牧畜一队，能牧二万匹羊群，业此者系陕西人居多。渡拜塔里克河河畔，即拜塔里克驿。附近地土肥沃，业农地连亘，可约分为五业农地：

（一）拜塔里克河左岸，即达拜塔里克驿，附近地土肥沃，播种额最多，每年约二百五十石。

（二）铁德达王业农地，亦在拜河左岸地域，每年播种约五十石。

（三）玛扎萨克业农地，土地狭隘，且界内屡生风潮，人民窘苦，农业退步，每年播种仅三十石。

（四）车臣汗业农地，在拜塔里〈克〉驿北方，由达赖公租借种地，每年播种约五十石。

（五）达亲王业农地，亦系由达赖公租借，每年播种四十石。拜塔里河平野，开凿沟渠，以便灌溉。部民并无纳税义务，只以苦役代之。每年收获二万一千石，亦足见蒙人业农之一般矣。

二十二　扎克驿

据蒙人云："拜塔里〈克〉驿，俄商来往甚多，大率为购订毛皮及批牧俄货者。"拜塔里〈克〉驿后，有阿坎德罗基山，山下有扎克河，河畔为扎克驿。平原牧草茂盛，西望沙喇乌沙图群山，历历在目。台吉驻扎扎克驿，管掌驿务。由扎克驿迤途至察罕齐尔图山，有哈喇陀罗海峰屹立云外。

二十三　霍波尔驿

越沙喇乌苏乌拉山，又攀登济尔噶朗图达巴岭，旁有沙喇乌苏河，其直如线，霍波尔平原在其腋下，渺茫坂路，沿斜线急行，入霍波尔平原。沙喇乌苏河畔，有霍波尔驿，驿长迎接余等，殷勤周到，设宴款待，以慰旅愁。驿长语云："霍波尔驿在政治上占据要隘。东界铁德达王旗，西界即塞诺公部，故民间迭起风波。"且云："华商订购土货，其价极廉。如蒙人不至，勒索不止，岂文明国商法所宜尔哉。蒙人憎恶华商甚深，故比年以来，华商之来霍驿办货者，足迹已断，而俄商之来霍者，年多一年。该处货物结实，品质良好，价值又廉，此蒙人之特色也。"余思蒙人对于华人感情，如秦、越之不相容，而俄人之有识者，则竭力查考蒙地情形，讲求实地的对蒙商务政策，将来之效果可知矣。觉醒哉，俄国政府！强勉哉，俄商诸君。（中国人听此言，试一思之）

二十四　布木巴驿

沙喇乌苏河溪谷，风景绝佳，且古代纪念物甚多，惟恨断础残碑不可纪录，余等拍照数张，留为该地纪念而已。溪喇乌苏溪谷，迂回曲折，山势峥嵘，道路极陡，车行极危险。至布木巴驿，布驿乃山间一小站耳。行半日，至溪开处，见巴彦海尔罕山峙立，景色变化可观也。

二十五　哈布塔噶乌兰驿

沙喇乌苏河左岸，为哈布塔噶乌兰驿，有邮政局员，管掌库伦、乌里雅苏台间邮政；右岸为哈布塔噶山，有温泉，泉质含铁性，堪疗疾病。

二十六　乌布尔济尔葛朗图驿

渡图鲁根果勒河，有图鲁根山，败墟甚多。过雅杜拉山，一路西进，达乌布尔济尔葛朗图驿。土谢图汗及车臣汗之爱麻克人居住于此，土地丰沃，民力殿〔殷〕富。惟冬季因寒气激烈，均停牧畜，帐幕亦搬移他地，于人民生活，甚有碍也。驿中人用绒毡造帐幕，以阻喇嘛庙读经声之骚扰。蒙人性质犷悍，而温良者则甚迷信，例如余于乌驿，为考查天候起见，以寒暑表测定，讵蒙人以寒暑表为鬼神密箱，竟群起破坏之。余到廨面谒驿长，要请拿犯，乃赔款而归。蒙人性质如此，不可不注意也。道路崎岖，车行不易，倾轧甚苦。沙喇乌苏河外，溪谷迢迢，群山隐灭，中有雅玛图山、德勒山耸立其间。地质赭色，并无草木，风景萧条。德勒山麓，有古坟累累，土人语云："此拔都大王部将速将军墓也。"呜呼！风雨千年，雄图安在。回顾当年，固一世之雄也，迄于今，断碑残碣，荒烟蔓草，迷离荒亩，涕泣飘零，能不令人起崇拜英雄之感哉。挟河对峙，为布勒坦喀达山，山状圆锥，颇为奇特。须臾，过海尔汗悬崖，断岩壁立千仞，下为沙喇乌苏河，碧潭苍苍，若车行误坠潭中，危险不可言状。余等所雇御者，熟练此术，毫无阻碍。旋至哈喇布尔噶苏图峡谷，有溪自北来，水势急激，奔湍飞沫，微风习习，当道架大窟窿桥，过桥为欧尔德山，连嶂接天，山麓残碑甚多。

二十七　阿鲁济尔噶朗图驿

途中遇华商之订购口蘑者，据云"华商与蒙人以砖茶一箱，交换口蘑百包"，足见华商之得利也。过伊克尔乌拉山，全山沙砾，车行甚难。西进入乌朱尔塔因阿麻溪谷，有阿鲁济尔噶朗图驿，驿中安置喇嘛庙，规模阔壮，庙壁以丹碧陆离之刺绣布装饰之。至凯哈海尔汗，山下为沙喇乌苏河与布彦图果勒河会合之处。水势溶溶，有大河之观，两岸碑石林立，足供考古学家之研究。

二十八　呼济尔图驿

由沙、布二河汊道北折顺行，为布彦图果勒溪谷。遥望鄂托浑腾格里山顶，白石眩目。至呼济尔图驿，其处之布彦图果勒河，分为六道，中有喇嘛庙，蒙人前往烧香者，络绎不绝。绎〔驿〕西著名呼济尔图阿玛深谷，山势峭拔，树木郁生，为蒙古道上罕有之风景云。

二十九　岱罕得勒驿

溪尽，越阿斯哈图山，北有岱罕得勒山峙立，道路平坦，即岱罕得勒平野，有同名驿，有邮政局。郊外阿尔善杜山后，有温泉喷出，驿中蒙人，以车臣汗部及三音诺颜部人为最多，附近蒙古人茔地甚夥。查岱驿，往时为蒙古著名都会，当有元盛时，战士甲兵驰突，极一时之盛。星移物换，曾几何时，只留断础败垣，错落于茫茫尘土之间。夫岂世有千年之天子哉！但元朝基迹，今在何处？当年殿宇，藐不可见，徒费考古学者之追寻耳。

三十　特尔图驿

由岱罕得勒驿启行，入得勒果勒峡谷，遵路西进，土地硗薄，矮草丛生，俄罗哥山峙立其间。抵伊克布拉克山，下有特尔图驿。驿西即杜公杜因哥尔河流域，三面皆山，为乌里雅苏台东门锁钥。渡杜河，道路平坦。北折入耶杜布赖阿麻溪谷，特木耳图果勒河，自东北来。行八俄里，入塔卡大峡谷，道路崎岖，车行不易。出狭〔峡〕谷，则特木尔〔耳〕图河流域，土地始平坦，有舒噜〔鲁〕克驿。

三十一　舒鲁克驿

舒鲁克驿，在特木耳图河与修尔金果勒河之汊，居民以喀尔喀部土人为多，有纳税之义务。车臣、土谢图两部土人，均以捐金代赋课，一口每日纳银一两，现已弛废，无昔日之严，惟车臣汗与土谢图汗之一帐幕，尚有一年缴银二百两之义务，例由乌里雅苏台将军征收，以充饷需。

三十二　阿基杜固苏美大庙

由修尔金果勒河启行，溪中均沙地，石块错杂，草花丛生，间有白杨树，右面望见阿基杜固苏美大庙，丹碧陆离，甚为壮观。庙内喇嘛僧常住一百余人，开庙之期，极为热闹。修尔金果勒河，水势急激，徒涉甚险。然水色清漪，供为饮料，甚为合宜。当阿基杜固苏美庙南五俄里处，为和硕贝子衔扎萨克驻节之地。查蒙古各地，庙会必在各汗部王旗等首都，实现政治上、宗教上之中央集权主义。由此观之，蒙地风俗最尊崇宗教，以僧侣为社会最上阶级，所谓政教一致也。考蒙地，即中国人所谓朔北化外之民，土地荒凉，气质犷悍，常为中国北边之患。茫茫四千年中华历史，一华夷混斗之历史也。换言之，即汉人种对北方蒙古人种之竞争也。自秦汉以来，塞外健儿铁马驰奔之势日盛，阴山峰低，长城之守，亦日弛一日，中华土地屡任朔北人种跳梁其间。故历代之治理，必于北方奠都，拥压朔北势力，以南面君临华域。可见北方民族之强悍，统一欧亚二大陆，建设蒙古大帝国，非偶然矣。

清朝入关，统一天下，顾念前代治绩，最重对蒙政策。因蒙人由来极富武勇精神，慓悍不驯，潜用宗教之势力，以和顺其志气，而取便于统一塞外。例如蒙人一家有三男，其二男必使皈心入佛门，奉喇嘛教，减少杀伐性质。星移物换，三百年犷悍之蒙人，一变而为柔弱顺民，无复当年霸气矣。然余谓中国极端之对蒙宗教政策，反不免酿成别祸，以致藩屏削弱。何者？各蒙人因渴仰宗教之故，皈依喇嘛，以牧畜为正业，藐视生产，并缺进步的开发精神，人民懒怠，文明退步，民力竭泽而财政窘绌，我国（俄国）势力亦借此容易侵入发展焉耳。于是可知，我国要求张恰铁路问题，非属不法，既可免鞭长不及马腹之叹，又便于举办藩部政略，以怀柔中国之士商也。（按，此言中国人闻之，以为如何）

三十三　法寿砢驿

阿基〈杜〉固苏美庙，南门外华商甚多，均系直隶省人。由庙南入奈木佃尔峡谷，西进，过禁罕布拉克峡谷，中有法寿砢驿，为由赛尔乌苏至乌里雅苏台之最终驿站。该站至乌里雅苏台，不过十五俄里，中有二坡，行路极险。由山岭西望，乌里雅苏台城市恰在云烟缥缈之间，真有"山复水重疑无路，柳暗花明又一村"之概。坡路尽处，同业尼哥拉苏君迎接，共入行台解装。回顾察罕布拉克山容，烟云迷茫，若甚依依惜别云。

丙　乌里雅苏台

一　政治

乌里雅苏台者，蒙古政治上之中心也。然地居边远，交通不便，城市狭隘，较库伦人口为少，市况萧条，不过三音诺颜汗一都会耳。查乌里雅苏台为政治的性质，而库伦则为宗教的性质。中国以乌里雅苏台为蒙古政治上中心，调驻将军，于军事上甚有关系。在昔勘定西域，常以科布多及乌里雅苏台为西门锁钥，迨平定准部，历史上事迹颇多。中国政府调派兵勇，筹设要塞，由乌里雅苏台将军统辖，当年驻防旗人略有一千八百人之谱。历年死亡相继，户口衰微，遂以察哈尔人、索伦人为主，此二种人，实为蒙古文化之源泉，融和蒙人犷悍性质，以感化游牧的精神。定住一处，造就城市，在中国历史上，洵乎功绩显著，足垂竹帛矣。索伦人并自捐黄金，筹筑完备炮垒，即今日在乌里雅苏台北方三俄里之基卞斯杜因果勒河附近败墟是也。

迨后察哈尔人、索伦人撤退，乌里雅苏台遂由喀尔喀人交代来乌接任。现计防兵有二千三百人之谱，行屯田之制，兵丁均驻屯于三十俄里以北之山地，城内喀尔喀兵丁约三百户。夏季牧畜散在于伊罗杜尔布那林河畔平野，冬季游牧于颇布根寺抗亦呼都克平野，距乌里雅苏台七十俄里之远。据余考察，现时乌里雅苏台城内，人口未多，城市分二，即城内及买卖城是也。城内驻扎乌里雅苏台将军及办理官事人员，并驻防戍兵等。买卖城为乌里雅苏台著名商场，五方杂处，相距一俄里，挟基卞斯杜因河而对峙者。乌里雅苏台，位在基卞斯杜因河与孛克德因河之汊，土地纯系沙土，沙砾错落，恰似沙漠。俄人称为粗沙，足见土地硗确也。

城内有定边左副将军、参赞大臣各官衙及华夷庙会，蒙人信仰宗教极盛，各衙门防备坚固。北方有陆军要塞、会计衙门，附近栈房林立，各房藏有军械、米粮、衣料等件，均严密锁闭，不准棍徒潜入衙门。各式设施，极为整齐，官界之人，熟悉蒙人情形，惟中国政府果能顾念边防，招抚夷民，渐次推广新式行政，修筑铁路，以便交通，实行立宪上之预备，漠北风气必能开发。若更能一面统驭边疆、拒斥外力，一面振兴蒙地产业，则中国之北门，永无患矣。

乌里雅苏台，虽为蒙古政治上中心，然宗教甚盛，华人均供关帝庙，规模阔壮，丹碧陆离，庙貌庄严，不禁令人起敬。由三音诺颜汗、车臣汗、唐努乌梁海等，一律捐资，以祈界内福利。蒙人俗习，均此类也。

三音诺颜部达赖王供喇嘛，另设喇嘛庙。迨同治年间，东干人不轨，滋生风潮，遂致被毁。后又重修，然蒙人财力短绌，规模矮小，只安置曼珠室利、察罕陀罗伊克及鄂齐尔王三像，当年喇嘛盛容，今在何处，对此茫茫，不胜今昔之感。是夜蒙人角技极盛，道路狭窄，拥挤不易通行。

乌城年久荒废，每年由将军饬令蒙古各旗缴纳材料修理，并令蒙人以力役代课，告朔饩羊，垂为定例。夫蒙地平静无事，虽似无须筑城，然为治之要，在安不忘危，况蒙地风气未开，人民犷悍，一旦激成风潮，防备不完，不足戡乱，必至糜烂边民，破坏边政，是修理城障，洵足以宣威布化，坐镇边疆，以振中央政府权力者也，岂可目之为冗费哉。

乌城中央政厅，以喀尔喀将军帐幕为最重要，该将军谨奉京师朝命，与乌里雅苏台将军之命，关于喀尔喀要政，由喀尔喀襄办一切。另有喀尔喀将军管掌军事及行政各衙门，办理乌理〔里〕雅苏台附近官家牧畜业，与行政上事务。更有三部衙门，由扎萨克图汗、三音诺颜汗、土谢图汗共同设立，专办该三汗人民所有事宜，由乌里雅苏台将军节制之。兵营及邮政局，规模整顿可观，邮政局办事员，则以华人为多，驻扎兵由满、汉、蒙民编成，亦行征兵之制。惟年龄不同，尚难收画一之效，是在以后治兵者注意耳。

二　商场

乌城商场中牛耳，山西人执之，其次为直隶人。当同治年间，东千〔干〕人不轨，侵入乌里雅苏台，山西商人，大遭蹂躏，直隶人乘间以资本投入，恢复商市。至于今日，遂有与晋代兴之象。

山西商人，乌城约十二家，以牧畜为主，每年由乌里雅苏台运至归化城，又订购粟〔栗〕鼠毛为实物交换，以博巨利。又于乌菩萨湖乌兰固木地方杜尔伯特人游牧地，时为行商交换小麦、菽豆等粮，在乌里雅苏台栈房，磨成面粉，转卖中原各地，其生意年盛一年，并另有首饰、铁工等商铺，盖山西人资源丰富，冠绝中国诸省，以故游历中国各省者，无不见有山西人商铺。是山西商务洵足代表中国之善于商战矣。

乌城蒙商不多，专售食肉，惟不知卫生，房屋、食物，污秽不可言状。蒙地居人不食牛，以羊为主，所制牛奶，系由各牧场出售。夏季一瓶，价值一钱，冬季因沍寒，牛奶冰结，用刀切断，长三寸，厚二寸，为立方形，出售一个，值三四钱。夏季则大缸中酿造乳酒，蒙人嗜之，每瓶售价七钱。

乌城木工甚多，技术巧妙，均系山西人。所感〔憾〕者，漠北树木稀少，难得材料。各商由各属订购，运至乌里雅苏台，价值较为奇昂。凡华人订购木料，长一丈七尺、厚八寸者，每根价银四钱；长一丈一尺、厚七寸者，银一钱。离木一根三分，长七尺之木板，价银三钱。木匠一日工银四钱，蒙人并无工匠，以苦役助工。柴木由蒙人采集，装入牛车，由乡转运，价甚廉，然各有差异云。

乌城大宗家屋，以巡警厅为第一，其次华商所供关帝庙。巡警厅经费，华人摊拨，华人按房征租，以供给之。巡警厅常驻把总，由将军衙门派委，三个月交代一次，保护人民，审判寻常纷议。每日有将警务情形报告之义务，且兼管税务事宜。对于入城货物，不论种目，上税饷一钱，面粉等，例不索税。各华人住户，例总抽银三钱，租银税率，办理颇公。

商场房屋，招租甚多，因华人无土著的精神，乌里雅苏台房屋，租银稍昂，市中要区，租价尤高，如十间正房、数间厢房，一年约须二百两；五间住房、三间厢房，一年约须七八十两，招租限期，以十年为最长。

乌里雅苏台垦地，华夷杂处，距城约三俄里之孛克德因果河沿岸最多。华人业农者，较蒙人种地方法为精，按时种地，匀施肥料，且讲究灌溉，如法栽培，各样植物中，荞麦、小麦居多，约种一千五百斤，当年收获一万五千斤，虽歉收之年，犹可获一万斤。然乡下荒地，土质硗瘠，常无丰年，以麦秆为牲畜饲料，六十布杜，约值一两三钱。

华人雇蒙人，结立合同，限定时日，以资农业上之便利，月付工费三两。然蒙人苦役，往往有藐视合同而逃亡者，以故农地主监视极严。城根附近，有菜园种菜者，多以芜青、萝卜、洋芋、葱头、白菜等为主，每年丰收后，制为咸菜，运至古城、乌鲁木齐等处，与新疆葡萄、干杏等货交换。该地商场，蔬菜行情不一，大率西瓜由新疆转入，每个银五钱，葱以五十根为一把，每把三钱，南瓜一个四钱，洋芋三布杜一两二钱，胡萝卜半步杜八钱，葱头一斤银二分，萝卜一斤二分，芜青一斤二分。品物新鲜，颇适外人口味。

商场外有华人庙会及茔地。华人爱土之念极热，以在异域埋骨为非，寄葬数年，必返骨于桑梓。以故乌里雅苏台华人茔地，狭隘荒凉，不免鬼气迫人。庙会由将军衙门修治，兼管行台，余等亦宿此焉。

商场二俄里之处，有著名二华商，为天义德及大盛魁二号，乃乌里雅苏台巨商也，均系山西人，为蒙古各旗经营银号，办事甚多。各号在郊外卜地，筹设别墅，并一面种地，以营农业。华人之善于殖产，真堪佩服矣。

三　形势

乌里雅苏台位外蒙古之西部，据余等实测，距海面约五千七百六十八英尺之高，四面皆山，拥抱孛克德因果勒河平原，洵不愧外蒙古政治的首部。北控唐努乌粱海，西挟科布多，南达新疆诸城，东通中原各地及内外蒙古要隘，以故无事之时，为外蒙古一大商场，一旦风云变动，则厄要设防，可保全蒙边，以卫中原。是乌里雅苏台者，塞外之锁钥、中国对藩政策导源地也。惟现今中国藐视对藩政策，实有鞭长莫及之势。以广袤一百五十万英方里之藩封，而交通未便，利用厚生之道不讲，洵可叹也。

四　物产

孛克德因果勒河溪谷，白杨树茂生，山地有落叶松。森林之间，华人辄就其地制造木炭，又往往于近郊山林中，采集覆盆子等果实。华人最喜吃蒙人培柘草兰，俗名蘑菇，其产颇甚巨，每斤约售价银二三钱，较之他物，不廉也。

五　生计

乌城蒙人，异常穷困，均住居帐幕，不饲牲畜，妇女卖包，男人充苦役，技艺工人极罕，以故各蒙人中无赖户甚多，民治上极为危害。于是由将军调派巡警查缉，然良莠不齐，捕获极难。蒙人中又有盐商，其盐均由色愕努勒及得卜特尔诺尔湖运至，盐价长落不齐，并无划一价值，只以二布杜之盐，与一箱砖茶交换。乌城附近牧草极少，城中蒙人，因牧草价高，不饲牲畜，委托乡间蒙人饲养。骆驼一头，每月饲料银一钱五分，马、牛一头，每月银一钱，山羊一头，银三分。其牧场自城西北伊罗河畔至于博勒霍驿，茫漠广远，各有监守，以资保护牲蓄〔畜〕之用。

六　交通

由乌里雅苏台南行至张家口，有二路，其径抵赛尔乌苏驿，与并行赛尔乌苏驿路之买卖路，均用骆驼，运费甚为便宜，每一头，路费不过十二两。然华商运至库伦，转运张家口，是为华商、蒙古商务界之通例，以故库伦、张家口二市间，运输极便，且行旅亦极安适云。

自乌里雅苏台北行至恰克图间，运输货物均用牛车，即由萨哈斯台塔巴岭，经墨尔根库图勒，至于额德尔河畔，过额铁尔河、齐老因河，越布哈因塔巴岭，沿色楞河支流之哈奴河，进至土谢图汗部岱青王旗，由此抵恰克图，计约五十俄里。综计沿途之状况，各路运输，差率不一，大抵由乌至恰，悉用牛车，须走五十日，而车费则以九两为最。由乌至科，则用骆驼，而路费则以五两为最云。

丁　自乌里雅苏台至科布多

一　自乌里雅苏台起行

余等在乌里雅苏台盘桓二旬，遂登车起程，直向科布多进发。乌城俄侨，送余至商场外，依依叙别。回顾阿斯吟溪山，云烟模糊，恰似有情者。然想此后，为雨为云，恨更多天。当余启行时，由将军衙门交给护照，且添派兵数名，保护旅行，照料一切，美意可感。

由乌城顺孛克德因果勒河流西行，过博果图河，道路平坦，砂土为多。查孛克德因果勒河溪谷，于地质学上，系水成岩，土地硗确。至伊罗河溪谷，右望额布根庙刹，有苍然太古之感，为扎萨克部主庙。考乌里雅苏台历史，乌城并无喇嘛庙，故乌城蒙人往往在此念经，以祷冥福。往年东干人不轨，兵连祸结，侵入乌城，额布根受毁，此地之绝妙考古材料，纤悉不留，可惜也。再进伊鲁河右岸，土地坚硬，飞沙混淆，不辩〔辨〕咫尺。附近有盐泽，泽畔杂草发生，至阿勒达勒驿，因就憩焉。

二　阿勒达勒驿

阿勒达勒驿，系乌城与科布多间之大驿，由土谢图汗管掌，蒙古各部民杂居其间，帐幕团聚，市况极为殷盛。由该驿向南西进，越鄂勒济〈和〉硕山，登绝顶，展望孛克德因河溪谷，绿树苍苍，诚乐观也。至鄂勒济和硕山，道路崎岖，车行甚艰，有盐泽，蒙人采盐者多。越塞库尔乌拉山，出雅玛图昆溪谷西南，雅玛图库图山耸立，溪尽为博勒霍搭拉平原。过和细哥山，则为博勒溪谷，有同名驿，土味肥沃，地亦极平坦。

三　博勒驿

博勒驿在平野西部，襟带孛克德因果勒河，附近牧场甚多，马群、羊群，断续遥连，诚壮观也。博驿由三音诺颜命管掌，极为萧条，北方察罕诺尔山、乌兰哈伊尔罕山等，山岭高耸，遥接天山。有乌兰呼都克驿，小驿也。附近河水萦带，孛克德因果勒河于此合流。札布汗河为扎萨克图汗与落岱青土谢图公境上要隘，有邮局，驿丞司之，牧马三十头。

四　乌兰呼都克驿

乌驿西望塞库尔乌拉山，峰峦重叠，地质纯系沙土，荆棘丛生，车行不便。塞库尔乌拉山麓，有布里都诺尔湖，湖中雁、鸭、鹈等，或游或息，点缀湖面，不可数计。赛库尔〈乌〉拉山后，道路平夷，车行快甚。途上遇科布多参赞大臣，行旌甚盛，极壮观瞻。据蒙人云："此系天朝大臣之行旌。"沿路各驿，有缴纳马二百十三头、骆驼三十二头、仆役九十五名之义务，可谓荣矣。过哈仑塞尔丘，前达札布汗河，河畔有依克哲斯驿，不过一小驿耳。

五　依克哲斯驿

依驿西北一带，沙漠无际，东南则蒙古尔耶勒基赭山起伏其间。越错克杜拉山，复渡札布汗河，中分二岛，白杨密生，河畔盐泽甚富。至哈喇鄂图群山，山中有巴噶哲斯驿。

六　巴噶哲斯驿

抵巴驿时，值参赞大臣经过后，驿中骚然，驿丞忙甚。驿后大路，靠札布汗河，沙地间，丛生柏树，攀珠勒群岩，怪石偃蹇，顶上一大石，状似鸡，真奇观也。南望和朱内孛罗基等沙漠，平沙连天，漠中土沙为风吹积，恰如海面旋涡叠起之概。余遂拍照，以留漠地现象之纪念。过珠勒驿，巴图尔扎萨克部牧民甚多，驿状甚肃寂，毫无可观。札有〔布〕汗河，河宽不过六十间，河流深浅不定，土质疏松，盐驿〔泽〕颇多。有布固驿，小驿萧条，转增旅愁，由三音诺颜部管掌。

七　布固驿

出布固驿后，顺札布汗河流，左望吉勒噶琅图山。车行十俄里，至札布汗河，四望无山，茫茫平野，只右岸莫利杜乌拉山耸立。西阿尔泰山脉，白雪皑皑，真壮观也。

过博罗陀罗海沙碛。查蒙地称碛地为海，不论戈壁、沙漠，均名瀚海。前行过罗陀罗海，则音基尔德杜罗哥高丘蜿蜒，丘麓有阿勒噶兰图驿，即乌里雅苏台与科布多分治界线。札布汗河由此北流，注于阿雅尔努尔湖。越乌兰陀鲁海塔拉丘，砂砾累累，覆没车轮。北方阿尔泰山，连嶂接天，距不盈尺。南方一望无际，经巴噶诺尔湖，青波漾漾，与绿草相映，有巴噶诺尔驿在焉。

八　巴噶诺尔驿

巴驿在巴噶诺尔湖附近，周围二十五俄里，一咸湖也。湖中鱼类栖息，颇为繁殖。湖畔盐户甚多，由三音诺颜汗、扎萨克图汗管理驿务。自巴驿启行，一片沙地，车行极迟。越额鲁逊达巴沙岭，茫漠无垠，不见草树。查额鲁逊达巴沙岭，广袤九俄里。至此车行益难，余车用六匹马，始得横断达杜尔根诺尔湖，平野丰沃，道路坦荡，似欧美道路矣。湖畔有杜尔根诺尔驿，市况萧瑟，居民甚劣。据余等实测，杜尔根诺尔湖分为二湖，即杜尔湖与哈拉诺尔湖是也。

九　杜尔根驿

晓风残月，出杜尔根驿，淡云接地，四顾寂寥，车行轳辘。进吉勒戞琅图山，高峰巍然，似阻行程。峰顶白雪皑皑，岫云摇曳，仿佛玉笋峰。然附近均系科布多、土默特人，牧场过大，连塔拉溪谷。渡布尔噶苏河，再进沿巴尔噶那河畔，为巴尔噶那驿，有盐场。

十　巴尔噶那驿

巴驿，一寒驿耳。经央基尔匝勒洼地，攀临央基尔匝勒山，地质黏土，草木丛生。遥望巴杜义尔山，土默特人游牧者，多栖止于乌布尔浑洼地，土质丰沃，有库图勒乌苏喷泉。萨巴金人开垦耕地，多种荞麦。过勒噶琅图驿，驿北匝苏孛克特山，扎萨克图土人帐幕尤多。入扎哈布拉克溪，有同名驿。萨巴勒人农户，侨居其地，营农业极为合法，划地开垦，由克尔布恩河开渠引水，以便灌溉。沟渠附近，杂草茂生，附近平野，现将一律开垦，推广农务。过扎哈布拉克溪谷，抵鄂斯山尽处，山路崎岖，车行倾轧。过哈喇乌苏湖洼地，扎萨克图汗人牧畜者侨居于此。

十一　扎哈布拉克驿

出扎哈布拉克驿道路，北向达巴音呼都克井，沿途沙漠难行。至扎们呼都克井，萨巴勒人帐幕散居其间。有哈喇乌苏湖，咸湖也。土地含盐，饮水甚难。湖中有三四岛屿，禽鸟栖息。薄暮冥冥，入哈喇乌苏驿宿焉，驿址荒颓，无可记述。

十二　哈喇乌苏驿

自哈喇乌苏前进，哈喇乌苏溪谷与布彦图果勒溪谷中有一小山，山道缓漫，草木密生，沙砾几没车轴。越鄂博山，地质疏软。鄂博山，蒙人目谓〔为〕圣地，不准闲人进入者也。山上设棚，以防圣地，使东干人不得侵入，俗称赛堪鄂博。顾望前途，东则哈喇乌苏湖，水光映日，西方一望无际，大野茫茫。而科布多城巍然中峙，城边树林郁苍，与白垩丹碧相射映。下赛堪鄂博，即入科布多城东门。科城规模虽不甚大，然结构壮丽，推为蒙古第一。呜呼！余等千辛万苦，裹糇粮，历暑寒，跋涉山河，今日始达科布多城，而渺渺寸心，为之一慰。

戊　科布多

一　政治

科布多为中国西北要镇，参赞大臣驻焉。阿尔泰山脉限其西北，南莅准噶尔，东控乌里雅苏台，土地丰沃，草树郁生，水流甚多，芳花缭乱，洵西边乐土也。城市在东经九十一度六分，北纬四十八度，距海面约四千三百英尺之高。康熙中叶，中国击破准噶尔部，驻屯其地。后雍正御宇，为防边故，筹筑科布多城，属乌里雅苏台将军节制。乾隆时，始改筑科布多城于布彦图河畔，城墙高一丈，厚五尺，周围五百丈，东、西、南各有一门，城角设望楼，城内有各官署，为边疆重镇，与乌里雅苏台分疆而治，且自认蒙地主权，并在科布多河右岸开垦官办农业地，使蒙人四百名、绿旗兵一百人从事农务。城内则调派专员，征收租税，管理农业地，另派喀尔喀部扎萨克人一员管蒙人事务。至行政官，则有台吉一人，带章京衔，专管犯人窃盗遁亡事宜。

科布多各衙门办公需款，由乌里雅苏台、塔尔巴哈台间游牧人民，缴纳马二千匹、骆驼一千匹，及耕牛八百七十二头，特设专官办理。乾隆三十一年，并设杜尔伯特管理衙门，逐年筹备边疆政务，西部无复不轨之乱民矣。

科布多业农地，自开辟以来，从无增减，只增绿旗兵一百二十四名，付监理官监督而已。城内另调绿旗兵四十八名，保护金库、粮食、储械，警备监狱，护送犯人及官有各物件。系咸丰年间所奏设，为定边左副将军分营。洎今所有官衙，均在城内，而城墙卫兵，一律撤废。经厄鲁特人与回教民两次反乱，制度破坏，无昔日之盛矣。故蒙人等，均不以科布多为城塞，以为官办市场焉耳。

科布多官衙，规模均可观，就中参赞大臣公馆尤善，官场中人，均能通达外国情形，熟悉往来酬应，办事恳切。该大臣一夕邀请余等，以慰旅愁，友情厚贶，感谢不尽。

参赞大臣衙门附近有官立蒙人学堂一所，学生均系明噶特人，年龄在十二岁以上、十九岁以下，由各部每年拨给十八两津贴，先学蒙语，教习均由蒙人选派，每年给薪八十五两。

科城粮食储栈，设在东门内北部，邻近有关帝庙，结构宏丽，轮奂之美无匹，系同治年间重修。所憾者，科布多人毫无保存古物观念，史迹委地，狼藉不顾，可惜也。庙西有监狱，尚未完备，当此预备立宪时代，不足为文明监狱制度之模范也。

科布多因毗连新疆，及俄领中央亚细亚地方，回教侨民不少。城内有回教庙，规模甚善。惜教势未振，侨民只一百五名。有教父者，每年巡锡地方一次，行供佛祭礼。

二　商场

科布多商场，距城半里，在布彦图河东一俄里之处。布彦图河，河幅不广，水浅，河床石块累累，毫无灌溉之便，纯系淡水，不含盐质。

商场地域广阔，有大街三道。第一街南北贯通，第二街与第一街并行，第三街横断第一街，为十字形，街上间有回避魔鬼之石牌，凿出"泰山石敢当"字样，甚可异也。商场商铺，以第三街最为繁盛，第二街商情萧瑟，多系富豪家邸宅公馆，房屋均是砖石，规模甚阔。第一街路宽一百另五尺，两侧种白杨树，景色苍润，蒙古城市中罕有之乐境也。城市最清洁，在蒙古各城，无与匹者，游历人均啧啧称之，非余溢美也。商场中另设巡警与清道夫，保维卫生，且巡缉盗贼，并有裁判权，兼管商场夜警事宜。

华商店铺，以第二街为最多，科布多华商不做零星买卖，以趸卖为主业。大盛魁、天义德、元盛义、德和敦等商号，最为繁荣。此等商贾，均系山西、直隶两省商人，为蒙古贸易机关，各家每年办货出入各款，自五十万两至一百二三十万两不等，所订购者，系牧畜、兽皮、口蔴、矿产等，其出售之物，则洋广杂货、茶叶、绵纱为多。

直隶商人无店铺，租住客栈，以营生意。办货以品质朴实为尚，极适蒙人嗜好，惟货价奇昂。如乌里雅苏台商人获息三成，科布多商人获利约七成，足见获利之优厚矣。

山西商人专办牧畜、兽皮、毛绒等货物，惟商情甚淡，不逮直商远甚。

俄商在第三街经营商务，无甚头绪，只有贝塔罗夫、哥铁利尼哥夫、克细明、孛杜诺夫等四家，然将来开发风气，完备交通机关，科布多商务必有起色。

商场调驻之绿营兵，多营古玩铺，兼种地。菜园中栽培洋芋，为塞外第一佳味，每斤价银三分至五分，芜菁一个，与洋芋同，胡萝卜十个，价银五分至八分。绿营兵丁中，多有银匠、木匠、皮匠等项，个人营业极发达，足见边疆军务之一般矣。

科布多居民凿井以供饮料，如遇清冷水，蒙人即以此为神圣水井，尊崇不置，井深七尺为度。井前安设小庙，供井神，所谓龙王庙也，蒙人称为龙王井畔。并有土地庙，以资保护，农家最尊拜之，常供餐食，值开庙时，蒙人来庙烧香者，络绎不绝。

科布多商界中人，极乏道德的精神，商务萧瑟，骗诈公行，于行政上，颇有妨害。以故科布多官场整饬商务，一面为保护商民，一面为防杜无赖起见，在商界中，互选监督七人，名为甲头，办理警务，各甲头管理十五六家，保维安宁，剿灭匪迹，极有成效。甲头并无薪水，只名誉职任也。

官场中人，征税甚苛，无微不至，曾与某甲头闲谈，彼云："人生世上，勿做甲头。"言次，殊为於邑，殆所谓苛政猛于虎欤？边疆风气未开，人情朴厚，统治极易，何必汲汲以强权为事。然世界各国，凡事如斯，不但中国，吾俄国亦然。所愿该处大员及时垂念下情，慎勿谓"君门万里，舆情不得达"也。

科布多商场，有二华人庙，即河神庙也。常遇战祸，迭经劫掠，规模萧条。每年由华、蒙各人捐金修复，尚未完全，已历有年所。

科布多蒙人，以喀尔喀人、特尔扈图人、乌梁海人、杜尔伯特人为最多，均住科布多城。吉尔奇思人，来科布多者亦不少，夏时游牧来科，冬即南迁，非久住者。科布多蒙人，风俗淳朴，罕见妓女，故科城华商，均带妻室，无赖商人最少，是亦华商风俗朴美处也。

科城又有喇嘛庙，蒙人最崇之，以故蒙人推科布多为圣都。余等入境参览一周，庙中规模，洵为可观，不辱圣都名矣。

回顾余等由库伦启程以来，已经四阅月，辞炎暑于库伦，迎初冬于科城，足迹茫茫数千里，游遍西蒙。怅望来途，不胜凄绝。窃念西部蒙古之地，与中原隔绝在数千里外，有秦、楚肥瘠不相关怀之势。中国政府视为边隅，以致鞭长莫及。且中国人士，关心蒙古事者亦少，至可慨也。考中国古来，国患多在北方，不在南方。漠北荒凉之气，常出帝王将相。今日之蒙古，其无复霸希望者欤？夫孰能豫测耶。惟蒙人尊崇宗教甚深，中国当道急宜利用宗教心，以确定统一蒙古之政策，是为当务之急者矣。

《地学杂志》（月刊）

北京中国地学会

1911 年 2 卷 16—18 号，1912 年 3 卷 3、4 号合刊

（丁冉　整理）

鄂尔多斯游纪

——译《中国公论西报》

[英] 毕兰勒　著　甘永龙　译

　　陆军少佐毕兰勒（Major Pereira）者，英国之陆军人员，素有声闻于中国者也。近尝自北京启程，遵陆道往游缅甸，途经鄂尔多斯高原，地在河套之内，因著有《鄂尔多斯游纪》，载于三月份《地理学报》，今转录之。

　　予遵陆游缅之方针既定，即于千九百十年六月三号由北京出发，乘火车西北行，抵张家口，路长一百二十三英里。由张家口至归化城，路长二百七又二分之一英里，雇车三辆而往。归化城地皆童秃，亦无树木，居民甚鲜，皆中国人。昔日多系蒙古人，惟四十年来，为汉人渐购其地，而驱之使北，故蒙古人殆将绝迹矣。其岁获大宗凡三，曰小麦，曰黄豆，曰雀麦。尘土飞扬，皆自西而至。山西北部之人，所操方言，音极刚直，凡谙京话者，对于中国他部分之方言，尚易领略，而独至于北山西，则几瞠乎无应矣。予由此一路至宁夏府（甘肃），除于萨拉齐（厅名，在山西归绥道）一晤瑞典教堂中之乌保君（Mr. Oberg）及来访乌保君之西人数辈外，惟于道途间偶值比利士传教士数名，此即予所仅见之外国人也。

　　直隶与山西交界之处，其边境穿过一镇，名曰西颖子（译音，Hsi-ying-tzu），今世所绘地图，大抵将此镇位置过于偏东，殊属非是。山西一省，近已向西推展，将黄河流域（鄂尔多斯之北）包赅于内，直至相近东华协府（译音，Tung-wang-yeh-fu，其实系镇名，非府名也）之处而止。东华协府在地图上称为阿赤，其名为华人所不知，而此处即今与甘肃省毗连之地也。归化城之名，见诸公文则曰归化厅，其丁口约自七万至八万名，山西省人烟稠密之地，殆以此为首，其次则推大同府。有满人所居之城，在归化厅东北一〇半英里者，乃绥远城也。

予于绥远城雇北京骡车三辆，准备渡鄂尔多斯以达宁夏，自绥至宁，路凡三百〇三半英里，须二十日而至，车每辆仅该处本地银四十两，约合英五金镑六先令八辨士。予又自置一篷帐，专供沙漠中之用者也。

六月十五号，由归化启程，西向而进，渡一广而且腴之平原。平原之北，为一参差兀突、长约二三英里之大山脉所界，其名曰大清山，延亘而南以及于黄河。中国移民之至此者，时有其人，然亦有艳该处工值之高，仅来田中工作数时，时过即返者。其岁获大宗，则大小麦、黍、菽、芝麻五者是也。

其城邑之大者曰毕喜子（译音，Pi-hsieh-ch'i），约有居屋一千五百所，曰萨拉齐厅，曰包头。萨拉齐厅在归化西七十八英里，然据予所见之舆图，则无一不误识者。萨拉齐之居民，约共八千人。

包头与归化相去，计一百英里正，是为此部主要之城池。其居民约自一万五千至二万，羊毛贸易，以此为中心点，煤商亦会萃于是。煤之出处，则在城北十八英里处之山中。城内有车极多，足资行旅之用，然每年之往甘肃者又绝少，此则以道路艰难故也。当冬令时，车辆遵黄河北岸而行，旋复南向，沿上都河而至宁夏，于途约须十八日或二十日之久。然在夏令，则以水势泛滥之故，此路殊不适于用，故大抵渡越鄂尔多斯也。然鄂尔多斯系沙漠之地，行者非挟九日粮不可，游历家往往喜乘舟逆黄河而上，此则非一月许不可，且沿途须三四人牵挽而行。

取道于鄂尔多斯者，骆驼虽稍迟缓，然究胜于车，盖骆驼随处可行，若用车，则记者敢劝人每车一辆，必驾以骡三头，毋惜费而仅用二骡也。予所雇车夫中，其一系识途之老马，故予一入此荒漠，未尝不惊异于引道之人虽少，而彼竟能择途而行，无稍歧误也。彼又自诩能操蒙古语，然此则纯系浮夸，无足致信矣。车夫中又有一人，系染有烟癖而终日蜷卧者，然予则时时驱迫之，使下车步行焉。

予于六月二十号，率仆役二人、车夫三人，由包头启行，于兰桂毓子（译音，Lan-kuei-yao-tzu）相近处，乘筏而渡黄河焉。兰桂毓子者，在包头西南，相距可二十英里之地名也。渡河后，沿沙堤一线，西向而行。此沙堤者，介乎黄河与鄂尔多斯沙丘之间，居者皆汉人，然亦如四散之晨星，寥寥无几。既而抵德盛汗（译音，Te-sheng-heng），是为沙堤之终点，于此乃稍有文明迹象，盖建有旅店一所，足资小驻，并有堡城一所，堡中约汉军十一二人也。当予乘筏渡河之后，予不幸为骡所踢，车轮骤覆，压于予胫，沿途既无医药可乞，而予骨亦幸未折损，故蜷伏车中者二日。然一路依旧进行，未尝以此而辍。

六月二十三号，予离德盛汗时，驻防兵相率出堡，有向予行军礼致敬者。阅一英里许，抵一沙脊，其高约自一百至二百英尺，其形势略如与黄河作并行线，而鄂尔多斯之北界，即借此沙脊为之。

鄂尔多斯一地，就予一路所经过者而言，其长约一百七十二又四分之一英里，至石瑞池（译音，Shih-tsui-tzu）而止。此一百七十二哩又四分之一地，可分为四段。

首段凡四十七英里，至大白生诺尔（湖名，Da-ba-sun Nor）而止。沿途纯系荒漠，间有沙丘突起。沙丘之上，多一二英尺高之矮丛树，然亦有高至三英尺者，惟不多见耳。间或与汉人之为苦力者相值，此辈皆佣役于本地之蒙古侯王、力作已毕而归者。其有井泉之处，汉苦力之环绕者，往往有一二群，而皆以蒙古人监察之。此段行程甚劣，每小时只能进行二英里耳。

二段凡三十七英里，至石里诺尔兰（译音，Shih-li-nor-rai）而止，盖鄂尔多斯最爽豁之地也。其中有蒙古人之喇嘛小寺院五六起，其地势亦较宽旷。有绵羊、山羊、犊、驼、驴、马之属，啮草其间，每群皆有蒙古人二三名看守之。首段之矮丛树，本段亦有之。有沙脊一道，高自三百尺至四百尺，由本段绵延以向于西北。此段之行程，较前段为优美。

三段凡五十九英里，至山燕井（井名，San-yen-ching）西南九英里而止。本段有小沙脊连绵不断，其势亦渐进渐高，如山坡之斜削而上，终乃抵一平原。全段中仅有二井，且一路不见有蒙古人之草屋或畜群，亦未尝与一人相邂近，是真不愧为荒漠。荒漠之上，惟干燥之莠草，间或有二三英尺高之矮树而已。

四段凡二十九又四分一英里，至黄河而止。有斜削之高原，其势递降而下，沿途见喇嘛寺二所，间或有中国商人或苦力之往村中者。

就予一路所经者而言之，则鄂尔多斯实一荒漠之乡，未见有丝毫文明气象。且直至黄河之岸而始见有树，若向所谓树者，不过丛灌而已。沿途人迹尤稀，其来往者，非入村，即离村者也。即以村而论，其居民全赖井水。井之四周，有筑以土墙者，有卫以石子者，是皆小小之中心点。蒙古人之畜牧者，皆邻近于斯。无以名之，名之曰村而已矣。统鄂尔多斯而言，凡予所见之蒙古人，殆不满百名，间有二三圆形之小舍，近井而筑，舍以竹木片为之，顶上盖以毡，其圆径约十二英尺，高约九英尺至十二英尺。此即所谓村落也。然于最后之八十八英里中，则非特不见有村落，并不见有行路之蒙古人，既而遇渡夫一众，约十二人，则在黄河中驾筏以为生者也。所遇汉人，约共二三十名，大抵系苦力，皆佣役于各村落者也。

鄂尔多斯之四周，皆有汉人移徙而至，逐蒙古人而自居。即其东部，亦竟有之。独至于鄂尔多斯本部，则以既乏水浆，而地势之高，又不宜于灌溉，舍一二处略可刍牧者以外，其余几尽归无用，故虽坚忍如汉人，亦莫有拦〔阑〕入者。

鄂尔多斯除临湖之衙署一所及喇嘛寺数处外，其余更无屋宇，所见喇嘛寺中之最大者，系一二十八方尺之砖屋，其顶系汉式，两旁各有一较小之寺以为之翼，其从者所居，则寺后有泥屋十一二所，据云此处喇嘛之侍从，全数凡三四十人云。

该寺虽只有牛车三辆，然一路苟非为泥沙所掩灭，则皆有辙迹可见。野花种类，至为繁夥，动物以蜥蜴及棕色鼠为最多，间有数处，产鹿甚富，而尤以第三段内距离石里诺尔兰九英里处之流域中为最。予尝于该部分，一次所见至四百头左右，若在他部分，则一次所见从未有过三四十头者。此外则野兔亦甚多，禽鸟中有鹧鸪、沙鸠、野鸽、鹭鹚等亦间有之，惟鹰鹯与小鸟则独无。

大白生湖，汉人名之曰泰盐海池（Ta-yeh-hai-tzu），按诸地图所绘，往往太偏于北，且所占地位亦太广。至于地图上所记之名，则又与以上二者不同。盖其名为哈喇莽喀淖尔（Chara-mannai Nor）也。此名为该处蒙古人所弗稔者，湖长自东北至西南约八英里，阔自一英里半至二英里，湖中绝无船只。其西部有水，而东部则系盐隰，盐覆隰面，略如一层之薄冰。渡盐隰约百码，地土愈进愈软，予乃弗能复前。据本地蒙古人告予，当天雨之后，间或深至六英尺。隰中盐为是处蒙古侯王入息之一宗。此蒙古王者，其所居在由此南下九英里之处也。一路欲得清水，不得不求之于井，此外惟二小溪中有之。甲溪在麻巴拉（译音，Mou-pa-la），乙溪离湖甚近。然此二溪之水，亦流溃入沙，探取不易。其余河床（即溪底）尽皆干涸，且多盐迹。

沿途以赤日当空、无所蔽荫之故，气候大都昼热而夜寒。某日当下午一点钟时，气候在法伦寒暑表九十度，及次晨五点钟，则北风怒号，度数已降至四十一矣。幸当时所遇仅小雨二阵、最难堪之飞沙一阵。

鄂尔多斯之名，仅为蒙古人所用，汉人则罕有知者。予于宁夏府遇一中国极有才智之邮政司，彼亦茫然不知此名云何。考诸地图，则有书河套者。其实河套系黄河北面一平原之名。此平原绵延东向，达乎贺兰山脉以北。

查礼士君（Mr. Charles）尝著有《鄂尔多斯论》，论中谓赫式神父（Abbé Huc）渡大白生河南部以达石瑞池，故予抵鄂尔多斯之此部分时，即谨遵赫式神父之旧辙而行。然据予所闻，则欧洲人之曾经此部分者甚鲜，不过有比国传教士，聚处于上都河（地在黄河之上鄂尔多斯之西），并有过上都河而行踪更进者耳。予所挈者为一空盒风雨表，是以一路进行，仅足以识地势高下之比较。当予初入鄂尔多斯时，验之于表，则地高四千六百五十英尺，既而地势自低而渐峻，为一千一百六十英尺，然后渐降至八百三十英尺，直至大白生湖而止。既过湖，又渐高至一千四百英尺，渐落至一千二百七十英尺，至近接石瑞池之黄河而止。然而石瑞池地势之高，又至五千一百五十英尺也。予所仅见之高山，为一参差断续之山脉，蒙古人称为阿喇伯斯贺兰（即贺兰山），即鄂尔多斯之西界也。

予所见之淤泥（水势淤积之灰泥），惟在距离石瑞池四五十英里处之山中，及将抵黄河之最后七英里内而已。

黄河两处渡头，其水势皆甚急，河阔约均自四百码至五百码，且水甚污浊，与河南、山东两省内之黄河，水色相等。据称现拟于河上置一比国小火轮，俾往来于宁夏、归化之间。夫鄂尔多斯之游，不可谓无味，然欲既游者重临斯土，则其人苟非蒙古土著，必系染有狂病者也。

既而予抵石瑞池，亦曰石瑞山，差幸出荒漠而见文明气象矣。然亦不过一位置于沙原之穷邑，其土甚瘠，其居屋仅七八百所也。自此南行三四英里，居然入一地土膏腴之壤，介乎黄河与贺兰山之间，有河五道灌溉之。盖此间四面之沟洫，皆赖黄河水为滋润，而此五道之河，亦黄河所浸注也。其出产物，则大麦、小麦、米、黍、高粱、黄豆、胡麻子、蔬果等，无不毕备。

由此过一繁盛之镇集，及一居民四五百家之小县，而抵宁夏府，府离石瑞池六十三哩半，自四十年前回匪乱后，休养生息，至今渐复旧观，府中约有人口四五万名矣。织毯为宁夏最大实业，欧人之旅此者，惟英国毕特勒夫妇（Mr. &. Mrs. Biddler）而已。

抵山西时，予未尝见有罂粟花，据该处教士告予，谓官场遵守禁烟谕旨，丝毫不容假借，是不得谓非善政矣。入甘肃，则于石瑞池及宁夏府之间，见有罂粟田，然据斐特勒君（Mr. Fiddler）告予，则目前之罂粟，已较昔时减少至百分之九十矣。

按，纪中所举地名，多有地图上无可考者，仅据西文译音而已。

译者志

《东方杂志》（月刊）
上海商务印书馆东方杂志社
1911 年 8 卷 5 号
（李红菊 整理）

车臣汗纪程

[蒙古] 延清 撰

前清光绪三十四年正月二十一日，翰林院侍讲学士延清，前往车臣汗部致祭。查车臣，一名赤城，又名彻辰，乃译音之讹，地在喀尔喀东，计二十三旗。使者向例，驰驿由陆军部给有勘合，应领路费，例由度支部发给，每日银四两，沿途州县溜单，例依次传递，经行各台站，例供应羊只。

三月初九日晚，张振卿统制、王爵生侍郎、陈子久太守，为余饯行，大雨。

初十日，出都。徐化东、卞芸台、庆雨臣、延蔚云、奕绍敏，均送至安定门外，长孙金源亦送至安定门外官厅。是日，天阴甚，微雨，经黄寺西北一带，路多积水，须绕越而行。午尖清河，暮抵昌平州。城南门内多积水，路政不修，颇不易行。幸市口灯火尚明，拟谒刘谏议祠，以夜深未果。州官何，皖人。

十一日，早发昌平，北望诸山，饶有画意。过榆河关沟，道中乱石甚多。至南口火车，现至此止。暮抵居庸关，关门有"古雄关"三字，城瓮内满镌神佛像，极其精工。四大天王足下，各踏一鬼。有居庸驿，属延庆州，州官周芸、田明府文藻。

十二日，行居庸山中。以接修车路，须穿山而过，做工者日千数百计。山麓有庙，碑及车路，庙中佛像遗弃道旁。八达岭尤险要，俗传三关即此。石壁錾有杨六郎像，又有"五贵头"三字，贵字俗传是鬼字。下边今添洋文石刻一方，壁上并刻有"弹琴峡"三字。山桃花开较迟，山洼仅有菜园数家。午尖岔道堡，门二，署有岔东雄关、岔西雄关字样。途次大风，至榆林驿换马（由居庸驿至此，换榆林驿马），今驿系旧有之堡改设。怀来城东门外路北庙额，署有"膏泽应时，黍谷春回"八字。驿馆预备茶尖，岸旁系有渔舟二，皆小如一叶。暮抵怀来县城外浑河，即桑干河之上游。连日行馆，皆借沿途旅店而设，至此始有行馆。《舜典》所谓妫汭在县境，河内产金丝鲤，最肥美。县官王幼纶大令忠荫。

十三日，发怀来，西望远山积雪，横亘天际。过土木驿，地以土木名，似应有木，乃仅一土城，不见一木。谒显忠祠，明景泰初，祀正统己巳土木殉难诸臣也。午尖沙城，东门上石刻"东阁迎晖"四字。康熙三十五年，圣驾出张家口，经怀来至沙城，见烧缸流珠，取尝，曰酒甚佳，命侍卫驰进太后，从此京都人盛称沙酒云（沙酒即状元红）。过新保安，与旧保安中隔一河，新保安东西有村，名东八里、西八里。暮抵鸡鸣驿，至此始闻布谷声。

十四日，发鸡鸣驿。一路看山，驿馆后之北山，俗呼奶奶山。所历有老龙背山、蛇腰弯山，盖山路蜿蜒，如龙如蛇。老龙背中凸，蛇腰弯中凹，俗传龙强故凸，蛇弱故凹也。奶奶山高数百丈，上有一井，不知当日如何凿成。石桥横跨，山下望之了然。山顶有庙，房屋甚多。每岁四月开庙，香火甚盛。沿路开山伐石，以备火车驶行之无阻。至响水堡，始出山。响水堡西，有响水梁，堡壁题有"斡难瑞泃谪戍军台"，至此午尖，诗和之。暮抵宣化府，驻上谷公所（宣化府，燕、晋置上谷郡）。正厅署有"星聚云停"四字匾额。庚子秋，两宫西狩，即驻跸于此。胡珍府大令商彝来拜，谈甚久。据云，西门外已种柳千株。

十五日，早微雨，发宣府。午尖榆林堡（此另一榆林），边城田亩，三月杪尚未播种。暮抵张家口（由京师至张家口，计三百九十五里，张家口距宣化府六十里），住武城街迤北、边路街道东，东绅店。是晚微雨，自都统以次，均来拜会，先后馈送酒席者不绝。出口需用翻译，诚都统已行文，调取第二台委章京绰克鲁普充当。

十八日，闻文锦堂与麟佑峰谈及有梦琴副都护谪居来此，余三十年旧友也，初不知之，遂往访焉。君自西藏来，云山水之奇，甲于中国。

十九日至二十日，均住张家口，日盻〔盼〕翻译不至。东绅店主人云："张垣有八景，曰元宝山、东西太平山、鱼儿山、赐儿山、朝阳洞、通桥、铁坝、营城子。"

二十一日，诚统制与耀驿道，以绰翻译至今未到，又下公事催之。

二十五日，翻译绰克鲁普于昨日抵口，今早来谒，蓉龛副都护受之驿道，以路菜多品见馈。

二十六日，准明日出口，作家书寄慰京邸。耀受之云："八景外尚有永丰堡一景，在张垣西北八里，其地风景甚佳。"

二十七日，晓发张垣，出大境门、上堡北门，两山对峙，石壁崎峭如削，张文端公鹏翮《奉使俄罗斯行程录》盛称之。过陀罗庙，庙中关帝像，提刀立马，神采如生。庙侧有店，破陋殊甚，其灶上犹贴"李白三杯酒，卢仝七碗茶"十字。暮宿察汗陀罗盖，第一台八十里，译言白头公馆，犹是瓦屋，极其整齐。不一里，有关帝庙，每岁演戏四次。余宿此时，正值春季演戏，村人络绎往观，不绝于路。庙僧率沙弥来献果饵，并请观戏。当却之，赠以香资二金。庙后有二龙双凤山，山有煤矿，有村名五十家子。

二十八日，早发察汗陀罗盖，过大坝，传系康熙年间筑，今圮。新开地亩，自第一台起，土含沙砾，肥沃者不多。此处垦地农人野处，搭盖土房，正兴工作。道中初见鄂博（石堆也，蒙古礼拜极虔敬）。经布尔嘎苏（第二台，六十里，译言有树），沿途开垦之地甚多。路旁有庙一座，系用白石砌成。山南有喇嘛庙一所，屋宇极多，所谓海流招（蒙古谓庙曰招）也。今喇嘛携牲畜去，盖因庙之四围地皆开垦，庙中所有牲畜无处牧放，故舍庙而去。此开垦之不便于蒙民者。行馆壁间悬有垦务大臣告示云"每台站四而〔面〕十五里以内，不准开垦地亩，恐于牧放有碍"等语，是定章未尝不善，其如委员奉行不善何！暮抵海流（第三台，六十里，译言河名），一作哈留。自开垦以来，蒙人牲畜常为客民盗窃。

二十九日，早发海流，午尖鄂罗胡笃克蒙古包（第四台，四十里，译言多井）。凡蒙古包，门极矮，出入多不便，此乃第四台拨什户某居处。其中陈设极为华丽，门上所贴蒙古文，似是春联。男女皆着皮靴，靴头上翘，俗呼朝天靴。女子爱用各式绸巾蒙首。时已三月杪，开垦之地，尚未播种，所见皆童山，无一树。由张家口至此，始换驾杆车。道中遇风，暮宿奎苏图（第五台，七十里，译言多木，译作泉眼），住屋破坏。

四月初一日，晓行过札哈苏（第六台，六十里，译言多鱼），向传河内多鱼，今过此河，非唯无鱼，并水亦无之。暮宿明爱（第七台，六十里，译言千里），一作明隘。明爱二字，系从西南之山得名。此据绰翻译所言，不知足恃否。夜得雪数寸。

初二日，别明爱。雪后寒甚，晓赴齐齐尔土（第八台，八十里，译言齐整，以有石如帐形，甚整齐也）。察哈尔内八旗止此，过此，则蒙古旗境。新垦之田，亦至第八台止。壁上题有"第八台人心最不好"等语，不知何指。沿途台站服役者，谓之桃花契，此处兼以妇女充之。暮抵青岱（第九台，九十里，译言鄂博名）。

初三日，早赴乌兰哈达（第十台，一百二十里，译言红石），山上石皆红色。路经滑骨山，车前驾杆人名乌拉契。此处有以扣肯充之者（扣肯，蒙古呼女名）。暮抵奔巴图（第十一台，八十里，译言有坟）。夜梦张友柏同年宝森来访，旋与话别，仿佛在毡庐也。

初四日，早发奔巴图，午尖沙拉哈达（第十二台，七十里，译言黄石）。路遇四十四台赴张家口领饷参领等员，在道旁参谒，以车行甚疾，不及下车，唯有拱谢而已。暮抵布鲁图（第十三台，五十里，译言青山）。

初五日，早发布鲁图，过鄂兰胡笃克（第十四台，五十里，译言多井）、察汗胡笃克（第十五台，九十里，译言白井）。暮抵沙拉木楞（第十六台，六十里，译言黄河），地多沙墩，疑即龙堆也。此地产百灵、叫天子最多，飞鸣空中，至暮不息，时有口内人来此购买，以备笼入京师售卖。

初六日，赴鄂拉胡笃克（第十七台，一百二十里，译言土井），有大岭，极其平远，横亘一百二十里，土人呼为大炕。此台系四子王、东苏尼王、西苏尼王三旗管辖。时正午，即见月牙，甚不可解。暮抵吉斯洪果尔（第十八台，八十里，译言红黄土堆）。

初七日，晓发吉斯洪果尔，早尖西拉木霍哩（第十九台，一百里，译言生铁），有以金桃枝来献者。暮抵布隆（第二十台，一百二十里，译言四山环绕也），此台驼、马、牛、羊极多，环绕帐外。景佩珂学士禊，昔奉使过此，有《紫马兰》诗云："一路紫兰开，孤芳隐草莱。"余今至此，尚未见一花，何也？连日颇有雨意，均为午后大风吹散。

初八日，晓发布隆，赴苏吉布拉克（第二十一台，一百二十里，译言跨泉）。途中有庙，名苏吉，祀雅穆达噶佛。初见黄羊成群，其行甚疾。道南一树，颇有生意，榆也。道北两树，远望之作黑色，似已枯者，塞外春迟，枝柯尚无绿意，其实非枯也。茶尖陀黎布拉克（第二十二台，七十里，译言镜泉）。此地多蛇，蒙人谓蛇为木诡。谒慈云寺，距马跑泉半里许，系乾隆年间奉旨敕建，正殿祀观音，有"注法西极"四字匾，乃札克丹克同治元年所署者。寺内尊藏经典极多，有喇嘛数百人。一喇嘛身披偏袒，率侍者以果饵暨奶茶来献，当酬以香资二金。夜宿图古里克（第二十三台，一百十二里，译言路远）。

初九日，晓发图古里克，赴穆哈里哈顺（第二十四台，一百里，入戈壁界，即瀚海）。

初十日，晓发穆哈里哈顺，午尖豁尼齐（第二十五台，一百五十里，译言牧羊，传为苏武牧羊处）。游溥周寺，系咸丰年间奉旨敕建。闻寺有活佛，即住寺后，另建平顶黄屋以居之，其规制甚为尊崇。戈壁石，五色斑斓，遍地皆是，仆人掇拾甚多。暮抵毕勒格库，又名那朗（第二十六台，一百里）。那朗二字，不知译作何解，绰翻译云："义取水向东流之谓。"

十一日，早发毕勒格库，地无一树，鸟必穴居。按沿途鼠穴尤多，大小不一。《朔漠方略》所谓"各种野鼠所穿之穴，较兴安一带鼢鼠之穴更深，殊觉可厌"，信然。午尖哈萨布齐（第二十七台，一百二十里，译言门带），所过山麓，石皆黑色。暮抵札拉苏（第二十八台，八十里）。

十二日，赴那默图（第一堆台，一百五十里，译曰弓。按堆台里数，每以多报少，每站似皆不止二百里程，盖少安一堆台，即可省费若干。以马行较内地尤速，故不觉远。第一堆台至第四堆台，皆土谢图境）。初行草地，凡草地现安堆台，马皆桀骜不驯，驾杆车甚不易套，至有三四人控制一马，方能就道。此口内人所不及者。此地遍野皆金桃木，有灰鹤一双飞鸣而起。有井，泉水极清。暮抵那默图，库伦办事大臣所派二品台吉某来见，盖为督催安设土谢图境内堆台故也。此岔道第一堆台，往往有因库伦公文迟未递到，钦差至此，无人供应，有改道径投库伦，偕同陪祭章京，再赴车臣汗者，如此往返，须多走十余日路程。余幸免此，是皆诚果泉统制、延锡芝大臣早为安置之力也。

十三日，阻风，闷坐毡庐。早晚闻有诵经，询之，乃蒙古人奉喇嘛教者。连日所见灰鹤甚多，皆两两飞集于山野间。

十四日，晓发那默图，噶喇木蟠屈地上，形似龙。山多乱石，皆作赤色。路高下，车不易行。至此驾杆凡两脱，驾车者内有喇嘛一人，犹诵经不息。将近德勒苏乌苏，山又黑石如炭，路见双凫飞起，羽毛红色，土人呼为红雁。暮止德勒苏乌苏（第二堆台，一百二十里，译言水草。按，德勒苏，草名；乌苏，水名）。地多狼，时已四月中旬，山洼杏树，一株始花。

十五日，晓赴布楞（第三堆台，一百二十里），库伦办事大臣既派委员二品台吉某督催安设堆台外，又派蒙弁查点备差驼马，俱来此叩见。驾车乌拉契，乘马倔强，中途马逸，为驾杆拨落，卧地久之未苏，似是已死，殊可怜悯。将抵布楞山麓，支帐房两架，中列货物，蒙人络绎往购，谓之买卖街。来此贸易者，皆直隶、张家口、山西、包头镇人。前在各台站，见有牛车装载货物，皆往各处蒙古包售卖者，蒙人类皆以毛革兑换货物，无一现钱。各台站居人所需米面等物，皆货之商贾。今年购者，须偿之明年。大雨时至，不久旋晴。

十六日，晨起阻风，午后又雨，仆人刘喜云："京师妙峰山，例于今日封山，例皆有雨，谓之净山雨。今此处亦雨，谁谓南北不同天耶。"

十七日，晓发布楞，此地皆以羊油裹纸为烛，烛心即驼毛也。食物日见减少，忆马文良公其《倬推河晓发》诗有"米囊空后旧装轻"之句，穷荒形色，曲意形容，信然。路见金桃遍地，拟属此处蒙人预为多取之，以备带回都门，分赠亲友。据翻译云："距车臣汗不远，该王旗早晚必遣蒙员前来迎接，并递哈达。"车中渴甚，饮此间井水，味苦而咸。晚宿登吉乌苏（第四堆台，八十里，译言泉水）。

十八日，晓发登吉乌苏，将抵把颜苏吉（第五堆台，一百二十里，译言井，入车臣汗境）。该王旗遣大台吉东林公布，照料第一堆台至第四堆台，供应一切。至此来见，跪递哈达一方，以示恭敬。闻前郡王衔札萨克多罗贝勒蕴端多尔济无嗣，本福晋前王之母，以四品台吉棍布苏伦为嗣（前王之族弟），尚未接入王府。

十九日，赴温吉图布拉嘎（第六堆台，一百二十里，译言泉），茶尖后，山石皆作赤色。暮宿吉洪布拉嘎（第七堆台，一百二十里，译言甘泉），榆树成林，往游其下，见角鹰翔集树杪，有花瓣，长而细，红色，极瘦，丛集根上，似无干者，贴地，高不盈寸。

二十日，晓发吉洪布拉嘎，暮抵格特勒（第八堆台，一百五十里），余自南而北，该王旗第一堆台，乃余行之第八堆台也。

二十一日，抵额吉图王旗（第九堆台，九十里，自张家口至此，约三千七百里）。余向有腰痛之疾，行至二十六七台时，旧疾渐发，然犹抱疾长征，至此腰痛如折。当疾发时，库伦办事大臣派来陪祭司员瑞芝圃部郎森，日来探视，每留与茗谈。至二十三四日，始渐瘳。至王旗时，新袭爵郡王衔多罗贝勒棍布苏伦，先遣署札萨克托撒拉克契达木等，至第二堆台跪接。至第一堆台，该贝勒率领达木登，暨诸台吉蒙员等在郊外跪迎。该王旗地，平原一片，东列两山，远望郁郁葱葱，洵非他处可及。正邸板屋宏整，四围环以蒙古包。邸前有庙五所，亦板屋，尤华丽，惟不知建于何时，竟无一碑可考。

二十二日至二十四日，住额吉图。

二十五日，致祭礼成。是日使者奠酒，时左右蒙员二人，各以酒爵擎递。祭文皆蒙文，由库伦派来大章京照读之，读毕焚化。余更具果饵为私祭（礼成后，毡前见一蝶飞舞而来，久之始去，虽与常蝶无异，第一路来，未见一蝶也。有鸟似鸦而小，红嘴如铁，哑哑善鸣，亦可爱），旋报谒贝勒。蒙古包内中设一炕，独座，铺以蓝垫金蟒褥，专待使者也。余逊避再三，不得已就座，贝勒席地坐〔作〕陪。使者坐定，有三四品各一员，一平执镀金奶茶大铜壶，一高擎珐琅带托奶茶钟，跪献使者而退。炕前横案，上设面饵一盘，覆以冰糖、红枣。余令翻译备述康熙车臣部始封汗王硕垒来归始末，使知法守。贝勒及环侍诸台吉、大小蒙员等，咸敬听无哗，唯叩首无算、同声者者而已。按者者，是也。王邸久无人居，贝勒命翻译导余往游邸内，恭悬上赏福字一方。该郡王累代封册，均藏于此。蕴端多尔济之父车凌三都巴相片，犹悬壁间。

又游额吉图诸寺，寺内所设有柄大鼓，圆如磨盘，诸佛相皆狰狞可怖，据云皆系观世音菩萨变相，有握蛇者，有骑牛者，有赤身女子仰卧于牛腹之下，牛屈其前两足，意似与女子交媾者，有一相四面各有一头者，有以无数髑髅为一串戴之毗卢帽之四围者，有穿为一带系之腰间者。蒙古崇奉佛教，甚于西人迷信天主耶稣。署札萨克达木登，率领诸台吉、大小蒙员等，随从予遍游诸寺，入寺皆摩顶无算，翻译绰克鲁普尤甚。

二十六日，濒行，贝勒率同托撒拉克契达木登暨诸台吉、大小蒙员等，齐集额集图郊南行帐，公同饯送，极其诚敬，太福晋于余抵该旗次日，遣员来递哈达，至是又以程仪暨多珍见馈。

二十八日，大台吉车林公布管理本旗所设堆台四处，来往亦只伊一人伴送，情意殷殷可感也。临别出哈达一方，并祝一路福星。

归途不复能逐日作记，于五月十六日，抵张家口。游水母庙，庙祀水母，即龙母也。十八日，抵宣府，过新保安，谒沈青霞先生祠。十九日，游怀来县西门外广慈寺，圣祖亲征噶尔丹凯旋驻跸于此，曾留棕、蒲履各一双，寺僧敬谨收藏。至光绪庚子年，棕履失去，仅存蒲履。寺僧出以示予，触手如新，不知果是当时留镇山门之物否。

三十日至居庸，山中有巨石，可容十数人，俗呼为帐房石，明督帅某题"仙枕"二字于上，又五言排律一首，余仅记其起句"峡琴不可见，仙枕尚堪眠"十字。道边有石碣，题曰"青龙桥"。雨后巨蝶无数，半皆黄质黑章，飞舞车前。出南口，访明十三陵，沿东北山路行三十余里，路甚崎岖。至长陵飨殿，梁栋皆黄松，柱皆楠木，其大非两人所能合抱。壁上诗不多，类皆游人留题姓名。楼上隧道碑石作赤色，从前人传为昌化石，以炫奇异，迨庚子秋，洋人驻军于此，将碑座石斫去一角，始知是寻常青石，不过外加朱漆耳。嘉庆御制诗碑亭，在殿之东南角。所有殿宇，饬令地方分年修理，并严禁樵采。二十二日入都。二十三日早，赴颐和园宫门，请安覆命。

延子澄学士清，京口驻防旗，原籍蒙古巴里客氏。予己亥在京师，支继卿内兄出其《巴里客游草》见赠，盖风雅选也。戊申春，使车臣汗，往返三阅月，得纪程诗三百数十首，典章国故、地望物情，一一详之注中。适予编中外游记，苦外蒙古之罕人游，游者如宝文靖相国、景佩珂学士之均有诗而无记也。因排次月日，联缀片段，即名曰《奉使车臣汗纪程》，学士见之，得毋嗤为好事乎。

宣统二年，南清河王锡祺识

《地学杂志》（月刊）

北京中国地学会

1912 年 3 卷 7、8 号合刊

（丁冉　整理）

钮中将东蒙旅行记

陈宏夐　撰

钮中将永建筹画蒙事，亲入朔北，以为实边之准备，组织东蒙旅行团。正值五九最寒之期，寒风迎面，在口外者，无不遄归避寒。本团策马大陆，驰聘〔骋〕风雪，世人皆以为寒，本团视之无有也。溯长风，走沙漠，履坚冰，蕃白雪，饮盐茶，餐羊面；破露而行，日入而宿，冰霜朦面，衣履皆白，冠白、面白、手白，自视不自知。路过行人，初以为奇，相视而笑，其后习惯，亦自忘焉。出古北口，经热河赤峰、马丹城、林西县、巴林、乌珠穆沁、经棚、大王庙、多伦诺尔、巴彦们都、河巴噶札萨克、东苏呢特、蓝旗、白旗、镶黄旗、大马群，而回张家口，计期八十日，行程五千里。所视无新物器具，车楂悉如上古。往日诵诗，空记其名，几千百年之古景，乃于朔北得见之。此行除军事要件，得种种实情外，地理、物产、人情、风俗，见所不及见，闻所不及闻，如入深山，如泛大洋，如上高天，如下深渊，浩浩无境，荡荡无涯，百里不见一人，野兽逐群而走，诚足开我胸怀、增我壮志也。其有见而不谋之者寡矣。

出发前之准备

十一月抄〔杪〕，旅行之经费始决定。十二月初旬，即欲出发。备办行装之期限，仅得一星期，甚觉短促，且经费仅得一万元，同行十九人，故不能不种种皆节省。购乘马、买干粮杂物、备行军用药策、雇辎重车，为数颇巨，而每人治行装，给发百五十元，仓卒购买，倏忽而行，故种种亟求单简，以期便于携带。

一人之用品如左：

皮帽一顶（带耳包）

羊毛布袍一件（前后开叉，以便乘马，马蹄袖一对，风领一条）

紧身皮衣一件

卫生衣裤一套

呢马裤一条

衬衣裤一套

斗蓬一领（日以为衣，夜以为被）

毡里靴一对

毡袜二对（夜间以火煨之，使日积汗排干，方得和暖）

毡面皮底鞋一对

腰带一条

绒织手套二对（此为因手出汗后，晨昏即结冰，冷冻不适用，仍是用马蹄袖为佳）

风镜一个（后镜为暖气所呵，即结冰不见，不能用）

指南针一个

皮褥一张

骆驼毛毡被三张

枕头套一个（以多带之衬衣实之，以为枕头甚便利）

水壶一个（天寒喉不渴，中途无须饮水）

手巾二条

小刀一柄

箸一对

面巾、牙擦、番枧各二

地图、铅笔、毛笔、纸张、信封、天然墨、手簿、手电灯及杂袋，并多少丹药

马包一个（装寝具及衣服）

公用之物品如左：

金柜卫生药策一个（沃度丁酒在内）

腊〔蜡〕烛（此物应多带，途中寻亮甚难）

面包、罐头（此物而不用，因人数不多，到处皆能购食）

纸张、笔墨、日记簿、报告纸

礼物

车马鞍具等物

以上各要用之物，皆在一星期内，分由各人自行购齐，故数日间，即能出发。

出发时之景况

第一站目的地，为古北口。于出发前二日，在北京东直门外，择定一宽敞旅店，以为齐集出发之地。通告各人于十二月初九日下午四点钟之前，各运行李，齐集于所指定之旅店。公用之辎重、车马，亦于是日运集该店焉。东直门外之旅店，虽营庭宽敞，有马厩、马槽等之设备，而房舍湫溢，空气闭塞，土炕上之污泥灰尘，埋积盈寸。房舍无多，每榻宿四人，炭气满室，初至颇难忍耐。燃小瓶洋油灯，薰烟腾腾，灯光如豆，乃取洋烛以燃光焉。是晚豫备分积车辆，规定乘马、乘车人数，分派担任考察手续，分任调查之要项如左：

一、道路之概况

二、地形之险阻

三、河川之概况

四、地物之概况

五、人口之概数

六、人文之程度

七、物资之概况

八、交通之设备

九、人民之生活程度

十、现在军备之设施

十一、将来应行扩充之军备程度

十二、应特为注意之地点

十三、各地之寒度

十四、防寒之方法

十五、该地人心对于中央政府之观念

十六、尚武精神之如何

十七、外力之如何

此外则绘画地图。分配既定，翌日晨六点钟早膳，七点钟出发，各怀武器，向牛兰山堡进行。值日者在后管押行李，检查宿舍有无遗漏物品，行状甚壮，有慷慨吞敌之况。未完①

《大陆国报》（月刊）

北京大陆国报社

1913 年 1 卷 1 期

（李红菊　整理）

---

①　据《1833—1949 全国中文期刊联合目录》（增订本）著录，本刊仅出版了一期。——整理者注

西盟游记

勺与　撰

民国二年春，仲遴王君传炯，奉命宣慰内蒙乌兰察布盟，古吴陈子份随行焉，公余辄将途中经历，笔以记之，五十日间，积稿盈簏以归，复删繁就简，笔削经旬，始示（寿文）。陈子，富冒险性，足迹半天下，《南洋游记》、《漱润轩丛谈》、《泰岱纪异》，均出其手。斯记起北京，终四子王旗，于其山川道里、风俗人情，尤加详焉。热心边事者，其三复之。

虞山公羊寿文志

正月五日，晴，寒暑计早十九度，午二十七度，晚二十度

上午十一点五分，由西直门京张铁路开车北行，一望平原无垠，回首都城，渐入烟际。二十五分，抵清华园，西望山陵绵亘。五十五分，抵清河（距西直门二十里，京张路线起丰台镇，自丰台至西直门，计二十七里，经广安门站）。站以清河名，河源出京师西北之西山，南流入运河，北京自来水公司，所需水量，实赖此河，陆军第一预备学校在焉。十二点十五分，车折东北行，抵南口。三十五分开，山势愈上愈高，车机改向后推，速度减三分之一。车行山峡间，宽不及十丈，峭壁崚峋，危石欲坠，轨蜿蜒〔蜒〕曲折，绕东北，折西南，五十九分，抵东园，略停，俟康庄下行车也。

京张路线，共分六段。首二段，或高或下，随山势之起伏，每三十余里，即有两山交叉处。车至此，不能直行，特设双轨，上行初由左轨，至此即折回，驰绕右轨，渐行归故道，盖自上而下之车，来势过急，故于此缓行线上，减其速力，以防不测也。车上行斜度，为一至十一度。此路线系我国完全主权，一切设施皆我华人，总其成者，为粤东詹天佑氏。

一点四十七分，下行车来。四十一分开，折而北行，速力更减二分之一。二点四分，进山洞。七分，出洞。此为第一洞，即居庸关。洞深二里弱，京张大道，在轨之左。三十分，经上关。三十三分，经下关。二关今均就圮矣。

出居庸关，车中口占一律，以写兴感，工拙不计也。

> 繄昔固闭时，雄分上下关。今乃重交通，凿开南北山。
>
> 相去千余年，居庸久颓残。落日散幽燕，大漠云漫漫。
>
> 天险宁足据，人事茫无端。唯有关山月，长年照客颜。

三十七分，至三堡站。四十分，过乌龟头山洞，四十五分，过石佛寺山洞，行一分钟，折西行。山麓积雪未消，六郎营在东南，土人云："宋杨业子延昭屯兵处也。"五十二分，抵青龙桥，距京百零六里，死山枯石，一片荒凉。仰望长城雉堞，高矗山巅。三点五分，进叭哒岭山洞，十分，出洞。洞长三里有奇，为京张路四洞中之最长者也。车机调车前，速度顿加，出口与洞南风景迥殊，远山纵列，树木郁茂，两岸阡陌有内地村落间意。二十五分，抵康庄，距京一百二十八里。该庄西临延庆，北界怀来，商店甚夥，居民亦盛。三十分，开车西行，沿途地势辽阔，村居栉比。四十七分，至怀来站，距县城三里许。县城筑山上，绵延数里，势若长城之缩小者焉。山下河流曰洋河，环于站之西南。五十分，西南行。四点三十五分，至沙城站，车马云集，土人状极古朴。四十三分开，折西北行。五点，至新保安站，距京二百零六里，城在铁道南，东有古庙，规模宏壮，未详其名。五点二十分，经鸡鸣山。山矗立巍峨，高数十丈，山下有鸡鸣关，关上有古庙、戏楼。山产煤，设有矿务局，开井挖取，煤苗甚旺。惟以旧法采取，出煤不盛。二十七分，至下花园。六点十五分，至宣化府，距京二百八十里。站之附近多旅馆，商业颇盛。二十分，开。五十分，至沙岭站。七点四十分，抵张家口，寓桥东迎宾楼。

六日，晴，寒暑计早十七度，午二十三度，晚二十度

晨，参谋部调查员马君子林来谒仲遴，同人偕谈久时，得悉蒙情甚详（详《乌盟慰问记》）。十时，偕孙君体仁（汉）、汪君汉深（浩）往访铁路站长邬某。邬，粤东籍，居张久，于张之情形颇熟。午后，复偕二君于桥东及上下堡一游。奔走半日，饱尝尘土矣。晚汇通车行主李某来谒。李，贯市人，颇诚实，赶车起家。据云，毕生精力，俱付于京绥道中（自京师至绥远大道）矣。有所询，兹覆详尽，可感也。兹据邬、李二君所告，及途中所见，拉杂纪之。

张家口居京西北三百三十七里，北纬四十一度，西经一度三十七分①，较北京高一度有奇，为关内巨镇，隶宣化府。北出通桥，道途广阔，赴蒙古粮台之大道也（自张家口至库伦，共四十四台站，隶察哈尔者三十二，隶库伦者十二，统称阿尔泰军台。共分三路：一老官道，台路也，为官吏或有公务者之通行驿站，计九百七十一英里，迂而稳；一小通路，尽草地，为队商行旅往来之通行路，计八百四十英里，捷而僻；又有一小道，为俄人所有之电信线路，计六百八十六英里，路最近，惟险僻难行耳）。南连北

---

① 原文如此。——整理者注

京大道，自怀来县土木驿，与独石口分途，过鸡鸣山，至响水铺，千岩万壑，路极难行。自建火车，途人告便。东逾山，可达山海关，西为孔家庄，逾西湾堡，即为山西地。东北十里许，有玉儿山，以山腰中石雕之小儿得名，雨雪之后，即可望见。玉儿山下，有兔儿沟。逾玉儿山为二道边，上有长城旧址。复越头道边，即为大草地（蒙人游牧地也）。西北十里许，为东西二太平山。逾太平山五十余里达草地，东二百余里，亦草地，西北七百余里为喇嘛庙。前清咸丰十年，中俄续约，辟为商埠。全镇南北约十里，东西二里有奇。镇分上下二堡，玉带桥北为上堡，南为下堡，上堡南北长里许，东西不及一里；下堡南北二里有奇，东西约一里。下堡有砖城，二堡东南有通桥，桥长二十余丈，亘通河，河自大草地流来，西南六十余里，流入洋河，注怀安县地。通桥东，火车站在焉，俗呼桥东，戏院、妓馆、大饭庄均在此地。此地为十年来怡安公司新辟者。怡安街、平康里、福寿街，在桥东为最盛。此外之热闹场，则有南北五城街、上堡边街，名胜古迹，则有茨儿山，在下堡西，元宝山，在上堡大门外。进口货由口外来，以皮毛货为大宗，运往内地；出口货以茶砖、洋杂货、布匹为大宗，销售蒙古一带。驻张及分驻口外之军队，计第一师步兵一营，第二团第三营之二中队，骑兵第一团第二营之二中队，炮兵第一团四中队，工兵第一营全营，机关枪十四架，辎重兵第一营全营。此外又有巡防队三营、马队二营、保卫队六营。师司令部在上堡。驻张陆军，纪律不严肃，服装亦欠整齐，闹戏院，挝妓馆，日有所闻也。戏院二，妓馆分三等，共百余家。

七日，晴，寒计早十七度，午四十二度，晚四十四度

晨戴星赴车站，七点五分开车，南行，两岸矮山起伏。二十六分，折西南行，逾大洋河（自天镇县兴平村二道河流来），河迤逦

延布于京张、张绥铁道之南。三十一分，绕山脚西行。四十三分，抵孔家庄，停二分钟，折北行，五十三分，复折西南，左岸山石耸立，岩前积雪未消。八点十七分，抵郭磊庄。庄隶万全县，距县城五十里，居户三百余家。四十三分，逾小洋河桥，桥长三十余丈。四十五分，抵柴沟堡（小洋河源出大同府聚乐村，上游为白登河，至柴沟堡，汇入大洋河）。堡在站东，居户千余家，围以土堡，隶怀安县，距县城五十五里。九点三十五分至西湾堡，在车站东二里许，居户百余家，西距怀安县治三十里，右岸数里，矗立秀挺者，华山也。华山之左有向阳山，亦高耸。九点五十五分开车，三十里抵永嘉堡，为燕、晋二省分界处。十点三十五分，抵天镇。县城在车站南七里，五十二分，抵罗文皂。十二点二十五分，抵阳高，寓隆和栈。

二日内所经者皆带山，在轨北者曰北山，南者曰南山。二山系一脉，太行山脉之支干也。自杀虎口迤逦东下，抵居庸关。二道边墙在北山南麓，已残毁，长城旧址也。京晋大路，在南山南麓，至大同府分途，西南达太原，西北抵归绥。别有小途，在洋河右岸，路最近，惟山水发时难行。

晋省北部，荒芜特甚，非如南部之为商业荟萃区也。土人食以高粱、油麦为大宗，富者研屑去皮，和水蒸食，穷者和糖食之。穷富均卧土炕，燃薪炭取暖，穷者被席皆无，肉土而卧。盛产粟、麦、高粱，无大宗出口，价以是廉。天镇、阳高一带，粟每斗洋八角五分，计二十二筒，筒斤有半，计合三十三斤，高粱石六元，运至北京，粟每百斤可售洋百元，高粱百斤十元，故商人趋之如鹜云。

行装甫解，自张家口同车来一行迹可疑俄人，亦假居此栈。该俄人华服华语，行踪诡秘，闻为俄之侦探。噫！俄诚狡矣哉。

午后去县署调查，并烦代雇赴绥车辆。知事梁万春以选举事去大同，晤民治科长燕某（知事以次，设民治、财政、教育、司法四科）。车价昂，改由隆和栈代雇。雇定双套骡车三套，大车各若干辆，双套价银六两，三套价九两，由绥开来之回头车也，价较县署所雇杀五分之二。

阳高，一名阳和，古云中郡也。汉初为白登城。明洪武三十一年，废白登，筑阳和城。成化八年，置儒学。前清顺治三年，改阳高县。雍正三年，改儒学为训导，设典史，隶大同府。民国元年六月，裁大同府，直隶省垣民政长，县治区分一百六十三村，东三十五里界天镇县，南四十里，西六十里，界大同县（大同府改）。北出边墙（长城也）二十里，界丰镇县。城广袤均五里奇，县署建设城内西街，壬子四月经陆军焚毁，现移驻署东小关帝庙。县驻马队一营（山西中路一旗），城内驻有一连，营长王同春，河南人，巡警六十名，甚腐败。壬子四月十九，陆军一镇兵变，阳高大受糜烂，北楼大阁被毁，城垣亦被炮毁，多半就圮，商家经两月始渐开市。兵变时，城内除地宅不计外，损失财产六十余万。以是商业甚雕零云。城内南北二街，大商家不及五十，居民全境不及十万。耶稣教堂一，教民六百余。

城北十二里有云门山，俗云孙侯修道处。上有观音庙，丛楼杰阁，遥望如在云际。五月十九日大会，士女云集，百货荟萃。北城上有阳和台，台石垒，高不及丈，旁有碑志，惜为风雨所毁，模糊残缺矣。城南九十里有桑干河，自县南入境。

八日晴，早十七度，午二十度，晚二度

上午十一点十五分，自阳高起程，换乘骡车。王营长派马兵五名护送，车行雷动，尘土顿起。西北行十里，十二点二十分，经小村河，折而西行，河一名镇川，自西北二十里镇川关流来，河宽数丈，坚冻入底，居南北二带山中。边墙在北山南麓，二山相

距，不及二十丈。山沟中遍铺瓦砾，车行维艰。又十里，至埠子湾，村户约五六十家，沿山筑居，屋尽破陋，穷荒实甚，经盘肠河，盘旋曲折行冰上。三点五十分，至二十六庄，出口。庄距阳高三十五里，居户不及十家，尽系客店。北里许为镇宏口，口在两山间，长城在其东南，地势险隘，要塞也。复十里，至大营子宿焉。客店甚卑陋，炊烟迷目，呼吸维艰，予幸车马劳顿，着炕即入睡乡矣。

大营子居户四十余家，客店五家，人口三百余，男妇均以重〔种〕植为业，农事而外，他无所知，愚陋无识，可笑可怜。出产以油麦、胡麻为大宗。地价甚廉，亩二百四十弓，佳者五六元，劣者一元可购三亩。每亩年获三四斗，歉则颗粒不收。凿井汲饮，色浑质重，其重量与自来水约一与三之比较。晋省多罂粟，此地尚无种者。南二十里有采药山，俗谓孙俟采药处也。

晋省盛产煤，煤之最佳者名煨炭，质坚，含炭精最富。方尺许之煨炭，燃埋灰中，可经多日。土人云："新妇归宁，为其夫燃炭取暖，月余而归，炭仍燃着。"煨炭以产忻州一带者为佳。

初九，晴，早十五度，午十三度

早七点起，头岑岑痛，盖昨夜受恶空气所致也。八点半起程，十点三十分，计行三十里，抵官屯堡。在新盛店打尖，室筑高台（俗称火炕），台下燃炭取暖，矮几小凳，敝窳可笑。居户百余家，商铺五家，车店四座，所需物品，均自大同、丰镇运来。此地地势高，天气寒，南行八十里，可达大同。十一点四十分，行五里，至小官屯堡，三里至王家营，二里至孟家营，居户各六七十家。十里至黑格大洼子，百余户。五里至小庄埫子，户七十余。以上小村，栉比相连，沿途树木繁盛，颇有内地风景。长城旧址在其南。五里至盘道山埫〔崖〕口，二点四十分上埫〔崖〕，奇峰怪石，垒卵欲坠，山道崎岖，车行其间，颠跌倾轧，双套骡车连翻三辆，箱笼皆破碎，随弁高凤楼坠伤左臂。予等皆下而步行，约十里，四点五分下堰〔崖〕，狂风骤起，黄沙蔽日。越盘道山河，西行二十里，南望得胜口，四面皆山，平顶无峰，奇观也。五点五十分，经砂砾场，抵丰镇县，住德源盐店。

丰镇本内蒙地，前清末叶，划归晋省，隶大同，设同知治焉。民国元年春，改县，共分六区。东南百二十里，界阳高；西百八十里，界宁远；南二十里，为得胜口；北三百二十里，界陶林。人口二十余万，为边外繁胜之区。回民颇众，尽居城东北之隆盛庄。蒙人往来贸易，居此者亦颇不鲜。城内关帝庙一，规模雄壮；耶稣教堂一，牧师瑞典人，五区天主教堂十余，神甫多比、意二国人。土人以务农为本，无大富，多小康。民情愚而诈，好诉讼。商业分钱、店、布、当、乾、油、研〔盐〕、面八行，共百余家。多忻州人，土著为少。进口货来自山东、直隶一带者，以洋货、布匹为大宗；出口货以杂粮、胡麻为大宗。杂粮运往直隶一带者，年约数百万石。胡麻岁出约四五十万石，日本商三井洋行，在此设庄收买，德、法、美商，亦兼有来者。城内小学堂二，高等、初等各一。织布公司一，专织土布，颇获利。巡警中区六十人，余五区，共百二十人。驻步队、马队各一营（步队为山西巡防中路第二旗。旧制，驻大同、归化一带军队，共十六旗，大同一带为里八旗，归化一带为外八旗。光复时，内八旗裁去一旗。元年十一月，改编陆军。旗二百余人）。丰镇北毗察哈尔，西连土默特，地势险隘，边外要塞也。无城圈，合附近数村而成。南北三里，东西五里奇。壬子秋九月，土匪蜂起，官署被焚，居民大受损失，至今原气尚未恢复云。

十日，阴，早九度，午十一度，晚二度

晨起大风拔木，黄沙蔽天，车从难行，况连日劳顿，遂于丰镇静息一日。午后风稍平，县知事樊文鼎来谒。晚晴，去县署，代王君答拜也。晤樊君，畅谈至十时返栈。占得二绝云：

昨过盘山路逶迤，朝来风雪更离迷。

仆夫告瘁轮蹄困，且向荒村卷客旗。

苍茫野道风似虎，断续炊烟火亦凉。

山色渐深人形矗，不知是梦是斜阳。

十一日，晴，晚微雪，早十三度，午九度，晚二度

八点半，由丰镇起行；九点四十五分，过二道桥，计程二十里。沿途山坡起伏，风景入画。小村十数，依山筑宅，则又极形穷陋。东来骆驼百余，满运小麦、莜麦、杂粮等，均自北山外半草地及厂汗不浪一带来丰镇求售出口者。十点，越大河，沿大河南岸西北行，地势渐高，天气逗〔陡〕变，无风而栗，坚冰在须。十点，至都村，临沟筑室，穴地而居。十点四十分，至马厂，背依马王庙河。马王庙河与大河同流异名，源发马王庙庄西三里，南流入大同玉河。沿南岸西北行，十一点二十分，至马王庙庄。庄西南百二十里，有栾家嘴山，盛产煤，掘有煤井十余。土人锹掘斧凿，不需机器，日出煤约万余斤云。十二点五十五分启轮，大风起，黄沙蔽天，十步内不辨人物，沙砾刮面，如被金刃焉。二点四十分，至天春村，隶宁远，居户数百家，贸易尚盛，巨村也。绕村西北行，越小山岭十余，车播荡不已，如被酒然。四点四十分，至韩庆坝，长五里，山势耸立，盘山凿道，险亚盘道山。逾坝二里，至韩庆坝底，宿焉。店主韩姓，一清癯老儿也，知书

识礼，营业之暇，则课其子女。子女均俊秀，美材也，而乃生此荒村，终于庸流，明珠在椟，予深为之惜也。

韩庄隶丰镇，西北临大海（土人名曰大海，实则闭口湖也）。海面广阔，东西长三十里，南北百余里，前临东山（一名柳树平，一名平顶山），地势低洼，山水流入，排泄无从，杂质积猱〔糅〕，更受日光之蒸化作用，变成盐质，尽蕴于海滩泥中，土人掘之，煎炼成盐，汲饮海水，则仍为淡味也。大海东半属丰镇，西半属宁远，地势虽低，天气则甚寒；地含卤质，土脉最劣，亩地年获二斗，称丰收也。北逾东山为哈少湖兔，巨镇也。

日来沿途所见妇女，无论老幼妍嬿，均莲步珊珊，作临风摇摆势，俗云"关西女子多小足"，其陋俗信如斯也。

十二日，晴，早十度，午十三度，晚零下二度

七点自韩庄起行，沿大海东滩北行，一望雪光，无坡陀风尘之色，小村十数毗连，总名洒其湖兔。朝曦初升，炊烟缭绕，雪光与山色斗妍，佳景备集，心旷神怡，乐极而忘其劳与寒矣。坡上橐驼数百，闻为山北富家所畜，口外富家，以牲畜数之多寡计，不以财产计也。驼每头价三十余两，负重石许，食少耐劳。九点十三分，行二十里，至麦湖兔。麦村东西长五里，南北宽不及二百步，居户数十家，客店五六家，土人穴地而居，然煤取暖，多有受煤毒而死者。九点三十六分，出麦村，折西北行，十余里至沙袋沟，壁垒峨岩，夹溪流一线，寒气逼人，此沟为前清光绪二十六年新辟。十一点二十分，至苏集，距韩庆坝五十里，居户虽不及十家，客店布置，尚颇清洁。十二点三十分行，二点二十五分，至小坝。坝同治年间所开，长二里，宽仅容一车，舆人至此，呼号而过，止东来车也。曲折盘旋，不如韩庆坝；崎岖险阻，不如盘道山。然仅此羊肠小道，亦足以限敌人戎马足矣。塞外多险

地，信然。二点四十五分，出小坝，西行，越数岭。四点，经五里坝之厂汉不浪宿焉。今日共行百里。

厂汉不浪，译蒙意为白山口，前清道光间所辟，隶宁远，居户百余家，商铺七家，以当、酒二行为盛（口外当局均兼售盐、酒、杂货等物）。东北百四十余里，有陶林县（蒙古名魁布儿，又名科布儿，地势最高），隶察哈尔旗，边地之要隘也，南去宁远百四十里（由小路仅八十余里）。

自厂汉不浪逾盘道山而西，长城以北，青山以南，昔为蒙古游牧场。蒙人游牧成习，无所得，即弃去。前清道光年间，为晋人所据，开辟经营，农业繁殖，俨然一新天地。今晋人子孙繁延，蒙人殆绝迹矣。

十三日，晴，早零下二度，午三度，晚一度

七点半由东山沟西北行，山岚隐雪，朝暾斜射，作翠黛色，小村三五，点缀道旁，乘车起落，如入画图，美景饱餐，征人益兴勇进之心矣。

行六里许，悬崖对峙，石质斑驳，古气盎然。八点四十五分，至红沙坝子，居户二十余家，就山掘穴，与兽杂居。西有温泉，热气蒸腾，而泉外山涧，依然冰雪。九点三十分，至大榆树村，距厂庄二十里，古榆夹道，幽寂无人。十点四十分，经黑澜村。十一点十五分，经水磨村。村分东西，相距里许。十一点二十五分，至大州窑午餐。十二点四十分行，二点五分，二十里经圐圙（蒙古音库而吕阿，Coorear），意圈城也（此二字从未之见。从口与四方八面，不知何人所造，而出于此，亦奇矣），居户四十余家。复行二十里，经五十家子、侯家窑子。三点三十分，入归化境，至石人湾，居户五十余家。再进，至买墩村宿焉，时五点五分。今日计行百里。

买墩村居户二十余家，商铺二家。村前小河，名买墩河。自村东北三十余里塔布齐村流来，汇石人湾河，东南流入大小黑河。村东有龙皇〔王〕庙，规模宏大。前清乾隆时，有公主下嫁于此，今尚有公主府旧址。村驻二旗步队八棚，共八十八，隶外八旗。北为板合上，汉、蒙杂处，南十里为南店。二十里为花合上与哈喇庆，二十里为共喇嘛、东山沟各庄，所耕地亩，地主均为蒙人，租价亩银两许，产小麦、荞麦、山药数种。

今日为阴历十二月初七日。初八俗称腊八，关外土俗，于腊八前一日，觅大冰凿尖，倒置积粪上，于初八朝曦未升时，煮红豆粥，取汁浇冰上，视其色之红否，色红丰收，否则歉收，或云是日为地藏王生日。粪，秽物，以冰掩其臭味也；冰往往有负自数百里外者，愚矣。

十四日，晴，早五度，午二十一度，晚十七度

八点行，五里出东山沟，北望山岭平延，势如长蛇，南则高阜起伏，山村散布。五里至铁面，十里经白塔村，以村前砖砌浮图得名，浮图九级，高五丈许。村之周围，原有土城，今已颓废。宋时于口北建连城十二，以防契丹。白塔、归化而外，均无可考矣。归化乃就原有之城基，扩充而成者。浮屠，宋杨业子延昭纪功塔也。十里经把栅。把栅东西二村，各四十余户。五里至稻河楞（一名多河岭），时十二点十五分，于吉利店午膳。店主蒙人，晓华语。室中铜佛钟磬，布置整齐，客室亦较前所经为洁，屋顶、窗楞，寒霜厚结。五十分行，七里经蒙古把栅，居户百余，尽土默特旗人，业牧户者，居其半数。八里经小营子，道平车稳，阡陌夹路，心神一爽。五里至茶房营子，绥远张镜宇将军，派巡捕二员、马队一排，郊迎至此。三点五分，进绥远南门，复有步队完全一营，迎送至将军署赴筵。五点，至公馆休息。公馆假归化

西顺域〔城〕街德亨魁店。携来箱篚，沿途屡经颠跌，所储物件，多半损毁。

按，逾小营子，气象一新，将军牧场新垦地数十万顷，一望无垠。榆树遍植，亦舒舒有生气。闻此地垦植公司开办不及十年，乃获是美满效果，是亦在夫经理之得人否矣。

阳高归化路程表

阳高（三十五里至）	二十六庄（十里）
大营子（三十里）	官屯堡（五里）
小官屯堡（五里）	孟家营（十里）
黑格大洼子（十五里）	小庄塂子（十五里）
丰镇（二十里）	马厂（二十里）
马王庙（二十里）	天春村（二十里）
韩庆坝底（二十里）	麦湖兔（三十里）
苏集（五十里）	厂汉不浪（二十里）
大榆树（二十里）	大州窑（二十里）
圐圙（二十里）	石人湾（二十里）
买墩村（十里）	铁面（三十里）
稻河楞（十五里）	小营子（十五里至）
归化城	

自阳高至归化，由口外草地行，共四百七十五里，通称四百八十里；如由口内大道行，经大同、宁远，共五百六十里。阳高至归化，极速须四日，数年之后，张绥铁路告竣（满运告终时，已修至阳高西百余里大同县境），十二小时，可以往返，其便利为何似。自北京西北行，地势渐高，寒度亦渐增。由二十六庄出口，地势忽低；经丰镇，又渐高；至厂汗不浪，乃达高之极点，与盘道山以东，为一与四之比较；人民生计，地产盛衰，亦皆与其天气、地势作正比例。过买墩，虽山岭环绕，而地势则渐就低下矣，

至归绥乃达低点。试以气候较之，北京冬时平均晨十九、二十度之间，张家口十七度，盘道山西、韩庆坝十三度，厂汉不浪零下二度，买墩零度，归绥十七度，厂较归绥低十九度，较北京低二十一度，张家口与归绥同度。天时地势，判别如此，益以交通之不便，其人民进化程度，遂可概见矣。

右京绥道中十日记终

十五日，晨，小雨雪，午晴，早二十度，午二十二度，晚十七度

午前，将军张镜宇来。据云，乌盟六旗王公均在绥远，首先来绥者为茂明安旗，正盟长四子王则系派兵要来者，余如伊克昭盟七旗王公，亦均在此。此地虽为塞北大埠，而开通者甚少，所有一切新事物，均自东南传来。报纸虽有二种（《归绥日报》、《牖报》），本地日销，则各不及五百份，报之篇幅亦极小，不及京师报纸十分之一。于以见其风气之固陋矣。

绥远在归化东北五里，雉堞高耸，周二千丈，高三丈余；门四，系前清乾隆四年建；居红山口之南，大青山拥抱其后，伊克吐尔根水环绕其前，喀尔沁水带其左，红山口水汇其右；地势宽平，山林拱向，亦晋边之要塞也。

归化城居北纬四十度五十一分，西经四度四十五分①，在杀虎口北二百里，原名库库河屯，明时始入版图。城周二里，高二十四尺，南北门各一，外郭东西门各三，城基半已就圮。南接长城，东通直隶，西达新、伊，北连蒙古，为晋北之门户。俗呼绥为新城，归为旧城，将军居新城，副都统、归绥观察使，与县知事，均居旧城。新城多满旗驻防，汉人甚少，商铺仅十余家，空城寥

① 原文如此。——整理者注

廊，惟多参天古树耳。旧城，汉、蒙、回杂处，为商业荟萃之区，人民殷实者多，每岁厘税，可达二十万左右。因其地早经开辟，丰镇等十二厅地及乌、伊二盟所产粟、麦，均趸积于此，西商贩运外蒙库伦、乌、科等处者，亦无不取道于此。自去岁库事起，张将军禁止商人运粮出口，接济蒙匪，粮遂愈积愈多。据调查云，现存之麦，不下五百余万石，散在民间者，尚不在内，不可谓不足矣。库逆阴谋，每欲以劲旅直取归绥，盖为粮计也。

十六日，晴，早十八度，午二十度，晚十度

晨，王君去将军府，予与常君鹤侪（外蒙古人，名布尔格特，汉名常松龄，居京久，精汉语，且通汉文）、松君荫坡（晓蒙文）、汪君汉深偕行焉。晤乌盟正盟长四子部落亲王勒旺诺尔布。勒，人颇诚恳，体肥硕，侍者十数人，均戴破皮帽，高沿，后飘红带，衣羊皮袄，光板无面，而有马蹄袖，布系腰，无马褂，黄皮靴则更硕大无朋，油尘满面，形式颇不美观。闻此辈为该旗之秉政巨公云。旋复往中学堂，晤副盟长达尔汗郡王蕴栋旺楚克，与乌拉特前旗贝子克什克德勒格尔、后旗贝子拉什拉木吉勒多尔济、中旗镇国公巴保多尔济。蕴栋旺楚克，倨傲无礼，现于颜色，克什克德勒格尔等则无可短长。后至归化北门外天兴栈，晤茂明安旗镇国公拉什色楞多尔济。拉，童年，尚无智识，其母某福晋，人极开通，颇知大义，首先率其子来绥，纾〔翊〕赞共和，二盟各旗之相率来绥者，亦受其影响焉。

十七日，晴，早二十二度，午二十五度，晚二十四度

下午一时，乌盟各王公开会欢迎，正盟长主席，代表全盟，致欢迎词，副盟长暨各旗亦相继演说。王君致答词后，痛陈库逆背叛祖国，自招灭亡，俄人野心，蚕食行将及于内蒙，并现时世界

弱肉强食大势，蒙人闻之，竟大感动。嗣有回民金某，历述其前
在俄地商贩受俄人虐待情形。会逾六时始散。

十八日，晴，早十一度，午二十九度，晚九度

下午，国民党、共和党、归绥乌伊联合会，假大南街同和园，
开会欢迎乌、伊二盟王公暨二盟慰问使，到会者三百余人，女宾
不及十人。二时，振铃开会。国民党代表童君尧山报告开会宗旨，
共和党代表李某致欢迎词（词曰：共和缔造，一鼓功成。驾美轶
法，环球震惊。蠢尔逆僧，甘心化外。血气之伦，同仇敌忾。乌、
伊二盟，翕然向义。星使联翩，导扬德意。旌旗掩映，阴山之阳。
雅歌投壶，跻跻跄跄。僇力同心，誓吞库房。振兴三义，殖我边
土。民国雄雄，为五洲长），两盟代表相继演说各蒙王倾向共和之
诚意，王君演说民国缔造之原理，及世界各国对我之观念。予则
祝各党毋存私见，务以国家为前提，互相继持，以企进行。伊盟
望慰问云亭代表，演说自由之真理，库伦此次自由行动，实出自
由范围之外云云。瑞国麦牧师演说《俄库协约》不能存在之理由，
并祝我同胞同心拒俄，词虽近谀，意则甚诚恳也。七时闭会。

十九日，阴，早二十四度，午二十五度，晚二十一度

予偕孙君体仁（名汉）连日赴各处调查，兹将所得，拉杂
记之。

国民党归绥支部，在归化城北北茶房，正部长刘懋赏，副部长
王定圻。前三晋老同盟会，以归绥为根据地，党人四散，聚者寥
寥，光复后，重复组织，得党员五百余人，尽绅、学两界，无政
界人物，故党势不及共和党云。

共和党归绥支部，为张镜宇将军提倡，故归绥政、军二界，无
一不共和党者。将军府之圉隶，亦均受运动而入共和党，以是该

党势力为圆满，而流品则甚杂也。

归绥乌伊联合会，为李景泉等所组织，合归、绥十二县，乌、伊二盟十三旗，结成一大团体，巩固国防，联洽蒙盟，现正着着进行，大有一日千里之势云。查归化商业，有七大社、八小社、九外社之分，商铺千二百余家，在社者不及五百家。七大社为：（一）宝丰社，钱业，二十三家。（二）集锦社，走外藩，三十余家。（三）醇厚社，杂货，八十余家。（四）聚锦社，粮食，三十余家。（五）当行社，典业，十二家。（六）青龙社，碾房，三十余家。（七）福虎社，面坊，五十余家。八小社：（一）集义社，靴鞋铺，二十余家。（二）兴隆社，羊马店，二十家。（三）毡毡〔毯〕社，毡房，十余家。（四）生皮社，羊马皮，十余家。（五）威镇社，皮袄铺，三十余家。（六）马店社，马店，六家。（七）仙翁社，饭馆，十余家。（八）聚仙社，茶馆，十余家。至外九社，系流动性质，均附属于以上各社中。常川来往归化者，亦有二百余家。商铺在社者，始领牌照，有缴纳商捐义务，受商会之保护。商捐分四等缴纳，每等又分天、地、玄、黄四级，多者月捐三两许，少者年捐市钱数千文（口外钱法甚杂，即以归化论，有以二百一十文作一千者，有以二百二三十文者，有以二百五十文者，视其钱色为定。初来之人，多有受其愚者。此地市面，以银为主，市平一两，可兑市钱五千四五百文。银元惟用北洋所铸，每元至多兑钱三千七百余文，大钱不及九百文，铜元、小洋概不用）。商会核计，年得商捐银五千五百余两，年缴观察使巡警经费二千四百两，县知事巡警经费市钱一千六百千文，约银二百九十余两。知事所办巡警十名，用以护卫县署。站岗巡警百余名，极腐败。商户二十四社之外，又有洋商二十余家，以仁记、礼和、瑞记为最，在此专收驼羊毛与牛羊皮张，不隶商会，不纳商捐，在商户中，权利最占优先，而无义务，不平孰甚。商会总理于维龙，元盛德主副总理二人、经理四人，亦均巨商铺主。

集锦社以大盛魁、元盛德、天义德三家为最。天义德专走库伦，大盛魁、元盛德专走科布多。库事发生，天义德在库损失财产百余万两，人口伤百余名。现该三家商人，要求政府赔偿损失，归绥行政机关，拟每伤人一口，恤银三十两云。

归化商铺来往，及平常交易，利用拨兑法。拨兑者，无论何等交易，所有钱项，由素所相交之钱铺划付也。钱铺为客计算支付，出入之间，遂获厚利。

归化中学堂一，高等小学四，初等小学二，经费共积本金三万一千两（商捐二万两，行政拨入万一千两）。二年来晋省兵事兴，常年经费均被行政机关提去，现仅余七千两，以是各学堂均难支持也。

库伦所需食粮，均赖晋边、归化、包头一带输运接济。日前有私运大宗粮赴库伦者，被陆军扣留惩办。乃日昨复有东口来电，谓彼处并多伦诺尔、热河三处，二日间复扣留外蒙运粮骆驼二千余云。噫！奸商贪图微利，甘为敌用，可诛。寓归蒙民，尽土默特旗籍。该旗驻归陆军，约五百人，于城南筑有营房，围以土堡，气势尚为雄壮，服装均依陆军部定式，惟枪械老旧，内容腐败耳。

驻归陆军，计晋军第一镇步兵第一标第一营、第二标第一营之二中队，炮兵第一标第二营，机关枪四架，山西巡防后路步队一营，绿营五营，警卫军步兵第一、第四标各一中队，骑兵第二营之一中队，炮队一中队。

驻绥军队，计步队二营，马队二营，炮队一中队。

二十日，晴，早十四度，午十七度，晚十五度

早大雪，起视门外，已深一尺。午，雪止天霁。下午三点，拉什色楞多尔济之母福晋来谒王君，由鹤侪与予接待，特为要求缓

期晋京来者，盖日前曾函致各旗王公，请彼等面京，表示倾向共和之意也。

蒙人愚而谲，习惯专制，不识共和，前清百倍专制时代，蒙古王公晋京，理藩部百般勒索，即引见一项，有费至百余万者，彼等均所甘受，犹恐去之不勤。政体改革，民国抚慰兼施，厚加封赏，赍送礼物，情谊何等周密，彼不知感激，而复心怀犹豫，意存观望，此何为哉！老于蒙事者，谓"我处蒙人，如豢虎然，当先痛击之，杀其威势，然后投之以食，使其就我；不然，终难就我范围也"。因忆日前晤乌盟各王公时，副盟长达尔汗郡王，辞色甚骄，因晓以大义，且谓库逆背畔，已备大兵征讨云云，该郡王始改颜相向，敬礼有加。蒙人情性，可见一斑。

昨有俄人五名在后山（距归化三十里）一带，贩卖鸦片，并抢掠民间妇女，经陆军将俄贼捕拿，抄出骆驼五十余匹、鸦片数百包，俄贼供系库逆派来贩运粮食者，并持俄文护照，要求释放云。

商人元盛德、大盛魁，铺伙百数十人，自库伦归，述及库逆虐待状况，闻之令人发指眦裂。该商人此次得以归来者，库逆军粮告尽，迫其返绥输运粮食也，所有在库之财产，均被留作押。

二十一日，晴，早十八度，午二十四度，晚十六度

四子王旗札兰济尔格郎来。济晓汉语，常往来京、绥，谓日前后山大雪，深二尺，乌拉特后旗有深至四尺者。

二十二日，晴，早十三度，午十八度，晚七度

日前往访乌盟各王公时，晤曾君星九。曾，汴人，去岁之〔芝〕罘都督府同人也，今主持招待蒙旗事务。边地得遇故人，把握谈旧，喜何似之。上午，偕体仁骑老马往访，邀作竹林游，且手调盛味享我，乐甚。五时，予折道将军府，会议已毕（今日西盟王公在将军府会议纡〔翊〕赞共和条件），晤审计处处长蔡某，以伊盟质问库逆书见示，因借抄携归。时金乌已坠，玉兔未升，歧途莫辨东西，老马复病足，越沟时，两次失前，予亦再受颠掀，虽土厚未受巨伤，而膝皮裂矣。险哉！予自离京，以今日为最乐，而祸亦随之。噫！造化儿颠倒人何其甚也。

初，库伦倡独立，两檄内蒙各旗，勒其赞助，乌兰察布首先附和。前绥远将军堃岫闻之，遣员去该盟宣布共和，乌人漫不为礼。元年十一月，乌盟六旗王公，会衔咨行将军，以共和为扰害蒙古，毁弃佛教，破坏游牧，以销除藩属名称，为混乱蒙人种族；并谓迭奉库伦来文，统一蒙古，请饬内务部，嗣后关于饬令遵行新政怪异各事件，暂行停止。元年冬，该盟正盟长四子王抵绥，云当时库逆势焰逼人，民国不派兵保护，该盟汲汲〔岌岌〕可危，实不得已而附和之也。

伊克昭盟（蒙古名昭者，大庙也。伊克昭，元成吉思汗之墓在焉。该盟七旗王公，皆昔时司墓者七人之裔也）尚识大体，有诘问库逆书二通，其一尤有意味。首为诘问咨文，次具诘问书十三条，原文甚冗，录其尤者，供关心蒙事者之谈助：

（前略）独立之国，必须兵力、财力，足以自保。蒙古地域寥阔，防守各处军队，数万恐不敷用，若练数十万之兵，饷糈将由何出，亦不得不预先筹画。且办理国务，须立大小文武衙门，设官分治，用人必多，一切薪俸、行政经费，及军需各项钱粮，将由何出，如何规定。此所未喻者五。本蒙古原以黄教为本，重在后世因果福应。我蒙人只知佛法宏度，优越汉人等数千百，而于世界学问书史，概未寓目，且蒙人于治国之道，从来贤才甚少。即我元太祖定鼎之时，亦延请耶律楚材、郭玉宝二人为军师、将军之职。现闻我蒙，虽有灵法广大者八十一人，能否保护全蒙，此所未喻者六。（中略）请求俄国保护我蒙，俄人涎我利权，固属乐于承认。惟其军用品物，如饷糈各项，所费不赀。我蒙财政困难，能否源源接济。此所未喻者九。即或俄人驻蒙军队，需用品物，均愿自国接济，不烦我蒙古供给；然事后如何酬报，俄本贪心无厌，能否保无特别要求。此所未喻者十。我蒙二百年来，即为中华领土，环球各国，共见共闻，此次俄人承认保护，是否通知各国，得其同意。此所未喻者十一。世界独立之国，必先通谍〔牒〕各国，经各国之许可，方能具有国家资格。我蒙号称独立，究于何年何月成立，各国均未预闻，现在有无外交官直接请求各国宣布承认。此所未喻者十二。（下略）（以上原文见《乌盟慰问记》暨张镜宇《西盟会议始末记》）

二十三日，晴，早十三度，午十八度，晚七度

时计毁，午偕体仁去大西街玉衡斋修理。店主赵姓，淮安人，谈归化事，津津有味，盖彼旅此久矣。据云，归化居民渐染满、蒙恶习，淫风大盛，往往有父为其女、夫为其妇作风蝶媒者，觍不知耻，此为已极。妇女行于道上，途人不加注目，则深以为辱。南至大同，则更有晾小脚之恶俗。此地土语，有谓"半夜跳墙，狗不咬；大闺女跟人跑，娘不找"，虽言之过甚，亦可窥其一斑矣。返时途遇大帮难民，扶老携幼，何啻数百，狼藉之态，惨不忍睹，闻均来自山东、江北一带者。

二十四日，晴，早八度，午十七度，晚十一度

午偕同人三五，往游席勒图昭，不知建于何年，呼图克图席勒图重葺之，故名。殿前矗立汉、满、蒙、藏文合璧石碑二，为前清康熙建；碑阳汉文，亦康熙征准格尔经此驻跸时所书；碑文历

述席之异迹，与修庙之功，因赐名延寿寺焉。今主持呼图克图，亦袭名席勒图，乌、伊二盟暨归化土默特旗，均奉为活佛，势力甚大。庙中喇嘛五百余人，殿舍辉煌，佛像庄严。头门棋杆高矗，古树百章，钟鼓楼列其左右。两廊房屋百余间，喇嘛之家室居之。石碑植二门内，护以矮亭，鸽数百，栖其中。二门额题"阴山古刹"，笔力雄健，榆次王用桢书，与小东街关庙额"关帝庙"三字，异调同工。由左方小门入，斋舍数十间，喇嘛十数，手油麦面，捏塔形、庙形、尖顶帽形物，以羊油和紫草煎炼成汁涂之，成红色，大如臂者，小如指者，其数不等。询之，彼等能汉语，云明日阴历十二月十九，为祭佛之期，作油面鬼（魔鬼）祭之，祭后，以刃劈而扬之，为蒙民驱除魔障也。由右方小门入，经舍百余间，石塔一，白石雕砌而成，塔周刻飞马形，高二丈许，阶十余级，石台绕之，由阶盘旋而上；大殿扁方形，占面积二十余方丈，高仅及丈，屋顶金轮及兽形物各十数，装煌〔潢〕奇离；墙垩翠蓝，绘飞马、恶兽形，间以藏字。第三进大殿斋舍、经舍，与第二进略同，殿宇而外，庙中房舍共计约五百余间，古树数百章。席勒图昭外，尚有大昭、小昭各一，规模次席勒图，喇嘛各二百余。合归化计之，庙共七十二，名昭者十三也。

二十五日，阴，早四度，午十六度，晚七度

四子王旗遣苏木章京多尔济来询行期，并欲代雇车辆，王君以领有公费辞之。该章京力要由其代雇，并谓车价可由六旗分摊。其人举止卑劣，言语支吾，揣其意，似欲借此以勒索各旗也。当由鹤俦去各旗道达此意。

二十六日，晴，早十五度，午十九度，晚十度

二十七日，晴，早十四度，午十九度，晚八度

晨偕汪汉深、孙体仁、叶向荣（名森，北京筹边学校毕业生）、黄雨植（名疆，陆军部调查员）乘骑往游昭君墓、洪羊洞。出归化西门，西北行，十里越河，依水傍山而行，渐觉入山深而入林密矣。曩之望而不可即者，已在俯仰间，峰岚环翠，秀拔嶔崎，惜溪流迅急，少漾洄之致。复行十里，昭君墓在焉。好事者为之建庙立祠也，壁多名人题词。祠前高峰环耸，左抱溪流，实揽山水之胜。更西五里，抵洪羊洞（俗谓宋杨业陷敌，其部下埋骨于此）。洞在一尖峰下，名之曰洞，实则一山峡耳。三时回寓，四子王旗派人持函来，阅之，系电谢总统蒙文电稿一纸。来人询此电应发与否，答以此系各王公美意，未便作主。来人又复嗫嚅不已，遂迎其意言，请贵王公等自行发电，此地一面派人同往代付电费，来人遂大喜而去。其果为此而来也。晚间部署行装，定明晨启程赴乌。

右旅归十三日记终

二十八日，阴，风，微雪，早二度，午六度，晚零下十度

早九点半，自归化启程，同行者六人，王仲遴、常鹤侪、卢愚松（名士寅，湖南人，陆军步兵中校，湖南特派随同调查）及予，并差弁谭振、高凤楼也。四子王饬苏木章京、骁骑校各一人作向导（四子王与各旗王公已于昨晨起行回蒙），张将军派马弁数十名护送。北行，经小村三五，朔风凛烈。十一点十分，行二十里，已入大青山。初至坝口，居户数十家，有税卡一。车折东北行十里，十二点四十分，至蜈蚣坝（坝长十里），蜿蜒曲折，如蜈蚣然，故名。车道笔立山巅，俯视距地面数十丈，稍一不慎，即有倾折之虞。地势较归化高约十五六丈，坝中有石垒墩堡，堡顶竖

木杆，蒙古名之曰窝堡，山神栖所也。十里下堡，下有关帝庙一座。庙建石台上，高立巍峨。庙东有碑亭，纪庙之肇始焉。数十步有仙姑庙。庙建石壁洞中，洞深五六尺，距地面不及二丈，凿石壁成阶，可以上下。逾蜈蚣坝，折而西北，经关帝庙，北行。二点二十分，经马家店，十里至牌楼关，居户十数家。三点北行，二十里出大青山（大青山西自包头，东至张家口，迤逦千余里，即阴山也。阴山发源自新疆西部，为昆仑之北支。大青山，阴山之一部耳）。地势平坦，八里至色尔登，一名红土坡，土色如染朱，故名。复行十二里，七点二十五分，至可可以力更镇，宿大德粮店。今日计行九十里。

可可以力更，开辟未及百年，隶归化，大青山北第一巨镇也。屋舍整齐，街道辽阔，商铺七十余家，大者约二十余家，内以粮店四家为最，四家每年进出麦粮二十余万石，此外有通事行（与蒙人交易者，俗称通事行）八家、杂货行十余家。可镇一带，产小麦、粟、豌豆、菜子，年植一期，夏间收获。地势高寒，高距归化八九丈。居民十之六为晋人，十之四自南省移来屯垦者，中以湖北为多。中国邮政局一，去年所设，内蒙邮便，通至此止。

驻马队一连，为第一营第四连。其第一连驻归化，第二连驻可镇西九十里之乌兰不澜，第三连驻西百四十里之关庄。此地设税局一，归绥观察使遣委员驻此，年收无定额。镇仅南北街道一，长里许，南有文昌阁、关帝庙，北有真武阁、圣母庙，规模均宏壮。车经此，必由二阁出入，如城门然。

道经蜈蚣坝时，雪花扑面，如被飞沙。盖空气中之尘土，被大地寒气裹迫，凝结成珠，其质乃重。

天气既寒，风势又烈，而沟中碎冰杂沓，并不凝结，是盖由于冰既结复融，才有融意，复经严寒，碎冰遂同时生涨力，互相倾轧，由动而生热，以是寒愈甚而愈不能凝结也。

二十九日，晴，早七度半，午十四度，晚零下九度

早八点起行，天气晴和，卸皮衣二件。日昨逾蜈蚣坝时，身衣四皮，风犹透骨寒，以今日轻之，实何异由两极而入温带。出真武阁，西北行，经窝堡一，游击马队驻所在其西北。十二里至安字号，八里至巨字号，二村居户各十余家。十里至厂汗鸱鹈。小村七八，延布十里，共不及百家。自可镇至厂庄，高坡起伏，东有矮岭绵亘，雪光明媚，沿途多新垦地。逾厂庄草地二十里，至长尾巴梁，土坡高耸，细狭如尾，故名，今改名长胜梁矣，至此已入四子王境。经胡并菜庄，行十里，二点四十五分，至东石坡台午膳。蒙人先行，距离太远，遂迷途，荒草中绕行十余里焉。四点行，经西石坡台、天和台二村，四十里逾西沟子。西沟子，蒙匪出没之所也。车行至此，格外加慎。马匪数骑，呼啸而至，夜深不辨余等随护马队多少，遂惊窜。七点二十分，至乌兰花，宿义成信粮店，四子王遣札兰章京托布顿济尔格郎来迓。

乌镇于前清同治十年建，在元为大定府地，赴四子王旗及张库台站大路也，地势平坦，无险可扼，今虽为四子王辖地，行政机关仍隶归化，居户四十余家，商铺七家，为粮店及油酒杂货店。初有当店一，辛亥九月二十一日，被巡防队抢劫歇业。可、乌二镇一带粮店，多囤积居奇，必待善价而估，往往有囤至三四年者，虽腐烂，不计也。粮以小麦、莜麦为大宗。沿途积雪，深五六寸。多垦熟地。汉人散居，间有蒙古包，惟不见一树木耳。汉人垦地，分两等纳租于四子王：大顷百五十亩，年租银三钱；小顷百亩，银二钱二分。四子王岁遣员于秋后收租，归绥观察使复于此设税局，专征牲畜之税，骡、马、牛、羊、骆驼，均抽二十之一。

乌镇水咸，有井而浅，冬即冻，凿冰汲取维艰。

乌镇驻游击马队第四营之九连、十二连。营长汪启才来，云此

地马贼甚多，出没无常，专事掳掠，有"三日一抢民，五日一抢商"之谣。马贼掠马能力最高，马贼三人，即可圈马数百匹，星夜驰抵张家口。今有马队驻此，彼等始稍敛迹。闻有最大之窝家某，居副盟长喀尔喀右翼旗内，其势甚大云。

乌镇东北四里古营子，有天主教堂一，神甫法人。古庄居户三十余家，均教民。复东北五十六里，又有教堂一，规模较古营子为大。

乌拉特旗北境，有库伦派来侦探队，安置营幕百余顶。幕容十数人，各持火枪军校〔械〕，借以防御民国问罪之师，并探访民国对彼情形云。

乌镇有关帝庙一，沿途所经各地，凡晋人足迹所到之处，即有关庙存在。关庙建设之处，亦即汉人势力得达之地，虽属迷信，而于国际上有莫大之关系也。

三十日，晴，早二度半，午十五度，晚零下九度

十点启程，行草地三十余里，四子王复遣员弁二十人迎十余里，车至乃作前导。朔风凛烈，四顾无际，但见若古丘累累者，即蒙古之圆毡房也（俗名蒙古包）。荒草之中，蚁聚蝇伏，鸣声呜呜者，即其所牧之牛、马、羊也。一点五十五分，抵四子王府。府建于凹地，四面丘陵，远望几不能见。蒙人筑包，俱择凹地，取其避风也。王府规模宏壮，垩白色，中为喇嘛庙，左为四子王住宅，右为袋德喇嘛宅（王子充喇嘛者，为袋德喇嘛）。右宅围以矮墙，墙内有蒙古包二，一甚华丽，喇嘛所居；一甚敝陋，火夫所居。予等居袋德喇嘛宅，东西二间，矮木炕，高尺许，沿壁而设，上铺厚毡，外间壁中有孔，置火暖炕。王君与鹤侪居东间，予与愚松居西间，随弁居蒙古包中。宅长方形，高丈许，平顶无脊，上可行人。下马之始，四子王率其长子暨各札萨克来道平安，

出面饺享客，晚由札兰于仲遴前敬全羊，盛以大铜盘，盘椭圆形，周约八尺。炕前有木几一，厨役置盘其上，由札兰上献，予等亦由札兰分盘致敬。盘之大小，肉之多少，以等级递减。食仅羊肉一品，无别肴。主不倍〔陪〕客，未食之先，札兰执刀，将羊之后脊尾杪，割下敬佛，更将肉两旁多油处，割下弃去，然后将刀擦净递客，由客自己割食。羊白水煮，味极淡。蒙礼，食时必分割片肉，以赐仆从，仆从接以右手（如肉类炀热，以小襟衬手接之），并举手覆额际致谢。蒙习专制，王食余，由土色勒格气分食；土食余，复以次传递，次序井然，毫不错乱。食羊毕，以羊汤煮粥食客。以上所述，为蒙人最尊尚之礼，惟贵宾始得享此，平人惟以炒米与砖茶相享而已。

蒙俗食仅一餐，早饮砖茶，和以炒米（稷米炒熟即成），晚始食羊肉，或佐以面食，饮以红茶砖热煮，和以牛乳，下则清水耳。

三十一日，晴，早二度，午十七度，晚零下八度半

早，往谒四子王，晤谈至四时之久，均由鹤侪传译，推诚相待，极宾主欢。四子王所谈各节，亦具条理，绝非漫汙不灵者，携来贶品，分赠王及王子、福晋等，并将五色旗二面，悬喇嘛庙大门上，观者如堵。王闻仲遴携有马镜，请为撮〔摄〕影，允之，并许其回归化洗成后，由张将军转致彼也。王年四十有六，躯肥多病，视之如六十许人。子四，长幼在俗，二三充袋德喇嘛。府内金碧辉煌，点缀富丽，据云此室系其自出心裁，外形同屋，内之布置，一如蒙古包，四壁涂彩漆，中凿一方数尺之坎，深尺许，置长方火箱一，制甚精致，铁体铜镶，烟突上通屋顶，坎之四周，支描金龙木柱四，坎中杂置铜壶、锡炉等物，古鼎钟彝，亦颇可观，左右立大金漆柜四、金漆箱八，地铺厚软毛毡，上罩彩色花毯坐垫，南面座三，东西座及矮几各四，壁悬福、寿二字，前清

康熙所书。室之东北隅，金漆神龛一，中供金质观自在佛，供具银制（蒙俗，佛前不许人近立，谓阻佛之去路也）。主、贺东西席地坐，享客以奶茶、奶油等物。室后为王之内室，别一院落，围以白矮墙，屋方顶平，垩白色，与袋德喇嘛室同，惟规模较宏壮耳。

二月一日，晴，早四度，午十五度，晚零下十度半

上午，四子王来，谓自张家口至库伦、乌里雅苏台四十四台站，隶四子旗者四有半，为波尔台、拗龙虎脱、察缸虎脱、高勒虎脱，所有管台人员均被库伦调回，驼、马、牛、羊亦被库伦夺去。王以应台站差，每岁驼、马、牛、羊之死亡甚多云。前在归化时，曾商请四子王，密派差弁二名，赴乌盟北界，暨外蒙土谢图汗境内，侦察库伦动静。今晚回，据称库伦乌泰业已率队南下，驻兵士〔土〕谢图南境沿台路各要隘，盖阻我进征之军也。

携来酒肴甚多，取饮解寒，醉而就卧，及醒，已漏下三时矣，寒不可支，视寒暑计零下十七度也。

初二日，晴，早二度，午十八度，晚零下十一度

午后，四子王导入后宅游览，蒙古包五十余，皆高不及丈，周围大者四十步，小者三十步，有二包合一者。福晋与子、媳等均出见，福晋年五十二，长子年二十七，次二十，次十五，幼十一，一女已嫁。蒙俗，王公之子，下娶仆隶之女，王公格格，亦下嫁仆隶。蒙古包外幂垩土，内铺厚毡，中掘方坎，置铁架，然干牲粪取暖（牲粪以牛、驼者为佳，无烟与臭；羊最劣，奇臭，烟呛人致咳）。别以大木箱一，储牲粪，包顶有孔，借以出烟与换空气，晚则闭之。蒙人席地坐卧，无被盖，晚则以衣代被。小木几数具，以之代桌，几大不及二尺，高不及尺。王公之包，亦甚华丽，外幂厚毡，以代垩土，穷者破毡狼藉，不堪寓目。游毕，予

为其全眷摄影焉。复折道至王府左侧土色勒格气宅，有包九，皆官长等办事处，通称印房，蒙人呼之为衙门。土色勒格气晓汉语，予与之接洽，调查该旗一切情形，甚得其详也，已入《乌盟调查录》，兹不赘。

晚偕鹤侪往觅札兰闲谈，彼适与梅楞章京席地手谈，就而观之，略如内地象棋，棋局纵横八线，为六十四卦，棋各十六牧，七卒、二车、二马、二驼、二炮、一塔，无河界，马横行六格，驼横行九格，卒直行一格，众棋环击一塔，无路可出，始为败北，浅显易晓。予戏与札兰对着，连败之，彼等惊而起立，咤予为天人也。予何幸得此，然其愚诚可嗤可怜也。

初三日，晴，早五度，午二十一度，晚零下七度

午游喇嘛庙。庙分三间，首入中间，木壁隔成前后二堂，里室为佛堂，外室为经堂。佛堂中，立金漆玻嵌神龛五，中二层供佛六，首座为宗喀巴与买代神。七月间，买代神有巡庙礼。两旁四龛，每间八格，每格佛一二不等。龛前案上，别有佛龛三，中供达赖服装，次班禅，次哲布尊丹。龛前供银制之七珍八宝十五件，银碗十余，盛冰代水。中供塔形藏香三，承以银盘。宣德铜炉一，两旁置细瓷胆瓶二，列供品四：欺欺格，米也；呼其，香也；海灯，佛灯也；下不腮，双鱼形装品也。东西壁立木架二，装置藏经。经裹黄布，约百余种。外间法器，罗列满地。东西佛堂，供佛之数，亚于中间，柱周梁上，悬怪形鬼面数十具，壁间杂悬古刀剑、弓箭，以及火器等物。桌旁立木乃伊豹一，蒙人最尊佛，故所得贵品，辄以之供于佛前也。高呢喇嘛云："中间为善神，此间为恶神，二间陈设不了之佛像供品，则置之西间。"西间锁封，未入。庙中喇嘛三十余人，每日诵经时刻，以经卷之长短为定，经堂北隅设椅三，达喇嘛、德木齐喇嘛、戈什贵喇嘛分坐，余则

均席地坐。各手法器，首由蚊子喇嘛倡诵，念经喇嘛和之。法器数种，有鼗鼓、悬鼓、柄鼓、连钟、觱栗、喇叭等物。柄鼓大如巨盆，柄长二尺许，以弓形长柄木锤击之。喇叭木制，周以铜镶，长七八尺，柄系彩绸，悬之梁上。喇叭口间，支小木轮架，以便移动，吹之声如狼嗥。觱栗角制铜镶，声如鬼啸。连钟以小钟十二，连缀于木架中，杂击之，一片叮冬之声，殊厌耳也。

活佛以次之喇嘛，阶级甚多，列之如左：

上柱特巴喇嘛	掌印。
多呢喇嘛	活佛之近侍，传达活佛号令。
汉波喇嘛	喇嘛之齿尊者充之，有虚名，无实权。
达喇嘛	总理庙务。
袋德喇嘛	王公世子也，品最尊贵，位置无定。
德木齐喇嘛	专司经卷。
戈什贵喇嘛	专司清规。
蚊子喇嘛	诵经喇嘛之领袖。诵经时，彼先倡，徒众和之，声如牛吼者是也。
喇嘛	司诵经卷之徒众也，无专名称。
达客尔齐喇嘛	管理佛堂。
高妞喇嘛	司门户。

此外又有呢式把，为活佛之仆侍，如王公府之包衣大然。

蒙俗视喇嘛若神圣，视藏经若救符，牲畜被狼虎啮死，则念经以解之，人罹病，亦如焉。死亡不埋葬，弃于野，以待狼食，倘数日不动，则一家蹙然，请喇嘛念经以禳之。其迷信如此也。每至岁时念经，数百里凡应喇嘛之名者，纷来如市，大椎牛杀羊以飨之。所可怪者，椎杀甫经，血满衣巾，而又往佛堂诵普度之经，所谓戒杀好生之佛理，若一无所挂于心者。其善恶颠倒也又如此。孀母孤儿，家居凄凄，而尤多充喇嘛，以图忏悔，视娶妻养子为罪孽，视承嗣继宗如敝屣，以为将蹈西方乐境，尚恋恋尘世之旧迹奚为哉。及其母头白且秃，聋肿〔钟〕残疾，奄奄待死，则亦毫无顾惜，惟日诵经庙中，以祝其母之康健焉而已，而为母者亦甘于此，绝无怼其子之不尽孝养之责者也。其愚妄也又如此。且妇人女子，自幼不留发者，相随属，长而剃发充女尼者，家户皆然也，故供差于佛寺，较供差于王府，倍加踊跃。每当春夏之交，奶食畅旺，佛寺左右居民，送奶食者，络绎不绝，远方势不能送，则喇嘛徒类，乘马往讨，至则立马扉外，胡笳一吹，则居民奉之加谨焉，若为一种之天然佛税也者。每年春间，活佛且至各富家临视，名曰降福，大则施以驼、马，小则亦必施一羊，而一年之费用足矣。且蒙旗王公，亦不能与活佛比肩，见谒则俯伏跪拜，执弟子礼殊恭，遇有旗务，恒为活佛掣肘，不能任所操纵。夫自古以神道设教者，政教常杂糅，而国政郡制，斯以不进。今国势濒危，强俄逼处，蒙古屏障西北，其颠倒荒谬乃尔。施之急，则向背难知；施之缓，则麻痹不仁。乌乎！忽必烈之汤沐邑，终沦于异域耶？

　　游击马队四营营长汪启才来自乌兰花，谓据秘密侦探报称，张家口通库之三路，现均为库伦堵绝，蒙兵遍布，并已自台站大路，侵至塞尔乌苏云。汪傍晚返乌。

初四日，晴，早五度，午十四度，晚零下十一度

　　土色勒格气早来，谓今午本旗各官长会议，请临演说。下午一时莅场，到时各官长至者已二十余人，均席地坐，见余辈至，咸起立致敬，有举手者，如陆军礼焉。王君就中坐，彼等瞠目直视，不发一语。王君详说蒙、汉之关系，共和与专制之比较，及到乌慰问之理由，每说一段，即由鹤侪译述，各官长大有眉飞色舞之象，咸点首而不知鼓掌。四时散会。

四子王旗境内，有元加封孔子碑，席勒图佛地，有元耶律氏碑，询之札兰济尔格郎，济茫然，因商请四子王饬人往觅，以便前去拓临焉。

初五日，阴，早零下二度，午十一度，晚零下十二度，大雪

晨起已深尺许，晚晴。王府无闲室，随来马兵、车夫，均住王府南福顺基小庄。昨午有军服二人，入该店取前所寄存物件，自称系在大同当差，取得物件，匆促离店。店主归，悉其情，急告马兵，谓该二人，即前抢劫该庄盗魁，掳来物件，迫寄该店，今特来取云。马兵追踪二十余里，未获而罢。初，店伙之不敢告马兵者，盖彼盗党羽众多，恐其报复也。

日前进喇嘛庙时，四子王长子潘贡察布随行，见弁从负有望远镜，借观之后，爱不释手，谓彼亦有一架，不及此佳云。札兰济尔格郎来央鹤侪，请其转达王君，请以彼所有者相易。彼之远镜，光力仅倍许，玩具耳；王君所有，行军利器，购自英伦，况沿途探察，在在需用，复由鹤侪婉辞之。蒙人贪图小利，不顾大体，多有如此者。

晚，札兰济尔格郎复来，谓觅碑差弁已回，二碑均存，元加封孔子碑在乌兰排神，耶律氏家庙碑在波尔排神，专车往拓，往返多耗时日，拟于旋绥时折道往拓，便以游历也。

前与土色勒格气接洽，曾询四子王旗之四至，据谓有昔年地图可考，因向其借阅，昨午始送来。该图不知何人所绘，甚聊〔潦〕草，然系前清康熙年间所制，古物也。予依其纸式，仿绘一纸，商之札兰以换其旧者。予复准此，并最近参考，特立二表焉，一内蒙统系表，一乌盟各旗四至表，均见《乌盟调查录》。

蒙古喇嘛，多操先觉术，俗间有能之者，须受喇嘛之使命，且须岁以巨金贻喇嘛，求其于佛前代为祈祷，以免罪戾云。札兰济尔格郎能之，因要其试验，以察其状况焉。烧骨（羊胛骨）掷骰，

均可预卜休咎，济惟能骨卜，并荐某喇嘛骰卜。骰三枚，巨如大指，红缎包裹，奉若神明。

初六日，晴，早六度，午二十三度，晚零下四度

上午偕仲逊、鹤侪、愚松乘驼雪地旅行。人上下驼时，必使驼伏地，伏时驼先前腿，起时先后腿，乘其上颇稳。初乘，较马为舒畅。济尔格郎前导，至大庙一游，距王府三十里，携饼干充饥焉。庙之规模，较之王府喇嘛庙更巨。途中羊群千余，牛群数百，散放牧地。马群适自北境赶来，为数亦几及千，留影焉。羊最难照顾，而近地山坡间复多狼，牧人手其鞭，快马游巡，以防意外。羊之行止，亦惟牧人马首是向，牧人驾驰，甚轻捷也。五时返。

晚，土色勒格气送来该旗覆文，慰问事遂以就绪。商定初八起程，拟绕西境由喀尔喀右翼界折席勒图佛地而归。

初七日，阴，早二度，午十四度，晚零下九度

乌镇汪营长差弁送来地图一张，乃自归化西至包头舍台一带者，界线清楚，道里亦颇明晰。午后去四子王处辞行，王维絷甚殷，谈至三时之久。王以病躯孱弱，未克偕行为憾，于夏初必亲北京行云，赠王君马二乘，予等驼绒椅垫各数袭。晚督率弁从理行装，土色勒格气来谈许久，且要予辈常通函讯云。

初八日，晴，早四度，午十八度，晚零下十度

八点四十五分起行，四子王率王子等，于府前候送，并饬梅楞章京桑斋札布、台吉阿排里买大、札兰济尔格郎，差弁四名护送，却之不得，情可感也。王府周围，地势低洼，积雪晬而复冻，车行其上，轧轧不止。西南十二里，有二小庄，南坡居左，三十余户，均事垦荒；福顺基居右，二十户，均事贸迁。车行经此，该

庄父老，恭迓道左，揖让周至，王君驻车抚慰焉。桑斋札布辞回，沿途见黄羊（野山羊）百十成群，游行草地上，马兵屡击，不一中。十二点，过塔布河，河已就涸。十五分，至乌兰排神，蒙古意红城圈也。城，元筑，古静州城也，今惟颓垣零星、瓦砾遍地而已。关庙一，居村之东，元加封孔子碑在庙之西北，矗立漫坡，碑高六尺有奇，宽三尺弱，厚五寸余。碑已残毁，碑阳字迹，略可识，其文字为"加封孔子诏。上天眷命皇帝圣旨，盖闻先孔子而圣者，非孔子，无以明，后孔子而圣者，非孔子，无以法，祖述尧舜，宪章文武，仪范百王，师表万世者，朕纂成丕绪，敬仰沐风，循治古之良规，举追风之盛典，加封大成至圣文宣王，遣使阙里，祀以太牢。於戏！父子之亲，君臣之义，永惟圣教之尊；天地之大，日月之明，奚罄名言之妙，尚资神化，祚我皇元，主者施行。"字俊秀挺拔，脱胎欧柳。碑阴字迹模糊，极目力，不过辨识一二。有著"静州刺史"及"大德十一年七月"等字。携有拓具，风烈天寒，墨汁冻坚，改而墨蜡（以蜡和松烟炼之，冷结而成），就碑阳可辨识者拓焉。风烈如虎，勉拓二份，闻为元阁复书云。二点四十分离乌，车南而偏西行。三点至克克乌苏。克镇居户四五家，尽汉民。复南偏东行，途间经蒙古包十余。二十四里，五点十五分，至东达乌苏镇，宿义信元六陈行。店主李姓，弟兄四人，均操蒙语极圆熟。

东镇居户不及四十家，商铺四家，专与蒙人贸易者，杂粮、炒米、油酒，其大宗也。隶四子旗，四子王每岁派人来此收租，大商年租约钱三十余千，凡未垦荒地，亩值制钱百余文，面斤制钱仅十八文。

由乌至归绥路，除蜈蚣坝外，又有毛豆青沟。路较近，惟沟下有盘肠河，长十里，夏多雨水，冬尽积冰，虽为大道，行者绝少，而风景绝佳，桦树（晋人以之制木碗，售与蒙人，价昂也）夹道，泉水激湍，为蒙古别一天地。明日拟由此道行，遍觅向导，不得而罢。蒙人走路，认明一条，终始不变，非志向坚定也，殆知一而不知其二耳。

自东镇西行三里，即为副盟长地，南行十五里，为席勒图佛地。东镇驻兵一连，为一营三连，本驻关庄，日昨移来此地。

初九日，阴，早五度，午二十七度，晚零下四度

早八点十分，自东达乌苏起程，派马兵二名，先行驰回归化，语驻归同人，整理行装，定十二日晨，同时起程旋京。南行入草地，东望山脉平延，新垦地错杂其间，西望荒草无垠，商〔高〕坡起落。九点十三分，更入荒草丛中，辟新道，绕东南行，至波尔排圣，蒙古意灰色城圈也。计程二十里，蒙古包二，牧牛数十，散放雪地啃青，獒犬十余，其大如犊，窜来车前，势甚汹汹，非其蒙主来为逐走，殆矣。盖鞑狗性最猛，虎狼每不之敌，故口外多以之视护羊群也。更经小河，行六里，十点至古城遗址，有元耶律氏家庙碑，翁仲石马，碎裂星散，藏字尖塔三，倒卧地面。碑长五尺许，宽二尺许，厚五寸，矾石为质，倒跌距屃赑几十余丈，字踪模糊，残毁不可拓，拟择其略可辨职者，抄录一通，西风凛烈，手指出袖即僵，遂作罢。十一点十五分离该地，复东南行，十里至八龙得火姆，入蒙古人家打尖。汉房一间，与蒙古包并列，主妇为佛弟子，装束甚奇，一女顶皮耳帽，衣光皮甬，踏牛皮靴，一如伟男子。此地隶席勒图佛地（席勒图佛居西北三十里之下里木路），东为四子王界；西行六十里，抵达尔汗王界；南行三十里，至帖里木图，即为土默特界。席勒图佛地，纵横各不及百里。一点四十五分起程，南行草地三十里，西风骤起，大雪漫空。四点五十分，至帖里木图。晚七点雪止，风势愈烈，风卷积雪，盘旋飞舞，其势汹汹，人马均难立足，土人名之为白毛旋风云。

初十日，晴，早零下五度，午十二度，晚零下十一度，风息

早八点四十分，离帖里木图，南偏西行五里，九点十分至营字号，十点折南偏东行。十点二十分，十三里经安字号，始入来时旧途。十一点五分，经可可以力更，共行三十里。今日为阴历元月四日，可镇风景一新。南行十里，十二点经水泉庄，居户十数家。十二点三十分，出红土坡（土质重色红，中含铁质），折东南，行沟中，山沟积冰十数里，逾积冰，则拳石瓦砾，铺地数里，逾瓦砾场，重复积冰，车行雷动，播荡不已。两山夹沟，沟宽不及十丈，山间多狐、狼、斑鸠等物。南来骆驼数百，载货赴新疆，撮〔摄〕影焉。二点三十分，至牌楼关打尖。三点三十五分行，四十五分上蜈蚣坝。至坝顶，适斜阳反射，俯视层峦叠嶂，下绕细流，川原绣错，对之心旷，不觉征尘顿消。四点三十分下坝，经坝口，七点四十分抵归化。今日计行百二十里。

十一日，晴，早十七度，午三十四度，晚二十四度

午购得磨菇及萄干若干，二物归化土产，价极廉也。晚部署行装。

十二日，晴

早九点起程。潘观察使派探访队护送焉。十四日抵丰镇，十六日上午十时抵阳高。下午六时至张家口，仍寓迎宾楼。十七日离张。寅夜登车，早六点三十分开，一点四十分抵京，由西直门下车，税局检查苛烦，予辈幸有护照，免。

《小说月报》

上海商务印书馆小说月报社

1913 年 4 卷 9—12 号

（李红权　刘悦飞　整理）

蒙古郭尔罗斯后旗旅行记①

心史　撰

六月初四日②，由京乘京奉车赴东，携有日记簿，途中遇有关系处，辄识以简短语，以留当时心所感触之迹。闰月初二日回京，检所记，衍而明之，本意以此为报告也，顾排日所见闻，往往将一事首尾隔断，昨日之所见，至今日有所闻而始觉其可记，至明日更有所闻而不能不补记。且一日之见闻非一事，转于其荦荦大者，不能团聚一处，以发明视察之本意。用是提纲挈领，最为一篇，先冠其首。复有缘路讴吟，以代纪事者，辄于诗后疏其事实，以存当时记忆之真相。嗣此之后，乃以日记原文附焉，参互观之，较为详尽，非有意为诗文也。

蒙古在漠南者为内蒙古。内蒙古分六盟，东四盟在东三省及直隶、山西边外，西二盟在陕西长城以北。东四盟之在东三省者，为最东之哲里木一盟。哲里木盟凡十旗，科尔沁分左右翼，每翼各分中、前、后三旗，共六旗，皆属奉天省；郭尔罗斯前旗一旗，属吉林省；郭尔罗斯后旗、扎赉特旗、杜尔伯特旗，共三旗，皆属黑龙江省，三省所辖之蒙古如此。其西接乌昭达〔昭乌达〕盟

---

①　本文曾发表在《东方杂志》1912 年 9 卷 5 号上，署名孟森，题为《视察蒙古郭尔罗斯后旗报告》。——整理者注
②　《东方杂志》作"辛亥六月初四日"。——整理者注

各旗，则属直隶省矣。

哲里木盟十旗扎萨克，蒙古人言其封爵各不同，谓之六王、三公、一贝子。蒙古王公封地方官，司道以下皆平行，惟对督抚用属礼。六王、三公、一贝子者，科尔沁右翼中旗扎萨克，为和硕土谢图亲王；左翼中旗扎萨克，为和硕达尔汉亲王；右翼前旗扎萨克，为多罗扎萨克图郡王；左翼前旗扎萨克，为多罗斌图郡王；左翼后旗扎萨克，为多罗郡王，以上科尔沁五旗皆王爵，余扎赉特一旗扎萨克，爵亦称王（《游牧记》称其扎萨克为多罗贝勒，不知何时晋王爵。今盖据蒙古人所言也），是谓六王。科尔沁右翼后旗扎萨克，为镇国公；郭尔罗斯前旗扎萨克，亦为镇国公；郭尔罗斯后旗扎萨克，为辅国公，是谓三公。杜尔伯特一旗扎萨克，为固山贝子，是为一贝子。蒙旗地开放愈早，其旗愈富。科尔沁左翼中旗，当嘉庆间即设昌图厅，民人垦佃，逐渐繁盛，至光绪初，遂改为昌图府，新设怀德、奉化、康平等三县属之，繁殖可想，是旗扎萨克今已岁入至三十万元。盖垦熟之地，所纳之租，至如此巨额也。然昌图一府，地占左翼中旗者，仅一隅耳，将来推广，又何可胜计。其次为郭尔罗斯前旗，亦于嘉庆初即设长春厅，当为理事通判；光绪八年改抚民通判，设农安分防照磨；十五年升为长春府，而农安亦升为县。东清铁道经长春，交通尤便，土地垦辟，故是旗亦甚富。

科尔沁左翼界内有辽源州，属昌图府，亦旧设，似亦中旗地，然未能确审；右翼界内，新设洮南府，领靖安、开通、安广三县。当右翼中、前、后各旗地，开放未久，尚未发达，其在黑龙江境内三旗，郭尔罗斯后旗地，设肇州厅；杜尔伯特旗，设安达厅；扎赉特旗，设大赉厅，皆新设未发达。盖旧设之厅、州、县，乃汉人移殖已繁，不设官，无以理民蒙之事，应其需要而设之，在设官时，地已辟矣。新设之厅、州、县，则以官招垦，故官虽设，而垦尚寥寥也。

　　蒙旗地所亲历者，仅郭尔罗斯后旗一旗。自东徂西，皆遵陆行，所见较亲切；又宿扎萨克府两日，宿肇州厅署两日，询访尤备，故能言之綦详。然据所闻，各旗情形颇相类，则所以兴蒙古之利而除蒙古之害者，或亦大概相同。其尚未遍历各旗者，以陆行至郭尔罗斯后旗西界，濒嫩江岸处，江水正骤长，天又无日不雨，地皆淹水中，不复可行，遂渡江至新城府，乘轮船而返，俟秋凉水退再往。今就肇州境内述之以见例。

　　松花江流域，纵横各千余里，无山，皆平原腴土。其东半属满洲，为吉、江省界，西半为蒙旗界。处其中，但知有涂泥水潦，不辨山为何物，故无木无石。屯站所在，居民尚或种树，以取荫而障寒，初不敷取材之用。至石材，则分寸皆绝迹焉。是于营造较为困难，而垦种则无地不宜。土人不知有沟洫，故见低地则以为瘠薄。盖夏季雨量极富，松、嫩两江水骤涨，当地又多雨，故低洼之地，恒没于水，有漂失之患。又地形稍坳，遇水即潴蓄者。水挟碱质，潴其地即成碱甸，能产含有碱性之草，独宜于牧，而不宜种粱豆。土人皆以弃地视之，言垦者掉头不之顾，此皆小农之见解宜然。若有大经营，则沟渠以泄之，堤防以御之，酌种水田以消纳之，又必宽留牧地，以畜牛马，为耕犁之用。更有多余之碱地，专以资牧，则羊毛亦正大利所在，必设大公司，领大片地，相地规画，则寸土乃皆黄金。地广人稀，种植亦必用大农法。一犁可亘五六里，少折旋则时间省，用机械、牛马则人工省，此皆大农之事。若以小农之知识往图度之，虽无不各餍所欲之理，然于实边大计，殊迂远无速效，且彼中地利，亦未可以此零星掇拾之数狼戾之也。

　　车行荒草间，绿香扑鼻，但蚊蚋充塞，啮人并不畏扑，其色青，盖平时无人过，则吸草汁成青色，遇人而啮之，饥不暇择，且亦尚未有畏扑之机心。又有虾蟊如蝇，螫人至痛，螫牛马往往见血。膏腴之土，庶草繁庑，人不利赖之，乃成虫豸之薮，然绝无蛇虺等毒虫，北方之所以优于南服也。荒地中偶有一二已垦处，则蚊蟊绝迹。粱豆非此类生物所依附，又飞不及远，故荒与非荒之界域，即有蚊蟊与否之界域。除害莫如人力，天造草昧，人能董而理之，即成人世界，则弃地于蚊蟊者，谁之罪耶？逐日天气，日中至八十五度，清晨则七十五度以上。

雨多而土洿，车行低地，水声时淙淙然，或陷于淖，则百计求脱，费时甚久，往往至尽去所载，而后力鞭骡马，曳之出险，故既陷之后，乘客必沾体涂足，狼狈先求脱，乃可待车之自拔于难。虽有官道，恒在若存若亡之中。其有水冲日久、成天然之沟渎者，首尾无端，绕越既所不能，径渡则深至三四尺以上，人必裸渡，而行李则需裸运，然后驱马曳空车，乱流而渡。凡此皆内地旅行所未有之事。要其水草之饶，泥土之沃，正见无在非至宝，吾人听其屯塞至此，惟有自疚而已。

数里或数十里过一屯，其门插一旗，是为蒙户之标识。蒙人绝少种地之家。处膏腴数十百年，尚沿游牧之旧，但牧而不须游耳。汉人得托其间者，长子孙，缔姻好，田连阡陌，牛马成群，盖无复窦人，且生殖极繁息，一家间，其子女动辄七八或十数，丁多即择荒而垦，无地狭之患，种地又不费功力，不需肥料，衣食自有余饶，心广体胖，宜其生息繁多矣。偶语此辈："居此荒寂之地，亦颇思乡否？"则答曰："虽有乡，其何敢思，以吾曹之习于安逸，与子息之累之多，若归故乡，皆沟中瘠矣。"呜呼！此《桃花源记》语也，不图于今世闻之。虽然，货恶其弃于地，力恶其不出于身，无古今中外，视此为公理矣。惟慢藏乃诲盗，此则大可危耳。

昔者禹抑洪水，水乃由地中行，盖以前水行地上也。吉、江两省之大平原，滨江低下，略如江南卑湿状。比年以水患闻，要亦名患而不名灾，则以沿江为垦地者所辟，灾不能及也。然从前则并无水患可言。水之来也，横冲直决，皆在无人之境，则有患而莫或知之。尝于肇州客舍中，遇一客，系近地人，忘其姓名，问远客来自何所，告以江南，则讶为语音不类。盖吉、江两省，中间隔一江，江省以吉省为江南也。告以仆所居江南，乃扬子江之南，非松花江之南。客忽忆南方有水田，因问："南方多水，当此夏令，大雨时行，其道路之沮洳，较此间若何？"告以南方无此状，客若甚讶。询所以，告以南方多河道。客曰："黄河乃在江以南乎？"又告以河非黄河，乃各地用人力所开之河，小者为沟浍，大者为通川。脉络贯通，密如罟网。客更讶甚，谓："南方岂家家有大禹乎？"知其狃于吉、江荒漠之故，无可猝喻，则漫应之。录其问答，足以见彼中水利二字之尚未入人梦想也，此又谁之过也。

蒙古放地章程，上等每垧收押五两一钱，依等递减，交通不便之处，有减至三钱五分者。押租半归国家，半给蒙旗。故放荒之始，能多放，则蒙旗即获巨款，但押租止收一次，至五年后升科，则每垧纳大租六百文，小租六十文。黑省用中钱，以五百文为一吊，则实收三百三十文。国家得三之一，蒙旗得三之二。是故垦熟以后，蒙旗即每年坐享厚租。以故科尔沁左翼中旗扎萨克，有岁入三十万元之巨额。蒙旗应得之款，又有自行劈分之例，扎萨克得四成，台吉得三成五，庙仓得二成五。庙仓者，喇嘛等所得之款项也。如科尔沁左翼中旗扎萨克，岁入三十万元，其全旗所入，乃实有七十五万元矣。夫台吉、喇嘛既皆以放地为利，则宜皆与其扎萨克竭力欢迎垦者。然事实或不尽然，中有委曲，则借口蒙民生计，设法阻挠，亦往往而有。如郭尔罗斯后旗扎萨克，负债于他旗之喇嘛，以地作抵，而彼喇嘛乃将转售其地于俄人。官家代还款八万六千余两，而令其放地，收押租偿官款。众台吉以债由扎萨克自欠，不愿代偿，因相率抵抗，其一例也。岂知放地时，固代扎萨克偿欠，升科以后，利自溥及，何必把持而致两败。以愚计之，押租就目前止，可先其所急还官款，将来年租，或令扎萨克于若干年期内，减收一成或半成，以益台吉等，则亦不为强台吉代为偿欠，庶或可持其平，此在当局相机开导之耳。

蒙地若尽数开放，各旗扎萨克之为贵族，乃不似今日之有名无实。小说载英国贵族，席其遗产，富厚无匹，吾国惟蒙古扎萨克有此基础，若今之科尔沁左翼中旗、郭尔罗斯前旗，皆已见诸实事者。但不得大力者，作大规画，畸零散碎，择便而垦，仍循游牧时代逐水草而居之故智，则所谓碱甸水地，废弃必多，蒙古不足惜，如暴殄天物何？彼中江水由山水下注，其流甚疾，然初无波浪，若作堤防，不似南方沿江沿海之难，且沟渠一通，水顺其就下之性，即借隄防，亦并不需高峻。坐使周原膴膴，变洪荒为绣壤，一反手之劳，足以获之。

蒙古生计之说，乃大可笑。蒙人盖将不能有生，何暇过计。行其境，除汉人有勤动之状外，蒙之人，什七八皆顶冠带，冠上顶珠，青黄赤白，无所不用其极。腰系荷包活计，足蹬官靴，行步微偻其背，举足重滞，橐橐之声，以靴破不甚清脆，唐人诗所谓"纥梯纥榻"者，颇为近之。童时见老辈有老成端重名者，别成一种态度，以示林下风。入蒙所见，盖无时不然，惟袍带、冠履以及挂件，则无一不垢敝斑骏〔驳〕，历年既久，又不知浣濯为何事，汗渍泥污，狼籍如云霞。此其人所谓台吉者也。其壮丁则谓之奴才，奴才无冠带，分宜操作，然循例派入扎萨克府当差，扎萨克嘉赏之，则亦任意赐各种顶戴，于是章服亦与齐民有别，而老成持重之贵人风度，相因而至矣。今之好以官贵自标异者，惜不令入蒙一寓目，设早以蒙人之态，喻之当世，吾知学生决不应试求官，天下亦绝不复有持奖励不可废之说者矣。此其戕贼于虚荣者一也。

　　台吉之家，男丁生而无一非台吉，故台吉之增益无量。其奴才本尚可奋于人事，然台吉役之，扎萨克役之，有时扎萨克滥役奴才，台吉得而控诸理，盖争以为各擅之犬马也。台吉一户，例分得奴才四户，数传而台吉之数大增。奴才因无人权，则去而为喇嘛，乃无贵无贱，向之膜拜。于是奴才尽以其幼子为喇嘛，凡制〔剃〕度一喇嘛，必一正一陪，就亲丁中同时剃度之，其一为喇嘛，其一则喇嘛之奴才。故无论何庙，问其喇嘛名额，如郭尔罗斯后旗扎萨克府相近之最寿笃寺，名额为二十五，其中实在僧徒，必为五十有一，二十五喇嘛各带一奴才，又有一大喇嘛故也。喇嘛死，必于其亲丁中顶补，喇嘛之奴才亦然，故一家既有喇嘛之后，其不为喇嘛者，久亦相随而去。其大喇嘛，或为喇嘛得众信仰而推升，或由他贵人力拔起。若台吉为喇嘛，则可即得大喇嘛之位，大喇嘛无庸专带奴才喇嘛，凡合庙皆其奴才。蒙人死亡、疾病，及有所趋避，皆延喇嘛唪经，既唪经，则必酬之以马、牛、羊，惟力是视，是为喇嘛之资产；喇嘛又得分放地之利，无一不优胜于奴才，以故奴才皆遁而为喇嘛，为喇嘛则其种止。此消灭于迷信者二也。

　　尝主〔至〕一台吉之家避雨，因止宿。其家系三品台吉，父子叔侄，壮者以及孩提，共五台吉。问其有无奴才，云尚有一户，此奴才家生齿繁殖，有兄弟五人，但已有两为喇嘛，两为奴才喇嘛。既去其四，余一奴才，遇彼四人者有事故，则亦将超凡入圣，至其时，吾家奴才乃断绝云。问以台吉家有奴才者多否，则言甚少。因忆郭尔罗斯后旗扎萨克布公言，本旗台吉二千余人，其数远过壮丁。正以此故，扎萨克府中厮养，皆顶戴辉耀，亦有戴翎支者。以虚荣锢此辈之身，又以迷信灭其奴才之种，无怪古所谓天之骄子，一入国朝，垂尾帖耳，生气奄奄，治边长策，跨唐凌汉，有以也。无如强邻密迩，择肥欲噬，患又生于所防之外，则固当时之所不及料矣。

扎萨克之富者，诚得所矣。其贫者习于昏惰，拘于体面，如扎萨克布公家，吾见其设坐仅能如客数，而其式且不一，茶杯亦然，玻璃与瓦，大小不等，其穷可知，然府中当差者百数十人，冠带济济，虽令一人执一器，府中恐无器皿百数十事，然月糜口粮数百吊。扎萨克因事他适，侍从必数十人，冠带而垢敝，追逐不舍；旅舍一宿，其费即不资。布公又尝游日本，亦好作开通语。以安逸养成迟缓，晨起必向午，一盥漱历数点钟。尝因讼事至哈尔滨，携三十余蒙古，住俄人所设客寓，一宿数百金，亦不甚知爱惜。但欲举债，外人承迎恐后，以其地产富也。凡蒙旗贫者，大率类此。一经举债，支节丛生。今欲促蒙旗进步，既放其地，又必收其债权。有债则由官中代偿，责令放地自赎，庶地辟而纠葛亦清，若布公事是也。各旗闻类于布者不少。收权弭患，今日之要务矣。其尤要者，破除阶级，使台吉以上无虚荣心，奴才则无暴弃心，捐除迷信，改良佛教，勤耕耨，积产业，顾嗣续，与汉人竞生存，则边可实，而蒙人之生命亦可延，为固圉计，固然，为人道计，尤不能不尔。彼台吉之冠带，其敝垢且弗论，得汉人一钱，则奔走恐后，荣辱之原，系乎生计，顶戴无救于饥寒，其可怜矣。朝廷今日，何忍尚以此坑之，吾尤怪蒙人处此，多方作态，以称其冠服之荣，则固尚自以为得意。宁非至死不悟者，是不能不信阶级之见，为专制国民之第二天性也。

国家之处置蒙藩也，更莫妙于以盟长为之牵制。盟长由朝廷选定，非蒙旗所推举，则与盟之为盟，义无所附丽矣。然各旗大事，非各盟长同意，乃不得行。盟长又有四人，意见更歧出。哲里木盟今日之盟长，其正盟长为郭尔罗斯前旗扎萨克镇国公，帮办盟长为科尔沁左翼中旗扎萨克达尔汉亲王，第三副盟长为左翼中旗闲散达尔汉郡王，第四副盟长为杜尔伯特旗扎萨克固山贝子。朝廷有命令，临时可以易置之，而一假以盟长之名，则凡系阻挠，即必有力，其名分然也。若用为代表全盟，必不能得同意。万一志同道合，竟有洽乎众望之盟长，一经取舍更任，其团结立破，国家制驭藩属之道如此。今行新政，地方皆有职务，岂能长此破坏，倘能捐除故事，但令受地为民，盟不盟听之，且蒙、汉已杂处，地方官已一律行以官治，复何借特别之法律，以维持此藩封之政令乎。通铁路，设流官，破藩部畛域，裁理藩部而廓清之，藩属之福，亦国家之庆也。今回、藏各部，能行此义与否，尚未可定，东三省之蒙古，何为而不以此请命于朝耶？

　　郭尔罗斯后旗地，数年来放垦已大半。然扎萨克尚穷不自聊，则以放而未垦之故。江省大吏，当时勇于放荒，薄有资本者，任意报领，顾但有领地之本，并无垦地之资，于是延宕坐误，以至今日。在肇州见厅署公牍，肇东分防自治会议案，皆有关催垦之事。肇州本治郭尔罗斯后旗全境，境内经数次开放，最早系周道冕经放铁道两旁最腴之地，其地稍稍有垦户，即于肇州移一经历分防焉，谓之肇东分厅，地分五乡，占全旗之胜。上年八月间，厅丞崇组轩分守勘定作图，其旁识数语云："土地膏腴，以肇东五乡及和乐安三牌、布拉克台一台，堪列上等；沿江荒段暨鄂多尔图台、察普起尔台、博尔济哈台、古鲁站等四台站，时受水患，为中等；茂兴站、吴兰诺尔站两处，地多沙碛，平字牌及一顺招，地多洼碱，应列下等云。"全旗地质之品评，此为详实。而肇东议会，议员皆地主。所利用此议事机关者，无非设苛法以逼佃使垦，且禁他人之出钱劝佃速垦者，盖欲不费一钱而坐收熟地之利。以此期垦，垦复何望，故无资本之地主，不可恃也。夫垦务兴，而蒙地设官，遂有肇州厅；宪政举，而自治开会，遂有肇东等议会。今观其议案宗旨，皆汉人领地者盘踞议员之席，蒙人不识字，无望当选，则把持地方者，皆客民耳。蒙人方结习如故，则岂非新政举行而又多一外来之刀俎，以甘心于此鱼肉乎哉。蒙、汉之程度不相齐，劳力不相竞，吾未知其所终极矣。虽然，肇东今日之苛法，固犹汉人苛待汉人，汉人之领地者，苛待汉人之承佃者耳，蒙人固尚无为佃之资格也。

肇州道中诗

半趋半躜趣骡网，坐爱车前众绿香。

野草怒生聚蝇蚋，土屯零落见牛羊。

庸勋秩古家悬磬，耒耜民移亩宿粮。

饶沃近盐天府国，可怜终古说洪荒。

州境即有盐泡。

官台无路野无烟，积水横流马不前。

填道败槽行潦窟，瞰人狞犬塊垣颠。

旆袤大长忧艰食，围牧余丁遁学禅。

如此川原成否塞，诸君何策翊筹边。

厅署前水没不可行，有一最深之缺口，填一败马槽，可着人足。蒙屯蓄犬，多在墙屋顶上，见生客则狂噪而下。

松花江上杂诗五首

沮洳一步皆成险，蛰处天然长惰心。

但觉车轮生四角，安知尺璧抵分阴。

地无片石能为骨，天有纤云便作霖。

沟浍不修衢路废，千秋虚牝掷黄金。

榆关跌荡向东开，襁负相望事可哀。

塞下尚悬通海禁，关中自为实边来。

赍粮益盗生秦暴，越界驱民作楚材。

富媪有灵谁与乞，可怜皇父造污莱。

山东人子身至关外，一年坐食微资，困苦万状，垦地至次年，薄有所获，食其穗而爨其其，又一年则薄有积蓄，已移家矣。如此伟大之移殖性质，国家犹时摧折之。次帅言，数年前任将军时，尚循例专折报并无福建人民入境，盖意在堵塞来者。惟所防之民族，仅有闽人，尚未知燕、齐之民之络绎于此道耳。闻亦有资斧不继，不能待垦，辗转流至界外，遂为俄佃，以俄之移民设备较完之故。可哀也！彼皇父何人哉。

收权大计竟通航，拉杂摧烧尽栋梁。

决胜何能凭下驷，多歧只恐兆亡羊。

纵教巨帑谋孤注，可奈归墟属断潢。

一线生机惟锦瑷，齐赢况有百千强。

哈尔滨设吉、江两省邮船总局，局在傅家店沿江，江心一小洲，接筑码头，颇宏敞。总办韩太守，为言此码头甫于四月间完工，上年开始，中更鼠疫，三姓采木之道不通，颇费时糜款。计码头之成，共用两万三千元，现局用岁需万五千元。三姓一路，呼兰一路，皆已有船往返；新城一路，甫拟通航；乌苏里江口以下，已非国界，船舶非就地自造，必商购于俄人；上年由他处订购，为俄国海口扣留，强令拍卖而后已，亏损甚大。此次拟行新城之两轮船，系由陶赉昭移来，船已窳败行迟，又时需修整，处处耽延，实不足竞航业之胜。且寥寥数艘，遇人货拥挤，无可增益。俄铁路公司航行此路者，计船百数十艘，缓急足以酌剂，船坚而期又定，往来迅速，人岂肯舍便利以就官轮，然则苟非大举，适以数万成本及万五千元之岁费，掷之江水而已。

东清铁道过哈尔滨，适为呼兰以上众水之所归，轮船运送，亦不过代彼供铁路之载，我固无自行出海之路。哈尔滨地近三姓，燃料用柴，不用煤，各机厂皆然，轮船其一端也。柴系径一二尺之大木，截作二尺许之段，又劈成四五瓣。据言，轮船一日需烧两孤巴。孤巴者，俄量名，合我国六尺六寸立方积。三姓购柴，俄已积久，故量名价额，皆由俄先定。每两孤巴售二十三卢布，每孤巴重约六千斤，合十一卢布有半，当中国银十四元，则每百斤两角三分余耳。由三姓运哈，运费及税，约需倍之。吉东垦务不盛，地不加辟，民不加聚，建筑物无所用之，栋梁之材，夷于灰烬，可惜也。

锦瑷路为北方命脉，路线所过，农林矿产，每岁增额，即不止全路成本总额。交通一便，万宝皆登。田亩升科及他税项之增益，直接足偿本息而有余。国之边防，民之生计，文明之输入，皆其意外之获耳。

陶赉昭行轮，本溯松花江，而达吉林省城。东清路于陶赉昭过松花江。长春距吉省二百四十里，然乘客至长春，宁转乘东清车至陶赉昭，再溯江而上，需二三日水程，往来者如织。陶赉昭，一名小城子，客寓市场，日益兴盛，吉长路将成，情状又将变，故分船行下游之松花江。然松花江自陶赉昭以下，向止行民船，此次轮船出松花江口而抵中俄行船之松花江，费尽方法，数十日乃达。松花江源出长白，自吉林省城西北，流过陶赉昭，至伯都讷，即今新城府，其西北为三江口，与嫩江合，更为一江。此江名称不一，《蒙古游牧记》谓之松阿里江，或称混同江，或称牡丹江，皆土人语。据图籍，黑龙江下游既汇乌苏里江以后，名混同江。又吉东有水通宁古塔等处者名牡丹江，则皆未可与此相混。惟松阿里之名无雷同，似可援用。然三江口以下，公牍通称松花江，今所谓松花江行轮问题是也，由是亦不能不仍谓为松花江云。

　　奴因佛果两侵寻，百级谚台负累深。

　　兽畜昔年能戢尾，虎伥今日别生心。

　　慢藏可诲穷斯滥，养欲虽粗逸自淫。

　　记取债权关主极，迨天未雨一长吟。

众水蜿蜒一尾闾，滨江形胜有谁如。

中分稍减飞鸣势，退守犹持轻重书。

倚伏不妨观塞马，驱除何忍效渊鱼。

补牢事倍功惟半，切莫桑榆计更疏。

东清路往时勘线，俄人以哈尔滨及伯都讷两处，斟酌过松花江之地点，嗣以工事上计画，决取哈埠。由今观之，伯都讷扼松、嫩两江之口，哈埠地处下游，上游输送，仍不能越此。而呼兰、通肯诸水，又汇于哈埠对岸，则哈埠实为运送之中心。再顺流而下，去其国界不远，又无不囊括吾运输之利，故知哈尔滨胜于伯都讷也。

自长春以下，饵日本以言和，俄自有海参崴出口。东清运费，向长春者提价极昂，向海参崴则甚贱，逼货物使出其途，而近长春则运费又转廉，以无逆折使北而转南之理。故在哈埠运出口之货，皆以下海参崴为便，此俄人轻重之术也。

东清为外国人所造，扼吭抚背，遂觉不可终日。转而视借款所筑之路，如京奉近在咫尺，相形见彼我之迹。人至南满站，即服从外人，至沈阳站，即喜见祖国。管理及钱币，截然不同，此不过接轨处上下站尔（南满为中日公共之站，京奉局不应放弃，别见日记）。故激刺于东三省，必不肯反对借款造路，无使以闭塞召外人自行干涉之渐。且行东三省，尤见铁路之为土地、人民命脉，无交通则死，有交通则生。虽东清为大害，然吾曹能深历满蒙者，实赖此矣，故亦当视为失马之非祸。所未敢知者，舆论甘心缓造铁路，汹汹为意气之争，不免为渊驱鱼耳。

裸渡

带水盈盈病涉时，解衣裸国且从宜。

菰芦刺蟹脑中骤，黾蛤行缘胯下奇。

迎路并无浼吏语，渡河惟有恼公词。

诞登未死欢声动，头上云来又索诗。

渡河后即遇雷雨。

出新城府西门

马腹泥深步不开，十鞭一动气如雷。

丘山重负空回首，上坂盐车未足哀。

满天风雨别新城，矢橛丛中掩鼻行。

荜路山林吾辈事，须知揽辔即澄清。

登吉澜官轮

汽筒轮毂放中流，衽席初登意不侔。

失喜故乡今在望，松花江水是并州。

贾岛诗"却望并州是故乡"也。

吉澜，即邮船局第一次行新城者。六月十八日抵新城，待货载至二十六日乃起碇。货并不多，遇雨即大车难行，咫尺不能抵舟，交通不便之状如此。

新城舟次却寄崇组轩分守

岂意龙沙识使君，洒怀才语气如云。

官新百度劳开创，俗异三头辑纠纷。

栖亩有粮春劝垦，带刀无警夜销氛。

剧怜七载羁穷徼，未足筹边尺寸勋。

倾盖相逢即素心，衙斋文谳日相寻。

一官苦说为身累，空谷真能喜足音。

情比花潭深几尺，馈将药裹抵兼金。

浮屠三宿寻常事，此别无端思不禁。

崇任肇州厅同知，设官即莅此。蒙地民有三种，一蒙，二旗，三汉。旗者，台站所编置之民。康熙中，三藩既平，徙其人于边，使司台站。汉人近垦地至此。三种人，声气不同，始颇歧异，今已就理。始至肇，见地方荒寂，积水满地，以为官斯土者，必亦不堪之材；既见，乃出意外，询垦事，具有要领，且知其治胡匪有方略。临行赠吉林参，报之以布公所送之马。崇治肇七年，急于求去，现以民政司宋小濂莅任，其戚也，告回避将得代云。

舟过肇州渡口

一渡仍思跋涉难，泥途前路正漫漫。

却从自在中流日，重问迷津仔细看。

前日渡此适新城。

偶成

城漕求马爱居处，汉广方舟就浅深。

万卷何如行万里，下帷刘峻枉书淫。

日驾大车行，闻北人语觅马骡时，谓之求牲口，始疑其"求"为"揪"字之音，继知凡觅取各物，皆称"求"。则求字之义，在南方为文言，在北方正土语耳。于以求之，于林之下，于求牲口三字，尤贴切，古人固语言文字不相远哉。肇州渡见渡船，系两小船，上铺木板，横约二丈，纵倍之，载两大车，行李在车上不动。马十匹，人十一，盖同伴而外，尚有差官、翻译及肇州护送之马兵，故人马均夥也，更有附载者数人。因思古人两舟曰方，正是此制。以其形方，遂引伸为方圆之方。方字从两舟，故知先有方舟之形，后有方圆之义。

附记：在哈尔滨时，闻黑龙江胪宾府满洲里一带界约，棘手已甚。俄人据中土学者所著之书，指雍正五年之界，不与今同，中国边界线，当缩进甚远。是处东抵额尔古讷河岸，西接外蒙古，为无天然界域之地。当时所以以鄂博限南北者，黑省大吏询之外务部，无档案可凭，故无从退让云。案，东清路自满洲里入境，沿边又设有胪宾府，此段地界，中俄久无异言；今忽据私家著述为发难之端，不思雍正五年条约具在。私家之书，本无援据之价值，且所谓私家之书者，大约即何秋涛之《朔方备乘》。《备乘》有《北徼条例考》一篇，具载康、雍两朝界约。秋涛不名之曰"条约"，而名之曰"条例"，其意中未知有国际之约章，但知有本国之则例，以为此亦一例文耳。又有《北徼喀伦考》一篇，则荒谬实甚。喀伦即卡伦，满洲语谓台站为卡伦。台站随地而有，何必沿边，秋涛认卡伦为边界。书中有附载黑龙江与喀尔喀车臣汗分界各喀伦，其案语云："此虽不与俄罗斯境壤相接，然地距边界甚近，实为北徼要冲，故特设喀伦，以示杜渐防微之意。"盖其意谓喀伦惟边界乃有之耳。然一本书又称更番候望之所曰台，国语谓之喀伦，则秋涛非不知喀伦本义者，乃于《喀伦考》中杂举至茂兴等十二喀伦，谓台站亦称喀伦，兹不具录。盖知茂兴站之沿松花江，去边过远也，但既知台站皆称喀伦，即安得搜寻喀伦之名，以充边界之数。约文明以鄂博为界，不以卡伦为界。鄂博者，累石为封，特于两卡伦之间垒之。沿边自有卡伦，非卡伦独设于沿边，此不可不辨。

秋涛书称，"雍正五年，郡王策凌等会同俄使萨瓦勘定疆界，设喀伦五十九座。极东之十二喀伦，就近属黑龙江将军统辖，轮派索伦官兵戍守。迤西之喀伦四十有七，以喀尔喀四部属下蒙古，按其游牧远近，每喀伦安设章京一员，率领兵丁，皆令携眷戍守"等语。此段文字，证以《蒙古游牧记》，知系杂采国史《策凌传》及松筠《绥服纪略图诗》注所著《俄罗斯事补辑》之文。十二喀伦为黑龙江省内沿边地界，当或可信。然则秋涛《喀伦考》中，何以江省境内所指为与俄接壤者，至有八九十处之多？杂引《盛京通志》、《黑龙江外纪》等书，见喀伦之名即收之，贪多务博。其喀伦或称在齐齐哈尔城境内，或称在墨尔根城境内，或称在黑龙江省境内，或称在布特哈境内，或称在呼兰境内，则本系距边甚远者为多。惟秋涛于八九十喀伦之中，又指出十二喀伦为雍正间分界之处。核其注语，亦系杂采《盛京通志》、《黑龙江外纪》而得，与松筠《补辑》原文无涉，乃谬以证松筠十二卡伦之数。寻其注十二卡伦中，其九皆在额尔古讷河东岸，则约文一再所言，如有山台干河，以山台干河为界，何以索解？可知沿河自有卡伦，而非分界之用也。约文又言，无山河空旷之地，从中平分，设立鄂博为界，此所谓无山河空旷之处，正指今胪宾府北一带，且指鄂博为界，明白如此。约文又言，察罕鄂拉之卡伦、鄂博，至额尔古讷河岸蒙古卡伦、鄂博以外，就近前往，两国之人，妥商设立鄂博为界，此又界以鄂博之复证。在约文原未载鄂博地点，但称蒙古卡伦、鄂博以外，由察罕鄂拉之卡伦、鄂博，至额尔古讷河岸。是按其地望，实从喀尔喀蒙古界线，曳一平线至额尔古讷河岸，略取其纬度相齐，故须专设十二喀伦，再置鄂博。若所设卡伦，有九卡伦仍在额尔古讷河以内，其于三卡伦之中，末一卡伦，秋涛又明指为即察罕鄂拉喀伦，与约文合。是仅设一卡伦，充无山河处之边线矣，有鹜远若是之理乎。今闻鄂博遗迹尚在。东清造路之日，胪宾设官之初，于国界久无异言，固知百余年来，耳目早经印定，何得复引《备乘》为口实？秋涛著书，自系科举对策之习，考喀伦即拾掇喀伦之名，博士卖〔买〕驴，牵引无算，条约具在，虽地无定点，而文义自明，证以百数十年双方承认之事实足矣。俄人无理取闹，固不难辞而辟之。

　　数十年以来，谈西北各边舆地者，为最当行之业，其实足迹不出塞外一步，虽极有名之作，从无实地调查、眉目清朗者，圣武神威，腴词纸满，以视近日外人地志各书，奚啻霄壤之隔，学术之不能比并于世界，忧方大耳。国界生心，谓可以理折之。李兰舟谓《蒙古游牧记》等书，俄人用为课本，则其用意更当深念也。

又附刘君厚生在哈尔滨商会调查新城至哈埠粮食税项、运脚各费数目：

一、中国银元合吉省钱，每元三吊四百五十至五百。

一、俄国卢布每元合吉省钱四吊五百，合江省钱五吊五百。

以上市价，皆有涨落。江省钱法，系用中钱，每吊合实钱五百文。吉省每吊合实钱止三百数十文，而哈商会所开俄卢布所值，在江转高于在吉，当是哈埠系吉省地，江省官贴入吉省，又有折价之故。

新城府运粮到滨，粮食每担合三百八九十斤，计十二布袋有余。每布袋净司砝秤三十斤，由新运哈，轮船水力，每担合中国银元八角，每百斤约合两角一分零。

民船合每担中国元一元四角，每百斤合中国元三角五六分，比轮船运费大一角半左右，故寻常装货，皆用轮船，冬天河冻停运。

新城粮捐，按市价收七厘及四厘，两宗共抽一分一厘，即值百抽一一。其分七厘、四厘两宗者，以新政两项起捐也。

粮业捐值百抽一。

斗捐粗粮每斗百文，每百斤约三百文，合中国元八分六七厘。

滨江进口税，一火车计九百布袋，完二十一吊八百七十文，每百斤合中国元二分五厘以内。

日　记

六月初四日，随张季直先生以江苏实业团名义赴东三省，兼为《宪报》任考查一切政俗。晨乘京奉车，晚宿山海关同丰栈。

初五日，抵奉天，偕住公署。

初六日，偕诣旧皇宫，观诸重宝，大半往年所见，惟多见一高宗立马像，神采焕发，真气辟易千人。

初七日，偕往试验场，观览竟日，虽多往年所见，然实用机犁，试验大农之法，则系初见。大农之法，一人可种数百亩，美国地广民稀，以此获尽地力，东三省必取法于是。

初八日，江苏同乡为实业团开会于安徽会馆。

初九日，季直先生偕数人北上，余与刘君厚生、江君知源留奉，整备游历蒙古各事。访叶君黻丞，指示种种，叶君并为致介绍书于郭尔罗斯后旗扎萨克布公。

初十日，购买游蒙旅行各具。

十一日，请次帅给一公牍，投谒沿途地方官，并请叶揆初京卿作书介绍于新城府刘太守，晚赴南满车站，乘日本车赴长春。

凡乘客往来京、奉间者，至奉必仅抵沈阳车站，是为旧车站，后与南满车站接轨，乃有新车站，谓之南满站，名为新车站，其实皆日本人管理。张贞午司使为言，南满本中日共同之站，徒以京奉路局之放弃，遂不过问。而乘客苟但至奉天，即亦不计便否，例于沈阳站下车，其必赴吉、江者，不得不假道南满东清路线，则始至南满站，其意中亦以此为外国人之车站矣。此站北去之客，一切照例称便。其由北来、欲直接京奉车者，猝不知其所适从也。闻京奉局亦派员司一二人在站照料，而此一二人翩翩如乘客，绝无执事员标帜。站上并无买票处所，以是欲直接过车者，到站往往废然。有别雇车辆送至沈阳站者，及细询过车方法，则京奉车实无日不至南满站。该站既无华警察，又无有标帜之执事，更不设买票处，但于车头之上开一洞，许人买票。又以去车例不停靠站之月台边，到站时亦不易知京奉车之所在矣。则京奉与南满接轨，乃以便北去之客，非便南归之客也，失接轨之本意矣。

十二日晨，到长春，换东清站车，是为俄、日路线分界处。昔年俄筑东清路，直连旅大，日俄战后，割弃其半，饵日以和。长春原未有站，日以长春站南之孟家屯站为终点，俄以长春站北之宽城站为终点，中间成瓯脱线，乘客必别以人力运行。继定设站于长春，为两国共同之站，互派警察，互设票房，互置执事员役，由是两国路线，以长春为集中。宽城子本旧市，尚不凋落，孟家屯则兴也勃焉，衰也忽焉矣。

午后抵哈尔滨。李兰舟方署滨江道，上海旧识也。访之，知季直先生现尚寓署中。

哈尔滨第一澡塘，谈者必谓不可不就浴，至则浴焉。

公园亦有名，至则尽俄人，士女如云，通宵达旦，饮食歌舞，必以亥始，至日高乃已。小说载俄京"酣歌恒舞、俾昼作夜"之风，观此而信，其习俗然也。

比较南满东清路旅行状况，日人管理铁路，远胜俄人。日人综理微密，尤其特长，而俄人则久处专制之下，人格甚卑，以轻佻、侧媚、婪索为事，得数钱则作态，若取人怜，盖其国法律，惟以钳制国民为目的。此外一切阔疏，遁于弊薮而无所纠束。其政府亦以为此无害于吾事，而人格遂多堕落者矣。华人之取厌于世界，日益滋甚，其故即坐此，以我视俄，窃窃怪叹。以世界各平等国民之眼光视之，华人之程度，合全体以与俄全体为比较，实更出其下远甚。日本亦新进国，而上下无大隐情，能设法律以纠其民之非违，其民遂多能守普通之规律。专制之国反之，其民为万国所贱，则长治久安之道以成。若思想高尚，有改良政俗之心，即为不纯正矣。盖君子、野人，正乐其不平等，而事权在握者，乃有无上之威福也，及其既久，沦胥以尽，则固非眉睫近事矣。

十三日，豫备入蒙各事，购买汽水、挂面等物，嘱李兰舟觅蒙语翻译一人，并借差官一人，约十五日起行，午后闲步松花江岸。

十四日，往傅家店。哈尔滨旧系荒地，仅有地名，其有居民，尚自近年。盖燕、齐客民，自吉林腹地辗转来此种地，约有十余家，成一聚落，旋有傅姓，贩买〔卖〕日用物，设小肆焉，遂又名其人烟所在之地曰傅家店。俄人经营东清铁路，其过松花江之处，本择两点，或过哈尔滨，或过伯都讷，后决从哈埠。由今观之，以哈为胜。松花江、嫩江以及呼兰、通肯诸水皆会于哈，自此筑路，通海参崴，又截牡丹江而过，吉林东半之交通，已包举之。江流再东，至临江，又接俄界，则下游仍落其度内，是哈埠实可谓集中之点。古人以闭塞为主义，营都邑必于上游，取建瓴之势，我易往而人难来；今日以便利为主义，欲其地之发达，必取辐辏之点，乃成殷轸之观。文野之不同如此，世岂有各营生理之国民，而日以乘流掠夺为事者哉。古之建都立国，其思想固未离盗贼时代也。铁路既过哈尔滨，其用地在傅家店西，傅家店以邻近铁路，遂渐繁盛；庚子之乱，为俄人所焚毁；辛丑以后，白地起建，又成市矣。观吉、江两省邮船总局，因访局内总办韩吟笙太守。

十五日，午后六时半，乘东清路车过松花江上大桥，入黑龙江境，一站至对青山，地属呼兰府界，下车换大车。先一日，已使差官赵姓，至此雇车相待。装车后，天已晚，卧大车中，看月而行。路旁粱豆茂美，榆树成行，五里一聚落，见牛马归槽，殷富可想。十五里至五站，亦名五台，为蒙、满交界之地。满洲先开放，故五站颇繁盛，居民至七八百家，有烧锅，有客寓。住吴家店，食尚有米饭与烙饼，室中已无桌椅。夜睡暖炕，倦时尚不觉，至天将明，则燥热不能成寐矣。

十六日，早六时行。车夫，山东人，方姓，为言此间易谋生，不能复归故土，其地每晌值二百五十吊，每一元值五吊云。四十里至土尔谷屯，下车喂马，入一滕姓家小坐，烹茶煮鸡卵而食之。滕，山东蓬莱人，其父母移居宽城子，后移此，租蒙古地，以耕自给。有七子三女，有子妇五；有地七十晌，每晌收粱豆七八石，每石四百斤，斤十六两，与内地同，然则以每石百斤计，是家岁收粮食二十余石矣。七十晌即七百亩，所收获之富如此。子女繁多而不病者，生计之饶可知。滕亦言家累如此，不至此间，恐难生活，且即儿女俱能功〔勤〕事，亦不能使田亩骤增，惟托庇于此，道路甚宽云。旁有一老者，系其儿女亲家，盖客民聚处而耕，有子女则为姻亲。各耕地甚多，所蓄牲口，天暖则耕地，寒则拉车赴对青山，出售粮石。耕不费工，而田亩又无尽藏，有力即拓而之他，熙熙然世外桃源也。

土色甚黑，泥泞之地，车辙所陷，深至数尺，而皆黑土。车行丰草之间，青蚊大集，并无机心，随手扑去，略不惊避；又有虫，土人名之曰虾蟆，其状类蝇，螫人颇痛，马牛受螫，至于皮破，亦不畏扑，一路皆为此二物所苦。然经已垦之地，则虫类绝迹。盖以荒草为窟穴，既垦即成有法之种植，彼虫类即不乐居。且飞不及远，他处蚊蚋，不至垦处，可见廓清诸害，以人居为天然之能力。

三十里至老爷屯。近老爷屯，见民家有插旗于门者，车夫为言，有旗之家为蒙古，乃知一路人家，尚尽系汉人，及老爷屯，乃见蒙户。老爷屯者，扎萨克公府所在，土人尊之之称也。自此而西，所见各屯多插旗者，盖蒙民多于汉民矣。

三时下车，入布公府。布公名布彦朝克，字福五，即郭尔罗斯后旗之主，所称扎萨克者也。袭职未久。其父为扎萨克时，私以地亩举债于他旗一喇嘛，谓之萨喇嘛①，为数甚巨，既无以偿，萨喇嘛乃将以地转市于俄商，浸成交涉，官中知之，急议收回，与萨喇嘛议取偿之数，一面革朝克父职，卒以八万六千余两，由官代偿萨喇嘛，令将旗地开放六十井，方六里为一井，以地价归官，

偿所垫，有余乃归蒙人。朝克父旋于三十一年殁，朝克应仍袭扎萨克，众台吉控之，朝克奔走诉讼，前年乃复袭职。现由官催令放地归款，此次即知其有大宗放地，故实业团嘱至郭尔罗斯，视其地果如何，冀为江苏人民计也。

先是，叶黻丞言，哈尔滨趁轮可至涝洲屯，由涝洲屯起旱，十八里至布公府，而翻译、差官等，俱执言无此路径，以其为曾至布公府者，因从其言，乃由对青山站一路来此。比来此，乃知叶言甚确，翻译等自未走过，狃于平日途径耳。然因此多见蒙地情状，于计亦得，但旱路多，则劳顿较甚矣。向晚大雨。

布公府中传言，布往涝洲屯，浴于江水，是晚必归，归后再请见。先邀入对门一宾馆中宿，是馆正房三间，中一间空，左右两间分居之。右间为府中大管事卧处，左间为客座，三面皆炕，余辈即宿于是。右厢为传事房。左厢常关闭，未知何作。屋用砖墙□①顶，顶又墁板使平，且髹漆，颇光洁。砖地，有髹漆门窗，在此处为无上之建筑。晚进全羊尾，小米饭。据言全羊尾为甚重之礼，然醯酱俱无，羊尾又不甚烂，略索盐蘸食之，不适于口，稍领其意而已。

布公府中顶冠束带、挂荷包着靴者无数，顶戴各色皆具，亦有拖花翎者。惟敝垢已甚。询之知台吉本有章服，一二三四等台吉，即一二三四品官职，即非台吉，而在扎萨克处当差，扎萨克即可以章服宠其所私。故青黄赤白之顶珠，累累然，其人既有此荣饰，遂终日冠带，行步皆迟缓有法度。衣无浣濯之事。时方盛夏，袍带袗严，汗臭不可向迩。其衣服质料，大约数十年前物。汗渍垢秽，斑驳如云霞，而举止大半滞重，有林下贵人态度，其去活泼

---

① 此处"□"为原文所有。——整理者注

勇往，奚啻万里①。因思天之骄子，一纳于冠带之列，遂如泥牛入海，首尾皆化。苟无敌国外患，则缙绅二字，固束缚天下之第一义哉。然今日入蒙古观此项荣施，人即热心官贵，亦必有蹙额不自禁者，惟未携蒙地诸贵照片，以示热中于出身考试之流也。晚布归，约明日清晨见。

十七日，晨起，见蒙人惟下等奴才有起者。（蒙中民人，谓之奴才。奴才如有财力，更买他旗人或战阵所获俘虏，又可为奴才之奴才，其名曰黑人。扎萨克以下，有资力皆可畜黑人，其待遇尤可任意。若奴才，则调府当差，尚有定例，不得过分滥役之也。）知布所谓清晨，为时尚远。出馆门闲望，见马粪高积，过于屋顶，人登其上，可以瞭远。云粪多以示其富，殆亦数畜以对之意。缘路行，见草坡之下，有帐篷三五，其中有人方刲羊，取羊肚翻去羊粪，就水洼中濯之，而复就树根揉之，索树枝乱草，意将燃火熏此羊而食之也。近处有羊群，知系帐内人所携之，行装、资财、服食，皆取给焉。询其人，乃知每五年来扎萨克府一点名籍，是其旅行本色。所携羊群，除食用外，并有需孝敬上司者。上司如扎萨克，及其所受治之台吉是也。地本膏腴宜垦，而蒙古自守游牧之俗，其人乃尪瘠无度云。

十时以后，询布已起，需盥濯乃见。本拟即日西去，颇望早与一谈，岂知一盥濯，遂至十二时，正午乃见，固知此中人之惰而迂缓也。

午见布，布颇谈开通语，深叹蒙盟之牵制。盖盟长有四人，由理藩部奏定，随时可更易之，非蒙人所自推举。而既为盟长，则遇大事，非盟长同意不办。因此虽京师有命令督促新政，如学堂、

---

① 自上段"右间为府中大管事卧处"至此，据《东方杂志》本补。——整理者注

巡警之类，皆不易集事。其关系蒙民全部，谋生计改良，或知识进步等事，更难得赞成者。谈次知布曾游日本，并为述萨喇嘛事。告以将来看地，布欣然，为言台吉阻挠状。盖此次放地偿债，台吉谓债系扎萨克私欠，台吉不认代偿，但官令开放，亦无由终抗。惟言地为水淹，可垦者少，以此为延宕之计。问官令放六十井，是否此数，布言："此间承认开放之公牍，实止三十余井，以吾计之，称三十余，至少当放三十一井，过此未敢遽应。昨今两年，水患实甚，被淹较多，今究有若干可放，仆亦不自知，请往勘验自见。"并愿派熟悉其中道路者一人，更派护从之人，偕往一观。又谢赠物，盖携来绉绸等物赠布也。布又言办事不易，近因办巡警，按亩派费，汉民承佃者不服，控之肇州厅，肇州遽行文来府争辨，谓民户不能归蒙旗敛赋。

布见客在正厅旁一间，屋尚高敞，而无器具，炕几上设攒盒一，中有茶食、糖果及冰糖等，蝇集其上，罕见空白。炕坐两人，布有叔布彦都隆陪坐，自称在府当差者。盖二主、三客、一翻译，共六人，除炕位外，勉凑四坐，其式不等。茶杯六枚，有玻璃，有磁，有大有小。室中有桌一张，然伺应者皆顶戴花翎，冠袍靴带。布衣纱袍、纱褂，尚新洁，与他人殊。布有少子，数人拥护之出，貌亦白皙，不类蒙人，所谓齐王之子矣。

蒙人皆能操汉语，但以客皆南人，音多不正，转不能解。问翻译，翻译广宁人，操北音与语，即通晓无碍，并不借翻作蒙语也。翻译何姓，能操蒙语，有时令询蒙人政俗，翻译瞠目不能言，转由布代答，且所问稍烦琐，翻译辄匿笑，意似厌之。乃知蒙地本无需翻译，翻译尚无政治思想，断不能翻政治语。幸而蒙、汉间耳，中外交涉，需翻译者何限。其胸中无此影，临时遽令传语，正不知所语云何。

兴辞归馆，旋即送席来，八大八小十六碟，烹饪甚拙，苍蝇丛集，不敢多下箸。席间一布彦都隆作主，并一大管事作陪。谈次，知哲里木盟十旗，盟长为郭尔罗斯前旗扎萨克镇国公，本与布同族，前旗在南，谓之南公；帮办盟长为达尔汉亲王，副盟长为达尔汉郡王及杜尔伯特贝子，皆由朝廷特简。

蒙古信佛，鼠疫后，布公许愿西庙嗉经。西庙者，庙在府西，较大于府旁之最寿笃寺也。自十九日起，嗉经八日，迎全盟之大喇嘛于洮南交界之地。大喇嘛亦不乐陆行，舍蒙古内地不由，直至昂昂契上汽车绕至哈尔滨，再乘汽船至涝洲屯登岸，交通之利，喇嘛亦知之。布公言，蒙人往西庙顶礼者，方载道也。西庙喇嘛，多至六十余名，合奴才喇嘛又加倍。饭后倩人导至最寿笃寺瞻仰，此为扎萨克供奉之所。寺喇嘛额二十五，入寺无一人，有一看庙之小喇嘛，想即奴才喇嘛。门内四金刚，有佛坐骡车一具，供出会用，极粗笨，在彼为庄严无匹矣。正殿供三世佛，旁列十八罗汉，别有孙行者、猪八戒、沙僧等铜像，及诸怪状之铜像。楼上中间设千手千眼佛画像，有各画像，又有一幅，中太极图，次八卦，次十二生肖，共为三周，其上为天堂，其下为地狱。殿后有八角亭二，内均有八角柱，各面画神佛各像。又进一后殿，有地藏像，旁列各塑像，有关羽及关平、周仓像。观此，知蒙古佛教，驳杂无理，正赖改良。正殿楼外平台可远眺，见涝洲屯江岸以上，一碧成海，庙据冈上，若加点缀，景色殊佳。

归馆思浴，问主者，言蒙古无此事，既无浴具，亦无浴所，乃已。其奴才尚出没水潦中，冠带之流，则终身不近水矣。

十八日，晨将发，布公送走马，并活计，其色多大红，针线劣甚。十时行，午后至一屯，问路，盖蒙古人赶车并不识路，时时误入歧途。所问一叟，云保定人，吴姓，称乡亲甚洽。雨甚勉行，晚不及至站，宿一蒙屯。其家惟少年蒙妇携两儿，云系屯长之家，屯长系奴才，而妇为台吉女。

十九日，晨四时行。八时，过三站，投店具食。十时，过利蒙屯。十一时，过一水沟，裸渡，费时甚久。午后二时，过八家子，暴雨，闯入一蒙人家暂避，行李尽湿，雨甚于昨，久而不已，不能行，遂宿。询是家，知为三等台吉，与谈台吉、奴才相关各事。

二十日，晨四时半行。六时，抵二站。十二时，望见肇州一高冈，问名，为察普起尔冈。车行，旋陷大淖中，马伏不能起，雷雨骤至，披雨衣坐车中，不能下。知源有仆曰小槐，来负之使下，以重不能胜，两蒙古翼之，始出淖，拮据设法，午后三时至州署。一路水没人膝，得天兴店，商借宿焉。州署悬水中，四周无路。与客谈江南河道，窃叹水利之不足喻于此邦也，语具前。

二十一日，晨往谒厅丞。丞，吉林人，汉军，名崇绥，实姓沈，号组轩，谈甚洽，留宿署内，即迁行李入焉。出图册观之，殊与《垦务要览》不合，乃知此处放荒真相，且知地尚被水，无可履勘。因改计不复深入，俟秋再往。

二十二日，住厅署，决往新城，定明日行。

二十三日，晨八时行，数里即陷大淖中，马践泥泞，溅人身皆满。下车候设法拔车起再行，数里遇大水，肇州护送之马队前探水行，最浅处犹没马腹，驱车行至中流，水泛车面，行李有受湿者。凡行泥淖水泽中，恐马或停顿生变，车夫呼斥鼓噪，护勇、差官等和之，动心骇目。又数里间，过小水数处，抵江岸，方舟而渡。入渡人家小憩，是盖官渡，非设厅治，尚无此物也。

渡松花江，行十余里，皆有水潦。遇雷雨疾驱，抵李家围子避雨。是日车夫系汉人，尚能疾驱，若蒙古则无此能力矣。避雨所入之家赵姓，人口甚多，妇女亦避客，有汉人习气。李家围子为低地尽处，前仰高冈，上冈即少水潦，为新城府大道。阅两时许始霁，复行。上冈果皆高地，坦道大宅，嘉树翳然，有小儿读书声，较之江北蒙地，觉此有故家乔木之观。晚抵大湾宿。上冈已二十五里，宿站西天增栈，内设药肆。

　　未至栈，行大道中，见道旁田极肥美，有拥机犁八部耕作者，地大而民阜，可想见也。居民气概，亦渐与蒙地不同，此为伯都讷旧壤，本系满洲，设官又久，自尔有别。

　　二十四日，晨五时半行。近城转低洼，水泥狼籍，并有须绕越者。伯都讷亦无水道，其肥沃故在高地。

　　十时半，至新城。住海源栈，探询府守，知往陶赉昭接晤巡抚及振贝子，不在署中。再询署幕，得应裴卿其人，名彰。下午又雨，雨过往谈，应君无甚了解，但知新城少大片荒地，惟有鹅李贡地，本禁垦，后因私垦者多，光绪间开放若干，今尚有三万余晌未放云。

　　于路见官轮招帖，反覆转询，知尚停城外，不日下驶。因新城无所事事，拟即行。同店有江省人张辑五名遒绩者，纵谈。张久奉职于江省各地，颇熟悉，曾收月亮泡鱼税数年，为言税额年收三十余万吊。栅泡与嫩江之间，而掩取之，水涨时鱼来，来则栅焉，水落鱼去，遇栅折回，积压泡中，水为之塞，层积皆鱼，以销运无地，天未冷，不能致远，俟冰而后取之，连冰运哈尔滨，故鱼税只冬季可收。若有快轮从嫩江下驶，则随时可捕，或就地制罐诘，亦必大利。扎赉特地，东南已开，西北皆荒，月亮泡亦在焉。锦瑷路当适过其地。

　　二十五日，晨登吉澜官轮，出城，雨后泥泞甚苦。

　　二十六日，午后下驶。城中粮食托载，雨阻即不能送至舟中，待至七八日，今日始晴，又无车可载，只能约留作下次装运而已。相距一二里，不便如此。汽笛既鸣，男妇老幼，江干愈集愈多，踞地而观，数时不厌。无交通之民，既闲且惰。官轮无揽载，无定期，无货栈。四时行。见俄船码头有趸船，颇宽敞，有屋可作屯栈，非官轮比也。此岂足与竞争者哉①。

六时行四十里，抵袁家围堡，拖船泊于此。轮船亦停，待小船运货至此，搬入拖船。盖拖船不能抵新城，以水浅也，客亦多有过入拖船者。晚，蚊蚋大集，闭窗闷欲死，至夜半，索性开窗灭烛以待。三时即行。官轮定价，头等五元六角，二等三元七角，三等一元八角五，饭食另给，皆用卢布。自新城至哈尔滨，水程俄里二百六十里。据舟人言，俄里当华之倍也。

二十七日，晨过肇州渡口。下午一时半，过长春岭，并无岭，不知何以得名。一名台吉，聚落在南岸，有民房数所，平顶土壁，边嵌红砖，砖颇修饰，亦有草舍。岸泊帆船数艘，汽笛声发，观者渐集，蹲地成行，略如发新城时，但为数少耳。舟中去者数人，并无来客来货，停二十分钟即行。远望有捍水堤一道，约长七八里。如此巨工，未知谁任之，其成聚落宜也。

二十八日，晨九时到哈尔滨，即上汽车，十一时二十分开。饭食，头等每天六角，二等三角，用卢布。

坐二等车甚空，较来时大异。下午一时至双城堡，见本日来车亦甚拥挤，可见北去者多，如水就下。

俄人挑剔行李，贪婪索计，私语避人，缠绕无已，厌之，与以半卢布。其人时去时来，无所不用其侧媚。四时发陶赉昭，旋过

---

①《东方杂志》本至此为止。此段后，《东方杂志》本有题记云："右稿上年已登北京《宪报》，当时禁他报转载，故未遍登各报。友人留得此残稿，末尾缺如。今蒙事方急，内蒙大赉厅且有警耗，肇州与大赉贴邻，情状相埒，辄再登报，以供观察。我若无眉睫之祸，蒙人岂足平哉。萧墙之忧，最难排遣，书此致慨。报告中秋初再往，去年七月实再至其地，并至齐齐哈尔等处。在肇州经营购地事未就，至九月初，闻武汉事而返。重九日归至长春。大雪寒甚。是行一无所就。第二次报告亦并未有暇叙次。计自前年以来，三至关东，此笺笺残稿，则第二次行役记忆之迹也。"——整理者注

松花江大桥，抵南岸，非车站也，而沿岸夹道，俄兵民房屋甚夥，车亦小驻，见俄马队从冈上兵房后抄两路而下，抵道旁驻观，又有步兵作行军式、负服装憩道旁者。

稍南有高土阜，车行其中，若两峰之间然。出峡即又停车，并有他列车先在，纯系三等车。缘道亦积有粮食待运，此皆非车站而停车者。车行时时在土峡间，江南多高丘也。

五时十六分，至窑门，俄居民甚众，士女散步车站者成群。

八时四十分，过宽城子，俄市甚盛。八时半，抵长春。九时，换乘日车。当晚赴奉，车甚拥，多西人，床位有六而客九，其三睡于地，两系西人，余其一也。

二十九日，晨六时抵奉天，住日本大星旅馆，取其清洁。

三十日，晨八时四十分，轻装赴铁岭，拟观一马乾地亩。车中见日本人贫苦之男妇甚夥，此亦彼之移民也。十时半，至铁岭，县令徐君定甫已在站相迓，至署询知无地可观，拟当日即回奉。饭后遍视徐君治铁成绩，惊为难得，观工厂，观监狱，观议会。徐君言："为治宜先创机关，机关既立，其有未善，人得而指摘之，不办一事，则指摘无可加，生气乃尽矣。"

定甫治绩，尤以轻便铁道为益者大。铁岭本辽河出口处，向极繁盛，东清路成，又变为南满。粮食皆趋大连出海，虽近铁者，亦不乐由铁入辽河。盖距口五里，开冻时，泥泞难行，重车驾骡马十数，日止能行一次，数步一陷，陷辄百计救之出险，费时如此。沙船在口守候，其状如新城所遇。车与船两病，宜群以为苦而避。定甫争筑此路，锡帅难之，日人尼之，久而后成，费资两万元。上年获净利八千元，今年又运粮三十余万石，盖较前年之数，逾于倍矣。

因问定甫，俄、日铁路用地，其多寡言人人殊，或言道旁三丈，站旁三里，其究如何。定甫言此俱不确。东清路初筑时，发生于李文忠之密约。当时曲意徇俄，而东三省荒凉又甚于今日，本少过问者，故其购地多寡任便。俄人尚落落，自南满路入日人手，承继东清权利，丝毫必较，此事实也。又言铁海铁道，关系辽河生死，若改开海，无辽河矣。与其失辽河，无宁留海龙车夫生计，当以全力争之。定甫终日步行往各机关浃洽，□有□□，随手收受，乏则雇日本人力车行，窃叹东三省之官，胜内地远甚。

闰六月初一日，晨八时半，乘京奉车回京，十时许道阻，午后乃度险，自是迟二时有半。沟帮子无意遇张右企、顾伯言。晚宿日本石见屋，洁净可人，此业自以日本人为胜。

初二日，晨九时行，晚抵京寓。

《时事汇报》（季刊）

上海时事新报馆

1914 年 3 期

（李红权　张鑫　整理）

阴山归客谭

湘梦痕馆主人　著

甲　归绥篇

一　出塞之旨趣

唐人诗云："但使龙城飞将在，不教胡马度阴山。"又云："回乐峰前沙似雪，受降城外月如霜。不知何处吹芦管，一夜征人尽望乡。"味其词意，盖缘于唐时数用兵于其地，至筑受降城，而突厥、回纥始不复为边患。此在诗人，不过聊以写从军之悲壮、边关之情，而自政治家、军事家之眼光观之，则阴山自昔其已为北边必争之地也，又不独唐也。汉时，匈奴得河南，则北边多事；匈奴失河南，则度漠远遁。由此观之，阴山南北一带，关系之大，尤非仅一时耳。清代旧与蒙古婚姻，故数百年来，大率能相安无事，然犹屯重兵，议方略。及民国成立，库逆首叛，影响所及，东至于东四盟，西且至于西二盟。窃尝考其形势，盖阴山南为归绥十二县，北为乌、伊两盟十三旗，其地内为秦、晋、燕之保障，外扼乌、库、科之咽喉。国家及今而不欲有为则已，苟其欲之，则于安攘之政策，安可不讲。抑讲之之道，又非可空言为纸上谈也，必须于其地之历史、地理、宗教、风俗、政治、经济、军事种种状况，皆能实地考察，首尾洞彻，然后政策乃可期诸实用，且具条理，而不然者，则亦未必有济也。余年十六下夔门，观汉水，南至于吴越，东至于辽沈，继复泛沧海，入异域，盖十年以来，足迹所至，殆几十万里，而独于梦寐所说之阴山，卒不获至，酒酣横刀，往往引以为憾，非一日矣。民国二年，会有他故，仓卒定议，乃竟北行。计游踪，凡历四月，而始归京师，其间考察所及，虽不能自谓有当，且非余一人之力，然不自度量，窃亦自附于昔贤从军、西人探险之列。嗟夫！十年磨剑欲试，未能万里从军，长歌当哭，世之君子展诵是编，盖亦抒其忠愤、为国家北边筹百年之大计耶。

二　由京到阴山沿途情状

二月某日，余既决意北征，早六时，已起束装，送行者，荆人而已。是日阴云密布，朔风扑人面如割。八时，余策马行，荆人以车从，既至西直门外汽车站，荆人惜别之念见于词色者绝凄挚。余笑谓："昔人新婚之别，较诸我辈凄苦何如，今非子惜别时也。"十一时，车将行，荆人犹绵绵道："塞上风尘，君宜善自保。"讵语未毕，而车已离月台，行人回首，第见遥遥一女，如花之面，倏忽惨白，知此为世界第一知我壮怀奇情之人也。午后七时，抵张家口。下车后步行，竟迷失道，久乃得一旅舍，然甚湫隘。勉谋一醉，不期于同舍中乃遇异人。异人为贯市李氏，口北大侠也，自言平生保镖于京绥道中者有年，且具言沿途山川险奇、盗贼纵横状。酒半酣，余慨然语李："他日为国家杀贼，当与君俱。"李亦自许，既而复询余谓："君非即京师报章所载数月前于宣武门外馆舍徒手力却三盗者耶？"余笑颔之。

由京到张，沿途所经地曰清华园、颐和园，清华学校在焉。曰清河，源出西山，南流入于运河。曰南口，山势渐入险怪，两旁奇石森列，危峰欲压。曰东园，曰居庸关，曰三堡站，曰青龙桥，长城遗烈，巍然在望。曰康庄，曰怀来，曰沙城，曰新保安，曰鸡鸣关，其地产煤甚旺。曰下花园，曰宣化府，曰沙岭。

张家口系于前清咸丰十年，因中俄续约，辟成商埠，距京师三百三四十里地，分上堡、下堡，有河曰通河，发源大草地，入于洋河。商场以桥东为最盛。然马路不修，房舍秽败，奇臭扑人。进口货以皮毛为大宗，出口货以砖茶、布帛为大宗，惜税关积弊甚深，不易整理。

至张之明日晨，仍乘汽车行，由张家口到阳高县。闻半日可到，至阳高后，则经换乘骡车矣。余至火车站时尚早，寒气袭人，殊不可当。七时车行，所经地曰大洋河，曰孔家庄，曰郭磊庄，曰柴沟庄。土人筑堡备盗，坚巨乃同一城，曰西湾堡，能望见华山寒秀特立之状。曰永嘉堡，燕、晋两省，于兹分境。曰天镇，曰罗文皂。

阳高，古云中郡，亦即白登城也，地荒僻异常，城甚小。余以是日十二时到，寓所甚陋，院中牛马杂居，粪秽扑鼻。余不解土人何以不洁至是，劝其少加整理，彼乃笑而不应。询其前途情状，则云："自明日始，六日以内，将不得米食矣。"余出金，少购米，备沿途炊食。后入城游览，见街衢秽败，县令居庙中，人民庐舍敝陋可怜，而偶值风起，趣挟腥秽百怪之气而来，令人欲呕。妇人喜红衣绿裳，或绿衣紫裳，小足行道中，一步三踬，亦有乘驴而过者，则必富人眷属也。但无论贫富，其面乃皆为泥土所蔽，不可辨识。若非此土妇人好服艳色之服，余亦莫辨其为男为女矣。游览甫归，而归绥友人派来保护赴阴山之军士已至，遂订明日行。

明日午，乘骡车行，军士二人荷枪夹以从，余则短装结束甚严，而外披羊裘，大似古战士赴沙场景象。西北行，经小河，坚冰至底。渐入两山中，山气象枯死，顶跌积雪，而山沟中复瓦石纵横，亘数十里，车行不易，行人至此，真有出塞之悲。越埠子湾，渡盘肠河，至二十六庄，北为镇宏口。行军者，于此苟设重兵，北军不能南矣。复经大营子，至官屯堡宿焉。计自阳高至此，凡八十里，沿途天阴如墨，满目积雪，一切景物，无所见也。

口外旅店之陋，真觉罕见，敝庐秽炕，一灯欲死，水作咸味，人民愚愿可怜，所知者，惟农事而已。地价甚廉，然但能种胡麻、油麦耳。

又明日，发官屯堡，经小官屯堡、王家营、孟家营、黑格大洼子、小庄崖子，至盘道山，山上崎岖险恶，不殊蜀道，行人至此，有戒心者，皆不敢复乘车，下而步行，行约七八里下山。军士告余："昨日所经之埠子湾，及今盘道山，皆群盗出没地也。前有旅客为盗劫杀，身被七伤，哀号山跌，至一日夜而死。又有人雇车由丰镇赴阳高途中，乃以利斧自后力劈车夫之脑，而驱其车以去，则盗之尤巧者。"于是越盘道山河，望得胜口，仍西行，至于丰镇县宿焉。计自官屯堡至此，凡六十余里。

丰镇县，无城，然地颇富庶，口外收税之地，此为要区，人口廿余万。东北有隆盛庄，晋北东路司令部驻焉。县令来见，并请同游览其所办学校、警察各事。余见其学校尚严洁，警察亦略具精神，好县令也。询以地方情形，据云，此县人民亦以务农为本，第独诡诈，城民职业则好商而不士，外来货以洋货、布匹为多，运出货以胡麻等项为多。日本三井洋行，且于此设庄采买，欧美人亦有至者，外人能力可畏哉。

又明日早八时行，经二道桥，越大河，入都村，过马厂，其地有马王庙河。午抵马王庙午餐，闻其地盛产煤。午餐后，复行经天春村，至韩庆坝宿焉。

韩庆坝前有海子，广约百里，长约四五十里，一白无垠，气象伟奇，水性可以煎盐，土人往往资之以生焉。其地居民数十家，皆朴鲁，然儿童颇有聪秀者。闻居民言，入春解冻，水景绝佳，一碧无际，白鸟时来，虽无帆影、渔火足以点染风光，而兴趣已复不恶。余决此土他日必生文人，其风物灵异，固不能以其为口外而薄之也。入夜，余方晚餐，寒月已上，景象愈觉沉雄。余谓良时难得，乃集诸军士，而唱军中之歌，余则歌"塞上秋来风景异"词，声调激越，旋复置酒，遍饷诸聪秀儿。儿中有能歌者曰："阴山木落兮，塞草黄。壮士长歌兮，赴沙场。赴沙场兮，归不归，有美一人兮，遥寄征衣。"余闻歌，不觉大惊，急询何人所教，得自何书。儿曰："非师授，亦非得之书中，此乃此土某道士昔年行歌海上者。"余问道士何往，儿曰："不见已三年矣。"

又明日，自海上发，经洒其湖兔、麦村、沙袋沟、苏集。是日天气晴明，山雪受日，气象俊爽，余下车乘马，沿途行猎，然无所得，旋下马，乃得一兔一雉。至苏集，烹所猎雉兔，置酒自饮，并饮军士。餐后，行经小坝，军士告余："此地亦群盗出没区，行人至此，不可不慎，以其地在山中，四面无人，而道路回环曲折，易为奸也。"旋经五里坝，至厂汉不浪宿，厂汉不浪居民颇众，亦有商业，且形势扼要，宜驻兵。

又明日，行经红沙坝子、大榆树村、黑澜村、水磨村、大州窑、圆圙、五十家子、侯家窑子、石人湾，至于买墩。

是日所见，沿途居民多穴居，太古遗风，于斯见之。余经红沙坝子时，曾下马入一穴观览，见居人污秽无伦，乃同鹿豕。余询其生业，则指穴外地数亩以对。余问："君土著耶？抑自口内移来？"答以自口内来。余问："此土瘠苦寒荒若此，故乡岂无亲故，何恋此为？"其人慨然曰："人至贫时，岂复能有亲故耶？且县官频年重税，祖宗所遗田庐没入官十年矣，故乡安可得生。且吾之至此，乃徒步千里而来，乃既至，又无牛马可耕，复无农具、麦种，不得已，竟鬻余二女于富人之家，故至今与老妻一子尚存活耳。"余聆其言，心骨为酸，解囊出一金恤之。

买墩村有河，曰买墩河，入于大小黑河。有公主府旧址，人言乃前清乾隆时，有公主下嫁于此，意者口外多蒙人旧地，公主昔年下嫁蒙王，曾建府第于其地耶。

又明日行经东山沟、铁面、白塔村。白塔村以村前所建九级浮图得名，村旧有土城，或言浮图乃宋杨业子延昭纪功之地，而土城则宋时连城十二之一。复行，经把栅、稻河楞、义古把栅、小营子、茶房营子，遂至于阴山。

三　归绥情状杂记

阴山南为口外十二县，而归、绥两县为十二县领袖，即在阴山之麓，计归、绥两城距阴山仅二十里。绥远将军驻绥远城，在东；归绥道驻归化城，在西，两城相距五里。将军本仅掌旗务、蒙务、军务，而外加督办垦务衔，兼办垦务，至于民政，则概由归绥道执行，然余至时，以用兵戒严，故将军直成为归绥道之长官，不似昔年仅有节制沿边镇道以下之空名矣。是时绥远将军为张公绍曾，字敬舆，直隶大城县人；由日本陆军士官学校毕业后，历任军职；辛亥之役，曾以二十镇统制资格，联合关东诸将，耀兵滦州，要求颁布十九信条者也。年少英锐，精娴军事，以当防边之任，洵称得人，且饶有智略，喜读政治，非仅边将材也。

绥远、归化天气，冬日极寒，夏日甚凉。是时将军所辖区域，东接察哈尔左翼，西至甘肃，北界外蒙，南邻大朔，计凡四千余里。惟其地多风，每风起，往往扬沙尘，至于蔽天。又每岁四月始见青草，八月已雪，故内省人不乐居，于文化之进步，生窒碍焉。人民大致朴鲁，归化女子多缠足。

绥远城中，全驻旗人，设将军一员、协领五员、佐领二十员等官以管辖之，人口二万。其人无治生能力，专恃国家口粮以存活，所居亦系年久失修之官房，衣服多垢敝，殊可怜也。第其性质好逸乐，难期振作，读书人士亦少。

绥远旗人，间有营商业者，然为数甚少。近年有司颇欲为筹生计，拟人给荒地，使之耕作，然旗人殊不悦，以为无如自食口粮乐。前此有司并设有工艺局，以教旗人子弟作工，而规模太小，旗人又不乐使其子弟从事，以为劳苦，以是亦仅有其名。别有农事试验场，意在导人习农，而余居绥远数月，从未见一人入而研究。第见有海棠数十株、葡萄数十架，杂以杂花芳卉，以供春人宴游而已。又有官木厂者，系日前生计处呈请将军由安插旗丁生计款内提银数千两开办，计每年尚能获利千余金。惟官木厂所能建筑制作之范围太狭，恐亦难期进步耳。

旗人思想，似犹不忘故主，虽不垂辫，而发长覆颈，大类欧美哲学家，性颇不洁，喜食韭、蒜，口臭逼人，牙齿色黄，上下社会大致皆同。妇人多吸鸦片，第于密室吸之，而旱烟则步行街衢时，亦公然吸食。余每恶吾国号称文明，妇女近年好吸雪茄，窃以为于卫生既有损无益，于美观亦殊无当，乃流俗结习，牢不可破。若旗人妇女，则亦犹斯类耳。旗妇开行，每不结履，曳履而嬉，头上高髻，形状亦奇，不类京师旗女妆束。余居斯土，尝力劝旗中有司开办女校，彼等以为男女之际，弊窦难防，因噎废食，雅不以余说为然。余无如何，抑郁而已。城内多古庙，观此可知其民之信神。城内南街，号称殷庶，而余每至其地，但闻鸟声，乃知彼地特无赖子弟斗鸟之场，所谓殷庶，如是如是。城内亦有小学数所，然规模至简陋，亦亟宜改良者。

出绥远城西关，流水当门，古树参天，道途蜿蜒，不五里，即至归化城。

归化旧为土默特旗地，清时改为县治，而设置都统以辖全旗，下有参领等官，皆专辖土默特蒙古旗人者。人口十余万，满、汉、蒙、回杂居，语言不一，习惯各异，往往生扞格焉。其地读书人士亦不多，有小学校数所，亦简陋，有中学校一所，稍整齐，然学风不甚良善。居民生业，多半为商，盖其地为口外各处商业中枢。计口外西以包头为西北商业进出口之机关，东以张家口为东北商业进出口之机关，南以杀虎口为东南商业进出口之机关，而皆莫不集中于归化。其关系各要区，南为湖北、京、津、太原，西为新疆古城、宁夏，北为库伦、科布多、乌里雅苏台、塔尔巴哈尔、伊犁、阿尔泰、巴里坤等处，而尤以乌、科、古城、湖北、京、津、太原等处最为密切。其范围又如是其广大，故其地居民乐此不易其业也。惟惜近年自库伦独立，对蒙贸易远不如前耳。至于工业，则其地亦有工业局一所，然规模亦颇狭隘，无足称述。

绥远、归化，皆有警察，惜因经费支绌，服装敝陋，精神亦欠整齐，绥远尤劣。自治机关亦仅具空名，无实际也。

司法机关未设，人民词讼，概由知事兼理。蒙旗词讼，其小者由各旗札萨克或盟长自行处理，大者由盟长呈请将军派员处理，或将军处理，尤大者或由将军陈请中央处理。

外国人至归化者尚不多，然有一日本人，竟终年居归化，从事侦察一切。余抵归化时，张敬舆将军新编军队不过甫告成。余方欲从事调查，乃不半月，而东京友人邮《支那》一册至，则归化军队一切情形已赫然陈列纸上矣。余惊览之余，真不觉吐舌。试问吾辈，昔居人国数年，能知人国情形至于如此耶，为之愧叹不置。

张绥铁路，已修成一半至大同，闻民国四年，可望通至归绥。余至时，交通部方派人测量北线。惟闻兴修此路，并无的款，仅将京张余利，酌拨兴修，而京张线又系商业性质少、军事性质多之铁路，然则结果如何，能否速成，亦未敢必耳。但此路如不速成，不惟对库军事蒙其损害，于归绥政治、风俗，亦殊不利也。

电线、邮政俱已通，归绥附近无水路。

归化道路颇狭，每风起，腥秽触鼻，又鲜林木以吸收尘污，故其地人民无论男妇，颜色皆较内省人易老，往往二十许人，若已三十余岁者，郭外居人更甚。余游行田间，遇人每不能辨其容貌，则泥污尘秽已堆积面上故也。余询土人，何以不涤之使净，彼答曰："长日在风尘中，能时时从事洗涤，不作他事耶？"余为莞然。

归绥道中，民居多土墙，屋顶亦涂黄土，多不用瓦。贫民衣服，亦皆土色，盖着白布衣而泥土附粘其上，遂成此色。加以每风起，天色昏黄，山无木，地无草，于是往往合天、地、人为一色，亦奇观也。

绥远城外二十余里有昭君墓，明妃艳骨在焉。余游其地，犹想见"春风环佩第青冢"之说，良无稽耳。又有公主坟，无碑志，不可考。

四　西盟会议

吾书以上所述，琐细极矣。吾以民国二年至阴山，请更言民国成立前后阴山南北人心变迁之状况，及其与国防之关系，以兴奋阅者之精神，而于兹首宜记述者，则西盟会议一事是也。

西盟者，乌、伊两盟之谓。西盟会议者，前绥远将军张绍曾氏，因乌、伊两盟初不赞成共和，乃定策以兵挟其来绥，而与西盟诸王公盟于绥远，誓世世子孙永永服从民国之谓也。

方民国之初成立也，南北虽已融和，清廷虽已退位，而最大危险犹有一事，则蒙、藏问题是已。藏事非吾书所宜记，今兹不论，而蒙古之事可分为三端：一为绝对的无可救济者，如库伦是也；一为比较的尚可救济者，如东盟是也；一为相对的无可救济者，则西盟是也。何以言之？库伦与俄勾结，已非朝夕。迨前清既亡，俄人乘间而入，实决非仓卒所能抵制，加以行军困难，侈言征库，究其实，皆不可能。迄今者，中俄协约虽名义上承认库伦及其附近各部仍为民国领土，而实质固无有矣，故曰"绝对的无可救济"也。东盟以乌泰、陶什陶等之扰乱，数用兵于其地。然究其隐微，乌泰、陶什陶之志，乃近于土匪，故当时但使东三省无日、俄强邻之患，以吴、张诸军之力，其后必能克之，亦人人意中事，故曰"比较的尚可救济"也。若夫西盟，当时其志殊非浅小，乃实反对共和。虽其与俄人勾结，不深行军，亦复较易，然苟使纯以兵力征服，试问国家所牺牲者，又将至何限度？且能心悦诚服如今日耶？嗟乎！明于此，则可以知西盟会议关系之重要矣。

欲述西盟会议之情状，先当述西盟会议前之情状。兹录当时库伦煽惑乌、伊两盟之檄文于首，以代一部分之说明焉。

库伦第一次之檄文

齐集喀尔喀库伦各王、贝子、公、札萨克、堪布、商卓特巴、达喇嘛等为咨行事，本盟长副将军何贝等，暨来齐集库伦之汗、王、贝子、公、札萨克，以及库伦堪布、诺们罕、副堪布、额尔德呢、商卓特巴、达喇嘛等，彼此相商，共同一致，于本年十月初八日，呈递曼达尔，请示活佛，呈称：现今时势艰难，甚为可惧。我蒙古前以清皇仁德，推崇黄教，是以倾心归服。近年以来，有名无实，我蒙古所受一切困苦，逐日增加，情事昭然，人所共见。现值南方大乱，各省独立，清皇权势，日就凌夷，国体变更，指日可待。我蒙古丁此时艰，应如何自保生成之处，祈请明白训示等情。本日奉活佛谕，所呈各节，均与时势有关，甚合余意。满、汉之现象如此，亦满洲不德之所致也。我蒙古为今之计，亦宜联合各盟，自立为国，以便保我黄教，而免受人权力压制之苦。自今以往，其协力同心，奋勉图维，本喇嘛待遇蒙众，一视同仁，毫无偏倚，应将此意即传令各蒙众一体知悉等因。堪布、诺们罕、盟长等，公同钦领，跪读之下，伏查现在时势，既至如此，活佛所示，实甚详明，使我众如大梦初醒，群疑尽释，令人钦感无已。法旨内称"协力同心，奋勉图维"等语，自应钦遵办理。但立国之道，首在兵强，应将各该盟兵丁调派训练，上可以拱卫活佛，维持黄教，下可以固守地面，保护人民。又自立为国一事，现在虽始发表，实则本年夏间，早经齐集库伦之汗、王公、各札萨克等，再四筹商，筹商结果，意见归一，一面已特派专使额林沁前赴俄国通好，并请保护一切。当得俄政府允许，此后蒙俄国交当益巩固。现在共推哲布尊丹喇嘛为蒙古君主，建立蒙古国家，北与俄国联络，彼此相助，以期黄教仍旧推行，不惟保护生命，且免将来祸机。以上各节，自各盟长、将军、汗、王、贝勒、贝子、公、札萨克、台吉、塔布囊、总管各旗达噜嘎苏木、章盖各官员，以至属下人等，自应一体知悉，相应飞咨内外各蒙古盟长、总管等处，于文到时，妥为宣布，如有咨商答覆之件，即请迅速见覆，以归划一，而备活佛鉴察。再，此事为机紧迫，少纵即逝，所有各处印信，未及全数调用，仅盖用库伦堪布、商卓特巴，暨图、车两盟盟长、副将军之印，合并声明。

库伦第二次之檄文

窃查清国遣派大臣驻库以来，欺凌蒙众，骚扰地方，业将该大臣等，逐出境外，建立蒙国。为今之计，是宜由各盟旗同心协力防守外边，所有各处要隘地方，当即分途派兵驻扎，以资巡防，而靖蒙地。至于我蒙根本大局，经本喀尔喀汗、王、各札萨克等叠次相商，总以汉官执掌国权，办事多不平允，需索蒙众，败坏教宗，本有旧规，并不体恤，因而各自失望。现在汉人互相仇视，所在军兴，一时断难平靖，显然共见。今借与活佛呈递曼达尔之便，业将时势危迫、本蒙古各沙毕、奴仆等应如何自保、黄教应如何扶持各情形具闻。当奉法旨，非图独立，断难生存。爰于库伦创立国都，公举活佛为君，此项情形，前已咨明在案。伏查此事，事前虽未与内蒙逐一议办，然我蒙古向系同族同教，谅必允从。现恐南路敌人，行将举兵北伐，亟应妥为防守，以固疆域。凡交界关卡之处，须不时细心巡查，免贻祸患。相应飞咨喀尔喀连界之贵乌兰察布、伊克昭盟长等查照，希即转饬所属各旗，传谕各游牧地、关津隘口等处，迅速分途派兵，驻扎防守，如有不肖蒙民往来行走、情形可疑，应即不准前行，并一面飞报本处，以靖地方可也。

统观以上两次檄文，有可注意者二焉：（一）库伦独立，虽自前清末年已有萌芽，然实因民国成立，乃决意实行；（二）其维持自身之手段，一托俄国保护，一派大兵防守。然则库伦独立，其果为反对民国也，明矣，而反对民国，即反对共和也。此檄文到达乌盟后，乌盟立即赞成，并派员持文往库策商。前绥远将军堃岫派员宣布共和，乌盟辄傲慢不逊。元年十一月，乌盟致绥远将军文中，且称共和为扰害蒙古，并谓迭奉库伦来文，统一蒙古，望民国内务部嗣后关于饬令遵行新政各怪异事件、命令，即行停止。而伊盟一方面，始虽辞涉两可，其继也，于元年六月，乃亦致文中央内务部，反对共和。十一月间，又有召集各旗会议此问题之事。盖当时情势，苟无非常手段、敏妙政策以临之，乌、伊两盟已早非国家所有，而毗连两盟之本部北边，秦、晋、直、陇、伊、新一带，苦兵革久矣。

于时绥远将军张绍曾氏睹此情形，始也彷徨无术，以为国基甫定，骤用兵不可也；而蒙人狡诈无常，以口舌争之，亦非策也，筹思再四，于是乃姑先以文照会乌、伊两盟各旗，令派通达政体蒙员来绥，共同筹议关于西盟事宜，以试观西盟各旗对于新任将军抵绥后之态度，且先以示礼意，果也照会甫去，而乌盟各旗联衔反对之文复来。张氏以为似此情形，空言果属无济，且我先以礼，我已有辞，于是一面电告中央，一面详筹进行之法，始决计采用以兵挟盟之策。会是时道路传言，且谓四子王（即乌盟盟长）雄心勃勃，行即率师来绥，归、绥两城，一夕数惊，实行此策，殆尤不能因循延缓，时则张氏参佐员均建议，谓此事着手次第，乌盟毗连外蒙，四子王又有左右两盟之势，法宜先致四子王，则乌、伊两盟可不传檄而〈天〉下大计既定。于是张氏密派其属朱少将泮藻督率陆防各军，口授方略，遂于元年十一月十五日由绥进发。

朱氏之至四子王府也，实以十一月十六夜二时，计两日夜，力驰数百里。是夜，塞外雪花如掌，人马无声。既至府，四子王由梦寐中得报，几疑飞将军从天而下，护府蒙军见我军容整暇，乃亦莫敢抗敌。于时朱氏一面严禁我军妄动，一面勒令蒙军缴械投诚，一面饬令译员入府，告四子王以来意。四子王不得已，躬自出迎，朱氏亦即与携手入内，立谈之间，当即晓以五族共和之大义，及赞成共和后之福祉。四子王者，果断人也，闻言之下，立慨然誓，承认共和，旋令预备仆马，即于是月二十三日，偕同朱氏抵绥。四子王既至绥，张将军列队欢迎，并导之同观我全军军容，且谕解万端。四子王是时既震其威，复佩其德，感激之忱，匪言可喻，乃直以己名义为文，招集两盟各旗札萨克。其文略谓："我蒙，地接俄疆，俄人窥伺已久，往往欲假保护蒙古之名，以遂其并吞蒙古之愿。即以此次俄、库协约条件而言，蒙民自由，剥夺几尽，并吞之心，显露言表。假使将来果入俄人范围，其苦痛何堪设想！且共和政体，利益甚多：第一，国家法度定于议院，立法均无偏私；第二，大总统由民公选，凡有大勋于国家者，不论满、蒙、汉、回、藏人，均可当选；第三，国家待遇蒙古，订有优待条件，尤为仁至义尽"云云。立言透辟明快，利害了然，较之未至绥以前，几若两人矣。

此文发出后，乌盟各旗札萨克，遂先后至绥，而伊盟盟长，始虽托病不至，经张将军以同一之法，派团长孟效曾前往后，乃亦偕同。本盟各旗札萨克或代表陆续来绥，就中除伊盟乌审一旗札萨克以他故莫知所之外，计来盟者，凡十二旗，即乌盟之四子旗、达尔罕旗、茂明安旗、乌拉特前、中、后三旗，暨伊盟之杭锦旗、蓬〔达〕拉特旗、郡王旗、札萨克旗、鄂托克旗、准噶尔旗是也，盖乌、伊两盟各旗已全至矣。

各旗札萨克或代表既全至，于是乃于二年一月二十三日午前十一时，由绥远将军主盟，与盟于绥远城内之西盟王公招待处。是日仪式严肃，国旗鲜明，繁花环之，军乐声至雄武。将军张氏东向坐，吕君均、朱君泮藻等侍焉，两盟盟长西向坐，各旗札萨克或代表与焉。既开会，首由张将军演说，大致谓："本将军承大总统之命，召集乌、伊两盟，会议于绥远，诸王公不我遐〔遐〕弃，惠然肯来，乃于今日开正式大会。夫天下祸福利害之事，本属无常，亦在当事者之自种其因耳。其所种之因，为祸为害，则其将来之所受也，祸耳害耳，决无福利之可言。其所种之因，为福为利，则其将来之所受也，福耳利耳，亦决无祸与害之可言。所谓'种瓜得瓜，种豆得豆'是也。试观库伦活佛等辈，号称独立，而后依附俄人，固自以为可以安享福利，而不知俄人对蒙祸心包藏已久，有机可乘，势将收其土地，而奴其人民，俄、库协约，其见端也。且民国对于库伦，此时虽予优容，亦不过冀其内向输诚，免伤五族共和之谊，设令长此执迷不悟，我民国为保全国权起见，势不能不出师动众，直捣巢穴。彼时俄人碍于国际之多口，鉴于国内之空虚，决不至明助库伦，而与我民国大开战衅，则库伦三数竖子，不为民国所捕虏，即为俄国之逋客，所求之福安在，所求之利又安在？此固将来必至之势，而亦彼辈自种之因也。诸王公此次来绥，能见其大，其于祸福利害之道，早已洞彻于心，则诸王公今日所种之因，他日即收福利之果"云云。立言刚柔兼用，可谓得体。而乌盟盟长四子王之陈词则谓："前者，本盟各旗不识共和国体究为何物，是以种种误会因之而生。幸赖将军抚临兹土，召集各旗，解释一切，本盟各旗始如梦初觉，如醉初醒，今而后，知共和之自有真也。今兹会议，愿竭尽悃诚，勉谋福利，岂惟乌、伊两盟之幸，抑亦国家百年之休。"其伊盟盟长阿王之陈词亦谓："去年库伦独立，文檄本盟，俾为一致行动者，约有两次尔。时本王会集盟下各札萨克商议此事，极不以库伦独立为然。盖创造国家，大非易事，与其我蒙族孤立而招败，何如合汉族一致以图强，盖本盟早知库伦之不可与有为也。今本盟各旗承将军召集来绥，相待之优，数百年来未尝一见，本王代表各旗，谨先谢将军德意。至于会议各事，敢不勉维大局，将使从此西盟巩固，共卫国家，以纾将军北顾之忧也。"其时主宾一堂，严肃之中，饶有亲善之意识者，谓当国家残破之余、新定之日，而汉、蒙两族乃能和洽如是，一如家人，父子遭家不造，乃能捐弃故嫌，互相慰藉，君子是以知民国之昌大，方未艾也。

其后议决各条，关系甚大，兹录如下：

（一）实行赞助共和。

（甲）悬挂国旗。

（乙）选举议员。

参议院议员，由到绥王公组织选举会选举之。

众议院议员，由到绥王公按照选举人资格，先行造册，即由各该旗饬知选举人开选举会，选定二人作为初选当选人，赶令来绥，组织选举会复选之。

（丙）大总统命令及其公布国会议决之法律，均应遵从。

（丁）西盟地方，一切兴革事件，凡于蒙地有裨益者，得由将军随时设法商令各王公办理。

（戊）参议院议决之蒙古待遇各条件，均应遵照办理。

（二）不承认俄库协约。

（甲）由会议王公全体以不承认理由，电呈大总统、国务院、参议院、蒙藏事务局，并请由外交部通知列国。

（乙）全体以不承认理由，通告各省都督及各政团。

（丙）行文库伦及内外蒙各盟，告以协约不能承认之理由，并劝告库伦取消独立。

（三）请兵保护西盟要地。

（甲）由西盟王公按照目前内外形势，呈请将军酌定，于各要地派兵驻扎，以便实行保护。

（乙）为保护各旗驻扎各要地之军队，如无民房可居，其住宿包舍由蒙人暂时设法供给。

（丙）派出之军队，一切军需由将军支给。

（四）筹画蒙民生计。

（甲）西盟地内林、矿各种实业，均拟请将军派员踏勘，商令各旗开办，以图西盟之发展，惟以不碍牧场及召庙、坟茔为主。

（乙）各旗所辖境内可耕之地，除应留为牧场及召庙、坟茔等处外，由将军督办，派员查明，商令各旗报垦，以期农业发达而厚蒙生。

（丙）以后各旗报垦办法，请将军督办，妥为规定，勿蹈垦务积年弊政。

（丁）开办蒙地实业，先尽蒙民之劳力者招用，俾裕衣食。

（五）振兴蒙人教育。

（甲）于绥城设立蒙古公立学校一所，由各旗选择能汉语者，送入肄业，授以汉文普通科学及农工初步；毕业后，或回旗办事，或更入内地高等专门学校，造成专材，以备办理国家大事。

（乙）公立学校经费由各旗分任筹出，所有教育办法，将军代为筹画规定。

（丙）各旗在本旗设汉文汉语学校，以便从速开展蒙旗文化。

以上大纲五、子目十八〔十七〕，由乌、伊两盟盟长及各旗札萨克或代表次第钤印，呈于将军，另以一份呈由将军转呈大总统立案。此纲目即世所传《西盟会议条款》是也。其后两盟盟长等驻绥复十余日，将军则与为十日之饮，而大总统嘉该盟长等之诚心赞助共和，则均进封其爵秩，并给予嘉禾章有差，以报其功。抑吾记此事毕，尤有不能已于言者。此次招集西盟会议以前，西盟情势岌岌，稍纵即逝，其地实已将非民国所有，赖将军张氏谋定后动，亦复仁勇，其参佐吕均、朱泮藻辈，皆与有功国家，于是乃无北顾之忧，不可谓非良将帅也。而推其所以能成功者，则亦有道。盖昔年国家对蒙政策，始也纯采羁縻主义，及其末年，蒙古王公每来京朝贡，理藩部等处辄多方讹索人财，而治蒙诸官视蒙人往往若奴仆，其稍胜者，则复操切从事，不能体察蒙情。嗟乎！执此而欲蒙人不叛，其可得耶？是故，今日欲言治蒙，有不可不注意者数事：（一）须励行教养。盖蒙古今日文化、生计，低劣困难已极，国家苟能着眼于是，蒙人既强矣富矣，而国家实力即亦复继长增高，不至如获石田、蹈古昔空言羁縻之弊。（二）须体察蒙情。曰教，曰养，本国家待遇蒙古至仁之政，然蒙人愚陋，往往因不明事理，对于教养之政，亦复肆其阻挠，但此乃彼无知，国家当存矜悯之心，尽启导之责，不宜遇事操切，致生恶感。（三）须痛除积弊。凡前此讹索财物、待遇不平等诸弊，亟宜痛除。盖须使彼觉我可敬可亲，而后一切教养政策乃易推行。如使彼仍视我如昔日之腐败倨傲，宁有幸耶？张氏所议条件，于以上所举第一、第二两事，皆能留意及之，而其待蒙人也，亦能不复蹈以上所举昔年诸弊，此则其成功所由来乎！抑昔者德意志帝国之建国也，实合诸王公国而成一大帝国，民国肇建，乃卒并其本有之外蒙一部失之，以此视彼，今者西盟虽内向，爱国者之责任，固犹有未尽者存也。

五　记划分特别行政区域

不举行西盟会议，则北边将无安枕之日；不划分特别行政区域，则政治仍无刷新之望：此有识者对于归绥情形，近年来惟一无二之政策也。西盟会议始末，吾已记之如上，今记划分特别行政区域事。

特别行政区域者，对于省而言；划分者，盖口外十二县原属山西，将欲合十二县与乌、伊两盟十三旗为一区域，不得不于山西固有行政区域内划分而出也。

当西盟会议之有成也，对于教养蒙古各事，亟宜进行，而将军以素无执行民政之权，掣肘滋多，使忍此以终古，则是西盟会议一事，卒不能竟其全功，而前此之惨淡经营，将渐归于无效，此所以必须划分之一种理由也。然犹不止此，据当时人民代表公同所陈述，复有五大理由。其一则为巩固边防也。其言曰："归绥、乌、伊，壤地相接，形如鼎峙，而自为风气。乌、伊密迩漠北，人民易为外人煽惑，归绥行政权弱，末由合同而化，而归化俯瞰朔漠，扼吭俯〔拊〕背，四通八达，实为要害之总枢。若于此划为一行政区域，统治全境，则一炉而冶，随我所铸。自此以后，疆土日辟，生殖日多，势力自充，即隐然立于不可干犯之地。况内地常患人满，何不以之为宣泄之尾闾。夫使辽左早建行省，何至受日、俄之患至于如是之甚；使新疆仍属甘肃，不自为政，则力弱势绌，又何能横断库、藏之勾通，并援科布多之急，此往事之明效大验也。"其二则为融化种族也。其言曰："民国成立，五族一家，然因言语不通，习尚各异，畛域既分，即难期水乳，安能和衷共济、收统一之实效？假使将归绥、乌、伊划为一行政区域，特设长官，总揽诸务，则因政治之纠合，教育之倡导，自治团体之联络，涵养陶熔，自收同化之功。即如归绥各县土默特旗与汉人聚族而居，言语习惯，积久相同，即利害亦复共之。是于行政前途，除去无穷障碍，此蒙、汉同区而治、种族融化之彰彰成效也。"其三则为治理蒙古也。其言曰："治理蒙古，封建不如郡县，开化与不开化之别也。前清于察哈尔、土默特各旗，以郡县制治之；于乌、伊两盟，则以封建制治之，至今日而察、土两部同化汉人，对于共和，同心赞功，而其余蒙古，则不免狐疑，甚或受人愚弄，离心离德。不特此也，察、土两部游牧进于耕殖，生计日裕，智识日启，前途发达，更不可以道里计。乌、伊两盟则宗教盛行，种族日弱，政烦赋重，民不聊生。长此不变，即幸而境内无事，尚有绝灭之忧，况更加以外患乎。假使口外另划一行政区域，逐渐进步，则垦殖既增，学校日启，将来悉可变为郡县。异日者，风声所树，如藏卫，如青海，如乌、科、库伦，均可仿照改建，以资治理，则边无旷土，国防更可永固矣。"其四则为整顿吏治也。其言曰："晋边吏治之坏，由来已久。考其原因，由于辖境太广，耳目难周，号令不及，边吏遂肆行贪黩，任意敷衍，往往以钱财细故而有非法之刑，命盗重情而有不报之案，重轻任意，上下其手。更因蒙旗地方，各有专属，遇蒙旗事件，或有诿为非所管辖、付之不问者，放弃责任，激生事端，小则贻械斗剽劫之患，大则酿竖旗聚众之变。当此边患日急，若不早为变通，适与库房以煽惑之资。假使将归绥、乌、伊划为一行政区域，

既利考察，复便维持，前陈各弊，一一湔除，吏治亦不难烝烝
〔蒸蒸〕日上也。"其五则为振兴实业也。其言曰："吾国时当建
设，点金无术，借款乃一时补苴之策，捐输亦遂成弩末之形，则
救贫惟一之方，首在振兴实业。查乌、伊两盟，宝藏遍地，沃野
无垠，大而皮革、绒毛，小而盐、碱、药料，实多利赖。徒以地
方分据，漫无归束，提倡乏人，货弃于地，招强邻窥伺之患，增
人民负担之艰。假使将归绥、乌、伊划为一行政区域，则封域之
内，耳目接近，生计所关，公私仰给，事以亲切而易行，责有专
归而莫诿，则一切实业，次第振兴；寝假张绥铁路告成，商务繁
盛，当不亚于沪、汉，于国家财政前途，实亦大有裨益也。"其言
深切著明，可称名论。

　　此议发生后，由归绥、乌、伊人民组织公会，推选代表赴京，
请大总统提议于参议院，并遍谒中央各部长官，陈述其说，且电
请各省行政长官暨省议会赞助其事。会中央以他故，迁延数月，
始下其议于张将军，于是张将军复请政府迅速实行，并陈明将来
划分后财政情状。略谓："查归绥以往岁入，关税年约十二万两，
斗秤捐年约八万余两，烟酒厘、盐厘、煤炭厘、虎盘捐，年约八
万余两，牲畜皮毛厘捐、百货统捐，年约十一万余两，各属升科
地租，年约十二万余两，统计岁入，约在六十万左右。而就改革
后之行政经费而论，裁并骈枝之机关，节缓不急之政务，务求撙
节，统盘筹算，年约四十万两，足敷行政支出，其余拨补旗饷，
尚无不足。一俟旗丁生计筹定，余款自可移作别用。此后若将各
项税收切实整顿，并将历年垦地一律升科，举办契税，三四年后，
岁收当可达百万以上。至于绥远军费，今后军备之缩伸，应视防
务之缓急，国防计画听于中央，军事所需，固未可限以地方之财
政。即论目前绥防受中央军费接济者，一年以来，已逾三十万。
是改革以后，于中央担负，并无增加，而于绥边整顿有裨益"云

云。未几，复由国务院核议呈请总统照准。于是近年来，阴山南北两大问题，遂以解决（指此事与西盟会议），而人心乃不〔亦〕自安，于反覆荒陋，骎骎然始有向上之机，而政治方有刷新之望矣。

其行政机关及职权之变迁：（一）将军兼辖军民两政。（二）将军之下设两厅，一司军政，一司民政，民政厅长，今改称归绥道尹。（三）各县知事仍其称，惟裁绥远一县。（四）设审判处，如各省高等厅制。（五）原设之副都统、绥化道①撤裁，副都统之所掌并于将军。（六）设财政分厅，如各省财政厅制。

六　记盐务

前既言之矣，治绥政策如欲实行，必先解决西盟、划区二大问题。顾今者此二大问题虽已解决，而建议主之者乃已去位。就恒理而论，则今后北边重大艰巨之任，要不能不属望于继任之人，然而非所能任也。吾今者将畅论归绥一切政况，及其适宜之政策，亦惟望吾政府及吾社会有志之人实行之耳。

于是乎先记盐务。

归绥食盐，种类繁多，大别之，约可分为两路：在东者曰乌珠穆沁青盐、苏尼特白盐、察哈尔白黑文公盐、黛海滩土盐；在西者曰吉兰泰红盐、鄂尔多斯白盐、东素海台熬盐、萨拉齐县土盐。虽名目复杂，产销之数不一，要皆操之则为官，纵之则为私，私销既畅，官运遂窒，历年以来，互为消长。

其产销之情形，青盐、红盐，皆系天然佳品，取之不尽，用之不竭。白盐产数，每岁多寡不一。熬盐、土盐，均系春日扫土，夏秋熬成，全恃人工。其在出产地点，价均无几，所难者，悉在

---

①　应为归绥道。——整理者注

运路。青盐向由牛车逐水草运入丰镇，近年因经过之处草莱日辟，牛车牧宿无地，又以直省设立蒙盐公司收买青盐，利权独擅，故入晋之青盐，为数骤减。近年行销丰镇、宁远、兴和、陶林者，大率皆苏尼特之白盐，与察哈尔之黑白文公盐及黛海滩土盐而已。红盐由盐湖驼运之平罗县之磴口镇，再由水运至萨拉齐之包头镇，行销于沿河各州县，旧章恐妨潞纲引岸，只准运至河曲县为止。鄂尔多斯白盐，行销萨、包一带，关内沿河各县，虽亦分售，数实无多。熬盐只销于清水河及附近一带，贫民贪其价贱，多购食之。萨拉齐土盐则分销及武川县境，不能及远。

　　至官运之缘起，则始于前清庚子拳变后。其时因晋省教案赔款无着，由前归绥道恩君铭筹议，创办口外蒙盐官运，发官本二万金，委姚君学镜于包头镇组织官运总局，同时成立者，为南海子分局。其始意欲包东路盐务在内，故名曰口外官盐总局。嗣因东西相距太远，鞭长莫及，另委陈君政诗于丰镇组织官运局。包局自姚君创办后，岁增厘金一万五六千金，盈余万数千金，清光绪三十二年秋，添发成本二万金，于河口、磴口、归化、阿善四处各设子局。丰镇自沈君涑生接办二年，除将成本二万金还清外，岁入厘金，亦七八千金，余利万余金。计开办官运以来，公家收入，较之商贩时代，即厘金一项，已岁增三倍而强。而恩君寿抚晋时，将丰镇盐务交由商包办，则年交盐厘万金。包头当清宣统三年九月，沈君涑生曾任清厘包头盐局累年积款并历任交代，因卸办之员远去，且纠缠太久，无从清厘，仅就当时所有，加以限制，否则口外盐款收入，当犹不止此数，而民军起义时，地方饷糈，且已赖之。民国二年，财政部设局派员经理口外盐务，阅时未久，成效亦未卓著。此近十年来口外盐务历史之大凡也。

　　草此章未竟，又得口外盐务最新资料，大致乃专记吉兰泰红盐及鄂尔多斯白盐一切情形，并附及熬盐者，兹亟录之。吉兰泰红盐产阿拉善王旗境，分大池、小池，即俗所谓大湖、二湖，面积各数十里。大池盐质坚味浓，距磴口镇四日。磴口者，在甘肃平罗县境，盐商聚集收盐之处也；小湖盐质轻味薄，距磴口镇三日，均系天然佳品，非人工熬成，且取之无尽。盖自清初至今，仅挖十余方尺，而不必易地，已随挖随生。方前清初叶，该旗曾以盐池报效国家，行销于山西省北六十余州县，于河曲等处专设盐官。乾隆五十一年，奏准水运至山西汾州府属之碛口镇起陆。嘉庆十八年，因盐船直超下游，有碍潞纲引地（汾州府东南境，即潞引地），复奏准禁止水运，将盐湖归还该旗，所有省北向食蒙盐之各州县应完盐课，摊入地丁之内，任民间自由买食。其时虽有磴口盐商仍向该旗收买，运销于口外各县及太原、汾州、忻、代、保各属，然水运只能至萨拉齐县属之南海子及托克托城县属之河口镇。光绪九年，张君之洞抚晋，见吉盐限制水运，徒速陕私之行销，奏准水运至河曲县起陆，以广销路而便民食。光绪二十七年，岑春萱〔煊〕抚晋，因庚子赔款无出，发官本二万金，委浙江人姚学镜于包头镇设立官盐总局，将吉兰泰所产之盐向磴商（磴口距包头水路九百余里）间接收买，归官专售，以杜散漫无稽之弊，然水运仍只准至河曲县（距包头水路四百余里）为止。二十八年四月初一日开局，同时成立者，为南海子分局（距包头镇十五里，滨临黄河，为磴口水运盐船卸载口岸）。三十二年夏，该旗因设立盐局，磴商坐享厚利，增租未遂，屡起龃龉，竟将盐池封禁，不准再挖，欲另租于甘肃。事为晋抚张君曾敭侦知，行文阻止，该旗遂进退失据。是年冬，头等台吉塔旺布里甲拉（即阿拉善王长子，现袭王爵）进京值班，道出包镇，姚学镜见有机可乘，投辖周旋，授餐适馆，以悦其意。该旗旋以大小两池包与晋省，议定所产之盐，统归官局专卖，不得私售于人。自光绪三十三年正月起，岁给租银七千两，分两次取用，以四年为满，限内如能水运至碛口镇，每年再加租资三千两。此项盐斤，仍由蒙人挖取，用驮装运至磴口官局卸载，大池每石给脚价银一两三钱，每驮给挖盐人工银四分一厘，小池每石给脚价银七钱，每驮给挖盐人工三分三厘，并以官局员司无多，驮户皆系蒙人，言语不通，稽察非易，由该旗选派蒙员二人，月各支薪水银八两，先生二人，月各支薪水银六两，跟役二人，月各支工银三两，驻扎磴口官局，达木尔四人（蒙员称谓），月各支薪水银二两，达尔古四人（亦蒙员称谓），月各支薪水银一两，管理二处盐池，以辅官力之不足，应需薪工，由官局按月照给，双方议定，订立合同，此三十三年正月十九日事也。包租之局既定，姚学镜以来源已畅，亟宜疏通销路，屡请水运至碛口镇，为规复蒙盐引地张本，卒为河东盐法道所扼，未能实行，仅添发本银二万两，于河口镇（三十三年秋）、磴口镇（三十三年二月）、归化城（三十三年四月）各设子局，以图发展。三十四年夏，姚学镜去任（在差六年，获余利及厘金十五六万），继其后者办理未善，销路日绌。宣统二年，盐政处委张如曦创办省北盐务，拟议划分引岸，并无建设，仅加增岁租三千金而已。光复后，办理此事者，为山西本省人李景泉，以水运碛口之目的既未达到，岂能增租，与该旗蒙员磋商，将岁租减为六千五百金，而于销路之如何疏通，则仍未议及之也。

　　以上记吉兰泰盐之缘起，以下分为吉兰泰盐商贩、官办两时代，再详记其情形。

　　其在商贩时代，自吉兰泰盐课摊入地丁、任民间自由买食后，省北如应州、山阴等处，虽皆产有土盐，然为数无多，且质轻味苦，喜食者鲜，商人遂于磴口镇设立盐店，以茶、烟、糖、布向蒙人易换盐斤，或用船载运至包，或由包商赴磴贩买，每石约三百五六十斤，价银一两上下，雇船运至南海子，每船约载八九十石，计重三万五千斤，年约二百余船，统计共二万余石，计共重七百万斤。包头镇就地年销三千余石，归化、萨拉齐商贩赴包贩买年约七千余石，关内商贩赴包贩运，年约一万数千石。用船运至河曲县起岸，分运沿河保德、兴岚、临县及汾州府属行销。

其在官办时代，自前清光绪二十八年，晋省因庚子教案赔款无出，于是于是年四月初一日，于包头镇组织官盐总局开办之初，因成本无多，未便与蒙旗直接，仿照商贩办法，向磴口盐商觅买，分售于归化城、托城、包头各商，议定先期予盐，后期取值，以资周转而广销路。在包出售者，以南海子为卸载口岸。在归化、托城出售者，径驶至河口镇，以省陆运脚价。自磴口雇船运至南海子，每石需运价银四五钱，应完水路正加盐厘及归化关税银，共约一两四钱余，统计每石需成本银二两八九钱。在包出售，每石约银三两四五钱；在归化出售，加以旱路运脚，每石约银四两上下。以上价格，皆指开办时代而言。每年行销之数，与商办时代相埒，惟岁增厘金及余利各一万五六千金。据理而论，以山西省北向食蒙盐之处，多至六十余州县，计口授食，每年行销数目，何止十余万石。虽间有兼食土盐之处，约计不过十成之三，而考核商办、官办岁销数目，东西两路进口蒙盐，终不过二万余石（东路指乌珠穆沁青盐、苏尼特白盐）。推原其故，东路有直隶之长芦盐，由平定州盂县乐平乡侵灌入境（嘉庆十二年平定州盂县乐平乡三处，新设吉盐引地，路远费重，难以运往。此外又无可改食之处，自应买食。邻近土盐兼食芦盐，详咨有案，此为卢〔芦〕盐入晋之嚆矢。迨光绪二十八年，拟定芦盐入境，每斤加价六文，则公然成为官盐矣），西路有陕西之花马池盐，由永宁州之军渡、汾州府之碛口、兴县之黑峪口、保德州之天桥、河曲县之大小站等处渡河。又有鄂尔多斯之白盐，由十里长滩、皇甫川（皆陕西府谷县属）、河曲、保德等处渡河，皆一苇可航，运输利便。虽经姚学镜先后建议，呈请禁止入境，俾各州县蒙土兼食，以多收土盐之厘金，裕蒙盐之余利，终以头头是道，堵截为难，仅于军、碛等处，重收花盐厘金（每斤十六文），为寓禁于征之法。然花盐价格低廉，虽重取其厘，而运至晋境，每斤成本仍不过二十余文。故名虽以征为禁，实则转助花盐之畅销而已。不宁惟是，军、碛等处毗连潞纲，不禁花盐入境，非特有碍蒙盐之销场，抑且侵灌潞引于无形。至吉盐推广水运，本系规复旧制，并自别开生面，而议者往往以有碍潞纲为言。不知吉盐运至碛口，每斤成本，终须六十余文，潞盐运至灵石、霍州一带，只须成本三四十文。是故，推广吉盐，不过图数百里之水利，断无侵及潞引之理。惜当事者胶柱鼓瑟，徒为花盐辟无穷之利源而已。

至鄂尔多斯白盐，则质轻味苦，价值低廉（鄂尔多斯在包头镇之西南，在河曲、保德之西北，距包三百余里），向由内地商贩以茶、糖、布匹向蒙人换取，由陆路之河曲、天桥一带渡河，灌入晋境，为数甚夥。水运至包头镇者，年仅四五十船，向章纳厘以后，任商贩自由行销。光绪二十八年，官盐局成立后，凡来包白盐，一并由官收买转售。三十三年秋，于盐池附近及河套之阿善设立分局，为收盐缉私之图。

于此有可合记者，则吉盐、鄂盐之厘税情形是也。吉盐厘金，旧章每百斤原抽钱二百二十文，每石按三百五十斤核算，计抽钱七百七十文。光绪二十七年十月间，每百斤加抽钱一百八十文，由包运盐进口，如票内载明前赴太、汾等处，其应完厘金，与由包水运至托城厘则相同，均在包局换讫，进口以后，不再完纳。倘由托转运入口，则须再完旱路厘一次。商办时代，萨、包坐贾兼办厘局，因经征散漫无稽，每年所收，不过五六千金。自官盐局成立后，总办姚学镜会同萨、包坐贾委员李桂林，以征收水路盐厘原加并计，每斤合钱四文，吉盐三百五十斤为一石，计厘钱一千四百文，适合纹银一两之数。因改定吉盐一石，征厘钱一两，白盐（即鄂尔多斯盐）每石二百八十斤，应征厘钱一千一百二十文，改为每石征银七钱五分。陆路吉盐，每石收厘银二钱九分。陆路白盐，每石收厘银二钱三分三厘。并以此项蒙盐既办官运，则应收厘金宜由盐局于出售时代为经征，俾免偷漏。计开办官运以后，每年收厘数目，较之商办时代，多增一万六千金（前后销盐之数相埒，而厘金收数骤增三倍，可知旧日征收不实）。又归化关经征盐税，如包头商人运盐入口，不经归化、托城，每斗只须在包关纳出口税钱十六文半，行抵他处，不再征收。倘须由归化经过，则包关不征，行抵归化，每斗纳进出口税各十六文半。若由包头运赴别处，路经托城，每斗既在包关纳出口税十六文半，托关即不征进口税。倘该盐到托以后，尚须转运他处，则须在托关完出口税。如由托运盐到归，托关因包关已收，不再经征。到归以后，则归关仍须兼征进出口税两道，此旧章也。光绪三十三年，姚学镜以同一运盐入口，不经归化，只须纳税一次；一经归化，则须多完一次；若绕托至归，且须纳税三次，定章既未划一，办法亦欠持平，不特无以昭公道，且适启奸商绕越偷漏之渐。禀准，嗣后贩运蒙盐，如由包头至归化，归化关应收进口税，由托城至归化，因包关已经征收，归关不再重征。至由归化转运他处，则一律再征出口税一次，似此量为变通，办法虽稍觉不同，而收税则仍系两次，第于整顿国课之中，不失体恤商艰之意。今者当事办法，大致相同。

至于熬盐，产东素海台（在托城河口镇西北），滨临黄河东岸，分东西两场，土人名曰盐坊梁。东场距河口盐局四十五里，盐场四处，熬锅四十口；西场距河局七十里，距东场二十五里，盐场三处，熬锅二十余口。其盐质轻味薄，仅由附近居民及清水河一带贫民买食，销售不能及远。锅户多贫寒无力，其设锅熬盐，全恃托县商铺预借资本，春日扫土，夏秋熬成，售与借本之铺转销。铺舍大率惟利是视,重利盘剥,熬户因而亏折,非贩私,即潜逃。且盐场距河太近,河水涨溢之年,无力筑坝,即被水淹,故熬户生计日绌,厘金日短。光绪三十二年冬,河口官盐分局与熬户议定,按照锅数,借给资本,以后熬成之盐,统归官局,收买价格从优。一面由局派人前往分设盐厂,修理仓廒,以便成盐后,就近储仓待沽。倘熬户自愿赴河口交纳,则酌给运价,并招户添设锅灶,以期出盐增多。议甫就绪,而绥远前将军幕府人见利之所在,借口于东素海台系属蒙地,在将军范围以内,集股一万二千金,组织公裕盐号,怂惥将军以每年所得盐厘为绥远学校经费,将河局已成之业,攫而归之私人资格经营之盐号。开办之第一年,借河局布置之基础,获利甚巨;此后即一落千丈,虽有减本召盘之议,然积盐甚夥,欠债颇巨。虽有善者,恐亦无如之何矣。

有观以上情形,凡过去之历史及现在之事实,皆在于是。整顿之道,除统辖蒙土各盐之晋北盐局已由财政部派员设立外,事权既已归一,亟宜分令承办各员将近三年销盐数目及批解之公帑,先行调查呈报。知过去之陈迹,即可预决其将来整顿能达若干分剂,而清厘旧有公款公产,核实征课,其为重要,更不俟言。至于久远之图,或扩充产销,或改良税则,要皆在当事者精诚为国,而其才略亦须有以济之,否则吾累累万言,与国何益,亦徒多一谈资而已。未完①

《中华杂志》(月刊)

北京进步党本部中华杂志社

1914 年 1 卷 8—10 号,1915 年 2 卷 1 号

(张鑫 整理)

---

① 据《1833—1949 全国中文期刊联合目录》(增订本)著录,《中华杂志》现存最晚者为 1915 年 2 卷 1 号。——整理者注

蒙古旅行记

[英] 菩尔斯屈罗（Beatrix Bulstrode）原著　钱智修　译

当余居北京时，曾以好奇嗜异之心，欲一探蒙古之秘奥。蒙古者，南邻直隶省，北界西伯利亚，盖世人游踪所鲜涉者也。余立意拟由张家口，循队商常行之路，越戈壁沙漠，以抵库伦。会中蒙战祸方炽，乃欲行而辄止。

由张家口，出垂圮之长城，经哈诺巴尔栈道（The Hanobar Pass，译音），历时四五日，稍稍见内蒙察哈尔族之游牧生活。余所乘者，为北京之骡车，有车主二人相伴，有时宿于茅店，有时则傍土人幕帐，张帷而卧。土人幕帐，均围绕井旁，种种景象，皆足证长行之风味，而余之志气亦益壮焉。

蒙人礼意甚周，游客莅至，则为之供张备饮食，虽污秽不洁，未尝不令受者心感焉。余之行帐，设于塔布尔之小部落，人口不多，颇饶乐趣。顾格兰德君（Mr. Grant）即于数星期后，在是处被外蒙兵士所害，其地距汉加拉华不过一日程。汉加拉华者，内蒙最大之喇嘛寺也。余至时，适得观其有趣之教仪。喇嘛二三百人，与老幼俱趺坐寺前广场，其衣色红、紫、浅黄，各分等级，而以大喇嘛居中。大喇嘛坐阶上宝座，为会场之主席，中有数人，脱衣露腰部，尤可注意，谓将以受试验，得僧级也。先由年长者试验，以次由年少者试验之。两面均拍手声雷动，且作色示意。时余携摄影器至，众颇踧踖不自安，于是各以红黑巾蒙首，是巾盖遇大典礼时所用者，然未几即意态如常，去其蒙首之巾，驯顺若绵羊，任余一一摄影不少沮。

蒙古人考验喇嘛之情形

　　喇嘛为蒙古重要分子，每家止少必遣一子为喇嘛，闻居其全部男子百分之六十五焉。为喇嘛者，例不得娶妻，然道德窳败者正复不少。最尊之喇嘛，称哲布尊丹巴呼图克图，即蒙古之活佛也。余既游满洲及西伯利亚之一部，至拜喀尔湖，又至外蒙游历，行抵库伦，适逢谛萨摩诃伦节（Tsam Haren）。谛萨摩诃伦，为彼中之圣跳舞，盖参宗教及竞技之仪式者也。时各地喇嘛，咸集库伦，参谒活佛。活佛一中年人，气象疲茶，目已垂瞽，由相者自更衣处导至正殿，于是小喇嘛及诸王公，咸俯伏朝拜，表其敬礼之意。

　　库伦之奇观，为一新构之巨庙。庙在山顶，极崇闳奂丽之概，各盟、旗环绕四周，是为圣城。圣城之下，景象极殷繁，是为骆马市。宗教与马匹二事，盖弥沦蒙古之全部者矣。新庙之建筑，

库伦活佛自更衣处出行之情形

尤足证宗风之殊特。庙为活佛之生祠，丈六金身，跌坐莲花上，酷肖活佛容貌，又筑宝座，饰黄绢，以供养活佛之夫人，是非大背教律者欤？

谛萨摩诃伦节中，有天魔舞焉。舞约七八小时，盖以表示佛教古代史之情状者。与舞者均加面具，模拟药叉、奇兽，用垩粉画阵，为跳舞之范围，而以西藏之喇叭及奇乐为节奏。尤奇者，则为角抵竞力之戏。约分五六十队，或跑马，或比射，均分日举行。由种种事实观之，皆足证蒙古人于宗教及世间事，均有伟大之能力焉。其角抵诸戏，颇与西人相似。土人面貌，受气候侵铄，作古铜色，顾一袒衣竞技，则身上肤色，白皙似英国人。外蒙之土人，为喀尔喀族，内蒙之土人，为察哈尔族，喀尔喀族之体魄，盖远胜于察哈尔族矣。

蒙人极喜竞马，时莅会者均衣饰华丽，冠天鹅绒之冠，上翘孔雀毛，衣以丝制。红紫黄蓝，色尤斑驳。女子则发黑如镜，明珠满头，咸据鞍笑谑。出郭，沿河堤而行，竞马者约三十五人至四十人，俱十二岁以内之童男女。马亦渺小，若不胜任。其竞争之起点，在各种蓝白色之小幕。童男女则曼声而歌，绕幕徐行，至喇嘛施号令，乃奔逸绝尘而去。其马力之精卓，与童男女马术之佳，有令观者惊诧不置者。竞马之结局，尤有趣味，得胜者为一少女，喇嘛则躬揽缰辔，引其所乘之小马，循历各幕，各幕之人，咸以马酪为贺，颇似洒于马头之上焉。

　　库伦之监狱，最为黑暗，蒙人惨酷之命运，殆无过于是者矣。余费几许周折，始得入内参观，见基址狭小，内有狱舍五六所，四围环以铁栅，其桎梏于此中者，皆含生负气之人类也。尤有文化高尚之中国人数名，以政治犯罪，终身禁锢，居于形似棺材之囚笼内，外加铁锁，殆永无运动之机会。居棺内者，不能直立，亦不能平卧，其得稍见日光者，则每日二十四小时，递食二次之数分钟而已。

库伦罪犯自囚笼内伸手取食之情形

　　囚徒之境遇，既惨酷无伦，故反以就死为乐，此余于数日后所亲见者也。所见者为蒙古兵三人，六月以前，因谋杀统兵官，被逮下狱，系于棺中，至是乃出狱行死刑，而意态特为愉快。前导者为马队，服饰与中古时代相似，咸执最新来福枪，而罪人则载

库伦罪犯自囚笼内伸首外望之情形

以牛车，押赴离库伦五六里之行刑场。盖蒙古有神人，居巴克图诺尔山，山在库伦南面，以图拉河界之，与人境隔绝，其行刑场之设于远处者，亦以防犯触神怒耳。蒙古人视死刑甚轻，有射击巴克图诺尔山之鸟兽者则死，至终身禁锢，则其罪至重，特以处外人之违犯国法者。此兵士三人，久羁狱舍，面色枯槁若死灰，既自牛车中出，攫食至饕餮，其一人则以鄙秽之言，詈其监刑官曰："趣出视余死，此汝之职务，毋踡伏于帐内也。"又一人见喇嘛方以佛像相示，则告之曰："死何足惧，但愿来生仍作兵耳。"以蒙古人笃信轮回，故咸愍不畏死。死后则弃置山谷间，供鹰犬吞噬，以图速尽。若曰："此何足介意，身体者，灵魂之传舍耳。而此灵魂，不久即重生而易新舍。"蒙古人之所以不洗涤其身体者，殆亦以是故耶？

《东方杂志》（月刊）

上海商务印书馆东方杂志社

1914 年 10 卷 12 号

（刘悦飞　整理）

塞外随笔

匏夫　撰

丙辰残冬，余出长城，游云中，北至于戈壁，所见边民流离之惨，强邻窥伺之情，吏虐、兵骄、匪乱之迹，辄咄咄不能置一语。嗟夫！越南遗民之苦，世犹知之，塞北千里之黑暗，终古无有发其覆者。恨余不文，不能专著一书，使九边泣血之声、魑魅罔两之状，暴著于天下，是余之不幸，亦边民之不幸也。然世有李伯元，操觚著录，征问于余，余固欣然就之矣。

吾游内蒙乌、伊二盟，览黄河之广，土壤之旷，水草之茂，而叹其地之大可垦也。黄河为害二千年矣，昔维宁夏食其利，盖河在龙门以上，水势纡徐，可引陇陌故耳。乌、伊二盟与宁夏接壤，黄河经其间，水之纡徐犹是也。宁夏既赖其灌溉，乌、伊二盟何独不然。惜夫先民鲜有垦之者，致令弃利于地，诚能取乌、伊之地而尽辟之，安知不与宁夏并富邪。且外蒙色楞格、鄂尔坤、哈拉诸河之滨，三十年前，亦一片荒土，自经华商垦殖，硗确之区，忽成沃壤，非商垦之成验邪。呜呼！国人而甘弃此大利也，则亦已矣，苟其垦焉，则鄙见力主商垦为宜，盖商民既出资本，自当勤奋从事，断无荒其业者。倘为官民，则前清贻谷之垦河套，垦利未获，而押荒之金、岁收之租，悉归中饱，不亦大可鉴邪。夫世界万利之事，一经吾国官营，无不百弊丛生，窳废莫举。彼达拉特垦务局之设，自谓能革贻谷之弊者，乃曾几何时，重征苛租，变本加厉，民力不支，多有弃地而逃者，而代征蒙租，又任意刻削，不能应付，尤失蒙人之信用，故开办数年，成效未睹，仅增官吏啖饭之地而已，是亦谓之兴利乎哉。嗟乎！垦辟之业，货殖之事也，以肉食者当之，望其为民兴利，是何异使狼而牧羊也，岂特羊无繁殖之望，固已饱狼之腹矣。今论者不咎狼贪，而反曰羊固不能繁殖，独不虑狼之笑于旁乎？吾人言垦，幸勿引狼为伍则几矣。

渡河而南，经达拉特旗（即鄂尔多斯左翼后旗）之野，所看二三茅舍，多尘封者，问之，则知屋主为陕北人，昔年徙此，以力垦致富，自垦务局立，不堪重征，破产逝矣。余恻然，以询郡王逊博尔巴图，逊摇手曰："君幸勿言此，吾之沃壤，亦为垦务局劫矣，彼初订岁租三万金，后乃竟干没之，屡索不予。世之甘言为吾蒙兴利者，尚可信哉？且垦辟之利，吾非不知，使今华商出租垦耕，吾固欢迎之，否则宁弃利于地，岂可令先人世守之业，饱贪吏囊邪？"余见其愤，乃乱以他语而罢，后问他人，知其语固非妄也。

今蒙匪之患，人尽知有外蒙陶什陶矣，然而内蒙西二盟之卢占魁，较陶更有甚者。卢，察哈尔人，自去春以来，聚众万人，横行于阴山南北，其焚掠之暴、淫杀之惨，无在不臻其极。以余所睹遭难之区，田园荆棘，屋瓦无存，断壁颓垣，不堪寓目，昔之富家大贾，类皆破产卸业，短褐不完，而穷民之颠连无告、卖妻鬻子者，尤不可胜数也。闻卢党潜伏各旗，四出结勾，以诱执良家子为利，不赎，则割之烙之，故有资者被执，犹可赎免，无资可殆矣。民有妙女，无不被其强污，每奸毕，必叠诸女之身，名曰肉台，而饮博其上焉。耗矣哀哉！黄巢、白狼之祸，未有至此也，而桓〈桓〉干城，未闻有荷戈前驱、除此大憝者，岂昔玩寇为利欤？抑懦怯而不敢前欤？夫盗匪不灭，莠民不除，不特垦殖牧矿诸大政无由而兴，即九边无告之民，将何以安生而乐业？此中利害，宁俟再计哉？乃近闻绥远某大吏，犹持招抚之议，果尔，则卢虎而翼矣。边事之不忍言如此夫。

卢占魁匪势之养成，前绥远都统某养之也。初，乙卯冬，卢为中将萧良臣所败，仅挟数十人漏网。追萧去绥，卢势又复振，而某都统日沉饮高歌，不以军事为事。绅有告以匪者，某弗信，左顾而询属吏，属吏曰："此言讹也。"某亦曰："讹也。"属吏曰："匪，吾已剿。"某亦曰："已剿。"属吏曰："是当升擢。"某亦曰："升擢。"实则兵未出营，匪未损毫末，惟虎章狮刀之赉，络缀不绝耳。如此者半载，卢遂燎椽而不可救矣。某，临清人，以工谄起家，性脱略，喜声伎，其母诞日，招绥伎百余人侑觞，燕舞莺歌，一堂畅叙，时城外五里有劫案，不之问也。故其在位，不特属吏诵之，娼妓诵之，匪亦诵之；及其去也，不特属吏思之，娼妓思之，匪亦思之，然而小民苦矣。

某氏之前，摄绥远将军者为张绍曾，以袁系故，致身开府，清议惜之。然余闻绍曾处置西二盟会议事，则固非阘茸者比也。初，库伦之叛也，传檄至西二盟，乌盟首应之，伊盟徘徊观望。然于民国政府令至，则皆拒之，谓共和毁佛教，除藩属，抗不受命。绍曾莅绥远，虑其隔阂，乃有召集各王公来绥会议之举，略言"五族一体，苟可以利各盟旗者，一经筹商，无不力为协助"。文至，诸王公皆不纳，而乌盟盟长勒王复词意尤慢。勒王者，四子王旗郡王勒旺诺尔布也。于是绍曾谋曰："乌盟毗连外蒙，而勒王尤桀黠，有左右二盟之势，若稍姑息，库伦之羽翼成矣，宜乘其不备而致之，则各旗不劳而集，西盟之事可大定矣。"遂遣少将朱泮藻为招抚使，率师三营，潜赴四子旗。天大雪，兼程疾进，黑夜抵王府，张两翼围之。勒王大惊，缴械出迎，允偕来绥。时元年十一月十六日也。勒至，绍曾列队迓之，复请政府进为亲王。

勒大喜过望，于是为文劝诸旗，诸旗王公皆相继至，惟伊盟盟长郡王阿尔宾巴雅尔以病辞。绍曾弗信，遣兵促之，未几亦至，皆进爵，诸王公从者约八百人，皆一一犒之。蒙人大悦，谓礼遇之隆、招待之渥，二百年来所未有也。绍曾遂于二年二月二十三日，集诸王公大会，出所拟条件交议，凡纲五、目十八，缕为指释，谓此为蒙古谋福利，为中有势不可行者，诸王公除之可也；有要务为此所未载者，诸王公增之可也。方今共和立国，民意为本，非如前清对蒙，凡事不征诸王公同意，而以压力行之者，民国则无是事也。勒王等皆曰："惟将军命，吾侪今知将军乃为蒙谋福利也。继自今，我乌兰察布、伊克昭二盟而不拥护共和者，有如天日。"于是以次插〔歃〕血钤印，并电政府通告各国，声明乌、伊二盟否认库约。电入，政府嘉纳焉。是会也，乌盟到者：盟长四王子〔子王〕旗亲王勒旺诺尔布、副长达尔罕旗（即喀尔喀右翼旗）郡王蕴栋旺楚克、乌拉特前旗贝子克什克德勒格尔、乌拉特后旗贝子拉什那木济勒多尔济、乌拉特中旗镇国公巴尔多尔济、茂明安旗镇国公拉什色楞多尔济；伊盟到者：盟长杭锦旗（即鄂尔多斯右翼后旗）亲王阿尔宾巴雅尔、副长郡王旗（即鄂尔多斯左翼中王〔旗〕）亲王特古斯阿勒坦呼雅克图、达拉特旗（即鄂尔多斯左翼后旗）郡王逊博尔巴图、札萨克旗（即鄂尔多斯前末旗）贝子沙克都尔札布，惟鄂托克旗（即鄂尔多斯左翼中旗）郡王噶勒藏噜拉木旺札勒札木苏、准格尔旗（即鄂尔多斯左翼前旗）贝勒散济密都布，各以幼毫不堪跋涉，遣台吉代表焉。

内蒙六盟最近兵额：哲里木盟约一万五千六百四十人，其分配各旗：科尔沁九千一百六十人、杜尔伯特二千一百四十人、札赉特九百六十人、鄂尔斯三千四百二十人；卓索图盟约一万八千六百二十人，分配各旗：喀喇沁八千五百八十人、土默特一万零四十人；昭乌达盟约一万六千八百四十人，分配各旗：敖汉二千三百人、奈曼巴〔约〕三千人、林札一千五百六十人、札鲁特一千九百二十人、阿尔科尔沁三千人、翁牛特三千四百人、克什克腾六百人、喀尔喀左翼六千人;锡林郭勒盟约六千七百八十人,分配各旗:乌珠穆沁一千八百人、浩齐特七百二十人、苏尼特一千九百八十人、阿巴哈九百六十人、阿坝垓一千三百二十人;乌兰察布盟约三千一百二十人,分配各旗:四子王旗一千二百人、茂明安二百四十人、乌拉特三旗一千四百四十人、达尔罕二百四十人;伊克昭盟约一万六千四百余人,分配鄂尔多斯七旗。合计内蒙之兵,七万七千四百余人。

乌盟之兵,以杭锦旗为最悍,每击匪,穷追数日夜不稍息,匪惮之如虎。余游其间,见其士卒与人赛枪,柱箸于墙,作一字形,遥立可二百步,举枪击之,应声而倒,凡九发而九中。余异之,忆幼时随侍邢上,闻家君言:"徐宝山用枪,能于八十步外中人帽顶,顶去而首无恙。"今较此,不逮远甚。而蒙兵为余言其军中能此者夥,每战,枪无虚发,发必中,不损弹也。余赞叹,而惜其无军事学,不足临大敌,不然,亦劲旅矣。

蒙古之马有四善:骨骼高伟,筋力强固,一也;性质雄猛,利于战斗,二也;负重致远,千钧能任,三也;坚苦耐劳,万里不疲,四也。故日俄之战,俄人购马于东蒙者三万匹,近岁欧战,俄又购之库伦,由西伯利亚铁道运西者,绵绵不绝。据俄人言,蒙马之良,与阿剌伯马无异,独怪国中知兵者,侈言阿产,宁视漏卮而不惜,抑又何也。

前清马厂,设于察哈尔,即内务府、太仆寺二牧场是也。康、雄〔雍〕之际,用兵西北,马政成绩,甚为卓著;厥后承平久,培养无方,日益废弛;迨迄晚近,荡然无存矣。今欲规复马政,鄙见主建牧场于乌兰察布盟,盖察哈尔虽夙称产马,尚有不及乌盟者三:察哈尔夏时苦旱,泉源枯涸,马有渴瘦之忧,乌盟则赖阴山、贺兰山为之屏荫，水清草茂，夏与春同，其优一；察哈尔秋时气燥，疫气流行，马有瘟疠之灾，乌盟则地滨黄河，赖水气散入空气中，消除疫气，故历无瘟病，其优二；察哈尔严冬大雪，无草可食，马有饥馑之虑，乌盟则物产丰饶，冬雪之际，有豆麦可以供食，其优三。略述于此，以质方家。

蒙马于秋间游牝，限从五岁起，至十六岁止，过此以往，便当剪除，凡为前马所媾者，他马不得媾，恐乱群也。闻成吉思汗时，限牝马三年一度，其制甚严，故种强力厚，有铁骑之称。今养战马，似宜以此为法，近俗一年一度，不足效也。

凡宜于牧马之地，亦宜于附养牛、羊、骆驼，而牛、羊等之蕃息，较马尤甚。计牝羊一头，价三元，三年生五羊，若牝羊一百头，则三年获利可一千五百元。牝牛一百头，头十元，年生二头，计十年得牛二千，获利可二万元。骆驼年生二头，头六十元，以牝驼一百头计，十年得二千头，获利可十二万元。至其肉可脯，毛可织，皮可服，乳可供饮，骨角可切磋为器，尤无一可废者，诚巨利也。

内蒙诸寺，大率清代建筑，元、明以前无有也，古玩古器亦少。惟于托克托之广宁寺，见藏有铜制佛寺三，高二尺，大可盈抱，凡佛像、钟磬、炉鼎、经卷、蒲团、九榻之属，无不备具。殿阁楼塔，云起雾涌，以数十计，下及壁间之画景，栋梁之雕琢，皆极其纤巧。而三寺又结构互异，无一相类者，尤奇特也。喇嘛相传物为清圣祖赐，余旅行无书参考，不知确否，要之，今日良工不易制也。又余于四子王旗某刹，见壁悬一画竹，绢质虽损，而笔致秀逸，大似管夫人派，惜无款识，不知出谁氏乎，更不审何以流落此间，迄无一知之者。嗟乎！使在乾、嘉时，岂寂寞若是，画之遇，亦坎坷矣哉。

余闻外蒙佛寺之大者，舍库伦外，以额尔德尼刹为最。额之建筑，远在库伦之前，其寺院之闳阔、殿阁之崔巍、佛像之伟巨，均极一时之胜，内蒙诸寺，不足比也。寺外有塔九十五，为祈福者所建，有高者，有巨者，亭亭相望。塔壁有铭，然历年久，风霜侵蚀，多磨灭不复成诵。其可诵者，友人拓以见示，文词雅瞻〔赡〕，隋唐造像之流亚也，犹幸及吾生而见之，更百年者，不将与灭者类邪。余又惜灭者之不可拓也。嗟夫以奇渥温氏之伯业，今且荡为尘埃，化为烟雨，彼区区塔壁之铭，何足道哉，痴人造塔以祈福，镌铭以不朽，不知铭固不足恃也。然则其人及生而睹漫漶之迹，不亦爽然自失也乎？

蒙俗，死者无棺葬之仪，裹以重裘，束以绳索，弃之于野，其上者以投诸寺旁为大福，谓尸与佛近，可升乐国，何幸如之。而于鸟兽之吞啄，白骨之暴露，则不之虑也。异哉！以亲之身饱兽腹，抑何其无心肝邪，然庄生视之，蛆食兽食，又何别焉。客有言库伦分慈伊深谷者，为蒙人投尸之所，谷中多制犬，穴地而居，每伺投尸者去，群起吞嚼，尽其肉而后已。食尸既久，虽遇人，亦袭之，故蒙人相戒，非结队，不敢至。而十年前有俄女者，驰马过之，群犬大吼而出，力避不及，竟曳于地，转瞬间，血肉狼藉矣。又一华童误入其中，亦为犬食，迨其家人寻视，仅辫发存耳。伤哉！制犬之害，一至此邪。吾闻古有养犬为主效死者，不一而足，以彼例此，何仁暴相去天壤。傥所谓习久默化、各臻其极者欤？忆木虎之岁，某大吏治长沙，以屠伯自誉，其刑具有火烙者，猫抓者，鬣刺阳者，锥谷道者，剥之裂之，惟意所至，残酷之道，较制犬为尤烈矣。夫某固人也，岂睹同类惨痛刀俎之下，竟无恻念动于中乎，抑习与性成，非是不足以乐也。嗟夫！人而残人为乐，人性绝矣，墨子泣素丝，可畏哉，可畏哉。

蒙俗饮酒，亦乐拇战，胜辄作旋风舞，且舞且歌，其声嘈嘈，使人欲醉。所可恨者，帐中羊粪满地，不加洒扫，视之难堪耳。

蒙人性不洁，尘垢周身，处之泰然，反视沐浴为大苦，盛暑亦少为之，虽臭汗薰蒸，不恤也。余尝与一蒙人对酌，恣谈间，忽觉臭气扑鼻，使余欲呕，初尚不知其何来，继晤从彼口中出，移座避之，彼犹不悟，力近余，喷薄不已，余不能忍，遂大吐，不欢而散，后乃知蒙人终身无漱齿者，不足怪也。蒙俗无厕，溲溺皆遗于地，无论男女，白昼亦为之。余游准噶尔旗，遇稚女三五，曝臀日中，余掉头他顾，而彼谈笑自若。岂竟不知羞恶耶，何其夷然也。蒙人崇黄教，迷信极深，不特活佛之过，稽首震恐不敢仰视，即遇喇嘛，亦匍匐拜之，寺刹山川亦然。余与一喀尔喀人善，偶以手指山，彼立止余，谓："出〔山〕岭，神也，以指指之，无异指犬羊，大不敬也。"余以其不可理喻，一笑而罢。彼又为余言库伦汗山事。汗山者，俗呼伯谷德乌拉岭，译言神圣之意，在库伦南三里，蒙人岁朝者，不远千里扶老携幼而至，苟至而无恙，汗山之灵存也。其北为图拉河，谥曰圣水，渔人无敢入，有华人偶犯之，喇嘛怒，竟碎其网。盖圣水例不得洗物，况以渔为利，焉得而不碎之也。故汗山之林，郁郁葱葱，樵者不采，敬圣木也；猎者不入，敬圣畜也；有罪不敢刑，刑为大辱，不可使圣山见也。是以库伦百余年来无行刑者。二十年前，有蒙人以劫被罪，清庭〔廷〕命戮之于库伦，及秋决，活佛抗不可，后为驻库大吏斡旋，乃于乌立塞塔河畔戮之。盖河距库七里，崇山环绕，为汗山所不见，其言荒谬可笑有如此者。嗟夫！成吉思汗之兴，铁骑所至，欧人披靡，至举其名以止儿啼，曾几何时，而后嗣不振如是，则不可谓非黄教陷之也。

虽然，吾于黄教之迷顽，不足为蒙痛，独至以数千里之广，求优秀之士，渺不多见，则真伤心之极者。嗟夫！吾国兴学十余年矣，而未尝普及于蒙，岂竟以化外视之邪，非所以抚爱昆弟之道也。邦人君子而欲救蒙也，务先救之以学，盖学理输入，智慧日启，薰沐既久，人怀奋发之志，则污俗不劝而自改，迷信不攻而自破矣。苟不出此，而嚣嚣然曰："黄教毒蒙，吾当焚其刹，火其经，以苏蒙人于既死。"其言非不是也，然行之于事，未有不召大乱者也。且夫移凡〔风〕易俗之道，在使受者于不知不觉之间，潜移默化，有愉悦向上之心，无缚束驰骤之苦。斯诚术之得者，故造夫御马，不闻鞭腰马衣倒步，大禹治水，未尝塞河汉西流，而况积重难返之迷信哉，为治善利导而不拂逆，无在不指挥如意矣。

蒙俗有盗劫而无偷窃，此亦内地所无。盗被执，直认不讳，引颈就刀，无怯懦者。余尝遗巾于路，翌日寻之，尚无人拾，盖民性梗直，宁劫而不偷也。劫虽不德，然敢死之风，善用之，犹可对外，较诸江汉猾民甘言攫金者，偭乎远矣。

华人之至蒙，无不讥业为鹿豕者，余独谓其可用，归者尤非之，盖内地权谲相尚，蒙俗朴质少文，宜其格格不入也。嗟乎！若辈以圆滑为上智，将傲蒙人以不能耶，苟如是，矧独蒙人不能及，即吾古之人，亦远有不逮者矣。古人当板荡荡秋，有断头绝脰以殉国者，有舍身争死以救其骨肉朋友者，有栖身严壑、泥涂冠冕者；今则不然，以举兵讨袁之志士，倏焉匍匐投诚，自命清室之遗臣，倏焉上表劝进，昨之得金卖友者，即慷慨革命之人，今之口诋袁逆者，即论愿称臣之辈，转瞬之间，前后若出两人，无论政局百变，国体屡易，而宗旨可随时转移，富贵晏然自若，方且享大名，负重望，世俗亦翕然称之。黜矣哉！孔光、冯道之流亚也，宁独蒙人百效不能似，即古之国殇义侠之为，亦转觉其多事矣。然则文天祥、史可法之伦，夫亦世之大愚至拙者耶。呜呼！

自阴山北，莽莽平原，极目千里，马行一二日，不见人居，偶或遇之，不啻久别之瞻骨肉也。尝入一蒙古帐，陈设尚井井，主

人年六十余，须髯皓白，蔼然可亲，见余寒，解衣衣之，并以火
酒、鸡腿进食，余与谈甚恰。叟胸无城府，不饰伪，不夸大，廓
然太古风也。无子，一孙年十二，枯瘦若病。时余马系帐外，叟
命孙牧之，孙戏以手握其蹄，马如缚不敢动。余大愕，谓："童子
非工技击，乌得有此。然则孙之技，非叟授耶？"叟笑颔之，余恳
其试艺，初逊谢，继乃出镖十余，指空际鸟，谓当中其领，已而
果然，余叹绝。叟自言少时曾游天山南北，以匕首歼盗数十人，
今老矣，无所树立，可慨也。又述左文襄新疆战争事，谓湘军骁
勇善战，然喜掳掠，纪律荡然，民不堪其苦，其言与传记大异。
余临别，赠以饼干，叟欣然受，以金则辞，盖荒僻之区，无所用
耳。金钱为物，自帝王以至娼盗，不可一日舍者，不意见屈于叟，
亦异矣，然吾易世宁为叟，不羡帝王之多金也。

　　人有广田畴者，连阡累陌，稻麦盈廪，可谓富矣。乃为主人
者，茫然不知，嗒然若忘，世必决无是事也。若夫蒙古数千里之
地，宝藏之所出，渥洼、汗血之所产，其为富，岂特田宅比耶。
乃遍国中，鲜有能了了者，而当轴之彦，闳儒俊杰之伦，亦以出
塞为大戚，戈壁之域，等诸大荒，藩情之昧，有同太古，不亦大
可怪哉。而俄国三十年来，遣人探蒙者，岁糜巨万，习其语言，
审其情伪，地无远近，事无巨细，皆烛照而数计焉，是何异我之
田畴，不自知而邻知之。邻之为人，诚才矣，而我则将何自处耶？
呜呼！外蒙已矣，而内蒙俄人之足迹，日有所闻，俄币流入，亦
源源不绝，其意何居，不难索解。而况同种之中，处心积虑，垂
涎东蒙者，固大有人在耶。呜呼！寇患深矣，国人尚不知其患何
在，谋国至此，不亦大可痛乎？

　　塞外商业，据最近调查，每岁销售内地者，马约一万八千余
匹，绵羊约三十余万只，牛约五千余只，其他皮毛、野兽之物，
不可胜数。而蒙盐一项，由阿拉善王旗运入秦、晋各地，约二十

余万担，尤其大宗者也。内地货物运销蒙古者，茶砖一项，岁约四万余箱，粗布一项，约八十余万匹，他如绸缎、绢帛、磁、铜及日用之物，据常关所入税率，岁约二十余万金。

外人近岁来塞外购采皮毛原料者，日甚一日，由常关确实调查，羊毛一项，每岁运往天津出口，约八百五十余万斤，驼绒约二百余万斤，猪毛约八万余斤，羊绒约四十万斤，羊皮约三十余万张，牛皮约四万余张，马皮约一万余张，出口之货，可谓夥矣。使国人而精科学者，以此原料，加以制造，获利何止倍蓰。乃自谢不敏，甘遗外人，不亦大可哀耶。

《民铎杂志》（双月刊）

上海学术研究会

1916 年 1 卷 3 号

（朱宪　整理）

塞北纪行

张相文 撰

三年春，余拟为秦、陇之游。先由洛阳而西，溯渭水达兰州，涉青海，沿黄河而东。是时季直先生，适长农部，因以调查西北农田水利相嘱。沪、杭诸友，遗书敦劝，且贶之资粮、图书，以壮行色，良足感矣。然方欲戒行，适闻白狼乱河南，崤函道阻，迁延久之，乃改辕而北，行两月余，方抵贺兰山下。又闻白狼入陇西，破天水，宁夏戒严，不得已仍由北路而归，未达行程之半也。因撷拾沿途所得，名之曰《塞北纪行》，亦以当息壤之盟云尔。

三月二十一　由北京启行，旧历春分日也。由西直门登车，出居庸关，山峡中春气盎然，温度过于京师，遥望四山积雪，皑皑一白如银，八达岭间，岩泉下滴，皆成冰柱。晚住张家口。

二十二　晴，晨气温五度，午十度，气压六百九十粍。午后出大禁〔境？〕门，登高而望，万山重叠，高下无端，涧水东西分流，至大禁〔境？〕门东而合，下流入于桑干，即清水河也。是日适逢演剧，河岸平沙上，车骑如云，红男绿女，皆延颈跂足，围而观之。

二十三　早晴，八点钟登车，向西南行，过铁桥二座，皆跨踞西洋河上。俯视河中，沙垠连亘，颇类黄河两岸，则村墟错落，白杨亭亭植立，想夏秋间当饶风致也。过西洋河后，复沿南洋河西岸，历柴沟、西湾、永嘉、天镇诸站。居民不多，而堡城极为坚固，皆明代戍守要地也。而天镇以北，夹河两岸，山势嶙峋，轨道逼仄，名曰枳儿岭，南与恒岳遥遥相望，盖其过脉处也。午后抵罗文皂，后倚高山，前控平原，地势渐见开展，而低下之处，则土湿带碱，色白如银，此由于水气不通，因起硝化作用，而良田遂弃为废壤，亦可惜矣。西南曰王官屯，又西南曰聚乐堡，堡之四周，地形高耸，土质坚刚，随处裂为深沟，宽深皆至数十丈，视气压计则低至六百五十粍，是其高出海平当一千二百粆也。过聚乐堡后，地又渐低，晚七点乃至大同。

车站在御河东岸，距城约五里，下车后，另觅螺〔骡〕车涉御河，寓东关客栈。御河者，即古之如浑水，水出古旋鸿县西南，南经魏北宫下，分为二：一水西出，南屈入北苑中，历诸池沼；一水南经白登台西，即汉高祖被围处。今二支已合为一，而世俗相沿，犹称之为御河。时风起而寒，河之两岸，皆结薄冰。

二十四　晨，有风而昙，气温仍在冰点，气压六百八十粍，是大同地势，当低于聚米〔乐〕堡约四百粆矣。

午后，往见大同县令郭某，与言大同地方利弊，不甚了了。继而得晤科长韩君，大同农学会会长也。据韩君言，大同气候颇寒，每年十月封河，至次年二月中方解（旧历）。农产宜麦、秫、黍、稷，果品有梨、苹果、蒲桃。四山多煤铁，工艺则以善制铜器著名，北京所售诸器，半皆此间所出也。近年曾设农事试验场于御河之滨，凡南方之木棉、粳稻，皆试为之。木棉以降霜太早，含苞而不能吐花，稻则粒细而不粘，然味则可口，每亩可获米石余，亦可谓新辟一利源矣。

韩君又谓，大同地亦宜桑，曾议往江南购置桑秧，以款绌而止，若甚惋惜者。余谓之曰："江南蚕桑之业，以湖州、无锡为最，然其桑原名鲁桑，其始盖由山东移植者，特因南人习勤而善操作，久之遂发明剪截壅培之法，于是生长力因受缩勒，而桑叶因以肥硕，然要非其固有物产也。中国自古以产丝著名，汉代以通西域，罗马贵人，至以黄金与之比重，此皆北方之产，与江南无与也。太史公叙列货殖，于九州之物，所鲜所多，亦详备矣。而曰山东多鱼盐漆丝，江南出楠梓姜桂。又曰沂泗以北，宜五谷桑麻，楚越之地，饭稻羹鱼，果陏〔隋〕蠃蛤，不待贾而足。是可知当中国以产丝著名之时，而江南尚未有丝业，且知剪截壅培之法，古代亦未发明。《左传》晋人汾隰之战，骖絓于桑木而止。晋文公去齐，与从者谋于桑下，而姜氏蚕妾在其上，闻之以告，是可知当时桑树之高，直与槐柳同等。若今时湖州、无锡所壅培剪截之桑，高仅数尺，采叶者皆立而剪之，其干力断不足以絓骖，而人亦无由聚谋其下，至于树颠有人而不能见也。是故北方之桑，实与湖桑同为一种，其所以异者，全由于后起之人工，移花接木，选种改良，乃物理之自然。今欲兴北方蚕利，惟当就本地桑种，取而植之，而悉仿南方剪截壅培之法，则桑叶之肥硕，亦必不下南方，此观于各地初生之稚桑可见也。况燕代田畜事蚕，自古已然，亦何必取材异地，终致枯槁委弃，类于千里贩薪者之为乎。"韩君亦深然之。

　　二十五　晨晴，气温七度，气压六八二粍。往观城内各学校，是间共有师范、法政、中学、高等小学凡四校，以师范、法政两校较宏壮，讲堂及各室皆以地炉炙炭，气暖闷而攸郁特甚，略一参观而回。小学校长康君谓余，城之中心，有所谓皇路街者，元魏遗迹也，殿基墙壁，于今尚在。午后亟往访之，乃知为明之代府，已久改为玄都庙。庙前当街有照壁一座，上绘九龙，金碧焕然，俗谓之九龙池。北距正殿近一里，又北为后载门，方台高峙，登之可俯见全城。代府遗物，亦仅存此，考其碑文，府建于洪武九年，改庙在清雍正十二年。登临一过，殆不胜易代兴亡之感矣。

　　大同四山回绕，平原中开，形势最胜，南瞰太原，东望燕都，皆有居高驭下、一泻千里之势。自来中夏之控制北方，北方之抗衡中夏，皆所必争者也。故自拓跋魏定都平城以后，辽、金两朝，皆建为西京，明则大同一镇，提督三边，关系尤重。其城周凡十余里，楼橹虽多倾颓，而崇墉雄峙，街衢宏阔，气象仿佛北京。城内居民，瓦屋云连，市面之盛者，曰鼓楼南街，曰鼓楼北街，制铜之家尤夥，将来同成路成，与张绥相交，发达之期，当突过太原矣。

　　大同城北复有一城，明时所筑也，周径小于南城，而无楼堞，碑言其地原有土垣，始为五校所屯集，闻警则四乡农民，皆辇具而入，以避寇烽，然往往破墙而入，杀掠甚惨。至万历二十九年，齐河王中丞，乃建甓城，特加砖石，高厚皆三丈有奇，周一千二百丈，辟门三，内建周庐十有五，所以庇民也。今城内已空无居人，城上砖石，亦多脱落，而墙仍复坚壮，北方土性刚燥，风雨不能剥削也。志言魏平城宫，在北门外，有二土台，乃其阙门遗址。然自明人改筑此城，毁灭划除，已荡然无复半影可寻。辽、金宫阙，云在西门外，一望平芜，并所谓土台者亦无之矣。

　　二十六　早，雇定骡车启行。出城而西，十里入山，山不甚高，半杂土石，水皆南下，入武州川。五里为观音堂，踞道北山冈上，栋宇焕然，类新建者。又西十五里，抵云冈堡，野店凡数家，店左有石佛古寺，就山作洞，就洞中岩石镌为佛像，左右凡数宇，中一像最伟大，结楼三层，仅及其肩，可为壮观。《水经注》：武州川又东南流，水侧有石祇垣舍，并诸窟室，比丘尼所居也。其水又东转径灵岩南，凿石开山，因岩结构，真容巨壮，世法所希，山堂水阁，烟寺相望。又引《魏土地记》：武州塞口在平城西三十里云云。所谓石祇垣舍，当即今石佛寺，灵岩当即今观音堂，证诸道里水流，皆相吻合。然则此寺之由来，固已远矣。

由云岗之西，过武州川，转西南，行于山坂之上，四顾寥阔，绝不见有村落，二十里曰南小庄，亦仅四五家耳。又西二十里抵高山营，明高山卫也。临河两岸，土屋错落，略成村聚，西南当河曲处，曰毛家湾，因投宿焉。矮屋数间，外以土垣环之，屋内则土炕平广，几与门齐，前留一路，人皆侧身旁行而入。车夫数十人，赤足踞炕上，各就炕前土灶，炽火取暖，且炊食焉。余就宿于东室，室户相通，时觉臭气蒸腾，扑人欲呕。所食惟䄻麦，余觅鸡子数枚啖之，肥硕殆如鹅卵，亦幸而有此耳。是日共行七十里。

二十七　早起，视屋后，河流带冰而下，瀌瀌有声。沿河南岸，西南行十里，过旧高山，城已颓废，居民八九家，妇女衣服蓝褛，仅足蔽体，而足皆纤小，翘如菱角，真鸠盘变相也。又西十里曰云西堡，明万历时所建，有砖城周约里余，内有住户十余家，外当驿路，卖浆者又数家。由云西堡西，过河而北，沿岸有小村曰贾家院，停车打尖，并鸡子亦无之。隔河南岸，相距五六里，即左卫县城也。据土人云，左卫一县，幅帧约二百里，辖村二百八十余，每村少者五六户，多者五六十户，皆在沙碛山谷间，折中计算，每村三十户，每户八口，是左卫一县丁口，不过二三万人，尚不抵东南一大镇也。地味硗瘠，四望萧然，不见一树。西北二十里为云阳堡，堡城久废，无居人，车行盘曲，横越土岭而过，涯堑深邃，俯视懔然，其地质上层皆软土，隐含黄白色，下为赤沙，与石片相间，横纹骈列，带冲积层状。虽当日午，而气温仅四度，气压则降至六四二粍，则地势之高，可以概见，东顾大同，又如置身百尺楼头矣。过岭十五里为牛心堡，遂住，堡城半坍，南列小店十余家。日既沉，天气愈寒，早晚皆在冰点以下，僻阴处积雪凝冰，透明如水晶然，寒气侵肌，若中疠气，殆所谓寒瘴者欤。堡之东西，河流萦带，水声汤汤然，由北山曲而来，向西南流去，盖云阳以东，水皆东流入桑干，至是则皆西流入黄河，是云阳、牛心堡间，固朔北一大分水岭也。是日共行九十里。

二十八　早行，路上泥砾，皆凝为坚块，车行振撼有声。二十里为华沟堡，地形渐下。转由河谷而北，又二十里为右卫，旧朔平府治也，明正统中，移并玉林卫于此，清雍正中，裁并两卫，而合名之曰右玉，遂为附郭首县，今又去府而专以县名，文字上之改革亦繁矣，然民间皆不知也，仍公称之为右卫而已。其城周九里，以当雁门、宁武之卫，故城中市面颇繁，天气亦骤暖，日中时视寒暖计，乃至十度。打尖后，出北门沿河而北，十里为马营河堡，村落颇繁。又北为普济寺，寺后石桥横度，峡路险恶，山形土质，极类虎牢，转东北即杀虎口，遂出关门，住于旅店，是日共行七十里。

口内多山，山势纠纷，长城绕之，高仅数尺，气象不甚雄壮。堡城在口内，皆民居，无铺户，而民居之散布于坡陀、涧谷间者，又五六处。其地无多物产，米来自代州，盐运自应州，洋货则贩自归化，民之生活，皆仰给于税关。凡蒙、汉出入，一切日用细品，皆须纳税，出口货以绵布、烟叶为大宗，入口货以皮毛、牲畜、杂粮为大宗，每岁额解中央，凡十三万金。东至阳和，西至神木各子口，皆兼辖焉，每月比较，时虞不足，故虽尺布斗粟，不容隐漏，漏则重罚焉，至有一身无余、罚无可罚、桎梏囹圄以死者。局长李君，湖北人也，曾为余叹息言之。

关门下兔毛河水自南来，至关门外，复曲而西，与沃水相会，西流入黄河，今谓之清水河，即古之树颓水也。其水源流颇长，南自洪涛山以北，东自武州塞以西，诸山之水皆会归焉。而杀虎口内外，实为数水交汇之处，故其地绾毂南北，自古倚为要塞，盖即《水经注》之参合陉也。就杀虎口土人之音审之，乃与参合口酷肖，郦注北俗谓之仓鹤陉，道出其中，亦谓之参合口云云，其为此地无疑。然与《灢水篇》之参合，应为两地。《魏书》燕太子宝伐魏，魏追击之参合陂，燕兵走赴水，人马相腾蹑，压溺死者以万数。次年燕复逾青岭，经天门凿山通道袭魏，燕主垂过参合陂，见积骸如山，为之惭愤呕血，进顿平城西北三十里，筑燕昌城而还。是则参合陂在今大同城东南明甚，善长既明系参合，参合陉于两水，而又以败燕一役，分系之两章，其误显然。夫以善长连事魏朝，而此两地又同在魏都甸服之内，亦何至贻误如此，此或后人所妄加，而非善长之原本也。是时燕、魏夹河为阵，其地点当在今萨拉齐境内，十月辛未燕烧船夜遁，十一月己卯暴风冰合，魏引兵济河，乙酉暮至参合陂，轻骑急追，昼夜兼行凡六日，计其程途，固当越过杀虎口，而及于大同城之东。

自大同以西，山路崎岖，四望萧条，常竟日不逢一人。地势既高，气候尤寒，量其土宜，或当以森林、矿产为发达有望之期，然又童山濯濯，绝无萌蘖之生焉，且行役之际，尤足使人起无限之感伤者，则相斫书中之遗物，时时映于眼帘是也。每隔十里或数十里之间，必有古戍荒屯，错落于荒烟蔓草之中，访其碑志，率皆明代之为防边而立者，今既无所为边，故亦无庸设防。秦始皇曰："天下共苦战斗不休，以有侯王。"诚有味乎其言之矣。

二十九　早，风沙暴起，然气温犹在冰点上六度，吹面不觉其寒，盖以四山环绕、地形中凹故也。出口后，即见土山横列，间有烽台错列其上，已半颓矣。路沿河流西行而北，二十里曰叉河沿，居民十余家，皆忻、崞、定襄诸县人，多以垦田为业，兼设行店，以待往来。店门皆标明县名，同乡款接，情愈欢洽，所至如归，以此山西贫民，每岁出口工作者，络绎于途，各背行囊，中藏糜子以备炊，晚住小店，亦仅费茶水钱数文。至旷野无人处，则践草席地，身裹羊皮，仰天露卧，虽虎狼不畏也。过叉河沿，复上岭，岭皆土质，其上平旷，已皆辟为田畴，沙飞扑面，人在数丈外，已不能见。车从深涧中盘旋而下，几乎一落千丈，岭后为华家园，越山渡河四十里，为凉城县。县傍河谷，地势稍为开广，居民约近千户，散居无城郭。午后雨雪，须臾盈寸，凡行六十里。

凉城有小学校一所，学生六十余人，讲堂、校舍，皆由墙基下为穴，暗达室内，爨炭其中，以通火气，故室内虽不置暖炉，而温庚〔度〕甚高，自居庸关外，莫不皆然。其他私塾，及规模未具之小学，则室内起大炕，学生入门，皆脱屦而登，跣坐炕上，各据短桌而哦，夜则撤桌，即以荐卧具焉，冬夏皆同，唯四月至七月间，不须烘火耳。

炕之为用，不知其所由起也。今东起泰岱，沿北祎〔纬〕三十七度，渐迤而南，越衡漳，抵汾晋，逾泾洛，西出陇阪，凡此地带以北，上自富室官家，下及闾阎穷户，其寝处无不用炕者。其制和土杂砖石为之，幅宽五六尺，三面连墙，紧切南牖之下，以便取光，前通坎道，炙炭其中，以便取暖。若贫家则于旁端为灶，炊食即以烘炕，冬日老幼男妇，皆聚处其上，风俗大抵然也。诗家题咏，亦往往见之。《湛然居士集》："牛粪火煨泥炕暖，蛾连纸破瓦窗明。"于忠肃《云中即事》："炕头炙炭烧黄鼠，马上弯弓射白狼。"宫友鹿有《暖炕诗》三十二韵，朱弁有《炕寝诗》三十韵。又《正字通》："北方暖床曰炕。"此炕之明见于载籍者。然考其著述之时代，率在辽、金入主以后，辽、金以前，炕之义训，皆动词、形容词，用为名词者，则绝未之见也。《史记》："燕太子丹与荆轲同床而寝。"《高士传》："管宁隐辽东，坐卧藜床，当膝处皆穿。"北魏贾思勰《齐民要术》："腊夜令持椒卧房床旁，养蚕法，土屋欲四面开窗，屋内四角着火。"孙氏注："炭聚之下，碎末，令捣熟丸，以供灶炉种火之用。"皆言灶、言床，而绝不言炕，可推见北方古代，本未有炕。至如《左传》："宋寺人柳炽炭于位，将至则去之。"《新序》："宛春谓卫灵公曰：君衣狐裘，坐熊席，隩隅有灶。"《汉书·苏武传》："凿地为坎，置煴火。"庾信《小园赋》："嵇康锻灶既暖而堪眠。"《水经注》："土垠县有观鸡寺，基侧室外，四出爨火，炎势内流，一堂尽温"云云，要之，皆今之暖房而非炕也。惟《旧唐书·高丽传》："冬月皆作长炕，下然煴火。"马扩第自叙，金主聚诸将共食，则于炕上，用矮台子或木盘相接。《北盟录》："女真俗，环屋为土床，炽火其下，寝食起居其上，谓之炕。"观此数条，乃不啻为今日北方用炕者形容尽致，而宋人异而书之，以为胡俗，益可见中国北方古未有炕，盖其初本东胡之俗，自辽、金入，中国浸染既深，久之遂成习惯。然炎火蒸融，辄令人筋脉弛缓，脑气昏沉，南人夏日寝之，土湿交乘，尤易成瘫痪之症，即北人体质素强，而炭气蒙腾，冬夜因之闷毙者，亦时有所闻也。此亦习尚之亟宜改良者矣。

　　三十　早，气温六度，气压六四二粍。西北行五里入山沟，乱石盈途，车行震荡，筋节为解，乃步行过山。山石皆花冈岩，中含铁矿，车马盘旋山腰，如悬空际，下临深涧，积雪犹多未消，地名曰石峡沟。过峡后，见水向西北流，盖大黑河之分支也。山沟中石块愈巨，蹲伏若卧牛，遥望两崖山腹中，颇多凿穴而居者。三十五里至耶普原，又西北十五里至朱毛，乃出山，入平地，而风起尘飞，簌簌扑人，如尔瀚海中。又二十里抵萨必捺尔，和林县属也。村户约二百家，颇有富庶气象，比之口内，转若别有天地。是日共行七十里，晚间和暖，气温十二度，气压六五二粍。

　　萨必捺尔之南，当杀虎口入和林县之通路，上有玉林城，即明初所设之玉林卫也。明自永乐以后，既弃东胜，并移玉林于口内，于是山河之险全失，所据口内诸堡，又皆在荒寒沙碛之中，而边外膏腴战守所资之地，反弃以予敌，此明之所以不竞也。今自杀虎口外，清初皆蒙古之地，地名不见图籍，但据土音书之，然图籍所载，谬误正多，如凉城县治（即宁远县），本在杀虎口西北，今图皆在杀虎口之东；托克托县，本在大黑河入黄河处，距河口仅五里，今图皆在大黑河之东南；五原治后套之隆兴长，东胜治河南之羊肠濠，今图皆绘于萨拉齐境内。其他承讹袭谬，不可胜举，均之无一足据者。

三十一　早，气温六度。连日皆西风，然自朱毛出山后，风力和煦，不似牛心堡一带之凛烈矣。由萨必捞尔西北行，土脉膏沃，村落繁多，柳树往往成围。十里曰黑塔板申，二十里曰羊盖板申，板申者，蒙语屋也。三十里大黑河，河水浑黑，如含草灰，两岸多泥泞，幸而底冻未脱，车行得以不陷。过河后，就道旁野店打尖，遥望南方十余里，土阜隆起，隐隐若小山见于云雾中，问之，乃青冢也。土人皆称为昭君坟。因命车子迂道往访之，车行沟塍间，曲折迂回，阅一时许乃至。茔基周凡五百五十余步，冢高可十余丈，旁有磴道，可拾级而登，其上宽平，面积五六丈。冢前丰碑高峙，东二为彦德、耆英两诗碣，其诗曰："闺阁堪垂世，明妃冠汉宫。一身归朔漠，万里靖兵戎。若以功名论，几于〔与〕卫霍同。人皆悲远嫁，我独羡遭逢。纵使承恩宠，焉能保始终。至今青冢在，绝域赋秋风。"亦足为明妃吐气矣。西一碑为升寅所立，题曰"汉明妃冢"，皆清将军笔也。冢之东北，大黑河浪纹蹙锦，树影含娇，回波反映，曲曲向西南流去，相距仅二三里之遥，故冢旁土皆冲积层。麦陇云屯，最近两大村，曰贾家营，曰巴尔营，檐柳舒黄，篱墙掩白，亦复与昭君艳迹斗媚争妍，殆天之钟美于是乎。至谓塞外草白，昭君冢草色独青，因名青冢，此殊不然。塞外地多白沙，空气映之，凡山林村阜，无不黛色横空，若泼浓墨，故山曰大青山，河曰大黑河。昭君冢烟霭蒙笼，远见数十里外，故亦曰青冢。附会草青，盖诗人好事之辞也。凭吊久之，为摄影而去，及抵归化城，夕阳已西下矣。凡行七十里。

住归化城，阅归绥志乘，乃知塞外名为昭君坟者三：一在凉城县境，一在河西达拉特旗界，是二处余皆过之，然要以在归化城南大黑河滨者有历史可稽，其他皆不免蹈争墩之习也。宋太平兴国八年，丰州刺史王承美败契丹，追北至青冢百余里。宋丰州，今府谷县西，与辽人兵争，率在应、朔、雁门诸处，青冢正当其北。辽《西京志》："丰州有青冢。"辽丰州，即归化以南，所谓丰州滩是也。又神册元年，太祖攻朔州，拔之，勒石纪功于青冢之南。朔州即今朔县，青冢正当回军之路。《元史》："太祖十四年，驻军青冢，由东胜渡河，收西夏。"东胜，今托城，为大黑河西来津渡处。此皆青冢在大黑河滨之证。然诸史相承，要以唐杜佑之说为最先。杜佑《通典》："唐金河县，有王昭君墓。龙朔三年，置云中都护府于此。麟德元年，改单于都护府，领金河一县，即魏道武所都。"今大黑河有两源，南源发凉城之北，今名黄水河，至托城之东，与大黑河汇，即古金河也。唐初将相，多代北高门，其年代又距汉为近，故传说较真，杜子美因以见诸题咏，自此胜事流传，遂为方志中不可泯灭之古迹矣。《归绥志》又谓："昭君远嫁单于，其墓当在漠北，不容近在归绥。"疑诸说皆妄，此似并《汉书》未见者，呼韩邪留居光禄塞下，其地本在今黑沙图地方，匈奴既分，何缘复归漠北耶？修志之难得通人如此。

四月一日 早，气温三度，气压六七一秅。午后，往新城会张敬舆将军，城外柳色毵毵，大皆合抱，城中居民近万人，皆驻防旗籍也。熙来攘往，人人有优游自得、闲暇无事之状，知其涵濡于圣泽者深矣。街衢颇阔，然无大商铺，所售皆日用寻常之物而已。

绥远城距归化城东北仅五里，清乾隆四年所筑，移置右卫将军于此，故对于归化，谓之新城，两城之间皆空地，今已开为商埠，拟筑马路以联之。

二日 早，气温二度，门外渠水皆冰，飞雪数阵而止。午后，晤一报馆主任李君笑天。其报纸材料简单，无可观者，然对于西北边事，颇知注重，在塞外亦为难得。

三日 早，气温二度，阴云而风，户外水仍结冰。黄君亚伯来谈。黄君，名超宗，崇明人，测候所所长也，以是间江苏人甚少，相见颇为亲热，亦旅况中之一乐也。下午，从吕君习恒之请，移寓城内清丈局。吕君，性浑厚，精明内蕴，张敬舆之军事计画，多其所赞助矣。

归化城，明万历中忠顺夫人三娘子所筑，周仅二里，清丈局正踞其中，凡两宅三进，建造式颇朴实坚固，当即三娘子藏娇之所。清之初年，曾为都统丹津府署，今俗皆谓之丹府，犹有雍正帝赐额存焉。丹津于三娘子，不知为何人，当俺答亡后，四传至博硕克图（《明纪》作卜失兔），察哈尔汗袭夺其众，及清太宗灭察哈尔，博硕克图子俄木布，率其头目古禄格、杭高、托博克迎降，既而俄木布以罪废，乃编所属为二旗，以古禄格为左翼都统，杭高为右翼都统。由是言之，丹津当为古禄格之后，与三娘子戚属疏远矣。至俺答子孙，始隶左右翼为台吉，至乾隆时以协擒青衮札布功，乃受封辅国公，不居归化城，居大青山后西兴，至今犹袭称镇国公焉。然旗众零落，已尽为汉民所化，累然孤寄，若存若灭。都统一职，丹津二世后，已改流官，不世袭，府亦出租为官家办公之地，其后裔皆散居附近，多游惰无赖。

四日 早，气温二度半，天晴渐暖。午后往城北参观中学校，校舍散漫，规模尚未完具。门前临河，白杨夹岸，河水自阴山南下，掠城而过，为大黑河之支流，上建石桥一座，曰凯旋桥，康熙征额鲁特旋军时所建也。桥西、桥东皆骡店，往来蒙古之驼商多寓居焉。盖由归化城而北，北出阴山，有通路凡三，一曰吴公坝，距城北三十里，古白谷道也，逾山入达尔汗旗界；一曰黑勒库口，距城西北七十里，古白道中溪也，通克楚驿及茂明安旗界；一曰哈拉心〔沁〕，距城东北四十里，古武泉地也，北通四子部落，其东出之道，则曰榆沟，为古之牛川，经察哈尔牧地，入张家口。

五日　旧历清明节也，早无风而暖，因往游城外各招。招皆宏壮，各有喇嘛数十百人。康熙中定制，凡土默特各旗，每旗额选大喇嘛二名，喇嘛四十名，分派于七大招中。自是大招之有札萨克者凡六，有大喇嘛者凡十有六，故喇嘛有爵位，擅土地，岁入极富。吾所见天下寺观，五台而外，允以此处为最，因由喇嘛招中得成吉思汗、帖木尔郎汗两影相，盖由库伦摄来者，英资奕奕，须眉毕见，虽喇嘛，亦知崇拜而宝贵之。

城内外小招无数，喇嘛多满、蒙人，西藏人亦有之。城北有清真寺，回族颇众，城西有福音、天主两堂，城南有关帝庙，道士居之。举世界四大宗教、国中五大民族，群萃于一隅之中，此亦研究种教学者之好资料也。然因宗教混淆，人种错杂，闻其风俗转为淫乱，良贱几于不分，诚不知其何故。

喇嘛招中各碑碣，皆用四体字，亦有并用蒙藏文不用汉文者，以故汉文之价值，至是而轻。余自大同而西，遇荒城破庙，时时留心古金石，以冀有所创获，然所见皆明、清人手迹，又率浅陋无文，甚至劣不成句，盖自古文人足迹，能至桑干以北者，寡矣，初拟为心史君搜讨遗文，以资其史料，至是乃爽然。

六日　晴。

七日　晴。归化城北，距阴山之麓凡十余里，平衍肥沃，俨然一都会也。城外有温泉二，一在城南上堡外菜圃中，一在城东北乌素图村龙王庙左，皆热气蒸腾，经冬不冰。又有所谓玉泉井者，在城南无量寺前，味极甘美，居人皆取汲焉。康熙西征时，亦曾驻跸于此，今寺之前后左右，皆成热闹市场，闾阎栉比，谓之南大街，商业繁昌，百物具备，全市精华所聚也。古人每曰市井，亦曰井邑，则知饮水之于度地居民，固有密切之关系焉，气候又极佳良，冬无严冬，夏无酷暑，虻蚊肥虫皆绝迹，以故燕、晋人之流寓此间者，久而安之，大有乐不思蜀之概。偶然以事还乡，反觉炎郁不适，若南人，更无论矣。

归绥一道，原属十二县，今东部丰镇、凉城、兴和、陶林四县，划还察哈尔，所属凡八县，此八县中，以归绥、和林、托城、清水河、萨拉齐诸县成立最早。农产物多大小麦、莜麦、黍、谷、糜、薯，每年车驼并运，输入口内不可胜计，岁之丰歉，山、陕北部，视以饥饱焉。若武川、五原、东胜三县，则成立较后，而地势寥廓，武川在归化城西北，地踞大青山，山窟星散，无大聚落，县官终岁寄居归化城中，衣租食税而已，无所事事也。五原、东胜两县官，则寄居包镇，去所治皆在七八百里外。东胜县治，正踞鄂尔多斯七旗之中，地皆沙陀，民多侨寓，北赴包镇，又隔大河，往返非数十日不达，故间有诉讼，或转就榆林、神木，求其审判焉，而该管县官不之知也，亦曰天下之官应管天下之事云尔。就地势言之，河西之八道河诸处，宜割属东胜，大青山内之可可伊立更，宜割属武川，一转移间，则官民皆便，而于地方之发达，尤为莫大关键。无如此二地者，一属归化，一属萨拉齐，此二县皆著名肥缺，历任县官，非上峰之红吏莫属也。与狐谋腋，虽至愚者不为，故东、武二县，卒为所牵制，而莫由区理。然此特期于调剂属吏而止，每年辄三四其人，故亦无人为此迁图也。至于乌拉山南，有武川属地，平罗县东，有五原属地，孤悬无薄，尤风马牛之不相及，追原其始，大都属人主义为之，吏治之坏，莫不由此，又岂独归绥为然哉？

九日　晴，气温九度。下午，往新城见张将军，与议西行，并请给发蒙文照会，以便与蒙人接洽。张以西地荒落，孤行不便，乃传命副官，酌派马兵数名，护送至宁夏，盛意良可感也。

十日　早昙，下午，东风而雨，仅湿地皮而止。皖人胡君佐臣者，习于蒙事，为言内蒙人情狡猾，与外蒙不同，平时猜忌汉官尤甚，即持照会而往，亦必疑为汉官，将有事于交涉也，如不带通译，彼即故为不通语言，不与接待，此不可不虑者也。乃转商张将军再派译员一人，随与同行。

十一日　早晴，张将军所派马兵、译员皆来晤，议定明日启行。下午，阴霾欲雨，四方云脚下垂如线。

十二日　早，由归化启行，向西南六里为孔家营，西有小河，水仅渐车。十里为台布拉，二十里为台格牟，打尖，居民二百余家。以底冻已消，大路泥泞，乃转向西北傍山而行，一路村落颇多，西十五里曰并周亥，土带赭色，饶沃异常，人近千家，过此则路多顽石，有引山涧以灌田者。晚抵毕克齐，共行七十里。毕克，一作笔写气，即笔帖式，汉言书手也，闻元时有书手居此，因而得名，今市廛繁盛，尤为归化县属之大镇。

毕克齐旧有宇文陵、杨忠故宅，今淹没已久，不知所在，此亦周、隋两代之丰、镐也。唐高祖生长武川，其地亦在今毕克齐之北，至李克用发迹天德，石敬瑭世居阴山，皆不出此数百里间，天荒地老，世产霸才，亦可异矣。盖自拓跋魏兴于代北，历周、齐、隋、唐以至五季，奕叶连枝，相承不绝，直至宋初而后衰。然辽、金、元、清，遂以递兴，宋、明勉力枝梧，卒以不竞，要而言之，汉及魏、晋，王气在东南，东晋至宋，王气在西北，宋及清代，王气在东北，东南则起于淮水流域，西北则起于大黑河流域，东北则起于黑龙江流域，其地皆山河两界间之大平原也。平原国民之性质，率多豁达，而审于权变，又以水泉停滞，害于卫生，竞争激烈，难于自存，故优胜劣败，因是种姓递演，皆成强武胜战之材，此亦社会不刊之公例矣。今观于大黑河滨之茫茫平野，四望河山，恍置身于濠、泗、丰、砀间，信乎江山之气足以发人雄心也。今东北、西北皆就衰，王气浸浸又将转而东南矣。惜乎世界大通，相逼而来，乃不容我闭门作天子耳。

十三日　早起，向西南行，遥望镇后山巅，积雪皑皑，遇暖渐消，汇为溪流，下灌陇亩间，是不啻天然之蓄水池也。出镇数里，为溪水所阻，乃转而西北，至大毕克齐，又转而西南，道旁石子麟铺，百草含青，渐欲挺甲而苗矣。四十里为察素齐，居民可五百户，又西南车陷于淖，轴几折，前后车皆停行，多人挽之始出。北地车子，颇有同舟共济、遇风相救之义，若如南方水夫，争港诟詈，动辄挺篙相撞，则终日不能成行矣。今日人情倾险，南北皆同，惟任侠尚气之出于驴夫走卒者，究以北方为多耳。由此而西，过多尔济、道子板两村，晚住道升，乃一小村落也。村民墙宇宽广，乃半以容纳牲畜、车辆者。是日午前，暖至二十二度，下午风起，飞雨数点，亦不甚寒，共行八十里。

十四日　西行，十五里古治，三十里和盘，皆小镇，居民数十家，四十里莫达招，招中喇嘛三十余人，垣内为圃，针叶松亭亭独立，青葱可爱，柳色半黄，桃杏含苞，尚未放花也。自招而西，山势缩转向西北，路亦随之，既又向西南，入沙地，抵萨拉齐县，即住县署中，共行八十里。

萨拉齐倚山面河，形势最为握要，其外环以土城，街衢宏阔，当五原、东胜未设治以前，所辖之地，远及河西、河北，直与甘肃境相交。蒙、汉杂处，羁縻之而已，今虽分割，纵横三百余里，而兼辖河西达拉特旗民，犹不与焉。县令王毅甫君，勇于吏事，又能马上击贼，商民皆称诵之。

十五日　早，气温十七度，气压六七二粍。闻王君毅甫言，县后山麓有石绵矿。下午，乃往视之，出西门约四五里，过板升齐，方张彩栅演剧，村民环而观之，甚众也。村西北山峡间，即石绵矿所在，石壁中层层覆叠，状如粉屑，以手掏之，柔韧皆若败絮，其旁又多石英、石膏，此其矿苗之外见者也。闻山以内石绵堆积，贱若粪土，以运送不便弃置，可惜。由石壁而上，登山头眺之，南望黄河，气色昏沉，日光映之，如在烟火中，其北则叠嶂层峰，不见崖际，皆古阴山之脉也。山坡多产山桃，枯枝虬干，不叶而花，酷似南方之梅。口外春秋多烈风，花果皆不能植，而山坳岩谷中，往往多奇花异草，人无识之者。下山后，就道旁村民家小憩，见其家妇女，皆不缠足，绛珠盈头，对客大方，了无羞缩，问之知为蒙古人家，阖村皆是，然已筑室耕田，与汉民毫无所异。

十六日　由萨城启行向西南，一路皆沙地，低下处则多碱，色白如银。五十里抵汪儿渡，仅见小舟一叶，又敝坏不任载，众不敢登，乃复沿黄河岸东行，八九里至唐磴口，河宽不足一里，水色浑浊，流渡亦不甚湍急，岸边土屋六七家，炕灶半圮，仅见一屋有贫妇居焉。河下柳舟三四艘，长可二丈余，牵舁车、驼以次渡，历一点余钟始毕事。过河五里至梅伦之居，日已沉西矣。梅伦职三品，位于一旗之中，官颇贵，是时随余行者凡十二人，其屋不能容，乃指导东南一油坊宿焉。此油坊盖汉人所开者，问之，知是间隔河距萨县不过五十里，余等不识路，迂回乃至八九十里，虽王毅甫君派有导路马巡，亦复茫然。

十七日　早，梅伦复派蒙人一名为前导。向西南行，一望平坦，土皆饶沃，已开垦者占十之七八，惟极目寥阔，无村舍，无沟渠，无树木，唯坡陀起伏间，时见有汉民三五，手持长镐，俯身挖土，盖采掘甘草、山豆根者也。蒙地多药材，而甘草、山豆根尤著名，每岁由商人纳价估购，自雇工人挖之，颇有因以获巨利者。二十里至中和永，即达拉特旗主之别居，又西南十里至张明高油坊，因停车打尖。张明高家贷蒙地三十余顷，岁纳租金二十余千，畜牛羊数十头，所产多稞麦、小麦、胡麻。农隙时即以胡麻榨油，运售山、陕内地，所用蒙、汉工役凡数十人，亦小康之家也。其南廿里为天主教堂，洋式楼房一所，环而居者，皆教民，教外人无搀入者。过教堂后，前阻溪水，回折盘旋，不辨东西，至黄昏后始抵达拉特营盘。营盘者，王府之别称也。初余与译员连君未至时，使马巡持照会先移知其王，王使人导之印务处，预备招待。及余与连君至，则马巡与诸蒙人皆植立门外，若相持不下者。连君问之，乃知掌印务处之札克齐，高卧于内不出见，诸蒙人所指与之屋，既不堪容膝，马亦无地拴系。连君操蒙语诘之，继而谓余，蒙人性柔茹刚吐，不与之严重交涉，将愈傲慢不能堪。乃使巡兵立呼札克齐出，正言责之，连君转译蒙语，努目戟指，申申诟詈，至数百言，札克齐乃屈膝耆服，急饬诸蒙人分办之，至是始信胡君内蒙人情狡猾之说为不虚也。

十八日　早餐后，使谓札克齐，拟见其王，札克齐答以当俟请示，盖王之会客时期与出行方向，皆由喇嘛定之，否则立致凶灾，故不可违也。印务处者，全旗之办公地也，札克齐即其主任官，官最贵，阖处皆听命焉。其处仅土屋十五间，共二进，前为院落，以停车马，东厢乃禁锢罪人之所，壁上悬镣铐鞭扑诸刑具，盖蒙人有过犯，可由蒙官自理之也；后进四合，每边三间，亦无片瓦，以土杂草覆之，如是而已。而每日幢幢往来、所以供差之奴才，当至十数人，人着长袍，腰间系白巾、小袋各一，名曰供差，实亦无差可供，终日倚徙徘徊，探头接耳，徒取人厌，然在旗下实为不可少之义务，食由自备，接期轮值，其处中一切费用，则亦由阖旗分派之。已而王使富君来致候，订以明日会晤，并馈以白面一袋、少牢一头。蒙人自入春以后，例不杀生，皆以乳饼充食，至秋冬间乃开宰，此盖为余辈特杀者，然供差诸奴才见之，乃耽耽〔眈眈〕环伺，馋涎欲滴，因属从人严为守护以防之。午后，遇特尔罕，得识元陵所在，留之晚餐，至夜分始去（余别有考）。

十九日　早，气温十八度，气压六六二粍。午前，由台吉领之，往会其王。台吉辫发蓝顶，犹清制也。王府在印务处之西北，相去仅一里余，大门榜曰封政府，不知何所取义，屋凡三进，后堂、中室皆瓦屋，后供佛像，专以讽经，中为寝室，王居之。入二门而东，土屋三间，为会客处，中悬红绿印画，大都乡曲儿童之所玩耍者。府之中，披袈裟者，带翎顶者，杂沓蠕蠕，皆喇嘛与奴才之所往来也。奴才最贱，与王言事，必跪而进，喇嘛最尊，每日随王讽经，有定程焉。王讽经亦最虔，苟以事间断，后时必补之，无事时则六博嬉戏，或修钟照像，习以为常，此其生涯也。余既见王，王迎之门，即席奉哈达为礼毕，余道来意，因以调查蒙地物产为言，王则谓蒙地荒瘠，别无物产，所有腴田，已尽为垦务局掠去，当时虽订有岁租三万，局员今乃尽干没之。余曰："此在前清专制时代则然，今则政体共和，五族一家，嗣后当不至此。"王曰："适所言，正共和时代之事，前清局员虽贪劣，尚不敢公为欺罔，自入民国，官权愈重，以致蒙人饮恨吞声，无所控诉。且所谓共和者，自汉人倡言之，非蒙人所敢望也。今观于汉人之争权夺利，若宁使国家之沦胥以亡，而必不肯恝视目前之一官一职，乃欲蒙人以世守之土地，报之公家，岂可谓平。"余知其衔恨于官垦者甚深，急以他语慰之，乃与之纵谈蒙古故事，彼乃改操汉语，款洽殷勤，约尽两点余钟而别。王名逊博尔巴图，字福海，本贝子爵，民国成立，晋郡王。其人久居北京，又近汉人，故性尤狡猾云。午后，天气骤暖，摄规表升至三十二度。

二十日　早，王复使人以盘餐来馈，一鱼、一豚肩，烹调皆劣，余以天气既热，又所带蔬菜已尽，连日专食肉类，觉大便滞塞，肠胃、咽喉皆发炎，急思他去。时与连君出外游眺，王府四周多沙陀，高者乃至丈余，其间又无林木，即王府内外，亦无一花一草，四望萧瑟，渺然孤寄于穷沙旷野之中，虽名为王，而园林亭院，尚不及中人寒素之家，不知其何以能抑郁久居于此乎？

达拉特旗地，东西八百里，南北一二百里，或数十里，其南有山，为旧府所在，今其母号老福晋者居焉。闻其岁入，亦颇不薄，惟以性好挥霍，用度不支，乃重征其民，民多怨之，又由北京购娼女而归，纳之侧室，以是民愈不服，会西部梅伦以事为王所斥，因乘间煽动，倡独规于柴登。独规者，犹言联合会也。众既合，群议废王，推其弟三台吉袭职，声势汹汹，解之不散，是亦蒙古之小革命军也。

蒙旗王公，嫡庶之分颇严，即在妾媵，亦必得旗众公贺，乃承认之，否则有子为私生，不得列为台吉。又夫妇于生存时可以离居，夫死后，妇不得再嫁，此与其古俗悬殊矣。匈奴之俗，父死妻其后母，兄弟亡，亦收其妻，元人入主中国，其风不改。明时三娘子，历配俺答三世，为时固未远也，至清世常以公主下嫁蒙古王公，意必清帝丑其俗，强制使改之，至其民间妇女，仍不知名节为何事也。

官书所载，鄂尔多斯凡分左、右、前、中、后七旗，然问之蒙人，殊不知也，其旗各有专名，就地望征之，所谓左翼前旗，名曰准格尔；左翼后旗，名曰达拉特；右翼中旗，名曰郡王，此东三旗也。右翼前旗，名曰乌审，并附加萨一旗；右翼中旗，名曰鄂托；右翼后旗，名曰杭锦，此西四旗也。辖地之广，以准格尔、达拉特、鄂托为最，乌审、杭锦次之，郡王、加萨又次之，地味之沃，以滨河之杭锦、达拉特、准格尔为最，加萨、郡王次之。乌审、鄂托，则地处西南，高而多沙，不堪种植矣。然沙山中，则多产甘草、大黄、黄耆、山豆根诸药材。杭锦有白盐池，鄂托有红盐池，又各有碱湖，岁出无数，鄂托碱块，有天然生成、重至数百斤者，至无烟炭，则诸沙山中，尤所在皆是，不胜采掘也。大抵河套内诸山，率由沙土构成，惟鄂托旗有石山，以产银著。

各旗中人口之多少，无人知之。其掌户籍之官名掌盖，一掌盖凡辖五十人，鄂托有掌盖八十三，乌审四十二，达拉特四十，准格尔四十五，杭村〔锦〕三十七，郡王二十四，加萨十五，此犹其最初编制也。今则人口消耗，有一掌盖所辖不及三四十人者矣。由此核计，合伊克昭盟中不过一万四五千人，闻乌蓝察布盟人口尤少，合全旗计之，不过五六千人，亦足以骇人听闻矣。蒙古女子之生殖力，不甚繁硕，一母所怀胎珠不过一二，如汉人之椒聊蕃衍常至三四者，则绝无之。昔孟德斯鸠常言支那女子生育之盛，冠绝寰瀛，虽以埃及法老王弃儿之令布之，亦不能灭其繁殖，是则汉人卒能以其子姓之蕃、吸收满蒙而同化之者，不可谓非女国民之功也。

蒙女之生殖，既不及汉人矣，而喇嘛教又从而耗之，是以人之消灭愈速。今惟土默特、准格尔、达拉特三旗，以近于汉地，婚葬多用汉礼，故喇嘛教之迷信以减，而其人口亦渐繁，然蒙人夫妇之伦，常不确定，女子尤多习于淫乱，故蒙、汉民间至今鲜通婚嫁者，诚厌薄之也。伊克招，译言大庙也，其庙在达拉特营盘之东北，今谓之王霭招，其旁有瓦屋三楹，供奉成吉思汗，鄂尔多斯七旗盟以是名。然其盟所初无一定，常随盟长为转移，盟长由七旗公推定，再由中央政府任命之。现时盟长属于郡王旗，故即指定王府之西南名察罕苏布盖为盟所，盟期亦不定，常以三、九月为多。

二十一日　早，复至王府会谈数刻，即以辞行，复由札克齐派引路者导之东北行，五里抵树林招，榆林成围，中起大招，喇嘛数百家环而居之，蒙人多住毳幕中。近汉地者，间有土屋，然皆隈陋不堪，其高大而轩爽者，皆喇嘛招也。过招后，又东北行，道路虽平，而前马忽蹶，遂牵及坐车，并陷泥淖中，数人掖之，乃得出。蒙地多积淖，而日光蒸之，浮沙覆之，望之俨与平地无异，车行其上，每易陷溺，故凡遇低下之处，必先使人轻足探之，乃可行也。三十里至二琐格梁，就民家打尖，陕之府谷人也。又北行十五里渡黄河，黄河北岸，柳船丛聚，约四五百艘，皆航行宁夏、托城者也。此处东南距唐磴口凡八十里，西北抵包头镇凡十五里，晚住包头五原县寄治署中，代理知事范君，奉天人。

二十二日　住包头镇，早温十七度，气压六六一粍。包头亦作箔头，西北之大市镇也，虽属于萨拉齐所辖，而五原、东胜皆寄治于此，晋西镇守使亦驻焉。地势北倚山冈，南临河涯，外周缭以土垣，内有商店凡三百余家，洋商亦多行栈，以收买蒙地之皮毛，邮电、银行，机关完备，其商务殷盛，且将驾归化城而上之。

二十三日　住包头。下午，往东门外观转龙藏，其地以清泉著称，泉出山坡龙王庙中，前为方池以潴之，池侧穿孔，下流如注，居民皆汲饮焉。池之四周，丛柳含青，翠黛如画，东南有小山，名玉皇顶，登高而望，南控黄河，东北则峰峦突兀，高矗云天，皆阴山之脉也。自归化城而西南，其山逶迤不绝，至包头乃渐低落，故其形势扼塞，为河山间要冲。而北出石门，石障门水出焉，即今坤都伦河也。河之西有古城遗址，疑即汉之光禄城，惟无碑碣可证耳。下午，西风倏起，尘沙蔽天，远闻雷声殷殷，数时乃已。

二十四日　游观镇中诸寺观，皆清乾隆间所修建者，其碑文率无足观，然据其时代观之，而汉民北来之迹，亦可借以推见。闻康、雍之间，包头汉民，不过数家，蒙、汉贸易，始皆聚于托城之河口，及道光中，黑河漫溢，市廛被灾最重，于是西移于包头，遂以致今日之盛况云。

二十五日　连君辞回绥远，余亦预为西行之计。连君名寿，绥远驻防旗人，自少供职于外蒙，于北漠情事，最为熟悉，每为余言蒙地荒凉，只限于中贯之瀚海一带，瀚海以北，则地质膏腴，百产纷繁，而西北乌梁海诸处，尤山明水秀，林木苍翠可爱。又额尔德尼招，汉名光显寺，外有古城环之，今为土谢图汗建牙处，城内多古碑，大都皆汉唐遗物也。元之和林，亦即在其西北。外蒙所至，皆有汉民贸易，惟冬令苦寒，时有冷瘴中人，使人腿足肿溃，以马脑髓敷治之，虽可渐愈，然亦多致残废，故内人之初至其地者，必谨其绔带，足亦不可常使贴地，此亦旅行者所宜知也。

由包头西赴宁夏有三路：一溯黄河逆流而上，水程迂曲，费时最多，一渡河而南，斜贯鄂尔多斯草地，路近而捷，九日即至，是为回回大道，以甘省回教徒多由此往来也。惟沿途既无汉民村落，而蒙人畏扰，亦皆远避，故毡帐食物，皆须自带，晚间即就有水草处卓帐自炊。间有喇嘛招中之页尔尼，亦可借住，然不多觏也。一沿黄河北岸或阴山南麓，经后套而西，再折而南，汉民垦户，所在有之，故食宿尚便。余欲视察垦务状况，决议行后套一路。

二十六日　早，雇定车辆，复由知事范君派马巡一名，导之西行。包头赴后套，原有南北两路。北出哈答黑尔沟，路在两山间；南傍黄河，挠〔绕〕乌拉山南麓。余不知何路之善，惟马巡之马首是瞻。出包头西门数里，已入五原县境，渐离河床，行于阪上，道旁皆麦陇，已渐放青。西三十里，见道旁有人家三五，而泉水拂拂，出于路心，清碧成溪，分注田中，灌溉甚广。《水经注》"河水东径塞泉城南"，当即此处也。西逾小河，为柴良村，植柳成围。四十里抵麻池村，就龙王庙中打尖。庙无僧，有寒儒设私塾，授徒其中，此包头西来所仅见也。庙之西，即坤都伦河，水清而浅，仅可渐车。下流入沙地而伏，复涌为数泉，唯夏秋水涨时，乃涌入黄河，故自河岸以西，土脉肥润，马牛遍野。其已经垦辟者，尚未及十之三四，然村落占居，已各有富庶景像。是日共行七十里，晚住土阜马脑。包头原属土默特，自包头以西，皆乌拉特西公地矣。

二十七　西行数里，望黄河南岸，土阜隆起，若小山，亦名昭君坟，闻之村人云："此乃昭君之衣冠冢也。"旁有土垒，似营屯，近已颓废，旧在黄河北岸，自河流北徙，乃在河南矣。又西渡三呼河，河宽六七丈，深可没马，盖黄河之支流也。南行二里余，复入黄河。自三呼河以西，土质肥沃，繁草茂密如茵。其地北倚乌拉大山，足以遮蔽寒风，故气候特暖。又有湖沼数处，水色清碧如镜，湖畔牛马千百为群，遥望之，俨如乌云在天，随风摇曳者。闻其地属于喇嘛招，谓之排地，官家虽屡觊觎之，尚未允开放也。四十里至达木苏台打尖，大河前横，相距仅五六里，河中帆樯可望见之。其间已渐有垦户，大抵汉民自向蒙人租之，每顷仅纳租五千而已。又西三十里，至苏布图住。凡行七十里。

二十八　沿黄河岸向西行三十里，地名大化打尖。午时天骤暖，至二十三度。又西北则红柳、白草相间丛生。北望山麓下，见有巨第连甍，类富家者，乌拉特西公府也。西公别有住宅在乌拉山中，平时深居简出，不轻见人；官府有公事交涉，须先为照会，乃至外邸一见云。公府外皆土屋小户，散处荒林中。又西北至哈喇乌苏住，译言黑水也。凡行九十里。

二十九　气温二十度，气压六六五粍。西北行五里，渡三呼河。其西数里即黄河，三呼河即由此决出者也。三呼河两岸，红黄柳茂密盘结，深邃无际，黄柳已放花，惟红柳尚枯如深冬。渡河而北，转西行，寒风迎面，料峭若初春，盖乌拉山脉至此尽矣。乌拉山者，即古马阴山也。北河之流，旧绕山之西麓，南与黄河相会；今北流已于道光中断绝，积水相潴，称乌梁素海子，丛草茂密，地皆未开。四十里至乌拉河，于盂县人家打尖。又西二十里，至留云而住。其家为忻县人，不耕而牧，兼以茶布经商，与蒙人之牲畜、皮毛相贸，所牧牛羊，殆以数万计。自乌拉山以西，旧在两河间，今名为后套。乌拉特旗与鄂尔多斯旗，亦以是分界焉。

三十　早，气温十七度。向西北行，其南隔河为杭锦地。远见尘起，如雨脚下垂。北则远山隐隐，见于云雾中，俗谓之狼山，盖皆古之阴山也。自入后套，人家愈稀。每隔十里，或二三十里，始见土屋数间，滉漾于青天白草之中，其人亦皆以畜牧为生，门前牛马粪，往往堆积如小山，盖其生活程度，直与蒙人无异。惟时窥见其家有缠足女子，因知其为汉人也。西北过沙阜，有白屋、白塔各一，亦喇嘛所建。又西北则榆柳成林，大皆合抱，郁郁青葱，望之疑为贵家园亭，则费牧师之居也。由此转而东北行，过渠数道，六十里至合野门打尖。全村二十余家，皆河曲人。又西行二十里，至白家地住。是日共行八十里。

费牧师者，美国人，性慈善，兼通医药，十余年前，以传教来后套，信徒既集，乃由蒙王给地以资之。牧师传道之余，兼营农、商、畜牧之业，以赡贫民。有地数千顷，牛羊牲畜各万头，花草园林之盛，埒于王侯。性又好客，往来款接，人人皆如其愿。夫人及子女皆善华言，时助牧师操业，勤劳过于儒素，是亦足以风矣。

五月一日　西北行，过小河一道，两岸地下多碱。转西三十里，过隆兴昌，一小镇也。镇中渠流浑浊，类黄河。镇西北三里即五原县署。署建于光绪之季，落成已十余年，然历任知事，皆即安于包头，迁延不肯来署，惮其荒寂也。现方由各区民醵资筑城，以邀其来，已度地施工矣。署之东西，居民凡十余家，西为农务会所，屋颇高爽，警务长杨君道余就住焉。

二日　住五原农会。早，气温九度，气压六六五粍。下午，王君同春来晤，农会会长也。余在归化已闻其名，然官场对之，率多诋毁之词。及逾萨拉齐而西，所遇农民，莫不称其经营水利具有心得，因乞知事范君为书介绍见之，与谈河套地方利病，所言颇能中肯，亦可为农人之最好模范矣（王君别有传）。

三日　住五原农会。早，昙。下午，东风而雨，未几即止，浓云密布。河套于春夏之间，雨泽极稀，然当晴爽无风之日，时有浮氛游翳漫天弥空；又当天气晴明、日光剧烈之时，望远近诸山，皆不能见，至日落后，乃能见之，此其气象之特异者也。

四日　住五原农会。早，阴雨，不克成行。

普通所谓河套者，土人分为二部。自南河之南，以达长城，谓之河西，实在河之南岸。盖由汉民之来，初皆由杀虎口而北，移植于托城、清水河一带，此地实在黄河之西，故相沿称为河西。自南河之北，以达北河，两河间之地，谓之后套，本属达拉特、杭锦两旗，地势较河西为低，皆黄河之冲积层也。北河之北距阴山，皆乌拉特西公地。负山临河，延袤西南，直与阿拉善旗相接，地皆肥沃，饶水草，计其面积，南北千余里，东西二千余里，平原莽莽，一望无垠，若疆理得宜，可与内地之两省相埒。惜乎向日之办垦者，徒狃于目前放荒之小利，未尝统全局而一筹之也。

清代之防闲蒙人，无所不用其极，既提倡喇嘛，以减其生殖，又遮绝交通，以封蔽其耳目，故定制不准蒙人延内地书吏教习，不准私自开垦，然口内贫民，固时时有溢出者。大抵汉人足迹之至河套，始当乾隆之世，至道、咸间而极盛。自贻谷奉命督办蒙旗垦务，而垦务乃大坏。凡民垦之地，一切夺之入官，其放而租之民者，又各加重租，于是蒙人失地，汉民失租，故蒙、汉皆反抗之，贻卒以败。其后承讹袭谬，益复变本加厉，民力不支，往往弃地而逃，而各国天主教士，遂乘机而起，各擅地权而占领之。

计河西之地，有教堂四所，后套有教堂五所，贺兰山东有市镇名三道河者，乃其总汇处也。合镇皆教民，资力雄厚，虽蒙王，亦俯首听命。其主教常驻榆林，以时巡视诸处。诸处教堂，各领蒙地数百千顷。有蒙人租借者，有因闹教赔款、以地作抵者，筑室耕田，宛成都邑，其征发期会，皆由教士自主之，俨然为无数之小独立国焉。然套中舆论，每乐耶稣教人和易可亲，而深愤天主教之专横，至有谓其把持渠利、强夺民田者，其是非难以一言定也。

后套之地，原属杭锦、达拉特两旗，然垦务办法，又各不同。杭锦地自报垦时，已酬以价，同于买收，官局即以其地转卖之民，上地值银百两，中地七八十两，下地二十两，每岁则纳官租、水租六两。达拉特地，凡二千余顷，皆归官有，每岁代征租银一万五千，每顷转租于地商，须银十五两，再由地商分租于花户，租银复倍之，且转租频繁，田功因以尽废。其花户亦皆春出秋归，无能占居其地者，而代征蒙古之租，又任意刻削，不能以时应付，故蒙人对于官办垦务，皆上下一心，抵死顽抗。若汉人自向蒙人出租垦种，则极欢迎之。此亦人情所应尔也。若不利用此机会，先从根本上整顿之，而惟官家之私利是图，西北边事从此殆不可问矣。

套中已垦熟地，不及半数，弥望皆荒草，居民十之八九，皆山西北部人，河之南岸则多榆林、神木、府谷诸县人，每隔十数里，乃见一家。其执业亦多半耕半牧，又每购茶布诸物，堆积室内，蒙人自来以牲畜易之，故行其地者，不有向导之人，往往不辨行程。沿途亦无旅寓，无饭店，每至食宿时，即望门投止，无论何人，断无拒而不纳者，去时亦不计账，略酬以资，亦自称谢不遑。然行人所当留意者有二事：一、人家畜犬最为猛鸷，昼间以铁索系之，日落即纵之外出。宿客初至，常有被其狂噬者；一、地下每多圆窖，深及寻丈，遇雨即坍，车马遄行，时虞倾陷，故捷径不可趋也，若坦坦周道，则无虞矣。

天时与归化城相埒。夏日热度不高，冬则大雪间封河，至来春惊蛰、春分间，河冰乃解。春秋之季，时有狂风，故果树皆不结实，唯榆、杨、柳最为繁殖，而红柳尤丛生遍野。套人每折其枝干以为羊圈，苫屋亦用之，细枝则编为筐篓，用途之广，无异南方之用竹也。又有所谓芨箕者，亦丛生草类也，茎干挺出，性韧而坚，可制为帽草及蚊扇、扫帚诸物，二者皆取之不尽。

套中谷产，豆、麦、高粱皆宜。近水处亦可种稻，高凉处则种小麦、黄米、胡麻、马铃薯等，每亩可获六七斗以上。其斗量最大，凡大于口内十加九也。小麦、胡麻为寒地特产，口外皆莳之。小麦于旧历三月下种，历四个月即能成熟。其粒瘦细，磨为面，先以沸水冲之，蒸为馒首，俟冷乃食之，其性最耐饥。口外作苦之人，非此不饱也。胡麻为油类，山、陕北部灯用皆此物，其物价廉，与豆油不殊，至今能抵制石油，使之不得内输。

套中工人皆春出冬归，其留居者，皆地主大户也。冬时则聚其工伙，以胡麻榨油，贩之口内。其工伙中有蛮子，有达子，通力合作，耦俱无猜。蛮子者，汉人之通称也。达子者，满、蒙人之通称也。蛮子与达子，蒙、汉语言皆互能相通，有时亦往往自称为蛮子、达子，犹之各称其乡贯，略不含有侮意也。余又闻蒙人相语，尝呼汉人为喀特拉，初不解其何意，细味之，乃知为契丹之转音。盖蒙古初兴，尝分汉人为八种，而灭宋所得，犹不在内。契丹特为八种之一，今乃举以被诸全体耳。

汉人之业畜牧者，凡蒙旗草地，皆可任便纵牧。每岁由蒙官收水草租钱，计牛、马一头约三百文，羊约三十文。又有分配于蒙人，使代牧者，惟图食其乳酪，并不须给以工资，且自认为佃户。主人至其家，妇女必饰貌以迎，老幼皆尊礼之。

五日　天晴，遂辞农会。杨君导余向西南行，四十里至慢格素，打尖于广东人家。其家有田三百余顷，兼习买卖。室中悬有时钟、地图，颇为套地所罕见。午后，过小渠二道，而天气骤热，摄氏表乃升至三十四度。晚住乌家地，地最肥美，民居亦富。是日共行七十里。

六日　早晴，气温二十一度。西南行，地皆软土，阡陌相连。西望长山横矗，若乌云一道斜拂天空，盖贺兰山也。四十里，至哈不特打尖。西过小渠，有沙梁横亘其旁，高屋类巨家，门前大旗，随风飘飒，为蒙古之土斯拉克齐所居。其职在蒙旗中地位颇尊，一旗中仅有东西两职，盖犹存分陕之意，若古之方伯云。梁西有一天津人占地居之，因前途无可栖止，遂投宿焉。仅行六十里。

七日　早，西南行，数遇渠水，水深没马，乃卸装物，空车涉水，人由独木桥扶掖而过。其西为张家招，树色青葱，皆喇嘛所居。转西南，则白草连天，弥望无际。五十里至强油坊打尖。午后小雨，未行，即就公会住焉。公会旧为垦务分局，屋宇三进，类公署。东邻即强家油坊，然仅余空垣破灶埋没荒草中。强姓，榆林人，道光间率属而来，篮缕胼胝，以启此土，富厚闻远近，故以名其地。自垦务局重征其租，力不能支，油坊倒闭，强姓不知所往。垦务分局亦于去年裁并，遗屋赁之公会。会中有社长，民间鼠雀之争，皆自处理之。穷荒破败之余，乃具有自治团体，殊可贵也。

八日　西南行二十里，至西丰社打尖。社长束姓，扬州人，有田三十顷，租于花户种之，每顷可岁收银三十两，束君遂衣租食税，坐拥厚资矣。社西有大渠一道，深广类运河，舟楫畅通。河西皆乌拉特西公地，沙阜高起若小山，白气茫茫，望之如霜雪。其南为准噶尔陪嫁地。初，阿拉善王有女，遣嫁准噶尔王子，析地数十方里为食资。今其地仍归准噶尔。过渠西南五十里，住黄羊木头。其家亦榆林人，耕而兼牧，牛马成群。家之东南为天主教堂，据云教士颇横，四周垦地尽为所夺。此家所耕者，乃向神甫转租之也。晚见南方云脚下垂，降雨处相距当不远。

九日　早晴。四周起霾，日光映之，如在琉璃世界，亦奇境也。南行皆红柳，穿林而过，民有纵火焚树以辟污莱者，所剩枯枝横卧道旁，如死蛇然。西过枯渠四道，红柳渐尽，始见二三人家，皆阿拉善旗地也。六十里，达大中滩，袁氏世居之。植柳成园，大皆合抱。袁为西安人，租地于阿拉善王，经营创造，已近百年，蔚然成为大家。筑堡自固，方广里余，宁夏军队即驻其中，余亦就住焉。晤书记官张少侯君，始知豫匪白狼入甘肃，宁夏戒严，不可前行。适浙人陈仲文君由兰州乘舟而下，力劝余归，遂附其舟东还。

《大中华》（月刊）

上海中华书局

1915 年 1 卷 6 期①

（李红权　整理）

---

① 本篇又见于《时事汇报》1915 年 9 期，《地学杂志》1915 年 6—8 期。——整理者注

暑假中之蒙古游记

〔英〕勃雷腾女士　原著　　恼侬　西神　同译

蒙古者，游人旅客，耳熟其名久矣。论其水土，则沃野肥美，惟苦尘沙之患；言其人民，则迷信根深，有愚不可及之叹。然路旷道难，行旅维艰，既不能以摩托之车，长驱直入，而火车轨迹，又杳然无之。所以为交通之利器，可供游客之任意择用者，仅有四端：

（一）骡轿　其形如箱，长五英尺，阔二英尺，高四英尺，以二骡负之，一前一后。箱则粗劣难堪，以巨杆二，连于骡背之铜鞍，行动时，上下颠簸，离地约数尺许，乘者苟非老于航海之水手，必致困疲不堪。

（二）骡　与轿箱大异，仅骑于骡背而行，然须慎于选择，否则其背隆然者，艰于安坐，又将不胜其苦矣。

（三）田车　震动略减，可免颠簸欲死之虞。

（四）驴

在中国夏季，吾人为避暑计，曾作蒙古之游。于上述之四者，择其末焉。因驴之为物，虽不雅观，实适于用，每日可行三十英里，未见疲病，其履险如夷，有类山羊；其任重致远，不亚牛马。价值又廉，每日仅八辩士，且有驴夫随行。吾人自北京出发，第一之目的地，为热河。热河者，有宏大之寺院及宫殿之巨城也。吾人于此，尝预计行程，途行若干时日，住宿若干时日，加以风

蒙古旅店外之客车

云不测，间阻若干时日，则赋归言旋，当已秋风送爽矣，计定后，遂办严出发。

赤日当空，逼人可畏。吾等为避其炎威计，拟于清晨五句钟即就道，不意部署行李、配置车事，竟费二小时之久。可爱时间，掷之无谓，殊以为惜。所携之行李，计装三箱，惟骑马衣及特别用之服、抵御强光之蓝色目镜，与地图一、指南针一、坚厚草帽各一，并盘盏、薄布等，则随手携带，不在行李之中。又有行床、蚊帐、照相器具、热水壶、供煮食物之锅罐、权代炉灶之火油箱，以及仆人之物，亦错杂备具，此固旅行所必需者也。

吾等第一日所经，均平原旷野。途中所见，若田，若房屋，若人民，为黄沙所熏染，莫不灿然色黄，往往目迷神眩，人物不辨。其道路形式，亦到处相同，恒使人惘然失路，或周回曲折，仍在原处。驴夫自负导引职任，常和颜悦色，为吾等道歉。沿途地土，除交界处与有河流隐伏处外，概极干燥。既至邑，驴夫告余等，谓是处适有雨过。是夜，遂宿于村中。所宿处，为该地惟一无二之客栈。其湫隘卑陋，为生平所未见。所谓客房者，秉秸错置，稻草罗列，纸窗秽破，无从掩闭，欲食于斯，卧于斯，殊属望而却步。凯格（吾等呼驴夫之别号）则引中国人之俗谚以告余等曰：
"在家千日好，出外一时难。此之谓欤？"余答之曰："困难固当
然，污秽非必须也。"余等恐其厌怪白人之多事好扰，因自出外巡
行，冀得一差强人意之安身地，数武之间，忽近一小丘，于茫茫
平原中，得此殊喜出望外。小丘之顶，柏槲森森，知有寺院在，
盖中国风俗，恒于寺旁种树，而寺中往往款客住宿。既登，果于
树丛中，见神龛高耸，一老僧已蔼然相迎，其住室则浓荫覆蔽，
群鸽绕飞，殊极幽雅，遂留宿焉。惟时方夜半，老僧即促余等起，
盖主人之职固如此。老凯格未曙前，亦已牵驴俟山下，且告余等
以车已驾矣之好消息，于是相率下山。途中遇一拜佛者，拱手膝
行，状至恭肃。询其何自苦乃尔，则敬答曰："我仅一子，不幸有
疾，已由北京某西医割去一腿，幸获安生，然残废之人，不能入
天堂，吾将虔求神佛，恩开法外，俾吾子将来亦得至极乐土耳。"

　　第二日所经之路，已似近蒙古沙漠。地面砂石暗伏，驴蹄屡
蹶，为状至可怜。吾等亦觉寸步维艰，而微风飘忽，细沙侵人喉
眼，拂人毛发，倍觉困苦殊常。同伴俱喘息而言曰："安得树荫凉
椅，供吾辈暂憩呼？"旋至一小村，方图就食，忽见无数村人，环
绕成一圈，视之，则吾等之庖人在其中央，方痛哭呼号，盖因误
食未熟之西瓜，而起中国人之所谓霍乱症也，未几，即倒地。吾
等乃驱散众人，以舒病者之呼吸，投以药，并使进食少许。盖是
等药物，曾预藏于宝石匣及饼干筒中也。次日，因庖人尚疲不能
兴，不克就道，幸值天雨难行，阻人游兴，遂亦不觉闷损。是日
大雨，虽倾盆疾流，未足喻其剧，二小时间，街市积流成渠，老
凯格因此遂得一生利法。其法维何？即以一铜元驼人渡街耳。村
中有警察一人，此时昂然立水中，水没其膝，刀与靴则紧握手中。
更有卫兵二，尤足引人大笑。盖方以其裤慎裹来福枪，系于项间，
立于衙门前也。第二日，虽大放阳光，吾等料俟街市水退，恢复

原状，须在数星期之后，遂起行。经过一隘，曰古北口，崎岖凹
凸，一若全世界之各种石类，无不陈列于此者。沿途风景，足供
吾侪游览者，即长城是。其完处，瞭台犹俨然存在，此等古迹，
慨想其建筑伟大之余，更觉有一种精神，足以引起吾人之注意焉。
途中牲畜殊多，舟运车载，似由蒙古运往中国，或由中国输来蒙
古者。其运煤之骆驼，均有棒穿鼻孔中，更系绳于棒，牵之而行。
黑头长足之羊，络绎于道，相逐成群，又闻腊腊腊……则牧猪奴
之逐猪声也。大队之驴，背负土罐，罐中或盛水果，或载小孩，
行动虽缓而甚安稳，骡则口上加套，思食道旁之草而不得，行动
殊偃蹇。一时异形杂色颇饶观瞻，而旅客之车，陷泥破石，兀突
起伏，相与并驾齐驱焉。余谓凯格曰："以如此良好之贸易场，其
道路曷不加修缮，利行人呼？"凯格从容答曰："山高水远，此等
琐碎事，非官厅所能及也。"吾等愈前行，愈觉官厅之高且远，盖
道路愈形败坏，而昨日之雨，已将桥梁冲去，乃用平底船渡河，
驴之上下，备受困难。吾人历受此等经验外，对于长城，更得一
种观念。盖长城不特为御敌之具，且为土民地理上之标准。其住
长城以内之土民，往往视住长城以外之土民，为未开化之人种，
是处之牧畜者，鼻扁平，衣色如红砖，粗卤甚于衣青布衣之中国
内地农人。无教育，亦无新闻纸，但似有球戏后之呼喘声，闻于
吾等之耳，是亦进步之证也。其交易，则设店于帐中，吾等尝费
一辩士，购葡萄一镑〔磅〕于此。客栈之腐败，正与道路相颉颃。
其较大者，在彼等已视为圣地，然人畜同卧一堂。天方曙，驴鸣
羊咩，喧杂不堪，吾等视之，不啻一猪牢耳。猪牢者，四等客栈
之别号也，取价至廉，为贫民所栖止。吾等求一普通可住之小客
栈，或车夫、劳力之旅舍而无由，亦不得不借此聊以蔽身矣。日
中既劳顿不堪，至夜半三句钟，饥不得食之牲畜，被驱上道，因
而大喧，加以牧猪奴之就餐，口齿喷喷作声，竟不能令人得少静

谧，余大恨曰："余悔作此游。"一同伴诚恳告余曰："明日今宵当大不同矣。"次日即余等出发后之第五日，抵热河，道经红石隘，险峻异常，以绳系车，防其下退以进行焉。热河虽号大城，然无城郭环绕之，形势雄壮，风景优美，望之俨然，周围群山耸峙，山巅之石，奇形怪状，中有曼开脱内公石者，最足惹人注目。英国最初派来中国之大使曰曼开脱内公爵，故名。吾等既入市，即往游热河行宫，守宫之官，素禁闲人入内，对于吾等亦嘎嚅留难，幸老凯格谎言吾等为英国皇族，遂得尽情赏览。江河虽异，风景不殊，天半觚棱，时呈金碧，古玩磁器，虽已运置北京博物院，而雕刻精良之黑木器具犹存，屋瓦琉璃，灿然夺目，亭榭半倾，规模尚在，此等古迹，皆有历史可考。试举目一望，此则有御笔所题之诗，彼则有某大臣所绘之扇。庭中一井，相传为一失宠大臣沉身之所；一惨淡之室，则相传一千八百六十年，英法联军进逼都门之日，为不幸之兴芬（译音）丧权之处。吾侪游宫既毕，复游庙宇。庙宇在丛林深谷间，离镇约四英里许，宏大奇丽者，计有五。五者之中，尤以普鲁索寺为最。其屋顶为黄铜所造，映日作金色，今则荒草塞门，严扃无人，萧索凄凉，不禁令人兴慨。入其中，但闻铁马丁东，响自檐际而已。同伴曰："此恶声也，曷去而之他？"与普鲁索寺相颉颃者，曰普泰拉寺。据言寺中有拉麻①僧七百人，然吾侪一进寺门，则环堵如蚁，望之何下七千人。其中幼童、壮年，以至龙钟老者，无所不有，所衣长服，约已半世纪矣。未几，拥挤益甚，盖司阍者许居民出铜币一枚，得入内观览吾等，一如动物院中之观动物者然。吾等至不能携步，乃夺路而出，至一四角亭，形状殊奇特，每层颜色不一，或红，或绿，

---

① 下文又作"拉嘛"。——整理者注

或黄，或作蓝玉色，亭内则杂物满布，门窗莫辨。吾等摸索于经台间，略见镀色之天花板，及头颅骨所造之火器，与骆驼毛所织之毯子，辉映于眼帘，觉呼吸迫促，遂出亭。拉麻形状之可供玩笑，适与其庙相称。平居闻东方之修道法，至此乃益信，其无敬虔心，与不知清洁，固已显然，而形状实可入画，黄紫错杂，斜披于左肩，有如罗马人之长服者，则其外套也，黄缘垂缨，高峙于头顶，有如白鹦鹉之羽冠者，则其礼帽也（在此装饰时，伊等绝对不许人照相）。又有李色礼服，则为表示卑下之用，此七百或七千之拉麻，观其面貌，惟一人似尚聪慧，余则不识不知，无异孩提之童。最高级之拉嘛二人，握权任事，余则似甚慵惰，询其终日何所事，则悖悖然答曰："诵经睡觉外，曝阳耳，饮食耳。"呜呼！光阴可贵，果如此浪掷乎？年富力强，果如此销磨乎？此犹未足以尽拉嘛之真相也，盖彼等实兼为乞丐，其贪婪无厌，殊属可鄙，索钱之法，层出不穷，凡过一门，必求游者舍钱若干，进出皆然。吾等对此，不禁为之狂笑。热河之游既毕，即拟往多伦诺尔，鞑靼将军苦劝吾等勿行，谓蒙古平原，荒野难行，答以多伦诺尔为吾等目的地之一，不能不往；则历述胡匪劫掠事以为戒，吾等坚执欲行，彼谓奉北京政府命，保护外人之游历者，君等或遇危险，吾当负责，今派兵数人随行，借资保卫。所谓兵者，戴平顶帽，衣履不整，奇形怪状，有类盗贼，吾等遂相与作外蒙古之游。日尚未落，伊等已求休止，途中为余等告者，无非马贼之强暴、暗杀之可怕等事。每在客栈止宿，则深戒余等勿与生客交谈，盖惧为暴徒之饵也。然沿途至此，从未见所谓胡匪马贼，所遇者，从事拜佛之游僧，与口念弥陀之蒙古牧人而已。某日寄宿于皮帐之蒙古营中，颇遭礼待，且饮吾等以上等茶叶。其男子常骑狮毛驹，状貌颇有可观，惟喜嗅鼻烟。女子则终日碌碌，从事工作，污秽之甚，诚生平所未见。其为吾等最惧之事，则巨狗经夜嗥嗥，不离帐之左右，卫兵等坚谓吾等必毙于是。第二日晨，吾等相顾曰："奇哉，昨宵乃未被巨犬咬死也。"队长蹙然而答，谓今夜必不免，自是朝夕聒耳，无非将被撕为碎块之语，令人头眩心厌，不得已，相率返热河。驴首既南，卫兵等乃心满意足，若辈殆抱不可移易之乐天主义欤。从热河入可爱之滦河，顺流而下，至永平府。永平府者，三千年前之古城也，由此可乘车回北京。是役也，虽由蛮野之区，返文化之域，而游兴未阑，目的未达，中心终不无怅怅焉。

万里长城

凯格牵驴登舟之情状

园中之斑鹿

行宫中之湖（热河）

普鲁索寺（为热河最壮丽之寺，今已荒芜矣）

拉嘛僧

普泰拉寺

鞑靼将军所遣之卫兵

滦河中之舟

《妇女杂志》（月刊）
上海妇女杂志社
1916 年 2 卷 8 期
（陈静　整理）

库伦旅行日记

转载《小说大观》

梁掌卿　撰

中华民国四年七月十九日（阴历六月初八日），昼晴，夜雨

下午九点四十五分钟，乘京奉火车，自前门开行。夜一点钟，抵天津老站，停十分钟复行。三点时，倾盆大雨，电闪雷鸣，车中积水寸许，行李亦湿。至翌晨七点钟，雨犹未已，终夜不克安寝。

二十日（初九日），雨

晨八点钟，抵北戴河，洋人多有下车就该处以避暑者。十点钟，抵山海关。车头气管入水，不能进，修理历两时许，下午二点钟，始达锦州。四点钟，到沟邦子。六点钟，到新民府。八点钟，乃到奉天，寓近站之悦来栈，室广肴盛，但不适口耳。十一点钟，歇宿，雨如故，室内臭虫复多，辗转不成寐，东方既白，始朦胧睡去。

二十一日（初十日），雨

下午九点钟，附南满车，开行于奉天。沿铁道两旁，多系日人板屋，各站贩卖杂物者亦多，日人御料理店，尤触目皆是。

二十二日（十一日），晴

车抵长春，为晨之六时半。下车寓福顺栈。八时，早膳。十时，散步于市。长春有大街三，公园一，而商贩店者以日人为多，

中国杂货店仅寥寥而已。午后二时登车，九时抵宽城，十一时抵哈尔滨，寓道里四道街义昌公司。十二时晚膳，三时乃眠。

二十三日（十二日），早雨晚晴

哈尔滨之街市凡三：一为秦家岗，火车站在焉，大商贾家多建楼房，宏丽亦甚；一为江岸（即松花江沿岸），商店麋集，夏日有轮舟往来停泊其间，距秦家岗仅三里许；一为香房，东清铁路工程局即设于斯，俄国监工居于斯，商店无多，然有公园一，树密而幽，春夏游人称盛，距秦家岗约五里余，值兹欧战，商务冷淡，华商尤甚。江岸有吉林铁路交涉局、黑龙江铁路交涉局，规模宏大，各局每年由东清铁路公司拨与羌洋五万元，以充经费。华界距此四里，名傅家甸，大小商户千有余家，华人约有三万，商务以贩运粮米、烟酒、油豆为大宗，惟街道隘狭，雨水泥泞，不良于行。房地价格之高，不啻津、沪。近大街者，每亩可值二三万元奇矣。秋夏间，有轮舟通呼兰河。河每年阴历四月中开化，九月中封冻也。币以羌帖通行，中国银元甚稀，虽黑龙江广信公司发行钱品，纸币已成不兑换之券，信用力弱，价亦低，吉林永衡久官钱局之纸币亦然。此地设有中国、殖边、交通三银行，皆发行纸币。官署为滨江道尹、滨江县知事、巡警局、审判厅，皆吉省辖。余候领免验行李执照，盘桓一星期，调查商务情形，并访华俄友人，盖旧游地也。

二十八日（十七日），晴

夜半一时，由哈尔滨登车，来站送行者甚众，余一一与之握别。车中乘客拥挤。二等车只有一房间，容华人坐，故已聚有六人之多，常有坐至十余者。若头等车，华人更不易插足。往往有买头等票，而被俄人强夺其坐，逐往二等车者，强横无理，莫此为甚。但通俄语者，或可置身其间，倘遇倔强俄人，亦惟有荷荷而已。

二十九日（十八日），晴

早八时，车到齐齐哈尔。同车华人多于此下，余就站上餐室盥洗用点，询悉赴满洲里半路之桥已损，由此装运石料修筑，车停，须候修竣，方能行，期则未可预定。十二时午膳后（用膳须下车，就站上餐室，因无饭车故也），余往交涉分局，悉余友丁君已赴江省，该局专员赵君亦未在局，遂留名刺，复赴市游览。是站铁路分南北两方，除铁路应占之地外，南为俄界，北为我界，而华商及〔以〕在俄界贸易者为多，弃我就彼，惧华官捐税之繁〔烦〕扰故。五时旋于车，七时晚膳既罢，散步于站。是晚热甚，同车之俄国士女亦相挈游行站旁，借以运动身体，增长消化力，诚卫生之道也。十时始，纷纷上车，余亦回车就寝，仍热不可耐，开窗纳凉，至十一时，方睡去。

三十日（十九日），晴

晨六时，忽觉车动，意者桥工可竣、车已行为慰，乃车仅退一轨即止。八时兴，盥漱时研香见化妆室镜台上有人遗皮银包一，余嘱其不可移动，遂转告同车俄人公同开视，内有二十五元之羌帖数张，另现洋若干。当交一俄官收藏，俟原主还之。俄顷，一俄人突来称谢，貌甚谦恭，据云此物伊偶然遗失，刻已领回，因余先为指示，道不拾遗，深为钦佩等语。事后始悉此人系俄国教师，挈眷遄返者也。两时午膳罢，询悉该桥因山水暴发，冲塌甚巨，尽运去之石抛沉桥底，仍未呈〔成〕功，大约非候三四日不可。昨今自哈来车，均以是未进，桥距此处可百三十里。仍热，在车纳闷而已。

三十一日（二十日）晴

早八时，盥洗毕，入餐室见中国军官数人，并有华人挈眷在座，想由海参崴乘快车往俄，但未悉何干。该车亦停于齐齐哈尔站，候桥工竣，而前进者，快车较邮车，票价增至四倍，亦云巨矣。向午，余请子善等先就餐室用膳，盖人多，迟则无座故也。今日天气热甚，渺无风来，闷极。

八月一日（二十一日）晴

八时兴，盥洗毕，知黎明四时快车已先往等候，然仍未能过桥。余等所坐之邮车有一俄人云，今日下午四时或可开行，因接来电称现将修补之路用车来往压试，如果无碍，乃可开往。议论纷纷，莫衷一是。候至下午三时，犹未见动作，车上搭客皆甚焦灼，有骂管理员之不善者，有谓故意推延、言无信实者，有谓性命关系不得不格外慎重者，统之，凡事倘平时不先预防，必致临时手足失措耳。四时，车已行，行甚缓，六时始到冲坏铁桥之处。用木板新筑一桥，约长二十丈，宽处仅容行人，并须自携行李。旋闻站长宣言各搭客必须鱼贯而进，不得争先恐后，并宜让妇孺先行，以次头等搭客等语。继见搭客纷纷下军〔车〕，携男挈女，负箱背篓，状极怠急。约候二十分钟，前行之人已远，余始下车，尚觉拥挤，接踵磨肩，极属难行。至三十分钟，始到板桥。余乃小心翼翼俯视桥下，潮流澎湃，如海汪洋，少一失足，必遭灭顶。慎行十五分钟，已过斯桥，遥望来车尚远，急奔往，迟恐座位被人捷足先登也。八时登车，疲且渴，求水不得，少顷，已入黑甜乡矣。

二日（二十二日），晴

黎明三时半，闻车声辚辚，知已开行。六时至扎兰屯车站，该处甚为宏壮，且居户甚多，俄兵林立，树木森茂，山峰高峻，石璧〔壁〕险巇，颇为壮观。车停二十分钟，始开行，八时半，至巴里车站，停十分钟。由坏桥处至此，车轨两旁积水未消，系由外兴安岭山水冲下，势甚汹汹，倘当时适有车过，危险将不堪设想。九时四十分，至芽芦站。由扎兰屯站至此，万山环抱，象极峥嵘，地多沙砾，间有黑土之区，亦可耕耘，奈荒芜遍地，弃之如遗，甚可惜也。至此身觉微寒，盖两面高山对峙，日光不至，雨后湿润，北风扑面，飒飒振衣。十点十五分钟，至博克图站。俄人房屋甚多，有铁工厂修理车头机器，盖市镇也。十一点半，过铁路底洞，约三分钟，过洞后，由北绕南，向洞上行约七八里，直行穿入兴安岭洞，历二十五分钟，始出洞口。此岭蜿蜒〔蜓〕甚长，或俯或仰，气象雄伟，草木丰蔚，洵属美景。一点零五分，到乌诺尔站，一点四十分，到免渡河站，二点三十分，到雅克石站。由扎兰屯至此，轨道两旁余地，青草如茵，杂以野花，红绿相间，怡情悦目。沿途颇多俄民殖居，架木为屋，牧豢营谋，颇饶生计。盖彼西卑利亚一带，地多沙漠，不宜耕牧，寒苦异常，因而越境迁来黑龙江边界者，日益增加，华官不敢过问。溯前清时，禁止汉人在东三省购地移殖，今竟为俄人侵占，遍处皆彼国殖民之地，居然代作主人，华人只供奔走，强宾夺主，殊堪浩叹。三点十分，到札勒木德站。四十分钟，到恰克站。四点三十分，到海兰儿站。是站尤属宏敞，房屋鳞比。七点二十分，到赫勒洪德站。十点，到满洲里站，车即在此暂停。翌晨，开回哈尔滨。由长至此，为东清铁路公司所辖，过此则当遵西卑利亚铁路行矣。

三日（二十三日），早晴午雨

早三时起，盥洗毕，黑龙江交涉分局王差弁领来宫郁藻、翻译印泮清，晤后即托其代购车票、呈验护照及领行李等事（因余已由哈尔滨江省交涉总局局长马荩卿致书该局照料）。四时，即将随带之行李衣箱呈关查验，税员验视甚严，倘为新购之物，均须上税。外国以银圆、书籍、军械、烟酒、糖等类，禁例尤严。五点十四分，由满洲里开车，时税关尚登车查验行李及护照，手续烦琐，应对不易，行路之难，于兹益信。十一点四十五分，到宝来站，该站房屋甚多。一点五十分，到莫敢退站。二点四十五分，到布烈特斯开站。由满洲里西北行，均俄属西卑利亚，经过地方，多沙漠瘦瘠之区，不堪耕种，草长亦不畅茂，牧豢者亦须择其稍沃者为之。各站打旗手多系俄妇，想因欧战男子或充军役，故代以妇女也。此地俄人均极谦让和平，尚具文明气象，非似哈尔滨、海参威〔崴〕等处之俄人待我华人之种种轻佻侮慢而令人气愤不平者，然咎由自取，人必自侮，然后人侮之。该处华侨多直鲁工人，向鲜教育，举动粗鄙，有以召之。而该处俄人亦以充军流犯及犹太种族为多，故强横蔑理之事不一而足。三点三十一分，到克汉斯克站，停三十分，有餐室。且山川明秀，颇饶佳趣，地土间有种菜麦者。由此往东北，壤接阿穆尔铁路，可通漠沙金厂。六点三十分，到默洛威耶站。七点三十分，到阔路亲那站。八点二十分，到七都站。

四日（二十四日），早晴晚雨

早七点，到巴达站，甚觉寒冷，身着夹衣，犹觉不胜。八点十五分，到铎利巴卡站。十点二十分，到别铎罗福斯基站，有餐室，停十二分钟。此处稍有种小麦、油麦者，树木茂盛，一望无际，房屋皆木建之，除火车所需烧柴外，枕木、电杆，均取给于斯，且旦而伐之，其声不绝也。一点五分，到萨依奇耶窝站。一点三十三分，到柯那回站。三点，到威路福乌金司克站。俄脚夫搬运行李，甚为敏捷。余等下车后，即雇马车，行约三里许，到街里兴隆栈歇宿。该栈极形湫隘，床榻桌椅均不完全，简陋异常。闻系山西人王姓者所开，下流社会人，故愚鲁。此埠街道甚宽，房屋亦多，皆以木建，砖楼则甚少。华商寥寥，日商亦只一家，而日人之理发店、濯衣店亦有数家而已。余至华商公合盛号，欲一调查商务，讵料该号司事均甚愚顽，问非所答，粗鄙为可哂耳。

五日（二十五日），晴

上午九时，赴轮船码头，购票登轮，十一时开行（此处时刻比哈尔滨须迟一点钟之谱）。此河宽约百丈，名舍陵克河，两岸树木苍翠，野花红黄，河水滔滔，日光相辉映，洵属壮观，而高原旷野，河水活泼，且可行船，其乐可知。河鱼肥美，且价廉，获以饫尝，莼鲈不能专美于前矣。三点到头站甘苏林那，有俄客下船，并装载柴木。九点到第二站戛巴林那，余在船头散步，眺望山景，颇饶幽趣，回环绕抱，树木葱郁，尤为悦目。

六日（二十六日），晴

早八时，到第三站苏依。九点，遇一轮船，拖一驳船，由恰克图往乌金司克者。下午一点，到第四站舍陵坚斯克。四点半，到第五站比麓脱停轮，上柴木，岸上俄妇女来售牛乳、鸡蛋、黄瓜等件，价甚廉，跣足无履，惟衣服尚洁。自哈尔滨至恰克图，沿途无有售酒者，缘欧战正急，俄政府命令严禁饮酒，如违令者，罚羌帖五百元，所以无敢故犯也。

七日（二十七日），早雨晚晴

黎明三时半，到恰克图码头。七点下船，雇马车起行。十点到买卖城，计五十六里，暂寓公合盛茶庄。铺长孙雨三君，人甚开通，办事明敏。余托其探听恰城商务，答覆甚详。是城四周有木栅栏，东西长约半里，南北亦如之。南北有街三，东西街一，铺号多山西人所设，殷实者五六家，寻常者二十余家。入口以丝茶、布匹为大宗，出口以金砂、鹿茸、口蘑、麝香、皮张为大宗。俄货以香牛皮、回绒、哈喇、铜器为行销。华商约有二千余人，工匠尚不在内。栅外有协和市场，均零星肆店，及俄商六七家而已。城内有蒙官一，管理商民事务，现任者姓巴尔旦哉生，稍通汉语，而苛待华人，索捐甚重，取缔尤严，来往商旅均须呈报。城中有一关帝庙，现正演剧，状极丑陋。此地亦有商会，但无规则耳。

八日（二十八日），早雨晚晴

上午往邮局，访晤局长王文轩先生，探悉该局仍保全旧有，系中国所属，惟包裹物件、汇兑银元尚未实行。寄京、津函件，每星期走三次，惟书明由西卑利亚铁路转者，则每日发行一次。其电报局已归俄人掌握中，发华码电时，甚为掣肘，密码更不能行。此处商家，以公合盛、公合源、锦泉涌为巨擘，每年由此汇往内地者，约有三四百万元之巨。俄商以什末造伏鱼渊光洋行为最殷实，此处通用俄钞，中国银圆，实所罕见。

十日（二十九日），晴

上午十时，乘马车往俄界后营子，约八里许，路经前营子，有俄国税关，查验甚严，中国货物，无论巨细，均须纳税。后营子俄人房屋甚多，兵营林立，接连两里，砖楼高筑，颇为壮观。现值欧战，虽设常关，无兵驻守矣。此处有道胜银行、西卑利亚商银行、贷款银行、国库银行，俄商洋货店甚多，大票庄亦有两家，街道甚宽敞洁净，不似买卖城之湫隘尘嚣，实相形而见拙〔绌〕也。

十日（三十日），晴

早七点，用膳毕，收拾行李，缮发函件，并至各处辞行，定明晨起程赴库也。雇妥俄人三，马站车实不易有，因各家站车皆有车无马，有马无人，缘俄国征兵由十九岁至四十二岁均已编赴前敌，留于家者，仅老弱之辈耳。

十一日（七月初一日），早晴晚雨

上午十时，登车起行，下午二时十分，到耶蒲息站，计六十里。在此打尖（打尖者，用午膳也），该房主只有一俄妇及一雇媪，其男子已应征兵往战地矣。五点起行，八点四十五分到耶洛河站，计六十里，在蒙人布立特屋炊饭歇宿。该房颇洁净，同行俄人云，路上如赶不及驿站，则无此等洁厦矣。由恰克图至此，沿途甚平坦，有山峡，不甚高，河沟亦不甚深，可行汽车，惟未悉前途如何耳。

十二日（初二日），午晴夜雨

黎明五点即起，略用茶点。八时起程，过耶洛河，有摆渡，系蒙人管理。该河宽约十余丈，两岸系一铁绳渡船，沿绳而行，颇不费力，一人足为之。约越十五分钟，车马皆已渡过。遇有骑马蒙人十余辈，内有蒙官二，戴前清秋帽、五品顶戴，着红宁绸夹袍、黄色背心，与余交谭，继取一鼻烟壶让余。壶系红玻璃，制甚粗，嗅其烟味亦劣，似系关东烟叶之粉末。余酬以吕宋烟二支，伊甚感谢，给以火，令吸。彼称谢，谓怀归以饷老父。噫！亦云孝矣。两点到榛子沟站打尖，计行百二十里，是日颇热，路亦平坦，有山不高，沿途树木甚多，地土颇腴，惟未有种植者。抵站后，与俄人倾谭，伊痛论彼国政府之利弊，至应如何改良，津津乐道，颇有见地。据云，现在欧洲战事，俄政府受人所愚，列强恐俄之庞大，将来各国均受其制，因此怂恿列入联邦战团，以促其弱，不令严守中立，致国民凄楚万状，少壮均赴前敌，所留者，老幼妇女，寡人之妻，孤人之子，残忍酷虐，莫此为甚。每月恩赏家费，仅有两元，何能度日。有地，无人耕种，有营业，无人经理，窘穷饥馑，可立待也，安得和议有成，俾可恢复生机云云。余所雇马夫二人，年皆十七，若至十九岁，则须当兵去矣。午膳毕，钟鸣四下，如赶前站，则无住宿地，即歇于此，明早再行。此处存有汽车二辆，已损坏而不能行驶者。

十三日（初三日）

早七时半起行，十二点四十分，到碧艳宫站，计行九十里。在蒙古包打尖（蒙古包者，蒙人以毛毡为帐篷而居之），其包内污秽不堪，器具不洁，因此仅取木柴炊饭。草草膳毕，两点四十分起程，五点到米海台达班那，山甚高峻，路亦崎岖，须由山下步行至山巅，凡五里许，甚难行，顽石极多，涧流甚急，望之危险异常，惟山麓石有红黄色宝光者，或系金矿之宝藏，惜未及探考。山顶有树枝，堆成高岗，上插红蓝色旗，蒙人到此，须下马念经酬谢神佛，以为侥幸至此，幸赖庇佑平安之意。由此下山，路略好，并无石块，但别有一路可绕过此山，须多行七八十里。至七点，到哈拉河。河水深而流急，遂在河边蒙古包歇宿。计行六十里。此包比午间打尖者稍洁，该蒙人颇富，略通俄语，有子女各一，女患喉症，子学诵佛经，备将来为喇嘛之选，蒙俗以喇嘛为极尊贵者也。九点用晚膳，均系自己烹爨，用毕，须将余食与主人，以为敬意。夜间，余卧于车，因此蒙古包不大，人多，炭气过盛，秽不可耐，但车中夜深甚冷，终宵亦未成寐。

十四日（初四日），晴

早五时，车夫骑马往哈拉河边，探试能否稳渡，旋回称河水高至马背，须候稍退，或至午间，始可起行。上次伊由库来，因是河水涨，候至五时，方能渡过。十一时，又往观，悉水已退。此河宽七八丈，深不过二三尺，遂策马急渡。车中入水寸许，虽早为预备，行李已略湿，临深履薄，势颇危险。过河时，有一蒙人，赤身泅水前来，意欲协助渡河，以为讨赏地步，但车夫已能稳渡，毋劳助力。五点到波罗站，计行六十里。左近之十五里，有华人开设德源涌字号，发卖粮食，自己种地二三十顷，均租自蒙人者。据云现已加租，每亩须银二两五钱至三两之多，倘获丰收，每亩收麦百二十斤，除工本外，亦不过仅偿租价而已。并自设石磨六架，每架用马两匹，每日每磨出面百二十斤，作价出售，以补糜费。甚盼华官早日驾临维持，商务始获恢复生机。蒙人之压制，于斯可见。是日即在俄商依其那洛耶福房屋歇宿。是屋甚清洁，院落宽大，床榻完备，比之昨宵所寓之蒙古包，实有天渊之别，旁有一厕亦洁。自买卖城至此，实初见之，询悉此俄商来时甚穷窘，不数年已成巨富。距此四十里有金矿，亦名波罗，有华工千余人，出金甚旺。左近尚有金矿两处，一为马盖台，一为干干柯博，皆为俄人所开，出金亦旺。其余别处金矿亦不少。据云，此处冬天来往人甚多，生意极好，夏季则难行，倘不修筑道路，则汽车断难行驶，叹同蜀道耳。七点用晚膳，十点歇宿，臭虫甚多，着枕即逐队而来，扰我清梦，终宵不能成寐，如此净舍，竟难免此，甚为怪异。

十五日（初五日），晴

上午九时起行，始则细雨霏霏，寒风飒飒，下午二时继至狂风暴雨，雷电交作，不能前进，乃趋蒙古包暂避。三时，风雨少息，即起行。四时，到胡哈坡站，计百二十里。在俄人房屋歇宿。此屋系去冬建造者，主人乃夫妇二人并一小孩，前在古德拉金矿充司事，稍获余资，在此种地，牧豢牲畜。此处有俄人两家，皆事畜牧，兼营逆旅，地方甚洁。据云，冬天由左近金矿来往之人甚多，营业繁盛。并云，今午雨时，有大牛一头突遭雷击，于是蒙人不敢宰食，而病瘟之牛，反敢食之。彼以为雷鸣乃上天佛爷动怒，牛有罪，故毙之，世人不宜食也。或云何以冬天无雷鸣，佛爷岂仅夏日动怒耶。伊谓冬天有雪，佛喜，故不怒。噫！蒙人如斯迷信昏庸，毋怪受俄人之愚弄而不自知也。据华人云，所有向种之地亩，自去年始，蒙人有不许华人耕种，均须交还蒙古地主之议，幸有一晋人善通蒙文、蒙语，面谒哲布尊丹巴呼图克图活佛，恳求照旧佃种，情愿加租，倘由此禁绝，则房舍犁具势均废弃。设仍准佃种，地仍蒙有，否则俄来夺之矣。措词得体，故活佛诺之云。九时晚膳，十时寝息。此屋臭虫较少，且乏苍蝇，料能安睡，乃有同行者二人，一则鼾睡如雷，一则时作呓语，纷扰终夜，不克安睡。吁！岂此旅行不许宁睡耶?

十六日（初六日），晴

黎明，六时起程，十时到阿拉山站，计六十里，即在荒野打尖。此处有一泉，由平地喷涌，水极清洁，饮之凉沁心脾，甚为畅适。山麓松林苍翠，芬〔芳〕草如茵，设筑室以避暑，甚为适宜，惜蒙人不识地理，竟无在此设帐居住者。彼以是泉系佛爷所用，以石块高垒一岗，上插红白布旗，蒙人过此，均下马罗拜诵佛号，以为祈福忏悔。余等在此煎茶炊饭，四周观望，悦目骋怀，倘遇迷信堪舆者，必以为吉地无疑矣。十二时有半登程，过一岭，甚巍峨，亦崎岖，过此距库伦不远矣。余等每当沿途用膳，时有蒙人来窥，类乞丐，不哀求，给以残食，必双手跪接，不言谢，卑贱极矣。然行人遇乏粮时，当其食际趋往，彼亦给之不吝。五时，到库伦东营子，计七十里，暂寓公合全茶庄。库伦分有三处，共有一二万华人，连各地矿工、耕种者，约有二三十万。一为西库伦，华商三百余家，均属门面生意，类如市场，以零星买卖为多，有大小街道十余条。一为东营子，又称买卖城，四围有木栅栏，方形，开门凡七，东西各三，南一，面积四里，东西街三，南北街一。栅外尚有街道，铺户亦多，棚〔栅〕内商号类皆巨贾，专做发庄生意，共有百余家，大清银行在焉。城内有一蒙古衙门，专管商民事务，并有商务总会，由各商号公举六家管理，一〈切〉均守旧制，不依内地商会之规例，组织甚顽固也。有关帝庙、城隍庙、吕祖庙、鲁班庙，皆逢寿诞出游演戏，甚为热闹。此城距西库伦十五里。一为二里半滩，有俄领事署，前道胜银行在焉，距东营子仅五里（俄里二里半，故名）。由二里半滩接连至西库伦，约十里，均为俄人贸易居所，生意甚大，殖民亦多，商务皆在其掌握。现值欧战势稍杀，今春新由俄国西卑利亚商银行分设一银行，易名蒙古政府银行，资本百万卢布，将来即在全蒙发行纸币，制造银币云。我国分设殖边银行，必须急起直追，亟力注重，否则利权外溢，不堪设想矣。此外尚有河套子，秋夏间，活佛在彼居住，春冬则回库伦大庙。前清理藩院，甚宏壮，现为蒙古外务部衙门，惟现在《中蒙俄协约》成立，理应取消矣。

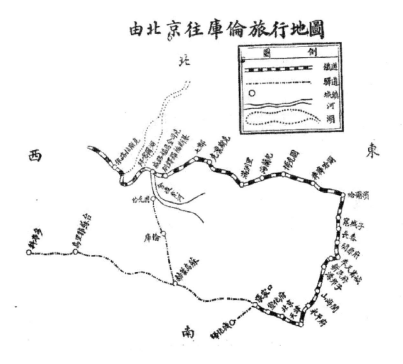

《铁路协会会报》

南京铁路协会

1917 年 58—60 期合刊

（李红权　整理）

经棚日记（有叙）

程廷镛　撰

　　按程君为中国有电报以来之老前辈，现任北京电报北分局局长。此日记为其于役经棚时所作，内中所述行路之困苦，与办事之痛楚，益征交通不便利之为害甚深，读者幸勿以雪泥鸿爪视之，庶他日身临其境，或与经棚相等之地，不至以艰难险阻而误乃公事也。

子安附志

　　甲寅冬，捧〔奉〕部檄赴经棚，修补电报杆线。经棚距外蒙最迩，居北纬四十三度，出地高三千六百尺，寒度为热河全境之冠。今年早寒，秋末即雨雪不已，入冬，北风卷地，雪花几大于掌，低洼高阜，结成坚冰一片，遂令万里龙沙，变成晶莹世界，琼山玉树，照耀双眸，诚大观也。然而苦矣！余以于役，适丁其厄，一车两马，栖栖在途，环顾东西南北，无辙可寻，无村可息，饥肠复辘轳〔辘〕自鸣，手足僵裂，顿失知觉，车折轮，马蹶蹄，赵趄同失动力，役夫徬徨，垂泪不语，几不知尘寰中尚有我在；迨入村店，拥炉醉饱，呵笔作记，借遣岑寂，途中险阻，漠然若忘。迄今事后披阅日记，尚觉肌寒起粟，谅睹斯记者，不暇以不文见责，而以不辞劳瘁相矜许也。

中华民国乙卯仲夏之月，粤东程廷镛谨志于热河公廨经棚者，蒙古克什克腾旗部落也。百年前，隶于热河，因距赤峰县治过远，对于地方行政，鞭长莫及，于是改为多伦厅之附庸，设佐治员主任行政，名曰白岔司巡检。民国二年，蒙匪大股南下，直逼多伦，复地仓卒，调经棚防营赴援，蒙匪遂乘机直入。迨奉天援军大至，偕毅军会攻，始行克复。于是经棚复隶于热河，派员设治，驻兵戍卫，岿然为热河北鄙要隘。今夏，奉交通部令，验收赤峰至乌丹、林西各电线；八月，饬修多伦、经棚电线。初奉命，即派人驰赴经棚，勘验被毁情形，并应需杆料，往返二十日，始厘定概算详部。十月二十六日，领款到热，一面派人赴锥子山觅车起运，一面驰赴平泉县，查平局与韩知事互揭压割电线一案。事竣，即于十一月一日，起程旋热，乃阴雨不止，黄昏复化为大雪，迨第三日始晴。勉强上道，三十里抵凤凰梁，遍地俱成坚冰，驮轿频频危险，连倒三次，骡马牙折嘴破，余即下轿徒步，时多颠扑，扶杖行。抵三家，天已两钟，人则筋疲腹枵，不能支持，而距七沟宿跕〔站〕尚隔十里，不得已，假宿于乡民孙宅。越日午后，冻冰渐化，至七沟，仍难再进。又越日，至六沟，计程仅四十里。六日，回热。此四日内，目击行客颠扑受伤者颇众，而余与同侣均各无恙，诚意外也。七日，备妥款项，派工头董先带电话一具，驰赴锥子山发价，先令电杆起运，不料定妥各事纷然逃避，车头洪永禄遍觅无着，饬人另雇，则谓积雪尺余，道路难行，无论价值低昂，均不承认。毅军营务处丁公子成、官银号侯君伯泉，代为设法，稍用压力，仍以赛罕坝雪深难行为词，盖十一月一日起，迄于今日，断车停行，人莫不视大坝为畏途，无怪用压力亦无效也。不得已，将杆运至坝底之佟家营子，与车头定约，但视大坝能过，即行起运。历数日，探问坝外雪阻之盐车有过坝者，立饬该工头驰赴佟家营子，加价起运，直赴经棚沪料。十一月杪，抵热。余摒挡数日，随于十二月七日由热起程。

　　九日，至锥子山。该山之峰甚尖，故名为锥子山，现又改名为天保山者，南距热河三百里，东距围场一百里，出地高二百四十丈，前清同治以前为猎场，树木葱茏，山川秀丽，飞禽野兽，盘踞其中，诚天然景象者也。自光绪中叶开辟以来，各川树木割伐殆尽，现在仅存南、北、西三路，沟内尚有树木、山禽，而野兽则不知逃往何处矣。此时商贾云集，为其现有屯垦局，又有木植局。屯垦局专为放地收租，木植局专为割卖树木，与植字毫无关系，徒有木植之虚名耳。东北百里有代尹梁，前清乾隆时射猎至此，将来树木割尽，地方势必日渐衰败也。

　　十日，屯垦局总办王怡卿召饮。越晨，丁子成营务处亦召饮。因地方不靖，携有工款，由陆军白团长借马队六名。

　　十二日，新拨距坝底八十里，出地高三百三十丈，寒冷异常。董工头始知过坝盐车系将车辆卸落牲畜，放开由坝顶顺冰滑下，我车系由下而上，焉能照办，是以车夫违约，卸载潜逃，工头无力扣住，闻余殊费踌躇。晚晤第一团连长之书记安君，余叩以觅车情形，据云居停公出未归，当即专马请其回防，大约午前当能返辔。午后，觌面畅谈，相得甚欢。至晚，偕该处绅士郭秀珠来寓，慨允代为觅雇，并云限五日车到装运，嘱余绕道大庙，由坝底赴经，此道毅军饷车曾经绕行，惟增添途程三百余里耳。

　　十五日，余遂向东起行，至蒙古营子住宿。该处为蒙汉杂居、马贼出没之所，半月〈前〉毅军曾在该处与贼接战。

　　十六日，至大庙，距新拨一百二十里，出地高二百四十丈，较新拨稍暖。该处前清设县佐一员，而今改为巡警驻守所，派巡官一员以卫之。昔日土产，以罂粟为大宗，故称繁盛，大街小巷，屋宇齐整，今则积年亢旱，森林斩伐俱罄，无人培植，炊爨所需，舍草根外，惟仗马粪，良深浩叹；且百物昂贵，商贾裹足，昼夜狂风，飞沙遮目，举目一片荒凉。

十七日，向东北前进，过公主陵、前牌楼沟、后牌楼沟，至三义永烧锅住宿。此铺成立最早，距今已逾百年，当其商业隆盛，皆由长林遍野，取用自如，今乃山童树尽，无物可烧，其所以不歇业者，恋恋于前置之地亩耳。不得已，而运煤于元宝山，距此百四十里，往返四五日，脚价之昂，已可概见。此处无高粱，所烧者，仅大麦、苦荞、米子，参杂而烧，故名烧酒，不敢以高粱称之。至晚，荤素四盘、汤一大碗，所带随行家人、马勇，亦招待如客，临行仅算草料，不计店饭，故余赏钱亦多。

十八日，至关东铺打尖，距三义永仅三十里。路遇料车，因该处积雪盈尺，驾车之骡马前后互相替换，仍不能行。余托烧锅借牛两头帮忙，始过土山，打尖住于三叉口，距关东铺仅二十里。因大车路费已尽，牲畜疲敝，无法前行，求余设法另雇。据称彼等本不愿作此无理之求，实在力不从心。语毕，向余大哭。当此之时，余亦无法可施，只得优给路费，令彼自行设法。

十九日，至广德公，过一大岭，下岭甚难，余即下车步行，至头把火住宿。越察连坝西岭，该处距三叉口九十里，出地高三百三十丈。余询土人，始知头把火得名之由。盖殖之初，林木过密，无从开辟，只好放火烧之，是以谓曰头把火。其次有二把火、三把火，均在此地上游，现在森林俱已斩尽，烧炎日缺。余又询以树木既尽，何不重栽，乃谓泉脉太深，试种多次，亦均旱坏。噫！此处将为不毛之地乎？

二十日，至土城子，四十里为经棚地面，打尖。该处系赤峰、林西、乌丹、经棚大道通衢，为五日之集镇，出地高二百四十丈，回、汉杂处，回居多数，店为汉籍，而伙计大都回民。居其店者，须就回教范围。至晚，住十里铺，距土城子三十里。

二十一日，向西北前进，至黑水打尖，距十里铺四十五里，路经沙坝，俨同戈壁，四无人烟，沙深无辙，不知途之所向。令马勇四名出觅识途者，守候多时，始得一孩带道。幸仗兵队压力，否则求一小孩，亦不能得。抵店后，余给其面食酒钱，欢然跃去。店屋全烧马粪，由外而入，烟霞夺目，臭气熏人，无论茶水、饭食，俱是粪味。复沿舍利木伦河西行，晚宿桥头，亦烧马粪，炕无芦席，上下人等，均挤一炕。晨起，铺盖、衣服，粪味难闻。

二十二日，到刘家营，仅三十五里打尖。过舍利木伦河，朔风凛冽，寒透重裘，车子驮子头面手脚登时冻肿。晚抵经棚，寓泰和炭店，距六十里，经一土坝，过一枝河，出地高三百十丈，该处农田以麦为大宗，其麦有四〔三〕种：一为小麦，土人宝之，将以磨面作饼、馒头，并诸般食法，其色甚白，上等者较洋白面尤佳，每斤仅铜元五枚；一曰油麦，色淡黄，细长与小茴相似，土人以之磨面煮饼，其法系将面和好，卷之成条，约四分径，或成饼，放在开水之内，捞出即食，又有不待和好，将面粉洒落开水之内，逾时成粒，大小与黄豆相仿，土人名之曰苦梨，每斤铜元四枚，亦有喜食者也；一曰苦荞，与荞面无异，惟稍带苦味耳。该处不产高粮，亦不种小米，喂马均用羊草。其羊草系产自草地，土人赶牛车一辆前往割取，毋须化钱购买，平时甚廉，本年为大雪盖没，异常昂贵，竟至每斤铜元三枚者也。炭每百斤一元五角，土人谓之疙疸炭，因树木割去，将根挖出烧炭也。土人无论贫富，均披其裘，不加工作，以革代面，大半取法蒙古也。寒极之时，寒暑表测之，十月二十三日竟至无度。

二十三日，赴电局，与该局长华吟香见面。华君，二十一年以前，在奉天曾有一面，旧雨重逢，谈论颇欢，遂将管理密札两件，并交通部催工两电送阅。余即日在局答覆，是晚在吟香处便饭。

二十四日，又奉交通部电，因围木价值平色，午后往谒昆帮办，仍在电局晚饭。

二十五日，往谒经棚县知事王图轩。是晚，昆帮办召饮。

二十八日，头批电杆六十二根已到经棚，接关宜三连长信，第二批为郭绅揽载，十八九等日，车可到齐。

二十九日，线料已分屯至黄家营子。

三十日，因工程出街，须地方照料，咨请经棚县饬属保护。

三十一日，与昆帮办谈论热河新旧情形。

民国四年一月一日，为国庆日，各衙署局所，均悬国旗，各商家悬一小旗，面积不盈二尺，倒悬于门边，与小孩玩耍无异。是日，黄石〔适〕庵先生来访，送诗一首，并对一联，诗云："去年元夕匆匆别，绝塞重逢意转亲。不惜轮蹄历冰雪，久知骐骥出风尘。生逢晋代应耽酒，家住桃源可避秦。文字劫灰今莫讶，为君补辍〔缀〕两楹春。"联："旨酒素琴无恙，冰天雪地重逢。"

二日，余与草地商人谈，因经棚寒暑表落至无度，询以此处之冷，草地定必加增路。路上倘无宿处，即支帐房。寒冷之时，随身皮衣放开，并将袜脱去，以两足伸于彼之腋，彼之足亦犹是也，彼此以腋互相抱足而睡。现下走蒙古草地者，以牛车一辆，上搭席蓬，遇无宿处，竟以车为屋。

四日，因二批电杆杳无音信，心殊闷闷，拟请昆帮办派兵二名前往迎探，正在书函间，适值押运工头董先赶到，遂作罢论。据董工头云："郭绅之车，七日以后，仍无成语，是以赶来。"余心焦灼万状。

五日，余往谒经棚知事王图轩，并其幕友王听涛，托其设法觅车运来，车价仍照每根由佟家营子起至经棚银八钱，当蒙允诺。

七日，派警兵前往白岔一带，令各该牌备车往运。

八日，余即命董〔贾〕工头雇集工人，于是日开工，诚恐二批电杆未到，已于经局所存电杆，借用七十六根，以冀先行通报。查该处电线，从前所设，平地每档仅四十三步，当令该工头等于八十六步立杆线，档坠落五尺，俟杆运齐，易于添补。好在此次所运之杆，均长二丈八尺，远望尚能敷衍。

十一日，午后寒冷异常，将大车车夫右手冻肿，越日浓血交加，该车夫日夜啼哭，又有小工一名，因手腕衣破，竟将怀子骨冻伤，亦相向而哭，情殊可悯。

十二、三两日，大风凛冽，飞沙迷目，非常寒冷。余在店内日烧炭二三十斤，而尤结冻，房内重裘犹于无缕，此两日冻毙人口、牲畜甚多。人之冻毙时，大都解怀拾地上石子装入怀内，牛之冻死，系伏身于地，土人谓之曰㞎旦。牛之冻毙者，非瘦弱，则有病；人之冻毙者，非老弱，则无食。

十四日，仍冒雪开工，距街近者，竟冻至五六尺，以工人三名，仅能日挖一洞。是日，工人逃散十数名，类皆怕冻死者也。

十五日，因郭绅所揽之杆未能起运，今改由经棚派车往运，费应自经地发给，但运款既存锥子山，一时无法汇兑。闻黄适庵兄云："税局有款九百元可以拨兑。"余即往谒，该局长崔君许为拨兑。

十六日，至电局修理电机。

十七日，挂线。

十八日，余又往谒税局，据云须奉厅长电，方能照办等语，余于是日电至陆厅长，已蒙允拨矣。

十九日，挂线工人已离经棚街，全数搬往距经三十里之井子沟地方。是日，闻外蒙巨匪巴布札布聚众千余人，向来盘踞游吉庙，距经八百里，现已南下，离经仅四百里。该处为内外蒙古交界之地，多伦厅镇守使派员二人，带同喇嘛二名前往招抚，委员未敢前进，先令喇嘛二名前往说项，竟为该匪将该喇嘛二名各割一耳。该喇嘛亦苦已哉。现下人情汹汹，有谓不久南犯，有谓游吉庙无粮，是以南移经棚商务大半，外蒙有该匪在前，而今道路不通矣。

二十二日，余作《防边》一篇送昆帮办，论曰："兵法云：

'能守而后能战'，'兵贵精而不贵多'、'将在谋而不在勇'，此乃万全之策。旷观中国军兴以来，设捐抽税，生财之道益多，而国家之库愈竭，何也？耗于练兵者有〈之〉，耗于购军火者亦有之，迨至军务紧急之秋，各直省动拥多兵，开仗之时，得力之兵甚少；及散勇之日，贻害地方。莫若平日训练精兵，因择地势利其兵器，于敌人经由之地，埋伏地雷，设立炮卡、炮堡，所用四管拿腾飞炮，在山上改用单轮，远以单弹，近则散码，筑堤于前，藏兵于后，务使我能击敌，而敌无奈我何。胜则节节进攻，败则退守炮卡、炮堡，须兵勇有可恃之势，而后有坚守之心。如经棚之地，四面平山，条条是道，防守非易，设使敌人以数十骑之探，游弋沿边，声东击西，毫无布置，势必顾此失彼，兵不善用，徒耗兵饷也。现下欧人有事于西，正我亚东整顿防务之日，不然，贼已至门，而犹鼾然长睡，岂足谓之慎重边围者哉。"

二十三日，作绝二首送适庵，诗曰："玉塞纵横卅二年，鬓班不惕踏冰坚（余明年五十岁）。谁知万里龙沙外，尚有涪翁早着鞭（适庵八月至该处）。　　一剑冲寒作浪游，雪花掌大扑貂裘。始知塞北蒙经地，只在黑沙顶上头（经棚，地方土人谓之黑沙滩）。"

二十五日，余至黄家营子督工，适值由热带去小工李姓一名，在杆绑线，失足落地，跌伤腰部。该处防军张哨官佟臣以山羊血饮之，余亦给其三黄宝蜡丸一包，令其在该处将养，并派小工一名在彼俟候，从此各工人感激，努力向前。

二十六日，竟做至阎王鼻子山，距黄家营子二十里。是日，余住蛤蟆山，距阎王鼻子二十里，因距该处十里之北，井无水，居民饮雪。自阎王鼻子以南，各山均有树木，诚天然境象。蛤蟆山只有居民一家，询其家世，答云："祖居于此，原籍山西人，因荒年，父子来此种地。去年蒙匪来此，将窗户拆烧，损失甚巨。现下无力张罗，是以门窗户壁，东凑西拼，甚不完全。"问其种地若干，答云："所种仅三石耳。因此处无亩数，只以籽种计算。种若干，即有若干之地。青苗在地之时，蒙人之为地主者来此验看，再议地租。"余本应多住一日，无如此家嫁女，亲戚来此，无屋可住。

二十七日，至公沟，过对面峭。该处只有一店，别无居民。店中房屋为兵士所住，无容身之地。店东指以对沟有房三间，为种地牧畜人所住，愿往否？是日已近黄昏，只得将就。及至该房，有工人三名，形同乞丐；房屋三间，只有一炕。于是令工人两名至店与小工共挤，留老者一名作伴。是夜，寒冷异常，斟茶一碗，热气停止，虽房中炭火不断，而尤结冰。该处出地高四千三百尺，为通围北大道，与赛罕坝接连，树木葱茏，令人可爱。工人喂山羊一、犬一、牧牛八，此羊终夜咳嗽，犬终夜不宁，皆因寒冷所致。余终夜未曾合眼，为寒冷一也；其次为屋外无门，屋内对房无窗，一旦狼至，难保无虞。清夜深思，设或伤生，殊属不值，其所以不寐者，又其一也。

二十八日，清晨，余令人将店中所住兵队之什长传至，托其设法。据云哨长业已他出，所余一铺可以将就。余饱食后，遂即前往。

三十日，由经棚至公沟，工程已竣。闻沙岭河尚有三杆无线，即派经局工头王致祥，带小工五名，雇牛车一辆，运线前往修补。余与工头、小工等折回经棚，出店过沟约二里，遍地皆冰，车马难行。余遂步行，着带钉毡鞋。此鞋因过代尹梁冰山，有戒心，所以制一钉鞋，以免滑仆。其制法，系用牛皮一块，穿钉六枚，倒穿六枚，踏于冰地，可以无虑。沿途冰山，未被滑仆者，皆此鞋之力也。

三十一日，至经棚，住于局中，以候通报至。

二月二日，晨刻，忽然多伦电通，喜之不胜，遂与该局长将机器修理整齐，并致书于经棚县，所允代运电杆，只收到二十五根，其余一百三十七根所存佟家营子，托其赶紧运齐，所有应给车价已存经局，代为给发。

二月四日，昆帮办治酒送行，并派兵护送。留别黄适公七律一首："滦阳回首一千里，异地谈心两月余。积雪印留归马迹，望云盼读剖鱼书。旧游星散偏闻笛，羁客情深奈判袪。轮指凯歌归辔日，与君醉赏离宫藁。"

五日起行，至刘家店住宿，行仅六十里。该店东系山东曹州府梁山泊人，到此已五十年于兹矣。据云，从前遍山林木，柴草不缺，河身甚窄，舍利木伦河两岸膏腴，产麦最富，河水黑色，沙土亦然，所以名之曰黑沙滩，外省逃氓见之亲热，殷勤留宿，相待如宾，设或愿留于此，觅事甚易，数年之内，置地盖屋，不及十年，即可成家立业。彼之到此亦然，惟近今十余年，落雨愆期，累年冰雹，荒歉甚重。且河身宽阔，昔之膏腴，而今已成泽国，河水、沙土，已无黑色，禾稼细弱，粮食寥寥，不及从前四分之一。况林木毁坏，烧炎日缺，本年尤缺，因落雪太早，将草盖没，不但此也，尚有麦田未割，为雪压没，不知凡几。现下累年失收，农人籽种、人工，赔累不堪，从前为小康之家，而今几于无可糊口，言之泪下。

六日，至黑水住宿，雇带道一人为前驱，因该处一望平沙，车辙均为大风括失，如无熟路之人，是必被迷。

七日，至合成公烧锅住宿。从前烧酒作油，带卖粮食、杂货，并种地数十顷，生意甚大。近来连年失收，烧炎日缺，以致歇业。现下别项生意，俱已停止，只有经理地亩一项而已。于是领至客屋，寒冷不堪。此客屋为练军营长所住者，该营长早已他调，久无人住，诚恐受寒，除客屋而外，如欲温暖之屋，只有豆腐房一所尚可居住。余即搬至豆腐房，与磨者同炕。此时乌局工头苏兆信赶到，晚饭后，令其同炕，探问乌局事，该工头性直，将乌局一切，源源本本，叙述周详。余本奉命密查乌局之事，有此机缘，是以一一载记，为密查之要旨也。

八日，住一棵树。

九日，至乌丹，该局长钱宝熊亲自来访，定邀住局，余以查办有事，恐招物议，决计固辞。除晚饭而外，未便住局。

十日，至局查访一切，讵意该局长早已知悉余之所来专为查办之事。

十一日，访查藏〔藏〕事，闻乌、赤道路不靖，邮局信差被劫。午后往谒陆军杨团长，求其派兵护送。

十三日，至赤峰，时值阴历二十九日，工人与车夫不愿前进，诚恐岁晚店中无人供应，故在赤眈〔耽〕搁两日。

十七日，至围场，因有同乡毛志共将余行旅搬至县署，时值围场官绅团拜，该处官绅二十余人前来邀饮。

十八日，团拜，为各界挽留一日。

二十一日，到热。

赛罕坝记

赛罕坝，在围场之北，距锥子山一百八十里，东西绵亘三百余里，南北六十里，为围场与经棚交界之地。北距经棚二百二十里，出地高五百余丈。通经棚大道，南坝底有居民，亦有客店，名之曰佟家营子。又有天主堂一所，由天主堂屋后上坝，至柳条子沟脑，计四十里四无人烟，行人、车辆，均须候齐，结伴同行，否则不敢前进，因恐意外，以致孤立无助也。夏秋之间，每多胡匪，春冬之际，行人、牲畜一不留意，或遇大风，每多冻毙，偶一失足，即跌落山涧，积雪甚深，万死一生，难以救护，土人名之曰

烧香，牛马之冻毙为耙旦，以其将肾囊冻破也。行人每至坝顶，
有一山神庙，谓之曰敖包，相对磕头，求其保佑，是必平安过坝，
为中国迷信之语，不足为训。土人过坝，相戒饱餐，并怀带干粮，
饿时随便嚼食，方足御寒。此坝于坝底仰望，雾气沸腾，白日飞
雪，虽着重裘，而尤〔犹〕雪花透入。过坝时，须择天气清朗，
方无意外。坝东林木已尽，西坝尚存，将来砍伐尽时，遂成不毛
之地也。

《电界》（半月刊）

北京邓子安电气工程师事务所

1918 年 9、10 期

（李红权　整理）

阿尔泰风土纪闻（节录）

作者不详

我国外蒙，与俄之西比利亚，其关系相等，而俄人之经营西比利亚，其进步不可以道理计。乃蒙地既荒，风俗又陋，我国以鞭长莫及，置之不问，而注〔驻〕各该地长官，亦遂因陋就简，不谋所以发达之策。兹将某氏游阿尔泰记志之，亦可见其一班〔斑〕矣。

八月二十五日，自津起行，二十八日到哈埠。九月一日，乘西比利亚车，八日至疴慕斯克。休息一日，改乘轮船，于十九日至宰桑。又休息一星期，雇蓬车，五日至阿尔泰。共行路三十七日，除休息时间，实仅廿一日也。讵料行装甫卸，复因事派赴协密（俄属）。此地气候既寒，河冻而轮船不通。陆行一星期，途遇大雪（约深八尺）、飓风，车颠马蹄，幸尚无恙。现已返至宰桑，约明日前往阿，仍须五日，始能到也。沿途情形，本拟作游记，奈车之上，执笔维艰，及至休息，又多所遗忘。总之，中国之外蒙，与俄国之西比利亚，其关系相同，土壤亦不相上下，不过一则经营，一则废弃，俟暇时再行详述。

阿地内属数百年，荒芜不治，土民稀少，仍游牧性质，牧畜为业，逐水草而居。张幕为庐，谓之蒙古包。四周圆形，顶亦圆形。编木为架，蔽以羊毛毡，垫以毯，食息于斯。不食植物，饥则饮奶汁，间食羊肉。土人有蒙古、哈萨、缠头之别。缠头乃天山南路之人，较有进步，迁居于此。长官所居之地，名承化寺，乃〈蒙〉古喇嘛之庙，屋不过土屋数间，有居民数百家，商店百余家，汉人来此营商数十人。规模如此其隘，交通又最不便，历来当事者，因陋就简，毫不筹发达之策，诚不知其何为也。然此地非不可治也。土壤甚广，亦有膏沃可耕之处。金矿最富，煤铁亦有。此外盐池、渔业、森林，皆甚完备。以内地生活之艰难，移民外来，堪以自活。顾此事非交通便利不可，以今日国库支绌，铁路一事，谈非容易，则发达此地之说，仍属空言。余意为便利之法，尚可兴办台车。由归化，经草地，过古城子而至此，道路平坦。沿途设站，七千余里之途，日可行四百里，不过二十余日，即可至也。缘此附近各处，产马最多，既肥且耐劳，值亦廉，兴办台车，只须数十万元（约六七八千里之谱），可以便行人（行人经西比利亚铁路，亦须二十余日，若由内地，则须三四月）、运输货物，人民来此者多，则地可辟，矿可开，十年之内，必有规模可观，但不知能否见诸实际也。

《地学杂志》（月刊）

北京中国地学会

1919 年 10 卷 7、8 期合刊

（李红权　整理）

西北旅行日记

王陶　撰

　　民国□年，夏历十月十三日，雪　晨九时，乘京绥专车北征。先是，蒯若木先生，于民国六年冬，拜青海甘边屯垦使，兼青海矿务监督之命，以陕、豫、蒙套间，俱梗于兵匪而留滞；旋蒙套兵事告罢，又叠奉甘省省长兼督军张勋帅电促，遂决计冲寒履新。陶亦有事于西北，因附骥往。所经河套，虽属旧游，而宁夏、兰州间，闻草地荒遐，人烟稀少，客自为食，釜甑不备，即断炊。凡举火果腹之物，皆须预备，以故行李益繁重。汽笛一声，游行者纷纷话别，浓烟若墨，捷箭离弦矣。经四五分时，将达沙河，麦高四五寸。倏入南口，出居庸，长城雄据其上。经人力凿成之洞凡四，不夜而黑，备灯取光。按居庸关，古名军都关，北齐称纳款关，唐称蓟门关；位于昌平西北，延庆之东；南北两口，相距凡四十五里；立关四重，千崖峭悬，两山夹峙，祖国九塞，太行八陉，真天险也。涿鹿之战，金元之争，赤城、龙门、独石、狐岭，皆兵家所宝。今吴越一家矣，抚今思昔，不胜凭吊歔歟之感。十一时四十分，达青龙桥。折回西南，复北向，经宣化县。附城之北，积沙几及雉堞，而汽车窗户、几案间，黄沙夹雪，亦厚几钱许。下午四时，抵张家口，停车十五分时始开。自此西征，田地一至秋末，因气温不适植物之生长，即行休闲，不能种植矣。按张家口地势，阴山山脉，至此渐低落为坡陀形，无通津巨川，只雨水山泉，随地潴为池泊耳。气温较都门低下，为通蒙古军台及恰克图陆路之巨埠，居户鳞次，商业甚繁。九时，达大同。十时半，抵丰镇，寓泰安栈。气温更低，积雪半尺，朔风微动，两耳如割。按丰镇在得胜口外，前清有丰镇厅，隶属察哈尔特别区；北抵阴山，交通便利，百货充盈，物质文明，不让张家口，只物价较京师昂及十之四五，似嫌居奇耳。

十四日，晴　住丰镇。土人集市，以货交易，牲畜、皮毛而外，为布、帛、粟、菽。雇骡车至包头，食宿不管，每辆两套车，计银二十圆零五角。

十五日，晴　晨七时行，四十里抵马王庙打尖。车行颠播，触及头颅，挂辕者尚无大苦，惟当轴者颇不易居。再四十里，下午四时，抵韩庆坝住。

十六日，晴　晨六时行，经舒齐打尖。村居不卖食物，取资行厨。十二时，过舒齐山，纡回曲折，约二里许，积雪新融，僵蹄易滑，车行甚缓。下午四时，抵不浪住，土屋泥炕，尘灰厚布，粪火新燃，蛛网低悬，腥烟弥满，谚所谓"在他矮檐下，谁敢不低头"，信然。

十七日，晴　晨五时行。十一时，经代州窑。下午四时，抵石人湾住。

十八日，下午雪　晨四时行。九时，经五路，远望七级浮屠，巍然独峙。下午二时，抵归化，都统驻节绥远城，在归化城东北六里。绥远城内隶旗籍者，居十之七八。两城东西相望，皆据黑水河支流小图尔根河之源。本汉云中郡北舆县治，金之云内州、净州地也，东北有金净州天山县故城。

十九日，晴　晨四时行。九时，经台干木。下午四时，至插萨齐住。

二十日，晴　晨四时行，经饶斯好。下午四时，至萨拉齐县住。按前清置萨拉齐厅抚民同知，本汉咸阳县治，金属云内州，在托克托西北，县城濒苏尔折河之西。自归化至萨拉齐，山沟曲折，本为土匪出没之处，既有戒备，度已窜匿矣。此间产盐尚旺，木炭亦廉，商业凋敝，而隶黑籍者不少。

二十一日，晴　晨四时行。十时，经里庆。下午三时，抵包头镇。自归化至此，凡三百余里，日傍阴山（俗名大青山）之南面，迤西行，途路小有驰驱，尘沙冻结，风雪不作，旅行者尚无大苦。按包头界大青山、乌拉山之间。大青山本名布当图山，汉高阙塞所在也。乌拉与布当图，咸为阴山山脉。其东门外有转龙藏，泉水清冽，居民利赖；上建龙王庙，国民小学附焉，生徒三五，席炕而坐，诵读声盈耳，略事改良之私塾也。转龙藏者，自泉水流出处，刻石作龙头形，凡三，承受来泉，水即自龙口中喷出，下承以池，若龙之转藏于山腹者，因而得名。此间商务，以蒙、汉交易为大宗。商店晋人为最多，齐、鲁、燕、赵次之。蒯使由沪购来汽船两艘，已装其一，拟往来包头、宁夏、兰垣间，明年冻解，即可驶行。市中蒙古人往来颇多。按蒙古男女，皆善乘马，以游牧为生计，交接之礼，见面以鼻烟瓶交换，作寒暄语，换毕，仍物归原主。已嫁之妇，发分两束，盛以彩色之布囊，悬于肩窝之前面而下垂；未嫁者，发辫类男子。妇人喜以珊瑚联缀成串，覆发以为饰，惟赝者居多数耳。黎面、绛珠，相映成趣，革靴、天足，健步而来，可羡亦可怜也。

二十二日至二十七日，皆晴　住包头。气候与归化等。物价凡东南来者，较归化益昂。

二十八日，晴　晨十一时行。由包头至宁夏，不管食宿，两套车，每辆银五十七圆。包头至宁夏，有前山、后山两路，此次取道后山。下午九时，达共和洞住。

二十九日，晴　晨六时行。十时，经沙坝子打尖。下午六时，抵老爷庙革坝住。

十一月初一日，晴　晨六时半行，十时至二分子打尖。下午五时，抵四柜住。自包头来，一路已垦之地颇多，只砾块在途，车无定轨，颠播益甚耳。

初二日，晴　晨六时半行。十时半，经板旦打尖。下午四时半，抵隆兴长住。隆兴长为一小市集，在五原县西北三里。民国四年，来五图垦，侨寓一年，旧地重游，不胜感慨。五原南临河套，北负阴山，为蒙古乌拉特部旧牧地，汉五原郡治之九原县地也。按河套地居塞外，在唐、虞为荒服，夏、商为渠搜，至周城朔方，獯狁尚据套内。自秦收河南地，筑长城，界分中外，历汉、晋、隋、唐，以迄宋、元，套内皆为中国有，且防边要地也。有明弃东胜，正统间，仅守河套。至天顺六年，毛里孩遂渡河入套矣。厥后议收议复，事变不常，而疆索如故，故套中历代郡县，尚有能指其墟者。有清《一统志》，河套为鄂尔多斯七旗地，近复隶于归绥特别区域，平原千里，财货窖藏，庶富而教，则东瀛之北海道也。

初四日，晴　住隆兴长，游五原城。居民寥落，不满百户，商业概在隆兴长。闻萨、托等县遭匪蹂躏，而五原独全，其悬磬之室，不暇枉顾欤。

初五日，晴　晨六时行，经满隔素打尖。下午五时，至五家地住，一路荒草离离而已。

初六日，晴　晨七时行，经五箕打尖。下午三时，至六三地住。一路小沙漠中，有叶肉甚厚、青色之黄杨木，折而触之鼻观，觉有奇臭。其席草高及四五尺，红柳丛生，羱羊、雉、兔，自由往来。蒯专使介弟景参，善猎，获雉、兔甚夥。

初七日，晴　晨五时行，经德和全打尖。下午四时，至秀善堂住，地名五大股。由五原来，途次所经耶教教堂四五处，开渠图垦，辟场营牧，屋宇高洁，玻窗向阳。虽不知上帝在何处，天堂为何物，而置此蠢蠢而动之氓于此新鲜空气中，耳目濡染，肺腑清凉，又何怪不惊为天堂在前、上帝在上乎！土人奉教者，对旅客颇能尽礼，居处亦较清洁。传教牧师，服华服，语华语，牺牲一切，从事于教，可敬亦可畏矣。途次亦曾经喇嘛庙瞻仰，所奉之教，亦未尝无戒律，亦未尝不慈悲，而其所定宗旨、所施方法，迥不若耶教之恰合于今日之社会，故演成多数蒙古人崇信耶教之现象也。

初八日，晴　晨五时行。经黄杨木头打尖。途次有大河前横，冰力不胜车马，破冰而涉，深二尺余，经一小时之久，始安然渡过。自黄杨木头西行，经幅员五里左右之红柳林，属植物学上之盐生群系，纯为柽柳，高及寻丈，材质颇坚，何人手植，不可稽考，土人日事斩伐，而不补植，十数年后，亦一片荒土耳。中国林政之不振如此，不禁喟然。再五十里，抵波里奈住，距大滩不远矣。

初九日，晴　晨七时行。经大滩、大兴全打尖，已入甘肃平罗县界。下午四时，至河梁台，住耶苏教堂。

初十日，晴　晨五时行。下午七时，住磴口。气温较低，自河梁台来，一路沙漠颇多。磴口市集，处于沙碛之上，面临黄河，冰雪波起。方舟七八，置于滩上，舟长丈余，宽不及丈，深约三尺弱，底面无大差，甚平稳。此间有电报局、邮政局，商务亦颇发达。

十一日，晴　晨，住磴口。土人云："此间无地可种，百物皆从他处运来，故价甚昂。"

十二日，晴　晨五时行。绕黄河西岸南面，沙碛最多。经百子地打尖，抵河拐子住。

十三日，晴　晨四时行。下午四时，抵石嘴子住。居民奉回教者颇多。清真寺甚宏阔，室如悬磬，惟遍地铺设芦席，最上之中央，列一毡席，前列有羊皮、狗皮各二张，相间铺陈，悬额一，文曰"明义睦邻"，为本地洋行及各巨商赠于回教中之巨擘者。其巨擘之名称，有阿洪、高目、乡老等，以阿洪为最尊云。闻回教教条有"尚武护教"等语，此回教兵士所得名于中国乎？途次曾见蒙古包，作圆形，径不及丈，围以毡帐，支以木条，十字交叉撑持之，高及六七尺，四偏略低，游牧必需之行窝也。上自王公，下至黎庶，虽亦同化于汉人居处屋宇，而结婚及各种大典，必于蒙古包中举行，且结婚时必悬弓箭于门外，既见不亡故物之美德，亦借瞻蒙人尚武之精神。入主中夏，有以哉。回、蒙各族之所以图强者在尚武，尚武而不知世界尚武之大势及真谛，天然淘汰，来日可忧。

十四日，晴　晨六时半行，经黄子桥打尖。下午七时，抵平罗县住。城外沙碛甚多，城内建筑物颇有可观。层出飞楼，雕刻精致，百年物也。往古美术的思想，较之今人，未遑多让。

十五日，晴　晨五时行。十时，经李岗堡打尖。下午七时，抵宁夏住。宁夏本宋灵州之怀远镇，西夏建国都此，号中兴府，元为宁夏路，明为镇卫，清为宁夏府，民国改为宁夏县，护军使道尹驻焉。右倚贺兰，左带黄河，险固冠于西北诸县，故拓跋氏据此，南抗赵宋，东拒辽、金，享国数百年，始为蒙古所灭。县城濒于黄河支流唐徕渠东岸，百货以羊皮为特产，鱼、盐、煤、铁亦多，玫瑰露酒，名驰遐迩。距城十里为宁朔县，因居户大半为旗籍之民，亦曰满城。满人生计窘甚，隶黑籍者比比皆是。天潢贵胄，不堪入目矣。宁夏所属有金积堡者，为光绪初年湘军隧攻回匪有名之战场也。

十六日，雪　住宁夏。小使某自田间来，询以宁夏开渠垦地之大概，据云，"近城四五十里，皆可灌溉、栽植水稻。惟水稻田只种一熟，不如每亩百两之沃壤，每年可种两熟以上。开渠费每二十里，需银一万元"等语。按平罗至宁夏间，利于垦牧之处甚多，稍一经营，可获大利。

十七日，晴　住宁夏。游城之内外。兰若甚多，承天寺在城内西偏，又名西塔寺。塔八角、十一层，不事丹垩，青砖砌成，坚洁可观。间层辟门，闻登塔者有误堕陨命事，地方有司绝梯禁登，不能一目千里，可惜也。正殿有卧佛一，长可二丈余，覆以绛被，曲肱而枕，面偏向外，两足齐并，双眸若瞑，亦可谓禅门之大观矣。塔后有小殿，殿有额，颜曰"古塔凌霄"，附前人题咏云："物外招提大野环，客来浑自畅心颜。风铃几语兴亡事，宝塔遥传晋宋间。极塞山河相拱揖，诸天云日总幽闲。劫余正喜尖重合，努力凭高试一攀。""宝塔觚棱出层殿，珠珞庄严空际见。天风吹落铃语声，海日山云光佛面。赫连古迹已销沉，塞草烟寒岁月深。寂历禅关僧昼定，那烦半偈为安心。"按宁夏八景，此居其一。庄严宝相，得诗益传。门之两侧墙壁，丹垩一新，粉饰清洁，虽非彩壁龙蛇，而砖镌唐三藏取经事，毫发纤细，光怪陆离，兼而有之。不图边塞荒服，现此奇观，其门楣镌钟鼎文亦佳。出寺，再游街市，整齐繁盛，与包头不相上下。银币一圆，换银七钱五分，换当十铜圆钱一百五十枚，途次来，亦有换一百六十余枚者，以袁世凯纪念币为最通行。其次若站人江南、湖北、广东、北洋造币等币，皆须贴水。稻米每斗计四十斤，值银一两二钱。鸡卵每个三十文，猪肉每斤二百四十文，鸡亦然。鲤鱼每斤四百文，玫瑰露酒每斤三百二十文。

十八日，晴　住宁夏。城内东西长三里余，南北长一里余，西大街贸易最多。

十九日，晴　住宁夏。城隍庙演剧酬神，秦腔悲壮，艳服褴褛，可以耳闻，不可目睹。填《浪淘沙》一阕云："傀儡共登场，褴褛荒唐，网巾（伶人去净生等角者，必以之束包其发）破露发苍苍。牛鬼蛇神花旦好，黎面堆霜，晋调古伊凉。鼓节渔阳，果然悲壮北方强。只是征人听不得，何处家乡。"换车往兰州，食宿不管，每辆两套车五十圆。

二十日，晴　十二时行，下午六时，抵杨和堡住。

二十一日，晴　晨五时行，十时，经业升堡打尖。下午七时，经小坝，抵大坝住。途次所经之渠闸甚多，以石砌成，分三四门，以杀水势。宁夏所有各渠，闸坚而管理得法，归绥、河套之渠闸，相形见拙〔绌〕矣。

二十二日，晴　晨五时行，十时，经广武堡打尖。广武亦有城，甚荒凉，有紫光阁功臣额者一家，楼阁雄伟，已将倾矣，百年前有名地也。下午五时，抵渠口堡住。某客店有联云："君子至于斯，今夜投宿；先生将何之，明日遂行。"集句尚切。

二十三日，晴　晨五时行，经枣阳堡打尖。一路有小沙漠，亦有果树。傍贺兰山，向西北行，下午五时，抵石空堡住，途次果树颇多。

二十四日，晴　晨五时行，经罗镇堡打尖。下午三时，抵中卫县住，街市繁荣，贸易亦盛，荷枷者往来街市以示众。边邮〔陲〕旧习，固属难除，且非此亦不易为治也。

二十五日，晴　晨住中卫，游保安寺。寺在城内之正北，琼楼玉宇，高耸入云，亦建筑物之可观者。文昌阁三层，高据东南城上，登阁远观，全城在望，夕阳西下，万户炊烟，极目东南，颇萦乡思。

二十六日，晴　晨七时行，十二时，抵沙坡头。本拟即渡黄河，闻渡河需时颇久，因而住宿。中卫至沙坡，皆冲积层之砂砾峦岩，高及三丈余。此种岩层，足以证明该处昔日本为平原，因洪水冲积，而成高原也。中卫至沙坡距三十里，一路沙碛，骡车不前，乘客下车步行，始缓缓行过，真畏途也。

二十七日，晴　晨八时，车辆渡河，车夫策骡而行，傍山依河，绕越前往。因山麓路窄，车不能行，故必须渡过，逆流而上，约距三里，渡三小时始到彼岸，亦缓极矣。十一时上车，一路沙碛更甚。下午七时，抵长水住，只行三十里耳。骡行两三步，即休息数秒，时真有行路难之叹。途次光滑之小块岩甚多，与南京雨花台之石卵相仿佛，陆离光怪，未能检储，可惜。天然煤块呈露而不采取，货弃于地，不禁喟然。

二十八日，晴　晨七时行，约二十里，经茶坊庙，庙墙新书"茶坊庙特产骨化石"八大字，另附说明云"此骨为洪水以前古代动物骨所化"等语。按该处骨化石，色灰黄，与沙碛无异，最长者四五寸，径可三四分，间有中空现骨形者。质甚坚硬，已受大压力压迫之所致欤。向庙祝购六七枚，以供研究。道路沙碛中，琐屑呈露，俯拾即是，下车检取一包，备赠博物专家。下午四时，抵晏安泉住。一路仍为沙漠，车行甚缓。水咸，不堪下咽。

二十九日，晴　晨五时行，经甘塘子打尖，居民三两家，水亦咸。下午五时，抵营盘水住，居户七八家。今日自朝至暮，行于昏暗中，风卷沙飞，云愁日惨，童山对我，古道无人。旅行于冰天雪地间，睹此现象，其感想为何如。

三十日，晴　晨六时行。下午六时，抵一条山住。自营盘水抵此，无打尖处，只于上午十时，在途次火炕大饼充饥耳。一条山，靖远所属之地也，商务尚可，水亦不咸。

十二月初一日，晴　晨七时行，下午五时，抵大赖排住，水又咸矣。

初二日，晴　晨五时行，经沙河井打尖。下午七时，抵路丁子住，水亦咸。

初三日，晴　晨七时行，三十里经山子墩，又六十里，抵瑞福和住，水亦咸。

初四日，晴　晨四时行，十二时，抵兰州。自出中卫后，日行万山中，驰驱沙漠，盘曲峰峦，亦竭尽旅行之困难矣。

此五十一日中，眼帘之所触，脑府之所感，因环境而生之幻想，即用以为当局之芹曝，事本理想，非幻想，然在我国，凡属理想之事业，十百每不能达小数之一二，毋宁强名幻想之为当，拉杂列下：

一、自北京达兰州，由北路来，凡五千余里，除特别休息外，实行四十日。此四十日者，设一旦有通行汽车之铁道，则其经过之日数，当在十分之一以下。因交通便利所得之利益，如军事、实业、教育等，不可胜计，此开辟交通之幻想也。

一、沿途所经，不宜垦牧者，百无一二，富于矿产者，十占四五。一为兴发，可以富国，顾货弃于地，熟视无睹，犹之窖藏之富人，日日守财，而日日号穷，此创办实业之幻想也。

一、守旧本不可厚非，刷新亦潮流所不免。途次所接触者，强半守旧，固执而不能变，而无人为之变。学校或有或无，有亦符号之作用耳，此振兴教育之幻想也。

一、交通也，实业也，教育也，无一可缓，无一不须财力。中央穷，边省更穷。何以穷？穷于兵，政争不息，私利是图，兵不肯罢，兵不能罢，兵不敢罢，是则万恶之罪。当永堕十八层阿鼻地狱之最下层者，厥为政争，厥为少数人之私利，政争不可以已乎。私利到手，能长生不老乎？能保此万恶之子孙长守此而不败乎？予欲无言。

《学生杂志》（月刊）

上海学生杂志社

1920 年 7 卷 10 期

（杨洋　整理）

蒙古旅行日记

附张家口、库伦间之交通状况

日本库伦特派员小西茂　编　　　文亮　译

绪言

余于大正八年十一月，奉本会之命，由东京出发，前赴外蒙古库伦有所调查。凡赴库伦者，其必经之道有二：一由西比利亚铁道至本线之"乌埃尔夫乃乌金司库"站，自是舍铁路而用畜类，经恰克图、买卖城，突破俄蒙国境，南进而达库伦，自东京行，约须二十余日；其二须经过中国北京，乘京绥路往张家口，由张家口改驱畜类，横断内外蒙之沙漠，北上而至库伦，自东京进行，约须四十余日焉。

上述之二路，沿途皆寒冷峻烈，物资缺乏，行旅之难，人皆畏惧。然依前述之路途，旅线之大半尚有利用铁路之便，比较犹易。当时因俄国内乱，铁路停驶，欲行不得，故余不获已，改由后述之途径以行焉。大正九年一月八日，自张家口出发，时值寒气酷烈，漠北之地，台风不绝，举目荒凉，积雪满地，气温已降至零下四十余度。余虽抱远征之雄图，然途中之艰难困苦，殆匪言可罄。旅行华里二千余里，日程三十五日，万死一生，始达目的地之库伦。今默想沉思，欲将此间之见闻详细记载，期无遗漏，然以沿途风雪饥渴之苦，神志朦胧殊甚，仅拉杂记其概要，以代报告。先就张家口述之，旅行沿途交通之状况，亦以次附记焉。

大正九年四月

张家口

张家口，民国二年改称张北县，为察哈尔兴和道之区域，距北京西北三百四十华里，位于北纬四十一度、东经一百十五度之地点。

地势　西北一带迫近天宝太平之巨岳，东南稍稍广袤，东西宽四华里，南北狭不及二华里，气候寒冷，附近可植五谷，市衢亦颇繁盛，通河贯流于南北。其西岸称为下堡，官衙、兵营在焉，对外交局之商馆，多栉比而居东岸，称为上堡，围绕京绥铁路车站，为新市街最殷盛之处。全市商铺三千余家，商民一万以上，人口有十万人云。

该处在未开放为市场以前，其地位已甚重要，如北有多伦诺尔，西北有库伦、恰克图、西比利亚、乌里雅苏台、科布多，西有丰镇、归化城、伊犁、新疆，西南有山西省要地，互为围绕。对于内地交易以及交通上之商货往来、金融等，早称为一中心之地，近来益加繁盛。输出品以杂谷、畜类、兽毛、皮类为大宗，输入品以茶、布帛、杂货为大宗，足称对外贸易之仲介市场，即对于外蒙百万方里之商域，亦不失为一策源地焉。

该市既为对蒙交易之中心，由对蒙交通上言之，亦不得不谓为一起点。从直隶、山西近接漠北之地，而入外蒙诸旗者，西有归化城，称为西口，东有张家口，称为东口，此二路皆为必经之道。兹将自张家口首途通过、近接远融边疆主要之道路，及其距离，列表于下：

地名	方向	距离
察哈尔镶黄旗	北路	三六〇华里
察哈尔镶白旗	北路	五五〇
察哈尔正蓝旗	北路	三四六
察哈尔正黄旗	北路	六七〇
察哈尔镶红旗	北路	四五〇
多伦诺尔	东北路	四七〇
察哈尔正白旗	北路	四六〇
察哈尔正红旗	北路	四二五
察哈尔镶蓝旗	北路	四七〇
库伦	北路	二九〇五
恰克图	北路	三一二〇
径〔经〕棚县	东北路	八六五
宣化县	东南路	六〇
丰镇县	西路	三八〇
陶林县	西路	五四五
阳高县	西南路	二二九
得胜口	西南路	四三二
兴和城	西路	二〇〇
凉城县	西路	五九〇
归绥县	西路	七四〇
大同县	西南路	三三二
杀虎口	西南路	八五〇

　　上述之交通路网，对于该市关系最密接者，厥为库伦与恰克图，在以前，张家口对于上述各地方之交通路，恰如神经中枢之观，自京绥铁路开通之后，山西方面之大同、归绥、丰镇等各镇市，皆渐次脱离该市，变而为自主的发展，殊如归化城对蒙交易，既已与该市互相竞争，已成对峙拮抗〔颉颃〕之势。故该市状况

日趋委惰，既仅为各方面通过之地，而库伦、恰克图一线，尤足以制该市今后之死命，其线路之重要可知矣。

　　去秋外蒙归顺中国以后，张库间之往来，较昔日益加频繁，顷更有张库间铁路敷设之企图。此为中国与东洋各地，及欧洲联络距离最短之线。此路为世人所注意，吾人又安可轻视耶。

张库间之交通路

　　张家口系由东口达库伦之道路，其道计有数条，然以途中牧草、水、燃料、河沿渴涨诸等之关系，其位置之移动，按四季不能一定，就中比较固着为人常利用者，计有左列之五线。

甲　第一路　电信路

　　本路以张家口为起点，与通库伦及恰克图之电信线路相并行。张库两地间之距离，计六百八十六哩，其间接〔按〕同一距离设有电信支局三处，即滂江、乌得、吹〔叻〕林是也。

　　一般旅行者及商货输送之队商，经由此道者甚多，故又名商路。据中国人计算，此间道里云有二千华里。

　　目下运行之自动车即经由本路，此外官差之往还、邮件之递送，利用本路者亦日见其多。

　　兹将沿途著名之要处，并各地间之距离，表示于下：

地名	各地间距离 （单位哩）	自张家口 之距离	沿途概况
张家口南天门	八哩		自边路街一直出大境门，径与天平山大峡谷间之溪峡路相连
南天门土井子	三·五	八哩	天平山大峡道中之右侧有十数户之小部落

续表

地名	各地间距离 （单位哩）	自张家口 之距离	沿途概况
土井子贺鲁夏音	一·三三	一一·五	位置同上，户数亦不满二十家
贺鲁夏音哈音挪鲁巴	〇·二	二·四八	峡道路点之左侧，约有三十余户
哈音挪鲁巴兴和城	五五·〇	二五·〇	此处为急激之峻阪线，长十数里，路旁不远之处有关帝庙一座
兴和城庙滩	二·〇	八〇·〇	哈音挪鲁巴峻阪之极处，即为内蒙之大广野本驿，为察哈尔之要地，中国设有兵舍、监狱等，人家五十余户，自动车第一日行程止息之所，附近有小丘起伏
庙滩里马湖	四·〇	八六·〇	广野远连人家二十余户，察哈尔暂编混成旅某团有兵一连驻扎在此
里马湖大马群	一二·〇		当白尔义人之牧师传教时，以天主堂教会为中心，移居农家有十数户
大马群 埃音挪尔	八·〇	九八·〇	离此路右侧不远有数十户，近旁概系平坦，部落之背后有小丘低连
埃音挪尔图诺盖伊	一五·〇	一〇六·〇	埃音挪尔，蒙语盐湖之意。该地一带富于盐分及天然曹达，颇不适于牧养
图诺盖伊普鲁屯	三〇·〇	一二一·〇	图诺盖伊，蒙语头之意。前驿家屋之大部为中国家屋，概系中国移住人民开垦区域，由此站前进，即入蒙人游牧圈内，始见有蒙古包之出现云

续表

地名	各地间距离（单位哩）	自张家口之距离	沿途概况
普鲁屯嘉普萨鲁	六〇·〇	一五一·〇	该地一带仅有地名，不见人家，附近之道路在坡状起伏小丘之间
嘉普萨鲁簿古屯国尔	三〇·〇	二一一·〇	小丘起伏洼地，道路之左侧有四个蒙古包，就中之一户充自动车之小憩所 本驿路上中国人移住者甚多，因地味有一定之生产力，故旅人得有物资之供给，自是首途全须自携之品
簿古屯国尔漭江	五一·〇	二四一·〇	蒙语佛河之意，果有一小流，附近见有二三之蒙古包，但非固定者
漭江白庙	二〇·〇	二九二·〇	附近一带位于高丘台，为全路有数之高处，有自动车宿泊处，电信支局及居民数户
白庙哀领大北数	六八·〇	三一二·〇	路旁有白色之西藏庙，为旅者极好之目标
哀领大北数得胜口	一一·八	三八〇·〇	位于大波动状之原头，系自动车小憩地点，仅有中国家屋一户，车库一户，蒙古包三个，前方数里处有井水一，为内外蒙古之境界点，路旁西侧有数多之土堆
得胜口骆驼沟	三七·二	三九一·八	道路行于两岸绝壁，无水，河床之上附近有许多灌木簇生，足供行人视趣
骆驼沟乌得	二〇·〇	四二九·〇	位于张库两地之中，有电信支局，自动车宿憩之屋宇。是处有中国兵队二百人散居附近一带，以当防备之任

续表

地名	各地间距离（单位哩）	自张家口之距离	沿途概况
乌得霍音国鲁挪	四〇·〇	四四九·〇	
霍音国鲁挪萨伊乌斯	一二〇·〇	四八九·〇	此处一带为波状丘阜，连绵甚长，一为河线，冻结后与平地无异，人烟绝无
萨伊乌斯吹〔叨〕林	一四〇·〇	六〇九·〇	位于乌得、顺〔叨〕林之中间。本路亦为官道邂逅地点，线道由此分为二路，一由本路稍西偏北行，以至库伦，其他则西行，以达乌里雅苏台 附近有清澄井水，足解人畜之渴
吹〔叨〕林西拉夫图	一二一·三	七四九·〇	位于崎岖岩山之溪间，是处有极大伽蓝喇嘛庙，内住僧人四五百之多，此外有民家数十户，又有电信支局，自动车有宿泊处，为本路重要之地点 附近路面岩骨露出，凸凹不平，极恶之路也
西拉夫图国尔巴音图诺盖	二〇〇·〇	八七〇·三	有广岩〔延〕数十华里之原头一流贯其中间
国尔巴音图诺盖伊哇他布	九·〇	一，〇七〇·三	此处除自动车小憩地之外，别无可纪
伊哇他布姆图青	一六·〇	一，〇七九·三　六一·〇	为稍倾斜之岐〔歧〕下坂，至急激，上下约有三华里，为自张家口出发数条道路皆会于此点，由是以达库伦
姆图青东营子	二·五	一，〇九五·三	渐渐近于库伦，沿途街有市户数约二三百户

地名	各地间距离 （单位哩）	自张家口 之距离	沿途概况
东营子库伦	四·〇	一，〇九七· 八	为大库伦之一部，全街大部分为 中国人，所谓库伦之买卖城是也
	至本市街	一，一〇一· 八哩	

据上表观之，张库间本路之距离为一千一百零一哩八，此系根据西北汽车公司自动车之指针计算，庶几近乎实数，然若依行旅者之言，则各异其说，一般中国人皆谓有二千华里。据南满铁道会社调查员之说，则谓一千一百二十五哩，三井物产会社之测定，又谓在七百五十哩至八百哩之间。按电信线之计算，又谓六百八十六哩。据本路开转各汽车会社之发表，又谓一千零三十七哩或一千一百十三哩为适当云。此等所言之里数，未能一至者，实以上各要地间之道路，因牧草有无、河线涨渴之关系，按季节，当然不能一定。然综合上述各说，本路之里程以一千一百哩计算，当不致有多大之差异云。

本路与官道全然不同，官道用换马传驿之方法，途中虽经过无水草河〔沙〕漠之地，并无何等之不便，本路因无此等之便利，故不得不选择沿途水草丰满之处，且各处故〔固〕有一井一槽，足以愈人畜之渴。

沙漠旷原之行旅，路旁并无何等之目标，故途中岐〔歧〕路甚多，路迹不明者亦有之，旅人往往徘徊道上，不知何从。本路电线遥接，足为暗夜之北斗，浓雾之指南，近来利用本路者多，盖非无故。

本路与古昔所称之商路本属一致，其沿途必经之路，亦可决其与上述之各路相同，惟沿途之地名及距离等，尚恐有相异之点焉。

　　盖沙漠中之道路，因水草之关系无定，不免时生错误。又沿途之地名，中蒙人士往往各异其说，由蒙语转译之中国语，更易失其本音，加之彼等无的确数理之观念，故沙漠行旅之人，对于地名、距离等，时时顾虑，恐有差谬。

　　挽〔晚〕近多数旅行者，利用本路，日渐增多，将可决为固定之道路，既古称之商路，今不过为历史上之遗迹，供一部识者所知而已。无论今之本路与古之商路，沿途之要地，除两三处有人外，余皆人烟稀少之区，虽有地名，于往来之人，不但无便利可言，反令人多滋疑惑耳。

　　今之所谓商路可供参考者如下表所列。

地名	距离	道路之性质
张家口		为行无水之河中，有大小之石散在各处，
石家窝	二·〇	道路极其粗恶
土井子	五·〇	阴〔粗〕恶比前更甚
红沟	七·六	
王亘瓦	一·〇〇〔一〇·〇〕	良好平坦之草原
白城子	一五·〇	
达玛气玛噜	二〇·〇	此区与前同
图念加	二三·二	
璞图洛夫	二五·〇	道路同上，惟四方小丘伏起，微遮眼界，故眺望不甚佳
西念瓦	二八·六	
榷瓦姆乌索	三一·二	
库库铁列利	三六·二	
贺伊屯	三八·一	
阿巴乌索	四〇·〇	小丘积叠之岩石，遂既为山骨
塔列穆阿噜	四一·八	

地名	距离	道路之性质
诺萨巴	四四·三	土地稍软而粗
沙巴尔台		
资阿瑞库启	四六·八	同上
库伊络秀西鲁音	四九·三	
汪罅阿图	五三·三	砂土甚软，印陷深，故步行觉困难
利阿布气阿鲁	五六·八	
西阿鲁西鲁	六○·六	
索欧乃	六五·六	同上
贺图古图	七○·二	道路同上，渐次不良
哈榷右贺兹气埃	七六·八	此区为行平坦之大道，地质渐坚，犹为砂土
哈达图	八三·一	
米音加	八九·三	同上
钵洛青	九九·三	
西索贺屯	一○六·八	道路稍有高低，且甚软
阿鲁利阿	一一四·三	
库铁阿鲁	一二三·一	同上
资阿拉图鲁	一二九·一	平坦，稍良
埃也索乌索	一三八·一	同上，但无牧草处甚多
阿澄埃利乌索	一四六·八	因横断丘冈，故有高低
乌拉屯	一五六·八	丘之附近岩质甚硬
库其运	一六五·六	有时将雨，路面无变化，丘陵虽有高低，概属平坦大道，土石甚硬
资阿瓦图布索	一七○·六	前半区良好，后半区不良
塔利乌青	一八○·六	
木布洛西	一八五·六	
资阿洛加西加鲁	一九六·八	
库右西耶库	二○六·八	

地名	距离	道路之性质
资欧瓦	二一八·一	
资阿布其耶鲁	二二一·八	
泼布资阿鲁		
夫欧资欧瓦	二三三·一	
木西亚塔	二四〇·六	
西耶洛图	二四四·三	
木洛屯	二四九·三	
泼伊拉	二五六·八	
阿鲁其耶资	二五八·一	
库其耶巴拉	二六〇·六	
配埃耶布拉	二六四·三	
布音琶图	二七一·八	
木库图	二七八·一	
库欧加伊	二八四·三	
库库念图拉	二九四·三	
泼洛青	三〇四·三	
洛洛贺屯	三一五·六	
乌国搭巴	三二五·六	
阿鲁西耶塔	三三六·八	
库伦	三四四·五	

　　或曰，上记之道路一名队商路，与电信路全然不同。或曰，对照前两表，其各举之地名，与沿途之状态，全无相合之处。原来张库间道路网数条，人咸以为两者之称呼既同，即断为同一之路，诚不免失于浅虑，本书所言，不过略存研究，以资后学而已。

乙　第二路　官道

　　此路称驿站路，为官差专用之线路，即外蒙主要地与北京连络之驿路也。大约每隔一日行程地点，即配置一驿跕〔站〕于此，备有必要之家屋、人马给养品等，以供给递送公文书之差官及官用旅行者之往来，并任沿途之保安。

本路以北京为起点，出张家口，由张家口北方九十华里之庙滩迂回而西，经察哈尔内蒙古，通过戈壁（即蒙语沙漠之意）三十二驿，以达寨〔赛〕尔乌苏。由此处又分二路，一向北行至库伦、恰克图，一向西北行至乌里雅苏台路（一名阿尔泰军台路），稍远即达乌里雅苏台。

往库伦者，以张家口为头跕〔站〕，其间有四十六台站，其距离约二千七百余华里。驿站之构造，如驿路有人家者，即利用人家，否则特设于距离饮料水等便利之地点，大抵备有蒙古包六个乃至十个，并配置人员、马匹、骆驼之所要数，其家屋多以天幕代用之云。

人员概用蒙古人，其数于下。

一、官　一名

一、兵头　一名

一、乌拉齐（马夫）　若干

一、马　二〇头

一、骆驼　一〇头

而各驿员数，不能一定，实际上视交通之繁简，由清国之驻在官吏与经过地之蒙古王公交涉，以定适宜之增减焉。

得旅行本路官道者，限定清国之官吏，或得政府之特许，其旅券由察哈尔都统、库伦办事大臣，或乌里雅苏台将军发给之，旅券为汉蒙两文，同时送传票于旅行区域各驿站。本票为满洲文，其所记者，系关于旅行者之给与、命令等云。

各驿站预备之食物，常以若干之小麦粉与杂谷、羊肉以饷旅人（大约旅行者四人，每日给羊一头）。

　　旅行者抵站时，以驿站给与之食料自炊饮食，翌日起行时，驿站即备乘马或挽马以供给之，及抵前站，再换新马，如此递换而行，以安抵目的之地。大官及妇人女子，则马车、驼车以送之。

　　今将沿途各驿站台名列举于左。

台之次序	台之名称	距离	户数
张家口			
头台	察汉托罗	六·〇	一〇
二台	布尔嘎素	一二·〇	三〇
三台	哈柳图	二一·〇	四〇
四台	鄂拉呼都吏	二七·四	四〇
五台	奎素图	三六·〇	五〇
六台	札葛素	四二·〇	五〇
七台	明垓	四八·〇	四〇
八台	察察尔图	五六·五	三〇
九台	泌台	六五·一	不明
十台	乌兰哈达	七六·二	二〇
十一台	布母哈图	八六·五	一〇
十二台	锡拉哈达	九五·四	二〇
十三台	布鲁图	一〇三·七	二〇
十四台	乌兰呼都克	一一〇·五	一〇
十五台	察哈呼都克	一二〇·八	八
十六台	锡拉不鄂	一二六·八	一四
十七台	鄂兰呼都克	一三九·七	八
十八台	吉思供都克	一四八·二	一七
十九台	奇拉伊穆呼	一五五·一	八
二十台	布笼	一六六·二	六
二十一台	苏吉布拉克	一七六·八	一〇
二十二台	托里布拉克	一八一·七	七

台之次序	台之名称	距离	户数
二十三台	图克里克	一九二·〇	六
二十四台	莫霍儿哈顺	二〇三·一	二〇
二十五台	霍尼治	二一六·〇	四〇
二十六台	郡林毕勒底合	二二六·二	三〇
二十七台	阿尔班奈玛	二三七·四	三〇
二十八台	匜拉图	二四六·〇	二五
二十九台	租格布图	二五四·五	七
三十台	巴洛波	二六一·四	一〇
三十一台	库图勒	二七〇·〇	一〇
三十二台	赛尔乌苏	二七六·〇	四〇
三十三台	搜吉	二八二·〇	不明
三十四台	苏彦海	二八八·八	一〇
三十五台	巴彦毕拉噶库	二九四·二	一〇
三十六台	巴彦和硕	三〇四·二	八
三十七台	博萝达噶	三一二·八	八
三十八台	套里木	三二一·四	六
三十九台	莫敦	三三〇·〇	三
四十台	那蓝	三四〇·二	四
四十一台	他拉布拉克	三四八·八	二〇
四十二台	温都尔多布	三五九·一	不明
四十三台	吉尔噶朗	三六八·五	三〇
四十四台	布哈	三七八·八	不明
四十五台	布库克	三八七·四	六
四十六台	索诺索哥拉音图	三九四·五	二
库论〔伦〕		三九八·二	

本路今亦成为历史上之陈迹。现时官差专由第一路往返，久不见有利用驿路者，故驿站渐次荒废，上记之重要路，今已无人

知矣。

丙　第三路　牛车路

由张家口北方约一百五六十华里之大马群，迂回东方，择饮水便利之处，以行于库伦之南一百三十四华里之伊瓦他布卡，与第一路相合，再达库伦，此即牛车路，俗谓老棍路是也。

此路里程有二千五六百华里，因沿途牧草之有无，时变更。其道路大约不出幅员数哩之范围，牧草有无与畜养有至大之关系，故本路之利用常在牧粮繁茂之夏季，即因此故，至张库间牛车所需日数约五十日至七十日云。

丁　第四路　邮便物递送路

本路为邮便物运送之驿递路，由大马群稍东，于第一路与第三路之中间，直向西北进行，中途在滂江驿与第一路相合，由次林驿分岐〔歧〕，更向东行，于伊瓦他布卡，再与第一路相合。

本路通称为东路，一般队商利用此路者甚多。盖因沿途水草丰盈，取之极便，此间距离比第一路稍远，张库两地间，邮便递送，若用快马传送，夏季约七八日，冬季约八九日，即可到达云。

戊　第五路　西路

与第四路之东路相对而称为西路者，即此路。是沿途饮料稀少，行人极寡，而本路之概况及距离等，人亦多不明云。大概此路由第一路之某点分岐〔歧〕，与由归化城直达库伦之商路相合云。

张库间之交通机关

张家口、库伦两地间之交通机关，按气节而异，大概春、夏、初秋比较的温暖之时，多利用牛马，一入秋冬严寒之际，则专使骆驼以当其任焉。本交通路距隔如此之远，又在寒气峻烈之地带行旅运输，利用畜兽，全系自然之配合，克耐寒气、风雪、饥渴为其所长，惟以速度迟慢、运输能力薄弱，时日不免长久，又不能为大量之输送，此不能无遗憾也。

近时自动车之运行实现，惟其利用仅限于温暖之候，上述之不便，微有几分之和缓，亦可喜之事也。

今就本路现行交通机关略述如次。

一 马匹

马匹为交通机关而使用者，仅限于近接地带，若利用于远隔之地，即令路上牧粮、饮料等摄取容易，而马匹之锐气，究不堪于远征，逐路若无换马之便，利用更难。夏季张库间供飞脚用者，全凭路上换马之法，两地间急行飞脚，所要日数最短者约七八日，马匹在近距离间，亦可为乘用车辆挽曳之用，其可为重用又可知矣。

二 牛头

牛为乘用，亦可为重用，人多以牛之步行缓慢，终不足资缓急，惟彼之持久力、挽曳力，可利用于远隔之地，且绰然有余，确比前者为优。要之，牛、马在本交通路皆属要重之畜类而不可缺者。至于车辆，亦以次说明焉。

三　轿车

轿车等供乘客之用，其构造系二轮之车台上设蒲鉾形棚盖之，车箱用一马挽曳，该地方道路，石头露出，凹凸不平，车之构造，须十分坚固，方堪使用。新造者，车价颇不廉，一辆之价由五十两达百两以上，挽曳之动力，马匹固不待言，亦有使用牛或骆驼者。马之性质不比牛、驼，缺乏远征的耐久力，故路上换马不便之地方，利用者绝少，大概供市内乘合〔客〕之用。以前以张家口为起点，往来于沿途，比较的便利，如山西大同、归化城方面者甚多，自京绥路开通之后，始绝其迹。而一、万全、张北，一、多伦诺尔，一、库伦沿道等之近处，其数反见增加，是等各方面所行之轿车，大概用二头乃至三头挽曳，多因图急速而使用者，其运费不能一定，大略标准如左之主要路：

	最高运费	最低运费	急行运费
多伦诺尔	一五元	一〇元	三〇元
库伦	七〇两	四〇两	一〇〇两

急行运费，较普通运费，多至二倍或一倍有余，是等方面本车到达所要之日数，如次之所示：

多伦诺尔	普通七日	急行五日
库伦	普通四十日	急行二〈十〉四五日

往库伦马曳轿车，又称回回车，速度之快速为其特征，构造比普通轿车稍大，一台可搭乘二三百斤之荷物与乘客二人。张库间之沿途，马粮供给甚为困难，故仅可于每年初夏、晚秋之间，饮料水及牧粮丰富之时，可以利用，一至冬季则不见其影矣。

现在张家口市内，合乘合用与其他计之，大概有六百台之轿车，此等之车属于车捐局管辖之下，每月纳二百文之捐税，始得营业。更有以轿车顾客之车马店，以宿屋为主业，并供给车夫之食料或马匹之粮，兼为旅客之周旋与马夫之保证，此为该业附带经营之业务，彼等所征之宿泊料并手数料，略记于次：

一、宿泊料　　　　　马一头者　二〇文

一、旅客周旋料　　　运赁之七分乃至一成

该处车马店多集中于下堡，约有四十余户，今举其主要者：

德天店、德亨店、万隆店、玉顺店、德合、元成、四顺、德隆、相茂店等是也。

由张家口至近接地带察哈尔管下，凡四五百华里之处，沿途均有车马店之存在，本车介在近乡者，亦甚多，其为近距离交通之重要机关，可知矣。

四　牛车

牛车专资货物运输之用，其构造系为粗杂之无盖车，而以牛曳之，车价比较的廉，由十两至三十两。牛之资性异于马，速度极迟，而能耐困苦，且挽力大，为远距离间货物运输极重要之机关也。该车积载可能量，用牛一头挽者，二百斤乃至三百斤，二头三头联结者，可五六百斤，惟以构造粗杂，时常有破损之虞。又以不能十分发挥搭载能率，急须改良之处甚多。张家口附近，四季均可运用，张库间往来期，大概属于夏季，夏季因气候上之关系，驼车不能利用，故不得不专用牛车以当其任焉。库伦沿途输送主要之货物为茶、砂糖、磷寸、布帛、麦、烟草、杂货等，由库伦方面运回者，主要系各种兽毛皮云。兹举其运赁如次：

张家口	库伦间	百斤	约四两
张家口	多伦诺尔间	百斤	约二，五〇〇文

而所要之日数：

张家口	库伦间	普通　六〇日	急行　五〇日

张家口　　多伦诺尔间　　普通　　八日　　急行　　六七日

五　大车

大车之构造比前两者颇顽强，车重由五六百斤至一千斤，如何之难路，皆得通过，故此车适于大量货物之输送，当不待言。

挽马视重量之轻重、距离之远近而不能一定，大概由二头多至九十头不等，山坂之运转，甚为困难，使用于平地带者最多。

车价，大型者由六七十两至百三十两，小型者三四十两至七十两，此不过大概标准耳。积载重量，由四五百斤至一千斤，货物之种类比较的大量，而时常破损，则与牛车无大差异。兹将往库伦之运赁示于下：

百斤重者　　最高七两　　最低五两

其到达所要之日数：

最长　　七日　　最短　　三〔十〕四日

惟油酒类、果物类，运赁大略增高四成。由各该地运回者，多属各种兽毛皮、松材等，其运赁比运去者略见低廉。即：

由库伦运回者　　百斤　　四两内外

由多伦诺尔运回者　　百斤　　二，〇〇〇文内外

旅客若利用此车时，库伦、张家口间一人最高者二十两，最低者十五两。

六　骆驼

凡车行不便之地，或距隔极远之处，牛马畜类不能利用之季节，惟骆驼堪以使役。骆驼之特性，抵抗暖暑，力极薄弱，对于寒冷，耐恃力颇为强硬，剩余饮食物之包藏力，异常可惊，故冬季严寒之候，因气温、牧粮等之关系，牛马已不能堪，而骆驼独能发挥饥渴持久之特性，此期间之内，骆驼之来往颇频繁也。

彼等大概在昼间休歇采粮，入黄昏后，开步驰驱，虽至深更，而锐气犹绰绰有余。驼头劳役期间，由每年初秋始，至翌年五月止，春夏温暖之候，被毛脱出，体力痛而衰弱，殆已不堪使用，专放牧以休养其体躯。积载能力由二百七八十斤至四百五六十斤，但长驱疾走时，只能以三百六十斤至四百斤之间为限，连日行程约八九十华里。驼龄六七岁者，体力最旺盛，一日可疾驶百六七十里。骆驼退役年龄，由二十岁至二十六七岁即不能使用。骆驼之种类，有汉驼与蒙驼之二种，前种为中国人饲养使役者，后种为蒙古人饲养驱使者。本来骆驼并无因性能之差异而生种别，而所以异其趣者，盖汉驼生育于比较的温暖之地，蒙驼则育养于烈寒之域，因此关系，彼等性能之一差一异，亦自然之归趋也。兹就该驼等各积载力论之，汉驼大概二百八十斤乃至三百二十斤，蒙驼较为出色，由三百五十斤至四百余斤。骆驼往来之区域，极为广大，以张家口为中心，彼等往来之处，其近乡各处，固无论已，近如蔚州、寻与山西北各地，远至甘肃、西宁、宁夏、凉州、新疆、伊犁等处，均属汉驼横行之区，往伊犁者约需五个月以上之长时日。北路或西北路，如库伦、恰克图、乌里雅苏台、科布多方面，汉驼往来者固属有之，大概以蒙驼为多。往西北路，乌里雅苏台、科布多方面，更经外蒙而赴新疆塔尔巴塔、伊犁等处者，所要日程约四五月，至科布多者，凡需九十余日。雇佣骆驼时，必经此项专业周旋业者之手，始克成行云。

蒙驼以在张家口大境门外碎小铺为便。碎小铺者，为山西商从事蒙古交易兼营骆驼雇入之周旋，汉驼多集于张家口下堡之驼店。此等驼店，闻当地略有八户，即宝顺店、天顺店、德胜店、福顺店、万顺店、麟记店、仁义店、仁厚店等是。

驼店者，专营运送，兼为雇驼及止宿之业。彼等各收容多数之骆驼于自己之大庭，以供给草粮，并为幹〔斡〕旋雇驼赁金、驼夫之雇用、周旋运赁之取决等附带业务之仲立业。彼等应征之手数料，普通为二步旅客，赁金例须先付。至货物运赁，可先付法定运赁之八成，俟货物运到并无何等损害故障时，始将残额付清。若发生损害，即扣残额，以资填补，倘损害程度过大，即向驼店主追求，但彼等多资力薄弱，收回殊不容易，故货物运到未取之时，先将彼等之驼头抑留，发生货物损害时，应受货主处分，以填补其损害。驼载运赁，汉驼与蒙驼两者微有差异，兹就一头驼而言：

汉驼

往宁夏	最高	二十两	最低	十两
往库伦	最高	三十两	最低	十五两

蒙驼

往库伦	最高	三十两	最低	十两

由张家口运至库伦货物之种类，系各种茶类、布帛类、酒、磷寸、烟草及其他一般杂货，自库伦运返者为兽毛皮类、材木等。张家口、库伦间所要日数，普通三十五日，急行十八日乃至二十日，路上遭风雪时，延长至五六十日者甚多。汉驼比蒙驼行走略速，然亦须视驼头优劣如何。蒙驼驼夫之居处，大抵皆在张库间路上之近处，旅客搭乘赁金，略如左述：

往库伦	最高	三十两	最低	二十两

而驼夫之食料及其他等，皆归旅客担负，携带货物在二百五十斤内外者为无赁驼载云。

七　驼车

驼车者，以骆驼挽曳轿车，专供长途旅行之用。如多伦诺尔、张家口附近地带，用者极少，但限于库伦及外蒙，虽离较远之方面，因骆驼之性能活用超越于他畜牧也。驼之曳车，力最强者不过四百斤，如欲使其搭载寝具、食料品及其他之货物，必须另备他驼，以便中途轮番挽曳。驼车大者，约大于轿车之二倍，就中大者，室内宽阔，可安置数人之食器及其他炊饭器俱〔具〕，并可容二三人之横卧。严寒之期，覆厚绒毡于车之外部，以作防寒之用。途中如无旅舍，即就寝于车内，无庸更张天募〔幕〕。自张家口、归化城起点，从事于乌里雅苏台、科布多、新疆方面远隔地之行商，有夫妇终年起卧于车内而举子女者。兹将由张家口往库伦之运货示之于左：

最高　　七十两　　最低　　四十两

其到达日期，大概由三十四五日至四十日，急行时，运货最高者百四十两，最低者百两内外，大约十八日前后必可到达云。

就以上所述之畜类并以畜类为动力之各种交通机关，其积载之斤量及一日行程里数，更概括以示于次：

各畜类之积载斤量并一日行程里数表

种数	积载斤量	日程
汉驼	二八〇—三二〇（原位斤）	八〇—九〇（原位华里）
蒙驼	三五〇—四〇〇	八〇—九〇
马	二〇〇—二六〇	一〇〇
骡	二〇〇—二六〇	一〇〇
驴	一〇〇—一二〇	一〇〇
牛	二五〇—三〇〇	五〇—六〇

兹将前述各车辆之积载量及日程示之于下：

各车辆之积载量并一日行程里数表

种类	家畜类	积载量	日程
大车	一头曳	三〇〇（斤）	五〇—七〇（华里）
土车	四头曳	一〇〇〇	四〇—六〇
牛车	一头曳	五〇〇	四〇—五〇
轿车	一头曳	二〇〇	八〇—九〇
轿车	二三头曳	三〇〇	八〇—一二〇
驼车	一头曳	四〇〇	八、九〇—一二〇

驾驭是等各畜类之马夫及驼夫等之工资并食费等，举其所知者示于次：

马夫、驼夫之工资及食费

一、马驼夫之工资

中国人　　　　　一〇，〇〇〇文（铜钱）

蒙古人　　　　　三两内外（口平）

一、马驼夫一日食费

中国人　　　　　三〇〇（铜钱）

蒙古人　　　　　一钱五分（口平）

以上所列举之各机关，虽不见有所长短，然本交通路之全线，大车属于沙漠地带，且系寒气峻列〔烈〕较久之地域，实不能不谓为合理的交通机关。虽然交通机关之繁要条件，在速度快度、行旅安全、输送大量，而又运赁低廉，以此例彼，可以思过半矣。

识者早有张库铁路敷设之企图，自动车运输之计划，经甚久之后，始见实现，今则不足旬日，实跋二千余华里之本路，以安抵库伦，实亦外蒙八十余万人所梦想不到者。本交通路又明，交通机关之发现，盖即肇始于此，虽未尽完备，但比之从来畜类交通，已和缓几多之不便，盖亦可喜之象征也。

八　自动车

张库间开始为自动车营利的运输者，实始于民国六年十月。由在库伦京庄商务总会与美商元和洋行同时实行。初不过由一二鲁商在库伦为自用的运行，当不能为一般之利用机关，若论交通机关先驱之功人，当以前二鲁人为最。最初运行，因沿途地理不明，道路粗恶，往往误入岐〔歧〕途，且以械机之故障频频而起，又加之逐路机械之应急设备、汽油补充所之设置、乘客之止宿处等，未能整理，凡一往一来一千八百八十里之距离，须费十七日之光阴（日程八十余里），成绩殊不见佳。嗣后逐新整理沿途诸般之设备，结果今不过四日半，即可达到，渐可如世人之期待。往来数多道路中距离最短固定的第一路，即电信路是也。因图沿途止宿之便，有左记四处简单之设备，即兴和城、滂江、乌得、叨林。

汽油补充中，兼得饮食休憩之场所，除上述四驿外，更设定庙滩、基耶布萨尔、哀岭大地数、萨伊乌斯、图伊尔巴伊、图尔开等之六处。

于是等各要地，有简略预备的设置，以防车辆机械之故障，并有车库之建筑。运输期内，每年由四月中旬开始，至初冬十一月中旬为止，冬季严寒之候，有汽油冻凝之虞，若行旅者有紧急事务要求运输时，必须有便利的条件，方始运行。运输期间中，发车日期颇不规则，使座客已满，方可出发，故北京方面之旅客，绝不能遂其豫计搭乘之希望，亦缺点也。此等汽车在张家口出发之地点，如会社不能一样，京绥铁路所管之西北汽车公司，以张家口车站前为起点，其他会社皆选在大境门外，离车站约一里。旅客之乘车赁金，按往来之繁闲〔简〕，及各会社不能一致，但标准一人以百二十元为最高，若有包乘一车之必要时，一人乘车之赁金，则以搭乘之定员数为计算之基础。搭载行李，以三十斤为限度，超过时，规定每斤征收五十仙。

现在营业自动车会社，有左之三会社，兹示其经营上之优劣于下：

一、西北汽车公司

经营者　交通部直辖京绥铁路公司

资本金　千万

车台数　二十余台

本会社因系官办，比之左记二会社，经营上利便较多，毋待赘言。其所有车台，每车车价五百弗，速力每时可以四五十里，故其成绩较之他二会社为优。

一、大成汽车公司

经营者　天津中国商（王姓）

资本金　不明

车台数　二十余台

该社系个人所经营，成绩难期。殊如运输车辆，大半均购入旧车，今已破损不堪使用，速力每时几不能达十七哩乃至二十哩，沿途各般之设备，均不免有遗憾。

一、张库汽车公司

经管者　在库伦京庄（北京商人）商务总会

资本金　十万元

车台数　十台

库伦中国商铺之大部分，如山西人与北京人（前者占七分，后者占三分），彼等以古来之历史，当外蒙之交易，今已有卒不可拔之势力。该社属于是等商铺指导机关之京庄商务会所经营，故经营上颇有数多之利便，其营业尚足以与西北汽车公司相拮抗〔颉颃〕焉。

现各会社实在之成绩，几无从调查，开业以来，已垂三年，尚无一次决算报告公表于世，考其原因，皆无收益之故也。今将张库汽车公司当时设定之计算书示之于次，以作彼等营业损益上之根据：

张库汽车公司创业计算书

一、资本金　一〇〇，〇〇〇元

车辆购入费　三〇，〇〇〇元　客车十辆，每辆三千元

停车场设定费　七，〇〇〇元

实地踏查费　六，〇〇〇元

开业费　二，〇〇〇元

设备费并诸杂费　五，〇〇〇元

道路修缮　五〇，〇〇〇元

一、每月支出　一二，三〇〇元

社内诸费用　一〇〇元

各停车场所费用　九〇〇元

汽油购入费　六，七二〇元　每日八辆运输消费汽油二十八罐，每罐八元

车辆购入费、月赋偿却费　三，〇〇〇元

车辆修缮费　六〇〇元

通信费并杂费　四八〇元

一、每月收入　一四，四〇〇元

乘车赁收入　一四，四〇〇元　每月往返三十次，每次乘客四人，每客一百二十元

一、损益概算

每月纯利益金　二，一〇〇元

年终纯利益金　一二，六〇〇元　夏季运输六各〔个〕月计算，春冬休业

此外华盛汽车工〔公〕司系俄人所经营，其目的不在乘客，而专为自用，今已绝其迹矣。

欲在本路上经营汽车运输者，先必经中政府之许可，现外国商得有运输权者，美国为元和，日本则为三井等云。

《铁路协会会报》

南京铁路协会

1920 年 98、99 期，1921 年 104、114 期

（朱宪　李红权　整理）

塞北漠南汗漫录

妙观察斋主人　撰

叙　言

　　余性酷嗜游，所至必穷览其山川，详考其社会情状，笔之于书，以为至快。顾尝谓即今之世而言游，与其入声名文物之区，阅历繁华，无宁适蛮夷大长之乡，独向苍莽，以前者为人所习见习闻，而后者则反是故。余，燕人也，生居漠北，地濒绝塞，则将从事此项旅行，自当含蒙疆。无地可适，友人有在归化城者，殷殷以书相召，乃欣然就道。归化城当内蒙西土默特旗，左连河套，背亘阴山，实塞北第一重镇。气当阳春，时候粗暖，雪消河解，草长马肥，尝与友人共数骑，并辔走山谷中，偶值西北风大作，飞石射面，有如流矢，益复怒马疾驰，拍鞍大叫，真人生希有之状，快哉！既居月余，复自归城出发，北行逾阴山，直抵沙漠界，数入额包（蒙人称帐棚为额包），实查蒙民之状况；西行至河套，谒青冢，入密林，登大狼山而还；既复返至归绥，东行经草地，由张家口南折入关。总计行程所经，东自察哈尔，西至乌、伊两盟，南沿边城，北抵沙漠，纵横数千里，往返逾阅月。人生当作万里游，回首归鞍，此行良不负耳。行次，率笔为记，积笥盈篋。既抵故里，乃就绿阴窗头，笔其次叙，辑成一帙，以所行适当塞北、漠南之间，故名之曰《塞北漠南汗漫录》云。民国九年，岁在庚申，妙观察斋主人谨识。

初行一日，由京至居庸关。《淮南子》言"天下有九塞，居庸，其一焉"。余蓄游居庸之志久矣，辛亥，谒明十三陵，曾一度至南口（居庸凡三关，居庸正关为中关，南口为上关，八达岭为下关），未复深入，兹故便道访之。下车处，为青龙桥，当八达岭之山脚；南行半里许，始有店房，茅屋数椽，仅蔽风雨而已，然其内则殊整洁，又备置汽炉、衣架等物，不似小店之所营。询之店主，知尝有法国人来此行猎，住恒经月不返也。用饭后，由店主人作向导，彳亍上岭，巅绝高大，绕羊肠，攀藤索，时许方造其岭。初车行至南口时，已觉山势突兀，峻拔霄汉，至此则俯视南口诸山，不啻如在井底。盖山势重复，一层高似一层，有如天然排对，所以谈燕京八景者，有"居庸叠翠"之说，信不诬也。据本地站长告余云，八达岭不独高踞丛山之表，即岭下地平线，亦占京张路线之最高度。修工时，实测地平，较比北京西直门车站，高逾英哩十丈有奇，盖合华里一里犹强也。此项工程，为华人独营铁路之首创，架木叠桥，凿山开道（居庸塞四十里中，凡开山河〔洞〕有四，曰居庸山、石佛寺、五桂岭、八达岭，洞长至八里有奇），建设之难，为各路所未有，而始终未尝一假外人之手。路成之日，西宾参观者，犹啧啧称赞弗止；督其事者，粤东詹天佑也，亦足以豪矣。山中居民，尚称朴厚，惟生活程度，较之未交通以前，高过数倍，即鸡子一项而论，曩日铜币一文，可市鸡子三枚，今则两文仅市其一。其他物价飞腾，亦复类此，故向有田园数亩，足以山居自给者，今则非就食于外弗能，亦可见物力消长、社会变迁之一般焉。山中古迹甚多，余所至者，有弹琴峡，以流水潺潺，声如鸣琴，故名；望京石，在八达岭最高之一山头，梯之可望见京城；六郎庙，犹是故宋时之遗迹。独有黑石岭、娘娘坟，

□谓是明季之所修，乍见之际，颇费考虑，以明陵建在昌平，与居庸距离尚远，皇家香冢，不应独葬荒陬也。复至归绥，晤延庆李君燕平，始悉即明妃李凤姐之故墓。《客窗闲话》载，明神宗驻跸宣化，幸酒家女李凤姐，复还车至居庸，凤姐以暴疾卒，遂葬岭上，覆以黄土，一夕皆白云云，是即今剧本《龙戏凤》一出所由传也。

在昔闭关之世，居庸形胜，号称天险。缘四面山岭重障，乱石嵯峨，仅中间羊肠小路可通车骑，所谓"一人当关，万夫拾决〔决拾〕"，以元季铁骑之雄，南下中原，势如破竹，独至此攻打不克，复绕八扎儿间道，一夜始获至南口，可想其形胜之独擅矣。今则轮轨辐辏，门户洞辟，已无复险隘之可言，俯仰古今，对夕阳而凭吊，犹不禁感慨系之。旅居计两日，复由青龙桥搭车至张家口。车行未逾里，即入八达岭山洞，洞长八里有奇，车行至此，速率为之锐减，约行两刻余钟，方出洞，过此则一漫平川矣。沿路之中，见土围故垒甚多，约行十数里，必见一，非长城，亦非营郭，心独异之，询之同行某老者，谓是田堡。盖前代畏胡，一岁之中，恒数犯，胡骑至则挈家裹粮入其中，胡退则返故舍，盖犹是宋、明之遗迹也。车行至鸡鸣驿，见北有大山一座，极玲珑峻拔之致，有如天然削竹，适同车某老者告余云："今说部中所传九花娘其人者，往昔即盘据此山，复为官兵所破，解至大同镇授首，盖实有其事。"土人皆能言之，此可与前纪李凤姐墓一事并称，亦可见俚说故事，皆往往有其来历，即今考得，乃倍觉有意趣耳。车行至张垣，已近初更，下车寓中华栈，栈房甚绰阔，栈之四周，即娼楼、剧馆所麇集，管弦喧闹之声，彻夜不息。几年荒僻野地，竟至若许繁华，人称张家口为塞上之小上海，洵不虚也。翌日起，未即西行，特留一日之闲，以供游览。市面情状，与内地大致无殊，惟物值极昂，人情亦殊犷野。初行至此者，每怀不安之感。往日全埠精华，皆聚上堡，自汽车通行后，下堡亦骎骎与之相颉颃矣。市地名胜，首推埠西赐儿山，山势甚小，而景象独幽，造其巅则全埠宛然在目。山上有风洞〈冰洞〉各一，冰洞则常年结冰，风洞则镇日有风，皆不为天时地理之所拘，最称奇异。山怀有寺，结构亦佳。寺方丈亦可人，前清御史安维峻，因参李莲英得罪，北流至张垣，报疾不前，遂驻此山，与山僧论道参禅，唱酬甚夥。今寺中所存墨迹犹多，是亦名人韵事，可与名山相垂不朽者也。

　　埠中有河名横河，介于上下堡之中。河身修广，两岸堤坝，极森严峻固之致，盖此地光绪三十一年时，曾患巨水，山水骤冲而下，平地水深两丈余，人畜不及躲避，溺毙无算，事后捞尸身，得七百余具，其掩埋泥沙中者，尚不计数。缘山水至，则挟沙泥以俱下。有某栈房埋没，仅余屋瓦，事后挖掘，今尚有半截埋在地中云。此在该地，亦振古未有之巨浸，闻之令人怆然。（按，凡于夏季作塞外之旅行者，第一要知躲避山水，余初莫之知，后由丰镇至楞色山，有河新涨，度不过三尺余，车夫疑望莫敢前，余促之，则曰："贵客有所不知，此山水，非同陆地之水，高二尺以上，可以倒行人，四尺，可以倒车马。缘山水骤冲而下，动挟沙石，其石块大者有如葵碗，湍行似箭，人马遇之者，一敲及骨，则立倒。有时漫山而下，落地水深至丈余，则遇者更无幸免之理矣。故山行者，每以此为巨戒，若遇天气暴变，卜知必雨，则车马为之骤停，将车放好，马则系牵于树，行人亦须接近榭〔树〕根，以备山水下时，抱之可以得免"云。其恐惧戒慎如此。在初经此地者，所必不可不知，故特著之，以为行旅之一助云。）在口驻一日，复搭车至大同，一起沿长城向西行，山头墩台，垒垒相望，黄沙日黯，令人穆然动吊古之情焉。长城建筑，为吾国历史上一大纪念物。西人来华者，睹长城、运河之工程，未尝不叹吾民族魄力之雄伟。英人丹葛儿著《华北游记》，谓注意儿童之训练者，不可不纵之来华，一登万里长城，以养成其远大之思想，其推重有如此者。余所历长城凡三处，一在榆关，一在居庸，一在沿边道中；其质亦有三，有砖修者，有石修者，有土修者。在榆关者，有砖有土；在居庸者，有砖有石而无土；形最完整，当是近代所修葺，至沿边一带，则尽土筑，无复更见砖与石矣。车行近午刻，抵阳高城，亦边疆之一重镇，城东七里有白登山，即昔汉高帝被困于匈奴处。山顶平铺，而斜度甚陡，望之俨然，亦历史上一纪念地也。阳高城外有石坝，其高几及城腹，亦所以预防山水者。车行过站时，有最可骇笑之一事，盖曾见有无数妇女跪立道旁，询之同行者，知此地缠足之风最厉，中年妇女，每出行，必扶以杖，跪则以膝，鲜有能耐久立者，其跪也，亦如常人之聚立而观者耳，闻之令人捧腹。

同行有军佐某，久住阳城，于边地山川沿革，知之甚详，据言城北库儿沟（俗名四十里官沟），为通北塞之要道，自昔胡、汉交锋，多在此地，实即古战场也。自车中遥遥望之，因忆《吊古战场》文所谓"河水萦带，群山纠纷，黯兮惨悴，风悲日曛"，的的是此景况。有顷，风顿厉，万籁怒号，昼为之晦。车中门窗紧闭，而颈面沙尘皆满，盖此地虽在内边，已宛然具沙漠大陆性质矣。又言自阳高至大同迤西一带，即昔杨家将防胡之根据地，六郎庙随处多有之，不止前在居庸所见一处。又沿边一带，多穆姓者，亦有穆家寨之屯名，特未知穆桂英生身处，是否即此地耳。言此为之轩渠。行次，见山怀有无数土窟，层叠排比，有如蜂巢，土人出入其中，心甚异之，询之始知即所谓"窑居"者，亦犹内地之有居室耳。（时在车中，未能细辨，后此陆行时，曾数次入其中，察其结构甚简单，作挖土成洞，于正面开门窗，后面及左右两侧，皆坚壁不通风气。）盖边地土质坚劲，不易倒塌（所谓立土，凿井亦不用砖砌，虽穿深至十数丈，不辟不倒也），故但削土为之，即可成立，此犹然上世穴居之遗风。入其中，与土人拉杂谐谈，真不啻置身羲皇以上也。车行至大同，狂风稍息。大同为元魏之故都，城郭、市面规模皆甚宏大，四周形势，亦殊优胜，惜未能停车浏览。稍顷，车遂开，一路之中，又见古墩遗垒甚多，又田垄间，时见土壁削立，高皆不过四五尺，询之，知为农家所筑，用以仅蔽风沙者，缘暴风至，则禾稼苗折，坐此可得幸免耳。于以知边地稼穑之艰难，而边氓生活之不易，较内地显有天渊之判矣。时当阳春，内地田苗，都已莘莘在望，而此地尚未见有破土播种者，气候相悬如此，至谷类除大豆外，以胡麦为大宗，此项胡麦，虽较小麦面粉为粗糙，而味殊甘洌，且食之可以壮筋骨、耐风寒，亦塞上之特产也。

车行至丰镇，已近薄暮。此地为塞上首富之区，物产饶沃，人民众多。然据土人言，此地二十年前，尚有蒙古额包，札在近城一带游牧，以田地日辟之故，皆远徙在二百里以外矣。地方虽称繁庶，然在交通方面，于地理上不占优势，故不能蔚为商埠，而工业、农产等制品，则输入于内外蒙各地者极多。工业制品，多零用小件，如旱烟袋、木碗、铜壶等物，销畅极广，为每年收入之大宗，贩运时，大都采办次货，不取上品，以蒙人交易，只论价、不论货也。此地人情，最称粗野，街面以上，结伙成群，斗殴聚赌，视为故事；野外则马贼横行，大伙动至百数之人。前张将军（绍曾）夫人，在镇西为马贼所截，卫兵开枪击之，双方死伤甚众。盖此项马贼，多边防之逃兵为之，故枪械射击，都称锐利，非尽本地之土匪也。此处妇女缠足之风亦最厉，所谓“出必扶杖，坐则以膝”，盖随见皆然。又此地有一异俗，即每逢夏季，妇女赤背立门外，恬不为奇，而男子则必以衣巾遮体，不许赤露。叩其故，则曰：“女子为贱体，男子为罗汉体，故应如此。”殊可怪也。

当未至丰之前数日，本地北山中，发生一种异产，抵丰之日，适值县知事视察回衙。盖有村媪产一儿，两头两背，四足四手，视听啼笑，各自分能，而躯干则成一体。余闻之，笑曰："此所谓并蒂儿，不足为奇。"《文献通考·物异门》载此项繁生者，几不下数十则。原是双生之始，因生理偶尔凑泊，胸腹之间，未曾隔断，故成骈体，非是一儿而有两头两背、四手四足者也。

时西段铁路工程，尚未报竣，乃由店中搭雇轿车一辆，此地距归绥不过三百里路，而车价多至十数元。天微曙，即起行，同行大车，总计三十余辆，皆长鞭大套，辕系响铃，遄行山谷间，铃声大作，与四周群山相唱和，殊快人意也。此间轿车构造，一如内地，惟轮轴极宽，有如皇家之乘辇。盖山路奇险，惟此可免颠翻耳。日近午，抵胡儿崖，便用早餐，食料以胡麦面为主品，燃料则用牛马粪，灶气薰蒸，令人不可向迩。司炊者，以左手取粪，右手取面，倾冷水而和合之。观者皆欲作呕，而余心独不厌恶，以为人生处无可如何之境地，只有随遇而安。古圣云："素夷狄行乎夷狄。"佛家苦修门中，有尝屎者，皆所以破嗔恚、励坚忍，执义相绳，此何足道。用餐毕，即复起行。有顷，风大作，沙石射面，风住而继之以雨，其时虽不久，而衣物多浸湿矣。天向晚，抵大海坡（大海，池盐名，详见后），就坡东店房宿焉。店房院宇甚宽敞，惟住屋仅正面大厅一间，厅中则止大炕一座，通共七间相连。炕之面积，可容百余人，纵横倒卧，状甚狼藉。同行者有家眷车两辆，势难与共，另赁邻家住屋一间，始获安歇焉。院中有山狗数匹，其犬如牛犊，颈毛长尺许，以铁练〔链〕紧锁之；至夜深时，开放铁锁，则客人不许更至院内走动，届时亦必须先有知会，恐为所啮也。此种野狗，在内地绝未之见。据言此地多狼，行人多为所伤，若出门时，携二犬与具，则可畅行无阻，以一犬可以敌数狼，狼见之，辄远窜也。是日以微雨之故，夜气颇冷，余卧处，又适接近窗棂，冷气直侵入骨，夜睡弗宁。偶于枕上得句云："镇夜西风冷透棂，倚装枕臂梦难成。荒店鸡声唱偏早，塞门关外月三更。"率意成辞，不计声韵，即于月光下模糊齐壁，□腺蛛迹，不知今尚存否。

晨起，一路沿海向北行。大海周径约计三百余里，为内蒙中部产盐最富之区。海畔盐层凝结，皓如积雪，远望晶莹夺目，其厚处积六□①有奇，采取极易，炼制亦不费事，实天然之富源也。中蒙暨沿边一带，多用此盐，其质洁白良好，较内地沿海一带者，有过之无不及焉。余叩同人："此地何独以大海名？"曰："水分性质，纯然是海，非同河流湖沼也。"按，地学家言，洪荒太古之初，满地是水，其高山峻阜，伸出海面之表者，无异今海身中所现之岛屿，即吾人今日所聚居之大陆，实犹是海退后所发现之□②地耳。据此说以求，则此地大海盐池，其犹洪荒之水，潴而未竭者欤。（此地四面皆山，中间奇凹，有如釜底，有水既无排泄之路，又饱受四周之水以注之，故能历古不竭。）过大海以北，有小坝（凡旧日凿山开道，皆名曰坝）。山路颠跛特甚，同行者皆弃车以步，山草离离，坚茎刺胫。按，北地山草皆坚劲，又殊长大，高处可以没人，惟所过处绝未见有林木，以常理度之，生草既如是畅茂，则林木之便于发育可知。吾国林政不修，即有，亦不知爱惜（如东省之被据于日人是）。光绪末年，修筑前门城楼（庚子年为拳匪之乱所毁者），梁木之选，至取给南洋群岛，可异抑可叹已！天向晚，抵察哈布朗，遂停宿，地处群山之中，人烟亦殊稠密。此地土质多作赭红色，间杂碎石，颗发光辉，望之灿丽辉目。近至流之处，土红尤甚，因忆古词所谓羊脂曰〔白〕玉天、猪血红泥地，当必此类土质无疑，若从就近山石考验，加以制炼，或不难提取颜料也。

① 此处"□"为原文所有。——整理者注
② 此处"□"为原文所有。——整理者注

自此地至归绥，总不过一日程。是日起独早，行未数里，即遇雨，雨势甚骤，不久即止，然漫地皆泥泞矣。行过楞塞山下，有长河一道，度不过二三尺深，车夫观望莫敢前，询之知山水甚猛，非同陆地之水，稍不慎则有危险。（按，此节曾间纪于前《张垣游记》中，可互参视。）据言前年夏间，垦务局放荒委员某携马夫二人过此，以山水骤发，莫敢进，某员力促之，后马兵至以枪把痛击车夫之背，遂冒然前进，至中流，马兵先倒，车继之，人畜俱漂没无踪，惟押后之一马兵，急出得免。此前二年之事，故行此地者，多有戒心，亦可见北地山水之可畏也。停车约半刻，徐观水流不甚吃紧，乃次第渡过。是日凡三遇雨，至初更，方抵归城（归化为旧城，绥远为新城，相距五里）。是夜以惫甚，未复外出，店中住食，均尚讲究，不似荒山野店之况味矣。次日起，着店伙赉〔赍〕函至各友人处报到。有顷，次第皆来，他乡故知，欢慰奚似。近午刻，同至陈君归生处早餐。余向不嗜酒，兹以有异兴，亦把酌数盏，醺醺然作微醉矣。饭后同街衢，观察市况，见城势甚小（按，归化城原名库库和屯，往昔顺义王俺答居此，归顺前明，故改名为归化），而设今城，城垣以砖砌成，南北各设一门，其直径不及二里。有外郭，系崇德年附筑，设东、西、南三门。四隅置望楼，楼以外濠。今俱荒废不堪矣。城内有旧衙署两座，至大商铺号，则多聚集南关一带，街长至五里有奇，归绥精华，皆在于此。

此地为中国本部至乌里雅苏台、巴里坤等处所必经之路，又为西北部中蒙贸易之首府，故商情极盛，益以今后京绥铁路之交通，市状发达，更见一日千里矣。市中房式规模，皆甚隘陋，惟庙宇殿堂，则殊壮丽宏敞。其工程之距〔臣〕，较之北京各大丛林，都无逊色。盖前清乾隆末年，有道行高妙之喇嘛名哲布尊丹巴胡图克图者，驻锡于此，灵异甚多，蒙人崇之如佛祖。彼时喇嘛僧徒，多至三万余人，故庙刹林立。今宗风虽就衰败，然道迹存留者尚多。此地庙刹，皆名为召，有大召、小召之名，街道小巷，多取以召立名。如某召头道巷、某召二道巷是也。城北有乌公山，亦名大青山，为阴山山脉中之最峰，拱卫归绥，形势天险。有山一道，自阴山下贯于归城之西，河水清彻〔澈〕，足可鉴底。河西有财政厅，为一故署之改造，据言清西后少时，曾随父官居此地，署中花厅有亭曰望亭，最为后所爱玩之处，后入宫听政时，有绥远将军朝见，犹每问及此亭，以是地方官望风承旨，则加修葺。今故署多易旧观，独此亭焕然炳在也。过河北有瞿家花园一所，地辟数十顷，内植海棠百余棵，每棵之大，几荫一亩，据言系二百年前之古本，为清初某宦者退居之所营也。是日适值盛开之际，花繁似锦，枝叶连天，北望与大青山头相映射，几疑身在清都，飘然羽化，不图于荒寒广漠之区，乃睹此艳丽奇绝之胜景，徘徊瞻顾，殊动遐思也。后余为主人书增一联，曰："只应天上有，宛在水中央（三面环水，故云）。"皆集成语为之也。是日河西岸，适值演土戏，便就近一观，至则人马猬集。近台处，至不能立足，台上角色殊极陋劣，衣装亦部〔都〕朽敝。然聚观者极于盈城盈野，说者谓："人情浮荡多，欲借繁华场合，以出风头，所谓看花人看看花人，看戏人看看戏人耳。"此地人情，亦殊田野，然遇事外强中干，虎头蛇尾，到了毫无后劲。又性喜排外，在昔未交通之时，外乡人至，往往受本地人之暗算，至于买物则故高其价，问事则频摇其首，甚至有时问亦不答，然使离故土至百数十里以外，则胆小如鼠，促促如失群之狽。外乡人审知其如此也，故遇事用强硬，彼亦遂安而受之。此实吾民族中之弱点，书之以备观风之一助焉。此地妇女缠足之风亦最甚，盖晋地暨沿边一带皆然，今虽厉行天足之议，然阳奉阴违，犹彼此以私相劝勉，谓不缠则是使美女变成怪物，说亲者犹斤斤以此为取舍。此地民风，最称淫荡，有"有门皆可进"之谣。朱君焕夫掌绥县司法事，言每月以奸情起诉者，几占诉讼案三分之一。又时有抢婚之事，因一女辄聘数家，备受聘礼，至期，某家迎娶有日，风声一出，则诸家俱来盘诘。有故与为难者，则亦于同日预备彩轿，并备打手多人，于同时登门迎，得抢便抢，否则立地成词矣。其普通婚姻礼节，大都与内地无殊，惟女家赔送，必收马为主馈。又蒙人居此地者，亦时有婚姻嫁娶之事，其状乃至奇，缘新郎至女家，必须乘马，新娘归婿家，亦须乘马，一对新人，双双并辔，至中途则必痛鞭其马，肆力驰骋，从者亦怒马追之，欢呼为乐，此殆沿胡俗未改者也。

次日为星期日，同人约往至城南昭君墓一观。墓距城南二十里，高逾廿丈以上，阔占数十亩。昔范昭逵所称墓西享殿，不狮不虎、碧瓦玻璃者，今俱荡然无存，仅黄土一抔，斜阳芳草，供游人之登览凭吊而已。有碑三面，正中阳面，题曰"汉明妃冢"，阴面有兰将军寅升〔升寅〕题句，兹录之：

乾坤毓秀无遐迩，半出簪缨半床笫。才貌岂足定高贤，总观大节知臧否。呼韩入觐诏六宫，愿嫁乌孙挺身起。一枝浓艳别椒闱，三千粉黛皆委靡。画师伏罪汉王嗔，昭君遂林〔志〕单于喜。御沟红叶水融融，团扇秋风处处同。回忆簪花众姊妹，可怜白首甘泉宫。琵琶酥酪日歌舞，擅宠阏氏塞北空。外无胡马饮江水，内无野雉兴女戎。宁为鸡口不牛后，谁识女子真英雄。大清山下黑河沚，旁有孤坟如壁垒。空余牧竖任樵苏，自昔流传青冢是。当年夫殁请还朝，诏令从胡乱人理。守志贤妃从一终，从人忍不咏人只。视彼文姬返汉关，失节屡嫁中朝士。典属老人吞雪忠，牧羊又娶胡儿婢。名臣才女纵千秋，贞操应令昭君鄙。闻道黄河西岸边，亦有明妃旧芳趾。噫嘻唏！一抔黄土易消沉，青冢传疑胜青史。

成帝令从胡俗，几同乱令。昭君赋此才识，断不肯乱伦理，如欲从俗，必不请归，以是知后为阏氏生二女之说为诬，饮药从一之说为确。善善欲长，恶恶欲短，衷此意也。

道光辛卯长白寅升〔升寅〕题

右碑阳面题：

> 闺阁堪垂世，明妃冠汉官。
> 一身归朔漠，数代靖兵戎。
> 若以功名论，几与霍卫同。
> 人皆悲远嫁，我独羡遭逢。
> 纵使承恩宠，焉能保始终。
> 至今青冢在，绝胜赋秋风。

道光十二年绥远将军德彦书

中碑阳面题：

> 忆昔出宫闻〔闱〕，志在不负主。
> 挥手去遐荒，非死无以处。
> 悲弹马上调，肝肠向谁吐。
> 声泪动天地，名姓垂千古。
> 边草伴芳魂，红颜余骨朽。
> 阿堵若有神，一抔万事睹。
> 王嫱有青冢，炎汉无寸土。
> 要知作传人，还应苦奇苦。

咏昭君者众，睹昭君墓者鲜。予于戊申之秋，奉使丰州，公务既蒇，闻距城二十里青冢具存，遂偕爱郎侍郎驰往一睹。寒草离离，独存孤冢，属伍山观察寿石墓侧，以志所见云尔。

耆英题

《地学杂志》(月刊)

北京中国地学会

1921 年 12 卷 8—10 期

（杨洋　整理）

库伦写真

［美］Roy Chapman Andrews 著 易道尊 译

这篇文章为美国博物馆第二次亚洲动物考察旅行队的队长 Roy Chapman Andrews 所著，他在库伦及其附近住了半载以上，对于蒙人的风俗、习惯、宗教均亲自观察了一番，所以他这篇东西很可以供留心蒙事者的参考。

他说："在现在外人眼中和现代的情形下……推翻呼图克图这偶像实为一个曾有荣誉的种族的伤心的生死关头。……但蒙古种族的废灭，则全由于喇嘛教。倘把喇嘛教废除，受相当政府的治理，蒙古尚有希望。……"又说："动物生存的自然律的作用，大受喇嘛教束缚的伤害……除非喇嘛教废除了，我不见得这光辉的蒙古种族有回春的希望。"

现在蒙古已不堪了。愚顽的活佛屡次扰乱蒙境，无知的蒙人屡次被其愚弄，前清传统的羁縻政策固属无用了，即用武力征服，恐亦非根本解决的方法。欲救蒙古只有普及蒙民的教育，破除喇嘛教的迷信，施以相当的治理。这就是我译此篇的一点微意。

一九二一年四月，译者附识

库伦为活佛的圣城，远在外蒙北部，森林从彼绵延不断，直达西伯利亚境界。世上所有许多的圣城，没有像这个的。这城要算中世纪的一个遗迹，盖上了二十世纪文明的外饰——一个极端矛盾、显然不合时宜的城邑。汽车和新自无人烟的戈壁大沙漠来的骆驼队商相交错，神圣的喇嘛穿着火红的或黄色的宽袍和穿黑长衫的牧师相并而行，棕黑色的蒙古女人戴着奇特的头巾，瞪目注视最时样的俄国姊妹们。

我们自南方到库伦，终日驰马，经行广漠荒芜的高地，及至午后歇足于一小丘之上，俯视托拉（Tola）河流域，往下眺望，十英里之外，库伦隐约在卜革多尔（Bogdo-ol，即梵天山）山的黑暗的阴影里。一点钟后，我们达到买卖城的中国人的区域，初吃一惊。在世界奇异之乡浪游多年，竟全不知道所见的是什么。在蒙古这地方，我们似乎发见了一处美国边境的哨兵驻在所。每所住屋和店铺都是用很高的栅栏（未经斫削的木材做的）防护，除了高丛的辉煌的寺院的屋顶外，简直没有东方艺术的痕迹。

在我们能够整理心中的景色以前，我们好像经过了美国的领域，入了一个近代的俄国的村落。华丽悦目的小屋子沿着道路，我不知不觉的盼望可以看见一所白色的教堂带着个饰金的圆顶。但是教堂却没有见着，只见了一所大而红的丑不可言的屋子——俄国的领事署。这屋子孤独的立在一个山冈的顶上，后方平原开旷，接连北境阴沉的大森林。自这屋子的威风看起来，便可以证明数年前这俄国的偶像操纵库伦，以及可汗的古帝国所遗留的一切。

沿途有二英里都是俄人的小住屋，路头展开为一大方地，所有明显的差别都失却了，一变而为一个俄国的、蒙古的和中国的难以言语形容的混合场。栅栏围着的场所，祷告的旗帜临空飞扬，俄人的华丽的小屋，蒙古式的覆毡的住宅和中国人的店铺混成一片，品质杂乱，令人目眩。三大种族相遇于库伦，而各保存其习惯和生活的方法。蒙人覆毡的住屋全未改变，中国店铺的木算盘和穿蓝长衫的伙友为纯粹的中国式，华丽的小屋子则为俄国式。

但一到店铺外，我们夫妇两人便不会忘记我们是在蒙古。我们不倦的游行狭小的街巷，巷中有土人的小店铺，或观看不定的群众。蒙人穿着各部落的服装，西藏的进香的人，满洲鞑靼人，或自土耳其斯坦来的牵骆驼的人，和由文明的北京来的中国人饮食、赌博。

在这生命的和品质的百色镜的整块中，这城好像一个舞台上的大演奏，而且加上了夺目的真实。但我有一点不能使我自己相信为真实。当一队光辉的骑士带着黄色的尖顶帽和流水似的孔雀毛由街心狂奔直下，又似乎大不可能：我——平凡的二十世纪的一个漫游的博物学家和我美国的妇人，在这奇异的东方生活中呼吸。

但我们和这中世纪的梦幻生活也有一个接触点——我们俩都爱马。全蒙古都在马上生活，以事实而论，在夏天的两月里，我们驰马走了一千六百英里，只看见一个步行的人。

一个蒙古人虽然一百码的路也不肯走，倘若他能够避免，他步行起来就和一只鸭出了水一般的不快活，态度也差不多一样的拙劣。有一个在库伦的朋友曾说："一个蒙人可以做一个十分好的厨役，若是你给他一匹马到厨房内驰行。"

我们一上马即和四周的眩惑的生活趋于同一了。那种在库伦的不快的感觉就失却了，也忘记了我们达到这圣城是坐很不希奇的汽车来的。

我们所以坐汽车就是因为二十世纪的平常的理由——时间问题。骆驼走过戈壁砂漠，自张家口到库伦，须四十日，但汽车有三天半就过去了。那时我们的时间是很宝贵的，因为我们要替美国博物馆预备第二次亚洲动物考察。

好在蒙古的夏天很短。我们的车马必须预备，我们的助手雇好了，当五月中地上的雪消除了，我们必须到平原去工作，及到十月初，我们又要回到北京，因在冬天，蒙古的温度降至零度下五十度或六十度，来自西伯利亚荒野刺骨的风扫荡这大高原，考察动物的工作是不可能了，虽蒙人也群集覆毡的小屋中。

我们选定了库伦做第二次亚洲旅行工作的出发点，因其地位于动物考察有奇特的便利。库城位在松属森林的边缘，那森林迤逦绵延，盖地无算，满山满谷，青葱一色，远过西伯利亚境界。南面密接宽广的平原，那平原逐渐入于戈壁西部荒凉的境地。所以库城为西伯利亚和中亚生物带的会合点，这于平常人似乎太专门了，也许不重要，但在我们就不然了。我们可以于出发地数英里以内得着两种全不相同的动物——北方森林里的动物和南方平原中的动物。

在一九一六——一七年，第一次亚洲旅行已经在中国西南部和沿西藏边境，作了一个动物考察的开端。这第二次旅行，就在扩张考察的工作到蒙古去。我们希望在接近的旅行中，博物馆对于化石学、古物学和人类学，可以开始作同样的研究。

我野游得很远。我们在库伦停住了一些日子，预备平原第一次旅行，在夏天里，我们常回来。我们和库伦很熟识了，每次我们驰过长街，愈见得奇怪，在通商时期，库伦（在事实上全蒙都是一样的）能够累世经年不受什么改变。

在库城自然有近代的影响，但所谓影响不过是一层外饰轻轻的覆在古代的文化上，和人民的根本习惯仍没有接触，这是由于蒙古远在一方。在数年前汽车没有通行，由南方经过这七百英里的平原惟一的方法，只是骆驼队商，这种寂寞的旅行，简直不能引起不常旅行者的兴趣。俄国人自北方来到库伦，直至这次大战为止，他们在边境的势力要算达到最高度了。但他们的利益，照他们的见解，就在保存蒙人古代的习惯和迷信——第一喇嘛教堂。他们简直不愿意别的外国人来开拓蒙古，想令蒙人和外界完全隔阂。

库伦不仅是蒙古的首都和全境惟一的大城，也是呼图克图或活佛（教堂和国家的首长）居住之地。越过河流，活佛的宫阙密接着卜革多尔山麓而立，这山自河域渐升，林木丛集，高出海面一千一百英呎〔尺〕。

这封禅的山是一处广大的禽兽保存所，有两千喇嘛巡视，每个入口都有一个小寺或帐棚，驻僧侣防守，麋鹿、熊、野猪和别种动物十百成群，徘徊于树林中，凡是到神圣区域内去行猎的，都要处死。

数年前有几个俄人于晚间上山杀了一只熊，他们被绳索捆缚回来，后面一群癫狂的喇嘛护送，虽然这几个猎人被打将死，还要俄国的外交官用尽力量去救护他们剩下的一口气。

卜革多尔山在库伦前方延长二十五英哩〔里〕，隔断向南的广延的平原，好像库城一个伟大的守护者，直立空间，为在托拉河一流域下落的飞机和快将建筑的无线电台惟一的障碍物。

呼图克图有三所宫阙在托拉河上，一个为俄国式的建筑物，很是讨厌，其他两个至少有一点蒙古建筑物的本质。在主宫的中央，有一个大的白色高阁，带着饰金的圆顶，旁边有较小的亭，顶为青色。全宫有八英呎〔尺〕高的木栅围绕，各柱为白色而饰以红。

主宫安有电灯，院中有一个大弧光灯照耀。呼图克图所买的六个电灯器具之一，是由我们带出的，但当我们猛烈的追逐一个狼时，电池中的硫酸泻于我们的旅行的衣包上，所以我们很受了损失。

有一天的旁〔傍〕晚，陆康德君和马明君，把电具卖给了呼图克图，被召到宫中去领价钱，他们看见一件事情，而今只在蒙古可能。几千块银元拿到他们的汽车旁，那位付款的财政大臣请求他们当面过数。

一大群的蒙人聚集在宫阙的近旁，末后一条长绳从一所屋子内引出来，蒙人即跪下，恭恭敬敬的扶着绳，绳之他端轻轻的振动，假定为呼图克图所作。跪求者忽然大声歌颂，带着一种野蛮的音调，绳一再振动，蒙人立即驰出，受了活佛的祝福，肃然起敬。

这些事情，都发生在光辉的电光下汽车旁和卜革多尔山麓！

呼图克图似乎觉得他处君主的地位，应该有一所西式房子和外国家具。他自然不想到里面去住，但别的君主都有空闲的宫室，他为甚么不应该有哩？所以就建立了一所俄国式的红砖屋，距其余的住屋约半英哩〔里〕。家具为急不可缓的事了，我的朋友陆康德君暂在蒙古政府中任事，被委去陈设一切。床铺的选择最为重要，因活佛也有时要睡，不能常替崇拜的人民祝福或戏谑国家的大臣，受了许多的困难，在北京买了一张外国床，运过了七百英哩〔里〕的平原和沙漠，到了托拉河上的红屋中。

陆康德君在呼图克图的私室内指挥装置，他自己作了房中的婢女。因这是第一次他替一个活佛预备床铺，他十分小心的把清洁的被褥铺好，盖上被面。等到所有的东西都收拾好了，他即向呼图克图的一个大臣报告。两个喇嘛，在教会里的位置很高的，来做检查员。他们同意这床的外表不错，但不知道睡起来怎样？陆康德君大张悬河之口，向他们说明没有更好的床了；这床在京要算是首屈一指。他们细声商量了一番，说这床是否合用，必须经过试验。所以他们不再烦劳了，各穿着龌龊的鞋和大袍，把肮脏的身子向床上躺着，上下跳动。结果满意，除了陆康德和被单。

虽然在外人眼中和在现代的情形下，呼图克图和他的政府作出了一种奇怪的形像，推翻这偶像实为一个曾有荣誉的种族的伤心的生死关头。

在第十三世纪伟大的成吉斯汗（Genghis khan）——一个牧羊酋长的儿子，和他卓越的承嗣者忽必烈汗（Kublai khan）于转瞬间建立世界最大的帝国。他们不仅征服了亚洲全境，包括印度及波斯，并且向欧洲前进，直达底尼柏（Dnieper）河流域，留下一个历史上未曾有过的血迹，和这次大战野蛮的德人震撼全世差不多相同。

全欧起来抵抗他们，武力不能做的，倒把浮华奢侈成了功。他们战胜前进，饱得珍藏，乃开始仿效外国宫庭〔廷〕的虚饰华丽。蒙人天性本善驰善战，过惯了穷困劳苦的生活。奢华的毒，吃进他们的筋肉内了，所以他们渐渐的失去了成为伟大的特性。他们的帝国土崩瓦解，和初兴起的时候一样快，并且他们自身也受治于被征服的中国人了。

我已经说了外来的奢华，对于蒙古帝国的衰败是应负责任的，但蒙古种族的废灭，则全由于喇嘛教。喇嘛教是由西藏输入的，当一二九四年忽必烈汗死的时候。在此以前，蒙民为自由思想的人，崇奉自然的神，但后来喇嘛教却定为国教了。喇嘛教为佛教宗派之一，他的教旨反对战争和惨死。依照习惯，每家要奉献一个或二个以上的男子去供僧侣的职，喇嘛僧侣须守独身，所以生产率很低。蒙古地域大于美国面积的半数，而只有人民三百万，僧侣约占男人三分之二。僧侣除学习仪式外，均无教育，懒惰过活，生存毫无价值，受俗民供奉，利用无知无识的弟兄的迷信，诈取钱财。倘把喇嘛教废除，受相当政府的治理，蒙古还有无穷的希望，因今日蒙人的力量、忍耐和勇气多半与成吉斯汗的战士相等。

西藏的宗教和蒙古的相同，驻拉萨的达赖喇嘛为教会全体的首长。班禅喇嘛位列第二，同在西藏，蒙古的呼图克图在喇嘛的世系中为第三。

数年前呼图克图的双目几乎失明，乃建一大寺供献众神，以求息怒。寺在库伦西端的一小山上，四周围以小木房，中住僧侣，寺名"喇嘛城"，因只许那些在教会里服务的人到圣区域内居住。寺内有一尊八十英呎〔尺〕高的（木的）佛像，立在一朵金的莲花上。像身镀了很厚的金，嵌上了许多的宝石，裹着绸衣。

有一天我很侥幸，逢着大寺为女人及城中的信徒开放。我是否能进去有一点疑问，我即跟着一群人通过一座外亭，左右跪着两列喇嘛，带着高顶帽和发火光的黄袍，我把帽拿在手里，做出很谦卑很恭敬的样子。我竟成了功，直达寺内，没有被阻止。进口站着一个僧侣，他由一个污秽的瓶内给我和其他的人几滴圣水，肃然无声，蒙人用这宝贵的水洗脸，俯伏于大佛像之前，佛首深入寺顶的阴影内已不可见。他们都和佛身披下的绸衣亲嘴，这衣已经被成千成万的人和口唇污秽了。每人又从寺内地上拿一些圣灰，四围壁龛中千百小佛无情的瞧着敬拜的蒙人。

这种野蛮的赫奕的景色，使人狂醉。女人戴着奇特的头巾和辉煌的长衫，跪着的喇嘛披起发火光的黄袍，祈祷者无意义的半疯狂的唱和，忽起忽落，时而被铿铿的铙钹声和隆隆的蛇皮鼓声打断，这些东西使我的血在血管里乱跳。

我觉得奇怪的头晕，差不多情不自禁也要和蒙人一同跪下，和他们唱赞美歌。

强烈的香气、辉煌的颜色和粗野的音乐，如醇酒一般，刺激感觉，麻痹脑筋。那时我才豁然大悟东方宗教惑人的魔力。虽然我已有了二十世纪文化的基础，还觉得他的情感的力量。他能够束缚脑筋简单未受教育的人民，生长于迷信中而且有七百年宗教遗传的人民，有甚么希奇！

礼拜过后，声音大作。群众立起，争向院内走，沿着寺屋去旋转法轮。轮为五英呎〔尺〕或六英呎〔尺〕高的圆筒，上饰以金的西藏文。轮中装了数千纸条，上书祷文，每转一周，即可加增来世的功德。不但如此，在库伦每一居民家中都有无数飘动的布条或纸条，上书祷文。这类小旗每在空中动摇一次，即可以替蒙人在梵天的灵魂求得平安。法轮不仅在寺院周围可以看见，沿街都是，来参观的蒙人用不着到拜神的地方去，随地可以作善行。他到百码以内的地去买茶或卖羊，可以转法轮一次或二次以至半打。

自各方面看起来，库伦为圣城的证据常存，虽一分钟也不能忘却。数十寺院的金顶反映日光，喇嘛祈祷的吟诵声常在空中。虽在大街中，也有褴褛的进香的人伏地祈祷，他们是由远道到这喇嘛教的麦加（Mecca，为回教的圣地——译者注）来的。若是他们初次进城，切望非常的德行，他们行近冈上大寺时，每走一步即须伏地叩头一次。

雪白的木龛，在寂寞的街上，到处都有，而尤以寺院后面更多。每个之前有拜垫一座，一端高起，颜色带黑，已被俯伏祈祷的蒙人擦磨光了。

虽然蒙人这样注意死后灵魂的平安，但十分奇怪，他们狠〔很〕厌弃灵魂所自出的肉体。我不能确实知道蒙人对于一个尸体抱甚么见解，但他们以为一个人死于屋里狠〔很〕讨厌，那是无疑问的。他们认将死的人为秽恶的表征。在库伦有一家蒙人在我的一个朋友的院里筑了一所小屋。在夏天里，一少妇害病狠〔很〕重，她的丈夫相信她将要死了，就把她的可怜的躯体移出屋外。她能够立死，若是她愿意，但死在他的屋中是必不能够的。

尸体是认为不清洁的，且为魔鬼的住所，所以必须从速安置。有时全家收拾屋子，立刻出走，弃死者不顾。惯常将尸体载于车上，向不平的地方疾驱，那时尸体将落于途中，但驾车的人不敢往后看，直至他知道讨厌的东西已经去了为止。不像中国人特别的崇重死者，用巨款去营葬，各个蒙人都知道他的尸体将葬于犬、狼和鸟雀的腹中。

我们初次歇宿于库伦的一天，我的妇人和马嘉利君（他是刚坐旅行砂漠的汽车来的）到河边去散步。离我们的帐棚不远，他们看见一个死人，刚从城内拖出，即有群狗围着咀嚼，那种情景令人呕吐。蒙古犬之野蛮令人难信，身大色黑，和西藏的獒一般，惯食人肉，似乎引起了他们轻侮生人的心。每个蒙人家里都有一个或二个以上的犬，一个人行近一所屋子或队商，是非常危险的，除非他驰在马上，或有了手枪。在库伦城内若是你晚上出去，不带军器，经过肉市，一定要被犬攻击。

我未曾到过君士但丁堡，若是那土耳其城内的犬比库伦还多，到那里去住，必定是非常不惬意的。我们在一个俄人家里过了二三天，离市场不远，差不多被不断的咆哮的犬声吵得发疯了。犬虽大部分倚赖人肉生活，喇嘛也饲养他们。每日下午约四点钟的时候，你就可以看见一车通过大街，后面跟着百数十只的犬。车上坐二三个污秽的喇嘛，带着一大桶残余食物，分给与犬，因照他们宗教的信仰，无论延长何物的生命——禽兽或虫类，都可以积大功德。

在喇嘛城下河域内，常有成群的犬，因死僧侣往往掷在那里去喂犬。草中白头骨不下数百具，但却不准去触动他。我一天几乎惹祸，因为我向着一具距我们的帐棚约二三百码的头骨放枪。因蒙人相信遗骸里住了许多魔鬼，倘被搅乱，群鬼将去寻他们生存的亲属。

我们夫妇两人过砂漠回北京时，几被蒙古的犬吞灭，距不快的死不及十秒钟。离库伦一百七十五英里的平原上有一大喇嘛寺，名叫渡灵（译音）。那晚上我们即就近歇宿。我们照常不张帐棚，只把睡囊靠着汽车打开，我搁了两根枪于睡囊之旁，一为射鸟的小猎枪，一为满力克的大线枪。

当我们预备晚饭时，即看见了许多的犬潜伏守候，但相距狠〔很〕远，我们不以为意。那晚我妇人被犬的吠声吵醒了好几次，但我熟睡了。约在早上二句钟，她忽然醒了，知道有一群的狗围着我们。十三四个大黑犬回环行走，好像一群豺狼似的，渐渐的走近。他们彼此互咬，时而像豺狼那样怒号，她害怕的浑身发冷。

他们显然是饥饿了。

猝然间一个高大的犬向前冲锋。我妇人喊叫起来，我即连睡囊坐起，随手去摸枪。我拿着了小猎枪，也不及更换，半睡半醒，对着那大犬放。那颗小弹丸打在他身上哪部分我不知道，但他倒地死了，不及二十英呎远。其余的犬折往左边，我连放两枪，又伤了两只。他们都被余犬分裂了。我急出了睡囊，拿着线枪，对着月下的黑影，一枪一枪的放，打死了多少犬，不得而知。在天明以前，死犬都被吞噬了。

居住库伦，虽不尽如我所说的那样可怕，但库城坐落在边疆地方，生活尚在未成熟时代，蒙人为刻苦生活的民族，强壮无比。因为凡平原的人都是惯于穷困劳役的。

蒙人善于使马，自由不羁，和高翔空中的鹰一般，无时非独立自在，虽然披着了野蛮的辉煌的衣服。蒙人所穿的靴，除了保护双足外，还可以供给日常必备的东西。他们的靴自然是太大，但留有余地，在严冬里，可以加上几只袜，数目随寒暑表的温度而异。在夏天里，他们常不穿袜，但靴内装满了许多不便携带的小东西。烟管和叶烟，小包茶或一个木碗，都可以随便塞入大靴套内，因他们不知道有口袋那么一回便宜的事。

蒙人日常生活对于清洁毫不注意。吃过饭后即用舌舐净木碗，这碗是永不用水洗的。无论男女，终身都带着自小堆积的污物，除非偶然弄掉，或以经年历久自行脱落。但不曾有意去洗涤，那是确实无疑的。或者也不能全责备他们，因为除了北部，水狠〔很〕缺乏。在平原或戈壁砂漠中仅井中有水，间或有一口小池，在行程中把水去作无益的洗澡用，未免太可惜。再，自九月到五月，刺骨的风从西伯利亚荒野吹来，温度低落，于洗澡也不适宜。

蒙人的食物几全为羊肉、干牛酪和茶。和所有的北地人正同，他们需要多量的脂肪，所求均取给于绵羊。他们身上和衣上常有多少油腻，在众人聚集之地，羊肉气和肮脏的人气真是受不住。有一次我们夫妇两人到一蒙人屋内避暴风雨，我们时被窒塞的气味迫而外出，他们一家人团团围着炉火。

我必须承认蒙人的道德比个人清洁稍好一点。一人只可以有一个合法的妻，但是倘若他有财力，也可以养许多的妾，和家中其余的人同住。奸淫公行不讳，于对手双方均毫无伤害，一夫多妻在乡下也是很平常的。

蒙人为非道德（unmoral）的民族，不是不道德（immoral），他们生活和无教的自然的儿童相似，自我们看起来，他们简直不知礼节为何物。下等动物能够保持种族的自然律的作用，大受喇嘛教限制的伤害，并且家庭关系的薄弱也发生弊病。除非喇嘛教废除了，我不见得这光辉的蒙古种族有回春的希望。

要写库伦的居民和他们生活的方法，城的自身也不可忽略。我已经说过冈上的大寺和四围丛集的喇嘛住室，很有威势的俯视城中。寺的金顶，照耀于日光中，数英里之远即可望见，好像一个宗教的路标引导向麦加进香的人。

喇嘛城下宽街之一端为卖帐棚的市，过去即有铁匠铺、缰辔、炒锅、张幕的铁钉和其他游行砂漠的紧要品，在一点钟内即可买得——若是你备了价钱！在库伦地方，除了马外，没有低廉的东西。我们设备到野外旅行时，大受打击。正如我一月前在纽约费二十元买一双靴一般。此刻我们应该强硬起来，但我们在库伦被渔利的中国人劫掠时——他们面粉卖十元到十二元一袋，炼乳卖七毛五一罐——我们虽鼓噪不平，但终于付了价钱！我们拿俄国的卢布付价，每个值金洋三毛（早前一个卢布抵得半元多）。鸡蛋差不多没有，有的是由队商自中国远道运来的，并且多半是腐臭的。虽然是这样的蛋要卖三个卢布一个！在库伦只有几个俄国人养鸡，他们的出产要算"金蛋"了，因一桶谷价钱在一百卢布以上。

　　幸而在冬天里我们已将日用品的大部分由队商送到库伦，但还要许多的零星什物来满足我们最后的要求，在我们动身到野外去以前，我们对于圣城的出入道路很熟识了。中国人的商铺真的可以帮助我们，因在库伦和在东方别处，中国人为最占优势的商人。

　　库伦中大街的东端，即税关和外务部所在，街上有颜色鲜艳的法轮点缀，和活泼炫烨的骑士。税关在一大围场较远的一端，场内充满了骆驼队商或货车，还有一所无用的供装饰的木屋子，公事房另在一所蒙古式的大屋子里，密接围场的墙。一端一所现代的精密的小房子，而他端覆毡的木架上挂着一具电话机，显出非常的矛盾。

　　距税关的屋子不远，我相信为世界最可怕的牢狱之一的所在地。在双栅栏围绕之中，有一空场，约十方英尺，栏上有门通地室。在这些土牢内，有成列的木箱，四英尺长、二尺五寸高，每箱内关着一人。

　　这些可怜的不幸的人的一部分，颈上还带着很重的铁练〔链〕，两手也合掌锁着了。他们坐不能直腰，睡不能伸足。他们的食物由一个六英寸的小孔送入，倘牢头没有忘记。有的人仅关几日或数星期，有的终身禁锢，或多年禁锢。不久他们的手足即失其作用。束缚的苦痛，难以言语形容。虽然在冬天，温度降至零度下六十或七十度，他们也只有一张羊皮盖着。他们怎样能够生活于不堪的污垢中，半饥半饿，冬日冰冻，且须受永定的非刑，我不能领会，只有蒙人能够活着，但有一个可怜的不幸汉，已经在那里住了五年！

　　这牢狱也不是蒙古人自己发明的，乃作于满清朝，当时中国人的权力达到了最高度，这要算是残忍技术的智识上一大贡献，再没有比他更利害的东西了。

　　我记述这件事并不是逢迎有病的好奇心，不过要告读者，库伦虽有税关、外务部、汽车和电话，里面仍是一个中世纪的城邑。但是库伦的一隅却不能代表全蒙哩。

《东方杂志》（月刊）

上海商务印书馆东方杂志社

1921 年 18 卷 9 号

（李红权　整理）

绥包游记

松雪女士　撰

去年——十二——四月三日自阳高起身到大同，由大同再赴归绥。绥远城在车站南约半里，俗谓新城，绥远都统驻此。归化城离站南约五里，下站乘驴车，约行一小时始到，行政机关及大商号多在此。

归化无城，只有四个栅门，多很低矮，颇疑不能防御土匪。后知守城兵士入夜放哨梭巡，毫无懈怠，比砖石砌成的城墙还要坚固些，所以居民倒很安堵，养兵原是卫民，此地人民纳税养兵的权利义务，总算相抵。回看山东、河南等处，哪一处不是盗贼横行，死亡枕藉，我真羡慕此地的人民幸福咧。

我们住了三天，差不多把个归化城走遍了，全城要算大南街最热闹，有饭庄、银楼、绸缎庄、洋货铺，经商多直隶人，山西人次之。马路不很平坦，有几辆胶皮车，车钱很贵，平常以坐轿车为多。——无马车、汽车——车式与北京同，车辆高大，装饰华美，车身轻巧，骡亦雄健，故其速率，比北京的轿车约快二倍。细察街上行人，穿的更阔者，脸上带的黑气（烟气）亦愈甚，因此地不禁吸烟，故内地黑籍中人，多以此为逋逃薮。惟劳动社会则多身躯高大，步履轩昂，雄健之风，非内地所及。妇女粉面缠足，和北京二十年前的汉族女子差不多。城内喇嘛庙有大招、小招等数处，可惜没有工夫去。第一中学校——现在全绥区还没有第二——在城的西北隅，我去过一次。校门临水，绕堤种着几树垂杨，大似江南春景。在我恋乡同审美并作一谈的眼光看来，要算是绥远城内第一美景了。

祁校长定远君，出来招待，言词诚恳，思想亦新，北京高师毕业，据说，一个月后就要到美国去。此时是下午四时，学生多已下学，我们只看一看校舍大略。因为还要到别处去，就辞了徐君出来，往南走约半里多路，到了女子高小。时已四点半钟，不及见校长等，由夫役引导，看了各处教室。每室讲堂对面壁上均挂时钟一具，第一、第二两教室有学生绣的挂屏，还算可以。正要去看第三教室，天忽下雨，遂急忙寻路归。

市上商务兴盛，洋货价钱和北京差不多。惟蔬果最贵。"小吃"之类，一串糖山查——北京卖一个铜子——要卖六个铜子。

城外旷地甚多，已经开垦者尚少，地脉肥美而黑，弃不种植，殊为可惜！城北正对阴山——俗谓大青山——《忆吊古战场文》："汉击匈奴，虽得阴山，枕骸遍野，功不补患……"，这阴山自汉代已从匈奴手里夺来了。我理想中的阴山，以为很伟大峻险，但事实却大不然，乃是很平坦低小的一个石坡。

七日天阴，我们雇了两辆高大轿车，同李定川君到离城南十余里的"昭君墓"去游览，讲定来回车价一元。既上车，出城走了好多时，愈走愈倾侧，车轮拖泥带水的过了几道小河，只见黄漫漫一片平沙远远孤立着一个土堆，就是明妃冢了。车到离墓五十步远的地里站住了，我急忙跳下来去凭吊这位"君权下牺牲的冤鬼"的遗迹。跑到墓旁，除一个土高墩外，只见三块碑，两块直着，一块已经倒地，其余什么也没有。那日天阴有风，景象十分凄惨，我含着不能自已的眼泪，走到墓之正面，呆呆地出了一回神，再读碑，又是一首草书"古风"，诗长不录。第二块一首"七言律诗"，下款刻着民国四年何春江题，诗是："筹策安边付女流，琵琶一曲不胜秋。寒凝青冢烟犹惨，水烟长河声带愁。忍辱肯为胡地妾，论功应愧汉关侯。单于已殁刘何在，剩有明妃土一抔。"诗不甚佳，但以民国时代的一班文匠，拜侯门，献寿诗，草檄文，打电报之不暇，又何暇去题咏到这种塞外荒凉少人注意的古迹呢？所以诗虽不好，到还深深的印在我脑海里。

十日早晨九时赴车站，趁九点钟车赴包头，车走的很慢，三百多里路，直走到下午五点钟才抵了站。现在夏包——自甘肃宁夏筑到包头——铁路未通以前，京绥路就以此为终点了。

包头镇在车站北二里，城郭完整，惟街道狭小，两旁商号筑岸极高，故街道低陷，形同已干之河，砂土浮动，上街一次，泥砂满入鞋口，十分讨厌。来往驴车，高大与归化同，惟不如其华丽。亦有几处绸缎店、茶叶庄、照相馆等，洋式门面房子盖的还讲究。其余多是旧式商号，无甚可观。烟民不如归化之多，劳动阶级亦不十分傲悍，似乎大同人情，比归化善良些。经商多山西人，直隶人次之，妇女粉面尖足，红衣绿裤，与归化同。

十一日偕李君至垦务局陈姓家，接洽戡地事，顺大街西行，正走间，突闻后面马蹄声如飞而至，不及回头，一匹快马已从脸旁擦过。马上骑着一个兵，勇纠纠，气傲傲，浑身青灰色军服，全付武装，枪口上插着一簇红缨，特别刺眼。灰布包头，没有看见脸面，已经飞驰前去了。我受着绝大的刺激，正要说话，李君悄向我道："这就是土匪的变相。"我不觉害怕起来，犹以为土匪何敢白昼武装入市，正在纳闷，已经到了陈家，就把这事撇开了。说了一回话，约定第二天由陈君派兵四名，护送我们到五村——离包六十里——去勘地。

十二日陈君处护兵不来，自朝等到正午，毫无音信，连教听差去问，多说陈君一会儿自己过来，不提戡地一事，我心中诧异，然亦只好等着，待至天晚陈君始来，一见面即说了好些"对不起……"，随即低声说道："五村吃紧的很，其地已受抚的土匪数百人因当局——绥远都统——捕杀其酋，忽然哗变，将大举复仇，该地垦务局分局员，已逃避一空。君等即去，亦不能戡地，并有危险。"我问他匪首为谁？他"遑顾左右"，以手蘸茶，在桌上书一字，随即涂去，似乎他的前后左右多有匪人围着似的。陈君去后，我始恍然于昨日看见的骑马凶兵就是这类匪兵——后来我就没有同去戡地。听说我回来后的第二天，李君他们去了，因匪闹，亦没有什么结果。

十三日游东门外半里地的转龙葬。出东门，但见一带青山，山下一条不大的河，自北向南，水流清浅，十分可爱。我们从露出水面的大石头上，谨慎小心的走到对岸山脚底下，但见"苍崖万丈，红树数枝"，自然的妙境，很像浙江金华地方的早春风景。有童子悬崖攀折桃花，遥掷地上，两童子接住。我随手拣取一枝，给以铜子二枚，彼殊喜出望外。童子天真的美，不限于穷乡僻壤的。遂寻路上山，到前面最高处的马王庙前坐了一坐，山下土屋中，出来几个小女子，立着看我。我见他们脚上缠了不少蓝布足缠，身上衣不蔽体，万分龌龊，那脸不知一年洗过几次，眉目多分不出来，穷苦之状，与此地普通的平民生活相等。南望"黄河滚滚"，落日照上去，现出一条条金蛇式波影，城的东南好有几条小河流入黄河里，远望尽南边，有白茫茫的一片水，不是湖沼，多是河流灌溉的水田。远看黄河，近看穷苦的人民，不觉有些感触。我自晋北到此，地方越走越好，气候还比晋北暖和些。但是沃野千里，无人耕种，地脉肥美而居民穷苦，原来他们既懒且惰，又无资本，再者地多人少，就有多大力气，亦不能以少数人垦熟了多数地，所以才呈着这种现象。我想如果我们集合几个同志凑些资本，从内地移民到此，从事开垦，我辈指导他们些新方法，不但荒地变成熟地，并可减少内地人满之忧，作政府裁兵殖边的先驱——听说山西人多有二三月间从内地坐着杆车——即全木车——来此地耕种，十月间收了粮食又回内地，就以此为生。现在包头地方有垦务局，专管放卖荒地，价钱很贱，顶好的水田，每百亩只值八十元，旱地二三毛一亩的多有。好地每亩每年可打粮食七八斗，种小麦、筱〔莜〕麦、稷、黍等，按现在的粮食价计算，可得四五元钱，在内地便值八九元钱。除了很省的人工外，第一年除开地价，还要获四五倍的利（包头一带有黄河灌溉，旱灾较少，但水患可说绝对没有）。地一年比一年熟，粮亦一年比一年多，既少灾患，所以没有亏本的。换句话说就是只有赚钱罢了。据垦务局陈君说："领荒地的日多，将来地价就要贵。"可惜我没有资本，这种万无一失的殖产事业，劝内地同胞，要急起注意呵！

　　十六日归绥远，十七晚抵阳高，既见同人，皆对我细看……半天，说道，黑！跑了一荡外，就带得只一点标记。现在再把绥、包气候物产等分别标出：

　　气候　较北京低约十度。

　　砂土　比山西北部肥沃，同直隶西部差不多。

　　农产　筱〔莜〕麦、小米、黄米、高粱、山药。

　　商业　归绥颇发达。将来夏包一线筑成后，直达甘肃。包头有黄河运输之利，居水路要冲，预计十年，当比归绥兴盛。

　　人情　强悍。

　　教育　尚在萌芽。

　　实业　农林垦植，均乏人提倡，畜牧亦不甚发达。

　　以此天然很可有为的地方，只因从前交通不便，所以没人去开辟，遂致土匪跳梁，野芜作业。如果当局肯实行裁兵殖边的计画，初去的时候，许每兵十人给枪一支，并奖励组织民团，以为自卫，则三数土匪，不难闻风却走，或亦改业，如此既可消弭匪患，又可巩固边防，国内兵争，亦可减少，一举而数善备，不知有志殖边救国诸君子，以为何如？

《西北半月刊》

北京中华西北协会

1924 年 1—3 期

（朱宪　整理）

海拉尔游行琐记

尚魁英　撰

海拉尔地处蒙疆，为蒙古人游牧部落，素称荒僻。自中东铁路发轫以来，人烟渐为稠密，今则稍见繁盛。论其地理、种族、人情、风化、制度、宗教、物产、气候以及种种恶习，种种黑暗之大概情形，有马伯援先生、俞显庭牧师、郭摩西君等业已披露各报，勿须再为赘及。不过记者此次游行该处，以耳目接触之时况，报告于我国内布道会关心蒙古之诸兄姊，想亦能略备参考之一助也。

溯自去岁年终，有哈尔滨教友杜君新吾（东省铁路路警处督察员）时往博克图、海拉尔、满洲里各重要车站，勤其职务，公事毕则勾留海拉尔二三日，盖彼处有吾教同道十余人，如张鸾台君（东省铁路警第三段巡察员）、宣小泉君（东省铁路路警第三六巡官）、吕醒夫君（前满洲里防疫医院院长，今为海拉尔爱生医社社长）、吕候〔侯〕塈范夫人（现充满洲里公立女子学校教习），其余唐敏君等四五人（系直隶美以美会教友），均在该处操菜蔬业。彼等特别集议，均以为其地无教会何等机关不足以发扬我道之光，且于自己灵德上亦大受亏损，以故杜新吾、张鸾台二君，面见呼伦贝尔善后督办程君守初（江苏人，曾在奉天、安东青年会帮过忙，极端赞成基督教者），恳求相机协助。程君慷慨应允，后杜君返哈，面见本部长赵禅唐君及记者，邀同前往察勘一切，以便相度进行。记者因新春布道甚忙，延至阳二月二十七号，始伴杜新吾君，搭火车北上，半天一宿，行二千里，穿山洞，越荒野，极目四顾，渺无人烟，惜此大好山河，服在虚空之下，一同叹息劳苦，切望等候国内布道会开蒙古之部，俾上帝蒙部众子显出，可脱败坏之制，得享自由之荣也（罗八19至22）。

二十八号午后抵海拉尔，下榻北门外爱生医社（吕醒夫君所设之医馆）。翌日同杜新吾君赴赵督办公署、呼伦县署警察厅、蒙古副都统衙门及商务会等处，商酌开临时布道会，幸蒙呼伦县知事阮君，假以县立宣讲所开会，各机关均派代表与会，每日听讲者一百余人，异常安静，未形何等反对之象，可见风气亦渐矣。记者留海拉尔共六日，所关心者有二，一则汉人布道如何筹备，二则蒙古开工如何调查。缘汉人信徒十数人，在彼渴望有一教会，然东三省总部执行委员会，早有核定，暂不能开拓新布道区域，所以海拉尔若筹备教会，必得该教友等自动建设布道会，不过每年派人由省城转来一次，或协助布道，或施行洗礼等工作而已。该教友等同记者讨论结果，自行筹款，暂假爱生医社后屋租赁数椽，以备每礼拜聚集之用，名曰“中华国内布道会”海拉尔筹备处是也。若蒙古方面，记者下车后，即访该族信徒，惜郭文尚、敖霖泰二君，仍留学日本，郭摩西君尚在北京，所遗者惟胡石光一人而已。于三月一号六句钟与胡君会面谈一小时，非常亲密，询问该处近况，他答覆现在蒙人亦同得享信教自由，颇觉为布道时机成熟的时候。记者以为蒙古开工宜从海拉尔地点入手，约有四端：一就地已有蒙古信徒三四人，况郭摩西君所立之学校，已弥漫了基督教的空气，将来不乏热心信徒起而协助；二地近黑龙江省，与汉人信徒当然能有互助之谊；三该处毗连内外蒙，声气容易通达；四横枕中东路线，交通顺利，自不待言。论及布道手续，只可在一二处开堂，余则多用游行布道方法最为相宜。因为蒙古多是游牧民族，迁移不定，吾会发轫布道可由墨河尔屯（蒙语摩克图）作起，因郭摩西、敖霖泰诸君之家均在彼处，经过两火车站，即抵海拉尔，可渐次向西南方面发展，以备将来能控扼内外蒙古。至于与蒙古接近方法，利用其习惯，则可经商、牧畜（林前九 19 至 23）。布道员的行装宜备蒙古包、车毯、皮衣、车辆、骆驼等，布道员学习蒙语，应该深入蒙人多处，实地练习，海拉尔地方虽有蒙人，然俄、汉、朝、日诸民族杂处，其间不免有"一齐人傅之，众楚人咻之"困难，教习应有一蒙古文学家或汉人精通蒙语者，布道员携带布道材料应有幻灯、留声机、图画、蒙文《圣经》及真道问答、报纸等。布道员虽各地人均可，然以气候而论，莫如北方人，记者意见，北京人最为相宜。

记者无熟悉的蒙人，不过此次在海拉尔会见郭文碌、苏敦盛等，皆蒙族后起之秀，今将中学毕业，汉文颇通，我布道会可相机利用之也。一个布道员在该处生活食宿盘川，每月大概须用二百元（车辆、骆驼、佣人工饭费用在内）。蒙民中开学校最难，因其迁移不定，我会若注重蒙人教育，莫如通俗讲演，随时随地施行之。论及医院，海拉尔地方，华、俄、朝、日等医院均有，我会此种建设不甚急需，可先游行施医，以辅布道工作，所费每年约五百元，应多备皮肤、瘰疬等症的药料。蒙古官长现在无何拦阻，若先与蒙古官署交涉，好施以相当保护，无何危险。闻当地胡匪甚少，有之，蒙汉兵协击不难剿灭。其外若布道员通言语，联络情谊，想各种困难必能补救，当可无虑。现闻佛教拉玛的势力没有妨害，盖彼等颇晓宗教自由之旨，其对待方法，最好不常言其短，只传吾教之长，久则旧皮袋必被新酒崩裂，可断言也。

该处汉人教友十余人，能帮助这个工作，东三省总部干事每年一次巡视海拉尔，汉人教友，若有所需用之处，亦能就便帮忙。以上就该处蒙人现在情形稍行调查，专为供献我蒙古布道委办诸君，是否有当，敬乞诸位同道斟酌进行。记者在该处除胡石光君外，又接见郭文禄、郭文宝（郭摩西君之侄）、苏敦盛三人，皆蒙旗中学学生，基督道理颇有研究，为热心服务社会分子，真是将来蒙古布道的良好助手。记者于三月四号离海拉尔搭火车南来，郭文禄君等乘马赴车站欢送，记者一一握手告别，经半天一宿，驰回哈尔滨。

《福音钟》（月刊）

上海中华国内布道会福音钟编辑处

1924 年 44 期

（朱宪　整理）

关于西北之日人旅行记

[日] 西山荣久　撰　党生　节译

一　张家口

予（原作者自称）以四月四日出发北京，由京绥铁路至张家口，更由此前往大同、归化城、包头等处，今依次揭之于左。

张家口一称东口，位于万里长城之内，自古以来，当中国本部与蒙古往来之要冲，所谓外长城之门户也。其关于蒙古贸易，与世所称为西口之归化城，东西相对，为两大要地。略知中国北部情形者，无不知之。其所以称为张家口者，因明代宣德四年指挥张文，筑张家口堡，即今下堡，故得今名。然西人则今尚呼为喀甘（Kalgan）。据警察厅所调查，则人口十万六千余，想必有所根据。此地本直隶省口北道万全县所辖，固非察哈尔特别区境内，惟察区重要行政机关，如察哈尔都统，及其他重要官署或军队本部，大抵侨置于此，仿佛寄留者然。关乎察哈尔官署之寄留直隶省内，自民国三年察哈尔特别区设置以来，屡成为政界问题。民国五年九月二十一日呈请大总统援照多伦、独石成案，将万全县续行划归察区完全统属，备列侨置之弊，且详述西北开发之必要，请以万全县全然割归察区，实为便利。现任张都统之江，本年春间，亦提出同意之意见书，惟政府今尚未见若何决定。

产业　张家口输出品，以兽毛、兽皮、胡麻、菜子、大豆、豌豆、蚕豆、绿豆、蘑菇、葡萄干（此物产自新疆）、蒙古盐、咸〔碱〕、药材、生牛等为主要。去年夏季，此间大水，嗣于奉直战争之际，又经一次兵变，放火劫掠，损失不少，满目疮痍，至今未复。此地之大宗贸易品，实为杂谷，乃闻前政府，以食料政策美好名目，重征出境税，致农产物不易卖出，而当地商业，今几达于沉寂之极端。吾等非以批评中国内政为快，但以中国论，天产物几为唯一之资源，利在源源输出，而后价高农利，乃其税关向课输出税，实为非理，此吾人所常为中国之产业深惜者也。况有大宗农产物之察哈尔，亦如此重征，能不为农民之经济惜乎。冯督办抚有察、绥两区，以开辟其广大之原野，广招徕而谋生集，造成西北为天府之国为职志，其于农产物之重征出境税，知必有以善其后也。据吾人所闻，冯氏为一清廉之人物，日曜日常集其兵士演说，其军队亦称为中国纪律严明罕有之良兵，且观彼等军服，胸部、腕部皆有特别布章，书有"誓死救国"、"不扰民"、"真爱民"字样，固一见而知其与他省乱暴之军队殊科也。又观此地征收吏员，虽一文一钱，不敢或苟，可知冯氏品性之感化者深，而其监督之严，亦可想见。惟是治军虽严，吏治虽清，然若不顾经济之如何，而蠲除谷类出境税，则吾人亦甚惜之。在吾人以为如上述中国官场，重税之设施，有碍中国产业之发达，且亦不能望其财政之强固也。今日中国新人物，渴望中国一跃而为工业国，提倡国货之声，甚嚣尘上，然吾人为中国计，为其他之通商国计，均以为此际若得有力之经济顾问助中国指导各处之产业，实为最要。（按日人时购谷类出口，因利己主义，诬为重税，可笑）

张库汽车　张家口与内外蒙古，贸易关系，至为密接。此等地方交通，向用轿车（由张至库，二十五日，雇价七十五元上下）、大车（至库三十五日至四十日，雇价百四十元至百八十元）及骆驼队、驼车等（皆须五十余日），往来殷盛。至前清光绪三十三年，欧洲发起万国汽车环行会，以十八种汽车，共四十余辆，自巴黎至北京，为长途竞走，华人受此刺激，遂欲于张家口至库伦，通行二千四百余里之汽车。及至民国，以外蒙独立及其他种种事情，此种计划，未能实现。至民国六年，方见施行。其年四月六日，汽车出发张家口，十一日达库伦。七年二月八日，大成张库汽车股份公司正式成立，七年七月二十九日，《长途汽车公司条例》、《长途汽车公司营业规则》，始由交通部以二二九号部令公布施行，于斯时也，美国元和洋行，亦于此路经营汽车营业。其时察哈尔都统田中玉，没收元和洋行汽车，禁止其营业，美国公使起而抗议，遂成重大问题，世人当能记忆。于是参、陆两部对于外人，仅许其自用汽车，可以在此路行驶，且发布一种规则，未几而外国商人，遂大规模的行驶汽车，不复有自用车与营业车之别矣。近时中外合计，已有汽车百二十余辆，外人插足者，不独美国，意大利人、墺地利人，亦接踵而至。独我日本人今尚未见一车，诚遗憾之极也。在张、库间行车日数，外国商人汽车，通常三四日可达，而中国公司之汽车，则须五日乃至七日方能到达。（译者按，中外人营业之巧拙，每一比较，即分优劣。愿此后实业家于此极力注意）运费昔者单片百二十元，今以竞争之故，减至七八十元。

最后尚欲一言者，即我日本人对于张家口之态度是也。盖此地已为通商口岸，我日本又设有倾〔领〕事，乃我日本人至此经商者，则几如凤毛麟角，除杂谷成熟时期。间有少数出张此地者外，在此定住者，仅见一纤弱妇人所经营之小旅馆，对于上述各国人之拥有汽车、从事于蒙古贸易者，宁非可耻者哉。今者我日本人之在满洲，其营业已达极点，则曷一展其视线，步后尘于此乎。（国人其注意注意）

二　大　同

四月五日，出张家口，西向大同。午后三时，已为车中人，首令我惊骇者，即京绥线客车之粗鄙是也。一二等车中，惟我一人，日既云暮，车中别无他人，且以车中未设电灯，故仅其一半明半暗之灯火为友，送此长夜。幸至九时，即抵大同驿，遂下车投宿于城外大兴栈，系一中国旅馆，不胜岑寂之感。

大同地方，虽曰平原，然实一海拔三千九百呎之高原，气候寒冷，四月初旬，尚见飞雪，步入旅馆，即不得已向火炕中以取暖。

概况　大同及其附近各地，为中国历史上著名场所，汉高祖征伐匈奴，白登之围，即在此地；后魏都洛阳以前，此地为其都城；辽金之际，即其西京，为五京之一；近至明朝，为代王居地，是以名胜古迹，不一而足。例如云岗之石佛寺、九龙壁、大华严寺（辽时古寺，俗称上寺）、七峰山、玉河（亦云御河、汝浑河）等，皆名所也。中国后魏时代，始由大月氏〔氏〕国人创造色玻璃，制造地即在大同，若仔细调查，则此种工艺史上遗迹，或可发见，惟以暇咎无多，未能及此。

现于大同设雁门道尹、晋北镇守使等官署，故此地为山西省北部政治的都市，人口共九万乃至十万之谱，不失为一大都会也。粟、高粱〔粱〕、麦粉、石炭、土碱（天然曹达）、红烟（烟叶）、生烟、木材、皮毛等，皆以此为大集散地。制造品则黄铜器甚为著名，在此输出之货物，则上述杂谷、石炭、曹达、木材、皮毛等为主，其中石炭一项，世人称为大同炭田，为无尽藏之大炭田，具有无烟、半烟，无烟良质之炭，今所采者，不过其一小部分，且其规模极小，然其供给，则京绥铁路沿线全部，固不待言，且远及北京、天津等处者也，若投大资，而大规模经营之，则其石炭为中国将来一大富源，可以预卜。

近年天津等处，有我日本人所谓宿火炭，彼中所谓煨炭者，可代木炭，此亦大同所产者也。

大同之地，最堪注目者，即街道之整齐、卫生之完备，于此可见山西督军阎锡山氏治下之一斑矣。又如汽车，已由大同直达太原，亦可知本省官吏之于交通，甚为留意，且今者已通汽车之处，不仅上述一线也，其全省各处，亦以太原为中心，以放射线状沟通各处，故古称不便之山西省，今亦极其便利也，若将来同成（大同、成都）铁路实现，则其发达，可立而待。其汽车道路，大抵用兵修筑，阎督军之精思，亦可佩也。

云岗石佛寺　予于翌（六）日朝，冒雪乘马车，往观云岗石佛寺。关于本寺，友人小村俊夫，曩曾详细揭之本志（日本《东亚经济研究》），且坊间亦尚有关乎此等之著述，兹故不赘。唯于此欲有一言者，阎督军近来拟捐资七八万元，大加修理，愿当事者力避俗且无意味之修补是也。

五　归化城

四月七日发大同，赴绥远特别区之首府归化城，午后三时到着，下榻城内之中西旅馆。此地在明嘉靖年间，蒙古西土默特之俺达（谙达），驻牧筑城，后明室封为顺义王，名其城曰归化，相沿至今。其后清天聪八年，太宗征察哈尔，降土默特，编土默特为左、右翼二旗，各设都统一员、副都统二员以治之。寻于乾隆元年于城东五里之地，新筑绥远城，四年令建威将军驻此，谓之绥远城将军，土默特及内蒙古西二盟，皆归其管辖。

观上述沿革，则今日绥远特别区域，其规模实成立于是时，前清一代中，本属山西省，及至民国，完全编为独立的一区。总之，此地在有明一代，纯为蒙古游牧地，然清初以来，汉人移住日渐增加，故于上述旗官之外，别设汉官，管辖汉民。雍正元年，设归化城理事同知，属朔平府。乾隆四年，设绥远城理事同知，六年设归绥道。自是以后，经种种变迁，至光绪末年，即所谓口外十二厅。民国二年，始以将军为行政长官，由山西省划分，成立绥远特别区域。民国三年，改将军为都统，其制沿用至今，其所辖境，如五原、武川、东胜、固阳，皆清末新开放地所设，此外所谓旧开放地，则自古即设汉官者也。

概况　归化城对于称为东口之张家口，故称西口，亦蒙古贸易要地，兼可与甘肃、青海、新疆方面通商。在商业上之位置，颇为重要，故中国政府，至民国时代，开放此地，以为外国通商口岸，惟至今与外人之直接通商，尚无可观。不过与蒙古、新疆等队商依旧贸易而已，然商业虽仅若此，而因京绥铁路之延长，商业日臻繁盛，今其大势，已渐趋其终点之包头，人口约十万，市中商况，颇形活泼，令人一见而知其为绥远特区之首府。贸易品以小麦、莜麦、大麦（草麦）、荞麦、胡麻等农产物及蒙古、甘肃、青海等处之兽皮、兽毛为主，制品则毛毡有名。居民大半为山西、直隶等省移来者，蒙古人呼此地为库库和屯，然此地今几不见蒙人。城内虽喇嘛寺不少，然喇嘛在此居住者不多，不过有时常到此交易之蒙人及其城外各处土著之八旗蒙人而已。此之八旗，即所谓土默特之蒙人，皆已土著而从事农业，与汉人之力田者，无从分别。惟其住居之所，必有红色之旗，可由此辨别之而已。

名胜古迹　归化城及其附近，古迹名胜，为数不少，略述一二如左。

王昭君墓　汉时下嫁匈奴单于之王昭君，其墓有二，其一在归化城南二十里，即所谓青冢，俗人呼为昭君坟。果为昭君之墓与否，殊难判定，惟其坟墓形状伟大，令人观之，有古代王公贵人之感耳。至其称为王昭君墓，始于何时，无从详悉。惟《辽史·地理志》已见之，可以知其为相当古代之传说。其详在《大清一统志》，且文人骚客，咏歌不少，兹不列举。又一王昭君墓，则在包头西五十里，五原县东南，俗亦呼为昭君坟，惟世人不甚知之而已。要之一人二墓，为一异例。又据汉代地理而论，以何者为昭君墓，可以断然无疑乎，亦觉难于断定，故俟将来研究上发见确实证据之日止，吾人姑置诸存疑之列可也。

喇嘛寺　归化城及其附近，喇嘛教之大寺不少，略举于次：

一、无量寺　俗名大招（蒙语称寺为招，或亦曰召），在归化城。

二、延寿寺　俗呼西呼图招，或舍利图招，在无量寺东。

三、崇福寺　俗呼小招，在延寿寺东，康熙三十六年所建。康熙西征，凯旋之时，驻跸于此。有御制碑文，载有外蒙古准噶尔部之噶尔丹，被康熙征服，于崇福寺佛前设誓，不再侵寇，盖亦清代一大史迹也。

此外尚有二三喇嘛庙，往时此地蒙古人多，故此等寺院，极盛一时，今则荒废已极，满目苍凉矣。

六　包　头

四月八日午前十一时，由归化城西往包头，午后四时抵埠。令予惊骇者，为城门税局局员之检查，极其烦杂，总之京绥铁路沿线，自北京西直门起，税局稽查，皆极苛察。如张家口、大同间，则稽查员竟入客车，检查行李，一至包头，则城门出入，皆有检查，即乘汽车，亦复如此，此予于此地所得最可厌之第一印象也。（按，外人往往不服检查，故有此言）

概况 包头镇向为萨拉齐县所属，不过一市镇而已。今已设包头设治局，必于最近将成一独立之县治，不仅此也，且豫定将来开为外国通商口岸。包头名称，亦有书为泊头者，因其地东南一小河流，曰博托河（见乾隆舆图），大抵蒙古语，由此译音，生出种种不同之书法欤。

此地今为京绥线终点，在黄河北岸，约五中里，在列车中，黄河溷浊之汤汤大水，尽在目中。市街距车站五六町，周围环以土垣，城内屋宇，宏壮者今尚罕觏。商业尚盛，人口大约五万之谱。如此偏僻之地，今亦已设电话，非常便利，惟电灯未设，予遂于洋灯之下，度此永夕。饮水亦极不便，市民全部皆取汲于东门外丘麓涌现之泉，贮以大桶，用牛车运至城内，故此间最急最要之事，盖莫如电灯及自来水也。

包头重要之点，在于黄河水运之便，且适当开垦地方之入口。黄河水运，自甘肃中卫县起，经宁夏石嘴子、磴口等，其间通过蒙古之阿拉善、乌拉特、鄂尔多斯等部，以至包头，更下至河口镇，均可通舟，故远则新疆之羊毛、羊皮、葡萄干、杏子干、青海之羊毛等，近则甘肃地方之皮毛、阿拉善部吉兰泰之食盐、鄂尔多斯及其他处之碱，均由舟运至此起坡，由此再用火车运销归化、张家口、北京、天津。在铁路未通之前，其货物以舟楫集中河口，更由陆路辐辏归化城，今则多改由包头起坡矣。故归化之繁盛，将来必为包头夺其若干。试进而言开垦地之关系，五原县（乌拉特地方）与其对岸鄂尔多斯方面，自前清末，渐次开垦，农产颇盛，故今日于黄河埠及包头车站，与远来之新疆、青海货物，云屯山积者，附近所产之农作物，其数不少，其关系之重要，可以想见。京绥铁路，豫定将来先修至宁夏，以达兰州，惟此等延长线与上述黄河之水运，立于竞争的地位，除政治上或军事上别有理由外，若单就经济上之见地言，则似尚为不急之务，吾人以为由包头修一线直达新疆之古城，较为有利也。

开垦事业　绥远特区之开垦事业，亦与察哈尔、热河两特别区及满洲所辖之东蒙古同，可分为旧开垦地、新开垦地。旧开垦地者，乃蒙古荒地，昔由汉民渐次移垦者，在满洲则旧昌图、长春等府所属各县是也，在热河则旧承德、朝阳等府所属之州县是也。以绥远特区而言，则土默特部之地，即归绥、托克托、清水河等县，为旧开垦地，五原、东胜等县，可称新开垦地。新旧之分，即清朝末年，公然开放以来，所开垦者，为新开放地；以前所开者，为旧开垦地。在旧开垦地中，其地所属，亦有种种，有属蒙古王公所有者，有属中国国有者，凡蒙古王公所属地，纵已设县，然其田赋入于蒙古王府，今各地王租局，即经收此款者也，至于县官，只能征收田赋以外诸税而已。新开垦地土地之所属，亦非必一致，在绥远区内，可分左列二类：

（一）与蒙古王公全然脱离关系者。

（二）虽属蒙古王公或寺院等所有，然由中国政府经手开放者。

右列第一类土地，其管辖权、税收，完全在中国官吏之手，其性质与中国内地无异。第二类者反此，土地尚为蒙古王公或寺院所有，但因放垦之故，政府直接或指定机关，开凿沟渠，丈量土地，或执行其他种种经营，其所征之领地费及田赋，不专与之蒙古，政府亦按定率分配之。

领地价与农垦之宜否　达拉特旗（鄂尔多斯左翼后旗）地方，称为绥远特区中最沃之地，其荒地领价，据《绥乘》所载，其所谓四成地，上等每亩一两一钱，次九钱，次八钱，次七钱，次六钱，共分五等。四成补地，则上等每顷（百亩）一百两，次九十五两，次九十两，次八十五两，外此如杭锦旗、札萨克旗等处之开放地，大抵比此更廉，每亩三钱乃至一钱云。

此等地方，气候随地而异，据归绥观测所（位置不明）之报告，民国五年气温，二月午前六时，平均摄氏零下一二·六五度，七月午后二时，平均二五·七五度，八月午后二时，二四·一〇度；民国八年，二月午前二时，平均零下八·五五度，七月午后二时，平均二九·〇八度，则以为农业地，其气温非不相宜也。

以地质言，如上述达拉特旗为上等沃壤，盖此地正在河套，沿黄河流域，土地平衍，且全系冲积层，自古黄河挟其腐烂之植物质，流置两岸，故地质素肥，加之河道代有变迁，故今日此等土地，虽不加肥料，而莜麦、大麦（草麦）、荞麦、青稞、粟、高粱、玉蜀黍、黍、胡麻、菜子等，无不相宜。

水利　自前清时，绥远将军贻谷锐意经营，开八大渠，最大者三百余里，小者数十里，更有支渠纵横灌注，故灌溉非常便利，若我日本人能在彼处得有经营水田之权利，则米稻之产额，殆不可限量，盖以气候既宜于产米，而地质又佳，水利又便也。

河套地方，面积约十六万方华里，可垦之地，不下千万亩，其地人口，今尚止有六万，即以此地而论，尚可养大多数之人口，况广漠无边之绥区全境，待垦各地，正自无量。吾人对此将开之宝库，不禁前途多望之感。

开垦之近史　最后关于此地开垦之沿革，再有一言。原来蒙古地方，禁止开垦，此制沿用，竟至清末。光绪年间，封疆大吏，竟言开垦之利。二十八年以绥远将军贻谷之奏，实行开放。其时首先放垦者，为达拉特旗四成地。言其动机，实缘此地住民之烧毁教堂、迫害教士而起。盖其损害赔偿，数目不小，达拉特旗，无从筹集，遂提出所谓四成地，以偿赔款十七万两。教士拒绝收受地亩，要求现金，遂由将军贻谷代达拉特旗处分此种土地，组织官商合办之垦务公司，首先筹银四十万两，其不足者，由达拉特旗再提供四成补地，以了此案。即于此时开渠放垦，自是以后，各旗亦次第有所开放，如喇嘛寺等，则广招汉人，使之农垦，以至今日。各地开放沿革，欲知其详，可以参考《绥乘》。

今日开发西北之声，已成中国舆论，加之各省过多之军队，若欲裁撤，则移垦西北，实一极良之尾闾。近来此种议论，饶有势力，现在西北直接之当局冯玉祥氏，本年计划，拟将其部下分赴察、绥两区，从事开发。闻其豫定三期计画：第一期建立二十一村，第二期十二村，第三期十八村，其开垦概用兵士，其经费亦在筹划之中。吾人之希望其克观厥成，固不减于中国人民之热望也。

《西北汇刊》（周刊）

张家口西北汇刊社

1925 年 1 卷 13—15 期

（陈静　整理）

凉城游记

辜澄庵　撰

　　余此行由张家口起程，经过山西大同及察属丰镇、集宁，至凉城，距张垣约七百里，本察哈尔八旗旧地，山川景物，与中土无殊，惟山溪无水，平时作道路，雨时暴涨而已。多广大平原、湖泊，土极肥沃，农民种植，向不用肥，次等以下，间年易种，此为内地所不及。农民勤俭朴厚，犹有唐风。余一路所见，山坡、平壤，无不垦辟，植物为莜麦、小麦、高粱〔粱〕、稷、黍、豆类，而胡麻、菜子为出产大宗。三月末下种，六月已熟，时正青黄被野，收割未毕。农民衣、食、住三项，格外单简：衣仅粗布褴褛，六月间尚上单衣而下绵裤；食以莜麦为大宗，余等食之，不能消化，而土人非此不饱，旅行此间，令其做白面食，极粗糙而多砂。又鲜菜蔬，大感困难。多穴山而居，尚有古风，亦有联村庄数十百户者。室均土筑，不用茅瓦。余恒觅大户投宿就食，见其房如一城门洞口，顶为圆形，通以隧道，穴壁取光、泄烟而已，炕即傍窗，灶即傍炕，有甚富者，炕上铺白毡，壁间嵌朱漆大柜、长箱，缸灶等件甚精洁，真异俗也。余有诗云："山下有田田下屋，室中如圹圹中人。鹑居鸲处皇淳俗，陶穴穿庐代北民。"此可以状其生活矣。而房室之外，均有大院落，畜马、牛、羊、驴、骡、犬、豕、鸡等，但马、牛、羊亦无大宗畜牧者。往来老少均骑马，负重则驾以四马大车，每见童子跨无鞍马而驰，或马、牛、羊群被野，辄心焉羡之。民俗虽朴陋，而天赋之富源甚巨，实移殖之绝好地方。此间移民，均直、晋边民，自然侵入，无有组织，故虽殷富，而无文明气象，惟一遇外人杂处，则大不同。教堂之发达极盛，彼等皆于二十年前初开垦时来此，以极贱价（每亩地银数两）获得千顷或数百顷之地，因而招垦传教，至今则成都邑，宫室村镇，井井有条，为口外极大势力范围，以比国人为最多，美、英、法、意次之。余过凉城时，其中有一大海子，长五六十里，水咸不生鱼介，风景极佳，而池东盐滩，均属教产，每岁收入巨万，教民之富者，资产数十百万，余甚惊讶。盐田本国家之利，乃亦并荒地而入于教堂之手，今已噬脐无及矣（此块闻每日产数万斤，行销丰镇、凉城等县）。余观察境荒地，垦殖殆遍，难以插足。目下上地每亩价十五六元，中地、下地亦在五元上下，惟闻绥远所管之五原，地大而贱，土沃人稀，且河渠甚多，适于灌溉，可仿南方种稻，如有余力，并可参仿北方之畜牧，以为副产，实吾人另谋生活最好之新世界也。

《西北汇刊》（周刊）

张家口西北汇刊社

1926 年 1 卷 6 期

（李红菊　整理）

绥远游记

吴国栋　撰

七月十八日　主任邹秉文先生开谈话会于第一斋，述此行宗旨有三：

（一）西北面积辽阔，地势平衍，土壤膏腴，作物殷茂，出产富饶，气候适于垦牧，天然宜农之区，国人多不明了，视为畏途，裹足不前，致利弃于地，殊属可惜。现国内兵燹连年，亢潦洊至，灾黎遍野，生计艰难，国民交困。西北垦务督办冯玉祥将军，有鉴于西北非垦务发达，不足以巩固疆圉，莅任以来，注全力于垦务，延聘农林专家前往指导。诸君此行，用科学方法，精密调查，将切实情形，公布于世，以冀引起国人注意，知经营西北农业之安全，而乐于投资。数年之后，地利尽辟，不但边圉巩固，而国计民生亦因之解决矣。

（二）东大农科教育之发展，固须在校师生努力前进，始能发皇光大，以符东南最高学府之实。尤须社会援助，共同提携，则更事半功倍。美国初垦殖时，各州政府拨给数万亩荒地于各州立大学，作为学校基金。因有巩固之基金，经费充裕，自能为完备之大学。诸君此行，选择膏腴之地数万亩，亦援美国前例，请求政府拨给学校作为校外农场，用最经济方法管理，以为西北楷范。农产收入充学校基金，嗣后经费独立，不受政治影响，学校前途，实利赖之。

（三）我国人口稠密，久著于世，而南方尤盛。每家农民仅有田三五亩，中等学生尚无利用其知识经验之余地，而大学生更不待论。诸君为发展自身之宏图起见，亦非往地广人稀之西北不可。诸君抱此三大目的前往调查，必可得美满之结果。词毕，摄影而散。

十九日　黎明，趋车至下关，乘轮赴汉，抵埠，江新轮已开，决至明日乘江顺船上驶。

二十日　自五卅惨案发生，全国愤怒，对英、日经济绝交，不坐英、日轮船，航行沪、汉之太古、怡和、日清，相继停驶，惟招商日开一轮，往来两地，载运货物，致船少货多，堆栈积滞，不能如期行驶，爰决改乘津浦快车北上。

二十一日　登澄平渡轮至浦口，乘津浦特别快车北上，过安徽滁县，入旱农地带，沿途所见，尽高粱、大豆、玉蜀黍、稷、棉、甘薯、大瓜、烟草等作物。山东临城以北，直隶沧州以南，多碱地，入夏以来，天时亢旱，雨水稀少，作物生长不良，收获甚歉，素所仰慕之泰岱、孔林、千佛寺、大明湖各名胜，匆匆掠予车而过，未能瞻谒，殊深怅惘。天津位于渤海之滨，帆樯林立，车轨交错，为北方商业重镇，时间仓卒，未暇畅游。

二十二日　抵北京，寓正阳门西河沿公寓旅馆。大雨滂沱，水深尺许，未能出游。

二十三日　乘环城铁路至西直门，转乘京绥车至南口，崇山峻岭，峙立两侧。沿山谷行，抵居庸关。在两山之间，地极险要，为西北入京咽喉，自古军事所必争。素所向往之万里长城，蜿蜒起伏于群山之巅，自下上视，益觉雄伟。北行至八达岭，地势骤高，铁路工程，最感困难。工程师詹天佑先生，不辞劳瘁，独出心裁，艰难缔造，卒底于成，毫未假助外力，为我国自建铁路之首告成功者，国人感其勋劳，为立铜像于青龙桥侧，以志不忘。

至怀远县境，地势平衍，土壤肥美，作物殷茂，收获丰裕，直、鲁等省，莫能及焉。

下午四时，至张家口。有西北边防督办公署之外交处长唐悦良、察哈尔实业厅长龚柏龄、教育厅长王维藩、垦务会办吴觉民诸先生到站欢迎，寓区立第一中学。夜饭于军人青年会，该会由军人组织，内有大会堂、阅报室、大菜间、贩卖部。惟因创办未久，设备不无因陋就简之处，然其办事精神，殊堪钦佩。张家口城市属直隶万全县，为西北之重要市场，内外蒙之牲畜、皮毛，均在此出口。商埠分河南、北两部，北部多旧式商店，南部商务发达，建筑宏丽。商店门首多悬格言牌，如"君子有三惜：此生不学，一可惜；此日空过，二可惜；此身一败，三可惜"；"武官不怕死，文官不爱钱，何患天下不太平"；"士大夫若爱钱，书香化为铜臭"等语。沿街壁上，多绘国耻纪念及鸡鸣起舞图，或大书"天下兴亡，匹夫有责"、"亡国之民，不如丧家之犬"、"勤与俭，治生之要道也"等警句，触目皆是。直隶之北，察区之南，阴山山脉所经，峻岭崇山，连绵万里，但无林木，大雨之后，山洪暴发，河道淤塞，宣泄困难，泛滥为灾，雨止水涸，仍为沙河。张家口有河一道，自西而东，流经城厢，常时为患。冯督办下车之初，首先注重导河、造桥、铺路、种树各要政，故冯军虽多，平时不见一兵一卒游行街市，每成群结队，往来运土，修筑道路，或搬石运木，建筑桥梁；或和泥弄瓦，修葺房屋。兵各有业，从无徒手游逛、强赊硬欠、鱼肉人民情事，此冯氏德政之显而易见者。

二十四日　往督办署拜谒，外交处长唐悦良代见，寒暄数语而退，转赴实、教两厅，均蒙接见。十二时，督办设宴于军人青年会，有教、实两长及其他官长作陪。冯氏以事未到，唐处长主席，致欢迎词，实、教厅长依次演说。据教育厅长报告，察哈尔全区教育费十四万元，师范、中学、女高各一所，男高六所，人口一百万，入学儿童以四分之一计算，当有二十五万，现入学者只二万，不及入学儿童十分之一。蒙古为游牧民族，居处无定，无教育之可言，百人中识蒙文者不及一人，识汉文者更无论焉。友人方自朝鲜归来，云朝鲜之属于日本不过三十年，现在之青年子弟，几无不谙日本语言文字，心目中只知有日本，不知有朝鲜，因其无适当文化故也。虽有少数分子，在上海组织朝鲜政府，均以前留学英、美者。现国内大多数民众，如此愚昧，恐永无复国希望。台湾前为中国属土，接近南疆，人民多大明遗臣后裔，不愿屈服清室，薰染中国文化极深，比之朝鲜，较有巩固之教育。虽同属于日本，其人民日与日本奋斗抗衡，迄未被其征服。此由教育之效也。英、日列强，志存侵略，蒙民之教育如此，言念所及，不寒而栗。据云，蒙人知识之闭塞，由于清室防备过甚。当康熙征准噶尔返，在张家口设大禁门，凡蒙人未奉圣旨，不得入内，误入内者，斩无赦。故有清三百年来，蒙人未入张家口一步，所有文武官吏，尽内地之贪官污吏、败北将佐，罪不至死，发往边塞效力，将功赎罪，此种官吏，焉知注重教育。蒙民信仰喇嘛教极笃，倘兄弟三人，必两人入庙当喇嘛，一切生计、家庭供给，其他一人，养父母、畜妻子、牧牛羊，逐水草而居，迁徙无定，当然不易受教育。教育厅为谋蒙古教育之发展，聘请师范学校毕业高才生，发给半年薪俸，米面油盐，备齐带去。在蒙古内部设立学校，强迫蒙民子弟入学。初一二年须用蒙人之谙汉语、汉文者翻译，三四年后即可直接听讲，高小毕业，文理亦可通顺。但蒙人视教育如差役，富室常出钱雇贫寒子弟读书，复懒惰成性，无事则枯坐包中，不思工作，读书识字，视为畏途，故蒙人教育无显著之进步。北京蒙人，常要求教育部编制汉蒙合璧千字课，谋操教育权，识者反对此说，以为学汉文何须从旁注释，如在学汉文之外，亦可兼习蒙文。锡林郭勒盟在察哈尔八旗之北，外蒙之南，民智闭塞，王公贝勒，常来督办署要求发薪。前清旧例，王公有俸；入民国来，悬欠未发，或借口防匪，请发给枪枝，实际此项蒙人，只知有清室，缘清室政治虽腐败，尚知联络政策，满、蒙人民虽不通婚，皇室与王族时通婚媾，蒙人认为无上荣宠，迄恋恋不忘。外蒙库伦与俄携手，脱离中央政府，另行组织自治政府，带"赤化"色彩。此项蒙人倘非惧外蒙政府没其财产、与彼等以不利，久已附属外蒙矣。况蒙人性强悍，善骑射，苟拨给枪枝，必脱离察哈尔政府而独立，故内蒙情势，极其危岌。政府当设法招抚，免生意外。蒙人喜游牧生活，骑马外出，日常数百里，驰骋于沙漠旷野中，一望无垠，驱逐牲畜，任意放牧，不加管理，逃亡数头，亦不介意。如劝其经营农业，未始不知农业之有利，特不耐固居之耕种生活耳。蒙人日常所食者，为莜麦面饼，汉人食之，必吐泻，久之亦惯，牛奶茶、马铃薯、牛羊肉，尤为家常食料。所居者为牛皮帐幕，俗名蒙古包。父母兄弟、妻子儿女，均聚居于此，完全为一家庭组织。如赴库伦，须经过大沙漠，常百十里无居人，不及宿店，借宿于蒙古包中，食宿均不给资，主人之于旅客，与其家人同等待遇，若为商、学两界，尤其欢迎。与彼等贸易，不用货币，仍用古时交易方法，以其所有，易其所无，如内地鄙弃之物，价值低廉，只须蒙人认为有需要，即以数张狼皮或狐皮易去，数尺洋布，即可换马几匹，诸如此类，不胜枚举。故在外蒙经营商业者，无不一本万利，常有小贩至彼，立成巨富。蒙人男女，喜穿红黄色衣服，长至脚胫，戴瓜皮帽，或缠红黄巾，着长皮鞋，虽六月，亦不脱去。女人喜戴宝石，堆满头面，终年不洗脸，不沐浴，不换衣服，腥臭不可闻。此蒙人生活之大概情形也。实业厅长报告，察哈尔在前清为内蒙察哈尔八旗辖地，故地权操于蒙人之手。如彼愿放垦，陈明当地总管（若内地县知事，专管蒙人诉讼事宜），由总管陈报于垦务局，由垦务局招人开垦。每顷先缴领垦费四角，作蒙人之迁移费。蒙人向北迁移，汉人之垦务愈发达，则蒙人之牧场愈狭小，当然不利于蒙人生活。在蒙人前提倡垦务，虽不敢公然反对，心中极不以为然。实业当局，恐逼迫过甚，激起反动，改变方针，在察区则提倡改良畜牧，绥远则提倡农垦。现督办已派二师兵赴五原，开浚八渠，以便灌溉；山东省议会长王鸿一，已移来山东农民千户，在五原开垦；前湖南省议长孔昭绶，亦来五原调查。现在内地人口稠密，连年水旱为害，灾民日众，人满为患，生计堪虞。如八渠浚导成功，灌溉便利，内地人民之移居口外者，必络绎于道。垦务会为招垦人便利起见，觉垦民散居，交通、教育、卫生、贸易，均多不便，拟于相当距离，建设新村，使垦民可以集居一处，自卫、教育，一切问题，当可迎刃而解。离铁路较远之地，交通不便，农产物运输困难，政府拟代设公共堆栈，以利民众。专设垦务银行，垦民经济不能接济时，可将堆栈存单，抵押借款，或以其他不动产抵借，总以调剂垦民经济为目的。此项计画，政府能一一见诸实行，西北垦务之发达，可俟日而待也。察、绥两区，煤矿尚未开采，又无薪炭、柴草作为燃料，普通燃料即牛马粪。种田者多无肥可施，田土日瘠，收获日歉。利用休闲制，乃能耕作，极不经济之经营法也。倘煤矿开采，森林发达，燃料问题解决，牛马粪以之壅田，肥料不成问题，垦地自无休闲之必要。

晚六时，特邀同人至督办公署开茶话会。冯氏身体魁梧，面目黧黑，衣蓝色军服，粗袜布鞋，二兵相随，不识者不知其为英名盖世之冯将军也。为人和蔼，威而不猛。见面时，一一握手，就坐寒暄数语，由唐启宇教授致答词，尽欢而散。

二十五日　上午，赴张家口市调查农产品市价。下午，应辅治研究所之请，演讲农业与国计民生之关系，词另录，听者甚满意云。

二十六日　天雨，迩来为西北雨期，山水暴发，道路冲毁，汽车不通，拟先赴绥远调查，俟天气稍晴、道路修理完善，再行来察，准于今晚三时乘车赴绥。

二十七日　黎明，抵平地泉。前清获谴之发配塞外者多来于此，地高四千五百呎，气候为京绥路之最寒者。沿途所见，层峦叠嶂，童山濯濯，不生树木。土地瘠薄，麦正黄熟，尚未收获。粟、黍、高粱，含穗未抽，青黄相间，盈野满畴，的是美观。马铃薯之栽培甚多，生长甚茂，产量颇丰，为人民重要食料，俗名"山药蛋"，以其形似，实非山药蛋，现成通俗名词，莫能改正。下午四时抵绥，实业、教育、财政、警察、道尹、总管、县署各机关，均派员至站欢迎。寓归化五族学院。

二十八日　上午赴绥远。康熙征准噶尔返筑新城，归绥兵备道率旗兵驻此，所以居民尽为满人。房居隘陋，破坏不堪，衡宇相望，栉次比连。男子衣饰与汉人无异，女子身衣长衫，脚系天足，着厚底花鞋，发向上梳，耳带大环，面涂粉脂，衣衫褴褛，生计艰难者甚多。彼等承有清三百年之优待，一旦失所凭借，生计之困难也固宜。当清室鼎革，筹有旗民生计维持费四百五十万，主持者不知建设工厂、购买农地，为维持旗民永久生计，任意侵吞，至无余款。主持非人，不胜浩叹。

参观义务学校，以都统署暨实业厅所办者成绩最良。学生制服、书籍、文具，全由学校供给。非专任教员，概不支薪。学校经费由主持官长捐廉，故无的款。县立学校设备谫陋，精神萎靡，反不若义务学校生气勃勃，动人观感。

塞北关为绥远唯一征收税务机关，全年税比为四十万元。历任监督，中饱私囊，呈报政府不及二十万元。前监督朱荣汉莅任以来，极力整顿，剔除积弊，点滴归公，半年淡月，征收六十万元，超出原比二十万元，收入之多，为全国常关冠，财部以其办理有功，已迁调他处矣。当监督未迁擢以前，适李鸣钟都统招集各机关筹办义务学校，朱监督首先赞成，将关中收入写票费作为义务学校经费，教育在关职员子女，余额招收普通学生，额数甚少，投考五十人，录取二十人。该校组织完备，为全城学校冠，施行新学制，分高、初二级，各一教室，男女合校，聘专任教员两位，皆北京师范毕业，学识经验，均极丰富，尤能不辞劳瘁。热心任事，成绩优良，在所宜然。图书馆陈列儿童文学丛书极多，专供学生课余参考之用。寝室清洁整齐。在关职员子弟膳宿、制服、书籍、文具，全由学校供给，普通学生，不得享受供给膳宿权利。此该校之大概情形也。

过铁路参观师范学校。该校为旗民公产，俗名公主府。相传康熙之妹，下嫁库伦王，驾行至此，停舆不进，帝为建公主府以居之，现由其子孙管理。民国八年，始由官厅借为校址，栋宇陈腐，窗牖明亮。全校学生一百人，膳宿、制服、文具、书籍，均由学校供给。毕业后，服务小学教育五年，始准另谋生计，否则追缴官费，以作惩戒。学生为沪案赴各县宣传，均不在校，遍览教室而返。

下午，参观土默特女子义务学校。该校分为成人与未成人两组，成人组，为女工传习性质，制造香皂、普通肥皂、毛巾、洋袜、围巾、日用等品。未成人组，半日上课，半日习工，所制香皂，色泽纯良，香味馥郁，远驾舶来品之上，价值低廉，犹其余事。创设伊始，规模狭小，出产无多，有供不应求之势。归绥僻处西北，家庭工业，向不发达，洋袜、毛巾、肥皂、日用等品，均须仰给外埠，其物虽微，漏卮颇巨。今土默特女校出而提倡，出产虽寡，嗣后逐渐扩充，前途未可限量。承赠香皂数块，作为纪念。

区立中学在旧城北，光绪二十九年成立，历史甚久，设备较为完善，理化仪器、博物标本、参考图书，尚可敷用。有滩羊角，长二尺许，卷曲如螺，重二十余斤。如遇危险，蜷伏角下，他物不能侵害之。

五族学院为绥远会馆旧址。教育厅长沙明，远鉴于归绥缺乏高等教育，今年春设立是院，分大、中、小三部，汉、满、蒙、回子弟兼收，以符五族平等之义。历届官厅，横征暴敛，未尝提倡教育，蒙人饱受鱼肉，敢怒而不敢言。骤劝其子弟入学，多观望不前。沙厅长为特别提倡蒙人教育起见，招集五族联欢会，蒙古王公多列席，沙详说五族共和之真谛。某王公大为感动，当即剪发易服，诚心内向，派遣子弟入学。数月以来，成效大著。下学期，蒙人子弟增至七十余人，未始非官厅提倡之效也。同人寄寓于此，荷承诸先生竭诚欢迎与详细赐教，尤为感谢。

二十九日　出北门，涉黑水。《木兰辞》"朝辞黄河去，暮宿黑水头"，即指此。水流甚浅，雨止水涸，一片沙滩而已。北行二十里，至明妃墓（俗名青冢）。妃姓王，名嫱，字昭君，四川秭归人，年少美姿色。其父业农，无巨款贿赂，画工毛延寿，于眉角涂一泪痣，以损其美，未得入幸，谪居冷宫。妃善奏琵琶，帝闲游宫中，见之倾倒，册为明妃。帝问其故，妃详述毛延寿索诈不遂，迁怒陷害，帝闻震怒，立命缇骑逮捕惩治。毛延寿畏罪潜逃，献图呼韩邪单于。时匈奴强悍，屡欲侵汉，无所借口，遣使捧图指索明妃，不允所请，称兵南犯。帝欲拒绝，战云立起，边疆多事，踌躇未决。群臣力劝，妃请行，抱琵琶上马出塞和番（京戏所演之昭君出塞）。帝至霸陵祖饯，泣不可仰〔抑〕。妃至匈奴，见呼韩邪，不忍屈辱，乘左右不备，坠马而死。单于深悼之，执毛延寿送汉以修好，帝命剖心裂肝，遥祭明妃以雪恨。一日帝游上苑，隐几假寐，见妃出塞情景，宛然如画，惊极而醒，适鸿雁飞鸣，别离之悲，倍觉凄怆（《元曲选》关汉卿之《汉宫秋》所记，大略如此）。曾忆十二年秋游汴，于农专王直卿先生案头见妃墓照，心向往之。今得亲临瞻仰，快何如耶！墓在旷野中，黄土一坏〔抔〕，岿然常存，无树木祠宇以点缀之，仅残碑数幢，树立其南，以示冢虽在北，心未忘汉。夫汉时大将秉旄钺，铁骑百万，鏖战疆场，征服匈奴，勒铭燕山，固一世之雄也。妃以一弱女子，不费一矢，不劳一卒，单身独骑，直趋塞北，宁边疆而安社稷，其功岂在大将下哉！宜乎词客骚人，凭吊赋咏而不能已也。墓之左右，土地肥美，稼穑咸宜。登高四望，胸畅神怡，徘徊久之，驱车返校，犹疑墓灵引手相招也。途中见骆驼数十头，放牧草场。牧者告余曰："骆驼能引重致远，驰骋极速。日行数百里，渡大沙漠中，数日不饮食，他畜不能也。蒙人呼为'戈壁之舟'。"

归绥与晋省毗连，一切风俗，多染自晋省，天气炎热，妇女衣背心，裸立门外，涂粉拭脂，妖艳绝伦，缠足之风，尤甚他省，不论妍丑，均小如黍角，夕阳西下，倚门凝望，行同私妓，后悉其风俗使然。李都统莅任以来，知为陋俗，下令严禁，此风稍杀。

三十日　上午入新城，见绥远都统李鸣钟，三十余岁，面微皙，有短髭，身体强壮，精神活泼，俨然一新式少年军官，与督办之谦躬下士，相差远甚。由唐启宇教授致答词而退。

赴实业厅，厅长韩竹坪先生致欢迎词，科长周颂尧先生讲西北垦务历史甚详，惜不明了其语言，无法记载。大概云："绥区为阴山山脉所经，山前后气候相差二十日。前清浚导八渠，费银一百万两，已垦者十五万顷，划一万顷试种水稻，用榆林、宁夏种，成效颇著，良于原产。贻谷去后，继任无人，此项计画，即告失败。"茶点而散。宁夏所产葡萄干，无核，白色透明，甘香可口，远非加利福尼亚之日光牌所能媲美。价值低廉，每斤四角，但紫白混杂，果柄太多，果皮附泥沙，是其缺点。

赴西城参观农事试验场园艺部，该场为前都统蒋雁行花园，潘矩楹继之，马福祥增修之，李鸣钟莅任后改为试验场，开办时期虽暂，已粗具规横，气候测量、养蚕、花卉、果树、蔬菜，均有试验。有都统赠送之大青山野狼一头，锁于柙中，饲以肉方食，否则宁死不食。虎、狮为兽之最猛者，不噬豢者，狼子之猛，不及虎、狮，居心狠毒，豢者亦噬之，以怨报德，狼子是也。

农事试验场在车站旁，为前清校场，今始开垦，面积五百余亩，粟、黍、马铃薯仍照土法栽培，毫无改善。苗圃只榆树、白杨而已，第七旅部所种之榆树苗圃，整理清洁，出苗整齐，该旅每年拟兵工种树三千亩云。

下午，参观慈善机关。

（一）平民医院　督办鉴于归绥医药事业幼稚，卫生智识缺乏，疫病丛生，间有一二私立医院，主持者不以慈善为怀，任意居奇，平民抱病，求医无门，呻吟床笫，坐以待毙，殊堪悯恤，特捐廉五千元创办此院，分内外两科，设备简单，聊胜于无。

（二）济良所　为警厅创办。凡妓女颜色衰老、疾病，不愿为娼，或婢女遭主妇虐待，均可投所。规定教育期满，择配从良。人数不多，房屋宽畅，经费由警厅筹措。

（三）抚婴院　绥地溺女之风甚盛，贫寒之家，无力抚养即溺死。现该院有婴孩五十余名，雇乳母抚养。每月抚养费六元，衣服由院供给，疾病院医诊治，朔望乳母领费，将小孩抱来，院董察其生长状况，衣履不洁，或饲养不合，得嘱其改善。

（四）救孤院　无父无母之孤儿，均收留住院。现只二人在警厅义务学校读书，身体强健，精神活泼，衣服整洁，言语有次，不若孤儿。

（五）恤老院　老人无子嗣奉养及无能力谋生者，经人介绍，均可住院。衣服饮食，由院供给，死后由院安葬，现住院者四十余人。

（六）因利局　小本商人，无力经商，觅得确实商店作保，可向局无利借贷，惟每人至多不得超过二十元，限期还本。

（七）戒烟局　马福祥抚绥时，鸦片充斥，几于无人不吸，现虽严厉禁止，一般瘾君子，多阳奉阴违。兹为早日戒绝起见，凡属烟民，一律拘捕住院，强戒断瘾，健全出院。

以上六〔七〕项善政，皆督办捐廉所建，共费三万元。昔读《孟子》"老吾老以及人之老，幼吾幼以及人之幼，鳏寡孤独、天下之穷民而无告者，施行仁政，必先斯四民"，所谓仁政，不图于边塞见之。噫！吾愿往居矣。

大召（喇嘛修行礼佛之所曰召，如内地之庙）在归城之中，左右环闹市，门设常关，不准汉人入览。吾人有道署、警署、教厅各科长引导，预由警署通知招待，始得入内。召中所奉者，为印度如来佛。殿之构造与内地仿佛，惟经堂较宽。喇嘛披袈裟，袒胸露臂，互相对座，朗诵藏经（佛教传布之程序，由印度而西藏，由西藏而内外蒙，故喇嘛所诵者，仍为西藏原文，横行，与蒙、满文相似）。童年十余辈列坐席末，依样喃喃，不知作何语。蒙人强悍善战，猃狁、獯鬻、匈奴、回纥、辽、金、元侵犯中国，无代无之，惟清朝无胡患。康熙征准噶尔还，适喇嘛教入蒙古，清室与活佛以崇爵显位，封优秀以王公，奖人民之奉喇嘛教者，免其赋税，蒙人无知，贪其微利，悉入彀中，国亡种灭而不悟，良可慨也。当土默特最强时，有五十万众，奉教以来，人口日减，现只五万人。始皇之焚书坑儒，后世诋为虐政，殊不知清室之于蒙古，更有甚于始皇者也。现五族一家，正宜互相提携，同舟共济，改变对蒙方针，急不可缓，办理教育，开发民智，尤为要图。

舍利徒召（俗名崇福寺）构造之壮丽，与太和殿、雍和宫等，画栋雕梁，精美绝伦，杭之灵隐、苏之西园、宁之毗庐，莫能及焉。少数喇嘛，居左右厢，大殿之中，人迹罕至，颇呈零落之象。有辇一辆，为活佛所乘者，光绪末年迎活佛于宁夏，即用此辇，行时驭象，或宝马，行动平稳，现成废物矣。

小召喇嘛众多，殿宇狭小，有康熙帝所赐之御用玉带，镶满珍珠，黄缎蟒袍，顾绣龙纹，领袖宽大，与戏台所见相似，已破烂不堪。朝靴长统厚底，与常见者同。全胄未见，只有其顶端貂皮而已。甲为青缎所制，内衬铁片，迄今未锈。弓囊、箭袋、宝刀俱全。伧夫不知宝藏古物，渎亵摩弄，毫不知惜。余意古物之遇此辈，值〔直〕遭劫耳。

五塔寺召门已封，游人不得入内。寺高七级，均琉璃佛像砌成。顶端五塔，排列如梅花，故名。

蒙人性凶狠，其跳舞所用之假面具，亦凶恶万状，有髑髅，有牛首而髑髅满顶者，或毒蛇盘绕，狮虎熊豹，活跃如现，见之令人生畏。赛会时，男女扮演，随歌随舞，凶狞可怕，必更甚于静置也。

抵绥以来，业已四日。连日参观教育、实业、慈善各机关，游览名胜，调查农产市价，均已竣事。准于明日赴毕克齐。归绥教育，若春风时雨中之百草，蓬蓬勃勃，一时竞起，各机关以办学成绩为政绩之考成，义务学校、平民学校、露天学校，触目皆是。所谓人为政治（人存政举、人亡政息），大局发生意外，教育随之消灭，危乎殆哉！

三十一日　下午三时乘车赴毕克齐模范村。该村在归绥之西六十里，居民三千户，土地肥美，有水磨沟溪水灌溉，可种大麻、烟草、葱、蒜、山药、球状甘蓝、辣椒等贵重作物，每亩之收入颇丰，为归绥首富之乡。寓公益局，人民大都自山西移来，言语隔阂。调查事项，深得局长刘氏父子之赞助，感甚感甚。

八月一日　在城隍庙戏楼开放留声机，听者虽甚踊跃，地主多裹足不前，仅调查二十余户。

二日　在局调查，局长及教育界人士均竭力赞助，结果颇佳。

三日　赴车站南小古村调查。农人屡受官厅蹂躏，异乡人至，匿不见面，恐官厅之苛征暴敛，亦不以实言相告，约略调查而还。

四日　原拟五时乘车赴包镇，夜深不便，决于明日早车赴包。

五日　毕克齐至包头铁道，沿大青山脉行，距山数里，尽为膏垠，作物殷茂，穰穰满篝，铁道以南，土地硗瘠，作物枯萎，甚或平衍之原，尽成石田，不能耕种，一路之隔，相差悬殊，亦云异矣。过陶卜齐，路两侧尽属瘠壤，不但作物不能栽培，杂草亦不繁茂，仅为下等牧场而已。

南海子离包镇十五里，往来黄河船舶、货物，均泊于此，转京绥而至京、津，水陆交通既便，商务日趋发达。地基过低，易遭水患，刻正鸠工运木，建筑商场矣。

包镇土垣周围二十里，全城东北高、西南低，居民众多，商业繁盛，似在绥远之上。第二中学校长孙则让先生到站欢迎，借寓山东驻包移垦事务所。傍晚，过探先先生来，拟于明日同乘汽车赴五原。

六日　长途汽车适于今晨开往五原，行期未定。昨闻西阁有宋将杨七郎戟，欣然往访。阁在西门马王庙前，孤峙通衢，行人车辆，往来其下。侧门被局，请于庙祝，启门导观。大戟悬梁，柄端着地，有文云："记名简放提督军门、镇守山西大同等处地方、统辖雁门三关总镇都督府、冠勇巴图鲁马。"询此马事迹，庙祝瞠目不能答。戟好如新，非宋朝故物，可断言也。谓为七郎戟，实乡老妄谈，不足信也。

三龙泉在东门外数十武，大青山麓，清泉一支，从三石龙口中喷出，倒悬而下，水珠四溅，凉入沁脾，莅西北以来，初次所欣赏者也。旁有榆、杨数十章，大逾合抱。破庙数椽，栋倾榱折，墙圮垣塌，粪秽不除，游人败兴。包镇不乏热心公益之士，盍不集资修葺，培植树木，建造亭苑，以为胜地点缀欤？我所闻之汉蒙交易法，蒙人性愚蠢，尚信实，常携狐皮、狼皮、鹿茸等贵物与汉人交易，汉人邀其来店，盛肴馔，美醇酿，殷勤劝进，俟其薄醉，与之谈交易。蒙人饮酒过量，神经错乱，物之贵贱，价之高低，已不能辨，含糊允许，天明酒醒，知已受愚，意志阑珊，窃室隅败物而去。是以后山经商者，莫不获资巨万，面团团作富家翁。蒙人父母、兄弟、姊妹集居室中，旅客亦同寝榻，野合之事，时常发生。蒙女多恶疾，故商人染梅毒者颇众，绥、包之花柳大夫，因注射血清致富者，颇不乏人。此项商人，既以谲诈取财，复污人妻女，宜其不得善终也。

七日　接洽赴五原免票汽车，公司未奉督署命令，不允备车，至此始知汽车无望，决于明日赴固阳县境之大榆树滩中华垦植〔殖〕协会所经营之呼吉尔梁参观。

八日　晨乘骡车出东门，北行数里，即入山谷，蜿蜒〔蜓〕曲折，盘旋而进，所谓"身入深谷疑无路，水尽峦完又一山"，不啻为此行咏也。山为阴山山脉，峰岭不高，横经百十里不绝，岩石磊磊，寸草不生，提倡植林，急不容缓。沿途寡居人，车行五十里至石拐沟。该处煤矿极多，土人用旧法开采，每日产量甚少，仅供包镇附近之用，交通不便，运输困难，驴驮车拉，络绎不绝。近有资本家集合巨资组织公司开掘，筑汽车路通包头，该矿之发达，可操左券。出村数十武，薄云蔽日，天气微凉，不知山后已暴雨矣。山洪骤至，澎湃而下，势如奔马，深几没轮，车不能进，停宿农家，杀鸡为黍，别饶风味。

九日　抵呼吉尔梁滩，在乌拉山麓，地势平衍，广二十里，袤十五里，可垦面积一千一百顷，已垦者二十顷，以黍、稷、燕麦、荞麦、油菜为大宗，麻、小麦、马铃薯次之。初行开垦，种植粗放，播种以后，听其生长，不加工作，产量甚歉，每亩丰收三斗。全场砂质壤土，无瓦砾、乱石、树根障碍，开垦极易，犁耙之后，即可播种。垦民均山东移来，共五百余人，分居三处，相去里许，阡陌交通，鸡犬相闻。房屋临时建筑，农具、种子、耕牛，由他处购来。分组垦殖，每组垦地六百亩，明年扩至一千亩。第一年纳租十之一，次年十之二，三年以降，永久十之三。愿为地主，筹款认股，每股分地一顷，食粮缺乏，向公司借贷，照本偿还，一切消费用品，由公司购买，完全为新村组织。垦民来者极踊跃，惟于本地垦民，似稍虐待，须对半纳租。此地原为蒙人牧场，自汉人领垦以来，蒙人向五大召麓迁移，一旦将其天然牧场垦殖，心不甘服，尝出为害，前曾驰马百匹，践踏小麦百余顷，尚在交涉中。

十日　返包出门时，马惊车覆，某坠污池，衣履尽湿，迷信者认为凶兆，中途果遗地图多帧，被路人拾得，力追未获。至城仍寓山东移垦事务所，晚餐于聚德成饭庄。大雨滂沱，历二时止，积水盈尺，无车可雇，跣足而还。

请西北垦殖协社孙廉泉先生报告经营呼吉尔梁经过情形。

十一日　旅部尚未接督办复电，免票汽车无望，特快函察哈尔实业厅长龚柏龄、教育厅长王维藩、外交处长唐悦良，请谒督办，电刘、石两长，优待赴五汽车。

十二日　以时间、经济关系，分为两组，一赴五原，一赴五川，乃于下午三时乘车返绥，抵站已八时矣，寓实业厅农事试验场园艺部。

十三日　清华大学教授虞振镛先生自五川返，拟集资三万元，在五川县领地千顷，组织公司，招佃经营。佃户须不吸鸦片并有家眷者为合格。耕牛、种子、农具自备，水井、住室，公司建造。招山前佃，不向外省移民。雇熟悉本地情形者，专事招佃，每佃给与报酬一元。此事甚难，万非一呼即来，必须有相当资本。初垦收租十之一，次年十之二，三年以后永远十之三，事近剥夺农民生计，新学者似不宜为。

（一）商业　高尧海在陶林、武川之间，长五十里，宽二十里，适中点组织新村，公司开设商店，佃户无现〈款〉购货，竟可赊欠。收获以后，市价已高，送农产物于商店，以为还偿，免受债主重利盘剥。

（二）交通　筑汽车道至旗下营，以便输出农产品。此地大车轮辙过窄，易于损坏道路，为保持路基，宜换宽轮，取缔窄轮。有齿者每次收铜元六十枚，窄轮者四十枚，宽轮者十枚，不数年尽改为宽轮。

（三）解决肥料问题　此地既乏森林，复无煤矿，日用燃料，即马羊粪，肥料缺乏，不能连作。二十年后，须用休闲制。欲解决肥料问题，必多修汽车道，煤运入境，各家烧煤，马羊粪肥地，以维持地力于永久。

（四）巩固公司　欲公司发达，须先使佃户富足。《论语》云："百姓不足，君孰与足；百姓足，君孰与不足。"无家者使之有家，有家则不迁移，公司事业巩固；无恒产者无恒心，苟遇饥馑，流为盗贼。

十四日　赴公车局接洽，便道至戏园参观。该园破坏不堪，桌椅污秽，观众寥寥。当局为提倡社会教育起见，业已筹集巨款，庀工建造易俗社，聘京剧巨子为导师，购买布景，冶新旧戏于一炉，不久落成，亦归绥社会教育之一助也。闲坐无俚，偶阅日记，知捉笔匆匆，遗漏甚多，兹补记数则如后。

（一）懿览亭　在道尹公署后园，为前清归绥兵备道衙门。慈西〔禧〕太后生长于此，德宗敕建懿览亭以祀之。道尹邓长耀约同人茶话于亭下，亭后有土阜，高出廨宇，建别墅其上，远瞩则青山在望，蜿蜒起伏，盘绕四围，如天然屏障。冬多大雪，琼山玉壑，尽入几席；秋则红叶万点，随风飞舞，登楼四望，若在绮罗宋锦中；夏则草木畅茂，牛羊放牧，无腔短笛，隐约可辨；春则日暖风和，舞翠飞红，夫耕妇馌，往来陇亩，四时之景不同，乐亦无穷。亭周古木百章，荫芘〔庇〕左右，偶一登临，清风袅袅，尘虑皆空，徘徊久之，不忍遽去。邓厅长身体魁伟，不类文人，然遇人和蔼，关心民瘼，勤求民隐，洵循吏也，绥人德之。

（二）蒙人崇信欢喜佛之神话　欢喜佛为一壮牛与裸女交卧像。相传天翻地覆时，人类灭绝，只剩壮牛与幼女，幼女为繁衍其嗣续起见，与牛交合，遂蔚成蒙古民族，蒙人感其德，相戒不食牛肉，且神祀之。此一说也。或曰：上古时代，蒙族蕃盛，人口众多，戈壁之中，忽出妖物，天生丽人也，性淫泆，男子与之交者无不死，蒙人几将绝种。适有少年翩翩佳公子也，偶经妖处，妖见而惑之，诱与之交，少年不可，强之始从，忽化为牛，妖不能敌，受创而死，蒙人感其除妖之功，故神祀之。此二说也，未知孰是。

（三）清室以《三国志》治蒙　清室入关，中原未定，深恐蒙掣其后，与蒙约为兄弟，清以备自居，蒙则关也。于是敕建关庙，岁时祭祀，加封帝号，以示崇敬。蒙受其愚，终清之世，事清惟谨，俨如关之事备，未尝携贰。故蒙人崇信关帝，较汉人尤笃也。

（四）回人敬猪之神话　绥远接近甘肃，回教移来者甚多，其俗不食猪肉。相传回祖获罪入狱，终身不得脱。有猪力大无伦，破毁狱壁，回祖逃出，延其子嗣，后世德之，奉以为神。

十五日　虞振镛、李治楫两先生赴五川丈地，无车，未能同行。武川在归绥之北九十里，大青山之阴。

十六日　乘骡车出西门，逾铁路过师范学校，四十里至坝下。

休息饭毕，过蜈蚣坝①，大青山之最高者，高出绥远二千呎，岩石为水成岩，层次鲜明，尚未风化。车行其上，颠如摇篮，盘旋而进，始能过岭。山阴有关帝庙，树木丛生，年代甚近，尚未成林，宜于植林，可断言也。据云，畜牧发达，森林必败。林地不生牧草，欲生牧草，必去森林，连年生长，且不旺盛，举火焚之，嫩草齐发，尤适畜牧。故森林与畜牧不并存，理甚明也。自此至十二里屯，土壤肥沃，野草丰茂，山势倾斜，不宜垦殖，畜牧极宜。十二里屯至可镇，土中含铁甚多，成赤色。平衍之地尽已开垦，以莜麦、小麦、大麦、荞麦、菜子为大宗，马铃薯、大麻次之。肥马壮羊，自外蒙来者，络绎于道。英商和记洋行外蒙贸易骆驼队，百十成群，驮贱值物往，易十余万肥羊而还，每年漏卮八十万元。国人对于西北之开发，若秦人视越人之肥瘠，毫不介意，悲乎！六时，抵五川县，前清为武川厅，设公署于绥远，民国四年始改为县，设县署于可镇，居民五百户，不及内地一镇。前清末叶，有商店三十家；民国以来，迭遭军队骚扰，土匪蹂躏，相继倒闭。现有商店八家，以广丰粮栈为最，每年代客卖买杂粮一万石，运销京、津，其他则京广南货而已。市面萧条，不可言状。拟寓垦务局，局长石玉峰，莅任三日，接收甚忙，无暇招待，加之房屋窄狭，不能容膝，介绍于县立高等小学，校长池子青指拨学生寝室暂住。该校经费三千元，学生高、初两级八十余人，四教室，设备简陋。

　　十七日　见宋雨村县长。此地设县未久，县署尚未建筑，借一破店作为公署。县长新自托克托县调来，颇关心民瘼，抵任五月，已历全县之半。五川为绥远三大县之一，东西宽七百里，南北长

---

①　后文又作"吴公坝"。——整理者注

五百里，等于内地一省。气候甚冷，四月解冻，八月结冰，作物生长期不及四月，落雪堆积不化，北风暴起，随风飘扬，飞舞空际，风止雪降，成为雪山，行人、牲畜，埋没其中，非至翌年雪溶，尸体莫能寻获也。蒙人性强悍，历代为患中原，惟喇嘛教兴，人口减少，不复为害。倘不如此，亦不足以灭其犷悍，但仍浑浑噩噩，不识不知，亦不能图存于世。蒙人迷信最重，视活佛若专制臣民之视天子，如能泥足叩首，认为无上荣誉。活佛衣锦绣，食膏羊，自奉之厚，虽九五之尊，亦莫及焉，惟终身不娶，是其限制。喇嘛亦可娶，但终日诵经礼佛，安有余款以娶家室？此实限于经济关系。蒙人土地广阔，以恼包为界。恼包者，古时祭山川社稷之遗制。山巅堆石成圆圈，若炮台基址。每年祭祀，宰羊颇多。或谓，元亡，明兵追逐，遇敌即杀，倘伏恼包中可免，感其活命恩，故祀之。山西五台山，蒙人之稍有资财者，无不朝之，耗银巨万，亦所不惜。正月十五及六月十五，衣古装，执剑戟，戴假具，牛头马面、髑髅狝猴，六十四人跳舞，四方来观之，名曰"跳召佛"。死人不葬，委之沟壑，任禽兽食，三日往视，已食，相与拊掌大笑，谓死者无罪；未食，俱有愁色，谓死者有罪，须请喇嘛诵经超度，至食完而已。其理由谓，蒙人毕生食肉，不食五谷，死后兽食，是以肉还肉，不食即罪孽深重，肉债未偿。其愚昧如此，故蒙古全境无坟墓。五川为数千年之牧场，肥料遗留极多，土地肥美。初年开垦，养分过足，小麦不能栽培，种植燕麦、菜子，始能收获。可续种二十年，无庸施肥。此地马羊粪作薪柴燃烧，既妨卫生，复不能维持地力，每年人民染喉症而死者枕藉，即燃马羊粪火力过猛所致也。亦减少人口之一原因。如连作二十年，土地生产力薄弱，必须用休闲法，循环种植，方可收获。非提倡森林，开采煤矿，不足解决上项问题。畅谈至此，客来而退。蒙古为一广漠无垠之平原，旅行其中，往往方向莫辨，路途迷失，惟向恼包行之，知某恼包在某方位，去某地若干，故恼包为旅行家之南针。蒙古语，湖曰"淖尔"，山曰"梁"，"淖尔梁"，山上有湖之意也。

十八日　赴可镇西大兴长村调查。全村二十户，足及四户，二户吸食鸦片，何吸食之多耶！适逢其会欤？抑二分之一农民吸烟欤？烟禁废弛可慨矣！下午赴师范传习所调查，该所期限三月毕业，多私塾先生，长者五十岁，于思长垂，不类学生。年不及冠之高小毕业生，亦厕迹其间，年龄学识，相差远甚。某塾师有地不及一顷，雇佃经营，小学经费艰窘万状，不能维持生活，亦云苦矣。每顷征教育捐五元，农家负担不可谓不重，但总计全县不足六千元。今岁添设师范传习所、通俗教育传习所、女子小学校各一所，超出预算二千元，刻正设法弥补。县高小学经费三千元，四级八十人，较之溧邑〔阳〕县高六级三百二十人，经费三千四百元，设备之完善、教学兴趣之浓厚，不可同日语。于此可知费不在多，在办事之得人，何费同而成绩之差颇巨。天雨，气候暴冷，若南方四五月霉雨期，南北气候之不同如是，苟非身临其境，他人之传闻，决不尽信。

十九日　乘车出东门向北行，沿途丘陵土阜，开垦已尽，农作遍野，麦正黄熟，有已收获者，前山来此短工，络绎于道。此地缺乏燃料，收麦用手拔，工作甚缓，殊不经济。麦之全部尽作燃料，又不施肥，地力之消耗尤多，宜其地力瘠薄，不能继续生产，非行休闲制不可，不善保养地力故也。车行四十里，午餐于察哈侧诺，小雨即止。沿途无客店，旅客借宿路旁农家。又二十里借宿孙海沟子张姓家，清嘉庆时迁居于此，迄今二百年，有地二十顷，家道殷实。民七以来，土匪蜂起，备受蹂躏，家道稍衰，老少三十口，粮食不敷自给，向邻友告贷二十石，秋后还四十石，利率之高，剥夺之烈，未有甚于此者，农民安得不贫且困哉！饭后小步，见麦高不及尺，穗不及寸，更不分蘖，杂草不除，此其生产量所以减少欤？农家甚清洁，谦蔼和善，招待同人，殷勤备至，私心铭感。

二十日　乘车至高家沟子，地质渐劣，砾石甚多，妨碍工作，适于种亚麻，干细如柳，高不盈尺，刻正开花，结子寥寥。校中标本地亚麻，生长虽不高，然成熟甚早，七月下旬，即可收获。南人多以为亚麻适于寒地，不宜于南方，殊不知较宜于南方，而不适于北方也。十二时，抵乌兰花，去可镇一百二十里，市镇较大，居民较多，刻下麦正黄熟，山前来之短工不下千百人，熙来攘往，俨成闹市。商业不及可镇，每年向归绥草地（蒙古人处，俗名草地）输出粮食，亦在万石以上。至保卫团午饭，由商会介绍，借寓区立第一小学。校长刘宗汉（字子龙）先生，山西陆军中学毕业，服务军队有年，学识经验，均极丰富，以不满意于武人政治，特来边疆办理教育，培植人才，为西北谋幸福，实堪钦敬。兹将刘先生所谈之蒙汉贸易及徐树铮征库伦全军覆没情形，录之如下。

绥远有大盛魁、天义德、源盛德（天津、北京、上海均有分店）三字号，专经营外蒙贸易，当洪杨之乱，清室贫困，曾以巨款接济国家，皇室感其纾难盛意，准该三字号在外蒙贸易以特权，商人得衣黄马褂，骑骏马，随从甚众，往来道路，蒙人须保护其营业之安全，如有顽固蒙人，可执其包顶皮鞭笞之，稍敢违抗，格杀勿论。营业以帐篷为单位，每帐二十人，每人领骆驼七匹，驮载货物，固居一处，以与蒙人贸易。牲畜、货物置帐外，人居其中，獒犬守之。蒙人为游牧生活，不用货币，毛革、牲畜，互相交易。春夏之交，牲畜毛革未熟，所须货物向商号赊欠，秋后偿还，倘若不还，将账簿交蒙古官厅查追，数日内全数收齐，毫无拖欠之弊。清时商人，每至一蒙古包，蒙人须送肥羊一头，作为礼品。民国以来，政府之保护不力，蒙人亦不若有清之重视。民七，外蒙失陷，商人之死于此役者十万人。自此之后，外蒙政权操于俄手，我国商人入口有税，牲畜、货物有税，层层剥削，横征暴敛，阻挠我国商业之发展，无所不用其极。但我国商人最富冒险精神，虽经俄人如此摧残，而前往营业者仍络绎不绝，决不以此区区阻挠，减缩其营业宏愿也。

民国七年，外蒙活佛受赤俄煽惑，脱离政府，宣告独立。政府特派西北边防督办徐树铮率师两旅镇守库伦，俄军与蒙匪共同结合，力敌我军，我将士用命，活佛被擒，囚于司令部，伪称投降，诈谓无粮，遣辎重兵赴外运粮，私藏护照，混入蒙匪。某夜，俄军袭击，蒙匪响应，我军猝不及防，内外受敌，弃库伦而走，俄军乘隙入据。我军民人等以库伦既失，啼泣逃亡者数十万人，适值隆冬，天降大雪，郊外积雪三尺，人困马乏，不能逃走，将士登高一呼，谓积雪甚深，逃亡死，反攻亦死，逃死不若战死，诸将奋勇争先，直指城下。俄军疑援军已至，拟弃城走，问来者何意，请借道至西比利亚返中国。俄军知为败军，解除武装，尽歼于机关枪下，惟高在田一旅生还。此役被害者数十万人，为民国以来最大之惨剧，国人茫茫，未之知也。悲哉！

蒙人最崇活佛，相传三国时徐庶鉴于蜀、吴联兵拒魏，庞士元献联环计，诸葛亮借风，周公瑾用火攻，烧曹兵八十三万于赤壁，徐庶恐遭此乱，率兵驻守西凉。人谓其能知生死未来三世，而活佛亦然。活佛将死，遗嘱来世降生何地，数年之后，前往迎取可也。及期，喇嘛四出寻求，有远在数千里外者。寻获之后，罗拜顶礼，询其前世修真之召庙、构造陈设、喇嘛姓氏数目、死亡日期，对答如见，丝毫不爽，众乃迎归，奉为主宰。

蒙人之男子多入召为喇嘛，女子过剩，尝有终身不嫁、牧牲畜以奉父母者。男既不娶，女复不嫁，婚姻之道绝，其人种焉得不日灭哉！

蒙古人之父母、兄弟、姊妹，聚居一榻，旅客借宿，列于两女之间，以带为界，旅客居中，晨起视带未移，认为道德高尚，格外敬礼焉。

二十一日　与刘校长调查农产市价，见蒙人寄居逆旅，入内相见，语言不通，惟相对坐视而已。本镇农民多兼营商业，其生活状况，不能代表农人，准于明日分赴四乡调查。

二十二日　微雨朦胧，时落时止，不能外出，一时兴发，赴店家购古钱若干枚作为消遣。

二十三日　天雨稍晴。赴通事行（汉人之擅蒙古语、专经蒙古贸易者，谓之通事行），购哈达，山东临清产，宽八寸、长一尺二寸之蓝色丝巾二方，果饼二盒，为明日赴四子王旗礼品之用。哈达为喇嘛奉佛诵经时护口所用，会晤时以哈达相赠答，为普通应酬品。

二十四日　乘车北行二十里，抵哈伊胡同。哈伊，意译为二，胡同为井，此地有二井，故名。保卫团长徐维礼，服务本区有年，辖境与王旗接壤，深悉蒙情。蒙人癖性，凡汉人之不擅蒙语者，冷淡遇之；彼善汉语，亦故意以蒙语难之；如谙蒙语，即以汉语答之，以示亲爱。甲长知同人不谙蒙语，特拨冗伴往。出村二里许，有河自东向西流，谓之后河，为汉蒙分疆界限，河以南为武川县境，地势平坦，草莱尽辟，作物殷茂，居民繁多，村庄相望，牲畜成群，放牧旷野，熙缉景象，雅似内地。河以北，熟地寥寥，为王旗最近招佃开垦者，三七分租，无他琐税，佃民往垦者甚踊跃，仅以垦务发达，牧场面积减少，妨害放牧，不能尽量开垦耳。又七里至四子王府，蒙语"四子王合少"，即府也。先至官府（职权若行政公署，兼理司法，与王府之承启处，审理民刑诉讼事宜，收发公文，招待来宾）投刺。公署在蒙古包中，包高四尺，径宽三丈，内架木柱，外围毛毡，远视若水门汀建筑物。南向开门，伛偻而入，地上铺厚毡，席地而坐，中置火炉，上方置箱柜藏案卷，箱前铺花垫为官长席。入门时有五人俱着蓝色榨〔窄〕绸长衫，绣花领，马蹄袖，罩黄色湖绸背心，足穿长统油皮靴，面目黧黑，发辫长垂，凶狞可怕，斜倚地上，余等入室，亦不起迎，相对瞠视而已。甲长对众官长云"蒙兜（都）衰衰（好）"，即均安也，众和之"衰衰（好好）"。蒙人之娶妻、留辫、穿蓝布衣者，谓之黑人，奉父母、牧牲畜、延子嗣，终世为官府差役、召庙苦力，蒙人中之最苦者，奴隶是也。进砖茶，产四川、河南，性暖，宜于寒地饮料。举杯请众饮曰："采乌（茶喝）。"尝少许，色黑味淡，不类茶香。同人述明来意，书记员杰乐丰额译为蒙语，官长微哂，似首肯。书记戴白顶，拖长翎，进王府，久之，持刺出云："王爷抱恙，不克接见，请原宥。"更进牛奶茶，茶中调和牛奶，故名，滋味颇佳。吸烟曰"台梅克"，烟管曰"干筒"，羊曰"亚麻"，马曰"毛离"，骆驼曰"甜米儿"，"麻汉伊帝（肉吃）"，"伊梨扫扫（进来坐坐）"，"蒙枯体空（蒙古人）"，"祈尼衰衰（你好）"，碗曰"阿伊加"。乃导游召庙，高大虽不及归绥大召，雕绘之精过之。经堂可容五百人，中供如来佛，纯系真金塑，价值巨万，陈设器皿亦金制，普通人民不得近前瞻仰。导者路遇大公爷喇嘛，袒臂披袈裟，屈膝请安。王府建造，亦极庄严，未能入览，仅在宫墙外望而已。

至中国式土房休息。前数年匪多如毛，横行阎闾，人民之遭害者不计其数。王府有蒙兵保护，匪不敢近。共同集资建筑土房二所，以为避乱之用。现设小店，专卖麦面于蒙人，生涯尚不恶。复至民居之蒙古包，形式大小、包内布置，与官府无异，惟家用器具较多，清洁卫生，远不如官府。包隅有牛乳一桶，不知覆盖，苍蝇溺毙其中者甚夥。此地无煤炭薪柴，马羊粪为燃料，烹饪时忽握马粪，忽持食料，不洗手不以为不洁，甚或置面于粪上，其不知卫生也如此。有老妪率其子媳在户外挤牛乳，牛种即普通肉用牛，并非特种乳牛。宽褐博带，耳不穿环，跣足往来，工作甚捷，冠戴宝石，盈盖如冕旒，否则扑朔迷离，几不辨其雌雄也。今始知满、蒙妇女均不穿耳，不缠足，享尽天生乐趣，惟我汉人穿耳、缠足，终身若犯罪囚徒，至死而后已，流毒之深，莫甚于斯。清室二百年来，英主辈出，曷不为汉人剔此陋习，稍留实惠于民间耶？

蒙人以游牧为生活，牲畜、皮毛为大宗，肉、乳为食料，粪为燃料，几牲畜全身无弃物。每包多者，马、牛、骆驼数千头，放牧旷场，不加管理，数日往视，逃亡数头，亦不介意。蒙古之法律綦严，盗窃牲畜者处死刑，故盗窃情事极少发生。年岁丰歉，视降雪量多寡为标准。北地寒冷，积雪不消，大风暴起，随风飞扬，遇避风处，积成雪窖，风大草没，冷不可耐，牲畜则随风而走，堕雪窖中即冻死，去岁冻死者数十万头。游牧生活，逐水草而居，草完水涸，迁移他处，不知种植牧草以饲牲畜，冬季大雪，草被雪没，牲畜之老衰者多冻死或饿死。妇女在家须烹饪、缝纫、挤牛奶、制牛油，在外须牧羊，生活极劳苦。

蒙人无子，即以女继承宗祧，并不招赘，只须对灶拜礼，即可生产，故问蒙人父亲姓氏，多讳莫如深，几如古人所云"知有母而不知有父"情形，风俗淫乱，靡以复加。民智愈开通，则其法律制度愈文明；愈闭塞，则愈野蛮。前岁游河南北部，尝见县署对于犯罪者杖笞齐加，血肉横飞，惨不忍睹，至今思之，犹怦然心悸。前清末叶，废止肉刑之命，三令五申，江、浙等省首先奉行。民国以来，司法改良，日有进步，惟我豫省司法尚在黑暗期中，未脱逊清旧习。今游四子王旗，蒙人之苛刑，更有甚于河南者。

（一）死刑　凡蒙人之偷牛盗马，人赃并获、证据确凿者，处死刑。刑具为一牛皮筒，置犯人其中，结其两端，于悬崖绝壁处掷下坠死；或以湿牛皮裹犯人，置高山顶上，日晒风吹，皮干收缩死。若汉人之盗窃牛马者，汉律无死罪，蒙人恐引起意外交涉，被捕之后，审判清晰，恕其无罪，当众释放，任其逃逸，草地平原，无处藏匿，不数十里，骑兵追而毙之，政府莫可如何也。当审判时，犯罪人若狡猾抵赖，用皮缰绞其大腿，愈绞愈力，及骨而止，痛不可耐，冤枉成狱者往往有之。

（二）流刑　较死刑稍轻，用铁练〔链〕重百斤，系罪人项下，流徙各村。视罪之轻重，定年限长短，限满除罪。

（三）徒刑　蒙人最忌饮酒，倘饮酒过量，处徒刑一年，无监狱，系犯人于帐外，风霜雨雪，亦不移置包内，因此而死者亦有之。

不图同属我五色旗帜之下，而尚有此惨无人道之法律也。乌兰察布盟共四十八旗，轮为盟长，护印信执掌全盟事宜。四子王有四子，蒙人称为公爷，二、四子为黑人，长、三子为喇嘛。前年建筑九层八十一间大召，费银二十万两，人民困苦不堪，老王大发慈悲，迫其停止，现仅四层，职是故也。

蒙人全为封建制度，王公爵位，世袭不绝。但平民亦可求取功名，如走马射箭，有一艺之长，即赏与顶戴，故蒙人之顶戴者，几十人而七八焉。王族红顶，官府蓝、白，平民则铜顶而已。王爷御朝，披九龙袍，公爷缠龙袍，官府鹤补，平民蓝袍，朔望群臣朝拜，俨然清室旧制，未稍变易，诚民国之怪现象也。

蒙人为征兵制，青年子弟，皆有当兵义务。轮流至王府守卫，骁勇善战，枪械精良，剿匪勘〔戡〕乱，汉人莫能及焉。惟勇有余而智不足，战斗能力终在汉人下，倘用新式教育训练成军，恐世界军队亦莫与敌。

　　蒙人官府亦为世袭，有定职而无定守，轮流服役于王府，亦无薪金，纯属义务。全旗黑人，不论智愚，必竭智能为王府服役。前清驿站按地抽捐，四子王旗适当京库孔道之冲，朝贡之使络绎于道，四子王之应供，日无暇晷，人民运饩，无力付值，以地亩抵偿，土地日削，苦不堪言。民国以来，驿站之制取消，各旗日富。四子王颇知注重实业、办理垦务，谋生财之道矣。

　　二十五日　乘车至河仔，去乌兰花东三十里。笔架山下有河流一道，清水潺潺，终年不绝。农人开渠灌溉，燕麦生长之茂，马入不能见其背，每亩产量在一石以上。有河坪长数十里，宽十里，地势平坦，可引河水灌溉，牧草芊芊，向所罕见，如能开垦，真可三十年不施肥料。农人以近在村垣，牲畜放牧管理便利，不忍辟为作物地。河仔商业稍次于乌兰花，有大商号七家，亦为武川巨镇。

　　晚寓黑路尔，去河仔三十里，商业萧条，远不如河仔，居户亦较少。

　　二十六日　乘马至勒尔梁，在黑路尔东南二十里，岗岭起伏，道路崎岖，不便行车。山势过高，地鲜平衍，不能开垦。间有平原，在山谷之中，日照时间太短，气温过低，不能栽培作物，勉强栽种，不能收获。在伯尔哈达有蒙人一家，已同化汉族，居草房，卧大炕，食五谷，汉、蒙语精通，衣服亦同汉，惟其妇女跣足长衫，头戴珠宝，连贯如旒，价在二百元以上，俨如汉唐衣冠，甚属美观。结婚妇女梳两短辫，罩以银匣，此示与闺女异。习俗不准旅客将马鞭携至室内，其意鞭至即马至，以为不祥。勒尔梁在前清为归化及土默特军营之马场，草茂水足，为天然牧场。梁南地势平坦，土壤肥沃，绥远实业厅将设模范牧场于此。梁北山势高峻，岩石累累，土地瘠薄，牧草不茂，不宜畜牧。英商和记洋行鉴于此地宜牧，在黄带沟勾通汉人为之养羊六千头，其组织为包放性质，每头羊年付工值一元三角，羊毛、小羊为公司收入，如有死亡，羊皮缴还。总理月支四十元，庶务月支二十元，购买食盐、菜、饼、麦、面等应用品。工头二十五元，专管全场牧羊事宜。放羊工人每月工食六元至十元，饭食由场供给。羊由外蒙购来，每头之买价、关税、运费，约合大洋七元。五百头为一群，二人管理，全场四十人，春秋二季，剪毛一次，每羊剪毛八两至一斤，价值二毛至三毛。冬季放牧，天寒草枯，衰老之羊多冻死，大雪之时，最好给与草料。羊多，给草料困难，草多则徒费，草少则不足。麦秆属凉性，冬季羊食，亦不相宜。菜饼性暖，每日饲五六两，健全之羊，即能维持生命。羊食淡草，则食欲不旺，体重不能增加。天晴五日，给食盐一次，每羊五钱，研细置山石上，羊舐而食之，食欲亢进，体量加增。阴雨连绵，地盐被雨洗涤，三日一次。蒙古草地，含盐甚多，名曰硬草，极能肥羊。一母羊每年产一小羊，俗谓之羔，羔皮每张八角至一元。百头母羊须二头雄羊交配。羔产四月去势，六年成为大羊，即可出售。小羊初生，易被老羊踏死，须另关一室，待老羊回时，送去吃奶，吃后另关，二月后即能认识其母，老羊回时，将小羊放开，自寻其母，毫不紊乱。

羊病：

（一）鼓胀病　春雨之后，青草暴发，羊久食枯草，一旦得此青草，贪食过度，停食腹中，不及消化，得相当温度湿酸酵，发生多量炭酸气，不能宣泄，肠胃胀破而死。

（二）蹄疽病　羊蹄之间，破裂流脓，甚或生蛆，跛不能行，勤加看护，易于就痊，否则传染堪虞。

（三）痘症　传染病之一。羊头众多，管理难周。行动迟缓，草水少进，则病症已重。如为痘症，羊毛甚深，不易观察，视尾下显红瘢，即可确定其为痘症矣。

（四）霍乱症　为传染病之最剧者。刺破血管，剪其耳，流血少许，或能就痊。

二十七日　乘车回可镇。黑路尔去可镇五十里，至黄家营午餐，忽浓云密布，雷雨交加，行囊尽湿，避雨于鸡嘴营。前数日雨雹，大如累卵，禾苗尽损，长二十里，宽十里，颗粒无收，已成灾象，全年辛劳，废于一旦。希望政府略予赈济，以为来年耕种之资。沿途村旁多榆杨，不若他处不宜种植耳。

二十八日　回归绥。中途遇雨，借宿于吴公坝。

二十九日　上午抵归绥，仍寓农事试验场。

栋此次足迹所至，如可镇、乌兰花、哈伊胡同、河仔、黑路尔，人烟稠密，村庄相望，土地尽辟，种植作物，牲畜成群，熙熙攘攘，俨如内地。吴公坝至可镇，及勒尔梁左近，崇山峻岭，倾斜过甚，适于畜牧。四子王旗虽属平原，蒙人以畜牧为生，未曾报垦，故无开垦希望。

三十日　农事试验场屋宇狭小，不敷办公之用。徒以归化商业冷落、市面萧条，无旅馆以为贵客行台，凡都统署上宾，多下榻于此。黄任之先生偕其夫人赴山西太原全国教育改进会毕，便道来游，寓西大厅，同人则僦居东庑，铺被狼藉，不能容足。乃承老友任德宽君电邀，移寓西北职业专门学校。该校有学生八十余人，分商业、农垦两科，经费月六百元，创办伊始，设备谫陋。

三十一日　参观五族联欢会。会舍为某巨商产，栋宇宏厂〔敞〕，构造轮奂，内分会客、娱乐、书报、食堂、电影、理发各室，俨如内地之青年会。举凡有益身心之书籍、报纸、画图、音乐、食品，无不应有尽有，为绥区之惟一高尚娱乐机关，刻正在布置中，将来告成，补助社会教育，定非浅鲜。

九月一日　北人最不注意清洁，常有终身不沐浴、不浣衣者，积久虱生，四散游走，不以为奇，余素恶此，辄不屑与北人伍。

忽染白虱，徘徊衣上，毛发竦然，令人欲呕，亟解衣付浣女，理发沐浴，排涤积秽，身心始泰。

二日　旧历七月十五为习俗施孤之日，红男绿女，熙来攘往，纷赴郭外化纸。初以其看戏归来，询之路人，始悉施孤，亟偕友往，则宝马香车，人物俱杳，只剩野冢累累，纸灰飘扬作蝴蝶舞而已。

三日　寄居旅邸，镇日咿唔，甚少乐趣，应友人电招，往天柱茶园听戏，薄破岑寂。

四日　观书于五族联欢会。彤云密布，大雨滂沱，积水成渠，不能行走。雇车返校，近在咫尺，而索价奇昂，贪利忘义，十倍寻常，孰谓北人诚实好义耶？

五日　各同学均抵归绥，拟明日南旋。

六日　乘京绥车回北京，途中风景，来时已领略无余，不欲重览。读《王右丞集》，至"独在异乡为异客，每逢佳节倍思亲。遥知兄弟登高处，遍插茱萸少一人"，不禁感慨系之。年来南北奔驰，寒暑屡易，佳节蹉跎，此诗不啻为我咏也。

七日　抵京。同人所乘者虽为二等车，但坐位狭小，加以天气暴冷，衣被单薄，饥寒交迫，终夜未眠，倦极。

八日　参观北京大学、历史博物馆、太和、中和、保和三殿。

九日　游中央公园、北海公园、城南游艺园。

十日　乘京汉车南旋。

自来游京师者多有记述。栋留京凡三日，见识未广，不欲喋喋，致占篇幅。有以未悉京中情形为憾者，请俟诸异日。

《农学杂志》（月刊）

上海国立东南大学农科农学编辑部

1926 年 3 卷 1 期

（李红权　整理）

蒙古探险记

[美] 安达鲁菲 著 翠问 受百 译

美国自然历史博物院及《亚细亚》杂志社，共组探险队，赴蒙古征求□□□系该队队长安达鲁菲（Roy Chapwau Andrews）所作，述其探险之经过情形。原文共有三篇，读之，增进吾人智识不少，不但饶有兴味而已。当陆续译饷爱读本报诸公。

老谋林者，吾骆驼队引导人也。自幼饱历风霜，炼身如铁。当严寒彻骨、雪深没踝时，在他人鲜不瑟缩号寒，而彼处之泰然。且富有胆略，前途中屡为匪窘，终赖彼用巧计得脱。有时盗徒出没道左，无可避免，则昼伏而夜行。吾等几绝望矣，而彼且行且顾骆驼作微笑，同行者神为之旺，其镇静从容有如此者。是日在张家口，向吾道别，吾谓："当来年春间，白鹅飞集戈壁北部时，吾等当重会于泥水地。""泥水地"者，萨内〔巴〕拉乌苏之别称也。老谋林挥手曰："准如约。祝吾主人其行愿适，但前行毋恐。"遂跃登驼背，追大队同作，入黄雾中，瞬息不见。此地距萨巴拉乌苏凡八百哩，途中风雪扑人，匪途尤随在可遇。与谋林同行者计十人，携有骆驼百二十五头，备汽油及糇粮，足敷六月食用。处蒙古荒寒之地，天灾人祸，随时可虑，故无事可容汝预测，但吾深信明春必与谋林在泥水地相遇，此约不爽也。

三月后，吾等乘汽车七辆，鱼贯行于蒙古草地中。此时距张家口已二百哩，遥见山巅有红色物，当风招飐。盖有喇嘛，方扬其肩带，且跨骆驼迎吾等而至。相见后，知谋林现居边境某官署中，兵队羁留其驼队，不允释行。此喇嘛盖彼所遣，特以消息告吾者。吾闻此大不怿，知此行计画，已受二大打击。原计行八百哩，直入戈壁中心，今才尽四百哩，此后将于夏季，乘羸瘠槖驼，尽此余程，若兵队百作阻挠，则探险之豪举，半途而废矣。此后道中，时时闻得不成片段之消息，谓驼队因私藏军火，故被拘押；又谓有兵队方守车中，将捕吾至库伦抢〔枪〕毙。吾等诚携有枪弹，用以自卫者，但吾备有执照，固允吾无论何种违禁品，可自由携带也。凡途中所得消息，固知半属谣传，但闻之终不快耳。

吾等支营帐处，距官署约八哩，其地产有化石。次日，同行者有六人驾汽车三辆，出觅取此种古物。从官署遣兵士六人，来取吾等入官。吾以为彼等对于其本政府在库伦所发文信，既不措意，若强与之争，终且无幸，故遇兵士，备极谦和。彼等令吾赴官署，吾即驾车与之同行。见官署布置甚简陋，百码外，有美国旗临风飘拂，则谋林营帐及其行李、骆驼在焉。蒙古人民见吾等至，则甚欢迎，雀跃如童稚。谋林所遇，果与吾所闻无甚参差，惟损失不如所料之甚。到后即有一盛气凌人之少年，系官署遣至，着令吾赴库伦，又令所有车辆，仍驻原处，不可移动，令予入署面官。吾知今已被执，予谓告汝上官，吾今即往晤彼，于是六人皆行。入署后，少年又至，谓官吏今不见客。吾即嘱医士劳克及摄影师沙克福特，在外稍候，若闻有变，即共前救护。吾则推门径入，后随考古家格兰苟及专问运输者二人。入后见有蒙古人二十左右，皆自座中惊起，愕视无言。吾突问此间领袖为谁，即有坐最远一喇嘛，着黄缎袍，高举其手。吾大声曰："汝敢蔑视汝政府所发执照，其盗匪耶！速语吾来。"

喇嘛见吾突如其来，若皇遽不知所措者，手持念珠，愈转愈速，久之始吞吐而言，谓彼"愿听驼队前行无阻，但其部下不可，因队中有私藏军火者，且所携外国书籍，语多不经，不可为训"云。吾静待彼语毕，即答谓："汝政府固允吾自由携带任何器物者，今汝擅行不法，毁吾器物甚多，吾将控尔于库伦耳。"五分钟后，围解，彼等竟允吾携驼队前进。于是驼队当日即行，吾亦于次日启程。

因驼队羁延时日，探险计画，遂不能不全盘更改。此后于夏间长行，倍觉艰苦。盖橐驼羸弱，不胜跋涉，汽车则行沙漠中极便利。吾等乘汽车者，先抵萨巴拉乌苏候谋林，预约于二十一日内抵此。限满后一星期，一夜，吾闻月光下有人歌蒙古野歌，竟出帐视之，见谋林领骆驼九十六头，安然而至，余十数头皆死途中矣。是时已共聚于萨巴拉乌苏。前于一九二三年，吾曾于此间觅得恐龙之蛋。吾以为在考古方面，萨巴拉乌苏，实不愧为世间最重要区地矣。每当薄暮时，夕照射山谷作紫色，远瞩之，形态怪特，莫可名状。时有古堡城堞等遗迹，考古者到此，多流连不忍去。前一九二三年，吾曾一度到此，今情景与前无异。吾爱此地，如爱吾故乡。沙漠中景物奇古，见之烦襟顿涤，动人幽思。在吾营帐之北数十码，有小树一丛，于其地发观〔现〕二万年前太古民族之遗迹，树甚矮，多在十五呎以下，但据产奈博士植物学专家考之，其年龄大都在二百年以上。因有此林，每夜得燃火取暖。于火光下，互研讨一日间之所得。如此者凡十四夜，其情景为吾毕生所不能忘。每人述其探觅古物之成绩，皆奇诡如小说家言。产奈得古树叶，为数百万年前物，据此可推测蒙古由荒古时代，地球上只有爬行动物时之气候及草木状况。地质学家历述其时山谷平原之变迁情形，闻者如身入其境。而考古学所言，尤骇人听闻。彼等于其地时有新发现，所得者较第一年为多。

吾等皆信此次于恐龙之蛋，当续有所得。前一九二三年，虽已尽力掘发无遗，但今又经二冬一夏，石岩为寒风所吹、烈日所曝，

探险队之宿营（蒙人听留声机）

多其折裂者，有数地较前小有变迁，有数地则非复以前面目，盖沙漠中地形变迁极速也。后果不出所料，又寻得恐龙蛋多枚，较前所获，尤光洁完整，吾等梦想，至此乃成实境。有时就地掘数寸，即得古物。凡考古者，必不孟浪掘发，必于地面得有朕兆，如石色奇异，或有碎骨残迹，然后着手，往往有所获。此次得龙蛋奇夥，最初发现者为拉乌尔，彼专司运输，生平无他好，但好冒险。凡事之涉及危险者，彼必一试。初欲在山壁上探鹰巢，山势陡直，彼犯百险而登，遂不期而得恐龙之蛋，此事全出幸运。蛋凡十四枚，一端完整，一端已碎裂。若迟到数月，此希世之珍，或为暴风吹落岩下成齑粉，则世人永不能见之矣。蛋与石胶结，骤不能开，当携赴博物院中治之。次日奥而生君又得蛋五枚，几全部完整，此又非常之幸运，为世人所难信者。先是奥而生徘徊于山涧旁，彼于一九二三年，尝于其地觅得龙蛋，至是见左近有碎骨数片，即匍匐而行，逐步挖掘，毫无所见，旋有一巨石当前，约重五十磅，力推之，乃于石后得蛋四枚，未碎者凡三枚。奥而生平昔探觅古物时，不好推动石块，以为劳而无功。此次偶一为之，遂得意外之成功。

发掘恐龙蛋之所在

奥而生得恐龙蛋之富，恐并世无两矣。吾等将离萨巴拉乌苏时，彼又得蛋十二枚，精美而巨，世间一切已发现之恐龙蛋，与之相较，皆有愧色，系于沙积中所得者，后当陈列于博物院中。蛋长九吋，作长圆形，如法国所制面包，蛋壳甚坚厚。但劳克医士所得蛋，长只四吋，壳薄如纸。盖产蛋者之恐龙，种族不同也。此一地有如许龙蛋，实堪惊骇。前于一九二三年，于此得三十种，惟多破碎者。此次约得四十种，其中十五枚尚完整。当年此必系恐龙巢穴之所在。左近地势较高处，有碎蛋壳无数，皆不成形。产奈博士于半日间，拾得碎壳百五十片，此中大都为蛋壳，但亦有系恐龙巢穴碎裂后之遗物。当一九二三年，河床得遗卵甚多，今则在高峰得之。地势一高一低，相距达二百呎，此二百呎之灰沙，竟全没于地中，迄今始为人发现。此必历悠久之时日，始能有此现象。此卵必数千万年前古物也。

此类古代爬行动物，何麕集于萨巴拉乌苏耶？此理颇难索解。吾人但观其遗卵，密布于此，可知此地当年必为恐龙之巢穴。有人谓系食粮或水源关系，此不甚确。吾以为必沙质适合于恐龙产卵之需，故特择此地点。凡恐龙与现代之爬行动物，性质相似，产卵后，惧为敌所毁，必以薄沙覆之，使风日吹晒，自然发育。此地泥沙细洁异长〔常〕，作红色，而南方沿阿尔泰山东脉，复多湖泊，水源甚足，故恐龙结巢于此。产奈博士又于河床觅得树木化石，知为一种今已绝灭之古木，与地质学家所持之说相证，知此河当恐龙产卵时代，系平原。其时当在一千万年以前，恐龙产卵，用沙掩覆后，或大风斗起，将蛋深埋于数十呎下，遂不能发育，且为厚沙所压，蛋壳碎裂，其中液质，尽由缝中流去，细沙则趁间抵入，而今所得龙卵皆如是。其中所实者，皆细沙也，全境初为细沙，久则结为红色沙石，故今每于石缝中得龙蛋。当年恐龙产卵时，固无沙石，今日山谷，在当年则平壤也。萨巴拉乌苏，为世界唯一产龙蛋最夥之地。其他各地，地势与此相仿者，乃竟绝无所得，颇足骇诧。在蒙古，吾等尚知有一地，□未经详细查察，故藏有何种古物，今亦无把握。其地与萨巴拉乌苏相距甚远，而地之年龄，则幼于乌苏约百万年。前于其地得龙卵，体积较巨，与今日大公司所用之保险箱相仿。盖恐龙之族，巨细不等。此犹今日有巨蟒，亦有小蛇也。古时有梁龙者，亦爬行动物，较恐龙尤巨，体高与今日普通二层楼屋相仿。此物必有遗卵，深望将来能得一二也。吾等此次于萨巴拉乌苏获古物甚多，恐龙蛋但为其中之一种，余者当于后篇详之。

　　戈壁沙漠之中心，有泊名小白湖者，吾等驻其近旁已二日矣。是夜一般考古学者，渐由各地归集营帐中。吾观彼等似有要言而故蓄而不发者，一见即知有异，知必有重要发现，故矜持以戏我耳。考古家格兰苟不能忍，作势将有所言，而终未发。吾即谓格兰苟："汝袖中究藏何物者？趣出示吾。"彼不允，而笑声吃吃，曰："勿扰吾，此事奈而逊君所为耳。"吾疾趋向奈而逊曰："君等可恶，蒙吾于鼓中，究何所得，速语吾来，吾迫不能待矣。"奈君

沙漠中掘得之恐龙蛋

泰然若不经意者，曰："细事耳，吾等似觅得原始人骨骼一副也。"噫！原始人之骨骼，吾等梦想久矣，不图今乃得之耶！

　　吾是时精神飞越，语出如弹发于枪，始悉此事之原［出］委。先是第一次来蒙古时（此次探险盖第三度也），见有某地沙土作灰色，吾断为冰结时代之遗物，格兰苟更于其地得古马及象骨之化石。吾言至是更得一佐证，奈而逊是日赴其地探觅原始人类之遗迹，久已无所获。迨曛暮时，忽有此大发现，全非意料所及，更无暇挖掘，即匆匆返营帐，以此见告。吾闻此，喜不自持，即欲举行庆祝，但奈而逊者，科学家中之最审慎、不妄夸耀者也，即曰："且稍安毋躁，此处当年或系蒙古人冢地，此骨或系蒙古人尸骸，正未可知，未能即断为原始人骨骼也。"吾知此非过虑，但狂喜终不能自禁，是夜几不能成眠，梦中见原始人民与巨鱼大战于吾帐前，怪态百出。此时一心专在原始人民也。

　　次晨方黎明，即相率赴奈而逊发现人骨处。奈君悉心掘发，吾等则屏息围观之。沙土甚松，掘时轻而易举，寻见朽木一方，又见腿骨用杨树皮包裹。吾一腔意兴，至是顿消，归乌何有之乡，所谓原始人骨，真成梦想矣。此果如奈君所料，乃蒙古人尸骸。其所经时日，至多一二千年，料亦非数百年间物。盖近百年来，周围数百哩内，无杨木也。吾等所欲得者，乃数千万年前，冰结时代太古民族之遗骸，今此望竟成泡影。吾一生失望之事多矣，但无有伤心至此者。是时无聊，惟作苦笑曰："此次失败，再待下次耳。"

今得一蒙人尸骨，自亦属可喜之事。吾人由此可推测一二千年前蒙古人民之状况。此尸当年必用木板包裹，埋藏于地下。今于骨旁得碎木甚多，即一证也。有一点不解者，尸之颅骨势极欹斜，此乃原始人民之特征。是或非其本来面目，因受沙土积压而成此状。惜乎〔手〕头无应用之科学器具，故无从解剖，一时未能利用此尸，以窥得当时民族之情状。后于左近又觅得尸骨数具，皆与第一次所得者相仿，非吾人意想中所欲得之古物也。

吾人于原始人骨，虽无所获，但深信数千万年前，原始人民，实穴居于此。奈而逊曾于湖边得石器时代之残物，有作斧形者，有作刀形者，式浑朴，不加琢磨。此种原始人民，有居于欧洲者，体伛偻如胡孙，遍体毛发茸茸，史家称之曰"内安得塔尔"（因最先在德国内安得塔尔发现，故名）。尚有一族曰"毛斯脱林"，与内安得塔尔人同时。今所得石器，与毛斯脱林族所使用者，形式相仿，故断为石器时代之遗物。当时人民用此种极粗陋之石枪、石刀等物，以抵御象、熊、牛、犀等猛兽。兽之形体，较今所习见者，大逾数倍。人民以皮革为衣，亦知埋死者于地下。后人每有于一冢内得原始人骨数具者。内安得塔尔民族，虽生于数千万年前，但其综〔踪〕迹无定，不拘守于一地，故欧洲、非洲以及巴勒斯登，皆曾发现其遗骨。今吾等已和〔知〕亚洲亦有其踪迹，盖所发现石器，确系其遗物也。

一九二三年时，曾有耶稣教徒二人，于吾等工作地点之南一沙

外蒙三音诺颜旗

漠，得毛斯脱林族石器多种，又得古代巨兽之碎骨及鸵鸟蛋壳若干。此蛋显系原始人民所用为食料者，益〔盖〕其蛋较今日鸵鸟之蛋，大几逾二倍，与鸡卵二十枚之容积相等，的为古物，未可轻视也。凡此教徒所发见者，多在一古湖之岸旁。此湖为游沙所吹，涸已久。今吾等所得石器，亦在湖边，所谓小白湖，今犹未涸。由此观之，当年亚洲之内安得塔尔人民，或专居于湖边，必不居于山洞中。因山洞左近，从未见有此类石器也。当时或借湖滨以自卫，免为毒蛇猛兽所袭，未可知也。亚洲之原始人民，多不穴居，于是欲搜寻其残骸遗物，益为困难。前二教徒及此次吾等虽曾于蒙古发现其遗物，知原始人民之居此者，达二万余年已〔之〕久，但从未能得其骸骨。或其时人死后无埋藏之风气，或其埋骨之处，别有所在，惟据吾人关于欧洲原始人民之所知，以推测亚洲之原始人民，知地下必有其遗骸，惟不知其所在耳。

　　现今蒙古人有一奇特风气，以为人死后，即有恶魔凭其尸，故生人不可以手触之，防为鬼气所侵。尸骸移去，愈速愈妙，不可斯须淹留家中。法将尸置车上，投之于沙漠中，车行时，若半途尸自车间坠下，舁者不可回顾，否则恶魔且凭其身。故每有尸骨，听其露卧于沙地，为狼犬吞噬者。蒙人尤恶人死于营帐中，谓此为不祥。故遇病人绵缀，即投之帐外，雨淋日炙，不加过外〔问〕。如此枉死者，不知凡几也。吾屡遇妇人呻吟于帐外，救之得免于死。

吾人由已发现之石器，知欧、亚二洲之原始人民，必相关属。其石器形式及制作方法，皆相彷彿，此二族或同出于一源，惟孰为始祖，孰为晚出，则大费研讨。前于巴勒斯登及非洲，亦曾得原始人之迹〔踪〕迹。由此推测，或其人系由亚洲移殖于欧、非各地，但此说不过一种臆测，尚待事实之证明。若原始人民，其源果出于亚洲，则亚洲中部平原当为人类鼻祖产生之地。今吾人于冰结时代人类初生时之气候、动植物状况等，所知已渐多。据地质学者谓："当冰结时代，欧、美二洲，全部为坚冰覆后〔盖〕，惟亚洲中部，未为冰所侵。当百万年前，此戈壁情状，与今日必大相径庭，气候必不似今之严寒，而今为一片沙地，而当年或树木茂密。"地质学者又谓："当最近十万年间，蒙古气候，曾经一度之变迁，不复适于人类生活，故渐移居欧、非等洲。其地生活，较为愉快。"据此则亚洲果人类发生之地也。

吾等于阿拉克湖左近，见有红沙石，又发现太古民族遗物数种。相与在湖边摄影，并研究其殖物状况，见水禽无虑百种，如黑鸭、有角之涉水鸟、红首之水鸭、扁首之鹅，以及鸿鹄、鹳鸟、海鸥等，纷集于湖滨草间。又见有白色匙嘴鸟一群，此物在蒙古为创见，惟吾等来此已迟二月，否则所见犹不止此也。吾曾于沙漠中得古兽之齿，惟一枚，后于左近穷搜，终无所获。考古学家奥斯彭见此大悦，必亦欲得一枚。驾汽车直赴其地，竟毫无周折，就地拾得一枚。吾等费数月之力，亦只得一枚耳。凡此探觅古物之事，类多奇突，出人意表，述不胜述。

吾等长日见阿尔泰山巍然当前，必欲越过此山，一观彼方之情状。同行者皆意兴勃然，急不暇待。如当地土人，则盛称其地之危险，谓"山南多野马及骆驼，猛不可当，沙地广阔无垠，行者每干渴而死"。吾等闻此，不稍怯，而欲去之心弥坚。吾知乘山马必达，汽车能行否，则必待亲试。于七月九日，遂偕三人又一蒙古土民，共乘一汽车前行，预贮食粮可供食一星期，汽油可行五百哩。另载一车，并告格兰苟以吾等所趋途径，俾宕不归，彼即可前来寻防。

驾车向西行数里，即转向南，直趋山而行，寻驶过一小丘，见西方二哩许，有一泊，泊内波平如镜，尚有海鸥成阵，翻飞于水面。泊形长而狭，远望之如一手指。同行者罗伯特，按其形势，绘成草图。吾则用望远镜窥之，渐觉此泊有异状，形态泊〔模〕糊，若在云雾中者。吾即提议先赴其地，一探其究竟。五分钟后至其地，则并无湖泊。方知前所见者，乃沙漠中一种幻景，形态逼真。若未亲至察验，同行者固无人疑其为伪也。乃退回，觅径入山，有时循已干之河床而行，有时石壁当前，几无路可通，但觅之必有隙处可通车。于是曲折入一幽丽之山谷，见前方有高峰，直入云霄，顶部全为雪所掩，景至奇伟。是时途径愈趋愈险，但犹驾车行十哩许，实不能再进，乃下车步行。远望之，山高不过十余哩，但跋涉四十余哩后，方达其顶，见山势蜿蜒如龙，尚有山峰无数，高于吾辈所登临者，惟四顾绝无人迹，但见羚羊及野驴极多。羚羊时时出没于车旁，而山鹿大几与兔相等，每以腹贴地而跃，与吾等近在咫尺，几与车轮相接，而野驴成阵，见汽车行于山中，诧为奇观，散而复聚，时呆立道左，向吾等作鸭视，及汽车驰近，则贴其双耳，狂奔而去，状滋〔极〕愚憨可哂。一次见有四驴相斗，以首相抵，以蹄相蹴，势锐不可当。吾等开足汽车机力哄之，乃相率逸去。

山中野兽，虽千百成群，但阒无人迹，故奇寂非生人所堪。夜间于河边张棚帐备宿，是时所余清水，只一加伦，而周围百五十哩内，全不见有井泉，但亦不以为意。盖前见一已涸之湖底，有青草数丛，知近旁必有水也。戈壁虽沙系漠之地，但饮水问题，尚不似吾人意想中之困难。若备有铁铲，就地掘七八哩，往往得水，随处可见蒙人掘井之遗迹，惟因有此便利，故沙漠中无处无蒙古人民之游踪。若沿大道而行，则每隔五六十哩，必有一井，有已掘发数百年者，水多清冽可饮，饮时不必煮沸，吾等亦未尝因此而染疾也。是夜宿荒山中，而夜午忽盛雨，知明晨不虞缺水矣。

次日复乘车行，过一干涸之河床时，车忽陷入浮沙中，经四小时不得出。沙深不见底，吾等用石块砌车轮旁，石高达六呎，车始能行。过此山峰后，见山间有一斜道，似极难行，但前进惟有此道，势在不能不行。须臾，果冒险过此斜道，见当前一深穴，穴内尽系赤色之花冈石，形状奇诡，私计将来此沙漠若通缺〔铁〕道，则此穴必为游人蜂聚游宴之地矣。寻又至一山峰，峰高仅七呎，而登临时如植身全球最高处。吾等乘汽车向上而驰，且行且歌，是时兴高彩烈，似山顶即天堂也。自山峰下瞰，见左右山势，起伏如带，向南即为吾等渴欲一至之地。其地未见时似奇秘不可思议，及身临后，方知风景虽美，亦只平庸之高原耳。先是，土民盛称其地之危险，沙漠广阔将使人干渴而死，今方知为谰言也。

行数武，见地上有骆驼足迹，其所趋途径，系东西向者。吾等睹此大异，知此系客商所经之孔道，即沿足迹行，寻见道旁一蓝色帐棚，视之乃山西省商人也。吾亦能操山西方言，故相见如旧雨重逢，极为款洽，盖以茶及麦粉见饷。彼等此行共二十人，携有骆驼二百头，将赴蒙古边境科布多，沿途须经九阅月，方能至其地。其交易方法，以茶、布、烟草等物，向土民易骆驼绒及羊毛、皮革等物。此种商业，存在已不知几千百年。商人所趋途径、

交易之方法，及授受之商品，固千百年如一日也。将来中国与亚
洲中部若通行火车，则旅客赴科布多，前须数阅月者，今数日可
达，而吾等游戈壁者，行且无事足纪，即有游记，亦无人浏览矣。
吾等于托〔阿〕尔泰山中行数日后，一无所得，车内汽油渐竭，
遂废然而返。从此知山南并无足取，将来若重有蒙古探险之举，
即可将此地略去，不必涉足及之，徒费时日也。

《国闻周报》
上海国闻周报社
1926 年 3 卷 11、12 期
（张鑫　整理）

甘肃定远营纪游

[美] Frederick R. Wulsiu 著 西庭 译

　　符尔星昏，美国地理学会之中国中部旅行队，抵蒙古沙漠之南包头镇后，决计赴甘肃省，作八阅月之旅行，其地汉、蒙、藏三族，相杂而居，山川风物，足资游览。然吾等此行目的，则在搜集动植物标本，俾列于美国国家博物院内，供众观览。吾私心尤冀假此时机，研究中国西北部人民之风俗性情。吾等此行，除在包头镇所购马匹外，共有骆驼二十七头，随行之中国仆役十五人，其中四人，将直□至定远营。其地属阿拉善，阿拉善者，乃河西额鲁特家〔蒙〕古部落之一，预计行二十三日可达，到后，再觅他种代步，以尽余程。及抵其地，已历时三十九日，盖道途崎岖难行，故进行迂缓也。

　　由包头向西北行，见地土甚干燥，间有水源比较充足者，即有三数农家，结芦〔庐〕其地，从事于耕种。吾等赴定远营，若由包头直达，所趋途径，当稍偏向南方，但如此则沿途须渡黄河两次，是时河冰受春风嘘拂，已渐溶解，而沿河一千二百哩内，竟无一桥梁〔梁〕，前进极为困难，故宁取巨道，曲折而行，行时不敢趋近湿地，盖骆驼惧泥泞，较严寒、狂风为甚，其巨足踏湿地，即滑跌，或至因此受巨创也。华人当冬季，鞭策其骆驼，不使有片刻休憩营养之机会，故躯干多羸弱，不胜艰巨，但蒙古人所畜者，每年只使旅行二次，故体质壮健，行路矫捷，能耐劳苦。吾等所用者为中国种，且有特性，晨间虽鞭扑之，不移寸步，不得已，每日于午后及夜间行。晨间十时，方用早餐，亦可谓为午膳，盖以早午二餐，合为一次，第二次进食时，须至晚间十一时左右，饮食不调，遂倍觉行旅之辛劳。但夜间出行，亦别有奇趣，月光射沙漠上如薄雾，而农人之草舍，模糊中望之，如阿剌伯之皇宫也。

犹忆一夜在星光下，跋涉久之，吾妻与吾同行，吾二人行较捷，回顾骆驼队，已远不可辨，黎明时遥见前方山峰上有二树影，与青天相映，倍觉分明。渡河后，倏见有商人一队，其帐内火光，犹隐隐可辨，骆驼一巨积，以膝贴地而卧，而犬吠之声，尤震人耳鼓。助手吴君，乘马荷枪，趋入其队中，与之商谈移时，即有一引导者出而导吾等向南行，抵一小田庄，在晨曦中，此屋几不可辨，入后见室作长方形，中置一泥制火炉，两旁有砖砌之炕备寝卧。吾人于昏暗之油盏灯光下，但见炕上赶骆驼者，以及农人、商旅，枕藉而眠，几无隙地，又见食品、鸦片及烟草等，杂置满室，吾等见无驻足处，即居院中，与牛、驴等牲畜同处。一厨司以汤汁、小鸡及面粉等进，吾等饱餐之，遂寝。

夜间三时许，狂风骤起，院内杂物，多随风起舞，吾以毡毯蒙首，以避灰沙，但棚帐受风，岌岌可危，不时须探首出，将其松弛处缚紧，如是一夜，未能安眠。次晨风止，天气晴朗，遂至左近游览，见有田亩数处，杂沙漠中，一小河已干涸，渐与沙地合而为一，举目四眺，景色至为落莫。有田庄四五，并立一处，其中之一，数月前为盗匪所劫，已毁圮，后盗为当地兵队所获，即就地正法，其头颅犹置笼内，悬于西首一沙丘上，以警余匪，吾等曾历历见之。

吾等愈前进，田舍愈稀。一星期后，转向西行，见地土干瘠，不宜于种植。俄而见游牧之蒙古人，其棚帐甚小巧，作圆式，以木为架，以毡覆之，制作简单，数小时内，即可拆卸重制，便于迁移。蒙古人多恃牛、羊、骆驼及马匹为生活，平时食其肉，饮其乳，售其皮毛，向边远各镇市交易，其所需之茶叶，有布帛、铁器、靴、糖等日用品，其所有财富，全在其牲畜，故生活地点，亦视牲畜之进退为转移，此处之草粮已尽，即将棚帐以及食用器物，随携牲畜，别赴一地，若遇旱灾，每须经长途跋涉，方能觅得草场，时有因侵夺草场而争斗者。吾等初以为草地风景，必青绿照眼，但所见者，只枯草成丛，景色至恶劣，盖亚洲东部，夏间之雨景最多，故一年间风光以春间为最劣，秋季最佳。是时寒暖适中，新草初生，最宜于旅行。吾等此行，适当春间，故无可浏览，所携骆驼，虽竭力以草料饲，仍日渐瘦弱。数日后，见所趋之地，草木踪迹渐稀，干沙随风起落，寂无人烟，至是已入沙漠中矣。

同行赶骆驼者，其中只一人，于数年前曾临此地，其人眇一目，跨白色之驴，吾等乃欣然倩彼为引导。彼年约四十许，极和蔼，面上痘瘢累累然，饱受风霜，故肤色綦黑，着褴褛白色之裤，紫色之衣及头巾，披羊皮外套，操蒙古土语，兼能操华语，不其〔甚〕流利，但自谓其华语极佳，虽纯粹华人，亦无以过之。一夜抵一山凹中，四周皆红色沙石之峭壁，地面沙深没踝，前方则有河流障道，河中水寒彻骨。次日见有喇嘛一队，衣作红色，随行者并有牧羊人、商贾及旅客，止河岸边，引其牲畜，就河而饮。午后又遇大队商家，骆驼凡一百四十头，携皮革无数，将赴包头搭京绥铁道南下。移时于沙丘上又遇大队旅行者，迎面而至，队中人形状奇特，为历次所遇者之冠，其领袖系一蒙古老妪，携其子孙同行，吾等下骑，向来者摄影，彼等睹此皆诧愕万状，年幼者多仓皇下骑，有一人竟自驼背跌下，但无人注意之者，皆弩目注视□等之摄影机。移时彼此窃窃私议，决此为望远镜。队中老妪，身高可四尺许，而极活泼，衣青灰色之长袍，戴殷红之冠，以黄布掩口部，防为灰沙所侵，其所乘骆驼，硕大无朋，乃为吾所仅见，其靴之阔大，几与吾所着者相埒。此老妪自顶至踵，无一处不奇特，吾等相与长谈，甚莫逆，后吾与之商酌，拟以更易骆驼，但卒未成交，甚懊丧也。

二日后，抵大水谷（译音），系阿拉善北方边境之商务地点，全队至此，乃分而为二：一直向甘肃西部行，一则向南趋阿拉善首府定远营而行。吾决赴定远营，惟引□者不幸于道途不甚热〔熟〕悉，何处可觅得井泉不甚了了，有时直至夜间，方觅得水源。沿途风势甚猛，双目为灰沙所侵，几不能张，而骆驼复不良于行，日就萎弱。吾尝闻沙漠中，每于泉水左近，见有骆驼之骸骨，盖此物不及人或马之常有耐苦精神，若疲劳不堪，即不愿进食及水，宁卧毙道中。有时其所觅井泉，已近在咫尺，但无复锐进之勇气，遂瘦死道上，是乃常见之事。行行重行行，竟抵蒙人之牧场，时见牛羊成群，不似前之岑寂。左顾见贺兰山峰，巍然矗立云雾中，是时距山约二十哩。一日于晨光中，忽见树木成行，大树之下，有一田庄，左近且有田亩，吾等久未见如此田园风景，此时中心之喜悦，实难描绘。时已达沙漠之边境，次晨沿山麓行，一小时后，已隐隐见定远营之城堞，须臾入城，沿长街前进，见两旁鳞次栉比者，皆铁匠、木匠及食物店铺，吾是时如释重负矣。

最初三日内，专碌碌于寻觅宿处，后得一中国客栈，栈之中部，系一庭院，四周皆低屋，备旅客下榻，栈内约有蒙古人二三百，长日有蒙人向吾等窥探不已，自晨至暮，络绎不绝，即严闭双扉，而好奇□竟以纸窗挖破，引领而窥。吾最后得一自卫方法，时时盥手，以皂□倾入院中，观者惧为水侵，即退去，如此可暂得片刻之宁静。栈主闵姓，在当地事业甚繁，似颇有一部分势力，自吾等寓其栈中，其户限几穿，长日游人麇集，竟欲一睹白种人。

　　同行者有数人，每日赴左近田地内猎鸟，吾又遣数人入贺兰山中行猎。吾等已〔之〕科学标本，以及其他收藏品，与日俱增，并特□城内遍张广告，大书凡有野畜出售者，愿出重价收买，于是有老人携鹰者，有童子携鼠者，见此广告，粉〔纷〕至沓来，亦日来请摄影者。初，人民对于摄影颇羞怯，后吾等力劝一二领袖人物，摄照片数帧，于是一时遂竞视此为时髦举动。吾等居处在城外，与城门相近，入城则每见有着红色外服之喇嘛，着制服之军人，官吏仍从前清服式，帽上顶珠灿然。又见有蒙古及满洲贵妇人，着丝织盛服，于街头从容雅步。官宦所居，别为一地，其房舍独用砖砌，其办公室内，仍用中国毛笔及印章等物，并无打字机踪迹，盖欧西风尚，犹未染及也。

　　定远营城内外之房屋，大半平顶式，屋旁每附有花圃。城内小河甚多，城西有长街，沿街铁匠、铜匠及木匠铺，触目皆是，木料多由邻近山内用驴运之入城，大半系松木及桧木，质过柔，不宜于输出口外，多制成家具，销售于蒙古市场。铜匠所制品中，最常见者为行旅中所用之水壶，圆径二尺许，厚围五寸，极笨重。又制有式高而圆之茶壶，及烹水用扁形之壶。镇内有银楼三，所制种种装饰品，备蒙古妇人插戴，其中最普通者，当推华丽耳之环。铁匠则大都据街头为其工作之地，颇碍行人，但无反对之者。全镇最繁华之街市在城南，沿街有大商铺，其内部庭院，多极辽阔，可容数百人，两旁且有茶室，主顾多于此室内，且品茗且谈交易，但零售铺则大都规模窄小，观者但入门，其铺中货物，即一览无余。最常见者，一商人立柜台内应客，一切货物，堆积于柜后架上，其旁每有幼年学徒二人，衣青衫，往返拾叠物事，此即其零售铺情景也。其规模尤小者，沿街设摊，以货物杂置毯上，听客选购，如是而已。

　　有多种货物，系由外间商队运至，故有时某货满街皆时

〔是〕，而数日后，即不复见其踪迹。蒙古人每乘骆驼，至此作数日勾留，交易货物，旋即返沙漠中，故定远营之商务，与沙漠中居民颇有关系。据谓此镇系于二百五十年前，一蒙古部落投奔中国时所建，因帝皇指令居于甘肃北部，历任阿拉善之酋长，颇为清室皇帝所优宠，且有娶皇室宗女者，故迄今城内有少数大家，备极豪富云。

阿拉善境内人民，大都仍在游牧时代，全境长阔各约三百哩，其南方与长城相接，北方则为戈壁沙漠，东南为贺兰山，山脉高达万呎，因有此山，遂与黄河流域及宁忧〔夏〕城隔绝，其西为黑河，西北为旷野之沙地。一千二百哩内，无一城市，定远营实为此空旷沙地中少数城镇之一。游牧人民，于此可略当〔尝〕安居之乐趣。凡游牧生活，多极艰苦，其人民每有疾病，必于短时期内告痊，否即不治，且多迷信，不甚求医，但乞灵于神佛。惟阿拉善之蒙人，大都伟硕壮健，肌肉不丰，而筋骨坚强，此盖由于其日与风雪相搏，故炼身如铁也。

定远营内工作者，大都为汉人，自镇番移此者，其地距此约一百五十哩。生活艰难，土质甚瘠，故相率移居于此，可恃经商度日。执业为木匠、铁匠等，蒙人遇此辈甚欢迎，盖彼等需用其所制物品，而又不愿自制，此辈适足以应其需求也。蒙人之殷富者，其往〔住〕宅旁多有花园，治园者则多汉人，大概蒙人善于骑射游猎，汉人则长于经商。

阿拉善境内只有二城市，一为定口，系贩盐市场，一即定远营，处于贺兰山之西，水源甚充足。全境人口若干，颇难估计，大概定远营一带，有喇嘛约六千人，全境人口估计约在五万以下。名义上阿拉善由一蒙古酋长管辖，但实权则握于中国驻防军人之手，因现今之蒙人，为数过少，且军火不足，数不足能与汉人抵抗。若二蒙人因事涉讼，由蒙古官员处理，若蒙人与汉人涉讼，则〈由〉中国官员处理。现农人之由中国移此者日多，最初犹向游牧主人缴纳租金，后渐反宾为主，蒙人因无地契、界石等物，涉讼时，每不能胜诉。现蒙人之稍识时务者，知不久蒙古全境，除最干瘠部分外，必皆入汉人掌中，但虽知之，终束手无策，自古农民与牧民相争，胜利者固必属农民也。

《国闻周报》

上海国闻周报社

1926 年 3 卷 15 期

（李红菊　整理）

塞北战后见闻录

恨天生　撰

中华民国十五年来，没有一年不打仗，没有一月不打仗，甚而至于没有一日不打仗。弄来弄去，全国人民糟糕。遍地是战场，遍地是死坑。让我们想起那种血肉横飞的惨景，真是不寒而栗，但是十几年来作战，或在京奉，或在京汉，或在津浦，有时直奉，有时江浙，有时湘川，从来没有延到京绥。所以京绥线上的人民，还在那里作自扫门前雪的迷梦。想不到今年一战，竟至半载之久，把些人民涂炭到不可形容的程度。有这一次的损失，赔不过十五年的安静。于是西北的民众觉悟到从前是侥幸的，苟安的。但是回顾他们战前的生活，与今画然两样。那种十室九空、尸体遍野的状况，和啼饥号寒、房屋焦土的惨景，就是铁石人儿见了，也要掉几点凄惨的眼泪。记者那时正因交通断绝，无法入京读书，双手捧了一张中学毕业文凭，怅怅而归故乡。亲眼看见他们作战的情形，败退的狼狈，追击的勇猛，又亲耳听见各地人民的呼号，被抢的苦况，我的心，并不是铁打的，也不是铜铸的，焉能不掉下泪呢？何况自己又是受害中的一个，我忍不住了，于是要自己呼号，要作这篇记录。我当时看见报上登着这儿战后的惨状，那儿土匪的猖獗，这儿人民的流离失所，那儿的哀鸿遍野，同是因为受不了那样苦处，所以才悲哀地呼号起来。难道今年西北没有战后的惨状吗？没有土匪在那里扰乱吗？人民不流离失所吗？哀鸿不遍于荒野吗？为什么听不到他们一声的呼号呢？难道他们能受得了那种苦状吗？不觉得伤心吗？呵！说到这里，我的呼号更是不能免的了。因为我西北的人民向来是沉闷的，谁肯把那种惨情告人呢？我不但为我自己呼号，同时还替西北民众作一次共同的呼号。我不知道有人见了这篇记录之后，要生什么样的感想。最后我对读者声明，这篇记录之内的事实，固是的确的经过，诸君当记事读也可，当新闻读也可，当小说读也可，当游记读也可。只请读者不要忘了那眼前对你悲哀的受难人民的哭声。

一　丰镇城之战前与战后

丰镇是西北的要地，也是这次作战的中心。因为离大同只九十里路，西北军围攻大同，数月不下，丰镇的供给，也实在不少。况且西北军的攻晋后防总司令〈部〉便设在那里，哪能不是兵山兵海、将云将雨之地呢？当西北军和晋军将决裂的时候，晋军便在孤山一带掘战壕。西北军也在丰镇城南之南梁上边筑壕相抗。那时我还住在乡里，听了这个消息，十分惊恐。不到几天的工夫，西北军便向民家要粮要草，催税加捐。那时西北的民家，还住在闷葫芦里，只是说着犯〔烦〕呀犯〔烦〕呀！却不见表示什么样的不安，并且常说："让他们去战吧，咱们给谁作百姓也是一样的。他也无非是要粮要草罢了，还有什么可怕！"同时那些不知道战争而且没有受过战争的人们，同是这样异口同声地说着。过几天大概快要作战了，又向人民要车要马。这时他们知道作战的时候，不仅要草要料，也不仅催税加捐了，于是又说："现在正是用牲口的时候，把它们弄了去，农人该不种地了吗？以后应当吃什么去？没有法子说，这也是天年如此！"这番话还说不到三天的工夫，孤山已经开火了，丰镇听得很响亮，那轰轰的大炮声，每天

不断。火车上边来往的，尽是丘八。前线受伤的，死亡的，同由
火车上弄回来，喊天哭地的放在医院里。不隔两天，便可以看见
埋死人，这死人不用说，是前两天的伤兵。有一天，听说是开火
的后三天，把晋军的兵俘虏了不少，没有人一个个去数他们，但
也大计有八九百名，过两天便改编成西北军，又开到前线上去。
总而言之，不死于西北军之手，也得死于晋军之手。里边还有两
个旅长、三个团长、一个排长。那些旅长和团长，因为是求生起
见，不但自降西北军，并且带着人马，倒戈再攻大同。那个排长
因为不降，于是置之死地。但他在未死之前曾对那五个旅长和团
长说："我们是吃的谁的饭？穿的谁的衣？哪一件离开过山西？阎
锡山待我们并不薄，怎么你们肯投降人家，求生一时？唉！没事
的时候，你们是旅长的旅长，团长的团长，倒也耀武扬威，一旦
有事，便投降人家。阎锡山虽然允你，苍天可不允你呀！"那旅长
和团长，虽然觉得良心上受些责备，但究竟不如生命重要，也只
是置之不理。只是那个排长被杀了以后，把头还在西门外挂了十
来天。那天，大概是四月初七（阴），丰镇大街小巷，同贴出捷报
来，说是晋军已经败退大同城内，孤山被西北军占领。并且火车
上也拉回不少晋军丢掉了的东西。这时丰镇的人民，便放心了。
说什么晋军既然败退，丰镇当然没有危险，我们还是当老百姓，
并没有什么变动。谁想不过两天，县署给村长来命令了，说每村
要派一个人去当兵。那时有那些衣食无着的，或是当过土匪的，
或是年少气壮，想当个官长的人们，便争先恐后的要去，所以不
过两天的工夫，各村同把人送了去。县长当然很得意，办事如此
敏捷，当下去交代后防司令部。司令先生也很快乐，不由得赞美
道："像这地方的人民，也就够好了。男儿有志，不怕将来国不强
盛。你们好好的去干，将来也当个司令。"那些无知无识的人们，
本来就想当官，今日一听司令先生的话，当然快乐非常。司令就

在这个时候问道："你们谁会骑马？"他们都说："自幼天天不离马，哪能不会骑？"司令先生笑着说："好的很！你们谁会打枪？"他们又说："那没有什么，我们从前也当过兵。"司令先生越发笑得不亦乐乎地说："很好，很好！想不到你们能够这样勇敢，将来救中国的就是你们。好好地努力二年的工夫，管保有官可做。"他们同很表示满意，于是一个个勇敢地练习，一个个想当一个官儿。不过半月，听说把他们开到前线去了，又不过半月，听得他们死的消息了。有死在大同的，有死在多伦的，也有死在南口的。从前勇敢地去做官的人们，现在连一个也没有回来。他们的父母哭泣的死去活来，妻子呼号的不成模样；然而他们不知道了他们是出去做官的。后防司令部又给县长一个训令，让赶快再弄一千人去。县长当然又给村长来命令。但是这时人们同把一场梦做醒了。眼看着不多几天把许多人送在死的路上去，如今哪还敢再去呢？于是村长着急，县长着急。没有法子，把那些游民弄出来，强迫他们去。但是还不够，这便要抓了。见你穿的衣服破烂点，说是游民抓去了，见你面皮发黄，说是游民抓去了。抓得人同不敢行动的时候，这才真正没有法子。从此后防司令也不说此地民众勇敢了，县长也不说他们诚心爱国了。但是大同的战还是天天不停，火车上还是天天往回拉伤兵。一直像这样过了三个月，因为多伦失守，南口破坏，这才大同开城，又成了一个世界。

正是七月十三的上午，忽然西北军退回来，一早的工夫，火车开来五次。于是人民同着怕的很，走相告曰："今天可是西北军败了。丰镇他们一定不肯牺牲，非作战不可。这该怎么弄呢。"当时我听了几个人说西北军败退的原因，各据各说，也没有法子证明谁是谁非。因为那时没新闻纸，或是推测而来，或是道听途说。有的说："西北军和联军作战数月，交通因而断绝，本地货出不去，外路货进不来，商业也大受影响。外国人说像这样永不解决，外国也跟着损失不小。后来听说万国公会作保，限他们一礼拜之间，作最后的战争，联军胜了，国民军便退归绥远，国民军胜了，联军便退出北京。不想国民军现在已经败了，非退不可。"也有的说："因为多伦失守，张家口失了屏障，要是不退，前线军队，必至全数瓦解。"也有的说："因为田维勤先装投降，国民军把他改编，以后来他忽然断了国民军的归路。国民军因后路既然有变，前线当然也无法防守，所以一退千里。"除此而外，还有别样说法，五花八门，实在不少。把我弄得头晕脑闷，简直莫明其妙。于是一个人跑在街上去调查。倘若遇见一个相识者，也好得个确实的消息。我从西门进城，转弯摸〔抹〕角，简直把个丰镇也走遍了，没有遇见一个认识的。只见家家户户门首，同贴着一个条子，不是写着三军司令部，便是五军参谋处。不说是商号、机关同占满了，就连一极小的院子，也同是兵了。在大街上走着，看不见一个商人或农人，尽是些灰色或黄色的丘八。我站在南牌楼下边，看了好大一阵，同是从南门进来的，有的骑着骆驼，有的骑着毛驴，有的骑着瘦马，也有的坐着车子。但是那样破烂的衣服，和枯黄的脸面，实在令人难看。并且有许多的还是穿着露棉花的棉衣，嘴里吃着一个半熟的西瓜。不大的工夫，把屋子同占满了，街上、檐下也同是灰色的兵。从早晨开始，连续不断，一直到晚上，还是一伙一群地进来。我到车站上一看，照样的是不少。有的就下在这里，也有的只停几分钟，便开往西边去。我实在没有法子得到一个消息，于是一个人回家。那时家门已经紧紧地关闭，并且还上了锁。我站在外边喊了老半天，也没有一个人应声，后来我叫着我三弟的名字，这才见我父亲出来，惊恐的神色道："满城同是兵，你也不知道往哪里跑，不怕！"我笑着说："我并不是他们的敌人，怕什么。"说着走进去，父亲忙着又把门闭了。我一进院，看见母亲惶里惶张地在那里藏东西，看见我，由不得笑着说："好吓人，我当是溃兵进来了，忙着把这两件子衣服放了他，要不然抢去咱们还没穿的。"我也没有说什么，一个人走到自己屋里，父亲也跟了进来，低声问道："究竟是怎么一回事？"我说："我就是出去打听这些事，但是没有得一点消息，只见街上同是兵了。"父亲说："这年限多危险，说个变就变了！"我刚刚脱去了衫子，要打水洗脸的时候，门外有个小孩子的喊声，很显明的叫着我的名字。我忙着放下脸盆去开门，但是母亲已经吓坏了，伊怕有溃兵进来，极力地阻止我。等我开门之后，一看是两个十三四岁的孩子。一个是我的甥男，一个却不认识。他们刚刚进门，便喘声喘气地对我说："我们那里已经占兵了，要我们赶快离开。你老想那么许多人，一下子就能搬出去吗。我妈吓得不了，请你老去给想一个法子。"没有等我开口，母亲便忙着说："这年头儿，尽是一个兵，拦住这个，还拦住那个吗；与其白费事，不如不作声。想来他们也住不日久，过两天再说吧。"父亲也说去和不去是一样的。后来我说："不管他有效无效，我先去，就是拦不住他们住，也好说几句安慰他们家人的话。"于是和那两个小孩子同时出来，一直走到他们家里，那时门外已经放下许多东东西西，正往里边搬运着。我见了我的姊姊之后，伊便说道："你看这年头儿还成个样子吗，不管人家有人没人，随便就占。满院媳妇姑娘，这还像回子事吗？"我对伊说了几句安慰的话后，姊丈也进来了。他说："这位连长还不错，以先要满院同占，后来咱们对他说明没法搬动的理由，他也很明白，于是只占了三间！三间房占就占了去吧，那还有什么法子！"我听说只占三间，于是也放了心。坐了不大工夫，便告辞出来。那时街上的兵越多了，简直走路子也感到困难。我到了一个同学家里，站在门外喊开门，听得里边的男男女女同低低地说："这可来啦！应该怎么办？"我知道他在那里受惊了，于是喊着他的名字。这时他才知道并不是兵来。但是在他未开门之前，把我问了个详详细细。我进去之后，他们满家人同带出一种最高度惊奇神气来问我道："这时候你还敢在街上行走吗？实在胆子不小！"我和他们说了几句话后，便走出来，但他们同很低声地说："以后不要出来了，这年头儿实在着怕！躲还躲不开，何必去找人家呢？"我应承了几句走出来，一直跑回家去，把情形对父母说了一次，他们也说只要不赶出自己来，就让他们住去吧。父亲坐在我的床上说："像今天这样的兵多，又是败回来的，免不了晚上要抢掠。咱们虽然没有什么东西，但是也得防备一点。"我也说应该如此。吃罢晚饭之后，不敢去睡，大家坐在灯下谈话。但是一听狗咬，或是外边稍有响动，便立时停止谈话，出外边去看看去，眼看坐到十点了，并不听得有什么动静，于是我们便睡了。父亲走的时候对我说："晚上倘有动静，赶快起来！"我说了一声是，于是把门关了，和二弟睡觉。我自来有点毛病，只要往那里一躺，头着了枕时，便当下呼呼地睡去。这也是因为失眠以后，自己保养下的习惯。今天当然和平时样地，不大工夫便沉沉入梦了。在恍忽之中，听得二弟低低地叫道："大哥！大哥！"我虽然似乎听得这种呼声，但是并没有醒来。后来他推我的头时，我才觉得了，问道："什么事？"他说："我刚才听得有枪声响了，但是只一声。"他刚刚说完，忽听砰的一声枪响，接着沙一声子弹飞跑的声音。我们正预备着起时，父亲已经站在外边低低地喊了："快起！快起！"我起来之后，把门开了，父亲进来说："你听不是枪声吗？我说今晚一定下手抢了，你们还不信，这是什么事！"我也说不出一个什么，只是疑惑着。母亲右手拉了三弟，左手拿了一个衣包进来，站在那里，只是抖索，并且上下牙齿还抖得咯咯作响。三弟连一句话也不说，只是紧紧地拉着伊的手。大家同呆呆地站在那里，足足有五分钟的工夫。猛然二弟笑了，大家同发出一种不自然的笑声来。接着砰砰又是几声响。

一个院里住着的罗子，也跑进来，不自然地笑着："这他妈的像个什么年限！真是反了。"于是你一句我一句的说着话，不大的工夫，那枪声便不断地响开了，砰砰地像过年响纸炮一样，接着沙沙的声音。我们怕飞弹落在身上，于是同悄悄地顺着窗台或炕沿爬在那里，连气也不敢高出。一直响了一个多时辰。听得城里叫喊起来。又听得城门外边车走声、马嘶声、人喊声，一时也不停。我们紧紧地住在城外，哪能听见不着怕呢？又听得鸡叫声、狗咬声也相应而起。我们正在那里索索地抖着时，听得隔壁王家打门了，并且很高的声音，喊道："开门！开门！"我们知道这的确是丘八打门了，于是同惊恐失色地说："来了！"那隔壁的打门声，总有半点钟不停。听得骂道："这地方的人真讨厌！他妈的！"父亲说："打咱们门时，千万不要开，那还了得！"我的心里志忑地跳着，无论如何想不出法子来。母亲的脸灰一阵白一阵的表示极端的着怕。过好大一阵，隔壁不打门了，我们这里也没有听得打声。只是西门外边的打门声，一阵比一阵激烈。那恐怖的心灵，还是连一点也不曾减少。如此弄了一夜，眼看东方放出白光，鸡声大唱。那些车走马嘶、人喊枪响各声，也渐渐地稀少了。这才慢慢地从那里爬起来，但是抖索的身子，还是不由自主。我们听不见枪声之后，和衣躺在那里去打盹。我正睡得兴浓之时，听得院里有人说话，并且声音很复杂。我便起来出去看，原来是罗子从街上早晨拾回几件军人的破衣、破帽、破靴子等不值钱的东西。父亲说这个年头儿自己保着自己的就够了，何必拾人家的东西呢？所以还要他赶快抛出去，恐怕将来受害。我知道这事之后，对他们说："这些东西表面上看来虽然是他们的，但实在还是我们的。如今物归原主，也算不了什么犯罪。况且这同是些破烂东西，并不是军用品。拿回来便留下自己改的，该穿的穿了，该戴的戴了，也不算什么罪过。不过以后千万不要再取人家别样的东西，那便怕要生事。"于是他把那几件破东西拿了回去。父亲回家来悄悄地对我说:"他本来住在咱们院里,要是让人家知道了,咱们不是也担错吗?"我笑着说:"这小小的事情,算不了什么,以后不必管他。"父亲赶着埋怨我道:"我就不信那不要紧,要是让人家弄着了,要紧也迟了,你们现在不知道是为什么,无论天大的事,一说不碍事,将来一定要吃亏!"我正待又说话时,罗子走了进来,一手拿着一杆旱烟袋,一手端了一个烟钵子,忙着对我们说道:"一五更砰砰的枪响,我以为一定是抢起来了。不想刚才在街上走了一次,问讯人们说,连一家也没抢。打门的缘故,听说是有进去喝水的,有进去吃饭的。一夜兵山兵海地弄着,现在却连一个兵也没有了,这不是奇怪事吗?"我们也觉得奇怪。父亲说:"没有抢可是比什么也好,还是丰镇没有丧了良心。"罗子又说道:"有两个人死在铁道那面。现在看的人不少,这个说长,那个道短,谁也不知道是怎么死的。"我听说死人了,由不得战栗,眼前当下现出两个死的人来。他又说:"谦合店门口,有人说也死下两个,但是我没有去看。"二弟当下要去看,父亲极力阻止他说:"死人有什么看头?"又说了几句话后,母亲已经把饭煮好,三弟站在那里请吃饭。于是我们把这段谈话,作了一个结束。吃饭的时候,父亲说罗子实在胆大,居然出去看那些!吃完饭后,二弟拉着我要去看死人。死人是我常见的。我第一次看见时,的确觉得很怕,但是后来见惯了,觉得和平常事一样。抗不了他的拉扯,于是偷偷地跑出来,怕父亲听见一定要拦阻。我们看见许多人在街上行走,才知道不至于危险了。和我们在同一条道上走的人很多,他们也是要去看死人,并且遇着三三五五已经看回来的人们,遂走遂说。我们去了那里一看,果然死下两个不满三十岁的人。一个很胖,弹中在腹部,血流到身之四周。一个瘦黄的脸,身体也不高大,弹中在头部,弄下一肩头血和的泥。因为他面向上的缘故，当时有人说是认识，并且说是在县署当差役。那胖的面向下，人也看不出是个什么人来。那些看的人们，这个问那个，那个问这个，但一样地不知道因为什么事。我和二弟在归途上，遇见一群人围在那里，听一个老汉讲话。我也走过去，听下这样一段报告：“……早晨起来，听得枪声止了，我便悄悄地爬在墙上去望。只见那一伙一伙的兵，同向西走。大概走两个时辰的工夫，才不见了。忽然又望见从南面来了一伙骑马的，顺着铁道走来，走道〔到〕那死人的地方，一齐下马，站成一个圈子，听得那个官长对这两个死鬼说：我们国民军向来是不扰民的，这次败退，也并不是永去不来。我们以后一定还要来这里，所以对于本地的民人，极力保护，就以现在败退之时，也不曾抢掠人家一点东西。怎么你们便如此对待我们？不毙你还有什么法子？说完这话之后，回头又对那些兵说：我们本来不应该轻意杀两个人，但是他们办的事过于欺负我们了，也是没有法子的。以后你们千万要服从命令，不要看二三军那样野蛮的行动。众人同说晓得。那官长把两个人打死以后，一齐上马向西走了。后来我听人说：他们是县长放下来的稽查。因为今天国民军同退了，县长知道晋军要来了，于是差了他们两人，站在南门外边等着，要是晋军来了，拿县长的名片把人家迎接进城。这二十几个人从南来时，军装很不整齐，他们以为不是国民军，于是掏出片子来迎接人家。人家知道他的意思，很生气的说：我们刚刚退下来，你们便这样的对待，晋军应该迎接，国民军便不应该迎接吗？在那里就要枪毙他们。后来他们说是县长的命令，于是拉了他们去问县长。县长看见来头不对，哪还敢承认，于是人家把他们弄到这里毙了。可怜同还很小，并且有家。家人知道以后，不知道要怎么了！这也怨不得人家国民军，是县长太坏了。”我们知道了这个消息之后，便走回家来。父亲听我们说了以后，不住地感叹说：“像这样死的何等冤枉！”

我们还想到谦合店门首，去看那两个死人，但是父亲无论如何也不让我们出去，我们也没有法子，于是便坐在那里长叹。

我们正坐地无聊，忽然听得门外有人喊着三弟的名字，于是开门去看，原来是外祖父来了。他虽然年逾七十，却是很精神的，向来不持手杖。今天不知道为了什么，拄着一条棍子，并且走路还是拐着。我当下生起疑惑，于是问他。他久已是耳聋的人了，我的话他一次是听不见的。等我们进了屋子之后，他却自言自语地说："这些没头的溃兵，把我打下这个样子！"父亲见他一只手拄着杖，一只手先托着地，然后才敢漫漫〔慢慢〕地坐下，于是高声地问道："因为什么事，他们就要打你？"这一次他听见了，接着说道："还有什么因为，也不过是不合人家的意吧。昨天我见他们一群一伙地从南来往城里走，我便跑到地里去看庄稼，因为咱们的地紧紧地在大路旁边，而且又是谷子，那马还能不吃吗？咱们要是多，也就不在于〔乎〕那些，眼看一家人口大大小小，同指望着这几亩地生活，要是被他们放了马，咱们该不生活了吗？所以我提了一根棍子就到地里去，为得是和他们好说几句，不至于完全不留一些。起初有两个人来要放马，我对人家哭哭涕涕的说：看我这样七老八十的人了，只有这几亩地，而且家里还有一个没眼的孙子。要是老总们放了牲口，我的老命就保不住了。人家倒也好，当下拉着马走了，并且说了些安慰我的话。我当时很喜欢，像这样有良心的兵，实在不易多得。过不大工夫，又来了四五个，一直跑进地里去，我忙着就喊就拦，还和以前说的话一样。但是他们可不和人家那两个一样了，不但不走，并且还骂道：这个年头，命同保不住，谁还管你的谷子？我极力地和他们说，我只有这一点谷子养活着，要是没了谷子，便是没了我的命了。他们不耐烦起来，高声地骂：这他妈的老头子！老爷们、后生同得死，你一个早该入土的老头子还怕死吗？我又和人家说了一阵，还无效，想不到一个跑上来，就要打我。我那时也蹩〔豁〕出去了，我便滚着叫他打。他果然打了我一个耳光子。我生气了，拌了一捧土便向他扬去。不想他就骂就拿枪上的刺刀刺我。你们看，这不是刺下的伤吗？"说着把裤子从下卷起去，露出两个伤痕来。虽然已经不流血了，但是那很大的一个刀口，让人看见也忒伤心呢。他又接着说："像这个年限简直活不了，谷子是马吃了，衣服也让人家同给抢去了。"我听说衣服被抢了，由不得大吃一惊，忙着高声问道："抢了些什么？"他还强笑着说："咱们还有什么衣服？有几件比较值钱的东西，因为这几年时运不好，也同当的当了，卖的卖了，没有留下一件子。现在被人家抢去的，同是些预备过冬穿的棉衣。他们拿了去，也不是正式用了，不是骑马当了垫子，便是抛到别的地方。唉！吃的也没有了，穿的也没有了，不死还有什么法子？"父亲极力地说了几句安慰他的话，他又说："像这种时代，今天活着，不知道明天的事。我说乘还没有死，由不得来看看你们。管他怎么样，你们这里倒是安静。"说完便要走，我们无论如何留不住，于是送出门外。看着他挂着那条棍子，一走一跌的向南回家去了。我正坐在那里想外祖父的话时，听得三弟在院里狠〔很〕急促的声音喊我，我知道有要事了，忙着跑出去，却不见他，到门口一看，他正把门开了，跑进韩、张两个朋友来。韩君面色漂白，连一点血色也没有了，见了我拉着我不说什么，只是说："这怎么办！这怎么办！"我正没明其妙的时候，张君也照样地拉着我喊。我越发是找不着门路。进家之后，韩君忙着上炕把裤子翻穿了。在他一面翻裤子，一面抖索的时候，脸还是白的像纸一样。张君坐在凳子上，两手不住摸〔抹〕着头上的汗，把满屋子人同弄得不知道来头去路。后来韩君说："两个溃兵到我们学校里要枪〔抢〕去，手里拿着枪，走一步，打一枪，一直走到我们脸前。我们哄了他们一下，从墙上跳出来，才偷跑到这里来。呵呀！好怕人！好怕人！几乎丢了命。"张君也说实在怕的很。他们稍稍平静一点了，门外有人打门，把他们吓得只是叫天叫妈的抖索。我要去开门时，韩君拉着我说："千万不要开！这一定是那两兵赶来了，开门之后，我们非死不成。"说着话时，两眼已经流下泪来。弄得我也哭了。但是那打门的声音，越发亮了，直把我也吓得抖索不止。同时满屋里的人，没有一个不是和我一样的。后来我让韩、张二君藏在柜里，便出去开门。但并不是一个兵，乃是一个找罗子的人。于是我才放了心，回来告他们。他们从柜里出来之后，又由不得好笑。张君比韩君总算胆子大多了，然而也是吓得一个脸一阵黄一阵白的。父亲说："像这时候你们还住在学校里干什么？赶快搬到这里来住吧。"他们也很愿意，但是免不了要客气几句。

　　后半天，忽然从北面来了三十来个临时警备队，据说是从隆盛庄来的（在丰镇东北八十里），也没有军装，也没有旗号，只是那么三十来个人骑着马进来，并且只有十来枝枪。进来之后，先抢第一区署，把二十来枝枪拿去，于是每人已经有一枝。又跑到县署，把县长强迫着，要他给三十枝枪、十万个袁头。县长便把清乡兵队的枪给了他们，但是没有法子弄袁头。后来对他们说："诸君如此作事的缘故，无非也是为得金钱与势力而已，现在国民军已退，南军未到，丰镇街市，已无人维持秩序。诸君如肯在此时间把丰镇的秩序维持好，以后无论哪方面的军队来了，也决不至于不感谢这番功德。并且我还可以作保，以后无论晋军、奉军来了，我给诸君说说维持地方的辛苦情形，管保够营就编营，够团就编团，那时不是两全其美吗？"头目张春生，便听了这番话，因为他很想作个营长或团长，于是对县长说："我们此次进城来，并无他意，因为我们是地方人民，不忍使本地屡受遭害，所以要来维持。一来防止土匪入城，二来肃清国民军的溃兵。"县长说了几句表同情的话，于是就把他们弄在城里。他们自知将来有军队来了以后，十九对于自己不利，于是住在顺城街，丰县最富足的一条街市，在里边的商号以钱庄与银行为最多，并且东西两口，筑有炮台，简直是一个小的城池。我也曾在街上看见过他们一次，每人腰里拴着一条五寸长、二寸宽的红丝绢，作为标号，在街上耀武扬威地巡查。他们只要遇着相识的人，便说他们是维持地方的，请地方人不必着怕，同是本地人。有许多的说："人要该坐〔作〕官了，便不用费什么事。像这样的一来，说个营长便是营长，说个团长便是团长。"也有许多的说："还是张春生有本领，像这些事办得多漂亮。那年二营兵变，有人说他还是起事的一个。"我因为不明白张先生从前的光明磊落之历史，又不晓得县知事对他们的态度如何，所以连一句批评的话也没敢说。只是他们能说是本地人，那么不客气地说，就是坏，在我的眼光中也是好的。因为我们本地的人，向来是沉闷的，无论受什么痛苦，总是一忍再忍，不肯呼喊的，所以别省的人同说是好地方，容易找钱花。就是有受不了经济压迫的人，也不过是当土匪，还是苦害地方人。如今我听见居然就进城来，并且维持地方，这真是出我意料之外的事。晚间，正是半夜时分，我照样地在黑甜乡里恍惚着，韩君推我道："快起！快起！"我忙着爬起来时，二弟已经坐在窗前听枪声去。韩君还在穿衣服。推了张君好一会，他始终没有醒来。我们听得先是小枪声，后来好像是机关枪，要不然便是自来得。因为那拍拍〔啪啪〕的一声挨一声，不但音之高低强弱一样，并且时间之距离也各相当。再后便是迫击炮，声音既大，速度又快。最后是大炮，同是从南来向北去。自夜半响起来，一阵缓、一阵急、一阵高、一阵低地弄到天明，还没有止。大概只大炮也响几百声了，那砰砰拍拍〔啪啪〕的小枪声便不用提了。到半前晌了，这才停止。我们到街上去时，已经成了另一个世界。家家户户同挂着国旗，在空中飞扬，街道也比平时特别清洁的多了。有许多就走就说这是欢迎晋军呢。我们遇着一个敲着锣的人，绕街喊道："大小买卖，现在晋军来了，让你们每家商号送五十斤面的馒头，送到支应局。并且下午四点，同拿上旗子，到车站欢迎总司令。"我们这的确知道来的已经是晋军了。在街上走了几条街，便向着车站去。遇见许多舁了笼送馒头的商人，也有已经返回来的。在我们前边走的两个人，也舁着馒头，随走随说："这一下可弄好咧。还是咱阎锡山有运气。这许多的兵，同是咱山西人，一定可以照料咱们的。"那一个也说："我二哥就在商震那里当兵，这一次或者也来咧，保不着还要碰上。"张君推着我的肩头，低低地对我说："这山西片子多讨厌，把丰镇人是让他们欺负坏了。"韩君也走前来说："我是没有权柄，我要是能办到，定把他妈的一齐赶走！"我说："不必说这些话，这同是不能办的人，才说这个话，要是能办的人，便不这样说了。"韩君又说："真是他妈的太讨厌！住在丰镇，吃上丰镇人的饭，穿着丰镇人的衣，家里大大小小靠着丰镇人养活着，不但不说一句感谢的话，时时还骂着丰镇人。真当丰镇人是傻子吗？太可恶！太可恶！"说着时，已经到了车站。看见察西镇守使署外边，站了十来个卫兵，同是晋军的模样。在他们那喊三呼四的神气中，颇表示出一种洋洋得意的状态。张君一个人悄悄地说道："我记得这些面片子（丰镇骂山西人，不说老醯儿，而曰面片子。盖因崞县、五台、代县等地，人民多好吃面片，此中兵以该处为最多，故称之为面片子。正如他们呼我们为山芋蛋一样），就够讨厌！这并不是他们打了胜仗，还这样的威风，要不是奉军打过来，他们的窝子也让国民军剿了，还会跑到这里来吗？"二弟忙着对他说："我们在街上走，满是人家山西人，或是商人，或是工人，听了去不要恨吗？倘若报告他们，那便不美了。"于是我们再不谈到那些。韩君却说："今天这里有兵了，昨天一天的工夫，有许多男男女女同跑到这里边拾东西。那东西实在不少，有整袋的米面，有半破的皮衣，还有无数用器，同被他们拿去了，也没有一个人来管。至于里边的军器，大枪小枪、手掷弹、迫击炮倒是没有一个人敢拿。"我说："在这个时候，本来是没有秩序的，有胆子的人便可以发财，没胆子的人便要吓死。"我们说时到了车站，走进月台。有许多人同围在那里看，我们也走过去时，乃是一辆货车，因为昨夜失火，把木板和顶子同炸没有了，只留下几条铁杆和一个底子。有一个老者说："这是国民军走时弄下的埋伏。你们不看他们把许多车同带走了，仅车头就弄走二百几十个。前两天那天不过十来次车，每次车总是最少要两个车头，只留下这一辆货车在这里。昨夜晋军到此，不防给弄失火了，里边的枪炮炸弹一齐响起来。晋军以为还有国民军，所以直直地自己打了一夜。今天那镇守使衙门里的东西，他们还没有收拾，还怕上当。"那老者出言诚恳，我们很信他的话是真的。往那个月台上去时，已经站了许多晋军，不让过去。我们在远处望见，有许多衣服、枪炮之类，乱七八糟在那里堆着，所以也就返回来。正向归途上走着，看见许多人围成一个圈子，我们也走过去。只见当中坐了两个兵，一边吃馒头，一边和大家谈话。那站着的许多人，不用说是张君所谓面片子的了。一个人问："大同城开了吗？"兵说："开了，现在照常出入，你们可以回去看看。"又一个问道："里边死多少人？"兵说："有限，有限，也不过三百来人，兵有一百来个，民人有二百。"又一个问："你们是从哪里开来？"兵说："我们同是从雁门关上下来。一共五旅人，三旅从这面来，两旅由杀虎关出去直捣归化城。"又一个问："咱军队死多少在雁门关上？"兵说："也不少，不过不如国民军多。"大家同滔滔地说："那比什么也强，还是咱山西没有作坏事，老天爷也保佑。"然后也有问讯本地禾苗如何，有无土匪；也有问讯城池如何，已否破坏。我听得那个兵是崞县人，所以对于他的话，未敢完全信任。只见他对大家又说道："这次打败国民军，可以说山西以后平安了。"大家也说："这次平安了。"我连一句话也没有说，只是暗暗的祷告：从此山西平安了吧！中国平安了吧！但是在路上走时，张君却说："山西十五年没有战事，一说是保境安民，看见谁强就亲谁，人家要钱就给钱，所以他得以苟安。今年自从打仗，已经破了他向来的政策，从今还要说保境安民的话，那是不灵验的了。他说从此平安了，我看他从此危险更厉害。"我听他的话很有见地，于是点了点头。回家之后，便把这些消息报告父亲。父亲说："不管他怎么不怎么，晋军来还比奉军好点，甚不甚不至打人。"我们也只得说一声对，坐了一会，三弟回来说："大西门外有许多兵打一个人。"我忙着跑出去一看，果然有二十来个晋军，在那里打人。我仔细看那人时，瘦黄越发不堪形容，简直是一个病夫，穿着一身灰军衣，人们同说是国民军。我问一个认识的人道："这是怎么一回事？"那人拉我到僻静处说："这个人本来是国民军，他自己也承认，因为病的十分要紧，连走也走不了，于是就躺在这里。不想有一个不讲面子的面片子，去报告了晋军。不大工夫来了这些人，问他要枪，他说因为病的要死，有意从此回家，已经扔了三四天了，并且还掷在路上的。那些人便不再问，下手就打。你看他那个样儿的病，还受得了打吗？咳！真是太残忍了。"忽听得又发起喊来，我们忙着过去看，一个晋军正拿了鞭子打着。只听那个人说："饶命吧！饶命吧！再打我就要死了。咱们同是当兵的，一来没仇，二来没恨，何必要我的命呢？"说时眼里的泪滴滴地掉个不住。那晋军说："他妈的这时候你也知道挨打疼了。从前你打老子们山西时候，不知道山西人也疼吗？"那许多面片子同说对呀。但是拉我说话的刘君却低低地说："这才是小孩子见识，那时是打仗，同拿生命来换胜利，谁不杀人，便得被人杀，乃是竞争，现在把人家一个病人弄得这样，便算是胜利了吗？”说时那许多人把那国民军拉着走了，说是要送到军法处。我没有法子，只是连着叹了几口气，一个人走回来。把这个消息告大家知道后，大家同说晋军实在不应该，那报告的人更不应该。然而那个人被拉到军法处了，我们当如何？

那天因为是七月十五，丰镇有一种迷信举动，就是城隍爷出府（这种举动，我在别处也曾见过，决不止丰镇一处有之）。有许多人同到那里焚化纸钱。我因为受了姑母之托，要我今天到伊那里，把伊已经包好的金库银库，拿去给伊烧了，为得是生前寄存下，省得死后再受穷。我本来对于这事极端反对，但是伊再三的要求，并且因为伊两眼失明，过于可怜。我说要拿回来叫二弟去烧，但父亲说他要去，所以我只负取的责任，不管谁烧不谁烧。午饭之后，一手拉了三弟，一手提了一个帽子，便要去姑母家里。二弟也要去，于是三人同行。转过西街，再向南去便是毛店巷，毛店巷南口，便通马桥大街。我们刚刚走到那南口，离马桥还有十来步的时候，看见一个人从南面跑来，面部失色，一看便知道发生事故，问他时，他却连一步也不停地跑了。正在发呆的时候，又跑来一个。他一面跑，一面扬着手说：“快！快！了不得了！”等我们问他时，还是一样地不停。又见跑来三四个，比他们还惊惶，我们知道街上发生变化，于是也返头跑。三弟刚刚九岁，哪能跑得过快，只跑了十来步，便慢慢地走着。那时有几个人站在那里拦住那第二个跑的人问是什么事。我们也走过去，只见他喘着气道：“不得了！不得了！现在晋军四方包围顺城街，要开仗了。街上的大小铺户，同已闭门，现在连一个人也没有了。”我们再向南望时，果然见一排排的兵，同提着枪，弯着腰向东而去。大家没命的同跑了，我们也忙着回来。刚刚进门，还不等到我脱去长衫，听得砰砰的枪响了。家人同吓得惊魂骇魄，又爬在那里。父亲从街上回来，一声高一声低地喊开门，我开门看时，他的脸已成了灰白色，随走随说："呵！这还了得！刚才还是太平世界，说变就变。广和德的老张中流弹，从房上掉下来，大概已经活不了。呵！怕人，怕人！"我们听说有人中流弹，由不得恐怖到极点。父亲知道这件事发生的原因，对我说道："还是不保险。前天进来的那三十来个人，不是住在顺城街吗？今天上午县长见了晋军的卢旅长，说他们是土匪，乘国民军已退、晋军未来之际，进城来抢掠，经他设法子才把他们弄着，请旅长赶快想法子。于是旅长便下命令，让他们交械以后，再改编晋军。他们恐怕缴械以后，让人家收拾，所以不从。旅长怒了，便派兵四面围攻。这一下顺城街不定要死多少人！"我听得这个消息之后，当下想起他们在街上那威风的情形。那枪声简直没有间断，从两点钟一直到五点。我每听见一枪，便要惊惶，由不得说一句："这一枪不定要一个人的命！"父亲又说："这些人也实在胆大，自己同共几个人，敢和人家开仗，晋军今天在丰镇的，刚才有人说还够两旅。人家又是手流弹，又是迫击炮，自己如何能够抵住呢！"二弟不言，只是长叹。太阳快落西山，这才渐渐地不听枪声。并且下了一阵细雨，在细雨之中，还可以听见几声稀疏的枪响。正在枪声激烈之时，罗子骑在墙上去望，忽而说："北山上有兵！"忽而说："西滩里有炮！"听得很亮的枪声，就在我们的门前发出来，于是吓得我们只抖索。罗子说有一个认识的人，于是喊他的名字，不想砰的声向他打来，几乎打在他的腿上，他当下失魄，从墙上掉下来，打了一个滚跑回家里去，爬在地上妈妈的直喊，父亲以为他中弹了，忙着去看，我也随走去。他说是不曾中弹，然而那漂白的脸实在令人恐怖。到八点来钟，才得到这次战争的消息，说是晋军围住顺城街以后，在城隍庙架起迫击炮，和机关枪，直向里射，他们在里边也还以炮枪。晋军放进两粒手流弹，打坏一间厨房，打坏一个铺面。里边的人因为子弹很少，后来连一颗也没有了，这才让人家活捉住，就地正了法，一共死了一百一十三个人。对于这一百一十三个人，有二种说法，有的说死的都是警备队，有的说晋军也死了三十来个，怕人知道耻笑，便换了衣服，也说是警备队。这两种说法，我到底也没有调查明白。只是在这死人之中，实在有冤枉的。有十二三岁的小孩子，因为给他们当差去也死了。有上午进去只吃了一顿午饭，下午也死了。但那真正从隆盛庄来的人，十有九同改装跑出去，或是强迫着商人保护着，却没有死几个。最的确的消息，那头目张春生还活在人间，并没有和他们同时入土去。这是丰镇变乱的大概，并且是记者亲身经过的，至于那东家死人、西家受伤的事情过多，我也不愿意一件件把他说出来。读者只由这一条直线的记事中，当然可以想见那时的景况了。

二　四乡人民与溃兵（惨情一束）

这次国民军退兵的情形，大概是这样。在南口的和张家口的军队，多由火车上退却。在晋北一带的军队，多由陆路出镇川堡而来。不用说这些军队是没有进城去的，只散在乡下。因为骑牲口或是步走的速度很漫〔慢〕，所以从十三到十六，一直走了三四天，每天总过几千或到万。在这些军人之中，照常守规矩正道而退却的固然很多，但是乘此机会，为非作歹的也实非少数。在那几天之中天天可以得到奸淫房掠的新闻，天天可以看见受过害的人的眼泪。我们在城里住着，一天总可以遇见乡里的来人听他们的报告。一天比一天的消息不佳，一天比一天的情形可怕。先听见的只是溃兵的窜逃与抢掠，后来却又听到本地土匪的猖獗。有什么乔庆余，有什么三迷虎，有什么大老汉，一时弄得天翻地覆，真是令人着怕。有三十个一伙的，五十个一伙的，只在周村转来转去，苦害地方人民。但他们的旗号却很光明正大，甲曰保安队队长，乙曰自治军军长，丙曰清乡总司令。但是除他们而外，再没有和他们相反的人在本地扰乱，也不知道他们为什么要保安，为什么要自治，为什么要清乡。他们的成绩倒很令人注意，不是今天在这里请财神，便是明天在那里烧房子。弄得四乡的人民，同不能住在家里，于是忙着搬到城里来住，实在是令我们伤心。那时本来正是农人收获之期，如此一来，哪还敢去割，哪还敢去拔。平均一个村里不隔三天便要去一次，不是保安队，便是自治军，甚而至于一天便去三四次，这队还没有走，那军又来了。晋军因为刚刚过来，顾不到这些，虽经人民数次请愿，数次同是失望。在这个时间里，我的一个堂兄和堂弟，曾被人家请去了，每人要三万个袁头，否则枪决。幸亏他们同跑回来了，然而家里的损失，已经不小。这土匪扰害地方的经过，我现在不愿意提起，更不愿意写出来，因为那些事过于多了，写三天，不，五天或六天也是写不完的，所以我只好不理他。

我要急于说的是这次溃兵的情景，并不是他们只能抢掠人民，但也有几个被人民杀害了的。我听得这个消息之后，实在难受，想起那些可怜的不曾死于枪林弹雨之中，也不曾死于敌人之手，乃死于这般残酷的人民手里。他们同是异乡的人，他们万想不到死在那里，而且万想不到死在那样的惨苦情形之中。他们的父母遥望着他的儿子的荣归，妻子祝祷丈夫在外的得意，今生怕是空想了。他们不见他们的儿子或丈夫归去，一定以为死在战壕里，云梯下，悬崖底，无论如何想不到是如此死的，是死在这个地方。我不须要叹息，因为叹息是无用的，我还是应该把我毕生忘不了的几个记忆，写将出来。我的责任不在为人难受，是在难受我自己。因为这次我家庭中的损失，虽然为数不多，但在我的一贫如洗的环境上说，也是受不了得〔的〕。

　　因为战败的缘故，又因为无定归宿的缘故，国民军在败退之时，便有许多人不想跟了去，想从此偷走。他的目的，也不过两种：一种是悬念故乡，思想父母兄弟妻子，不忍心再走远了，想从此归家，仍旧度他的贫苦的日子，不作坐官的迷梦，于是换了衣服潜逃；一种是急于发财，而知道当兵是不容易升官的，便凭了手中的洋枪，抢掠人民，觉得有几千元，或是几百元了，便把枪抛掉，于是换了衣服，从此潜逃。有一天正午，我们乡里由西来了三个溃兵，但同是穿了农人衣服的。因为他们衣服是农人的，但戴的帽子，或着的鞋子却是兵士的，或是商人的，所以无论哪个人，一见他们的装束，便知道是三个溃兵。里边有一个没有穿鞋子的青年甲，大概只十七八岁的光景，走来表示出一种极疲乏的模样。正巧那里有一个村老歪歪着，看见甲的那样状况，由不得生了一种慈悲心，问道："你那样不穿鞋子走路，也不觉得痛苦吗？"甲答道："苦也是无法子的了。"那眼里似乎要掉泪了。徐老更觉得他可怜，于是说："我家里倒有一双鞋子，你要不嫌破旧，就把他穿去。"说着便站起身来。甲知道是给自己取鞋子去，于是谢了又谢。那两个见徐老回去了，于是对甲说："你在这里等穿鞋，我们在前边好漫漫〔慢慢〕地走着。"他们便一前一后地向东而去。刚走几十步，便到了我们村外的沙滩，遇见本村才才从东边骑着一匹白马走来，向他们道："你们是什么人？"他们听那才才说话的语气不和，知道不是佳兆，于是很和气地说："我们是直隶人，从前贩辣椒到这里，现在东西同卖完了，这就要回去。"才才喊了一声："站住！"便从马上跳下来，走到两人身旁，很表示一种庄严的态度说："我看你们的模样，绝对不是商人，一定是国民军的溃兵，身上带什么东西？"那两人顿时抖索起来，简直说不出什么话来，后来才漫漫〔慢慢〕地说："什么也没有。"才才说："我不信，要搜！"一搜便搜出三百来个袁头，拿在自己手里，对那两个溃兵说："这同是老子们好人的钱，不知道你们从哪里弄来的。好，现在还是我拿了吧。"把钱往袋里一装，便骑着马走将下来。那两个人没有法子，只得揉揉泪眼而去。才才到了村中，正遇甲还坐在那里等穿鞋，便大声喊道："你也一定是溃兵，赶快拿钱来！"甲见来势不妙，于是一直返向西跑去了，才才要追时，被两个人拉住。不大工夫，才才之父茂文知道这个消息，忙着去追那两个溃兵。赶他望见他们时，便高声地喊："站住！站住！"那两个人以为是追上来加害与己了，忙着便跑。后来听茂文喊着说："别怕！别怕！我是来救你们的。"那两个人便站在道旁。茂文上去之后，把才才不知道理的话说了一遍，便道："诸君是远道之客，来了我们这里，不能帮助，已经不该，还敢把诸君的东西据为己有吗？请先返回去，我们再作计议。"乙的胆子很小，只怕回去以后才对自己用计策，无论如何不肯。丙见茂文态度诚恳，于是跟了回来，让乙就在那里等他，回来之后，便找了十个袁头给他，作他们的盘缠。丙恭恭敬敬地拿了十元钱，并且对大家说了许多感谢的话，便返回去，不想在半途中又被一个手里持镰刀的人把那十元钱抢去了。丙当下怒了说："这地方的人多厉害，随便一个人便可以行抢！"于是又返回来。不想正遇着才才和他的同伴李仁，大骂："你这不讲面子的家伙，给你拿了钱还不走去，回来想什么，不如屠宰了你痛快！"当下两个便赶上前去，丙忙着就跑，连着跳了三处院子，这才跑到段先生屋里。段先生是深泽县人，他们认为乡亲。段先生忙着安慰他，但他的脸像死人一样的白。茂文忙把才才和李仁止住，便又给了他十元钱，并且亲自送在村外，望得丙走到好远了他才回来。

第三天夜间，丙一个人持了一枝枪，从邻村强迫了一个人作引导，便悄悄地到才才门首，让那人在前门打门，自己却藏在后门旁边。才才在睡梦中听得有人打门，于是忙着起来，把他的妻子

唤醒。先在院里转了几个圈儿，便从后门出去。他的左脚刚刚放
在后门外边，砰的一声腹部中弹了。当下痛得在院里乱跳了几跳，
倒在地上，永也没有起来。丙又强迫了才才的妻子，一同到李仁
那里。那时李仁正和杜美吸鸦片，听得狗咬的十分厉害，于是出
来爬在墙上，一眼看见一个人向自己院子走来，问道："什么人?"
丙没答声，还往前走。李仁有点怒意，骂道："问你是谁，不作
声，真是讨厌!"说时丙已走到墙下，悄悄地把枪藏在身后，低声
地说："我是国民军的一个溃兵。现在想潜逃，但是没有衣服，先
生要能给我找件衫子时，我把一切东西都奉送先生。"李仁笑着
说："我有，我有。"说着低头去解衫扣，不防一个子弹，正中在
头上，当下掉了下去。杜美听得枪声，忙着从墙上跳出来。丙喊
道："别跑! 看枪!"枪弹已经飞向空中去了。丙说他是李仁的同
伴，也要枪决。经他再三声明自己不是之后，才留下他的命。让
他在李仁身上搜东西，只在衣袋里搜出三元，丙便装入自己囊中。
在屋里搜了一阵，没有半点东西，便又返到才才家里。众处搜找
已遍，也没有见他那些袁头。从后门出来，跳过短墙，墙外有小
树，树后藏着茂文。丙不防把枪被茂文捉着，于是两人东倒西歪
地抢了半天。茂文觉得自己没有气力了，想了一个急法子，喊道：
"眼看我已经抢不出来了，你们还不上手，等待何时!"杜美忙着
跳出来。丙见又有人来，于是扔下枪，便向北奔去。茂文想打他，
无论如何弄不来，只是急得叫苦。事到如今，才才已经死了，李
仁已经死了，但是他们抢下的袁头，同不知道放在哪里，只落得
人财两空，而且弄得满村人不得安然。只怕人家再来，大家同受
苦，所以一到日将西沉之时，满村人便星散了，连一个在家里的
人也没有。我曾和二弟回去一次，那时虽然比较安然了，但是人
们的惊恐的心，还是不减半点。我亲自听茂文和杜美及许多乡人
谈到，同是这样说，所以我认为是的确的，并且才才和李仁的棺

木也已经入土了。这是惨情中的一件。

是一天的太阳将落西山的前一个时辰,有四个穿着军装的溃兵,拉了两个骡子走进元山村梁泰的店里。在这四个人中,有两个是不过十三四岁的孩子,那两个大概有二十五六的光景,眉清目秀,皮肤洁白,并不像一个兵。后来一看他们的袖子上有红十字的徽章,于是知道他们是没有拿过枪炮的军医生。其中有一个穿的衣服比较好点的,或者是军医长、军医官也未敢定。他们由南面来,将要退向北面去。但是究竟不知道为什么他们前两天不过去,却迟到如今。态度言语,均极和平。那梁泰向来是一个无所不为的恶少,如今看见这两头骡子,又看见骡子身上的东西,由不得起了歹意,就在那四个人吃饭的时候,他出去约会了十几个人来,把大门闭了,把他们绑起,四肢捆在一起,吊在梁上。有的拿鞭子的,有的拿棒子的,同时下手便打。那好似军医官的哀告道:"诸位不必这样,我们是正式好人,并没有无故拿过人家一个钱,也没有随意打骂过人,今天到此,不知道怎么得罪了诸位,才让诸位如此生气。只要……"不等他的话说完之后,梁泰便怒骂道:"他妈的,你还假装好人!要是好人的时候,这骡子是从哪里来的?骡子身上……"他不再往下说,提起一根五尺多长的榆木棒子,照着那人头上便是一下,打得那人当下绝了气,半天没有出声,后来才漫漫〔慢慢〕地听得换过一口气来。一个小孩子哭着说:"我的爷爷们,太爷们,你们饶我们的命吧,要什么,我们给你们什么。"梁泰怒道:"老子什么也不要,就要你的命!"小孩哭着说:"老爷,太老爷,咱们素日无仇无恨,何苦要如此呢?饶命吧!我才刚刚十三的小孩子!"那个小孩子也哭着说:"可怜我们是远离家乡的小孩子,老爷们饶了吧!饶了吧!"众人看见这种悲惨的情象,听见这种动心的哀告,于是良心发现了,同停了手站在那里呆着。里边竟有一个也流下泪来。但梁泰还是照样的骂："老子们有意饶你，还不把你们吊起来。今生想见你的妈妈是不中用了，我送你们回老家去吧?"说着拍的又是一棒，打在那个小孩的膊上，当下痛得妈呀妈呀的直叫。看看那四个人同要死了，于是大家才住了手。到晚间，到村人差不多同睡觉了之后，他们把那四个人用草刀铡了。比唱明公断还着怕，那只是一个人，而且只铡头，这是四个人，并且每人要铡成四段，在脖子里一刀，腰部一刀，膝上一刀，于是把一个人整个地分开了。这是多么残忍的事，这是多么伤心的事。他们把那四个人的零乱的尸体，扔在山谷里去，但是骡子身上的东西，不是他们希望的袁头，也不是他们希望的宝贝，乃是十来瓶子西药，就因为这些东西，便把四个无辜的人，送到死途上去了。后来本地警备队把这事发现了，于是罚了梁泰几百块钱，而梁泰竟照样和没有杀人是一样地平安无事，这不能不使我到现在还奇异。这是惨情一束中的又一件。

也是发现在我们乡里的一件事。一天晚上，有三个溃兵带着枪住在崇善家里。到夜半，崇善给了他们十元钱，便把他们的枪偷偷地乘他们睡着时放过，同了几个佣工，竟把人家赶出去，并且骂了人家一顿。那三个被推出门来的人，十分生气，于是便向北去。刚过两天，带了十来个人，坐了一辆车子来，每人同有枪。到崇善门首向他要枪时，他早已闻风而逃了。一家人同从两丈多高的墙上掉下去，然而没有跌伤，还是照样地逃了。因为这枪，崇善已经交给村长李德先生，于是他们又去向李先生要，李先生因为怕给了他们枪，自己遭大糕，于是无论如何不肯。两下决裂之后，便是一仗。一个溃兵在腿上中了一弹，却把李先生的族弟给打死在房上。一家人当下失了主宰，不知道如何是好时，那十来个溃兵因为自己也受伤了，于是退去。那李家大大小小，同哭得死去活来，然而李华是不能复活的。这是多么伤心的事，这是多么可叹的事，这又是惨情一束中之一件。

　　还有许多件事情是很悲惨的，然而我不再多写了，诸君可以在这短短的一篇记事中，去找那失却生命的人民与溃兵的原因吧。我不说溃兵死是由于人民的残酷，也不说人民死是由于溃兵的蛮横，我以为那同不算根本的原因，其根本的原因不在此，而在于……诸君去想想吧，我实在不忍说出来呵！

三　孤山战记（一个亲赴战场的朋友之报告）

　　我万也想不到在大同还会遇见我的故友，更万也想不到遇见的故友还是任君。我因为第一天到大同过晚了，所以进不去城，就在车站上住了一个旅馆。一夜的工夫，思前想后也没有睡着。早早地跑进城去，无目的地在街上走来走去。正路过一个兵营的时候，听得有人在喊我，我觉得很奇怪，顺着音浪把目光射去时，便看见站在那里的是任君，他已向我笑着招手了。我走上前去，和他点头，和他握手，和他把许多话在一眨眼之中表示出来。他拉了我的手，走进那个兵营里，并且走进一个坐着许多人办公的书记室。那许多公文，什么训令呀，指令呀，弄下一个堆子。我十分模糊，万也想不到任君会把我引到这个地方来，更想不到任君便是这办公人员中的一个。他让我坐下之后，大概有好大工夫了，又递给我一杯水来。他坐在那里呆笑，还和从前一样的态度。我觉得无聊，俯首去看那些办公人们的工作。如此寂寞了半个钟头，任君拉着我出来。我更觉得奇异，怎么他拉我进去，一言不发，又拉我出来，这不是任君近来得下了精神病吧？我在这样地疑惑着他了。在路上，在找一个五年不见的故友之路上，他对我说，他曾在腿上中过一颗子弹，并且几乎死在战场上。我十分诧异，怎么他在腿上中了弹呢？怎么他跑到前线上去呢？待我要他说个明白时，已经到了那位五年不见的故友杨君那里。杨君见了我，呆视了不小一会，在他五分钟的眼光中，可以说完全没有重新认识了我。但是我要不来找他时，在除过他家无论什么一个地方，我是不认识他的了。他看我对他笑了之后，而且任君也对他笑了之后，他才敢问我一句："这不是丰……川……吗？"我点头笑了，他才自己怨自己道："我的眼光不中用，我第一眼看见好似你，但是又不敢自信，于是越看我自己越不敢信任自己的两眼了。多年不见，奇遇！我听得许多知道你的现况的故友说，你现在已经阔了。"呵！我惭愧！我惭愧到了绝点。像我这样的人，今生哪有阔的希望？我久已漂泊了的人，哪还希求阔，故友们过于看重我了，我真是惭愧到自己说不来的程度！在这里我们谈到数年别后的情形，其中有欢笑，有眼泪，有死亡了的心灵复活。呵！好一个五年重逢的景况。在这里我们又听到任君谈到孤山的战事、大同的围攻，使我们心惊，使我们胆寒。当任君让我们看他的枪痕时，我的灵魂好似已经出了我的躯壳，由不得倒在那里不出声。后来我听他向我们报告孤山作战的情形，使我的脑幕上当下绘成了一幅两军作战的图影。他的话我一时也没有忘掉，我的脑幕上的画也一时也不曾模糊。他报告我们的话是这样的一段，我应该把它录出来，使脑幕之画，印在纸上，再印在许多许多的读者之脑幕上。

晋军和国民军刚要决裂的时候，把一种恐怖之幕紧紧地罩住了大同的全市民。丰川那时我记得也在大同，你看那火车上屡次因为查车的冲突，不就是表示决裂的预兆吗？只要是国民军路过这里走，没有不受极严格的查问的。晋军出了山西的范围，在京绥路上无论什么地方，受国民军同样的待遇，所以那时市民已经预知不免一战了，同吓得叫苍天。不想到阴历四月初三那天，大同果然公然布告，说要和国民军开仗，让大家小户，同预备三个月的吃食。那一天人民的恐惶，实在是山西十五年来未曾见过的。初四的五更天，便从大同开到孤山一旅人，这当然是非战不成的了。我因为学校停课之后，终日无事，于是便在军营里当了一个上士，照例地每天和我管的十个人作体操、作谈话。不想我们一团人开到阳高。那时阳高的军队已经不少，并且大同因开往孤山的过多，恐怕后路发生变动，便又把我们调回来。去时因为还没有激烈战争，还可以坐火车，回来时，火车是没有的，便不得不步跑。阳高离大同，整整地一百二十里路，并且还是山路居多，那山山岭岭，沟沟渠渠的道路实在难走。但是我两天的工夫也就回来了。头一天回来，只在大同城里住了一宿，第二天便又开到孤山。我母亲知道孤山正在激烈战争中，实在不愿意我去，我也很不愿意离开伊去，一来使伊有莫大的纪念，二来置己身于危险的地带。但是你们想想能吗？所以只得跟了人家去。我们去的那天，正是四月初六，听说已经发生过两次激战，国民军占了一个山头，后来又被晋军打退。初七我们便上了前线。我被分派在一个极小的山沟这面。偷偷地向外望时，一片土气，天地同是迷离的。我的心没有一时曾止住过跳。眼看到下午了，上边下了命令，让严加防守，但不得冲锋。因为这个命令一下，我越发吓得不知道如何是好。这是我第一次在前线上和敌军相望，并且是我第一次见过战场的。果然到五点来钟，国民军下攻击命令了，便听得小枪声，大炮声，响个不住。这面忙着也开炮。那国民军真是勇敢，不顾死生，一直向前跑来，喊声震天。那沙飞土扬的景象，实在令人骇怕。他们赶了一步又一步，眼看到我们战壕来了，于是这面的机关枪、手流弹，一齐放下去。你想我们在山上，而且有战壕，他们从下边往上来，只爬山也够费力了，还有精神打吗？他们自知今天是攻不下去，于是退回几里，但比昨天离我们的战壕已经近多了。我守的那个地方，因为他们没有猛烈来攻，所以我的十个人得以安全。但是那抖索的景况，和喊爹叫妈的声音，听见也实在的伤心。晚间，恐怕他们袭击，所以防备极严。因为我们日间已经作战，便退回来。我听说这个死了，那个伤了，由不得想起那悲惨的状况。实在不能令我忘却的，就是我退走的时候，眼看见一个人躺在那里，直喊救命。我走过来时，他流泪的两眼，仰首看着我，并且给我作揖道："好善的，快把我救起去吧，我的伤不重，不至于死，快救吧！"我听见他的呼声，当下掉下眼泪。但是我正在退走的时候，哪敢费那些工夫呢？所以对他说："你现在就在这里等一会儿，或是红十字会来救护你，或是我们待会儿再来。"他当下拉住我的衣襟，越哭的悲惨说："你老千万救我吧，再待一会儿敌军上来，不是枪打，便是马踏，总是活不了的。你老快救我，我活了是忘不了恩的！"我实在有意把他扶起来，一同退下去，但是从我们侧面来了四十来人，放弹像落雨一般。我们忙着随打随退。等他们不打的时候，我们已经退回来。至于那个人现在是活着是死了，我还是不明白。不过那种极悲惨的景象，我是不能忘的。好容易把初七之夕过去了，第二天便是蒙蒙细雨，从午前下起，一直到晚来还没有止。你们有两件事情应该在此知道：第一件国民军是久经战事的军队，对于打仗是当作平常事的，而且善于越黑越暗的晚间攻击，晋军向来没有打过仗，不说是冲锋时候，只要爬在战壕里向前一望，已经是魂不付〔附〕体了。第二件晋军的枪械实在不充足，守时完全凭那手流弹。但是手流弹的两个大缺点，也被国民军知道了。第一个怕下雨，因为一潮湿，便拉不开火线。第二个怕在三十步以内放弹。因为在三十步以内，便要连自己同伤。有此种种原因，所以国民军那天特别欢喜，秘密地早下了总攻击。但是晋军不知道这些，以为下雨是不至于打仗的，比昨天特别防守不严。到半夜的时候，听得我们后边发出枪声，大家同惊疑起来，侦探回来报告，说是后边的晋军投降国民军了，要攻我们的后路。这当下便发起急来，正要返头攻的时候，那国民军已经冲锋上来。前后同是枪炮之声，该顾哪面？一时失了主意，但国民军已经上到半山，最前是大刀队，次为手枪队，再次为骑兵，最后才是炮队。那国民军的大刀队，向来是很有名的，既能打，又能跑。我们忙着扔手流弹时，十个里边总有三四个不过火，也是没有法子的。但是当我们刚要扔的时候，他们便一齐爬在那里。这手溜弹炸开之下，必定是按四十五度斜射而起，决不能和地平平行，所以他们受不了伤。但是刚刚扔出之后，他们赶着追两步，又伏在那里，如此愈赶愈近，看看到三十步以内了，晋军便不敢再扔，于是返头就跑。人家的手枪砰砰的也开了，大炮也轰轰的放了。这时后面的杀声也起，真像是塌下天来，脑子里一点神经也没有。那大刀队跑的速度过快，不大的工夫，已经赶了上来，只听得查查的刀砍声，呀呀的叫痛声，一时同发。我那时因为下雨的缘故，身上披了一块线毡，手里持着一枝枪。看见快赶到我了，我的灵魂已经不知道跑到哪里，忙着便跑，拼命地跑，连一步也不肯放松地跑。好容易跑出了死坑，又遇见一队人马迎来，我以为是晋军，不想当面一看，才是国民军，我实在奇怪，怎么国民军会跑到后边来呢？当下不知道为什么跌在一块石头旁边。那些人只顾眼向远处望，并没有看见我，也是我的命不该死。等他们过去之后，我无论如何也起不来，那两腿实在痛的要命。用手摸我的腿时，唉！你们知道吗，已经受伤了。觉得湿湿的，我用鼻子一闻，一阵腥气，当下一惊，几乎晕了过去。我也不知道在什么时候中了一弹，当时并不感到半点疼痛，如今却无论如何也起不去了。我当下在那里流泪。想起我的老母，想起我的一切，实在布满了全心灵的恐惶。我只以为那天是告别人世的日子到了，我哪还想到再看见我的母亲，再看见许多认识我的人？唉！这些话暂且不说，我那时实在连半点法子也没有，只是等着人来救我，也可以说只是等着死了。过了好大一会，来了一队人，乱七八糟，就跑，就有喊的，有哭的，有叫妈的，那实在是再悲惨也没有的事了。因为他们离我很远，我不敢喊叫他们，怕是被人家听见赶来要了命。但是我的确知道他们是死里逃生的晋军。又过好一会，这时来了几个救护队，并且是我认识的几个救护队，把我从那里弄回城来。第二天初九，便把城门关闭了。你们一定以为在我们后边的是晋军投降人家了，其实那些晋军早已半死半活地跑回城来。原来有许多国民军从左右翼，冲入我们之间，一开枪后，对后边的晋军说，前边的晋军投降了，对前边的又说后边的投降了，所以弄得自家也莫明其妙。后边的晋军以为前线的军队既然投降，后边当然危险，于是便退回来守城。只可怜那前线上的军队，前进不能，后退不得，活活的死了七八千，并且让人家捕去几个旅长和团长。至于那国民军怎么从左右翼冲入我们队里，实在是令人莫晓，这不能不说是国民军用兵的神速与奇巧。咳！像那样战还算回事，简直用人头换胜利，况且胜利又不是自己的，想来实在不值得。我带的那十个弟兄，现在连一个也没有见，不是死了，便是让人家俘虏去了。思想起他们来，实在可怜我这一次没有死，大概还得活几年。我这辈子无论如何不想坐〔作〕军官了，我怕那枪弹的飞进，我怕那人喊马嘶的呼号。我回来以后，便在这里当个书记，总算是平安的多了。但是我连这个也不想干，还要和他脱离关系。

我们听了任君的一段报告之后，由不得也抖索起来。我们好似亲眼看见那沙飞土扬的景象，我们好似亲耳听见那喊爹叫妈的声音。有一幅战争的图画，当下即在我们的脑幕上，呵！好一个战争！死多少人，费多少钱。想起来真是胡闹。任君报告这段战争时，时而流泪，时而叹息，时而惊恐，时而呆视。他当时的恐怖的心灵，又在他的脑里起第二次的作用。他好似又到了孤山作战，他好似又在腿上受了伤痕。最后他对于这次战争曾发过几句批评，也可以说是极不平的呼喊。我还是一字不改地录在下面。

在这次战争之中，死去的人，实在不少，当时人们同很伤心，我亲耳听见过许多兵士对我悄悄地说："像这样危险的事，来生也不作了，何况是今生！世界上的事情很多，何苦只是作这个。眼看见这个也死了，那个也死了，自己的命也实在保不住。现在是人，过几分钟或者就变成鬼！再也不作这些事了，再也不作这些事了。"但是现在他们听说坚守天镇的团长升任师长了，浑源的营长升任旅长了，于是他们的脑子里又被荣华富贵所充满，只见有升官很快的几个官长，却忘了死在战场上的那几千弟兄。他以为是这几个少数军官中的一个，却想不到还是不免于死的战场上的可怜人。咳！谁也想当官，谁也去当兵，但是一个个同死了，哪有那么多的官坐〔作〕！

我听他说话的态度诚恳，意想深远，于是点头道："中国人都像你这样想，早已平安无事了，何必今年也打，明年也战呢？"杨君也说了几句不平的话。任君便引我们到塞北饭店去吃饭。在那里又谈了一阵伤心话，互相又说了些别后的情形。我看见那一碟碟的菜，像是死在孤山兵士的肉，又好似他们的血和骨。我看见一个个蒸馍，像是那许多死了的兵士的头颅。我再也吃不下去了，再也吃不下去了！任君遂以为我在客气，极力地强迫我。但是我的脑中，眼中，耳中，都是战争的印象，战争的惨状，战争的声音，哪里还有那些吃的东西。呵！真是可怕的战争。我因为他是亲赴战场的一个人，当然是的确的消息，所以便转报读者，以明孤山战争的一面而已。

四　围攻时之大同

我因为在大同读了几年书的缘故，和它感情很深，自从别离之后，我每次回家或到校，总要在大同下车去看看朋友，看看数年寄居的学校，看看城里的一切。只要我从那里走过，没有一次不进城的。今年春间，我在学校里埋头埋脑地读书之时，忽然听说大同被围了，并且每日飞机在空中飞来飞去，不住地往城里扔炸弹。我的心当下不安，我想起住在城里的许多朋友，规模很大的母校，我对于他们一时一时地担起心来。我有两三次在梦见几个同学死在炸弹之下，对我告他们的苦情，醒来之后，虽然自知是梦，然而恐怖的心灵，是没有时候止的。从四月初九围住，一直到我旅行绥远的时候还没有开城，但那时已是五月十七了。不但五月十七，六月十七还没有开，记得是七月初十开的。呵！整整地包围了三个月的大同，我不知道他是变成一个什么模样了。我记得和东阳等旅行绥远之时，在车窗中，月台上，对着它怅惘了足足地两个钟头之久。我的心实在感到分外的难受。这次战事结束之后，交通恢复，我便再也忍不住，便跑出门来。离开故乡第一个到的地方便是大同。我这次一看见大同，和从前大不一样。没有进城之前，先看见操场城里的战壕，同有三尺宽、五尺深，是国民军攻城时掘的。一座规模很宏大外国人开的首善医院，也把楼房给炸弹打坏了不少，那一片一片的惨迹，还可以射入我的眼帘。在操场城的南城墙上，有许多砌成的小道，预备从城下上城时走的。刚刚走出操场城，那景象便更凄凉，更伤惨。因为操场城的南墙，和大同城的北墙之间，只隔离有六七步之远，就在这六七步的地方，便掘着一条极深极宽的战壕。那战壕是晋军掘的，为得使国民军不容易到他们城下。抬头看那城墙时，有无数炮炸的痕迹，大小不等。城楼上的瓦也同打得很少很少的了。稍偏西面，有一个凸出的部分，已经陷下去，上边同用口袋塞住。那倒下去的一部，看来也很不小，可喜是在凸出之部，要不然时，大同或者也就支持不了三月之久。至于那城上的垛口，大半同已打掉，留下的很少。城上的晋军本来对于这些垛子是不大注意的，因为他们在城墙上掘着连通战壕，顺城围住，里边虽然是少数人，但同可以来回掉动。在连通城壕上同盖着铁板，板上又加三尺来厚的虚土。我看了这些，知道大同这次战争，双方同很严备的。进城之后，去找一位同学郝君，可巧他前天回乡去了。我便和他父亲谈话。他先问了我这次到东去的目的而外，便谈到大同被攻时的情形，和他们受的惊惶。在他的谈话之间，不断地带了叹息。可幸他只是损失了五六个骡马，人都安全，这是他自认为侥幸的。因为他说过这样一句话："这个年头儿损失骡马、银钱算什么，只要人不死亡，也就够侥幸了。"我因为对于大同已经有三个月的挂念，并且亲眼看见他的损伤，由不得想起许多不应该想的事来。我要求他详细地报告我这次大同战争的经过和损失。他也表同情，于是对我说了好一会。在他虽然以为很详细，在我却还觉得不足。他当时对我说的话是这样：

自从春天有许多人说是大同将要开仗了，便把些人民吓得不知道如何是好，每天到街上去探听消息、观察状况，但也不见有什么样的变动。到四月初一那天，忽然街上敲起锣来，说是让大家小户，预备三个月的吃食。于是人们同知道真要开仗了，便更吓得不了。初三便看见许多军队开出去。有人说是在孤山打起来。那时天天有乡下的人们，扶老携幼地往城里跑。

早进来的也拉着米面东西。后进来的便顾不到那些，只是有人，没有东西，有亲戚的便投到亲戚家里，有朋友的便投到朋友家里。要是亲戚朋友同没有的，便由官庭〔廷〕想法子，把他们弄到一个地方每天给些吃食。到初五那天，街上有许多人说，晋军已经占领丰镇，这地方的人便放下心。但是村乡里的人还是直往城里跑。问他们前线上的战况怎样，他们同说不知道，只听得大炮声日夜不绝。所以知道占领丰镇的消息不确，更加着怕。差不多每天总到街上去打听消息。到初八忽然街上戒严，八点以后便不准人们行走，这更知道是不吉之音。果然第二天初九早晨便把城门关了。那时车站上已经有了国民军，不过还没有进操场城来。从那天起，人们便不敢在街上行走。到十一的上午，忽然看见三架飞机在空中飞着。因为这地方的人从前没有见过那个东西，便由不得跑出去看看，在飞机上掷下许多东西来，人们有胆大的拾回来，看是些劝善的书，所以不以为是军用飞机，更不以为是扔炸弹的飞机。过一天，那飞机又来了，还是三架，在空中盘来盘去。人们以为又是扔书来的，便跑出去看飞机。不想眼看地飞下几颗炸弹，正正地落在四牌楼那里，把些卖小货的，行路的打死二十来个。也有几个人在那里受伤的，但是侥幸没有死。从那天起，每天总要扔好几次，并且来的时候，天天差不多要在吃午饭的时候。有好几家把房子炸坏，把人炸死的。看看这要不想法子，便得全城同归于尽。于是上边下了命令，让家家户户同掘地窖，窖口覆上虚土，一听见飞机来，便藏进去。这不是一个谁也信得过去的法子吗？所以家家同掘了地窖。果然这次比较平安的多了，虽然炸坏房子，人也不至于受害。但是这也出了两件很稀奇的事。有一个牛家，住在这儿西坡街，家里共有七口人，他把一个地窖正正地掘在当院。那天他正吃饭时候，听得飞机响起来，忙着放下饭碗藏进去，不想一颗炸弹，巧巧地从那口子上进去，把七个人同死在里边，连一个也没有活的。还有一家姓沈的，住在南街，家里也有六七口人，因为院子很小，住的人家很多，院里没有空地，便把地窖掘在南庭子下边，不想连着下来两颗炸弹，把个南庭子打坏了，椽檩砖瓦同掉下来，把一院人同埋在里边。可巧只有一个老妇人，因为耳聋，而且行动太慢，还没有进去，便出了这事，忙着报告衙门。司令放下几个人带了十来个弟兄到〈那〉里去掘他们。出来之后，活了三个，死了五六个。你想这不是命该如此吗？还有人家刘先生刚刚走进地窖，把房子炸坏，但是人一点也不要紧。这年头儿谁也保不定死活。不仅是这飞机每天扔炸弹，炸房子，就是城外的大炮，每天也要往里射的。不过那个他是找高的地方，外边容易望见的地方挂线，还不至打到民宅来。凡是古庙、牌楼等地，没有不落过炮弹的。你知道那西街的上寺，是大同城里很有名而且规模很大的寺院，那上边要中了七个炮弹。有三个打在后墙上，炸开反射回去，又打坏靠近的几家住户。有四个打在房顶上，把瓦打开一个车轮大小的窟窿，下去之后，便炸开了，把那些大佛古器，打得粉碎，简直不成模样。这同是在开仗以后十天以内出的事。想不到五月二十日，这大同四围同是国民军，并且把操场城也失了。那国民军紧紧地就在操场城的南城，晋军在这个城的北城，两家相隔只六七步远近。人民听见这个消息，同说大同守不着了，一定要让国民军打开，并且风传阳高已经陷了，于是人们更着怕起来。有些人们想请求他们息战，让国民军进来，免得受这些痛苦，但是谁也怕危险，谁也不肯□头，于是把这件事情只说了一说。就是那天晚上，从九点以后一直到第二天半前晌，大炮声没有止过。城里的炸弹，不知道放进来多少。等炮声止了之后，出去一打听，说是几乎把城墙陷了，好在只陷了一部分，已经用口袋塞住。说起来实在可怕，我听一个军人说，他们正在那陷下去的地方把守。正在打的时候，忽然城墙倒下去一半，把晋军站在那里的，掉下去十来个，有的被砖压死，有的被国民军打死。那营长眼看见不了，并且有许多国民军要上。他忙着让弟兄们一个垛一个往堵塞那口子，有一个不听，当下枪决，别人同也不敢违抗，于是一个一个地堆在那里，才把那个口子弄住。国民军已经有下了城的，但是因为还有半截城墙没倒，所以也没有再攻，便上去了。听说那最下边的一个兵，还没有压死，真也是命不该死，受了五十元的奖赏。后来把那个地方用土口袋塞住。二十一的下午，人民才传出一个消息，说是那天国民军已经下了总攻击，所以四周的兵特别多。他们掘了道，把城下同掏空，用大瓮装了火药，共放进七个，只以为这七个同炸开，一定可以进去。不想那七个里边，只炸了一个，所以陷下一部分去。果然那天要是同炸了，大同早已被人家占了。这次国民军没有攻下大同去，他们便没有精神再战了。大概又因为南口、多伦两地的战事激烈，这儿也没有添兵，也没有调换。那兵和兵本来没有仇恨，谁肯去舍命地干呢。所以从那天以后，大同虽然还被包围，但是已经不像从前那样着怕了，不过每天一到日落，便要听见炮声枪声。一到日出，这一天的工夫是悄悄地。日子久了，人们也同知道，每到日落，便藏入地窖，一夜不敢出来。到白天的时候，便在外边。有那些胆大的，或是迫于衣食的，还照常到街上去作营生。后来越打同打出笑话来了，简直成了开玩笑，并不是打仗。我也是听一个可靠的人说，因为两家作战已经两月，谁也和谁同惯了，常常谈话。本来那距离很近，只要像我们这样平常说话便可以听见。一到不打的时候，两家便谈起话来。这面问那面的："你们吃了饭啦没有?"那面的问这面的:"你们喝了水啦没有?"尽是说些这样的话。你想还像个打仗的吗?要是近在他们谈话的时候,有官长去查,便互相通知说:"我们的官长来了,快预备。"于是双方同预备,该入战壕的入战壕,该开枪的便开枪,只要打一阵,谁也不伤害,等到官长走了以后,便又互招呼说:"出来吧!谈话来。我们的官长已经走了。"于是这又继续地谈起来。因为大同久被包围,村乡的东西连一点也进不来,那天我忽然看见一个兵抱着一颗西瓜,由不得奇怪起来,怎么不开城,便有了西瓜。我当时疑惑是城里有人种的。不想一问他之后,才知道是国民军从城外给掷进来的。想想拿西瓜当礼物送起来,还有什么心思去打仗?后来他们就那样一天一天地苟且地开玩笑,人民一天一天地不安生。一直到七月十日,才把大同城开了,才知道国民军已经退走。你想这三个月的工夫,大同人民该是怎样地难过,现在城里有一种流行病,同是黄皮瘦面,整天吃不下东西,闹肚子,已经由这种病死去两三个了。本来藏在那地窖里又湿又暗,日子久了,哪有不闹病的?咳!想也想不到我们还能见面,真是死里逃生啊!

我听了他的一大段话后,才知道大同作战的内幕,由不得伤心,又由不得好笑。我以为不至于像那样作战。后来听老友任君也是如此说,并且他还亲自接过西瓜,亲自在城墙上谈过话。除这些事情之外,他还亲自作过一件很奇怪的事,他因为是旅部里的书记,并且和旅长是旧交。有一次旅长差他到国民军那里去讲话。因为这是已经有人作过三四次的事了,所以他也不觉得危险。这面把他放下去,他手里拿了一个小旗子,走到操场城那面,国民军便把他吊上去,用一块红布把他的两眼遮遮。他说要见司令,并且把公文掏出来,不大的工夫,把他身上摸了一摸,便引他到了一个地方。他是久住大同的人,虽然把他的两目遮了,但他总知道是在车站上的站长办公室。他和国民军攻大同的韩复渠〔榘〕谈了一会话。韩司令问了他许多关于晋军司令的话，并且说他和晋军司令张建南是老友，临送他出门时，给他两颗西瓜，对他说："今年因为作战的关系，城里一定没有西瓜，你把这个呈给张司令，就说城外已经有西瓜了。"他把那两颗西瓜抱回来，送了上去。这是一件确实的新闻，是任君亲自办的，是我亲自听他说的，想来不至于错了吧。我得到这些关于大同作战的消息，实在惊奇，由不得叹息道："好一个有趣味有历史的作战！"

《国闻周报》

上海国闻周报社

1926 年 3 卷 45—49 期

（李红权　整理）

西北旅行记

丁绳武　撰

乙丑之秋，于役西北，以勘察黄河河套，于十月二十四日下午首途，由京绥铁路北上，沿途所经南口、青龙桥一带，为此路工程之最以险著者，时已迟暮，不能详其形势。列车缘山而登，其坡度甚陡，机车易挽为推，有时车经夹谷，险峻可惊。青龙桥车站有工程师詹天佑氏之铜像，以纪念其功绩。中夜过宣化、张家口、大同，二十五日天明至平地泉，此间风景颇负盛名，其纬度极北，气候甚寒，绥、包均在其西。下午至绥远停车，城垣在望，亦复宏壮，有汉明妃冢，不及凭吊矣。旋换车西行，夜达包头镇，由京至此约一千五百里，缘山越岭，需时仅一昼夜，凉秋衰草，旅行塞外，微铁路，岂能若是之易易哉。

西北正在开发，包头镇当其要冲，为汉蒙通商之孔道。设治以来，市政尚未尽善，城内南北约三里，东西较长，街道不甚整齐，商业繁盛，建筑物亦有壮美可观者。包头至甘肃、宁夏约一千里有奇，长途汽车通行，经过后套全部，颇便吾人之勘察。惟开发之始，汽车路崎岖不平，途中颠簸甚厉。二十七日早由包头乘汽车出发，沿乌拉山南西行，约二百余里至西山嘴，在乌梁苏海之南入后套。更西北行，经过教堂、塔布、长济、通济各渠。又百余里至五原县，县城内无所设治〔置〕，买卖市场、商店民居，俱在县东五里之隆兴长镇，包西水利总局在焉。该局之职责为管理灌溉，岁修河渠，由该局吴静斋、陈芷笠两君导观义合渠。二十八日由五原循汽车道西南行，又经过沙河、灶火、丰济、刚目等渠，约二百里至临河。该地正在设治，设治局局长萧君仙阁力图开发，修建城垣、马路、县署、监狱等。据云是地本无土著居民，自设治以来，稍稍移殖。临河附近为永济渠，步往勘察。更西为蓝索渠、黄特拉亥河、杨家河等，数十里外即出后套而至甘肃地界。二十九日返五原，三十日返包头。是役也，往返千余里，行经后套大部，费时四日，略识源流，惜时间太促，见闻不能详尽耳。

黄河后套全部，东西约五百里，南北约百五十里，车辙所经，随时图其形势。套北之山为阴山山脉，五原县北之高峰为狼山，山南为五加河，即黄河故道，今黄河南徙百余里。两河之间，有渠甚多，渠口均在黄河，渠梢至五加河，塔布、长济、通济、义和、沙河、丰济、刚目、永济等八大干渠为官渠，教堂、黄渠、灶火、蓝索各渠，黄特拉亥河、杨家河等为私渠，支渠、子渠尚多。全套区为三部：东部教堂渠至通济渠属大余〔余〕太，中部通济渠至丰济渠属五原县，西部丰济渠至杨家河渠属临河设治局，均属绥远特别区域。各渠大率先为私家所凿，最著名之开渠者有王同春氏、杨福来氏，均获资甚富，其后收归公家。逊清之末，伊犁将军贻谷，奉命治边，对渠工亦有建设。庚子拳乱，有赔教地一部分，由教堂经营，凿渠灌地，其权即不我属。渠河年久失修，渠身大半淤垫。干渠之中，永济渠身尚好，支流较多，溉田亦最广，义和、通济、长济次之，沙河、丰济又次之，塔布、刚目，久已窳涸不堪。渠槽不能北接五加河，私渠亦不尽条畅，又以黄河根本未治，渠口年年迁徙，不易修建，渠身无由凭借，灌溉遂不可靠。套中平原广漠，土地数十万顷，可耕者仅数万顷，灌溉无定，收成难期，以故人民惮于移殖，即年年耕种时期，亦复事竣即去，遂致大利所在，坐令废置。今盛倡移民实边、治河垦荒诸大计，春间由山东移民数百户至此，官家督同垦殖，又包西水利局修浚河渠，绥远实业厅放垦田亩，均在进行，惟皆枝枝节节，未著大效耳，所冀升平有望，根本是图。黄河既治，则渠身易修，灌溉可期，斯良田足垦，沙漠一旦为沃壤，民必归之矣。

此行吴、陈二君指导一切，获益良多，又得萧君讲述临河设治以后交涉赔教地及收移主权之经过，足广见闻，此均可感谢者也。十一月一日由包头返，午后在绥远换车，中途遇雪寒甚，峰峦被雪，万里寒光，其风景绝佳。复经青龙桥时，适在午夜梦中，一无所知，今犹耿耿。

二日清晨到京，归为此记。

《河海周报》

南京河海工科大学

1926 年 14 卷 14 期

（朱宪　整理）

西北旅行杂记

保衡　撰

黄河后套之天主国

在广漠辽阔、人烟寥落之西北荒原中，最足使旅客惊异者，即系建筑宏伟之天主教堂。从绥远西部直趋甘肃境之黄河后套区域，土人通称之为天主国，几全在天主教神父之势力下。据临河（在五原之西）设治局萧局长之调查，在临河辖境内（约一千方里），已有教堂十四处，则所谓天主国全部所统辖之教区，其侵占之国土实难以统计。记者旅行西北时曾目睹规模伟大之教堂约八九处，在一片荒漠中遇有林木森蔚之区，则其地必有教堂在，从其繁茂之树林而观察，彼等盖至少有三四十年之历史矣。

后套一带之天主教总教堂在甘肃之三顺公村，其他分布于各处之教堂至少在百所以上。凡有人烟之处，则屋巅之十字架随处可见，不论荒城古戍、穷村僻壤咸有之。每一教区中辄聚居教徒

临河设置局（戴帽立者即萧局长）

数百户，奉神父为领袖。此等神父大半来自比利时及荷兰，彼等均华服华语，对于华文亦有甚通顺者，其来华之时代已甚久远，居处、习惯，实已同化，所以深得土民之心，归附者遂日众。后套一带之土民几全部为天主教之信徒，记者在甘肃途中曾遇见无数幼童，项间咸悬一银质之十字架，询之则均已入堂受洗矣。此等教民对于教义初无明晰之见解，第以可得教堂之保护，使彼等得免于恶官吏及土匪之压迫，于是天主教之潜势力，乃滋生日长，神父辈莫不有无上之威权，数万信徒，唯唯听命，盖隐然有建国之形势矣。

教堂之建造，工料均甚完固，其内部装饰亦金碧辉煌，至为华美。在如此荒僻之地而能得此，其毅力不可不佩。而每一教区更筑墙自卫，俨然城堞，四围则大树参天、沟渠纵横，苦心经营，已非一朝一夕。凡教区占及之土地均受神父之分配，教民可以纳租领耕，教区中又有团丁之设，置备枪械以防土匪之袭击，其势力未可轻视也。教堂亦常受理教民之诉讼，神父之裁判，教民咸无敢或违。凡非教民之牲畜，如无意中侵及教区之田园，啮去一叶则判罚茶砖一块，记者亲见粮台等处教堂内堆积茶砖甚多，盖皆自土民处剥削而来也。中国政府平素本视此等区域为化外，置而不问，所以神父之权势乃愈扩愈大，几至不可收拾。现闻西北军当局对于天主教堂已深加注意，临河萧局长及驻军领袖咸受命调查教区所侵占之国土并监视神父辈逾越职务之行动，此后西北天主教堂之恶势力当可稍戢矣。

吾人对于天主教传教师之脱离文明，深入荒凉之境，其苦心孤诣，诚应深表敬意，惟恐一旦为帝国主义者所利用，则必至成为中国心腹之大患，决不能以其在偏鄙之地而忽之也。

甘肃粮台村之天主教堂

大西北之乐园——五原

　　从包头西行四百八十余里即达五原。在昔汽车道未成时，行旅至少须费时三四日，顷则七小时可到矣。五原为西北腹地之要冲，曩者不过二三十户之小村，现自垦民大集以后，商业突兴，已成为一繁茂之地。城外之隆兴长村，据义和渠两岸，为交通要道，年来逐渐发展，市廛林立，人口大增，不知名之小镇，行将成为可注意之区域矣。

五原城外之隆兴长村

　　五原之地土，肥沃异常，地大物博，足以称之。其特产有甘草、党参、高粱、大小麦、蔬草〔菜〕等，吾人在南方所见之茄子，大不过拳，然五原所产则大逾人头，而甘草、党参之类更遍

五原城

地蕃殖，取之不尽，用之不竭。尚有所谓雉鸡草者，蔓延生长于田野间，其年代久远者，茎高数尺，根巨如之，虽竭数十人之力，亦不能拔。此种草类为此地一带之特产，在平时牛马用为食料，入冬土人即取为燃料，其茎叶坚韧异常，可以编织各种日用品，如门帘、筐篮之类，五原垦民之家属多利用此种特产以经营家庭工业，其成绩亦颇可观。

物价低廉实系使五原成为西北乐园之大原因。此地土民终年可以无生活之忧，一年之中，只须春夏略事耕作，秋收以后即可一家团聚，闭户不问世事，其乐真不可及。今将五原市之物价略举数条于下，闻者定当惊诧咋舌也：

（一）面粉三十斤　市价一元

（二）猪肉九斤半　市价一元

（三）肥田二亩　市价一元

此种低廉之价目，如以之列入上海惠罗公司之一元货廉价部中，则必至哄动全市，传为奇闻。记者在五原时寓第八旅之司令部，有副官长某君谈及此间肴馔之丰美，实胜于包头，每餐有炒腰花、茄子炒肉等，而每月支出之伙食费人不过五元，在百物奇昂之上海市，闻之或将斥为梦呓也。

五原多沟渠，盖所以资灌溉也，故水景清丽，不亚江南，而义和渠上之大桥，车马往来如织，负贩呼喝，不绝于耳，正与南中苏、禾等处无异，旅行至此，颇不思他去矣。

五原之义和渠为后河套八大渠之一

五原山东垦民之家庭

五原义和渠上之大桥

万里长征之大天明氏

一九二五年九月之末，记者正滞留于张家口，时方闲步于福寿街口，忽闻有呼吾名者，急回首视之，则久别未晤之印度革命家大天明氏也。伴大氏行者，系北大旧伴延君，此时客里相逢，出于意外，于是即相偕至华兴馆，馆在街之西端，大氏等一行即寓于此。同居者尚有其同志七人，既一一相见毕，大氏乃郑重告吾曰："此七人者，皆系吾生死不渝之同志，在美国启行时宣誓相从，吾等此行将由此遵陆入甘肃，经青海而达西藏，在西藏留一年，然后再入尼泊尔、阿富汗，而径返吾等魂梦不忘之祖国。吾等此行之使命有二：一、唤醒亚洲各民族作密切之联合，共起打倒帝国主义；二、要求同情于印度之民族实力援助祖国之独立运动。吾等离美时，彼中同志曾以一印度合众国之新国旗相授，吾等八人及其他同志均倾家破产，尽以所有为远征之费用，破釜沉舟，义无返顾，虽前途尽是艰难困苦，然为祖国故，亦甘之也。"

壮哉！吾不能不佩此坚苦卓绝之万里远征队！今且以大氏之身世略述之，盖大氏陆续所告吾者。大天明之原名为 Raja Mahendra Pratap，本系印度王族，其先曾从事于教育事业，手创之学校，今犹存在，后投身于恢复故国之运动，遂尽鬻其产，挟资遍游各国，绕地球凡三次，努力不绝于独立之运动。欧战时，大氏在阿富汗王国，得其国王之助，欲有所活动，然终不能成功，于是赴美，屡在各处作恳切之讲演，感动者甚众，乃有侨美印度人协会之组织，并从事于出版事业，竭力宣传印度之真相。一九二五年春，偕同志七人经日本而来中国，其时适值五卅事件发生，大氏曾一度现身于北京天安门十万民众之前，为抨击帝国主义之演说，吾第一次与之相识，亦即在此演坛上也。

　　大氏不仅系百折不挠之革命家，同时且系宗教之创立者，其所创之教，名 Religion of Love，以亲爱为归宿，当时大氏曾以彼所著之《爱的宗教》一册见贻，惜归途行箧遗失，不能详言其教旨矣。

　　吾与大氏一行相见之后三日，远征队即出发矣，全队凡十人，其二为华人，一系延君，盖受国民党党部之命而同行者，一系北京中央饭店前之车夫刘某，闻大氏等将远游西藏等处，因而立志愿随行者。远征队中尚有一少年名 Shamsher Singh，年只十三龄，当大氏从美国出发时，其父母即以爱子贡献于祖国，使随大氏同行，濒行且语之曰："不完成此伟大之使命，决不再相见！"其牺牲之精神，真可使懦夫闻之而兴起也。远征队之组织，至为完全，举凡日常应用之物，无不具备，更有一详细地图，为之指导，最后且借得来复枪四枝、手枪三枝，佐以充量之子弹，盖沿途多荒凉未辟之区，不能不备此以自卫。

　　大氏行后之一星期，吾亦以他事作绥远、甘肃行，所遵之道，亦与相同，在包头旅舍又与大氏等相逢一度，惟彼等以不及久待，遂先吾而行，及吾抵五原时，大氏离此不过一日夜，通衢犹贴有大天明先生讲演之通告也。此后吾西行至甘肃之磴口，遇石旅长（闻已升师长，现驻包头，被任为包头镇守使），询以印度人之行踪，据云轿车六七辆，经此不过数小时耳，惜吾以要事须勾留三四日，不然或可追踪及之而同伴大西北之壮游也。

　　记者返张后之一月，忽得友人自兰州来信云，"大氏一行已变计，不复西行，不久将有别种更伟大的活动"云云，果然，今年夏间有亚洲民族大会之产生，内幕中之主动者即大氏也。当时各报所载消息云，"阿富汗王国代表布拉他布氏被日本政府拒绝上陆"，所谓布氏者，亦即大天明也。

大天明氏远征队在张家口之摄影

大天明氏远征队行近宁夏时在黄河滨休息

黄河之急流（在甘肃磴口）

蝇之市——包头镇

记者初到包头时，正系中秋时节，深夜间从绥包列车冒雨而下，雇得骡车后即向沉沉深黑之境而行，良久良久始入城，止于一家旅舍前。旅舍在前街，此时灯火黯淡，似入睡已久者，及叩门而入，即觉有异味触鼻，细察之，则满地皆牲畜之排泄物。吾所居者为最优之一室，室之大半系一土炕，临窗有一桌一凳，合之炕上之小几，鼎足而三，一室之陈设乃尽于此。此时南中天气犹可御单夹，在塞外则情状大异，虽和衣而睡，尽盖所携毡毯，犹嫌不暖；但一至晨兴以后，则气候又转和暖矣。吾初醒时，觉颊部奇痒，察之，蝇也；更视之，则嗡嗡者满室皆是；启户入庭院中，则牛溲马渤之间，累累然亦皆是也。更至市上，则食物之肆、瓜果之摊，满坑满谷，无处非蝇也。吾于是不能不称包头为"蝇之市"。

吾今当言包头蝇类蕃殖之原因矣。盖此地为牛、羊、马匹之大市场，街中牲畜塞道，排泄遍地，加以市政之不修，于是产生如许之蝇类，然所以能吸引蝇类驱之不去者，实由于瓜果之甜美。包头所产之西瓜，其味之佳，为吾生平所未尝者，其产期又特长，从初夏以至秋末，不绝于市，有时御羊裘向火，犹可以西瓜消渴也。在吾所寓之旅舍旁，有瓜贩拓地营业，其所掷弃之瓜皮、瓜子引动蝇类至于成千累万，即其人之头面手足，亦伫停迫满，驱之复来，在吾人已将暴躁狂怒，此人则若无其事，叫卖如故，足见其习之而惯矣。

此蝇类麇集之市，实西北繁盛之大城也。自包绥铁道通车后，包头更成西北各城市货物之总汇，车站附近堆积待运之土产遍地皆是，加以地滨黄河，水道之转运亦便，于是日兴月盛而成为重要之商业中心矣。

包头镇

包头前街为全城最繁盛处

包头城外之牧场

在此等偏僻之城市，文化之衰落，实无可讳言，十万人之户口，学童约有七百人，在西北腹地，已属不易。此地之最高学府为绥远区立之第二中学，据最近之统计，全城有公立学校八所，回教立者一所，此外尚有义务学校三所。包头设治局对于平民教育亦颇注意，在义务学校而外，并设有露天讲演队，常在通衢间鸣钟集众，讲演普通之常识，又于繁盛之市区中，辟地为公立茶园，随时请人讲演，听者常满座也。

包头市民之娱乐场所，惟戏园与妓院而已。戏园有三家，一系公立，名葵花舞台。此三家皆男女合演者，所演都系梆子及京剧，剧场虽简陋不堪，聊避风雨，然卖座之盛，实至可惊。记者一夕偕教育局模范学校校长张君特往观光，至则全园无隙地，幸军警座以二位相让，始得稍坐。妓院咸居平康里，闻系公家指定之区域，生涯亦至佳，此外寄居于各旅舍之私娼，数亦不少，记者所寓之旅舍，其后院即有六家之多。在此荒漠之大西北，几无处不有倡〔娼〕伶之足迹及浪漫之故事，枯燥无聊之旅行生活似可略得寂寞之安慰。

据闻西北当局去年颇有建设包头模范市区之计划，其地点即在包头车站旁之黄河滨，占地约有数十里，种种计划书已多由专家拟就，凡市政之设备，无不完全，此新区域之围墙亦已筑成，迨后战云突起，一切建设之进行均告停顿，此市区恐亦难以实现矣。

《东方杂志》（月刊）

上海商务印书馆东方杂志社

1927 年 24 卷 3 号

（丁冉　整理）

包头谒冯记

金季鹤　撰

　　当冯总司令整军经武于包头镇时，海内贤俊，大率想望颜色，心仪蘥墙。前太湖督办王清穆氏，滞迹京华，正遇鲁、豫干戈纠结，燕云塞道，莫整南辕，遂以王瑚之介函，西道谒冯于包头，翛然投刺，竟遭挡驾，盖斯时奉焰嚣张，挥长策而西顾，说客相望于道，无聊政客，簸舌干禄利，更有亡命荆、聂，受黄金，怀白刃，耽耽〔眈眈〕求试于旁，故冯卒毅然闭门不纳。王诇悉其旨，就逆旅草长简先容，备述仰慕丰标，别不稍存希异，且衰朽余生，更非不逞之客。简入，诘朝而宾阶翔步，把臂言欢，诚不减一识韩荆州矣。包头地僻西陲，荦确荒瘠，阛镇无华厦，即司令部之设，亦茅茨土阶，远不逮京沪之马厩，陈设简陋，器皿皆白木粗瓷，亦逊中人之家，惟于骨董宝货绝夥。日亭午，二弁捧盘飧相飨，冯肃客入座，肴核四簋，荤〔荤〕素各半，牛脯已称精馔，而烹治寡味，无酒无饭，仅各具馍馍四枚，置瓷盆中。王氏处此，亦竭蹶至难下咽，而冯叠劝加餐，泰然自若，王惟以年老减食对。盖包头本朴俭，而冯且以朴俭示天下，斯馔已非上宾不治矣。王氏归后语人，犹拈髯蹙眉不止也。

《联谊之友》（旬刊）

上海联谊之友社

1928 年 77 期

（李红菊　整理）

塞上琐记

彭修道　撰

一　首次出塞

一九二六年的三月里，我们乘着全国空气正在沸腾之际，得暇能和多位以游历为生命的朋友们出彼塞上，瞻望那历史上大负盛名、在中国可称为"特别区"的塞上了。去时的奇特的心理，回时的艰阻的道途；数月之内，被困在那里，获得些极丰富的恐怖，和极滑稽的委屈；到现在就只剩下极甜蜜的回忆，那刻镂在脑板上永远刮剥不下的悠美的回忆！

去年又被波浪打到北京，翻来滚去只感到枯寂。《语丝》跑了，《现代评论》跑了，这个停了，那个禁了；几种泊来的或运来的月刊、周刊之类，常常"一曝十寒"，不按着日子到来；朋友们有的受罪去了，有的享福去了；总而言之，能够看看、能够谈谈的则如若晨星，飘去浮来，驰骋九城，就只有寂寞，一个人踟蹰于沙漠般的寂寞！于是就强要热闹，那末，看戏，看戏！

迷迷糊糊的前门道上来了，"哪个园子呢？"还是上爱而所极赞成的"广和楼"吧。刚进门就是锣鼓喧天，赶紧塞上耳朵，让两眼去单独负责。红脸、黑脸混战了之后，看戏单下出印的是"昭君出塞"。家伙却幽雅得多，不像以前的"喧天"了，连忙又把棉花掏出来，请两只耳朵享福。

　　毛延寿出来了，那脸儿就象征着一个毛延寿之类人的模样。这是我们特别国情的特别心裁，也就是忠奸有别的深意。要真较量起来，那毛延寿只怕也是个很漂亮的人儿吧？证据就是他是位会画像的"艺术家"。其次是"昭君娘娘"出来了，前护后拥。再次是离别祖国，上马出塞；哭，唱，掸〔弹〕琵琶。我一面看，一面听，又一面在想：一个弱女子竟迫伊离开父母之邦去同番人过活，又碰到些举止异样、言语不同〈的〉番邦官吏，蠢笨之相可掬，又哪能体贴温存这位似玉如花的美人呢？

　　接着那孤零零的"昭君坟"摆在目前，几通高矮不齐的石碑陪伴伊，连一棵树苗也不曾有。寒风呼呼的刺得两耳清疼，但一霎时又换了舞台上的这位昭君在那里哭啼了，电影似的在眼前幻变，一丝一缕的哀愁袭击着这苦寂的心，逼压着让把塞上数月的游历经过重演一番。

　　于是我决心要将我随时所作之塞外游记整理一下。在北京也曾把些杂乱无章的感慨发表一些，大半是咏这呀，咏那呀之类，毫无系统之可说。

　　今年又被波浪打到天津来了。客居无聊，又是感到苦寂，忽而技痒起来，便弄点儿叫人看了不舒服的玩艺儿。近来又觉到害怕，少玩，简直不玩了。终而又想起我的藏在箱子里的旧稿，翻出来改削一下，供诸读者之前，以备那不曾到过绥远的先生们也明白明白那地方情形的"一斑"。

二　京绥道上

　　西直门登车，费尽了平生之力，挤进了二等客座里。这里所谓"二等"，是指京绥铁路本家而言。这里的二等，大抵京汉、京奉的三等车比它还强，反正京绥比其它铁路总是底〔低〕一级的。然而青龙桥的头号机关车却大得出众。本来京绥路交通无阻的时节，一天一夜的时间准要到的，然而我们却费了五天之久。不是机关车被兵夺去，就是前面兵车拥挤，我们这无枪阶级的老百姓们，只有等着、等着。好容易车到南口了，一打听前面简直不能通车，失望之中下车了，大家跑到旷野之外，去远眺南口的高山。脚下走的石子儿的地，挖遍了壕堑，蜿蜒盘曲，有如蜘蛛之网。我心中蓦地闪到未来的悲哀，"可怜无定河边骨，犹是春闺梦里人"！那时候就轰传国民军退守南口，这壕堑是早先预备好的。我们也颇悔此次来游之孟浪而且多余了。

将晚，奉到珍奇的佳音，说车将开行了。短短的一列车被两个大的机关车一拽一推的蠕蠕而动了。太阳的金光躲在屏风后面微笑，伊为我在挥着伊的手帕，而且还摇动身躯——目送着。

将进居庸关之先，车行得非常之慢；快近黄昏之候，我们尽力的放大眼光，只见远山葱茏，夹杂着点点的桃花。这真是"远山桃花点点红"了。穿过那几们山洞，令人出不了气；（刚一出洞）大家都是长呼一口又长吸一口新鲜空气，由蒸笼里揭出的馒首似的。

三月卅一日晨，车到张家口，晚上又开车西行。半明半晦的月光娘娘代替了太阳"缪斯"来执撑〔掌〕大空。甫出张家口所走的一节道路，多半一边是峭壁似的高山，一边是绅带般的河流。忽暗忽明的月光洒在水里，破碎的银子似的，撵着我向前一块儿跑。车走慢时，河流的刷刷之声与火车的轧轧之声相和。我站在车门之外，昂首看看险恶的峭壁，我害怕他；俯首看看温和的河流，以及随流追着我们的月光，那柔顺而妩媚的月光！我怜伊，爱伊，不忍离伊！知趣的春风吹得我的鬓发飘扬，心旷神怡，神经爽然。这时的我呀，爱怜世上的一切，同时又忘掉世上的一切！

　　翌日——四月一日——经过"平地泉"，平地泉的冷酷；经过"卓资山"，卓资山的"烧鸡"。下午三点钟吧，安抵绥远车站了。五日来旅行的困惫，我毫不觉得，我倒要急速观察一下这多日所期望的目的地。

　　我素来就有一种小孩子们的偏见：以为一个生地方，就与一切的熟地方不同，至少也要有几样不同之点的。然而绥远的车站，就并不与他处异样；我可怜的，只是偌大一条京绥线的车站只是张家口和西直门有"天桥"，绥远竟会也没有。我并不以为奇特，只是叹气罢了！

　　车站的迎面，是绥远有名的"大青山"。我们大家远望，青的山尖，红的山腰，白的山脚；经太阳一照，分外清楚可鉴。这个说约有二十里，那个说准有三十里；一问土人，说一百里。我就有点儿不相信！

　　杂乱一阵，我们撇下了运我们来的火车进"新城"了；一路上东张西望，眼看个饱。夜间做了好些仍在关内时的美梦。

三　新城与旧城

　　第二天一觉醒来，日已登高竿了。打眼一看，衣服、被窝俱已变为灰黄之色，用手拍掉，尘土飞扬，才晤出睡觉时大开窗户之不适应用于绥远了。下午都说洗澡去，趁着大风正紧，向旧城尽〔进〕发。大风中屡掺些马粪、驴粪、人粪、黑土、黄土拌成股儿塞满了眼耳口鼻，拿手帕也堵不胜堵，令人讨厌得很！绥远的风，风中的资料，正可以与北京相颉颃，相伯仲了。出了新城的西门，一条马路即可到旧城了。马路两旁的杨柳，点缀得非常新鲜。寻觅挑〔桃〕花，并不多见；偶尔见到，尚在含苞未放。春神的降临绥远，比较迟迟在后了。

　　绥远共有两座城——新城与旧城。新城比较建筑得整齐些。都统署在鼓楼西壁，审判处在南门大街，距鼓楼不远。论起生意，只是靠近鼓楼有几家洋货铺、杂货铺、点心铺、小饭馆子而已。另外还有一个邮政局，房子盖的体面些，近于洋式了。

　　公园邻近东城墙根，并不大，修整布置也颇为美观。五条腿的牛、三只角的羊，在这里是创见。每于太阳将要下山时，我们都跑去了。游人稀少，即有也不过是几些"混官面"的人物，更说不到并肩携手的"情人"了。数月之中，它——公园——给我们以莫大的慰藉和快感，尤其是我自己，几乎每天都要去走一趟——不花钱的。

　　旧城——我们平日所说的"归化城"即指它而言——较新城倒繁华的多了。财政厅、教育厅、警察厅、县衙门、道尹公署，都存旧城；什么澡堂、旅馆、饭店、照像馆、布庄、鞋庄、书局、报馆都在里边。另外还有好些寺庙，建筑宏丽，不下于北京的雍和宫，尤以"大召""小召"等为首魁。听说小召里还珍藏着康熙皇帝的一副盔甲，可惜因为没有碰到机会，终究未获一见！所谓"大召""小召"，即指"大庙、小庙"而言。"召"者，庙也，据说这是一句蒙古话。

　　说起书局来，世界书局、中华书局大些。商务印书馆是一家"明善堂"书局代办。报馆属《实业日报》大些———一大张。虽曰"日报"，其实是隔三天停五天的，消息不灵，甚至不通，而且印刷也欠美观，平日不常看它。

　　每天尚能够得到一点儿国内国外的新闻的，全仗着新城有一个阅报所。京津报纸，俱甚全备，然而已是相隔五天或七天的"旧闻"了，至后不常来——简直不来了；就是被扣，我信。这一来可就不得不亲近亲近《实业日报》了。但是它渐渐由报纸而"粉连纸"了，渐渐也就"不来了"，说是火车不通、纸张缺乏，我也信。结果，那只有看书，谈天，漫游，打听消息。后来运气到了，每天能见到些好消息，那就是"战报"之赐。一有聊胜无吧。每天必到新城的南门脸儿看粘在墙上的"战报"，可是并非天天改变，十次有八次是以前见过面的。然而我还是天天去，天天去看"战报"！

不过，极以为憾事的，是北京的飞机掷炸弹，身到绥远，未得躬逢观光；甚而至于看的报纸，其后被扣，也不详下文。还是去年，回京了，赶忙跑上松坡图书馆，翻阅《晨报》，里面叙说以后国民军以飞机敌之，翱翔天空，彼此大战，五花八门，眼光缭乱云。此是后话，暂且不表。

六　村中的会餐

忽地听见吆喝吃饭去的声音，掏表一看已经针指一点，太阳暖光之下我们跑到那个不知名的村子里。四辆大车卸在一家栅栏大门之前，车夫领带一位壮年男子出来接我们到上房，让在炕上坐下。炕上铺着白色的毡，中间停放一张小长方桌子。十六个人占满了两间房子，摊开点心解饥。精明之 T 忘不了四位车夫，大家决定请他们来一块儿用点心热闹些，然而他们是十分的"妄自菲薄"的，无论如何拉扯，也不肯前来，只得分几包点心、瓜子让他们在一伙儿。

我们十几个人，有的谈天说地，有的东张西望。那壮男子推门进来，捧了一壶茶，我们知道这是"砖茶"泡的。H 说，可惜忘记买茶叶来了！我说："清一色的本地食品饮料倒有趣。""砖茶"是本地的土产，用不知什末叶子造的，四方成块，泡出茶来，颜色褐红，无有茶味。那男子与每人奉茶一碗，在一旁站着，请他坐下一堆儿的吃谈，他又支唔着走开。我们又是发愣，不懂他的支唔。

烂缦的 T，于人声嘈杂之中，跨进门来，并不到他的原位，跑到我的身旁拉我衣襟。我会意了，随他出去。含着惊奇目光的 C 身后撵来。T 把我拉进厨房说："你看他们是这样的轧面!"我一眼瞥到一位年约十七八岁的女子身上。伊以全身之力捺着面杖，面杖彼端是一个木臼，茶碗般大小，臼底是穿着许多的小孔子，将面填在臼内，再用木塞下捺，面从孔出，就成一条一条的"油麦面"了。

我中心歉甚，因为了我们，致授伊以这件劳苦的工作。我俩进门时——C 已赶到——伊现出我们照在墙上的暗影，伊本来朝里的头，扭过来了，两个黑瞳发出的光，射在我们身上；随后仍是低下头去工作。T 掣我的一下，表示他也对伊十分爱怜。T 叫我来大抵就是为伊的吧？伊的背后一个中年妇人在切菜，靠墙的炉灶下坐一位老太婆在烧火。

回那屋告诉他们，他们也赓续进厨房去看伊轧面。

又说笑了一刻，炒的鸡蛋这才端上。又是 H 尝先，他咳了一声说道："怎末不是味道呢?"我夹筷尝尝，果然。那位男子说道："这是大麻子油炒的。香油太贵，用不起，况且又没有。"

面上来之后，都抢着吃，吃绥远的油麦面作纪念。饭罢拼命吃水果，嗑瓜子，喝砖茶。约下午三句钟，套车回城了，大家点首与昭君坟作别。T 说："这一别不知何时才能相会呢?"我无言答他，心中万分惆怅，听着大车运回新城了。

七 捉放曹

旧城有所剧场，新式建筑，极为整洁，取名"民乐社"。听说是京津名角在里面演唱，然而我们感不到趣味，从未去过一次。

正是七月间的时候吧，土人有个什么会，照例演戏庆祝。这戏就搭在新城东北约八九里一个村子里，已经演唱两天，只剩一天了。我们认为这是难逢之机，遂同R，还有B，三人出了北门向东北走，恰遇濛松小雨纷纷落下，但都鼓着勇气。

顷刻之间已到。原来是一座庙，庙前建着一座戏楼——并不如直、鲁、南省的高大。台上已有几个红帽绿衣的人在憧憧往来。我们并不注意，只注视这来来往往的我的同胞，红男绿女，绿女红男，挤挤抗抗，抗抗挤挤，都向往舞台前集中。牛驾的车，骡驾的车，一般的上面棚着苇席；鱼鳞似的围住舞台多半圆圈。旷野荒村，有这种种花样来点缀，看去，另是一番情趣，煞有意味！

天气虽则下雨，但热燥得很，口渴嗓干，买了三个西瓜，躲在庙里廊下吃了〈个〉痛快。然还不解渴，又到卖"雪花落"的挑子前，吃了一杯又是一杯，惹的好些小同胞都围拢上来欣赏，含着奇怪的眼光，看得我们也不好意思起来。这雪花落上〔土〕人叫"冰激凌"，其实，在绥垣那末些天也未碰到过冰激凌的星儿。

吃罢喝完，才撞上去看戏。为我们注意的头一出，三个人都不知名儿，单是叙一个忠臣，奉旨挂帅，征讨一个反贼——反者必贼，这是我们中国的逻辑！——命黑脸的先锋头路抵敌，结局败了，元帅大怒，棍责四十；那先锋怀恨在心，看定元帅亲自出马之机，放火烧了营寨，把元帅的胡子都焦燎了。演止此处，也是不见下文。

次出一同出来两个人——一个白脸，一个本来面孔——我私自忖度是《捉放曹》，果然不错，又来了吕伯奢。我抱定了的"凡未见过的事物必与常〔尝〕见过的事物不一样"主义，至此打破了。即如那曹操的白脸儿也一样的令人可恨，亦复可怕，而又可爱了！——那多痛快淋漓！"宁教我负天下人，不教天下人负我！"多直爽、干脆！不似如今的口蜜腹剑、人面兽心的可比；但有一种，那终是"古人之心"哩！

以后吕伯奢的被杀，陈宫的痛哭，曹操的冷笑，都过去了，也就煞戏。观剧的人们，绞成绳似的分好几股儿各奔前程。我们也回去了。半道上踅到一个瓜园里，于瓜棚底下吃了几个香瓜，又兜了一包给他们捎回去。

八　大青山　焦赞墓　蜈蚣坝

康健的时光老人踏着日月双轮毫不停息的直是跑，人间的一切也都距离各自的毁灭一日近似一日了！

自从四月初到绥远，那时不过严冬甫去、暖春才来。蓦然间炎夏降临了，上午十二、一、二几个钟头奇热，晨间或夜间，又觉到寒凉，非着外衣不可。

本来盼车通的话是毫无希望，索性就缓几天再游历其余的名胜吧。所以短期的逛逛旧城大小各"召"之余，就着手调查的功夫，分头作工。

七月十八日——即阴历六月初九——是我和 N 预先所定要游大青山的日子。早六点半出发，目的地是绵延数百里的大青山。在我们也并未存心要游遍大青山，只是云游僧人似的走到哪里算哪里罢了。每人带着外套、一把雨伞、一个茶碗，是很简单的了。

到鼓楼的北边买了各十五个"三角火烧"及油馃子，带到车站配喝豆腐浆，当作早晨的点心。这才慢慢的登彼无目的底道上。

走不远，一位背米的老汉由对面走来，问他到"坝口"的路由哪儿走，他指手画脚的说明白。原来我们忽然想起初到绥远时满街所贴的"招募工人修理'蜈蚣坝'"的告示来了。"坝口"者，蜈蚣坝之口也，是上蜈蚣坝的必由之道。

到了坝口——原来是个小镇点，参差不齐的众街房，中心夹着一条小溪。这在我倒是生平所仅见——大街上会有溪流。在街的尽头一个茶棚内歇下，喝他一壶"砖茶"，又烦他的她代买一根柱杖，准备上山用。

抖起精神往山里跑，仰望那红颜色的山尖，近睹那白颜色的山腰——绥远的山，多半这样，自己的身子就像飘飘然！

鞋底擦着漠漠的沙滩，簌簌地响，一不堤〔提〕防就被圆滑的石子儿绊得一趔趄，因此就时时低头谨防范石子儿绊倒，蓦抬头使我不禁大声喊道："啊！那不是焦赞墓么？"

我何以晓得呢？是看惯了像片之故。况且S又照着像片，意描了一幅极大的水彩画挂在墙上。N经我的一喊，也疾忙顺着我指的方向望去。无意之间发现了多日所期望的古迹，是多末喜悦的呀！慌慌张张的走近，停步于距墓不够半里的田塍之间的三棵杏树底下，撷吃了行将快熟的杏儿，又捧了一捧吃着走到墓前，看那残毁的遗迹，联想到从先定建筑过巨大的房屋，惜无人保存，只剩下那砖砌的半圆的顶了——与轿车之顶棚相像，也没有碑记，光有些破砖碎瓦。由小圆门进去，细细观瞧。

我终究是中国人，中国人的下等习惯——在一个名胜地方的任何处所，必要题上诗、写上字的习惯——还未曾脱掉，我抽出自来水笔，在小圆门的四面只写上我和N的名字。

焦赞是《杨家将》里的一个英雄，幼时看小说，这名字印在脑里很深。凡看过《洪羊洞》这出戏的，没有不替焦赞可怜的吧？然而如今我站在他的墓顶上了，我的脑袋沸腾了！我不知道因为什么？

这墓的四面是山，远远近近，峰头层叠。这时的日光刚刚稍斜，射在各个山峰上，一明一暗，伸展着的折扇似的。四外并无村庄，更不见人影儿，孤零零的只我二人，神往魄去，不知所以了！

临去时我拣一块绿白相间的小石，N 捉了个花蝴蝶留纪念。

行抵"坝底"——"蜈蚣坝"之底，钻一家饭铺里"打尖"，准备要越过这险阻的蜈蚣坝。一位保定府的烟鬼子给我们作了带四个合〔荷〕包鸡蛋的挂面。适有"苏联驻华贸易处"的五辆大车亦停在这里。

蜈蚣坝，从先原是深涧峻峰，绝对不能通行的，除非长翅可以飞过。到有清乾隆爷年间，始创辟了一条小道，旅行人等才能爬山越岭的过去。虽能经过，也不免要叫苦连天。直到民国十五年募工重修，挖山掘石，受尽艰险，终算较之以先略平，亦略宽了。上上下下，弯弯曲曲，定名"蜈蚣坝"，不为无因，与"难于上青天"的蜀道正好互相掩映了。

上下十里的蜈蚣坝，好容易爬到最高之点了，浑身痛汗，衣服遍湿。恰巧后面来一大列载货的笨重骡车，台阶似的挨着上来了。忽然一辆车走不动了，车夫张开喉咙骂、喊，用尽气力打、推，终了儿力竭声嘶，也不曾挪动一点儿。我们帮他们的忙，后边四人推，我在前面用拄杖打，幸而走动，拄杖也劈了。大车走后，我们站在这巍峨的坝顶上，飘然怡然，如登仙界！寻找这些群山之中的一个高峰，攀登上去；下望那缥缈的莽原，被灰白之气蒙盖着，疑是将雨时的云彩！

九　山庙里的小和尚

蜈蚣坝的尽头处，山腰间有一座庙。我们既下峰头，太阳正大偏西；处在这前既无村后又无店的山里，是不可能的事——虽然是在夏天。看见既已有座庙，就打算进内将就一宵，拐弯抹角到达庙前，两旁柱子上挂一副用木刻的对联，上写道：

仁兄玄德，贤弟翼德，义让孟德，活捉庞德；

生在蒲州，出任冀州，镇守荆州，代管九州。

这是关夫子的事迹，自然是关帝庙了；大胆进去，碰见一个聋子老头儿——大概是庙里的听差之类的了，说话不投机，乃扬长径入。由屋内走出两位小和尚，十五六岁年纪，我们上前说道："师兄！我们是从城里来的过路客人，找不下旅店，打算在贵庙暂住一宵，不知可不？"他们犹豫的神情、特殊的目光，也不知是不懂言语呢，还是不敢当家？

我们的心立刻凉了一半。此时又走出一位老和尚来，我们仍是那几句话，不过把"师兄"改成"师父"罢了，而且又作一个揖。

他满口应允我们的请求，让我们到老方丈的卧室里，一面走一面说道："暂住两夜，又有何妨？只是房间也实在太少，加以又有病人，要住两天逛逛，就腾出来请先生们住吧；本庙主持进城去了，就是他的卧房好啦。"我们才恍然他并不是这庙里的老和尚。

那是连着三间的西厢房：南间是几位小和尚的卧房，中间供着一位大仙爷，北间是老和尚的卧房，就是我们住的这个屋子了。虽不宽敞，却也雅洁。一张半圆黑漆桌面靠近窗户，左厢放了一张红漆桌子，上面摆些坐钟、茶筒、像片、花瓶之类。黑漆圆半桌的对面，是炕；炕的后墙上挂一幅横批，上钞着"古之所谓豪杰之士者……"的《留侯论》，写的倒也不俗。

洗脸拭手，喝茶之间，老和尚进来相陪。看他年约五十余岁，苍白的头发已经发秃了，几多皱纹的脸，表现出他几经磨折。谈起说本庙主持进城看大徒弟去了，他是山西五台山的僧人，云游至此，已经好些年数了。他走后，我和衣躺在炕上，解除两天以来的困乏。

及我醒来，不见 N；一问，说出去了。我知道他是个"游历狂"，定是游览胜境去了。那两位小和尚见我睡醒，便疾忙跑来，问答间知道他是个蒙古人；比他小一些的那位小和尚，脸色焦黄、面庞消瘦，病恹恹的，无大精神，"病人"定是指他的了。我掏出日记本，请大的把他俩的名字写下，作后日的纪念；大的名叫"真禅"，小的名叫"真礼"，字体写得很端正。我不禁私心在为他们抱不平，生在这里，长在这里，长此以往不是一辈子不得发迹末？假如能够上学，多得经验，焉见得不能平治天下呢？可惜！可惜！

我们正谈得起劲时，突然间 N 回来了，告诉外面风物怎样的好，我不禁跳起来，戴上帽子向外跑。

庙在蜈蚣坝的上边，下了庙就登上了坝，往下是陡斜的坡，直往下看横躺一条大河。坝的右边竖立着铁壁似的一望无顶的岩石高山；左边没有右边的高，而且是斜坡，也无石头；纯粹是氆毡似的绿草、丛林；中间突起些笔直的白杨大树——绥远罕见的白杨大树，密叶哗哗作响，有肃杀之声！处此景地，睹此情状，极为悲惨！

踽踽的走下去，只见远远的右边，山腰儿〔的〕有一石洞，石砌的台阶好几十层，我鼓着勇气上去，洞门前撂着一个马鞭子，正要入进去，不防里面有个人出来的太猛，不禁吃了一惊！他横我两眼下去了。重新进去，黑黝黝的伸手不辨五指，数尺□之前面，有三个红点儿，嗅着一股香气，才晓得这原来是个庙。不知怎的，竟连打几个寒噤，毛骨悚然！

再前面——蜈蚣坝的尽头处，山半身一块大青石板上面刻着吉鸿昌所写的"化险为夷"四个斗大的红字，纪念重修蜈蚣坝成功的，越数武就被横着这条大河截断了。湛清的碧水，冲激着山羊般的白色石头，汩汩的响。我脱去外衣，掬两捧清水，洗两只眼睛；又洗毕了手足，精神振发，胸怀开洒；仰头看三角形的蔚蓝的天，因为被四外的山遮避〔蔽〕住了，只露出三角。这时的太阳刚刚抹在背面的山尖身后，他的余光却洒在对面的山顶上；金光辉煌，酷肖金顶子的伞盖。

啊，这简直是神仙世界！清秀明媚，大好山河，此种艳福，惟我独享！我真变成天之骄子了！虽然我也曾激尝〔赏〕过万寿山、碧云寺、卧龙岗……但从无这次之冲动我的心灵之厉害与深刻！

我呆呆的河边站着，痴思凝想，好像怀抱着我的爱人，手握着我的朋友；见到世上我所爱之一切的人，彷彿山也在为我含笑，水也在为我歌唱，杨树为我奏乐，太阳为我鼓掌了！我恋恋不舍，左顾右盼，赤着足跳在这只"棉羊"身上，又蹦到那只棉羊身上。

沿河向东行，河岸的山上铺遍了红花绿草，冒险攀上去采了许多希奇的花儿。偶然背面来了个牵牛童子，他攒一大把各种花样，我向他寻两样，他很慷慨的任我拣了三种，连我自己所掏的共是一大束了。这时天色已晚，我满怀着慰快和希望回到禅院，将这一束花儿送给"真礼"，满满的插了两花瓶子。

晚饭他们款待我俩一顿素餐，每人三碗面条、一碟咸菜、一小碗醋，虎咽狼吞，嚼个大饱。

饭后"真禅"从袋里掏出一个名叫"格灵"的松鼠，粗的尾巴，斑驳的身子，非常伶俐。递我拿在手里，由袖筒内钻到浑身，装在袋里，便俯伏不动了。

又谈了一会子，我自己和衣睡下。

十　牧马悲鸣

第二天晨起，本应仍然向前走的了，但我们贪恋这儿的景致，实在不愿，也不忍离开这儿，商量的结果，又多勾留一天。

吃完早饭，戴上帽子，撇下外套，出庙越过那条大河，直奔那面石头极少的山上。乳头般的山尖，密铺细草，竟觅不出一隙见土的地。草上生长些不知名的大朵红花；花瓣组织奇巧，色彩分外鲜丽；绿黄色的蕊儿，配衬恰宜。我曾念过三本植物学，采集各样花草做标本的也不为不多，然而今天遇到这种花儿的模样、颜色，则不独从来未曾见过，而且也不曾听说过，更不晓得它是属于哪一科了。

这座山峰，也算是煞为奇妙，既有氄氄的嫩草，铺张得十分匀净，又有这仅一无二的花儿独霸了全峰。N忽然对我说："大自然赐与我们这张极优美的绒毯，黄绿色的毯底，绣着脂红的花儿；我真舍不得走了！我吞大自然！大自然吞我！"我几乎说不出话来。我掬了一大束这样的花儿插满了帽子和制服；白色的制服，绣上绿叶红色的花儿，我自忖比"波罗门"的荣华，还有以过之！N拔出刀子掘了好几棵，预备做标本。

迨登峰造极之后，低头瞰瞩山下的庙，庙下的河流，河中的棉羊，比昨天另是一番"幻景"——我几疑为这是"幻景"！N抽出所带的稿纸，坐下用大腿垫着画这山河风景的轮廓；他要描几张画稿，赠送未曾来过的朋友们。

我伫立一旁，看看太阳，看看云彩，看看山下的莽原，看看N的画稿。骤然间，东北角的那个山峰上跑出一群黑的白的模糊不清，只是蠕蠕而动的东西来。我极为注视，看他们终究的变化，果愈走愈近，而看出是一群马了。静静听去，那牧者的吆喝声，也极悠微的传到耳鼓；间或又听到粗大的马嘶声，极为悱恻的马嘶声！使我不期然而然吟哦着"塞外草衰，牧马悲鸣"的李陵将军的句子。啊！这是多末生动而悯伤的一幅图画啊！我可怜李陵，我可怜昭君，我可怜文姬，我可怜自己，我可怜一切在塞外居住的人们！

N已经画两张画稿了，喊叫我下去；我一步一挪的走下去，心中感到老大的不安！走不远，在一片土坑之中发见了一个白皑皑的头颅！圆的眼骨，紧对的牙齿，极安稳的在坑中搁着。

"呀！你瞧！"N 很诧异的对我这样说。我怔了半天，无故又增了忐忑，迅速跑过，不忍回首。然而我的浮腾的思想，总是排遣不开。

下山在另一家吃饭，仍是油麦面和炒鸡子儿；饭后留钱，主人坚决不要，结局扔在炕上，我们跑了。

在河里洗浴了一时，还要上山，立志走遍了这些峰头，太阳正是甫过午时。

十一　六月间的麦苗

爬上对过的山峰，就俨然异样了，铁石岩岩，只会令人愤恨、憎恶，我俩不爱它。又跑到左边一个有一片绿色的峰上，近前一看，那绿色并不是草，乃是其高只能没股的麦苗；这使我迷惑时令了，为什末现在还有麦苗呢？在直、鲁、豫诸省，四月间都已吃新面了，这里已然是六月麦苗，还是青色！我揣想这定是种第二遍了。

N 见我疑头疑脑，对我说道："你忘了么？咱在北京早已过了植树节，迨到这儿，不是改在四月十五了末？咱们一年过了两个植树节。这儿太早了，土地尚冻得结实，树还不能植，哪能种麦苗？"我于是恍然，打破了疑团。

越过几个山峰，除去石头之外，无甚可观，而且也有些困乏了，乃取道回庙，半途又在一间瓦房的"龙王庙"前之两棵枣树下憩息。龙王爷也是黑脸，狰狞可怕！晚上吃过晚饭，又是一觉睡到天明。

十二　武川县与荷包鸡蛋

醒来洗刷完毕，依着昨晚老和尚指导奔武川县的道上去。沿着河岸，一边是平原，稀疏的麦田；一边是岩山，松鼠常常出露，N要逮捕一个，但赶不上。

经过两三个村子，肚内觉的饥饿，就存心寻找点食物。这所谓村子，在绥远是只二三家，甚至一家也叫个什末名的村子。那远山的牧马、牧驴、牧羊，更是所见皆是。

前面道旁摆着一个小摊子，贩卖糖果、油饼之类的零食，脏得很，一见就要作呕。问他能做饭不，他说能。走进屋里，对面来了一位老者，纽扣上悬了一个耶稣就死十字架的铜牌子，问他从哪里得的，他说是福音堂送给的。我不能不佩服基督教之传道热心——无孔不入，究竟为什末呢？我不禁好笑起来！

睁眼张望，并无什么可吃，而且敢吃的东西，还是鸡子儿干净些；于是就让本屋主人烧锅打荷包鸡子儿，这里同那老头儿谈天。一霎时，鸡子儿可就端上来了——两大白碗。我们看那马粪末儿密包着的鸡子儿，就立刻皱眉头！N大声喊道："不行！不行！"我跑到灶前一瞧，只见一口小锅，旁边架着风箱，风箱后壁堆着干的马粪，锅底又是粪末在薰烟。原是他一面抽送风箱，一面抓粪点火，又一面用抓粪的手打鸡子儿。我们没有法子，只得忍等一候儿，听他煮几个熟鸡蛋，带上一面走，一面剥吃着。

武川，原名"可镇"，土人现还是称呼旧名。民国之后，置县了，易名"武川"。距关帝庙只四十五里，约下午两点到了。这武川县虽强按个县名，实是不配；无有城墙，街道短狭；房子矮小破烂，就只县公署有几间瓦房，另外全是土房。人民也是少见多怪，比归化城更甚一等。我们进了南门——原不知大街会如此之短，第一自然是找店安歇，大街上目不转睛的寻看，几家客店不是没有炕，就是陈列着牛屎马尿，实在不能驻足。又听说这里店内的臭虫，夜间由顶棚上成队的向下滚，是臭虫之猖獗也可想而知。不自觉的只走几步，可就出了北门了——荒野莽原。只得又踅回来，到一家稍为强些的小店同他商议重新把屋子收拾一下。大概是他嫌麻烦吧，把责任委推给总商会会长了，说商会会长定有相当办法的。

我们也委实不明其妙——这地方的商会也管来往旅客的住处？"去就去吧，碰碰看！"我怂恿着 N 同店里的掌柜一块儿访商会会长去了。总商会设在城心关帝庙之内，恰好一进门就遇见会长，介绍之下，看他是一位精明强干的老丈。他十分欢迎，终于把我们送进一家生意铺子里，安置于一间房里，伙计们不离左右的侍候。

十三　少见多怪

□□还不大晚，溜到街上买点心，并且细细观察商业的情况；□□背后就已然尾随一大群小孩子了，街两旁铺子里的人也目光集于我俩身上，行走的人也停足目送——如看乡下的玩猴儿似的。N 悄向我说道："你瞧，这些苦同胞，少见多怪！"我也局促起来了，猛回头，怒目而视；那群孩子赶忙站定，又像倒退，彷彿害怕。

出了北门，脱袜迈过小沙河，也是麦田，加以玉黍蜀，黄黄的叶儿，就像害痨病，不死不活。远处两个村子，三家人家，树木五六株，却也别致！

晚上，开晚饭时，商会会长来了，慰问一番，客气一番，嘱托听差们一番，走了。

　　就要躺下，听差进来，说："外面有人拜访。"弄得人糊涂！人生地疏的武川，认识谁呢？但得看看，到底何事；披上衣服出去了，见一对儿大纱灯笼架在门的两旁，一厢站些挂军刀的巡警们，簇拥着一位戴金边帽的巡官——我看得清楚。这令我吃了一惊！翻想自己过去犯了什么罪？两秒钟〔罢〕吧？听差先到巡官后面，恭敬的站着，我还在想。

　　"立正！"一声喊，众位巡警都注视着我；我还算机警，连忙点点头，表示我并不外行。这时巡警过来了，向我脱帽，我给他鞠躬。这才放心——但不知什么事？于是问道："什么事呀？""没什么，就是问问先生们到底是——？"

　　"特意到此游历的呀，甚事也没有。"

　　"不是这么说，设若是来县检查什么，我们好照应！"

　　N 也出来了，说："除游历之外，实在没有别的事。"

　　但他仍不放心，还说道："能请下张名片带回去？"我和 N 的名片给他两张，又是"立正"，"脱帽"，走了。

　　已经脱好衣服睡下，快将入睡了，听差又叫门，说又有人访；我有些讨厌，但还得开门，一看不是军装了，倒是便衣。一见却更和气，底〔低〕声下气的说道："县长请先生们衙门里安歇，方便些——比这儿强！"

　　"请你谢谢县长吧，这儿也很方便，不敢再讨扰了！"我们对他说。之后，也是走开了。

　　走开之后，我对 N 说："他们定是猜疑咱们俩是什么暗探，或什么委员之类的人了吧？你看白天商会会长的神情，晚间这两桩事情的缘由，就可揣摩得七八分了。"N 也是这样猜度着。

十四　蒙古牧场

　　次日起床就〈打〉听武川迤北的区处，他们说："再走四十五里就是蒙古牧场了，绝无人烟，而且土匪又是出没无定！"我主张冒险去，N 不赞成，理由是"危险多"。武川既无什末可留恋的，又不去蒙古牧场，那只有回去了。在庙里听和尚们说，距那里一百里开外有两个大镇点，一名叫"西乌拉不拉"，一名叫"东乌拉不拉"；既无向导，而且"危险多"，这个念头也打消了。

　　回来骑一节驴，坐一节牛车，车夫是位山东人，在这儿落户了；据他说，他曾给徐树铮当过兵，到过库伦；以后到绥远当上"驸马"，已生孩子，不再回家了。

　　归来的途中，分外的疲乏，一步不如一步。经过关帝庙，重进去喝几碗茶，拜别了老和尚与小和尚，仍登蜈蚣坝，一鼓气儿走进城。路上的鸦片烟花儿，红白争妍的盛开，而且结的实子已经被割过一次了。

　　此次之游，使我得了不少的见识和感想。像绥远的这些同胞们，山东、河南等省，也何止千万？总是抱着那"宿命论"的传统思想，听天由命、人力不可强的老调！我想负指导社会之责的人们不要总是在总司令部，或是什末党部里瞎来往，而一方面口头上却喊着"到民间去"，凡事非下一个决心不可，如老在自己身上打算，那即成了社会的废人了！

　　固然，"到民间去"也有"到民间去"的先决条件；然而如无必要之阻碍，自然还是以此为急着！满腔热血的青年们，以为如何？

十五　杨六郎的箭与洪羊洞

C赴包头住去了，因为他的哥哥在包头为商。有一天他来信，叫我也到包头去逛逛，我自然是欢喜不迭！

"包头"者，包大青山之头也；离绥远三百六十里，中间夹着"萨拉齐县"，坐火车费五六个钟头就可到了，是一个极长的蜿蜒如长蛇的寨墙包围着；商业比归化城稍逊，以"前街"为最繁华。风景也只是东门外的"砖（？）龙藏"而已；树木丛生，一个大泉，多半的人们全仰吃此泉之水。

C领我经过漫长的菜园、缜〔浓〕密的树林，出了东门，到"砖龙藏"了。泉水由三个从高石台内伸出的龙头里流出，推水的车子不断来汲水。

漫过"砖龙藏"上去，可俯瞰整个儿包头的鱼鳞甲似的房屋。再走下去是一片大洼，各种瓜果园子俱历历可数。我们吃了两个大西瓜。绕过河滩那边，有所"水打磨"（即"水磨"，"水打磨"是河南的土语），暴浪激轮，涛涛之声震耳。对面是一望有垠的满种着芜菁、韭菜、大葱、萝葡之类的菜园子。倘若点缀些桃花、杏花等等，则定是"隔世的桃园"了；那桃花，树林中我找不着，想是开花之期已然过了。

C指给我说："你看这面前的最高峰，是大青山最末一个，包头而称'西包头'者，也就在此。"

我问他这包头附近，有没有什处古迹？"有的！有的！"他绝然的说："我一来就访问土人，这里有没有古人的遗迹，他们之中稍为明白的人说，在大青山的一个山峰之上——现在假定是K峰吧——有一只杨六郎的箭；晴朗天气，看不见，天气只说稍一阴晦，就看的极真切。土人说话时的态度很郑重。转问别人，一样说法。那么，杨六郎的箭，似乎是的确了。我就有点儿疑信参半，总想找个机会到 K 峰去证实，不过苦于无机可乘呢。"

我也有点儿疑信参半，连忙问他这是怎样的来历。

"啊！来历吗？这是一个很好的故事了，处处表现出地方的色彩。"C 咳了一声，顺顺嗓子之后接着述说道："宋朝的时候，杨六郎兴兵挂帅，扎大营在雁门关外，与番将交了几次锋——都输了，坚守不出。而且粮草又一天缺减一天，运粮是万分的不易，加以兵士们都起思家之念，杨六郎焦灼不堪，苦思一计，准备逃脱。第二天他写封信送给番将，大意是：'咱们比比箭吧，谁射的近，怎么样？谁射的远，又怎么样？'番将覆书说道：'那很好，你射的远，我就把兵退到你所射的地方去。'杨六郎当然是见信大喜，夜间他吩咐心腹之将带着〈刻有〉杨六郎名字的箭，骑着快马跑到包头附近的这个 K 山峰上插进去了，连夜即忙赶回营来。蠢笨的番将哪梦想到呢？第二天正午，各都出马，两阵对圆了。番将拈弓搭箭，飕的一声，落在并不甚远的原野里；众人取回来，丈量了远近。其次是杨六郎射，他拈弓搭箭，也是飕的一声，箭却无影无纵〔踪〕。又是昨夜的那心腹之将同一番邦人员并着马头寻找这支箭；他们——心腹之将自然领到了 K 峰，远远的瞭望着峰头上这支箭在插着，一同拔下回来报告番将；那番将不禁一吐舌头。自己受诳了，还一味的歆羡人家箭法的神妙哩！诚实的番将，只得带兵退到 K 峰；杨六郎们很安闲的统兵退回雁门关，返兵中原去了。"

杨家将的故事，在绥远、察哈尔一带很多，但因为时间的关系，不能一一采集，很是可惜！

我又问"洪羊洞"的所在，C 很确切的说："洪羊洞是一定有的，但离这儿太远了——即土人也是不易探讨的。"此外包头与五原之间，有李陵碑、杨令公的庙，可惜我们都不克一一凭吊，至以为憾！

十六　大同城的迫击炮声

已经是八月初了，直奉军攻打南口正在吃紧之时，我们在绥远，因为距张家口还有千余里之遥，所以并不怎样感到战云的弥漫。每天先看些怎样击退、怎样防敌的"战报"而已。这极激烈的攻守大战，并不能减煞我们的游兴，终于丰镇有我两天所踏的足迹，平地泉的冷酷，也曾逼促得我们发抖！

坐车往天镇，经过大同。任谁都晓得大同正在被国民军围困着，好几十天了。大同是山西一个有名的县，地位占的十分重要，是由察哈尔赴绥远必经之道；山西一掐断这个重要的咽喉，那末，察、绥就算无形的分家了，因而国、晋两军，一以死力攻，一以死力守，不肯放松一下。

我们的车，夜穿孤山，到达大同，车灯俱熄了，车行得更加缓慢。客人们鸦雀无声，静静只听轧轧的车轮奏乐，震破这冷静寂寞的世界。谁也料到这个身子无异于就是枪弹的靶子，沙场的兵卒似的，刻刻秒秒防备子弹的袭来。如无十二分要事，他们决不冒这毫无代价的危险的，因为早先就轰动着说："火车经过大同，城内就要描〔瞄〕准开炮，而且已经尝试过好几次了，打破车身和玻璃。"

偏偏这列车的机关车在大同上水，势必得滞停半点钟。冷清清一条黑色的龙，伏在大同车站。轮声也停息了，旅客的悄悄唧唧咕咕底语声，与站台上巡警的皮鞋擦地声相和。

"嘣！"一声大炮，吓坏了车中的旅客！惟有我，惟有我只待炮弹的射来——"拍！"的炸裂——火车及旅客。然而并不，紧接只听些连珠炮响，劈劈拍拍一阵；俄顷，又是一阵，声音却远了；

俄顷，又是一阵，声音又近；俄顷，又是一阵；俄顷，又是……一远一近的连珠炮，令人料到一方在城内，一方在城外，彼此游戏似的，然而旅客们却饱吃了惊恐了！

十七　极度的恐怖

八月二十日前后吧，国民军退出张垣，陆续集中于绥远；同时二、三、五各军也同向后方移动。新旧二城，大小处所，俱见到灰色的同胞，杂来沓往，纷纷慌慌，大有草木皆兵之概。

我们每人的心之全部被恐怖忧虑完全占领。目下的纷乱，象征着来日的大难！只有听命运之神的摆弄，揶揄！并且谣言迭起，这个说奉军已经到了卓资山，那个说恐怕还是晋军做先锋。"谣言"又代替了"战报"，否则真是一无所闻，大街上满贴了安民的布告，然而我们却更不安！竟也有"凡关内人之客居绥远者，尽是国民军的私党，概杀无论！"的兀突消息！大约有两礼拜吧，都是釜中之鱼似的，急待赶速长支翅飞回北京！然而事实又与这相反！

神经质的 G，忧虑不堪，见天筹思脱走的妙法；一天他竟妙想天开的献策道："还是装扮叫花子回去吧！省的受这惊恐！"这自然是感情冲动的愤语，然而未始没有几分可能哩！

八月二十二、三两天，绥远都统赴包，首途赴甘；马上都统署□□本地流氓抢劫了，以后就愈发而不可收拾！忽响忽停的枪声，更粉饰着大乱的降临。兵士们随便可以拿着枪钻入民宅去要东要西——据说这是二、三军干的——换便衣逃命；这个见那个如此，也照着仿效起来，设有半个不字，提枪向空即是一排。二十二上午九、十句钟之间，绥远城无异是前敌，劈劈拍拍胡乱放枪。过去两三点钟之后，任何动静也没有了，寂静得像死人世界。我们才敢出城看，可是走一处见到一堆死尸，血迹模糊，大半是军衣之内套着便衣——准备装老百姓逃的；然而未死于前敌，却死于后方了！

因兵抢百姓便衣的结果，就影响于我们这穿便衣的百姓了！稍为形迹可疑一点，大刀队跳过来，不给一枪，就砍一刀！因而做了冤死鬼者不知已有多少！我们跑到车站，转到旧城，又回来的一路上，就碰无数的"站住！干啥的?"的威吓！我们虽然装出十分镇静、从容，然而心里也未尝不忐忑！

在这样的时间与空间之内，我以为我这条小小的生命比中央公园里的一棵草还渺小、下贱，不值一钱！看到了大道两旁累累的尸体，凄然起一种一小时前他同我一样，或者一小时后我同他一样的思想；纵然不因嫌疑而被砍——这流弹也就够可怕了！偶尔听见"拍！"的一声，就不禁打个寒噤！幸而好，这类的事情，并未遇见。

十八　重过居庸关

国民军退到包头之后，晋军开抵绥远，大乱之后的绥远，又笼罩上和平空气。

离京数月饱尝惊恐的我们，谁也不愿再久为勾留了。而且数月不见的北京也不知可换变了样儿否？T更是日日的催促，"回京吧！回京吧！"的嚷；然而车虽可直通北京，反有两重困难：1. 车头稀少，车辆缺乏；2. 张家口之检查盘问，极为严苛，不清不白就捉将官里去！这当然是流言，不能轻信；然而这甫受惩创的心灵，总是不免的疑神疑鬼！

迟早总得一走，万事都付托于命运之神吧，终于登车了。经过大同，车停多时，本有进城凭吊那战后残迹的夙意，但因车开的时间不定，老是鼓不起勇气，静静的坐在车里等待。

　　一路上由车窗外望，风物依然，间或见些撞毁的车辆仰翻于铁道之旁——单是这就已经够动魄了！我坐在车里很迫切的要想在车外的田野中寻点和人谈助的好材料，然而除去半陷半平的壕堑，零铁碎片的毁车之外，几乎无什么可说，无什么可谈！大家惴惴的心房，于无话可说之中偏要找出话来："呀！你看这细弱的杨柳，都是梢冲东南！""那是常刮西北风的原故！""呀！天镇快到啦吧？""过去天镇就是阳高哩！"

　　我默默的坐着，眼光向着大空，我几乎失了知觉。我的可怜的同胞！可怜的老百姓们！自己是鱼，任人捕！自己是肉，任人割！然则，然则又该如何呢？我的"不在其位，不谋其政"的苦同胞们呀！

　　傍晚，车至张家口，与我们来时一样，并不见得有什么差别，或者就是因为傍晚的原故吧？歇息一个钟头，又开车了。

　　这晚的月光，特殊的皎洁；由丛林下透出的白线，缠住了车中的我们。火车也特别的快，小站也不停留，好像火车已经体会出我们归心似箭的意思了吧？都含着微笑的期待，期待次日的抵京！"久别重逢的北京呀！我们见面有日了！"

　　次日晨，车站康庄，换上车头，飞奔居庸关而来。来时的新春，草木蔚然可观；回时已中秋，万物俱显萧瑟之态！人们也都怔忡不安。车过青龙桥，那特大的一个车头，碰得四零五散在山涧里躺着，不复有昔日的勇气了！

　　在南口买了一蒲包柿子、一蒲包梨，歌唱谈乐，几乎忘形。车过清华园，众人俱都跳出来，赶到西直门，简直不知怎么好了！

十九　中秋节之前一日

车到北京那天，正是阴历八月十四，街上尽是摆些中秋节用的果品之类，粉饰的这多日不见的北京更加出色了。我的简单的行李，请朋友们代为携带，我一个人也不坐什么车，走进西直门，举目四望，甚而一根电线杆子我都检查一下它是否与以前异样。我的极易浸入的思想还是在想："这任何的事物，都离他们各自的灭亡日期，一天相近一天了！"

第一句听到京腔是车夫的声音，"要车吧？先生！"清脆的语音，十分嘹亮；不由的我重述一下在绥时常取笑的几句话："你是哪儿的人呀？""俺是'崩地仍'！"我不禁瞅着马路失笑了。

五个月的光阴，不料就会有如是的大变动！朋友们的寓址，一个也找不着！我想不是搬了家，定是业已离京了，因为他们也是一般的终日漂泊，无有久居之所。当我访了三位都已访不到时，我忖度着也不知将他们冲到哪里去了？几个月不通音信——投邮之信，究不详佚失何所——我既不晓得他们被冲到哪里，他们也该惦念我不定是死是活哩！访友不遇，毕竟还是住旅馆。

大家所盼能在北京过中秋的愿望，万幸达到了！——然而我们倒住在旅馆里！第二天这些共患难的朋友，在旅馆里过了个极凄凉的中秋节！第三天便有许多离京了！有的回他们的故乡，有的奔他们所不得不去的处所。惟有我孤苦伶仃的仍在京城株守着，再过那渺渺茫茫的生活！

二十　风波中的纪念

多时不看新闻纸，自己也以为是个时代落伍者了！中外的大事竟于不知不觉之中演过去！快忙买份报，原来武汉三镇，都飘扬青天白日旗了，又添了许多素昧平生的新英雄！苍海桑田，不禁感慨系之矣！

　　跑到松坡图书馆，把四月份以至八月份的陈报翻出来，从掷炸弹起，走马看花般的掀一本又一本，才晓得这数月之中世界上会〔曾〕出了很多的世故，逝了很多素昔所景仰的人！看完之后，脑袋胀胀的，思七想八。啊！人世的变幻呀！

　　数日以来，一同回京的朋友们走净了，以昔在京的朋友又访不着，终日里无所事事，精神上感到空虚，现实界也感到空虚！空虚！空虚！每日是尽其量的逛，逛，逛。逛市场，逛天桥，逛前门，逛北海；然而万物俱都依然，飒飒的秋风吹得落叶飘舞，前门的尘土，依然灰色，沟沿的臭气，依然熏人。

　　一天逛到琉璃厂，各书铺里走走，忽而想起自己还莫有文具，这勾起我的回忆——回忆收拾行李，不敢多带东西的那天晚上，笨重的墨盒也扔了。于是走进一个铜器铺，第一照在眼里的一方墨盒晶亮逼目，仔细一看，上刻着一幅山水图，水中的孤舟漂泊无定，舟内坐一位先生，打着雨伞。看水纹，又彷佛在刮风。

　　这倒与我甚切恰，问好价钱之后，托他刻上"风波中的纪念"六个字，纪念我数月之内在风波之中的游历、经过、事故和传奇！

　　这已是中秋节后三日的事了。

一九二八，二月五日，月晦之夜，于天津

《国闻周报》

上海国闻周报社

1928 年 5 卷 9、12—16 期

（李红菊　整理）

安得思蒙疆考古记

李书春　撰

美人安得思（Roy Chapman Andrews），衔纽约美国自然历史博物馆命，于一九一八年至一九二五年，五游蒙疆；其目的为搜求古生物之化石，及今世之生物，作为标本，以供自然历史之研究。安氏归后，著有《横渡蒙古平原》（Across Mongolian Plain）与《古人遗踪》（On The Trail of Ancient Man）两书：前者于一九二一年出版，记一九一八年及一九一九年两次游蒙事迹；后者于一九二六年出版，记一九二二年至一九二五年三次游蒙事迹。书内历述游蒙之经过，与所得之成绩，旁及蒙古之地质、气候、物产、民族，与夫蒙民之风俗、情尚，莫不详细载叙。兹特辑其要旨，以饷国人。至一九二五以后，安氏虽复至蒙古考查，惟其结果如何，尚无专书报告，故暂阙。

壹　第一次游蒙

安氏第一次游蒙在一九一八年八月。此次乃为观察蒙古情形，以为将来游蒙之准备。其路线系由北京搭京绥车至张家口，然后乘汽车穿戈壁而至库伦。安氏从未至蒙，其想象中之蒙古，总不外黄沙漠漠、荒凉枯燥之土地；而对汽车之通过沙漠，更为深致疑异。迨至蒙之后，始知蒙古之所以为蒙古，迥非如常人想象与传言之甚也。

八月二十五日，安氏自张家口乘马向虾蟆河（Hai-Mau-Hou）而行。此时彼之汽车，因避免张家口附近隘路之难行，已迁道先发。张家口之北，丘陵起伏，满目荒凉；实则其地土质，甚宜于植物之生长。此地华人半穴半壁之土房，在在皆是。行三十余里，而至通于蒙古高原之隘路：路狭而陡，崎岖难行；若一转顾，则见山岭绵延，横亘千里，直与山西之山相合为一。至隘路之巅，则地势一变而为广漠无垠之大平原，此即世界最大之蒙古高原也（见《横渡蒙古平原》一至六页）。

虾蟆河为张家口迤北之一小村，有外人所辨〔办〕之教会一所。安氏于此处改乘汽车。道路凸凹不平，然于汽车通行，尚无若何不宜。此路乃千余年来中国通蒙之要道。其所恃以转输代步者，在冬则赖驼队，在夏则赖牛马挽车。若与一日千里之汽车相较，则实为一极完善之中古文明与近世文明之对照也（见《横渡蒙古平原》六至七页）。

虾蟆河之北为大卜尔山（Tabool Hill），至此始出华人之势力范围。大卜尔山距长城约二百余里，山以南皆为华人耕种之区。此地本属蒙民，土质甚美。蒙人因游牧之故，对于土地观念甚浅，以致大好河山，举以弃之华人。华人以内地人口过剩，天灾人祸之不息，莫不视此为乐土，纷来垦植。华人耕种之区，每年北展数十里，后此数年，斯地必另有一番景象也（见《横渡蒙古平原》八至九页）。

大卜尔山之北，水草丰富，为牧畜良地，风吹草动，每见无数牛羊食息其中。自张家口抵此，始见蒙人村落。其制与华人绝不相同，乃集多数帐幕而成者。帐曰"蒙古包"，作穹形，以木为架，外覆以毡，夏则易以布类。此物与蒙人之游牧生活甚为相宜，因其易于移动也（一人于十余分钟即可将〔将〕包支起，并可于同一时内，将包拆而置于驼背之上）。冬季包中炽火，燃以干粪。
盖沙漠之中，既少树木，复无煤炭，故不得不取牛羊之粪，以代
燃料；虽不及煤炭或木料，然亦足供炊饭与暖包之用。夏时炎热，
则将包周围之布支起，以通空气。故蒙古包冬暖夏凉，不畏风雨，
诚沙漠中之极良住宿物也。内蒙之蒙人，多含有华人血统；其服
饰亦与外蒙之人殊。大卜尔山愈北，地势愈平，而沙质亦愈多；
浸乃水草稀少，人烟绝迹，与美国之奈布拉斯柯（Nebraska）及达
柯他（Dakota）两省之草原相似。惟禽类则殊夥，如凫、刁鸭、金
睢鸟、渡鸟、蓑衣鹤等，或结群成队，翔于太空，或三五相聚，
集于草地，荒凉之区，则百余里不可一见也（见《横渡蒙古平原》
九至十二页）。

在此沙漠之中，南北之所恃以交通者，厥惟路旁之井。盖自大
卜尔山之北，虽乏水泽，然无论何处，掘地十余尺，即可得泉。
故张库路上，每百余里必有一井；若非此，则中国与外蒙绝无交
通之可能也（见《横渡蒙古平原》十三页）。

滂江为内地至蒙第一电报局之所在地，来往客商之休息所也；
至此已行全路四分之一。在地图中，滂江似为重要地点；然实不
过茅屋数间而已。滂江之北即戈壁之南界，黄沙松散，荒凉殊甚，
然仍有柴〔紫〕苏等生长其中。由远而望，绿草珊珊，一碧无际，
绝不似不毛之地。行抵斯地，始见真正蒙人：身着绛袍，腰束丝
带，足着革履，头载〔戴〕小帽，行路颠顶，似艰于步；然若置
之马上，则态状一变；盖蒙人生长马上，故一跨鞍则精神焕发也。
蒙人秉性忠实，态度和蔼，喜与人来往，诚为东方民族中之最易
结交者（见《横渡蒙古平原》十四至十五页，又二十一至二十二
页）。

蒙古盛产羚羊，滂江以北，此物愈多。羚羊生于沙漠之中，千
百成群，随气候逐草原而迁移；不饮水，赖草以生。其恃以保其

生命，免为他兽所捕食者，惟奔逃之一途。安氏曾以汽车试其奔走之速度，当其初受惊之后，在四五哩之内，其速度为每时五十五至六十哩；此后渐减至四十五、四十哩，至三十哩之后，则不复减。即初生数时之小羚羊，在数里之内，亦可与成羊有同等之速度，惟易于困乏而已。以此等之速度，而生于广漠中，兽类中之足为其害者，亦甚鲜矣（见《横渡蒙古平原》十五至二十一页）。

滂江北行数程至乌得，有电报局；惟仅茅屋数楹，蒙古包数座而已。乌得之北，地面略有起伏，然过此则一望平衍，绝无山岭，迨抵叨林则地势略异。叨林位群山中，有神庙三；绕庙环以数千木板小房，外涂红白色，喇嘛之居所也。叨林为蒙古宗教要区，喇嘛数千人。自张家口迤北，沿途少树木，然至叨林则环境一变。其地当戈壁北界，其北则土味肥沃，树木渐多，水草丰富，牛马成群，较之迤南之黄沙漠漠者，诚可谓另一天地矣。叨林距库伦约五百余里，道路平坦，不亚于城市之林荫公路回绕于群山之中。山上树木蓊郁，苍翠青葱，目光为之一新（见《横渡蒙古平原》二十二至二十五页）。

库伦位土拉河上，为蒙古政教中心，华、俄、蒙三族之杂居地。然文化低下，风俗鄙野，与世界文明之邦相较，则不可同日语矣。安氏此次居库只三日而返，故未得加详细之研究（见《横渡蒙古平原》二十五至二十七页）。

弍　第二次游蒙

安氏对蒙古详细观察，乃在第二次之游历。一九一九年（民国八年）五月，安氏循一九一八年之旧路而至库伦。此次所见与前次大异，盖前次游行时为秋末，植物未尽零落，此次系属春初，蒙古气寒，草木尚未萌芽，故无论山地原野，皆现赤褐色，毫无生物为之点缀，即居无定所之蒙人，亦尚避居山谷，未返平地。在此漫无涯际之旷野中，目力所及，惟天色与沙色相间而已（见《横渡蒙古平原》五十六至五十七页）。

库伦居土拉河畔博格多鄂尔山（Bogdo-ol）之北，距蒙俄交界甚近。市内分三部：南为华人所居之买卖城（Mai-Mai-Cheng），居舍皆为木板所制，环以特高之木栅。中为俄人所居之地，延长四五里，其建筑则纯属俄式，舍宇虽小而彩绘殊华美。北为华、俄、蒙三民族杂居之地，彩绘之俄人屋宇、覆毡之蒙古包，与华人之商店，三者混合而为不可思意〔议〕之景象。此三大文化，相遇于库伦，而各保其固有之特性，不相同化；库伦实可谓三大文化之陈列所矣。库伦喇嘛甚夥，多居于博格多鄂尔山之上。山为全蒙圣山，上有极大之神庙，金碧辉煌，令人目迷，蒙古之行政机关在库伦北部华、俄、蒙杂居之处（见《横渡蒙古平原》六十二至六十四页）。

蒙人男子之装束前已言之。其女子装束之与男子不同者，厥谓头发之式样。其最流行者为两角式：即将发编于一横钗之上，分向左右，如羊之两角。两角之端，系以金银珠玉各种饰物。两角之中，带以各种之小帽，帽上亦满有珠玉等装饰品。身着长袍与男子同，惟袍上则沿以极宽之花边。足穿与男子同式之革履；履甚大，冬可容三皮袜，夏可贮存烟、茶、烟袋、木碗等零用物件，可谓善于利用物力矣（见《横渡蒙古平原》六十四至六十五页）。

库伦为外蒙古政教中心，前已言之。喇嘛首领哲布尊丹巴胡图克图，通呼活佛，即住床于此。其宫有三，皆濒土拉河：一为俄式建筑，内部装饰亦属俄式，惟活佛则永未来居；余二皆为蒙式建筑。活佛之主要居所，顶为穹形，镶以黄金，绕以绿顶帐幕，宫之周墙，系红木栅。博格多鄂尔山，绵亘土拉河南岸，凡八十余里，高出海面约一万一千呎，使库伦与其南之大平原相隔绝，喇嘛之居其上者以万计。古木参天，野兽繁殖，盖因圣山之故，樵苏狩猎有禁，故兽类得以生存也（见《横渡蒙古平原》六十六至七十页）。

蒙人信喇嘛教，而尤崇拜活佛。活佛有生杀与夺、赐福降祸之权，故蒙人视之若天神，敬礼供奉，唯恐不至。活佛之外，喇嘛亦颇有权势，凡喇嘛之所求，蒙民莫敢不应。蒙古习俗，长子皆须出家为喇嘛，此外则更有因希冀福利，而舍全家之子皆为喇嘛者。故蒙古喇嘛，几占全蒙男子三分之二！凡为喇嘛者，皆不置家室，故蒙人之生殖率甚低（蒙古面积有美国之半，而人口则只数百万，由此可知喇嘛与蒙古之人口实有莫大之关系）。喇嘛率皆不事生产，仅能分利，不能生利，蒙古之不振，喇嘛教实一大原因也（见《横渡蒙古平原》七十至七十二页）。

喇嘛教之目的，乃为求死后灵魂之福乐，其教徒生活惟以祷神为事。蒙人乞祷之法，或伏俯于神座之前，或转法轮，或摇祝祷条，以求冥福。以故库伦市上，无处不见法轮之旋转与祝祷条之飘扬也（见《横渡蒙古平原》七十口至七十四页）。

蒙人对于死后灵魂之福乐，求之唯恐不尽；然对于死者之尸身，则避之唯恐不远。蒙人以为死者之尸身，皆藏有不洁之恶鬼，凡生人或帐幕与尸身接近，则必与全家不利。蒙人不知医药，人病后，家人代为祝祷，或求喇嘛为之吁神。若不幸，神焉不灵，病反加重，而至于不起，则其家人或置病人于帐幕之外，或迁移居处而置将死之人于不顾；及死之后，则其肉身变为鸟兽之食品。库伦风俗，凡人死后，将其尸身移置车上，一人驾车疾走，使尸自堕于途，而驾车之人绝不敢回顾，盖恐有恶鬼随之而归，不利于己也（见《横渡蒙古平原》七十四至七十七页）。

蒙古地多沙碛，生活异常艰窘，故蒙人之犷悍，世上罕其伦比。其对于困苦饥渴之忍受，已成习惯，富自立精神，不事倚赖，惟凭己力以生活。故弱肉强食，适者生存，乃蒙古不移之自然定律也（见《横渡蒙古平原》七十七页）。

蒙古水泽稀少，天气复寒，故蒙民绝不知沐浴为何事。再加以蒙地多风，尘沙万丈，即使沐浴，亦不能有若干时之清洁。故蒙民污秽，举世著闻。若非雨露或衣服代为去掉少微之泥垢，则恐蒙人生时之泥垢，亦必带至死后。清洁一词，蒙人字典中盖无之也（见《横渡蒙古平原》七十七至七十八页）。

蒙人之主要食品，为羊肉乳酪。盖蒙地最寒，人之体温须多量油质保护，而羊肉实为供给油质之良品。蒙人以游牧为生，不知种植为何物，故除羊肉外，亦他无可食之物。每当就食，人持一木碗，以手取而食之，食后以舌恬〔舔〕碗使净，置于怀中或靴内，绝不用水洗涤。手上油腻，则拭以衣服；因之蒙人皆有极大之羊臊气，每令人掩鼻（见《横渡蒙古平原》七十八页）。

蒙人家庭，多一夫一妻。然资产丰富者，多妻亦属常事；至于王公则更勿论矣。即多夫之制，蒙古亦间有之。蒙人待客甚殷，阖家长幼与远来之客，皆居一帐。于是奸淫之风，已为公开之密秘；贞操之事，蒙民殊不重视。若喇嘛之辈，虽不娶妻，然什九皆有外遇，因之蒙民多患花柳病者（见《横渡蒙古平原》七十八〈页〉）。

安氏此次旅蒙，本为搜集生物标本，其目的为三音诺颜部之山中，其地高出海面一万五千呎，内多大角羊、野马、野驴之类，惜因故半途而返，未得至其地（见《横渡蒙古平原》八十四至九十八页）。

库伦西南土质肥美，夏季雨泽亦富，为沙漠以北极佳之地。库伦之北，过大喔特山（Dawat）百三十余里，而至特瑞尔吉河（Terelche River），林树茂盛，多与西伯利亚之种类相同。其地雨泽、地质，皆宜农业，惜蒙人不知利用耳。安氏于此地所得最重要标本，为鹿类之猱巴柯（Roebuck）与麋（Wapiti）两种（见《横渡蒙古平原》一百四十二至一百七十四页）。

叁　第三次游蒙

安氏前二次之游蒙，或为预备，或为采集生物标本，故其行则以汽车至库伦，然后代之以马。其一九二二年（民国十一年）之游蒙，乃以证明中亚为动物原始地之学说为目的；故非仅为采集生物标本，而最要者则为古生物化石之搜集及考查地质。同行者四十余人，全程皆用汽车，而以驼队为助。除张库路外，蒙古之通行汽车，此盖为首创。

自张家口至哈兰乌苏（Hollong Usu）一带，地质为复杂之上古石所组成，中以花刚石或青石为最多，其上覆有近代之积石，古代化石即藏于此等积石之内。自潢江至叨林，中间之地，沙碛连绵，间有水草。沙漠中之地质，乃不毛之石基地，经长时间之改变，而成今世之沙漠。此石基地直至易伦达巴苏（Iren Dabasu，或名爱尔连 Erlien）不变。易伦达巴苏为内外蒙交界之处，安氏于此发见古犀（Rhinoceros）与雷兽（Titanotheres）齿骨化石，又发见古恐龙（Dinosaur）骨骼化石。此物生于白垩系（Cretaceous）爬虫时代（Age of Reptile）之上半期。因此发现，又于亚洲地质中更加一新时期，乃前人所未知者。由以上三种化石之发见，即可证明亚洲为欧美动物之发源地。易伦达巴苏迤西，地质为哺乳动物时代初中两期之积石。彼时此一带为一大湖，草木丰富，气候亦较今温和。大气中水分亦多，为犀与雷兽最适宜之繁殖地。由此而叨林，而库伦，由库始西行抵三音诺颜部（见《古人遗踪》六十二页至八十九页）。

库伦西南为巴尔柯柯葛尔（Bolkuk gol），沿途所经，皆为不平之山地，其地质为前寒武利亚纪（Precambrian）。巴尔柯柯葛尔之西南，为齐齐湾（Tsetsewan），冈丘重叠，绿草丛生，颇多野兽。其地质仍为火成岩，绝无化石。但此地之足供研究者，为无数之古坟；坟之年代虽不可知，但绝非现今蒙古人之坟墓。此外尚有古堤一段，长里余，高十五呎，可证此地古时为水草丰富、人烟稠密之区（见《古人遗踪》一百零九至一百十三页）。

齐齐湾之西南，至三音诺颜境。由库伦至此，共五百里。入三音诺颜部，南行百五十里，有温泉一；更南百余里有盐湖一，恰当乌里雅苏台至赛尔乌苏之冲途，近湖多禽类（见《古人遗踪》一百一十三至一百二十五页）。

阿尔泰山支脉，由西北来，横贯戈壁，愈东愈低，渐分为多数丘陵，而终沉覆于沙漠之中。安氏寻求化石之目的地为巴戛博格多山（Baga Bagdo），山为阿尔泰山之一支，在察罕泊（Tsagan Nor）之南。由温泉至此，经盐湖之后，复过第二盐湖。盐结于水面者吋余，洁白如雪。再南渡一小丘，则复为无际之瀚海，其处野驴甚多，安氏因名之为野驴营（Wild Ass Camp）。安氏于此处得俾路支马犀（Baluchitherium Mongoliense）头部化石，长有五呎。此物之大，可以知矣。次所得者，为一极全之恐龙化石；前于易伦达巴苏所见者，乃散碎之零块，于此始得窥其全体。此外尚有化石多种。可见野驴营乃极富之化石贮藏地也（见《古人遗踪》一百二十六至一百四十五，又百五十七至五十九页）。

野驴营之南为察罕泊；泊之南，即巴戛博格多山。泊长三哩，宽二哩，蒙古天气干燥，水汽之蒸发甚速，泊水虽于夏秋两季有雨水之注入，然其面积亦渐缩小，而在一九二五年甚至全泊枯涸。若考其旧日之水迹，则在水面之上二十五呎。泊之西有一低地，西向十三英里，与鄂洛克湖（Orok Nor）相连，可知两湖本为一湖也。湖上水禽甚多，鱼类亦富。其地与野驴营甚近，化石之富亦埒。安氏于此处得恐龙之全骨，与一鹿茸之化石。此鹿之生约在百万年之前，借此可研究亚洲之麋、西美之红鹿，与欧洲之麇，三者之关系；盖此物为以上三者之祖也（见《古人遗踪》一百四十六至一百六十三页）。

蒙古冬季过寒，不宜于化石之搜求，故安氏一行，于九月即自察罕湖南旋，至阿尔察博格多山（Artsa Bogdo）。此山亦为阿尔泰山之一支，位巴戛博格多山之东南。阿尔察博格多山之南，为古尔班赛汗岭（Gurban Saikhan），亦多恐龙化石。循阿尔察博格多山之麓东南行，数百里而至沙巴拉克乌苏（Shabarakh Usu），附近有一地，安氏名之曰火崖（Flaming Cliff）。安氏于此得恐龙之卵壳片化石，并发见一最古爬虫之头，乃觭龙类（Ceratopsians）之祖，为一种大角之恐龙。先时仅知此兽生于美洲，今得此头部化石，即可研究美、亚两种之关系矣。火崖之东北为翁金河（Ongin Cfol），河之东南即赛尔乌苏，极荒凉，动植物甚为稀少。赛尔乌苏之南数百里，有百余万年前古河遗迹，于其中发见无数犀骨化石，及一种水陆两栖之犀类化石；此外小动物，如龟与偶蹄类之化石亦多。复南行，则地质一变而为石炭纪（Caboniferous）与二叠纪（Permian），颇饶无脊椎动物之化石。由此可证中亚高原于古生代原为海洋，与太平洋相连。至内蒙之后，复发见雷兽之全骨，其处或为易伦达巴苏盆地之一部，惜在归程，无暇采掘，故留之以待来年（见《古人遗踪》一百六十四至一百八十九页）。

安氏此次游蒙，共有二大重要发见，其第一重要者，厥为俾路支马犀头骨之掘得。先是一九一一年，有顾朴（C. Foster Cooper）者，于俾路支斯坦之巴哥台山（Bugti）发见一种古生物项骨、肢骨及足骨等化石，经研究结果，知其与貘、马、犀相类，而尤与犀最相近；其不同之点，惟颈较粗长、足较细高而已。顾氏以此化石发见于俾路支斯坦，遂以地名名之。顾氏之外，俄地质学家包瑞赛柯（A. Borissaik）于一九一五年至一九一七年亦在土耳其斯坦发见同类之化石，其大小与顾氏所发见者同，惟包氏借用俄国神话中兽名名之，故与顾氏之命名不同。安氏在野驴营附近所得者，乃一完全之头骨化石，由其头部之大（五呎），可知其立时，由地至其肩，盖高十三呎；若昂首取食，则可至十八呎，或十七呎；其高度殆与非洲之长颈鹿相似。惟长颈鹿头小颈长，不似此兽之颈体相称耳。此兽头上有长齿二，为取食攻守之具。齿宽而短，颇锐利；其前肢甚高，可证常以嫩树为食。若以今世之犀、象与此兽相较，则其高大颇相悬殊。此兽前部之高，非特可借以取食，且可窥探敌人，与非洲犀牛之头部下垂者不同。

俾路支马犀之头顶扁平，而鼻骨狭细，绝非生角之兽。今世非洲之黑、白犀，与印度之独角犀，皆恃角为攻守之具，而此兽则代之以齿。惟此齿在已往或尚存之犀类皆无之，故此兽可谓为犀之另一支。其生约在三百万年之前，其生存之区域，盖在东蒙土耳其斯坦与俾路支斯坦之间，为哺乳动物期中世（Miocene Time）四足兽中之最大者，亦为该时生物中之最凶猛者。其时马与象之祖，则尚高不及其胸，而同时同地尚有一种较小之犀，与今世之犀相似，故可知蒙古古时为犀类极富之区。

三百万年之前，蒙古气候如何，不可详知。惟由所得之动植物化石及俾路支马犀之足证之，可得其大概也。犀足颇细小，与马相似。盖彼时蒙古非卑湿之地，气候温暖，地面较海高数千尺，为一旷野，而非浓密之森林；此种气候与地形，对于动物之迁移与进化，皆有不少之裨益。

中亚宜于动物之生活，由地质上考查，而知其期限甚长（可至爬虫时代中世之侏罗时代）。彼时中亚为一高原，同时欧美北部沿海之地，尚为水中爬虫之兴盛时期，而中亚则有陆地之新爬虫出现。故中亚实为爬虫与哺乳动物之进化地，而爬虫中之最要者则为庞大之恐龙。此物分为二支，一为自保之草食类，体较小，其自卫之角发达亦不甚完全；次为肉食之侵略类，体硕而力大，常以前者为食品。

　　安氏此次之第二重要发见，乃为最古之有角恐龙头骨之掘得。此物为一种草食之陆居爬虫，系三角恐龙之祖。此化石乃蕴于下白垩系或上侏罗系地质中，为时约在二百万或三百万年之前。三角恐龙之最大者，头长八呎，有二极长之角；而此次所见之头骨无角，长只八吋，故此兽之大，仅为三角恐龙十二分之一。此物之发见，为古生动物界加一新种类，添一新时期，较俾路支马犀更有可注意之价值也。

　　俾路支马犀之发见，对于进化论亦有甚大之贡献。由其庞大之身体，与其身体之精造，而知凡一物于适宜之环境内，若不受任何之阻碍，可有特殊之发展。俾路支马犀于哺乳动物时代渐新世（Oligocene）中，其大无比，可谓当时动物界之统治者。惜此庞大之物，盖世之雄，一旦消灭；而其原因，则尚未明了也。此外俾路支马犀之发见，与原始人类亦有不少之连带关系。按今之科学界，皆知人类始祖为人猿之一支，其物之生亦在渐新世，与俾路支马犀同时。而人类始祖居于旷野之地，与俾路支马犀亦同。盖旷野之地，对于后腿之进化，较森林为宜，故蒙古或为人类之发祥地，亦未可知也（见《古人遗踪》第十章）。

肆　第四次游蒙

　　一九二三年四月，安氏等复由张家口循旧路至易伦达巴苏。前次曾于此处发见恐龙化石，此次则多得于稍西之地，肉食、草食两种皆备。其草食者，长凡三十五呎，或四十呎；前肢短弱，后肢高强，齿甚多，每一颚骨往往数至四百。此次未至库伦，由易伦达巴苏折而西行，至乌拉乌苏（Ula Usu）。地当张家口至赛尔乌苏冲途，于此发见雷兽化石极夥，两周之内共得头骨十四。此外尚得一长腿恐龙，及多许小动物化石。由乌拉乌苏西行至火峰，即沙巴拉克乌苏之附近，遂从事于恐龙卵之搜掘（见《古人遗踪》二百十一页至二百二十三页）。

世人皆知爬虫由卵而生，恐龙亦爬虫也，故恐龙亦必产卵。然近世科学家鲜有见及恐龙卵者。安氏于其第三次游蒙，曾于火峰附近发见破碎之卵壳，因时间仓促，未暇搜寻。此次安氏既抵火峰，乃尽力发掘，共得恐龙头骨化石七十五，全身化石十四，而最要者则为恐龙卵二十五枚之掘得，卵为椭圆形，大小不一，大者长八吋，周七吋。卵皆掘自卵巢之内，巢中卵数，或五或七不等。巢盖细沙构成，恐龙生卵其中，借日光之热而孵化。巢中时有恐龙骨之化石，且有已成形、尚未出壳之雏龙（见《古人遗踪》二百二十七至二百四十页）。

由火峰复西行至鄂什盆地（Oshih Basin），其处地质为下白垩纪或上侏罗纪。形长狭，山岭环绕，南端有墙一段。安氏于此得一极小之原始恐龙化石，此物或属禽龙（Iguanadon）一种，与英、比之大禽龙有关亦未可知。此外尚有蜥脚类（Sauropoda）齿及骨骼之化石，盖为恐龙之别类，长七十或八十呎（见《古人遗踪》二百四十至二百四十一页）。

安氏抵鄂什后，即作归计。还至易伦达巴苏，得雷兽头部化石及一钝脚类（Amblypoda）之齿，为一有蹄之爬虫。此物化石之发见，于亚洲实为第一次，于古生物学上殊重要也（见《古人遗踪》二百四十五页）。

伍　第五次游蒙

一九二五年春，安氏循前次故道，复作第五次蒙古之游。抵火峰后，复从事恐龙卵之一求，其结果共得完好之卵四十枚，及碎片数千。此次所得者，不但大小互异，即卵壳之厚薄，亦相差悬殊，而卵之发见地，亦不仅在平地沙中，且有得自山巅者。由此可知恐龙之繁殖于沙巴拉克乌苏为年甚久，其山巅之卵与平地之卵，其时代相差，不知为若干年。其故盖因地面自古至今，变动不息，今之高山，不知经若干年能积成，而后恐龙生卵其上，故与下层之卵其年代相隔必久。其卵大而壳厚者或为美洲三角恐龙之祖，大角恐龙所生，其小而薄者，或为肉食恐龙所生（见《古人遗踪》二百五十九至二百六十五页）。

安氏此次发见之最有价值者，厥为蒙古之"沙丘居人"（Dune Dweellers）遗物。此种人盖繁殖于万八千年前之旧石器石〔时〕代，其文化之遗物多为石器；较为细美者固有，然粗陋者居多。此外又有用为装饰品之恐龙卵壳，及粗陋之陶器碎片，盖已渐进于新石器石〔时〕代矣。据此可知人之繁殖该地为时甚久也。此种人之文化，与法国亚即利人（Azlians）相似；其不同者，即亚即利人已知用骨器，而此种人之遗物，除恐龙卵壳外，绝无骨器之存留也。考亚即利人生于万五千年之前，较此种人当迟数千年，则亚即利人是否为此种人迁移至欧者，实未敢必；惜未得到其人之骨骸，实为憾事。此种发现，于人类学上颇为重要：缘人多主张欧美人类本由中亚迁移而至者，但无确切证据，今得此发见，谅于此学说不无裨益也（见《古人遗踪》二百六十八至二百八十页）。

火峰附近为察罕泊，安氏于泊南巴戛博格多山麓，发现一古坟，其尸体骨骸全整未毁，是盖千年前突厥或回纥人之遗骸也。

此一带地质为鲜新纪（Piliocene〔Pliocene〕Period），约当百万年之前，在冰期之初。彼时察罕泊四周，林木必极邕茂。安氏于此复得俾路支马犀、古马（Egaus）、红牝鹿、柱牙象（Mastodon），及大鸵鸟并其卵片等物化石（见《古人遗踪》二百九十七至三百○一页）。

察罕泊西南有伊海博格多山（Ihhe Bogdo），山麓有鄂洛克湖，其北为柯拉何尔齐湖（Kholoholchi Nor），即小白湖之意。两湖皆饶鱼虾，禽类亦夥。安氏于柯湖旁得一古人遗骸，或为千年前之人，惜其墓中无遗物可资考察，故究不能知为何种人。柯湖附近，多古石器时代之石器，如石刀、石锤等，形甚粗劣，与欧洲十万年前南德骚人（Neanderthal man）同时之麻司特嫩人（Mansterians）文化相似。此外一九一三年，有两天主教士，于河套蒙古亦发见与南德骚人相似之石器，是故十万年前，全蒙或为南德骚人之居处，亦未可知。柯湖之滨，又有钝脚类之头骨化石二具。先是仅知此物生于美洲，今以此二头骨及安氏第四次游蒙所得之齿与美洲所产者相较，则可知其异同矣。伊海博格多山之南，为通科布多要路，惜荒凉过甚，绝无人烟（见《古人遗踪》三百零三至三百二十二页）。

安氏第四次游蒙，曾于沙巴拉克乌苏得极小之动物头骨化石，初不知为何物。嗣经多时研究，始知为最古之哺乳动物。本次安氏复于沙巴拉克乌苏得此物之头骨化石六具，其大者长一时半，全身之长盖与鼠埒。此物生于白垩纪中期，为哺乳动物之最原始者，此乃首次发见。其物与今世哺乳动物之关系甚大，由其外表观之，此物为现存两种哺乳动物之远祖：一为食虫之哺乳类，如地鼠、田鼠等；一为原始之肉食哺乳类。更进一步而言之，则此物与人类或未尝无关也（见《古人遗踪》三百二十七至三百三十一页）。

阿尔泰山东支伊海博格多山之南，其地甚为荒凉，距山较近之处，地质为红色之积石，饶古生物化石，如恐龙等之化石皆可得于其地。东行抵乌拉乌苏，距张家口仅三百英里。其北有铁矿，质虽不甚良，然一旦若有铁路通行于此，则其价值实未可知也。于乌拉乌苏之南，安氏得一极大兽类头骨化石，眶上有角二，长十吋，周六吋，其生存之时，盖为始新世，约在三四百万年之前哺乳动物初期。安氏更得一雷兽头骨化石，颇似恐龙，此物只知生于美洲，今亦见于此地。安氏第四次游蒙见此物之始祖，身体较此物小甚，两者年代之差或为千余年。今以二者互为比较，则可证此物之进化与美、亚两种之关系（见《古人遗踪》三三二至三二〔三〕四又三四六至三五一页）。

乌拉乌苏之西，有古坟甚多，坟皆大石筑成。掘一坟，得遗骸长约五呎十一吋，上覆以木，旁有桦木箭囊，满贮以箭，杆系木质，已朽为数段，镞为铁制，工艺颇拙劣。其人头枕马鞍，与美国陆军所用之鞍同，而与中国及蒙古鞍异，是或千年前之古冢也（见《古人遗踪》三五二至三五三页）。

安氏复于乌拉乌苏之南得一奇兽名砂犷者（Chalicothere）之头骨化石。此兽蹄爪皆备，头、颈似马，齿则似犀，其足与今世各种兽足无相类者。此物究为何类，尚不得知，须留待异日矣。此外复得一有蹄之小兽，曰拉凡吞（Lophirdon），与多种之小动物化石，惜皆不知其所属（见《古人遗踪》三五八页）。

总之，蒙古一带，古生物化石贮藏甚富，苟能继续发掘，则与人类学、古生物学……裨益定不浅也。

附表一　安氏发现古生物地点时期表

英文名	译名	类属	发现地	古人遗踪所见处及发现之时
Rhinoceros	古犀	哺乳类	易伦达巴苏	1922　79 页
Titanothere	雷兽	哺乳类	〃　　〃	1922　79 页

英文名	译名	类属	发现地	古人遗踪所见处及发现之时
Dinosaurs	恐龙	爬虫类	,, ,,（野驴营）	1922 80、142 页
Baluchitherium	俾路支马犀	哺乳类	（野驴营）（察罕泊之北）	1922 156 页
Antle	化石鹿茸	哺乳类	察罕泊	1922 162 页
Dinosaur egg	恐龙卵		（火峰）沙巴拉克乌苏附近	1922 181 页
Prososerosops	原始有角恐龙	爬虫类	,, ,,	1922 180、203 页
Prellacosaurus Mongoliensis	原始恐龙	爬虫类	鄂什盆地	1923 240 页
Sauropoda	蜥脚类	爬虫类	鄂什盆地	1923 210 页
Sauropoda	蜥脚类（属恐龙）	爬虫类	,, ,,	,, ,,
Amblypoda	钝脚类	有蹄之爬虫	易伦达巴苏	1923 245、314 页
Egaus	古马	哺乳类	察罕泊	1925 298 页
Stag	红牝鹿	哺乳类	察罕泊	1925 298 页
Mastodon	柱牙象	哺乳类	察罕泊	1925 298 页
Ostrich	鸵鸟		察罕泊	1925 298 页
Primitive Mammal	原始哺乳物	哺乳类	沙巴拉克乌苏	1923、1925 327 页
Chalicothere	砂犷	哺乳类	乌拉乌苏	1925 358 页
Lophirdon	拉凡吞	哺乳类	乌拉乌苏	1925 358 页
Dune Dweellers	（古坟）	千余年前之人	齐齐湾	1925 113 页

续表

英文名	译名	类属	发现地	古人遗踪所见处及发现之时
	沙丘居人	万八千年前之居人	沙巴拉克乌苏	1925　269 页
	古坟千年前	突厥或回纥之人	巴戛博格多山麓	1925　297—298 页
	古人	千余年前之人	柯拉何尔齐湖畔	1925　308 页
	古石器时代之石器	旧石器时代	柯拉何尔齐湖畔	1925　399 页
	古坟	千余年前之人	乌拉乌苏之西	1925　352—353 页

附表二　安氏所经之地点与所得之禽兽标本名目表

地名		兽类		禽类	
英文名	中文名	英文名	译名	英文名	译名
Kalgan	张家口	Antelope	羚羊	Mallard duck	凫
Miao Tan	庙滩	Wolf	狼	Teal	勺鸭
Hai-Mau-Hou	虾蟆河	Marmots	土拨鼠	Golden Eagles	金鹫
Pang Kiang	滂江	Hares	野兔	Golden plover	金雎鸟
Ude	乌得	Elk	麋	Ravens	渡鸟
Turin	叨林	Moose	大鹿	Demoiselle Crane	蓑衣鹤
Tolo River	土拉河	Roebuck	鹿之一种	Bustard	鸨

续表

地名		兽类		禽类	
英文名	中文名	英文名	译名	英文名	译名
Bogdo-ol	博格多鄂尔山	Boar	野猪	Sand grouse	沙鸡
Sain Noin Khan	三音诺颜汗	Big horn sheep	大角羊	Goose	鹅
Terelche River	特瑞而〔尔〕吉河	Ibex	野山羊	Ruddy sheldrakes	冠鸭
Dawat	达〔大〕喔特山	Wild horse	野马	Shoveler	广味凫
Iren Dabasu (Erlien)	易伦达巴苏（爱尔连）	Wild ass	野驴	Skylarks	鹨
Bolkuk Gol	巴尔柯柯噶〔葛〕尔	Gophers	陆龟〔地鼠〕	Lapwing	夏鸡
Tsetsewan	齐齐湾	Deer	鹿	Red head goose	红头鹅
Sair Usu	赛尔乌苏	Meadow Vole	鼯	Ploves	满水鸟
Boga Bogdo	巴戛博格多山	Polecat	鸡貂	Grouse	松鸡
Tsagan Nor	察罕湖〔泊〕（塔层湖）	Kangaroo	袋鼠	Grebes	鹏鹏
Orok Nor	鄂洛克湖	Bear	熊	Wader	履水鸟
Artsa Bogdo	阿尔察博格多山	Muskdeer	麝	Gull	鸥

续表

地名		兽类		禽类	
英文名	中文名	英文名	译名	英文名	译名
Ongin River	翁金河	Wapiti	麋	Tern	燕鸥
Oshih Basin	鄂什盆地	Ram	羯羊	Coots	黑鸭
Shabarakh Usu	沙巴拉克乌苏	Conies	大兔	Heron	鹭
Ikhe 〔Ihhe〕 Bogdo	伊海博格多山	Lizard	蜥蜴	Stork	鹳
Kholoho⟨1⟩- chi Nor	柯拉何尔齐湖	Horse	马	Spoon bill	篦鹭
Uliasautai	乌里雅苏台	Sheep	绵羊	Wood Cock	山鹬
Kobdo	科布多	Goat	山羊		
Gurban Saikhan	古尔班赛汗岭	Camels	骆驼		
Tabool Hill	大卜尔山				

《地学杂志》（季刊）

北平中国地学会

1928 年 16 卷 1、2 期合刊

（李红权　整理）

外蒙游记

张钝初　撰

一　自包头至库伦

去年（民国十五年）冬天，冯玉祥曾组织一个苏俄参观团，到莫斯科、列宁格勒一带去考察一切；作者是参观团的一分子。我们的路程，来回都是假道于外蒙古的，所以对于外蒙方面，有些见闻。

冯于十五年九月十七日，由苏俄回至五原，由五原至包头整顿军队；同时选派军官佐等二十二人赴苏俄参观，以鹿瑞伯（钟麟）为领袖。

十一月二十日，我们和冯等由包头坐汽车到五原，沿路地广人稀，人民憔悴不堪。过了两天，鹿瑞伯率领我们前去见冯。冯说："……同志们一到库伦（外蒙京都），无论是抱国家主义的，或是抱世界主义的，一定要有一番感动。前清管辖外蒙二百余年，一点没有为他们谋什么利益，而康熙皇帝倒利用喇嘛教，叫他们有灭种之祸！现在他们独立才四五年，已建筑了许多房屋，其他建设更不必说。……"

十一月二十四日下午三时，参观团全体分坐汽车五辆，向北而行。

我们的服装，大概是：头戴皮帽，身穿皮袄、皮大衣、皮裤，脚穿皮袜、皮靴。自顶至踵，几乎无所不用其皮，简直可说，是一个皮人了！

第一日傍晚至乌兰脑包，寄宿于新编第六军司令部。第二日进行，就见外蒙古的光景了。但是一片沙地，哪里有什么村屋或行人看见呢？汽车驶了三小时，到吉利根庙，旁边有一个蒙古包，我们就下车走入包内去参观参观。

蒙古包是圆形的，直径约有一丈二尺，周围是用一寸宽、二寸厚之木片搭成网格式的短垣，以细羊皮条穿入两片接交的地方，以为联系，木格以外，附以白毡，外面以麻绳缚住毡垣，垣高约四尺。蒙古包之顶有木为椽，椽上也有白毡覆盖，中央约八尺高，地上所铺的也是白毡。中间有一个圆铁架，架上有锅，以干羊粪或骆驼粪为燃料。这种粪制之燃料，一方面令人烤火取暖，一方面是为煮茶做饭之用。其门以木板为之，平时板门常开，仅把双层之白毡挂上。门之对面的毡垣那里有一张小长方桌，上供神像，像的面貌好像多手观音。据说蒙古包是冬暖夏凉的。冬天包内常生粪火，又有不易传热之白毡包围着它，如果粪火冒烟，只要揭开一部分顶上之白毡，烟即直冲而上，散之于包外了。夏季天气太热，可将周围靠地的毡垣卷上一半，再揭开顶毡，于是乎清风徐来了。况且可以把整个的蒙古包随便迁移，即以长木头一根，按着包的直径一放，就可把它抬举而走。冬季迁入山谷，以避寒风；夏季迁至平地，以便交通。

我对于蒙古包一方面，恐怕说得太多了，现在要说蒙古包的主人翁。他是一个汉人，家居张家口，在此地做买卖，已有十九年了。他所销售的，以茶叶、布匹为大宗，蒙古人拿羊皮或羊毛等物来换他的商品。这个蒙古包是他自己建筑的，他为了占据一小块蒙古包基地的缘故，曾经花了七十余元给蒙古王公，买了一张护照。

　　我个〔们〕在那里喝茶谈话约一小时，又动身向北而行，至晚上又到了一个蒙古包。包内一人，身上很不干净，两手擘粪生火，替我们煮开水泡茶。我以为他是一个流落的汉人，岂知他是久居此地的石参谋！他的任务，是招待过路之人。他指着羊粪告诉我们说："这是宝贝呀！我们平时出去收拾，储蓄起来，以备煮饭烤火之用。如没有它，简直要冻死饿死咧！"

　　我们在道上，曾见一群马，约有一百头左右，又大又肥，是没有人约束的，它们瞧着汽车将到，老远就跑开了。我以此事问石参谋："何以只有马，而无放马的人呢？"他说："蒙古人放马，不论多少，是不去跟随或监视的；不过隔了三天或五天，要出去看一看。如果遗失一只，他们会到人家那里去找回来。因为他们认识自己的马，每只马的高低长短和毛色如何，都很能牢记的。"

　　他又说："你们明日要到蒙古兵营，兵营的那边是外蒙古的势力范围。无论中国人、外国人，在这边可以行动自由；一到那边，就绝对要听外蒙人的指挥。从前西北军有十一人到库伦去，又有几个人是送客的，同到蒙古兵营。他们请蒙古人换护照，不知道是他们说错的呢，或是外蒙人听错的呢，所写的护照上，多写了一个人。他们请他改正，他怕麻烦，终不肯改。为他一字之误，竟使送客中一位同志凑足所写的人数，直到库伦，在库伦重办护照而返……甚至于有一个西人在外蒙境内犯了法，竟被蒙古人枪毙。"我听到这里，几乎把我气死，中国有四五千年的文化、四万万的民众、四千万方里的面积，弄到主权丧失，治外法权，至今尚在，帝国主义者在中国为所欲为，旁若无人，而一个文化极低，方才独立几年的外蒙古，倒有全权处置一个西人。

　　从石参谋的蒙古包至蒙古兵营，仅仅四十里。次日上午，我们继续进行。离兵营有四五里地的地方，就有三个蒙古兵在那里巡查，一见我们的汽车，马上爬到汽车上来引导我们，直至蒙古兵营。到兵营时，是上午十点半钟，连忙将护照、信件交给蒙古军官，请他立刻换给蒙古护照，以便赶路。不料他回去看了护照之后，对我们说："写蒙古护照是很迟慢的，要等到明日上午十点钟才可办妥。"我们很发脾气，以为一个小小外蒙古，如此夜郎自大，摆起架子来对待我们。鹿瑞伯和几位与我们同行的副官同声说道："此次蒙古人还算客气咧，前日某高级军官在此等候了一个星期，才拿到他的护照呢！"

此地蒙古包有十余个，蒙古兵约有一连之众，有一个俄国顾问。蒙古军官身穿深黄绸子长袍，腰束绿色绸带，头戴尖顶军帽，足穿皮靴（靴底前头有尖向上翘着，走沙地和骑马以这种皮靴为最合式；蒙古独立后，曾改变靴样，后因不合实用，仍复原状，无论男女都穿那清一色的翘底皮靴），衣服、面目，尚为清洁，与普通蒙古人肮脏的样子不同。他的妻子是蒙古女学生，垂下一条长辫，身穿深蓝绸袍，用黄绸带束腰。见我们的时候，很自由自在，没有什么羞涩的态度。

蒙古护照按所应许之时给我们了，我们就再前进。晚上到山谷中一个蒙古包里去投宿。那里共有五个蒙古包，内有蒙古人八个，但不见有小孩。蒙古野地，当然没有旅馆，不过每家蒙古人，都肯招接旅客的。我们每天每人给他们宿费洋五毛。如能操蒙古语，只要送给蒙人一些礼物，可以住蒙古包、吃蒙古羊肉和蒙古饭，而不必给钱。如既不懂蒙语，又不知送礼的规矩，那么，就要多花钱，而又不舒服。他们所要的礼物，并不是贵重的物品，夏天可送西瓜，冬天可送洋烛、洋油、桶腌肉、酱菜之类。我们的食物是自己备带、自己烹饪的。当吃饭时，请蒙古人各人吃一点，他们是很欢喜的，更可以等我们吃罢之后，把锅内剩余食物送给他们吃，甚至于把自己吃不下去的残余东西，倒在蒙古人的碗内，他们也是欢迎而大吃特吃的！

所喝的水是很清洁的井水。凡有蒙古包的地方，必定有井，井深不过两三丈。井旁有木质水槽一个，为骆驼、羊群等饮水之用，又有布囊一个，囊上联系着粗麻绳一条，约八尺长，此囊即是汲水的器具。布囊、木槽都是公共之物，谁都不会占为私有的。

他们虽有井水，可是懒于洗衣和洗澡。他们的身体、衣服十分肮脏，挨近他们时，闻得着一阵羊酸气。他们洗脸不用脸盆，仅将小木碗舀半碗冷水，先吸水入口，其次吐到手掌里，其次以手掌摩擦面部，吐水、摩面是同时举行的。

我们现在与蒙古人接触了，也学会几句蒙古话了。最普通的话是"赛白那"和"门搭鬼"。"赛"是当"好"字讲，"白那"当"有"字讲，"赛白那"就是有安好之意，换句话说是"请安"二字。"门搭鬼"就是说"不知道"，凡蒙古人和我们讲话，我们往往以"门搭鬼"答覆他们！

至第八日下午一点钟的时候，我们到一个蒙古包的地方，离库伦有四十里之远，肚里觉得很饿，就下车走进蒙古包，要想弄些东西吃喝。在那里看见两个蒙古妇女、一个中国男子。我们自内蒙边界起至此地，约有三千里，只看见蒙古人百余人，而没有遇见一个中国同胞，就是树木咧、房子咧、牛咧、猫咧，也绝无而仅有。这里的中国人，虽然还未剪辫，身穿蓝布棉袄、棉裤，是一个没有什么智识的老百姓，我们也当他为知己朋友，要和他畅谈一番。他在此地已有十余年，而从未回家。他与蒙古人说话，像很熟悉，可是没有忘掉祖国的语言。某同志问他："你娶蒙古老婆没有？"他说："没有。"又问："你和蒙古女人一块儿睡觉没有？"他说："蒙古女人是乱七八糟的，随便谁都可以和她们睡觉的！"

将近库伦，看见很多的山，山上有许多树，名曰"神树"，是禁止采伐的。又有金山，山中金矿极富。

我们在沙地大海里走了七八天，见不着什么繁盛地方，一到库伦——外蒙的京师，许多房屋和我们的眼帘接触，自然觉得好像别有天地，喜不自胜。此地蒙古人不像途中蒙古包内的愚蠢，一对蒙古儿童穿着西式短服，对腿而走，如西洋人走路的步伐整齐，又有两个蒙古女子，也是对腿而行。

一回儿，我们到蒙古税关，等候了半点钟，跑来三个蒙古兵，身穿深黄色的皮制服，十分魁梧，将我们的行李统统拿下来逐件验过，箱子里的衣物，也翻出来检查，查完之后，他们帮助我们捆好。某同志携带一个望远镜，又有一只皮箱，钥匙丢了，不能揭开，就被他们暂时扣留在关上，以备负责的办事员回来查验。约定如非违禁物件，则明日送到国民军代表驻扎地，但到晚上，他们就将原物送到我们那里。先到库伦的同志问我们蒙古人检查行李如何，我们说："他们检查我们的行李，虽然是很仔细的，不过查完之后，还替我们收拾，态度还不错。"他们说："昨天蒙古人对我们大发脾气。"我们以为昨今两次来的人，都是中国人，都是参观团，何以前倨而后恭呢？他们说："其中有一个原因，因为某副官自以为库伦政府与国民军有些友谊，他既没有护照给他们看（护照由鹿同志保管，而他的汽车最先到库伦，以致后来的车都没有护照），又没有和他们声明清楚，不待许可就想动身。他们因此大发脾气，将一切行李完全检查，任意翻掷，简直不成体统了。"某同志看见蒙古人这种举动，很是生气。他屡次说："中国只要派遣十万雄兵到库伦来，看他们再能像煞有介事否。"

二　外蒙的今昔观

自五原到库伦，若是汽车不出毛病，没有意外的耽延，只要四天就可达到。我们因为所坐的汽车时常要停顿修理，所以走了七八天哩。到了库伦，因各种手续没有办妥，一时不能继续西行，我们趁此闲暇，就一方面参观，一方面访问，以满足我们的智识欲。好在很有几位内蒙同志，如霍冠生、金某、陈某等，已在此多年，对于外蒙的前前后后，知之极详，而言语又无隔膜。因为他们的原籍多是热河，而在北京蒙藏院求学或毕业，现在或已入外蒙古籍，或在库伦办公。又有中国同志如陈继淹、张允荣等也是熟悉外蒙之人，给我们不少的材料。

中国自有历史以来，曾亡国两次：第一次是元朝，中国亡于蒙古人；第二次是清朝，中国亡于满洲人。元朝版图之大，为中国空前所未有，可见蒙古人当时万分强悍，东欧洲人士都怕蒙古人，叫他们为"黄祸"。曾几何时，蒙古人为什么如此衰微呢？这是因为前清康熙皇帝用了一个极巧妙、极恶辣的手段，叫他们自己灭种。他拼命提倡喇嘛教，给喇嘛许多权利和虚荣。"喇嘛"二字是"无上"的意思，表明喇嘛的地位是再高尚没有了。蒙古人不知康熙的用意，反而信以为真，拼命去当喇嘛！一家兄弟五人，倒有四人去做喇嘛，过那寄生虫的生活。喇嘛教是主张独身主义，不许喇嘛娶老婆的，于是赋闲的怨女，剩余得太多了。这种怨女和喇嘛的生活——独身生活，都是反乎自然的性欲，哪里会守贞抱璞？其结果为喇嘛、怨女都要吃天鹅肉！夫妇期限，或半年，或三月，或几天，随便离合，一夫多妻，一女多夫，性交自由，弄到大糟其糕，以致杨梅疮滋蔓难图！近来蒙古政府招壮年之兵，查验身体，害梅毒的，有百分之八十七。若以老少男女平均计算，患梅毒者，约百分之九十八！因喇嘛的不娶妻，蒙古人性交太滥，和梅毒的蔓延，人口的统计，当然有剧烈的减少。当康熙时，蒙古人（专指外蒙）有一千二百万，至蒙古独立时，只剩下五十万。现在因有布蒙人（布利亚脱蒙古人之简称，他们在外蒙之西，属苏维埃联邦）迁移进来，共有八十三万人。

满洲政府既然如此待遇外蒙，又因鞭长莫及，不去注意他们，他们就在民国纪元前一年独立。后来徐树铮带兵前来征伐，他们就取消独立。民国六年，俄国革命，白党不能立足于本国，想在库伦立一根据地，以便反攻红党，就将中国驻库军队打败和驱逐。民国十年（？），红党到库伦来驱除白党，叫留俄求学之外蒙学生回国组织政府。

蒙古人是最服从和信仰活佛的。当徐树铮在库伦时，曾向活佛借款二十万元，活佛许以向蒙人转借。他马上泄漏自己无款应付徐树铮、盼望蒙古人转借二十万的意思。蒙古人一听见这个消息，无论男女老少、智愚贤不肖，争先恐后来贡献金钱于活佛！不满四天，二十万元如数缴足。活佛的魔力如何的大呵！蒙古人害了病，即向活佛许愿说："如蒙活佛保佑，转危为安，愿将一切财产奉献于活佛！"一旦病若痊愈了，就把所有的银钱、蒙古包、锅镬、桌箱、器具什物、羊群等，破破烂烂，统统送到活佛那里！就是他手指上戴的银戒指，价值不过两三毛钱，也不敢留下，恐怕得罪活佛！弄到一家精光，然后出去要饭，以为虔诚！

照喇嘛教的道理，或按普通人想起来，活佛为一教之主，喇嘛的首领，一定是一个至圣至洁的模范，非常规矩，不近女色，不犯奸淫的。岂知大谬不然！他的正夫人、如夫人、情人等等，总有五十余人之多！他虽是活佛，连杨梅疮也不会避免的！连自己的杨梅疮也不会医治的！倒反把他两只眼睛也都因梅毒而烂瞎了！

至于活佛的来历，也很有趣味，值得我们注意的。前清时，中国常派一个驻库办事大臣住在库伦。前任活佛一死之后，就有三四家蒙古人向办事大臣报名说："我家生了一个男孩，是活佛转胎——继任的活佛。"其中一家要送十万元给大臣，大臣即将那家小孩的姓名复写数票，预先放在一把金壶之内，约期当众开壶。蒙古百姓不知其中的捣鬼，也不敢近前去监察，由大臣自己以金筷夹出一票，乃朗声宣读新活佛的姓名，且放礼炮二十一响，将新活佛的姓名等榜示于外，活佛就从此产生！活佛最怕中国更换办事大臣。新大臣上任，活佛一定要大大孝敬他，换句话说，"重重贿赂"。不然，大臣要暗中贡奉毒药，请活佛早早上西天佛国里去享福，然后他老人家可以得那继任活佛的十万元呵！

蒙古政府知道活佛一切把戏，也知道蒙古人民如何信仰活佛，于是利用活佛的金字招牌来发号施令。活佛一见蒙古政局大变，自以为活佛的金饭碗要被打翻了，活佛的地位要打倒了，战战兢兢地在宫里等候新政府宣布他的塌台。岂知乎新政府却和他谈判，愿尊他为皇帝，将蒙古改为帝国。但是有一个条件：凡国会通过的议决案，皇帝只管宣布，不得批驳或修改。活佛一听他尚有做皇帝的威风，已喜出望外！还管他什么批驳不批驳，于是一口答应，从此一切新政，都以活佛之名宣布。而蒙古人因活佛高高在上，凡以他的名义发出来的命令，当然甘拜下风，一致服从。

外蒙古有两大障碍物：一是喇嘛教，一是王公制度。王公们是压迫阶级，他们是地方上的大地主，也是封建式的君王，可以袖手而享富贵；一般小民畜牧、耕种，千辛万苦，反因种种剥削，生活十分困难。王公看见某家儿童生来伶俐，或要到远方去求学，他怕他学成之后，要来革他的命，便不管他的父母意见如何，把他弄到王公府中，做他的奴隶，使他永永不见天日！

蒙古政府要想打倒王公，不敢进行太快。外蒙的基本组织为十户，这是最小的单位，十户有十户长；以上有五十户，亦有长；一百五十户，名之曰剑（古时传令以剑为符号，故曰剑），有剑长；剑以上曰旗，有旗长，一旗至少有三剑，至多二十六剑；旗以上有盟，即是中国的省。外蒙共有四盟，盟有盟长。自十户长至盟长，都是选举的。国会当初立法，王公之比较贤明者，可选举为旗长或盟长，后来改为凡王公概无被选举权，再后来以活佛的名义，取消王公制度，现在王公已无选举权，还将他们的产业重重抽税，以后也许会共他们的产！

活佛左右的喇嘛看出活佛只有虚荣而无实权，因此极为不满，暗示于活佛，请他想想法子。未几，被隔壁乌（又译为内防处，是侦探机关，以镇压反动分子的）调查出来，立将有关系的喇嘛十六名一律枪决。

前年那瞎眼的活佛患病去世，蒙古国会商议，究竟还要有继任的活佛不要？国会议员都知道活佛是骗人的东西，可要可不要。当讨论的时候，只有两位议员说"可以再有活佛，做号召百姓的人物"，意思也并不坚决。等到付表决时，议员二百七十余人全体一致通过废止活佛，改蒙古帝国为蒙古民国。我于中华民国十五年十二月在街上看见华文的布告上有"蒙古民国十六年"字样，这是从最初独立时计算的。

某日我和三位同志前往活佛宫去参观，有霍冠生同志为领导。宫的背后，环山为屏，宫前有一片平原草地，风景很好，夏天十分凉快。佛宫有好几处，相隔有半里之遥，大半已改为校舍，形式像中国北京的清宫，而规模较小。宫门上画有执戟之武士二人，宫内空虚，正预备改为博物馆，一部分屋内，已有许多动植物标本。院子里有活佛御用的蒙古包，该包比较普通的包大得多，中央特装四根柱子，上有盘龙的花纹。据说当活佛在世时，有卫队五百名保护他，有很多蒙古人在佛宫面前，步行兜圈念经，以表敬佛之心。

我们又参观几处喇嘛庙。庙宇非常之大，屋上都有楼阁和金顶。庙中大小喇嘛很多，念经时，盘膝而坐，声音多属鼻音，有喇叭、锣钹为乐器。休息时，有一人携茶桶（铜质，长圆形，二尺余长，有耳为手提），在各喇嘛之前走过，喇嘛每人都从怀里取出一只小木碗，受茶而饮。念经既毕，则出外至露天蹲踞大便便溺，习以为常。

庙门之前，有圆帐蓬若干，男女信士在那里兜圈子念经。又有木板若干块，大小等于床板，蒙古人竟俯伏在板上连连叩头。板面上因多年的摸索叩头，异常光滑，叩头之处，已成凹形，将来必有叩穿木板之一日！

道旁又有小屋，屋内陈列佛像，像之前有木栅为栏。敬佛者瞻拜之余，往往将瓦片，或砖块一方，或布条一条，放在木栅的框上，这是供佛的礼物！

尚有祈祷轮，形如走马灯，不过他是用木头做的，染以红色，上有佛像，轮有六角，高约一丈，中贯木柱，可以旋转。该轮有木板屋，以庇风雨。走路之人常常到屋内去，将祈祷轮转动转动，跟着它兜兜圈子，就算是祈求佛爷保佑他们的。

有一天，是杨七郎诞日，许多喇嘛都到一片空地去集合。彩绸的万民伞和锣鼓等很多。喇嘛念经之后，依次坐于地上，蒙古妇女多带上煮熟的面条，倒在喇嘛的碗里，他们拿到就吃。居中有一个台，台上有一匹纸马，马上骑着一个纸人，代表杨七郎。两旁立着两个人，手里各拿一个长柄的布球。台的四周围有蒙古兵携枪排队站立，维持秩序。一回儿，喇嘛们纷纷走到台旁，脱帽低头，请台上的人拿布球触他们的头。如触中了头，就算得了福，是很快活的，否则就算倒霉！他们上去受球触的人太多了，过于拥挤，就有两个人拿老虎尾巴对着他们身上乱打，他们方才纷纷走开。

现在蒙古政府有反对喇嘛教的决心，但喇嘛教在蒙古根深蒂固，势力当然不小，若用过激的方法来限制它，恐怕不容易收效，乃在宣传上用破除迷信的工夫。蒙古学校已设立不少。蒙古青年初入学校时，都携带小佛，在学校一住几个星期，听教员和同学的谈话，又看了新文化的戏剧，他们自然而然把以前所崇拜的小佛都掷在厕所里去了！

外蒙当局又用以下三个政策来应付喇嘛教：（1）派人向年长喇嘛们讲演，劝他们要按喇嘛教的本意，真正清心寡欲，不要和妇女亲近。他们于是分成两派：一派是不要妇女的，一派是仍要贪色的。他们自己分裂起来，团体不坚，政府就比较从前易于对付他们了。（2）由青年团每星期一二次向青年喇嘛演讲喇嘛教种种黑幕，他们因此觉悟而脱离喇嘛生活的很多。（3）国家立法：凡不满十四岁而没有在初级小学校毕业的青年，不许当喇嘛。这样就截止喇嘛的来源。一般老喇嘛对于当局这样的设施，大不满意，可是无可奈何！不但如此，以前外蒙是政教混合的，当喇嘛的有种种权利，而没有义务，现在呢？政教分离，喇嘛的土地也得纳税，与非喇嘛一样。前年某地喇嘛五百余人一致抗税，政府中若干要人就到他们那里去调查，叫他们派几个代表来谈话。他们不派代表，一齐拿起石头来对着政府中人乱投！政府连忙用严厉的手段来镇压，将他们两个领袖枪毙，将其余的喇嘛分别监禁，有的监禁六个月，有的监禁三个月不等，依他们暴动的程度而定。

蒙古的党是国民党，不过蒙古人是摹仿苏俄的，终免不了染着一点红色。中央党部委员长名曰旦巴，是外蒙古最著名的人物，他的口才是很好的。外蒙国民党的威权是很高的。某巨公曾赠送五千元给旦巴，他正在考虑应否接受时，一般党员已萌攻击之意，他立将那五千元交给政府，不敢占为私有。我们到库伦时，他刚出国去游历日本（？），他的任务由加旦巴氏代理。加旦巴是一个很明白党务的能人。

政府的产生是这样的：先由国会议员二百七十余人举出三十人。此三十人，或由议员中选出，或由非议员中选出，都可以的。此三十人中，又公推行政委员会委员五人，内阁总理及各部总长等等（有内务部、外交部、陆军部、教育部、司法部、财务部、经济部——主管生产、商务事宜，使国家经济充实——等）。现任行政委员长（如大总统）名曰钝耿，已连任了三年了。他的学问不大高深，但肯虚心研究，而又十分忠实，只要他知道某事应办，他就毅然决然地实行出来。内阁总理车某已六十余岁，穿的衣服也很不讲究，但他的脑筋是很新的。政府里面有三个要人（车总理是三者之一），政见是一致的。所有应办的政事，他们三人总是预先考虑商量，然后再提出于会议讨论表决。政府差不多每天开会，无论大政小事，都要由行政委员会通过，委员长一人不得独断独行。例如我们要参观军官学校，要等他们的委员会表决之后，才给我们切实的答覆，再约定时间去参观。

政府是听命于国会。国会所有一切议案，党部必须预先讨论通过，然后交给国会里的党员。国会议员约有二百名非党员，七十余名党员。因为党员预在党部里详细研究各种议案，什么利弊都很明白，在国会里讨论起来，当然说的格外动听。而党员又是意见一致，不像非党员胸无成竹，随风转移，所以国会的议决案，终不出乎党的范围。政府中人员都是党员，他们一定要在党的指导之下进行一切，不能由他们自作主张的。

蒙古宪法的原文为蒙古文，尚未译成华文，故不能知其内容，但知其第一条是"……以共产主义为目的"。

人民之中，凡当喇嘛或有值三万元财产者，概不得有选举权和被选举权。这些被剥夺选举权和被选举权之人，并未注明王公在内，但是有值三万元财产者，决不是平民，一定是王公，王公当然在排斥之列。

库伦仅有银行一家，就是蒙古银行，是国家设立的，生意颇为发达。除例假外，每日办公钟点为自上午九时至下午四时。我们去汇划货弊〔币〕时，若在下午一点之后，银行人员必说："要等到明天了。"因为汇款堆积太多，若再接兑，至四点钟还不能完结。我们汇一次款，总要在银行里守候两点多钟，才能完其手续。银行里办事员有蒙古、中国、俄国三国之人。在午饭时，送派面包和茶的人，是一个俄妇。应用的文字，以蒙文为主，其次为俄文，其次为华文。外蒙纸币都在这个银行兑现，信用很好。蒙古纸币、蒙古银元和中国银元三种，都是一样通用，毫无折扣。不过中国银元的重量为七钱二分，蒙古银元只有五钱。中国铜元在库伦的价格，原来与在中国的差不多，近来蒙古政府屡将它的价格压抑下去，现在每元可兑中国当十铜元五百余枚，将来非如数抵制不可。苏俄的纸币、银币、铜币在外蒙境内，都不能通用。外蒙自己除纸币外，有银元、毛钱、铜元三种，上面刻有国徽。国徽像以下之图：顶上是日，其次是月，此二者代表天，当中太极图代表蒙古民国，下层一画代表地。外蒙的国旗，就用这个国徽，再加上一块红布。

库伦商店要算华商最多，次为俄商，近年俄商较前增加。蒙古政府已在库伦设立国家商店——协和公司，其中百货俱备，规模很大，凡重要任务，都由蒙古人担任。货价较为便宜，因它不出房租——房屋是公家的，而一切商税谅必可以减少，所以协和的贸易是最发达不过的。最近蒙古政府又要禁止华商开设旅馆，另辟国家旅馆。国家旅馆的房饭费等特别低廉，即使华商旅馆不被勒令停歇，也是不能和国家旅馆竞争的。

外蒙的捐税是非常复杂的。商家应纳的捐税，约有七八种，如营业税、人头税、印花税、房捐、进口捐等种种。捐税的原则，是合乎累进税的。换句话说，凡营业愈大者，捐税愈重，营业资本在五十元以下者，免捐免税。进口税税额，抽百分之五十或百分之三十不等。税局抽税时，不按发货单上所开之价为货价之标准，是由局员自己随意规定。举一个例子来说：某商由张家口以汽车运来货物一批，内有铜墨盒一物，照原价每只墨盒为两毛钱，蒙古税局局员说它值一元，按百分之五十抽税，每只应纳税五毛。一批货物总算起来，应纳税五百六十四元。货物扣留于税局，等到某商将五百六十四元交付清楚，然后由他取货。俄商要在外蒙做买卖，也与华商同等待遇。以中国这样大而古的国家，外货进口，只纳税百分之五，和附加税百分之二·五，货价还不能照当时市价，却以一二十年以前极便宜的货价为标准。不料一个小小蒙古而能关税自主呀！

库伦的华人是很可怜的，他们没有本国领事照看他们，偶有争论，只由中国商会调解，如商会调解不了，则由蒙古机关判决。库伦没有什么华文报纸和中国学校。一般商人也不注意中国时局，不懂什么革命不革命！蒙古某同志买了许多本的《三民主义》送给库伦华侨看，他们也不去理会。某商号掌柜将一学徒托他教育，他送给学徒《三民主义》一本，对他讲解讲解。掌柜知道了，就说学徒"赤化"了，把他辞歇。某同志大为反对，掌柜当时即收回成命，后来暗中将该学徒送至远方，不知去向。某同志要想起诉，但因为有商会董事出来再三说情，就算了结。

库伦街市每日在上午九时开门，下午四时关门，星期六下午二时歇业，星期日休息。一到关门时间，警察即吹警笛，商家马上关门结束。

蒙古政府每年收入约八百万元，教育经费占百分之三十。库伦所设学校，有电报学校、军官学校、军医学校、内防处学校（外人不许参观）、小学校、中学校、大学校等。这些学校最早的不过办了五年。中学校学生尚未毕业，而大学校势不能成立，故大学校仅有其名，其实为一师范学校。蒙古当局因要普及教育，正在用大规模扩充师范学校，以造就相当的教员人才。所有学校都是男女合校，完全免费。一般学生的程度尚浅，所用课本，都是以蒙文为主（蒙文的字母与日本字母相同，或谓日本字母是从蒙古移植过去的），每星期教授俄文四小时、华文六小时，有些学校的功课表内，毫没有俄文的。蒙古儿童是很聪明的，他们能做铜锁，十分精致，比机器制造的还好，每把锁的钥匙是各别的，用此锁者不容易失窃。故蒙古机关所用之锁，不要西洋锁，而要蒙古学生自制之锁。

某日我们至军官学校参观。由校长（蒙古人）、教官、俄顾问等引导，并说明该校之内容。新校舍落成仅仅几个月，系洋式楼房，其结构颇合实用与卫生。此校成立于五年之前，当初是速成性质，曾毕过两次业，现在已正式进行，内分骑科、炮科。蒙古因地势关系，不设步兵科，骑兵下马，就是步兵，不久还要添设机关科、航空科。目下炮科学生有六十一人，骑科有一百零九人。初入之学生先入混合班，数月之后，才选择程度较高者入军官班，特别训练。在校学生与兵士同等待遇，每月除供给衣、食、住外，每人只给零用二元几毛。两年毕业，军官班毕业后，充当连副，帮助连长工作。此外尚有两班：一为补习班，专收已在军队中服务之军官。他们于军事上，只知其然，而不知其所以然，虽有经验，而缺乏理论，故加以补习九个月，再出来当官。他们升官不讲资格，只要有本领，马上就升，且可越级高升，如犯过或怠工，立刻降职，毫不客气的。一为党务班，此班学生由普通学生中选其身体强健、军事学优等者训练之。功课除军事训练外，有党义、党史、第一国际、第二国际、第三国际之沿革等等。学生有三十一名。两年毕业，毕业后充当军中党代表或政治工作员，如政治工作没有位置，就充军中教官。因为他们于党务、军事，是同样擅长的。校内有列宁室，室内有列宁等肖像、各种图表书籍，以便学生课余研究。教官二十余人，俄顾问六人。

库伦近年设立一个国民公园，开办费花去七万元之谱。

　　库伦的宗教、党务、政治、商业、教育的大略，既如上述，还有几件事情，虽似琐碎，却很有意义。故拉杂纪之如下。

　　我到照相馆（华商）去买蒙古要人的相片，馆中人都说："非得蒙古机关许可，是不敢出售的；若要买活佛、扣扣（蒙古处女）、破靴（出嫁之妇）的照相，是可以的。"我连走三家照相馆，看见它们玻璃架内，都有蒙古重要人物的相片；可是要买的时候，都遇着同样的答覆——不敢卖，究竟没有买到。

　　蒙古政府对于婚姻制度的改良，也予以相当的注意。他们一方面用演戏、演讲的宣传，叫蒙古男女注重一夫一妇制度。不论蒙人、华人、俄人，任凭选择一个，不当继续那种随意离合的旧恶习。一方面命令凡至二十岁的女子，非嫁不可。但婚姻流弊，由来久矣，非短时间所能收效也。

　　蒙古男女常在街道上——甚至在热闹的大街上——蹲下来便溺，既不讲公共卫生，也未免不成体统。公安局为禁止随意便溺起见，定了一个办法：凡逮捕一个沿街小便之人，即赏以罚金之七成。初次小便者，罚两元，逮捕者得一元四毛，公安局得六毛；第二次小便者罚金加倍，逮捕者赏金也加倍。有些游手好闲的人，老在街上侍候女子小便，一天提往〔住〕五人，就得赏七元，的确是一桩很好的生意！

　　我们对于俄、蒙的关系，是很注意的，与人谈话时，无不详加询问。约略说起来是这样的：（1）政府中人与各机关负责人员，都是蒙古人；（2）各机关大半有俄国顾问；（3）外蒙与第三国际似有关系。

　　库伦居民共有二十一民族之多，人口约六万余人，其中中国人约有二万人，蒙古喇嘛二万人，蒙古平民、俄人、犹太人及其他民族约二万人。

　　参观团领袖鹿瑞伯在库伦应酬既毕，我们各人的护照既都办

妥，西进的汽车也同时雇就，我们就离库伦向恰克图出发。途中
有旅馆，大半是俄人开办。房屋材料都是木质（将圆木骈立为墙，
以代砖石，在库伦之屋已是如此），可见此地森林丰富，木价极
廉，和库伦以南不同。室内也还清洁，所用杯碟碗盘，也已有些
西洋色彩，与蒙古包的气象大不相同。地土尚肥，人口较密。居
民除畜牧外，兼有务农之人，中国人在此地耕种者，亦颇不鲜。
由库伦至恰克图约五百里，沿途厚雪铺地，汽车很难开驶，以致
走了三天，方才到达。

　　我们到了恰克图，又耽延两天，以待汽车之后至者。在耽延
时，即出去探问华侨。此地华侨在十年前是极繁盛的，只因俄国
白党与中国驻蒙军队开仗，及红党驱除白党，将所有街市毁坏殆
尽，现在之房屋多是近年建筑的。华侨遭此兵灾，非常狼狈，损
失也极多，目下剩余华侨，只有八百人左右，都没有受什么教育。
他们的光景，是十分萧条的。

　　我们在恰克图所住的是俄人所开的旅馆，房屋器具及一切装饰
尚为雅致，所吃的饭菜，也很可口，而服务的人，都是女子。她
们的工作，颇为努力。但是寄宿费甚为昂贵，普通房间每人每日
两元，特别房间每人十二元，连膳费在内。

　　参观团诸同志齐到恰克图之后，即向上乌丁斯科出发。恰克图
是俄、蒙交界之地，边境只用木栅为界限，那里有一稽查处。该
处有蒙古兵，能通蒙古、中国、俄国三种言语。我们共坐汽车四
辆，三辆先到稽查处，一辆因为有事在后停顿。我们先到者就在
那里等候，看见俄、蒙人来往都拿护照出来查验。有一个俄国青
年，年约十八九岁，状似工人，由蒙境而入俄境。他坐一辆马车，
并没有什么行李。蒙古兵上前盘查，他就呈交执照。蒙兵拿到执
照阅看还不够，又检查他大衣的衣袋，以及身上衣服所有的衣袋，
并且仔细摸他的全身。这位俄国青年毫未抵抗，只听其搜索而已。

刘燕泉同志看见这种情形，就说："倒还气得过！……"回想外人入我中国境界，关卡上人员差不多都不敢看他们的行李，何况搜查他们的身子？只拿谄媚之声，乱叫"洋大人"罢了！

三　由恰克图回至宁夏

本篇题目是《外蒙游记》，记载恰克图以西之事，势必俟诸将来，务请读者原谅。现在且先记些由恰克图回至宁夏的经过。

我们于民国十六年三月十九日晚乘火车离莫斯科，六日而回至上乌丁斯科，鹿瑞伯一人即坐飞机先至库伦，路程计一千二百里，某日下午二时乘飞机动身，当日下午六时我们已在上乌丁斯科接到鹿的电报说："已安抵库伦矣。"

未几，我们就坐汽车回至库伦，再由库伦奔宁夏。途中前半段坐汽车，后半段坐骆驼。以为五原那条路，已被张作霖部下占领，不得不由甘肃北部绕道而归。我们现在是向着西南方而行。这条道路是新近探出来的，道上连蒙古包也少见，我们自己随带布帐、铁锅、面包等物。每辆车所坐的六人，编为一组，公推组长一人，发号施令，其余或搭帐篷，或铺被褥，或做菜，或拾粪——燃料，或烧火（加粪，看守食物煮熟否），或洗碗筷，各司其事，分工合作。我们起初怕走这条难行的路；到了实逼处此，身入其境，倒也觉得趣味横生！

途中一小部分黄沙颇厚，汽车经过，必须坐车的人统统下来，将携带的木板、皮褥等铺在车前沙上，由许多人将汽车前拉后推，才能活动而过去；有时将道旁的矮树、硬草拔下来，横列在沙上，也可以使汽车过去。

这些地方有一种野兽，名叫黄羊，形状如狗，后足较高，身黄臀白，往往有百余横列一排而奔。某同志前日在此经过，曾用洋枪打死它们，每日可得五六头，烹而食之，其味甚佳。

在途中昼行夜宿，四天至白申图。此地有华商两家，都用蒙古包为店屋。我们再由白申图继续前进，又四天而至沙拉子庙。那里有华商一家。喇嘛庙的屋宇，与喇嘛的衣服，皆甚洁净，或者因离中国已近，与中国人易于接近，故得沾染中国比较清洁之风气。

由沙拉子庙至宁夏是骑骆驼的。骆驼跨步甚大，它的背峰按其步伐而时高时低，骑骆驼者的身子，就要摇动，如鞠躬一般。那么，我们的腹部，自然有一种运动，所以吃了东西下去，不多一回，就饿起来了。

某日，我们到达一个地方。那里有蒙古包五个，我们的一组，占领一个包。包主没有在家，包门也没有锁，包内应用什物、衣箱等，都像有人在家那样的布置。次日我们离开的时候，主人还没有回来。当地的华侨告诉我们说："蒙古人常常全家十几天的出去放羊，或做其他工作，家中虽无人看守，也不锁门，是没有人来偷东西的。就是你们把所有行李，整整齐齐地放在蒙古包外露天之地，十几天不去动它，也没有人来偷的。"这比"夜不闭户"，岂非更进一步么？

又至一地，见蒙古人拿拾来之粪，打成粪砖，面积约二方尺，厚约四寸，砌成很大的围墙，好像大家的坟墓上周围的墙垣，墙内放些草料。那一天，我们免了拾粪的工作，仅将粪砖打碎，以煮食物。

后来离中国愈近，即见中国式的房屋，内有陕、甘二省人为商。他们招待我们，且说："中国人在此地常被蒙古人招为女婿。"又指出他们一个同伴说："他就是蒙古人的女婿。"大概在外蒙沙地里营业的商人，都是中国北部之人。他们贩卖米粮油盐，得些利润。外蒙交通不便，地旷人稀，时起狂风，尘沙塞目，为商者有特殊的艰苦，他国人恐怕不容易忍受，因此在外蒙古野外为商者，只有我勤俭最著之中国同胞而已！

此地自开天辟地以来，从没有汽车经过。国民军代表或人员由库伦回国者，因五原那条路不通之故，即假道于此地。有时或坐汽车而行，蒙古人初见汽车，大惊失色，纷纷迁居，过了几星期，渐知汽车不害他们，才敢出来瞭望汽车！

蒙古人一死，其家属必请喇嘛念经三天，然后将死人身上衣服完全脱下，扛至野地，上盖白布，用石头五块压在布上，以待狗来吃食！如狗不来吃这尸身，则以为死者罪大恶极，连狗都不要吃他的肉了！心大伤悲，再请喇嘛念经，务必请狗来吃。有时狗竟不吃，尸身尸骨，暴露野外，万虫出入其间，令非蒙古人见之，无不心悸肉跳也！

由沙拉子庙至阿拉善走了八天。此地是中国地界了，就有棺材和坟墓接触我们的眼帘。

我们在外蒙地方走了许多日子，看不见河沟、树木及中国妇人和孩子，有时走了几百里地，见不到一人一屋，精神上寂寞极了，更谈不到要看什么报纸、函电，所以我们想见中国的心，格外热烈了。及至阿拉善街道，眼见了我国男女老少、店家住屋、草木河沟等等，真正快活之至！那一天，比新婚之日，还快乐得多呵！

再骑骆驼两天，我们就到宁夏，寄宿于国民军北路总司令部，因得闻南方已以严厉之手段清党了。六月十九日，冯玉祥与蒋介石等会议于徐州，实行合作，于是改组国民军政治部，令共产派分子完全退出；而在国民军之俄顾问乌斯曼诺夫等，不久也都回到苏俄去了。

四　末了几句话

著者在外蒙日子不多，所知有限，语体文又不大内行，所纪述的当然不能尽如人意。中国的背景和现状，与外蒙大不相同，我们要建设"新中国"，自然不必抄袭外蒙的文章。但若将以上所纪的思索一下，也未尝不可为研究今日国际情形的细壤之助，未尝不可给国民党同志们一些参考的材料，也似乎与同胞们有一些勉励罢！

一九二七，一一，二七，于郑州

《东方杂志》（月刊）

上海商务印书馆东方杂志社

1928 年 25 卷 4 号

（李红权　整理）

阿尔山旅社记

张子赓　撰

民国十六年冬，余应黄君序东之约，往海拉尔之驻在地，为之掌记室，住阿尔山旅社，而不知阿尔山之真诠，及旅社命名之所在，一日遇亭长而问焉。亭长者，蒙古人，操汉语，轶其名，博学多闻，盖隐君子也，甚重视余，乃详以告余曰：

"阿尔山者，蒙人称神泉之转语。此旅社为往阿尔山浴者之休憩所，由此往南，约六百华里，仿佛半亩方塘，天然泉水，温者、冷者，四十余区。泉之所在，周围不及方里，祁寒之候，温泉出浴，仍是汗流浃背，溽暑之时，冷泉濡口，愈觉清可沁脾。夫以不及方里之地，而泉之温冷悬殊，冬夏不变，斯诚神矣。诸泉之底，砌以石条，因其温冷，筑崖以域之。入泉而浴，坐者水仅及肩。当盛夏时，水面石底，生有苔痕，愈形潋滟。温泉疗治筋骨病、皮肤病、肠胃病，均著神效。泉崖各立标石，上刻满文，谓某泉治某病，俾入浴者一览无遗。相传清康熙中，圣祖巡狩于此，忽起一鹿，射贯其胫，欲逐而获之，见鹿奔入泉中，游泳以出，挺而走险，不知所之，若未受巨创者，圣祖异之。据此而论，殆为发现神泉，及判知其能医病之始，莫非神泉使鹿效灵于圣祖之前，借圣祖射鹿，以显神泉之用？天不爱道，地不爱宝，甘露醴泉，即其征也。推之泉底之砌石，标识之植立，造端于此时乎？亦未敢为定论也。至于旅社之由来，往年蒙古都统署成厅长、呼伦警察厅郎厅长，互相提议，谓此神泉，名闻中外，历年夏秋之际，蒙人、俄人入浴疗病者，以千百计，然而中途沮洳之场，交通不便，泉之附近，当地土人，临时结构桦皮矮屋，以便浴者之栖迟，易就朽毁，无裨实业，惧胜地之不常，思甘泉之普渡，于是商之矿务局经理海埠之实业家傅显亭君，谋旅行之便利，期宾至之如归，遂乃鸠工庀材，相地之淤淖，修成栈道，傍泉之高原，筑起板屋，又于海拉尔之西街，设此旅社以为浴者往来之休憩所，锐意经营，不遗余力，而长途汽车商行，亦及时兴起。计由夏节至秋节，为浴者往来极盛之时期，朝发夕至，人人称便，既忘行路之难，又免旅居之苦，将来交通、实业之发达，更未可量。为政在人，成、郎诸公，殆所谓先觉者与?"

余闻亭长之言，自愧学殖久荒，不但地质、医学诸科，素无研究，即清圣祖射鹿一事，亦未之前闻，泚笔记之，以志余海拉尔之行，有裨见闻，并告世之患病者，知所问津，而阿尔山之真诠，及旅社命名之所在，借此得以传焉。

《蒙旗旬刊》

沈阳东北政务委员会蒙旗处

1929 年 1 卷 8 期

（李红权　整理）

西北考查团经过

——徐炳昶之报告

徐炳昶　报告

文学院分院于昨日下午二时请新由迪化归来之徐炳昶讲演西北学术考察〔查〕团经过，到会者为刘复、沈兼士、李书华、李麟玉、张凤举等五十余人。由李书华致欢迎词，谓："今日为文学分院欢迎徐先生之日，徐先生声望，无须余之介绍，至此次徐赴西北考查，费时两年之久，行经万里之远，考查所得，与中国学术前途，有极大之价值，极望徐先生为详尽之讲演，以广所闻云。"次徐炳昶讲演，略谓：

余才归来，对于此次工作材料，尚未十分整理，贸然允许张院长之请，实则此种讲演，如有幻灯及影片方好，今因未曾预备，只将大略谈谈而已。

（一）西北学术考查团之组成：西北学术考查团，为数个学术团体所组成，中国人十人，欧洲人十九人，此旅行出发时情形也。

（二）旅行及考查情形：十六年五月九日，中国团员，由京绥路出发，十日到包，与欧洲团员在包者会集。廿日始北行，一路尚不乏村落，行六七日，至乌兰察〈布〉盟茂明安旗草地，购备骆驼，以为西北行路之用。此时正为国民军败退之时，土匪蜂起，颇感不安。廿日二至鄂博庙，是夜风极大，天极寒，土匪与我们相距不过二三十里，我们只欧洲人十七人有武器，中国团员则无。初团中规定，团员轮流值夜，无〔每〕次二人，是夜增为四人，皆为中国学生，欧人以中国学生，未经战事，遂又加欧人四人，并对于防御计划，妥为预备。戒备一夜，幸未发生事故。廿八日到哈纳河。被〔彼〕处所谓河者，水并不多，且因雨忽有忽无。本团在此住约两月，补充购置一切。团员黄文卿〔弼〕等并拟于此时东去至贝勒庙作寻净洲〔州〕故城工作，于七日廿二日起行，其余以大路分为南北两队，北队多欧人，以瑞人派克为队长；南队多中人，以袁复礼为队长。七月廿九日北队起行，卅日南队起行。中间余受寒，旋愈。待哈定博士犯肝病，乃经十余日始好，因误行期，团员有利无〔此〕时期，到河套测量黄河，距此究若干远者。其后仍分两队而行，八月十六日抵三德庙，自此以前，沿路仍有水草，以后则为阿拉善旗，多为沙漠，水草极少。行数日，不见人、不见水草者，极为常事，故除食物外，各〔水〕亦须带，故此只能作饮用，不能作洗用。共行六十九日，至额济纳河。其中间行程，只占四十日，休息则占廿九日。其地形势，恐只俄国参谋部有详图，至有名之英国司泰音所制地图，则实谬以千里。此地风景绝佳，时常〔当〕中秋，天气亦不甚寒，团员在此，中外蒙人过盛大之双十节，真所谓良辰美景也。休息月余，时哈定博士因经费不足，须赴迪化取钱，天文家须赴哈密设气象台，均分别先去，其余团员十一月八日始起行，十一日到麦陇河。自此起四十八天，沿路只见二商队，中间行路卅三日，休息十五日。此路所行，均为戈壁，与沙漠不同，沙漠尚可因风消长，戈壁一望无际，均为沙石，大概额济纳河以前为沙漠，以后为戈壁。此后预计四十日可至哈密，故所持粮亦称之。乃走十几天，即觉不可能，遂派团员，轻装先赴哈密购备接济。大队仍旧前进，中因大风休息之日不少，骆驼倒者甚多。是时哈定博士，亦因病复发，未能继续先行。余亦失眠，又遇大风，天气极寒，至〇下廿三度，殊为痛苦。当以哈定既病，买粮人又不至，遂即留人留粮，在有水草之地，以待哈定博士病好。余继续前行，过两三日，又遇大风雪，人驼俱困，乃又将行李留后，以轻负担。而粮食问题，又发生矣，团中所雇蒙古人所用之粮，此时告绝，令彼杀将倒之驼为食，蒙人不忍，并将将倒之驼藏匿，经几多周折，乃由欧人为之杀死，始行渡此难关。其后至一有人居之处，购羊买粮，蒙人始免枵腹。是时买粮人因别生枝节，至十二月廿八日始来。二月廿七日到迪化，新省当局，尚能谅解。乃分县考察天山南北路，并在额济纳河、迪化、诺〔若〕羌、库丰〔车〕及离迪化山巅前后，设气象台七莫〔处〕。考察天山南北路分两队，北队为袁复礼，南队为瑞人帕克。此时德国人团员因事回国，故中国团员，遂居多数。此时为团员工作时期，余亦极愿工作，但以待哈定及训练观象学生，不能分身，然尝观博克达山，风景极好，中国有"五岳归来不看山"之语，余亦可说"博克归来不看五岳"矣。适值杨督被杀，气象学生训练，须与新当局接洽，不能进行；又因此地戒严，而电报比骆驼且迟，哈定因不能得新当局之电允可，不能入境来迪，前后又迟一个月。本周本拟仍往戈壁一带考查，顺道回平，嗣因故改走西伯利亚回国，只廿五日即到，长此交通迟滞，前途有不堪想者。

（三）考查所得成绩：团中原定契约二年，故现在团员仍在继续工作，但此一年工作，一时结果殊难加以报告。惟中国方面，预备既甚艰难，财力尤为〈不〉充裕，而以上二因，却使中国团员特别奋斗，其结果袁复礼先生，卒能发见恐龙化石，外国团员云，有此一种，即为不虚此行。余非专家，对恐龙不能说明。但闻团员中研究此门者所谈，亦可道听而途说之。此物为古代爬虫，在几百万年以前，为此虫最盛时代，欧洲虽有零碎发见，但须专门家拼合，而在亚洲则为第一次发见。发见之地为三台，距迪化之□路，于侏罗纪地层掘得。安德思前亦得此物，此物尤在安物之前，约数百万年前。地质之年，虽未必可靠，而其比例则可靠也。许多地质学家，以为该地无此物，然居然发见，且发见者为我国人袁复礼先生。其考气象成绩均好，人类学、天文学次之；至风俗学则材料极好，该地民族既杂，风俗变化，亦多足供采择，但以吾等不通该地语言，无从调查，遂为搁置，将来必想法充分预备人才、钱财以图再往云云。

《河南教育》（月刊）

开封河南省教育厅

1929 年 1 卷 19 期

（张敬钰　整理）

这一次科学的探险

徐旭生　演讲　王华国　刘培坤　笔记

兄弟刚从西北考察回来，今天就和诸位讲些关于考察西北的事情。不过我们回来不久，一切还没有系统的整理过，所以今天兄弟所讲的，也没有多大的贡献，只是随便谈谈。

考察的事，在中国历史上可以稽考的，只有在五百年前当元世祖时，有一位郭守敬到铁勒去考察过。近百年来，就很少看到；如果以科学为对象的，简直可以说没有。中国如此，我们再看看外国，那真会使我们惊异非常。欧美各国人民，关于科学考察的组织，是常有的事，在中国西北也常常来的。欧洲人对于新疆的情形，比我们本国人还知道得详细。而且，他们在中国地方发见了不论什么东西，就可径自运到外国去，中国当局一点也不加保护。这样的下去，三五十年后，中国人要研究本国科学，简直非到外国去不可了。这是何等痛心的事！

因此，在民国十六年初，我们有中国学术团体协会的发起。这个协会，是由北京大学、清华大学、博物院、图书馆等十余个团体所组织的。（科学虽没有国界，但看历来对于科学上有一种发见的时候，各国往往争执得很厉害，所以我们会里就定了这样一个原则："中国所用的科学材料，须由中国人自己来做；遇必要时，得请外人帮忙，但以中国为主体；并禁止外人擅自在中国境内采集科学材料。"借以自励。）

　　其时，适值有一位瑞典人斯文赫定博士偕十数外人来华考察——赫定先生，年已六十余岁，曾来过中国四次。他考察过的地方很多，对于中亚细亚的情形，全世界要算他知道得最详细——这在于科学素来漠视的中国当局，固然不成什么问题的，可是敝会竭力反对。赫定先生亲来敝会询问反对的理由，我们就拿敝会的原则做理由而回绝他。后来他老人家几次三番地派人和敝会来商量，到十几次之多。我们才想了一个办法，就是，由敝会的名义组织一西北科学考察团，准他们同去，因为敝会本来有考察西北的计划的。——讲到赫定先生，有许多人说他是一个考古家，其实不是的，他实在是一位地质学专家。至于敝团（西北科学考察团）的目标，也不只是考古，我们对于地质、生物、气象等，都是考察的对象。

　　西北科学考察团在十六年四月九日决定了以后，开始筹备，到五月九日，就出发了。中国人十五，欧洲人十八（瑞典二人，丹麦一人，德国十五人），分中外两团，外团团长是赫定先生，中国团团长由兄弟担任。我们从北京坐京绥铁路火车到包头下车，因为西面有匪患，所以我们向北面走。至茂明安旗哈纳河住下，因为要添雇骆驼及零星物件，住了二个月。再向东行百余里至哈尔喀右旗，我们就开始工作，画图、考察地质和测候气象等等。每次出发，来回总要走七八十里，很辛苦。

　　七月廿二日，向西走，那时就发见了一桩很不幸的事，原来我们所雇的骆驼，都是没有工作过的——敝团关于骆驼的事，专由一位骆驼队长负责，他从张家口到库伦走过许多次，他自己家里也养着骆驼，对于骆驼的经验原是很丰富的，哪知他就误于他的丰富的经验，他以为在蒙古如此，别的地方也就如此了，也不向旁人去问一问。他实在太大意了，才酿成这样一个不好的结果——我们分三队向西走了不久，那骆驼就都打起惊来，四面奔跑，把行李都抛散，终于有十几只骆驼没有找到。两星期后，稍稍好些，但又疲乏了，不能多走路。

走了几天，到富泉庙，其间各〔水〕草尚好。经过阿拉山后，全是沙漠——讲到沙漠，大家就会联想到戈壁，以为戈壁就是沙漠，其实有分别的。所谓沙漠，全是沙泥，风起时，往往会把某地的沙泥，刮到别的地方，堆成沙山；戈壁就不然，那完全是小石子，风也刮不起的——要三两天可以遇到水草，一两天遇到水。那时我们的饮料就很感缺乏，洗脸洗手不用说了。

欧洲团员底刻苦耐劳的精神，真堪佩服；我们中国人呢，各自勉励，所以结果也还好。全体团员中最能受苦的有两个人，一个是瑞典人研究地质学的，他骑骆驼的时间，不过十分之一，还有一位是中国姓丁的——北大助教——也是研究地质学的，他骑骆驼的时间，不过十分之二，其余的大概骑半天。

好容易我们于九月廿八日到了宁夏额济纳河，那里有水，有树木，风景之好，不但在北方少有，就是南方也是少见的，在沙漠中已跋涉了几个月的我们看来，更觉可爱。我们就在那里住下，过双十节。民国以来已过了十六次双十节，我觉得那双十节过得最有趣。过了双十节，因为粮食不够，所以到甘肃毛目县去配定了粮食，然后才又向西行。我们的预计卅五天可以到新疆哈密，但是实际上走了六十余天才到——途中少有居民看到——我们只预备四十天的粮食，走了廿余天以后，觉到粮食要不够，大家就只得节粮，每人只能吃个半饱，一方面派人前去办粮。其时正直〔值〕十二月，天气极冷，在渺〈无〉人迹的沙漠中跋涉，其困苦可想而知。但是我们倒不怕冷，因为冷还可以走，而且走路身体便会发热，如果天气热时，就要起风，不能走了。

赫定先生的工作，除随地调查外，还一路画路线图——画图的方法，是先算出骆驼在一定的时间，可以走多少路；然后走半小时一看，再依照方向盘所指方向画图——我们中国团团员之中，有一位姓刘的，北大预科生，学气象的，他年纪很轻，又很聪明。他高兴时也跟了赫定先生去画图，竟画得很好，几与赫定先生相等，所以画图也就变〈成〉了他的例定工作了。可是不多几天，他觉得天气太冷了，想停止画图工作，哪知和赫定先生一说，只引得赫定先生的一阵大笑，他觉得很不好意思，只得继续画去。

天气愈冷了，粮食又不充足，大家为了工作，只是鼓勇向前，没有发生什么意外。不过年迈的赫定先生，实在经不起这样的辛苦，终于病了。吃药也无效，经过医生打了几次吗啡针，才稍稍好些，但是不能走路，而我们大队又不能不走。所以我们只得一面为他去雇轿子，一面派人抬他同行。可是事不凑巧，又屡遭困难，起初一连遇到三天大雪，到了第四天——冬至节——雪才停止；而骆驼乏了，不能走路；我们抛掉行李，空身前行；二三天后，粮绝了，我们只得不顾蒙古人的忌讳，杀骆驼以果腹——团里的一队，有八天无水，每人每天只能喝一口水——这时的困苦，的确有点难受，幸而两天后遇到接济，才能安抵新疆。

一月八日到哈密，自然的困难是没有了，可是人为的阻挠又来了。他们——新疆官民——以为我们是打他们去的，竟然派了大队兵马来向我们迎击，经我们再三的说明，他们看着我们都是些书呆子，也就退去了，我们就在哈密过阴历年终。

二月四日，到迪化后，新疆当局允准我们任意工作，我们就分五队出发往天山南北两路附近工作。我们原来的计划，要在新疆作长时期的考察，并想穿过沙漠，适因新督杨增新被刺，新任当局很不放心我们的行动，很感不便，所以我们便回来了。计自十六年五月出发，今年二月回来，共历一年又九个月。现在，中外两团都有人留在新疆，我们预备呈请国民政府命令新疆当局，给予我们便利，以便再去。以上是我们大队经过的情形。

讲到这次考察的成绩，因为预备的匆促，工作很困难；不过大家努力，所以成绩极好。关于气象、地质、考古等等，都有很多的收获。掘得标本大约有六万件。并在迪化、库车、媪光〔若羌〕等处，设气象测候所六所。最有价值的是队员来〔袁〕复礼先生在三台附近发见了一种恐龙（Dinosahs）化石，这在亚洲要算第一次的发见，对于世界地质学上，有极大的贡献，真是不虚此行。

　　末了，我还有一点感想：第一，就是大家一谈到西北，都会现出"谈虎色变"的神气，以为到西北去，非体格特别强壮的不可。固然，天气是冷的，我们队员里有一位是教过国文的，兴来时，大家也做过这样的一首诗："壮语空言决雪战，冷风塞鼻冰结面。数步止息喘如牛，后队廿丈何能见。"从这首诗里，可想见大风云〔雪〕中跋涉沙漠的苦况了。——但是，实在也没有什么大不了的，只要有普通的体格，旧〔能〕够耐苦就好了。我，已是一个老头子了，还记得在十二月十七那天，气温在华氏另〔零〕度以下廿七度时，我还只穿了一件昨天刚脱下的棉袍。所以我觉得到西北去，一点不用害怕，第一重要的，还是吃苦。如果一点寒苦都受不起，那是没有办法。第二就是治学问，大概一般人只知道从书本中去找，这个我觉得实在太固执、太呆板了。我们这次在西北时，可以说无日没有发见，实在的，在大自然中，到处都是很好的材料，西北可算是材料最丰富的所在。我们曾自然讨论过，在西北，就是我们最年青的团员，欲终身从事调查工作，到死也做不完的，可见我们治学问，不必专在书本中去找，〔在〕我们应该到大自然界去找，自然界的材料，是无限的呀！诸位都是青年，所以我把这点感想，和诸位讲讲，希望诸位努力！

《河南教育》（月刊）

河南省教育厅

1929 年 1 卷 19 期

（张敬钰　整理）

陈少白游热河记

曹亚伯　撰

民国十八年六月一号，孙中山先生安葬南京之前，其总角之交，陈少白先生游热河。热河名胜，冠乎燕云十六州，即较世界著名之瑞士湖山亦未必稍逊。胡清一代，奄有中国，以中国无穷之财富，供奉其荒淫无度之帝王。雍正、康熙、乾隆乃至咸丰，每年必驻跸于热河半岁，以天下为私有，禁汉人游猎其中，所谓不与民同乐者是也。秦始皇筑万里长城，固一世之雄也，而今安在哉？陈少白先生在热河游观十日，其感慨当何如？热河在北京之北，稍偏东，为滦河之发源地。昔称内蒙古，今改特别区。距北京四百余里，其位置在东经线一百七十八度，北纬线二十七度①，

热河泉源

介乎兴安山脉与阴山脉之交，风景之佳，令人流连而不欲别，无

---

①　原文如此。——整理者注

怪乎雍正选热河筑行宫也。热河水源，即已冷之温泉，严寒亦不冻，四时气候，花木如茵，避寒避暑，且住为佳；有病者居之，并可以转弱为强也。

北方自张作霖主政以来，热河即为汤玉麟所有。张作霖在皇姑屯被难后，退兵辽海，息鼓中原，榆关附近，尚无有敢撄其锋者。汤玉麟安守热河，与何成濬、周震鳞辈周旋。得旧交政敌阎锡山总司令之同意，易悬青天白日之帜，亦南京政府之健将矣。汤玉麟本与冯麟阁、张作霖为异性兄弟，颇有侠义，尤精射击。吴禄贞督办边防之日，并赏识之，欲选为大用，以御外侮，其人品甚为忠厚。

当陈少白先生动热河游兴之时，先由周震鳞先生致电汤玉麟，谓"真正革命老前辈陈少白先生，将游热河，请其招待"，旋得覆电欢迎。于是仁者行旌，随汽车飘扬，向古北口旧战场，逾越崇山峻岭去矣，不三日安抵热河之南天门，入清帝王游乐之故土。

自南天门而进热河之行宫，直径六里余，周围十六里。内中森林葱郁，流水多湾，野鹿成群，好鸟叶唱，亭台楼阁，点缀烟霞，此中乐，诚不可为外人道。值此遍国中无一寸干净土之厄运，忽逢此世外之桃源，汤玉麟先生不知几生修到也。

倘中国有人，真正建设民国，不贪财色，以自取败亡，将百姓有用之血汗钱，用之于有用之地，开放此帝王之禁地，为普天游赏之场，筑公路以通汽车，修铁道以利转运，并扩大热河行宫范围，永为国民同乐之大公园，则天下游人何必浪游日本之热海箱根，与美洲之黄石公园，方得称心满意哉！又安知世界各国之佳人才子、帝王豪客不联袂来游，共赏中华民国之胜迹，以度人生过客之寻常事乎！

咸丰被英法联军攻入北京时，即逃往热河，愤而成疾，旋死于行宫。其死时之房，与死于其上之床，依然如昨。汤玉麟将军引陈少白先生——观览。咸丰而后，即无清帝王足迹再至热河矣。

西太后慈禧，自热河返北京，又利用汉人杀汉人于太平天国之后（今外人乘中国之乱，亦行此故技），由是无暇顾及热河行宫之壮丽，任其颓废，至今几无人收拾，可惜已极。

咸丰以前之清帝，每年必至热河行宫一次。在清帝之用意，并不在怡情山水，放纵游嬉，以显其帝王之尊严，如庸庸无志气易骄易盈者可比。盖自吴三桂为争一陈沅歌女，引清兵入关，断送有明天下以前，蒙藏活佛，早知明代君臣，荒淫财色，百政不举，有取败亡之兆。而长白山下发愤自强之辽金，久怀侵略，加以不得志于中原之小丑，投效于金人者日多，彼能容之。蒙藏活佛多不归明而归清，于是因吴三桂之勾引，一举而得中国，屠城虐杀，示威以制汉人，扬州十日，嘉定三屠，广州、苏州，流血成河，亡国惨痛，今犹心悸。当时蒙藏佛教盛兴，边民多智，文才武略，强于满洲，汉人利用汉人制之，固无虑其反动，蒙藏人强大其族，不可以力取也。因皈依佛教，尊蒙藏活佛为国师，遂筑热河行宫以羁縻之，清帝日伴其游戏，拟之美女和亲，尤显外交身手矣。

行宫风景之一

行宫风景之二

行宫风景之三

行宫风景之四

烟雨楼

蒙古自成吉斯汗，奄有欧亚、统一全球以来，佛教早为文化之源。所谓四大活佛，为天人师库伦活佛、章嘉活佛、达赖喇嘛、班禅等，久为国家崇奉。盖蒙藏佛教，素行密宗，分为红黄二派：信红教者衣红服，信黄教者衣黄服。善男信女，红黄纷披，一见即知其派别。佛以慈悲救世为心，蒙藏人之信仰，究竟高尚，其体魄之雄壮，不畏世界物质文明之摧残，良有以也。且物质文明，亦佛教五明之一。所谓内明、因明、声明、医六〔方〕明之外，工巧明也，蒙藏人甚易学之，欧美人之有科学，亦不过五十年而已，有何难哉？达赖喇嘛、班禅二活佛，在乌斯藏，即今西藏，称古佛国，分为前后两藏。自成都西行十二驿至打箭炉，再西行七十三驿至前藏之首都拉萨，又十二驿至后藏，又十二驿在〔至〕济陇，又三十驿至石宿桥，为后藏边地。过桥之西，则廓尔喀。前藏有呼图克图，曰达赖喇嘛，相传为宗喀巴高徒，世世转轮为之。每将死，则自言其往生处，弟子如言物色之，得婴儿，即奉以归，谓前喇嘛所托生也，其真伪不可知。而准噶尔、喀尔喀及内部落各蒙古王公皆尊信之，为佛教大宗。后藏班禅额尔德呢其位视达赖喇嘛稍次，而诸蒙古番人，亦崇奉惟谨。此二蒙古、吐番〔蕃〕地，元世祖时有八思巴尊为帝师；明成祖时有哈麻立册为大宝法王，未尝待以属礼，且汉代裴岑大破呼延于西藏之乌鲁木齐，立有呼延碑于其地；乾隆时筑城掘得之，字体完善，远胜曹全、夏侯碑拓本。纪晓岚曾藏一通，罕以示人，足证蒙藏文化之势力，决非满清所能及！雍正、康熙、乾隆流连热河行宫，以联络蒙藏喇嘛，实有阴谋不可以告人也。

蒙藏人民之衣食居行，程度极低。因未脱游牧种族之恶习惯，食肉太多，神志昏迷，无公共卫生之净行。然各大喇嘛，则智慧出众，故衣食居行四大政，则极有研究。所居寺宇，每有以纯金为建筑材料。清帝牢笼喇嘛于热河行宫内，设喇嘛王宫，亦以真金为瓦，所以示庄严隆重也。

今故宫颓败，金瓦依然，土匪饥兵，不敢偷盗，佛法之力乎，抑建筑高坚不易攀折乎！

蒙藏喇嘛住热河行宫内，早晚必观庄严佛相，故清帝附建一大佛寺。佛身高七丈余，全身着色绘之。佛寺崇高，百年来无人修理，已残败不堪；加以北洋军阀，屡驻兵于此，摧毁尤甚。此国家所当实存之，不可任其废去者也。陈少白先生曾劝汤玉麟将军为之修补，彼惊甚，谓非巨金不可从事。然苟有心整理，天下原无难事也，苟不修葺，任其破坏，他年国家大兴，民族繁盛，欲重建筑此庄严不二之佛相，不易举也。

喇嘛王行宫

南天门

真金瓦殿

大佛寺（佛身高七丈余）

　　陈少白先生住此十日，摄照甚多，选其佳者，赠亚伯。亚伯转赠之中国旅行社，将陈先生所谈游热河之兴味，略为纪之，登之

《旅行杂志》，以公同好。亦以表示不以天下为私之意耳。

予好浪游，每以韩琦〔蕲〕王之湖上骑驴、范蠡之泛舟五湖为最乐之境。视名利可怜虫，轮回生死于苦海中，头出头没者，有天渊之别。且随少白先生游息于南北名山大川之日甚多，恨此热河之游，不邀亚伯同往，影片之赠，聊以快意云耳。

《旅行杂志》（月刊）

上海中国旅行社

1929 年 3 卷 9 号

（王芳　整理）

满洲里国防视察记

元良　撰

　　著者肄业东京陆军士官学校，此次以暑假修学旅行，于八月二十五日抵哈尔滨。因满洲里与苏俄毗连，为国防要区，自东铁事件发生后，此地益为中俄军事要冲，前哨时有冲突。日本通信社亦常有夸谬之报告，且屡传满洲里为俄军攻占，虽其实况久已大白，然实有躬往视察之必要。爰于二十七日趁东省铁路第三次客车，由哈埠趋满。车系由绥芬开来，于午后六时三十五分由哈站开行。车上有路警及押车士兵一连，秩序极好。司机及职工等多为俄人，赤党亦有。东路自告成以来，垂三十年，一切大小重要位置，莫不操于俄人之手。即以司机而论，东路虽有华司机十余人，不过在哈站及较近之各小站倒短接送货物而已，若转运列车，长途开行，则绝不可能。华人既无力与之抗衡，则不得不抑郁以居。因此项职务在路政为特殊之重要地位，一有变动，关系尤大，故俄人之排挤华人，实有深意存焉。今时势变迁，华司机已正式奉命出发，开行长途列车，西至满洲里，南至长春，东至绥芬，汽笛一声，御风而来，亦足振醒以六十年前旧眼光待我之异族矣。

　　沿路平原广阔，远接天际，浅山起伏，纤草如茵。江流洄洑，波涛齐岸。间有集水成潦，丛柳杂生，羊群马阵，红星白栅，点缀其间，风景如画，和平静穆，殆不知有所谓扰攘纠纷事也。北地早寒，草已黄萎，晨间夕刻，居民多着冬衣，因忆扶桑学友，此时尚正在酷暑中作海水浴也。所经富拉尔基、扎兰屯、博克图各站，均有辽宁援军开到。闻东北边防军司令长官公署之第一兵站总监部设于哈尔滨，第二兵站总监部设于昂昂溪云。

午前九时十四分，过博克图时，闻于昨夜有敌间三人谋毁铁路，当被发觉，即逃去无踪，惟铁轨被其抽去一条。一月以来，东铁沿线，此案〔类〕破坏举动，屡见不鲜，在哈满线间，均以驻军防范极密，未酿大患。

午后二时三十四分，抵海拉尔（呼伦）。去年曾震惊一时之呼伦贝尔问题，即发生于是。据熟悉该地情形之同车某君言，呼伦贝尔之蒙古人共约有枪五千枝，但为游牧部落，到处分散，欲于短时期中聚集一处，实不可能云。现此地有江省驻军二旅，极为平靖。车站西北，构有极坚固之筑城工事。

午后七时二十五分，抵满洲里。站上颇形拥挤，多为俄人，一出车站，则清寂异常。一以此时铺店已闭门，一以本日为俄国节日，一则逃亡极多也。闻此地平时华人，共约九千人，现逃去三分之二；俄人共约一万五千，现逃去三分之一；日人共约百八十人，内百余均妇人，其中有娼妓四十余人，现不特无逃亡者，且增加至四百人！据云此远道而来之不速之客，大抵均军事侦探，为探刺消息而来云。尚闻在满洲里设有检查所，欧美人之入境者均来挂号，日人独否！其在中东路一带如满洲里、海拉尔等处，多设妓馆、药铺、照像店、鸦片馆、吗啡馆、理发店、押当等营业。

下车后，即持介绍函往晤满海警备司令梁子信中将，当蒙延见。关于彼我兵力、地形大势、配备状况、过去冲突情形，均一一详告，并出拾得由彼方射来之十五生地炮弹一，及七生地五野炮弹二，与信管数个相示。且约翌晨往阵地视查。梁君为保定陆军军官学校学生，处军中甚久，精干之色，现于颜面。对于警备任务，自信极深。其司令部参谋长张君为保定军校及北平陆大卒业生；其旅部参谋长李君亦学识深湛之士，所部十五旅均训练有素，久戍满海，熟悉地势者。

廿九日午前八时往司令部。昨夜大雨，路途泥泞。晨风飔飔，刺面颇寒，想见第一线将士辛劳也。梁司令因须接见美国记者，故派张参谋长陪往。时天微雨，乃着雨衣，乘劲健之蒙古马而行。

第十五旅之警戒防御阵地，共有三处，一在距满洲里市街约四中里之北山及小北山一带，对十三里地方面警戒防御，由第五十一团担任，附有炮兵第九团之一部。余到其炮兵阵地，由张营长出测远器，望见距离三千六百米达之彼方炮兵阵地，及距离五千二百米达之彼方国境营房。记者于此，深致感喟！彼方在国境方面，有极完备之营房，冬雪秋雨，金无不便，我则惟恃天幕，或亟亟于修筑掩蔽部以备冬，国防如此，宁不惊心动魄！又以望远镜望见彼方由十八里站，运军实往阿巴海图之汽车七八辆，横经我阵地而过。闻梁司令云，此种装甲汽车及脚踏三轮摩托车，常往来不绝，车上均携有机关炮。二在车站西之铁路两侧，对十八里站方面警戒防御，由骑兵第十团担任。构筑之阵地，极为坚巨，且式样甚新而有效，于二十日曾痛创开入我境内之俄铁甲车者，即此部队也。以上二处，工事均极巨大坚实。该地全属硬土，一二寸浮砂之下，即为巨石。我工作者悉为步兵，器具不甚完备。然其掘土能力，每小时能至五十立方生地米达，诚可惊尚。木材、钢轨，全假之路局，颇不缺乏。此地秋节前后即飞雪，此时构筑，大抵为御寒之准备。三在扎兰诺尔方面（在满洲里以东六十中里，火车三十分可到），由第三十五及四十三团担任，附有炮兵一大部，对阿巴海图方面警戒防御。扎兰诺尔为一大煤矿区，平时工人约万余，现亦数千，东铁用煤，泰半仰给于此，故俄人务破坏之，以断绝东铁燃料，于本月十六日以一骑兵支队约千五百人来袭，我方向持不轻开衅宗旨，忍不与较，当被其将前进阵地占领，我军忍无可忍，乃立出击，即将其击溃，彼方死伤约二百余，我方亦伤亡七十余。十八日俄军又来夜袭一次，当被击退，双方无甚损伤。

著者立马国防线上，亲与在最前线之将士把握，不禁感励交并！此千万之健儿，诚朴勇武，忍劳耐苦，决心牺牲，坚定不移，以御强暴，其意志可谓壮矣。若能于技术方面再加以磨练，武器方面再加以改良充实，则不难跻于现代最新式之军队。余见其连排长等，均精神奕奕，服装与士兵同，其辛勤比士兵尤甚，较之世界各国陆军中之所谓大尉中尉，满身富贵气者，诚不可同日而语。同甘苦，共死生，此我国军之特长，愿吾国军人永远能保持此项美德。

著者以假期时间无多，即匆匆于二十九日午后六时三十五分，趁第四次客车返哈，梁司令、张参谋长均亲送至车站，互致勖勉之辞而别。翌晨抵富拉尔基，正值辽宁军队列车向满洲里开行。抵哈埠后，闻各界人士已组织有后援会及国防军慰劳会，极为热烈！甚望坚持勿懈，则众志成城，取销不平等条约，当以对俄胜利为嚆矢矣。（三十一日自哈尔滨发）

《国闻周报》

上海国闻周报社

1929 年 6 卷 36 期

（萨茹拉　整理）

蒙古纪游

新　撰

不幸之幸

　　汽车呜呜的叫了两声，便停在旷野中的一个木房旁边，木房的大小，正如北平的巡警派出所；不过它的壁，较厚一些，远映着四围的山色，寂然无声，显出庄严而凄凉的情境来了。待了一会，木房里出来了一个蒙古军官，两个士兵，把我们的护照验了，便派了一个士兵随着我们南行，约行三里许，就到了一个市镇，一般小商店的牌额上，有汉文与蒙古文、俄文夹杂出现，一望便知是恰克图，同行的 F 君向我莞尔微笑道："算是不幸中之幸了！"

　　在三天以前，我们都住在俄蒙界边的一个俄国市镇——名叫 Trochko-safskij——等候检验放行，本来已经验过了，到库伦的汽车也雇好了，每辆运费金卢布二百八十元。大家兢兢业业，以为不成问题的，可以离却龙潭虎穴，哪知在出发的早晨，来了一位俄国半老头儿，一定要搭我们的车，而且要坐司机旁边的一个座。所雇的汽车，都是敞篷的载重车，只有司机生旁边的一个座，算是特等；本来，我们打主意留给一位大肚子太太，因为她腹中有了五个月的小生命了。哪知道这位俄国大毛子，非坐这个好座不可，不管你讲什么道理。当时我们不肯承认，因此，车便不能开行，迟延三天，我们怕出旁的花头，后来又知道他是共产党员；我们讨论结果，为免意外危难，一致屈服。这位大共产党先生，坐上了我们的车，约过三十分钟之久，便脱离了苏联的境界，没有出别的错，总算不幸中之幸了。

恰入蒙后的第一杠

恰克图是与俄贸易最早的一个地方，与俄国的 Trochko-safskij 遥遥相望，相距不及十哩。两旁小山环抱，中间一个小平原，便是我们经过的汽车道。山上沙石相间，兀然童立。据云，中国的苦同胞们，每年在这几列小山里，至少总要死几十人。因为希图漏税——苏联入口税太重——带着货物，昼伏夜行，偷扒此山，被俄人抓着，便是"杀无赦"。我国的政府宽大为怀，苦百姓也多的是，所以从无人过问，也不知道死的是谁，究竟死了多少，反正是死了一些罢了。

外蒙自宣布独立后，恰克图便成了蒙古的上海了。由库伦有汽车道通此，由此又有汽车道直达俄国的上乌金斯克。经 Trochko-safskij 有小汽船可达贝加尔。不过以人口论，中国人与俄国人，总超过蒙人数倍，因为蒙人游牧者多，除政府所组之企业外，私人经商者少，所以恰克图的居民，以前是中国人占绝对多数，自苏俄势力侵入，中国人日益减少，俄国人日益加多了。

恰克图的街道，同五十年前的北平一样——天晴是香炉，落雨是酱缸——房屋的建筑，完全是俄国农村式，一律以厚木块为墙，不过没有那么结实。从恰克图到库伦的汽车公司，完全是俄国人经营，所以我们停车的地方，也是在俄国人的院里。我们因为多久没有吃过中国饭，四出找中国饭馆。找着了一家山西面馆，前面依然挂着红布幌子。我们五个人吃了一盘韭菜炒羊肉丝，一盘煎鸡子，五十个饺子。结账的时候，算我们十四元四，算得我们火星迸裂，与 Trochko-safskij 的西餐比较，差不多贵十倍。问他的材料价值，羊肉才二毛二一斤，鸡子才八分钱一个，如何吃东西要我们的这么贵，连他自己也说不出道理来。当时有主张不给钱，同他到蒙古公安局讲理的。也有主张改价的，后经大家讨论一番，中国人敲中国人的竹杠，楚弓楚得，算了罢！他能杠我们几回呢？不敲我们，又能敲谁呢？照数给他，充一回爱国爱民罢！——从此以后，我们买了一个乖，每次到中国店子买东西，必须先问价钱，及"贵处是哪里"。

恰克图的小住

我们在恰克图住了一日，宿在俄国店子里。院内虽然不整齐，特别是在雨后，满地是泥泞，可是室内很清洁，除主人内室以外，供给客人的，有四间小屋，一个客厅，全铺着地板。客厅之内，正中放一张长方的大餐桌。屋角有小桌一张，壁上悬着一幅五彩印□圣母肖像。在旅客多的时候，把餐桌移近壁炉，客厅也就变成了寝室，每天一个人的房金蒙币一元（价与金卢布同）。茶水由主人供给。餐费每人每次八毛。一切价目，均比在俄低廉。我们因为被山西馆敲了一竹杠，不敢不照顾毛子主人了。傍晚的时候，微雨初收，天际透出一块深红色来。但是街道上的泥土未干，不容外出散步。只有与同行的旅伴们，围着了餐桌，用啤酒、Kvas（一种酸汁，似乎中国的酸梅汤），来表示我们脱离龙潭虎穴的高兴。

因为喝啤酒、Kvas，引起了我们在 Trochko-safskij 的回忆。

两天以前，还在苏联的边境内；自己不知道何时才能出境，终日无所事事，只有到公园门口的小摊上喝啤酒及 Kvas。这个小摊，是一个中国人在卖，借此常常同他攀谈，渐渐明了了一般侨民的情形。

"卖一瓶啤酒或 Kvas，可以赚多少钱？"我们问。"啤酒一瓶，可以赚五仙；Kvas 赚三仙；可是捐税除去，每瓶不过净利一二仙罢了！"

"你有几口人？"

"只有一个人，我们这个样，哪能养老婆？！"

"干吗不回国？"

"没有那笔路费！"

最后一次，我们喝了一块六毛钱的啤酒等，因为忘了带钱，就欠下了。

"明天给你罢，忘了带钱，你放心吗？"

"不碍事，随便甚么时候给！"

第二天的清晨，天光才微微发白，便被汽车催走了。等到快入蒙□界才想起来了。可是，谁愿再回去呢？谁又能再回去呢？

再喝啤酒，总想着了这件事。流落异国的苦同胞，要卖多少瓶啤酒，才能填补我们的欠款哟！我不自然而然的叹道：

"Trochko-safskij 的啤酒债，还记得吗？"

"小资产阶级的习气！"同行的 T 君愤愤的说。自然，我们是小资产阶级的产品，总觉得不应该白吃——几乎不能自食其力——的东西。

"不过债权者是流落□千里外的侨胞，而且是无产阶级啊！"我申辩。

"无产阶级无祖国。"

我虽然明白这位黄色的无产阶级，在苏俄所受的待遇，未必与在自己的祖国内的白色无产阶级同等，可是——只有存在自己的脑子里。

大家的喧嚷，把我的沉思打断。他们讨论了许多问题。从马克思主义，一直到中西女性美的比较，Trochko-safskij 的女医生的风姿，以及到库伦后，进攻蒙古交际花的战略……

晚餐的刀叉声，战胜了所有的雄辩。上菜的是一位胖子姑娘。虽然是赤着脚，穿一双皮凉鞋，可是肥大的臀部，苹果色的脸儿，也引起一部分同伴的注意，T 君首先向她说到：

"姑娘，你好漂亮呵！"

"真的吗？"她受宠若惊似的微笑。

可是在隔壁用餐的汽车夫一叫，她急忙的跑去了，L 君还傲然的说：

"进攻俄国姑娘，我是准有把握！"

她去了之后，许久都不再来，L 君的抱负，终归失败，后来才知道，沿途汽车站的姑娘们，大半都是汽车夫们的专利品。

四间小屋及大客厅的地板，这一夜统被我们占领了。至于汽车夫的住室在哪里？这是大家都不知道的。直到次晨上车的时候，我们同他才再见。

到库伦的途中

凉爽的清晨，睡梦正酣，忽被吆喝的声音惊醒，才〈知〉是我们要向库伦出发了，各自收拾东西，争先恐后的搬到汽车旁边；虽是行李带的不多，但是一个车，要载十一个人，大家的携带品，累积起来，也成了一个小丘，汽车夫一面检查车箱，机器，上水，灌油，忙个不了，同时向店主嚷道：

"我们的油箱。"

店主在院内跑进跑出，指挥着夫役，搬出八个盛煤油的大木箱，先在车的两旁，各捆四箱，以后才上我们的东西。车上载人地位，本来就小，今天又多捆这么多油箱，然后再加上大家的行李，我们坐在行李上，车身的体积更高了，车出院的时候，大家弯着腰，像驼子似的，可是背脊还几乎碰在门楣上。出了大街，速度渐渐加快，我们在车上，颤巍巍的动得不能自持了：

"喂，车太高了，不会翻吗？"

"保险！冬天大雪淹没了路，我们还是这样开呢！"汽车夫正喝着啤酒说。

未到蒙古之先，我们先有一个成见，以为蒙古完全是个沙漠，不宜种植，最好，也不过长一点草，宜于牧畜罢了，哪知离恰克图不远，童山渐渐的改变了，青葱的山色，四围皆是，道旁的草丛中，小山鼠时时伸出头来，看卜卜发响的怪汽车，不过大的古树，都生在山的阳面——太阳可以晒着的地方——阴面只有带着憔悴色的浅草。

刚越过一个山岗，远望着对面山麓下牛马成群，山下小平原里，千百个绵羊聚着，像一片白雪，四围的猎狗往来逡巡，仿佛是战时的哨兵，半山里一个牧童，骑一匹枣色马，也没有鞍，也没有镫，手里拿着一条长鞭子在那里兀立着瞭望。汽车慢慢的向前开走，喇叭不断的叫，牧童急忙打着马向山上跑，一时马群四散狂奔，牧童也领着羊群往两旁躲去，只有黄牛瞪着红眼，向汽车呆望，长毛拖地的犁〔牦〕牛慢慢的舐它的牛儿。汽车忽然离开道路，往羊群追去，道旁不少的小石头，使汽车颠得非常利害，我们几乎跌下去，忙向汽车夫大嚷着他暂时停着。车停了，他红着脸，醉醺醺的狂笑。

"碾一只羊，带去今夜下酒。"指着残余的啤酒瓶说。

"俄国人爱喝酒，真是根性！"同伴中的一人说。

"中国人何尝不然？！"一位由国民党转入 C. P.，而且崇拜大俄民族的 C 君说。

　　汽车夫要表示他的驾驶技术的高妙，每遇着越山过岭的时候，特别汽车快得像风驰电掣的一般，乘客虽然几次的阻止，反引起他的狂笑，但是不幸的事，终究发生了，在刚上一个小丘，我们的前一辆车，翻倒道右一个小土坑里，座〔坐〕在后方的几位，直跌倒离车几尺以外的沙土上躺着，幸得车旁的几个大油箱，把车身撑着，未至完全翻底，所以大家受的伤，并不很重，于是设法把车抬上道来；不过右边油箱中的汁体，已不断的泻出，可是毫无油味，才知道里面装的，完全是啤酒。后来由他们讲话中，露出这是那位老毛子——不花钱强坐在我们车上的那位共产党员——同汽车夫合股带的私货。

　　"这是赔本了吗？"F君微笑的自言自语。

　　"有办法，到库伦去换一箱真油罢！"汽车夫愤愤的回答。

　　因为收拾汽车，改装行李——啤酒流了，左右轻重不均，所以必须改装——整整耽误了三个钟头，直到暮色苍茫，才平安抵站。车站布置简单，只有三五个人家，也宛然成了一个俄国式的小村落。假设是不知道地理的人，突然的到这个地方，一定还疑是到了西伯利亚。

　　除一家客店以外，其余尽是农家，都有牛、马、羊、鸡、狗……等等家畜，颇显出丰饶的样子。据云，他们都是贫农，受苏联政府的帮助，来垦荒的。

　　客店是附属于汽车公司的。有北屋四间，东屋一间，西屋两间，都是厚木块装成的。北屋是客房，东屋是饭厅，全有地板。店主及厨房设在西屋。当院非常宽敞，也没有围墙，汽车便停在这里。

　　室中设备非常简单，除木床、木炕而外不过有几个凳子，一张大桌而已。食品只有熟鸡子，牛肉，黑面包。可是酒类还有几种。我们整天在汽车上，只干嚼了两块面包，饥肠辘辘，到了店里第一件事便是喝水，吃饭。可是凳子不够，于是立着，蹲着，坐着的都有。每人要了一个杯子，一块牛肉，一块面包，在东屋大嚼特嚼。

"咱们还有一瓶白兰地，再要几瓶啤酒来喝喝罢！"L君提了一个长颈玻璃瓶来，并向大家说到："谁愿喝，谁来！"

店主拿了几瓶啤酒及茶炉，放在桌上，又自己出去了。同伴里也有愿喝酒的，便自动的斟起来。忽然C君板着一副黑面孔说道：

"谁愿喝酒，谁自己出钱，不要算在大家账上，我不得替你们出一份冤枉钱！"

C曾受共产党的颐指气使，而来作过国民党留俄支部的主席，这一次又是受命来监视我们的，自视总高人一等。虽然已出了苏俄的边境，他的气焰，比较减低了些；可是——不板面孔，似乎不能表示他的身份。他又生于商业资本最发达的广东，现在表面上成了无产党的忠实战士，总之，对于钱上，似乎共产革命尚未成功，万一……也不能不比旁人看重一些。

"自来喝酒，都是自己给钱！你看清，咱们五个！"L君数着喝酒的人数回答。

C君看见L君的态度，不特不恭敬，而且有类讥诮。但是L君的力气不小，C君似乎有不能生气的苦衷，只有自己板着面孔找鸡子。

喝酒的人数中，要是用一般中国共产党员所自命的马克斯眼光来分析，我同F君便是最落后的分子。因为共产党内的有三级，——党员，候补党员，青年团员，——而我们还是未入流的，——居然敢喝酒；在C君看来，L君虽然瞧不起他，他总可以"失之东隅，收之桑榆"，在我们的身上恢复体面。所以他找鸡子的结果，我的茶酒兼用的土杯一只，和满满一瓶酒，便不翼而飞。

我大声的嚷问："是谁拿了我的杯子？我的杯中有酒味，不好喝茶，我愿意找个干净茶杯来用。"

谁也没有答覆我。找到 C 君的面前发现了。

"枉吃了苏联的黑面包，还要喝酒！"他命令式的说。

"哪个无产阶级不喝酒？！我教训你，你还不懂□革命的□论！我们就是要从资产阶级的手中，夺回酒来，给无产阶级喝！"L 君跳起来说。

喝酒的朋友们，因为 C 君的臭架子，与骂街式的话，黑沉沉的面孔，把和平的心灵都激动了。虽是 C 君显然退步了，而一般嘲笑声，谩骂声，拍桌子的声音，层出不穷。直到大家全疲倦了，横七竖八的躺在屋里，一场风波，才算平息了。

车往南行，晨风微荡，见着远远的一片麦苗，非常青秀，出现于山谷的狭沟里，时时摆动，宛如海波的漾纹。不特比俄国汽车站旁边的青麦，壮旺得多，就是在中国内地里，也很少见。车中的同伴们，不觉互相的招呼：

"瞧！这里还有这么好的麦哟！"

"这是那般中国穷小子们的，真不怕死！蒙古革命的时期，杀的可不少，还要跑来种地，不管他们怎样会干，总争不赢我们无产阶级专政的苏联！"坐在前方的老毛子，含着烟斗说。

我们经老毛子的指示，才四向瞭望。靠近山麓的下边，居然有中国式的土房。除门窗系木质粗制的而外，其余纯是土造的。土围墙里的土台上，还有小孩爬着。

这般中国人，全是在国内不能生活的农民，最初大半都在库伦一带垦荒种菜，后来库伦变成了蒙古的都城，生活程度又增高了，才慢慢北移，来创造这世外桃源；不过苏联的经济力，一天一天的南向发展，几个农民的犁耙，又怎能敌得了国家资本主义的猛进！所以大家并不觉得老毛子自满的话可恶，反同情他说的是实情！

　　愈往南行，渐渐的见得着革命的遗迹。许多的断井颓垣，都是旧王公的府第。屋顶均已揭去，只剩一些土墙兀立。院落颇为宽敞，壁垒并不高大，可见虽曾受封建制度的习染，他的经济状况，尚未达到农业基础的封建情形。

　　"快到花山了，离库伦只有几个钟头了！"汽车夫高兴的说。

　　"还有多少哩地？"L君问。

　　"谁知道？！地图上名字都没有，这个名还是我们定的呢！"他回答。

　　花山到了，果然是一座花山，满山的萱花，把山烘成了金黄色。刚过山岭，前面一辆车忽然停着。

　　"伙计，快添油了吗？"前一辆的车夫回头向后一辆说。

　　"好，我们到那草地上再说。"后一辆的车夫回答。

　　草地的中央，有两个湖泊。大的一个约有二十多亩地宽。汽车便停在旁边。湖中正有几只大水鸭，带着一群小鸭学飞。我们下了车，把一群鸭惊走了。还有不会飞的，急忙钻到水底，时沉时浮，引起了T君、Y君、L君诸位的逸兴，忙脱了衣服，跳下水去追逐。擒获三只，不过都被汽车夫夺去，取出一个装啤酒瓶的小篓盛着，放在他的前座里。

　　上油的时候，引起我们的诧异，每一只木箱里，原来都盛两桶汽油，可是每箱打开，都只有一桶。

　　"怪哉！每一箱怎么只装一桶！"T君说。

　　"今早我见着他们给了几桶油与店主人，他们还在悄悄算账呢！"Y君答道。

　　"管他妈几桶，关我们屁事！"F君加入说，日色偏斜了。

　　又到了一个陡峻的山坡，汽车夫叫我们都下来，步行上去，说载重了，恐怕出岔子，但是我们把坡已走完，车只上来了一辆。

　　"还有一辆呢？"

"没有汽油了!"车夫垂头丧气的说。

四望荒野,到哪里去告援呢?要是到不了库伦,今夜又怎样办呢?明天又怎样办呢?这几个问题横亘大家的胸中。沉默是保持不住了。争相询问:

"离库伦多么远?干吗汽油没带足呢?"

"不远,不过十五哩。"汽车夫的回答。

"汽油怎么没有了?"Y君重三叠四的问。

"同志,别慌!安静一点儿!我们有办法。离这里不远,我有朋友家,那里可以歇。"老毛子来排解。

"我只问为什么没有汽油?"Y君又说。

"同志,你忘了吗?昨天车翻,不是损失了三箱吗?"老毛子又说。

"那是汽油吗?"T君不胜愤愤。

"别急,到库伦请你喝酒。"老毛子很柔和的说。

"那边不是来一辆汽车吗?"F君指着山下的嚷!

大家的眼光移转,果然又来了一辆汽车,而且是一辆空汽车,司机的还是中国人,经几次的交涉,他允许拖着我们后一辆车走。

好了,库伦在望了,库伦到了。还未到税关,老毛子搬下许多东西,有其他的俄国人来接着,他提着三只擒获的小鸭,佯长的去了。

蒙古海关

我们到库伦的时候,已经午后七点多钟了。满市笼罩着白烟,仿佛一层薄雾,大概是预备晚餐了。全市在两山中的小平原里,大概可分为三部分。一部分在西北的小山丘上。南来的汽车,便绕着这山丘入市。其余的房舍,都在平原中,向东逶迤,直到图拉河边。河的南岸，是一座高山，森林蔚郁。山下兵营罗列，岸边横架小桥，两旁柳槐杂植，离桥数伍，便是大喇嘛——活佛——的行宫。行宫的东边，有一个大院落，完全是西式平房，中有一座三层高的木楼，仿佛瞭望台似的，这便是蒙古最高学府——军事政治大学，由城市到该校，约有五里远近，中间是一个大沙滩，滩上白骨磷磷，都是蒙古人食品的残余。

抵库伦后，除老毛子首先带了许多私货下车而外，我们都不许下车。将车开到一个木墙的大院里，听说这就是蒙古海关。

蒙古已经是自主国了，所以凡是到库伦的，均须先受海关的检查后，才能自由的去安歇。我们因为不通语言，不谙情形，所以不能不借重毛子汽车夫了。

在院内停了两个钟头之久，既无人理问，可是又不许出门，经许久的探询，才知道错过了他们的办公时间。

不断的有几个十二三岁的孩子出入奔跑，来向着我们望了一晌，又跑开了。据汽车夫告诉我们，这些是他们的翻译官。我们忙把免验护照交给他们，把我们的事实、要求，都一一的陈述清楚。不知道他们的俄文程度究竟怎样，只把我们的护照瞧了一瞧，口里不住的说："是，是！"也没有具体答覆，竟自跑出去了。

当时我们第一件要求，便是放我们出去吃饭；或者是派一个人去买吃的东西。第二件便是许我们把行李留下，人们去找一个住宿的地方；或者留一个人留守。但是，都得不了答覆。带着武器的蒙古兵，把大家死守着，既没有一个坐的地方，略事休息；加以饥渴交迫，渐渐的撑持不住了。

最后，连汽车夫也咆哮起来了。他希望早早解决，他把汽车卸了，可以去自寻娱乐。他怒冲冲的，用拳头向着蒙古兵说：

"你们都不是好东西，还记得以前当奴隶的时候么？我知道你们的头儿在屋子里，要再不见人，我明天找亚们卡也夫①去!"
(注，亚氏为第三国际住〔驻〕蒙代表)

这一次不能不感谢汽车夫，因为他的一怒，居然海关监督与我们见面了。他的客厅，宛然是舞台上的公堂。坐在高高的几子上，前面摆一张长方的高桌子，两边各坐一位随员，都是身穿紫色的蒙古大袍，腰上各拴了一条绸带，两只长袖反卷着，里外的油垢，染成了黑色的自然图案。我们进去，他理也不理，只不住的用他的长指甲，往大皮靴里面抓汗积，一面抓着，一面不断的送到鼻上来嗅。

首先由 L 君将免验护照送上，汽车夫代述一切。这位监督把护照横着，倒着看了几遍，又递给他的随员，彼此看着，咕哝着，仍然是没有答覆。汽车夫低声向我们说：

"他们都懂俄国话和中国话，不过不认识字，又要摆自主国的臭架子，所以要旁人说蒙古话。不信，你们只说中国话，他们准能懂!"

果然，我们再用中国话，述我们的要求，及饥渴疲乏的情形，他真懂了，叫卫兵给我们搬了几个凳子，又提了一壶开水来。

大家坐着喝水，又安静了些，各自闲谈，三位蒙古长官，自己坐在高座上商量，时而叫人，时而打电话，我们自听汽车夫讲故事。他说：

"这般小子，都是蒙古王公贵族，革命后新人物不够分配，所以用他们作傀儡，来号抬〔召〕旧派的人。他们没有智识，没有办事能力，不过给一个高位置，多花几个钱，像养猪一样。即如海关的事，全靠我国（苏联）的几个顾问办。要是顾问不在这里，

---

① 后文又作"亚们卡耶夫"。——整理者注

什么事他们都没有办法。蒙古政府想练一般新人物，所以把小学的学生，都派来作翻译!"

时间像水一般的流着，转眼过了半夜，才有一队骑兵，带着马灯跑来，据说是内防处的，将我们护照验了。那军官用俄文说了一句"对不住"，我们才得放出海关。

丢了美金千元

黑夜弥漫里，辨不出东西南北，只有远远近近的无数犬吠声，颇与"首都"的称号不相趁合。只觉得汽车在几个灰夹道里，绕了两个弯，便停在一个中国商店的门外。门外也无一盏灯，看不见是什么牌号。

进到后院，才知道是一家中国旅店，据说在库伦算是顶漂亮，顶干净的了! 前院是柜房、客厅、马号、厕所……等，后院完全住旅客。两院之间，便是厨房、饭厅、储藏室。这所旅馆，本不是给我们这类流浪者预备的。到蒙古来的中国人，大半都是商业资产阶级；来的目的，与其他帝国主义者牧师、企业家——到中国来——是一样的。所以资本雄厚的，自有他的地盘——商号，不必再住旅馆。这种旅馆，是专门为一般较小的掌柜先生们住的。我们到后院，还见着各房间外，多有半新不旧的红纸条留着，上写着"乾元亨号"等等。

刚进后院，突然在黑暗里露出几个熟识的面孔来：

"喂，你们也来了! 多少人?"

"你们还在这里?! 女同志们呢?"

"她们绕大沙漠走了，离开这里，已经三天，十三个女人，十二个男人，不敷分配!"

"妙哉! 妙哉! 可惜来迟一步! 可惜!"

这是比我们前一批出发的十位 C. P. 同志，同我们同伴中的几位酬答的话。

在他们熟谈之中，我们已将寝室找好。原来后院的正房，是一所楼房，比较算宽大一点，已经被捷足的朋友占领了。两厢的房间，大小完全一致，陈设也是同样，一个土炕，一张大木桌，两个凳子。我们平均每三人一间房。因为同伴中有了成对的两双，他们不愿与人同住，旁人也不愿去揩油；因此，我们的室内，又多增一位。

我们将行李取下，各自搬入新领土去。把被褥打开，一折一折的铺好，顺便也将在高谈阔论的几位同伴的东西安置好。一位四十多岁的肥白先生，唇上留了一列小八字须，笑嘻嘻的由这屋跑到那屋，不断的重复的说：

"各位同胞先生，路上辛苦了！很对不起，小店用人太少，忙不过来，诸事包涵！不过小店从革命以来，很讲维新，一切食品，十分卫生，今晚预备了一餐面饭，给诸位洗尘！洗尘！"

一面说着，一面打拱，并且代叫伙计拿茶拿水，随叫，便随着走出了！

"是谁？" L 君问。

"自然是掌柜先生哟……" Y 君像唱戏一般的低吟。

"怪殷勤的，难得，难得！"

"别做梦呢！是殷勤你吗？——大洋钱！" F 君插入说。

自然，每日每人的房饭费蒙币三元。房金每人八毛。一间土屋，一月可得五十多元的租钱。不过我们以为所住的时期很暂，也没有同他争执，再回头一想，总比恰克图的老西近人情。

各室都渐渐整理就绪了。主人为我们洗尘的盛宴也预备好了。一盘炒鸡子，一盘炒韭菜，一碗炸酱，一盘大饼，一大盆面条，热腾腾的整整齐齐摆在桌上，大家正饥肠辘辘，想大嚼特嚼，可是还有几位未到，正在几位 C. P. 同志室中高谈阔论。

"老 Y，去叫他们罢。我们再挨不过了！"我这样说。

"他妈的，干吗谈得这么有劲！连肚子也不饿了！"Y 君一边说，一边跑去了。

Y 君刚跑到室外，听见同伴 C 君在问道：

"你们什么时候才动身呢？"

"走哪里去，你还希望回中国吗？"一位大嗓子在说。

"干吗不走呢？"

"傻子，你也不看一看报纸，是什么……！"一位内蒙古人说。Y 君在这个时候，已经踹进一只脚了，也无意的问道：

"甚么？"

前一批的领袖，一位瘦小的近视眼，一眼见着了 Y 君，急忙向室内的人们瞟了一眼，随口答道：

"丢了一千元的美金！"

"我们没有路费了！"大嗓子补足一句。

市中漫游

自从前一批出发的先生们，传出失掉路费美金千元的消息后，迭次开会讨论，起了不少的争执。

"我们的路费，合拢来平均的用，也能回国。难道还有谁想剩钱当资本家吗？逗留在库伦，又有什么意思呢？"J 君坚持他急急回国的主张。大多数的同伴，仿佛有不得已的苦衷，虽是没有充分的理由，去反驳 J 君。但是——"一致行动，少数服从多数"这种成规，成了无结果的结果。

Y 君也是急欲回国的而性情粗燥的，知道没有办法，反为沉静了。

"管他走不走。咱们逛街去罢！" F 君的提议，于是 Y 君、J 君，还有两位，都随着 F 君一块的出去了。

在地理书上，曾说库伦以木栅为城。大家都想看木城究竟是个什么样。走遍了库伦——除东库伦而外，该地距库伦约五里——也找不着这样的城，不过各家房院的墙，大半是木条扎成的。这种木条，并没丝毫的改造，连带着树皮，干中穿一个窟窿，并列着，半中横贯一块木头，再加上绳子拴紧而成。

库伦市的场面，依种族的不同，自然划分为三个区域。蒙古人聚族而居，自成一个世界。每家的院落极大，院中有中国式的矮房，另外还有几个蒙古堡——就是撑开的毡幕。每家的屋顶，都竖一个长竿，上悬一块布条，有红色、黄色、白色……等等；也有年代较久的，颜色渐渐变成灰白了。布上写了一些蒙古字，常常随风飘荡，有如中国乡村中丧家悬的白幡一般，据说，这是喇嘛赐的符箓，不能不悬的。

我们惧怕狗的威力，不敢探入蒙古区去探险，只有在四围的空场上徘徊。Y 君忽然蹙眉的问道：

"厕所在哪里？"

"谁知道！自己找罢？"

四望各街口，都有几个小木亭，三面有壁，一面敞着。"大概那是罢！" Y 君想着便跑去了。刚到亭边，突然又折回：

"那是磨房，还有喇嘛推着呢！"

"磨什么？"大家问道；

"没有看清楚。"

"蒙古人普通都吃牛羊肉，不种粮食，干吗设这么多磨房在大街上？"好奇心的驱使，都走向木亭来了。亭中一块八方的整木头，用朱漆漆了，上写着几个蒙古字。每方都有扶手，一个穿红袍的喇嘛，正手持念珠，蹒跚而行，推着绕弯，口中还喃喃发语，也听不清念的甚么。大家立站呆望。还是 Y 君迫不及待，叫着走了。遇见一位中国商人，才指着问他：

"那是甚么？"

"是蒙古的神坛，绕着念佛，可以祈福！"

"他妈的，我当他是厕所呢！"Y 君噗哧一笑。

"运气！你们走运！要是在那里大小便，至少要打你个半死！"他郑重的说。

"哪里有厕所呢？"

"哪里不可作厕所？！你看，她站起来了，至少地上有一泡尿。"他指着一位蹲在地上的蒙古女子。她的大袍子，圆圆的撒着，遮紧了她的腿。

走到俄国区域，狗也少见了，街道也较为整齐，两边都有一层木板作成的人行便道。房舍大半是木造的，并不甚高，最高的不过多一层楼。商店林立，比中国区热闹得多。时时有带着红帽，挂着战刀、手枪、骑在马上的苏联宪兵往来。商店中，以售食品的最多，我们走进一家饭馆，看见挂着一块黑牌，上用白粉写着俄文与蒙文：

"便餐八毛，Kvas 三毛。"

"原来这么便宜！"Y 君说。

柜台里边坐着一位胖女人，正在拿着一份报看。F 君向前说道：

"马丹，可不可以借给我们瞧！"

她含笑的给了我们，一看就是苏俄在库伦办的《真理报》（蒙古文字的报尚没有，中国人在此只知经商，故在库伦只此一报）。大家围着争看，发现了第一版的一个中国消息，题目是《中国反动愈烈》，内容是"宁汉合作"、"将开徐州会议"、"上海捕杀共产党"。

"呵——这是他们失掉美金的原因罢!"

狗与葬礼

同伴虽然还是旧同伴,但是总不能会齐了。有人作这样,准有人另做旁的花样。大家的高谈狂笑,纵比往时加多,彼此都觉得有一点"故意"的微迹,藏在里边。

"分化了,分化了!落后分子有一种结合,动摇分子又有一种结合了!"在大部分的同伴中,眉目间,言语间,隐然有这种表现;特别是积极分子中的领袖们。

回国呢,不回呢?在蒙古究竟住多久呢?谁也没有一种主宰。动摇分子与落后分子,还没有主张这种问题的勇气与权利。

"放荡形骸之外",显然成了流行的事迹。麻将、扑克是室内的工作,听戏、进攻成了户外游戏。

"无产阶级逛街去!找老乡谈天!"F君在饭后便这样的嚷。诚然,经济权握在少数的所谓领袖手里。

所谓逛街,只能在中国区与俄国区逛逛;蒙古区因为狗的威力,大家都不敢问津。至于谈天呢,也不过找同居的老蒙古——久住蒙古的中国人——或店东、伙计瞎吹一场。

由他们的谈话中,知道了不少的奇怪习俗与故事。

在蒙古有最大潜隐势力的,便是"狗"。蒙古狗的凶猛肥大,是罕有其匹的。深绿的眼睛,紫黑色的大嘴,令人望而生畏,不寒而悚!而且吃人的本领,不亚于虎豹,因为人肉是他们的家常便饭。一九二五年蒙古政府,曾下令杀狗,经整千整万的喇嘛反对,几乎酿成暴动,这个令便无形取消了。

蒙古人的最多数是喇嘛,握一般民众精神的权威者,也是喇嘛;狗有喇嘛保护,所以狗的潜势力,也正不小。

喇嘛崇拜狗的原故，我们不明白，大概是基于迷信。连中国商人，还时常喟然长叹：

"这个年头，买卖不好做！你看，每条街的狗都渐渐减少了！"

据说，以前中国区里，每条街至少有五百条狗以上，现在只够半数了。一般中国商人，坚信狗少即是倒运，也不看邻近的俄国区，除几位太太奶奶，牵着几条小狗而外，很少蒙古狗的踪迹，而他们的买卖，反一天一天的兴旺起来了。

蒙古狗的食品，很少植物。除骆驼肉、马肉、牛头、羊蹄及一切兽骨而外，便是人肉。在我们到库伦之前不久，有两个俄国宪兵，夜间到了市外，被狗吃得一干二净，只剩下破碎军服，检查他们的枪弹，是放完了的，战刀是砍破了的。

人类繁殖的速度，不及狗。一般养狗的，因为狗太多，听其自来自去，市内食物残余，渐渐不敷分配。它们中的一部分，便自到市外觅食，自由生殖，旷野中又无粮食，所以它们的食品，便是死尸与活人。要是这两种都找不着，便是自己吃自己。

死尸的来源，是蒙古人供给。蒙古人要是死了，并不掩埋。由亲属把死者搁在敝马车上，到葬地去驰骋——库伦与东营子之间的一片荒原。任死尸掉在地上，立一个标识，便自己回来。三天以后，再去视察；要是死者还直僵的躺着，就认为生前有罪，必须请喇嘛念经，直到狗吃完了为止。有的因此，把死的的全部遗产，跪送到喇嘛手里。

市内的狗，对于吃人的需要，虽然没有如此的利害，可是咬人的程度，亦正不浅，只要在黄昏以后，人类完全销声匿迹，而太空之中，完全被远近的犬声占领。

老蒙古说，狗也有种族观念。一个中国人，假设于无意间，误踏蒙古区的地界，该区的狗，一定围而攻之，直追到中国区的边地。中国区的狗代为迎敌。反之，蒙古区的狗，也代喇嘛报复。

这种情形，与〔于〕夜色苍茫里，更加利害。我们虽然听了这种妙论，不敢以身尝试，终究得不了证明！

愈多住一天，愈觉得狗的可怕。我们以后出门，至少在两个人以上，而每个人的手里，总预备着一件武器———一根粗大的手杖。

醋

斗大的库伦，经不了几次的巡游，所有的风物，便一览无余了，渐次由物的鉴赏，移到人的鉴赏了。

每天至少有一小时，大家聚谈一日间的经过情形，自夸所接触的女郎，再彼此下一种批判，我们虽然落后，无可夸者，也常加入谈笑，为他们捧场。

不管是在戏园，咖啡店，街市里，我们同伴，在恋爱方面，显然是帝国主义者，侵入蒙俄两方的脂粉队。最惨败的，便是蒙古的男性青年，将他们的"交际花"，如玉兰花、金莲花、都耳马、醋泽儿……（均人名）等等，通通输入我们一部分的同伴的怀抱里了。

"他们不吃醋吗？也许不至于……！旧的蒙古青年，本来就没有和'交际花'往来的奢望，至于新派呢，是同在苏俄学过革命理论，同受第三国际代表亚们卡耶夫的指导，同自命为无产阶级战士；想来不致因恋爱问题，而发生种族的偏见，或其他的争执罢！"脑筋简单的 J 君，虽曾如此想，但有时也向胜利的战士们发问：

"他们不吃醋吗？"

"他们敢？！蒙古就没有一个共产党员，在东方大学的，也不过是青年团员！"

Y 君在背后，悄悄的把 J 君一拍，便没有再答辩〔辩〕了，走到店外，Y君才向J君说道：

"你真落后，他们那种不关痛痒的事，与你有什么相干？要你代为焦虑！"

"我看东大回来那几位蒙古先生，这几天不来了，也许有了意见吗？"

"我并没有说他们不吃醋！不过他们吃醋的问题，不关我们的事。我是要想讨论我们的切身问题——如何回国。"Y君向四下望了一望，急着说。

"哪有机会呢？共字号的人多，常常有人跟我们……"

"睡觉后再说！"

"不行，那间屋子里，也有他们的人。"

"不碍事，我有办法，先肃清我的屋子。"Y君说后，再装着很优暇的样子，脸儿望着天，与J君背向的走开了。

时间已是六月末了，在蒙古仿佛暮春一般，只是正午，太阳映在沙砾上，有点威力了。一般交际花，川流不息的，与我们同伴来往，从晨光微曦中，直至暮色苍茫，都有留连在我们的旅店里。

从交际花的口中，得着消息；东大回来的团员们，深以爱场失败为耻，准备一个大结合来复仇，与Y君同室的L君，素称强悍，表面虽然行若无事，但是眉梢上，似乎挂了一件什么东西似的。第三国际方面，蒙古人并不吃香，可惜离得太远，要是先吃了眼前亏，又怎么办呢?! 所以出游，总不敢踽踽独行了。

L君们正感觉着恋爱的烦忧与恐怖；Y君专时时刻刻，嘻皮涎脸的，用这个问题，冷嘲热笑的，去捋L君的虎须。

"好不要脸的东西，口口声声的为无产阶级牺牲，连爱一个女子，还被情敌吓得屁滚尿流！"

"放狗屁，你再瞎说，非揍你不可！"

这样的问答，夹杂着笑声、嘘声；每日都有几次，特别是晚间利害。

最初是笑骂，继之以"揍"的实行。L君本来不弱，Y君的蛮力更不小，先几次不分胜负，后来睡到半夜里，Y君发魔式的起来乱打，L君的背遭了几拳，头额也青肿了，眼镜也破碎了。L君宣告败北，搬到旁的寝室去了，J君承继了他的炕位。

"我的屋子肃清了！"Y君在室外张望了，再跑进来微笑的说。

"才一半呢！"J君答。

"怎么？"

"还有G君呢？"

"他！不在乎！混小子！只晓得积钱嫖婆娘！并且他也很不满意经济的专制。"Y君高兴的说。

"他总是东大的党员哟！"

"他已经露出回国□就倒戈的意思！"

"焉知不是他们的诡计，他受意来这么说的呢？"

"你真是惊弓之鸟了！我看不至如此！"

"你总得要小心哟！"J君慎重的说。

快乐之日

今天大家高高兴兴，一齐向大蒙古堡出发（蒙古人称为Nardom）。这个蒙古堡，是蒙古革命后的新建设，是一座大会场，完全用木材建的，里面仿着新制的会议厅，外面依然作成一个圆形，有些类乎马戏园；可是中国人称之为大蒙古堡。

在中国区内，有一座旧式的中国戏园，里边的演员，都是吸白面的老西，所演的是所谓山西梆子，除开女演员卖肉而来，几乎不能维持生活。至于蒙古戏呢，旧的不过"打鬼"之流，新的是模仿式的话剧，间或有一二节最简单的舞蹈，能演的固然很少，能看的也不算多，所以虽然建了一个大蒙古堡，本来可以作戏园用，但是除偶然演映由苏俄运来一二套影片外，通常连大门也是锁着的。

今天是蒙古国民党、青年团的选举大会，上午是正事，下午直到晚间，都是余兴了，在这个庄严的会里，请有驻在库伦的各国人，所以驻在店里的我们，居然成了上宾。

照普通习惯法说起来，这类的事，尽有人代表出席，用不着所谓落后分子也去，不过蒙古人请唱《国际歌》，固不能不多去几人，声音稍为宏大一点，并且东大回来的蒙古先生们，今天正是耀武扬威的时候，万一在一般交际花及众来宾之前，有一丝毫失败，也就丢人不浅，更不能不多邀几人捧场，所以全体出发了。

在大长内的右门〔边〕〈是〉食堂，左边是客厅，来宾刚进来，便有招待员引到客厅签名，再陪到食堂用茶点，以后随自己到处参观，四壁挂了一些政府及党的事业的各种表解，在长餐桌上，铺着大红布，上面零零落落的放了几本蒙古书，据说，这是革命后，教育委员会的功绩，不过蒙古文字太简单，还不能译书，现在正在谋文字上的改进。

进了会场，只见满场的红布飞扬，红布上都用白粉写着蒙文、俄文的标语，给我们在近主席台的左边，留了三个包厢，特别用中文写了几个标语："中华民国万岁!"、"中国国民革命万岁!"、"欢迎中国革命战士!"。

东大归来的蒙古先生们，一个个趾高气扬的，带着特别证章，跑进跑出，有时在主席台与来宾席之间乱窜，交际花们也大忙特忙，因为有她们的歌唱、舞蹈、戏剧等等。

最使L君难受的，便是东大的蒙古先生们，在与一般交际花讲话的时候，那一双刁奸的眼睛，故意向我们的包厢看。

"我早知道这般王八旦，请我们坐包厢，是不怀好意的。"L

君不胜愤愤。

"也算他们够丢脸了，要是在中国，他们有来坐包厢的资格吗！" F君说。

一般交际花，首先来应酬的，还是都尔〔耳〕马，她是一位完全欧化的女子，芳龄才二十二岁，通德、法、日、俄几种语言，就是中国话，也懂的不少，现在外交部、内防处、海关等处兼任翻译，可算蒙古的第一枝花。

"你怎么有工夫呢！"

"我不算纯粹的蒙古人，我是贝加尔畔的布列慈卡。"（蒙古人之一种，半同化于俄人）

经都尔〔耳〕马的笑谑，增加了同伴们不少的生气，直到唱《国际歌》的时候，大家尽力的狂吼；可是，第二首的词，谁也记不得，我们的领袖，事前也没有计算到；还全赖厚脸的 Y 君，站在第一列，他首先把第一首重复起来：

"起来，饥寒交迫的奴隶！……"

把第一首重复了两次，才算完了；还博了不少的掌声，回到包厢里，一般交际花，蜂拥而至，大家左顾右盼，F君向我说道：

"你看，把今天到的各国男子比一比，中国青年，真可算小白脸子！"

"可惜女的是萝卜干！" Y君说着，向 J君及其几位"所谓落后分子"一望，随着大家的不注意，一个一个的溜出去了。

灯烛辉煌，才知道外边的天已黑了。一会儿又请晚餐，仍然是西菜，大家又大喝啤酒，乘着醉兴，再同各位交际花，一块儿入场看电影。

黑影幢幢中，谁也不能管谁，渐渐的大家散去了！直到第二天的早晨，方知有一位 K君，不知失落何方！

两件大事

在大蒙古堡中一日的欢娱，便发生了两件大事。

第一件：K君的失踪。

K君是浙江人，在莫斯科东方大学毕业，以前当过上海大学的学生，深有江南风度。在我们的同伴中，大都为黑面包同化，养成了同样的皮肤色素，独K君不然；同伴中的广东冒牌无产阶级——其实都是家拥若干万的厚资——赠其名曰"稀饭"（谐音）。

库伦只有这么大，他决不致迷途！昨晚往来的人特别多，又没有到市外，也没有被狗吃的可能！他是东大的同学，醋蒙古们，也不至把他当情敌；纵然，也不至于暗杀他；在旁的人还未失踪以前——猜了许久，总猜不出原因了，全体出发，分头找去！

到了正午，他蹒跚的回来了，究竟昨晚他到哪里，仍然不肯告诉，傍晚，都尔〔耳〕马、金莲花她俩来了，与K君相视而笑。

原来电影完场之时，人们像潮水一般拥出！K君便成了离群雁，都尔〔耳〕马在前拉，金莲花在后推，如此，便到了都尔〔耳〕马家里。

家中的人，已经安歇。两位忙碌了半晌，才把炒朱〔米〕、点心、茶预备好了。然后抱了几床俄国毡子出来，作了被褥，长枕大被式的睡了。

第二早晨，她的妹妹不知道，还跑进来叫她起床，被她骂哭了。她母亲，给他们预备了一餐俄国饭，K君吃完了才到店里来。

这个消息，是K君方面说的。于是大家又很高兴的去问都尔〔耳〕马，与金莲花。

"这是他俩的事，我管不着，我也不知道。"金莲花说。

"K完全是个小孩子，什么都不懂得！"都尔〔耳〕马仅仅说这一句。

第二件：落后分子（非共派）大结合。

这是 Y 君与 T 君的深谋，自从他们住到一间屋子内，时时刻刻想把非共党员们，团聚一次，但是一举一动，后面都有侦察者，就是其他的两个人单独谈话，也很不容易；所以他俩早订好，只要一有机会，大家便团聚一次，自行解决归国问题。

机会真不容易得！要不是在大蒙古堡里，大家都在注意情敌，谁还能安然离开一步呢?！Y 君同 T 君示意后，一个人便跑到大门外，溜来溜去，乍见，一定会猜疑他是在吊膀子。等着出来一位，才告诉一个咖啡馆的地名，大家才零零碎碎的跑去。

一共有六个人，其中有两位女先生，一个已经大腹便便，一个还在寻猎爱人时期。大腹的非法丈夫，是同学 E 君。

"你出去放步哨罢，我们也得学一学他们！要被他们碰着了，我们又犯了弥天大罪！反正这里有你的太太代表！" Y 君向 E 君说，E 君懒洋洋的走出去了。

"我们的时间有限，机会难得！我想，最简单，最干脆的说罢！早完早好！" T 君急急的说。

"赞成！赞成！" V 女士首先捧场！

"我们都是国民党的同志，自离开苏俄以来，这才是第一次会议！本来早就……" Y 君滔滔不绝的讲演，L 君打断他的话：

"废话少说！干脆提几件事说罢！"

"好！共字号说中国的革命，应当同苏联一样作法，大家都在苏联看过，认为对不对!？" Y 君问。

"不行！用不着军事共产制！也用不着以少数智识分子，来冒充无产阶级！更用不着把社会政策，拿来叫社会主义！"乱七八糟的声音答覆。

"喂，店里的俄国人，懂中国话么？" V 惊惶失措的问。

"不碍事。他们是白俄！不至于向赤党告密的！" T君答覆。

"这一般同伴，是不是三民主义的信徒，是不是职业革命家！"

"不是！他们比我们还荒唐，还不能受苦！"

"我们是不是永远作被动的，随他们的颐指气使！？"

"我们应当回国！国民党员应当受国民党的指导，不应当再受第三国际的……"

"回国"是大家的意旨，如何才能回国呢？这就费讨论了。回国不是一天两天的途程，事前的准备，路经〔费〕的筹措，途中的防卫……等等。

在沙漠中的库伦，对于中国消息，差不多是毫无所知了。——虽然有一份苏俄的报，但是其中的消息，大半可算历史了；何况有许多消息，并不可靠呢？

所以大家的结论：

第一，分途探听消息。

第二，找与中央通讯的机关或方法。

第三，各写信给家庭、朋友，从速寄路费。

第四，严守秘密。

第五，以后彼此交换消息的方法。

不过二十分钟，大家的讨论，便告了结束。啤酒、Kvas，开了一满桌子。最后 E 君向 V 女士微笑，大家追问原因，E 君说道：

"最好是叫阿 V 探听他们消息！"

"甚么意思？"

"他的意思，就是说我与平山的弟弟，发生了关系。这算什么！我在广州，就与人同居过！" V 女士虽然装着不在乎的态度，可是黑黑的脸儿，也透出了微红！

新发见

自从 L 君出了 Y 君的屋子，由 J 君递补了 L 的榻位，Y 君很自负的，说他的屋子，至少肃清了百分之六十，不只一半了。

原来 Y 君屋子内里，还有一位 G 君，是由东大回来的——东大的全名为 KUTV，即东方劳工共产党大学——论理，也是我们的统治阶级，可是他有一种封建遗毒，就是所谓乡土味，他本来是江苏人，所以遇着事，想干又怕干，要占上风，又怕吃亏，又怕花钱。

善伺人心理的 Y 君，早已瞧出他的弱点，所以早想定了方法，把他伏侍得裕裕贴贴。

G 君的俄文程度，并不高妙；特别对女人，更觉得没有话说，可是在百无聊赖中的库伦，哪能经 Y 君几次对女人的夸大，他的心旌便把持不住了；虽然口头上假强。

Y 君作了向导，一位在库伦号称头等美丽的俄国姑娘——拉娜——居然由 Y 君得手而让渡了。并且第一次住宿，除旅馆费而外，一个冤钱未花，连喝了两瓶啤酒，还出在 Y 君的账上。

第二天 G 君回来，向同伴中洋洋自得，敢明目张胆的批评 L 辈进攻之策略不合法，Y 君也毫不吐出他暗中出的力，G 自然愈自夸，而愈感激 Y 君了。

过了几天，拉娜提出婚姻问题了。据说，她的家庭不满意，把她毒打了，一丝丝的伤痕，在雪白的肉上显着，直刺到 G 君的心里。她说她只有一法，脱离家庭，请 G 君租一间简单的屋子，其余她都可自行操劳。

G 君感受经济压迫了。要是所有的路费，能自由支配，恐慌的成分，还少几分，可是经济权操在少数"所谓领袖"的手里。G

君把身上以外的几件衣服、手上带的金表、兜袖的自来水笔，通通牺牲了——结果落得大家同伴的讪笑，领袖们的态度，干脆是责骂！

G君不平了，在领袖们的背后，常常很勇敢的说：

"怕他们吗！不是一样的人吗？干吗我应得的钱，自己不能用；他们还要用旁人的呢！要说我荒唐，他们的荒唐，比我还胜十倍呢！"

"老 G，你的公馆组织到怎样了？"L君很滑稽而讥讽的问。

"妈的，你管得着！"G君忍无可忍的，红着脖子，大着胆儿的说。

"放屁！管不着你？我们是受了使命的，要是给第三国际一个电报，就要你的命！你明白点罢！谁敢说管不着！"L君生气了。

"开玩笑，你就认真？嘿嘿！"G强笑的转头。

G君成了敢怒不敢言，另方面又受爱情的牵累，经济的压迫，所以向我们间或露出一些意思：

"要是回到中国，决不再干了！"（意谓：不再当共产党了）

我们虽不敢相信他的这句话是真，可是他与其他同伴，发生了裂痕，这完全是事实，Y君的肃清计划成功了。

在肃清计划成功之后，Y君、J君还轮流的包围 G君，一个人在受人讪笑谩骂之中，要是遇着一位表同情的，那是格外亲热，所以 G君不仅与 Y、J 化除了党界，而且成为密友了。

从 G君的口里，把共字号的阴谋，完全披露了。他说：

"一到库伦，因为中国情形不好，就决定不走了；失遗路费，完全是假话。现全正由亚门卡耶夫电讯第三国际，得覆电后，才定行止。大概，总是又返回莫斯科！"

他又说：

"他们住屋子，游逛，都有一定计划；谁监视谁，谁侦察谁，都是派定了的。我（他自己）是监视 Y 君的。"

以后又从他的口中，打听出能与国内通消息地方——就是西北军住蒙办公处。

有一次请他喝啤酒，已经有了几分醉意，他对于回国的热忱，也充分表示出来：

"谁还愿再同他们一块儿受气。现在路费握在他们的手里，觉得途中总不方便；不然，我只要决心一走，也要不了多少钱，就可动身。"

"从哪里可动身？" Y 君问。

"西北军办公处在这里，可以搭他们的车。"

"他们不是说西北军办公处，离库伦很远吗？"

"胡说，只隔我们住处两道巷！"他坚决的说。"要是不信，我可以把大门指给你看！"

徙居

知道了西北军办公处的地方以后，Y 同 J 不断的去过几趟。

第一次与办公处的执事人员们见面时，他们很和蔼的招待，问了姓名以后，不觉彼此互相怔望，Y 君问道：

"你们惊异甚么？"

"仿佛没有你两位的大名。"说着，便进内拿出了一个名单。

"这是谁给的？" J 君看后问。

"是一位瘦瘦的小白脸送来的。"

"干脆说，他们在这上面，就没有写一个真名字！" Y 君细看后说。

最初，还不知道这些名字，究竟是从哪里来的，后来得 G 君的探明，原来他们早怕 Y 君们自己与各方接洽，所以先通一个假名单，使Y君接洽的时候，说出姓名来，对方不易相信。

几次的接洽，办公处代发了一个密电给中央，报告我们的困难，请接济川资，以便归国，至于沿途的情形，该处也承诺告知一切，并先行通知沿途办事人员，代为照料。

归国才有一二分的希望，忽然领袖们主张迁居。迁到野外，到图拉河旁边的军事政治学校之内，他们的理由——怕同伴在市内学坏了！

要是以旧道德为标准，嫖赌等事算"坏"。那吗，根据明明白白事实，与唯物史观的理论，他们的经济方便些，当然坏得更利害！

我们既不是统治阶级，又不是剥削阶级，除嫖赌而外，还有什么"坏"呢？

据说，徙居是亚们卡也夫的意思；诚然，到军事政治学校去住，要不是他呢，旁人定交涉不成功。

在野外旷地里，青山当前，绿水环绕，能够在沙漠国中，享受这种清福，这是不能不感谢亚氏的。

由军事政治学校，到库伦市里，虽是不算很远，普通的时候，交通工具是很少的，大半都须步行。与库伦相隔的距离中，有一个沙滩，一条小溪，一块草原。小溪上有长约百丈的木桥。在雨后初晴，到这条道上散步，自然心旷神怡，可是赤日炎炎的时候居多，往来总要汗流浃背。

学校的左边，是一片荒原，有些鹭、凫、野兔等在那里栖息。右边是喇嘛宫。前方图拉河横绕，水深及膝，底下均是小石头，清澈可鉴，河中的游鱼，比北平三海里的还多。渡河便是图拉山，是蒙古人的圣地，禁止樵猎的，所以古木森森，成了一个大丛林。据生物家说，这匹山可称为寒温两带的分水岭。林中的动物，属温带性的都有。山里有千多个喇嘛看守。听说有一次，一位日本记者偷渡过去，几乎被打死了。并且山内有一种青毒蛇，长不过数寸，噬人必死。熊也不少；所以我们每天在河岸上徘徊，也不敢越雷池一步，终究成为可望而不可及的圣地了。

当时学校是暑假期，大部分的学生，是回乡去了。他们回乡的学生，都受政府的津贴、党的指导，回到本乡，作种种利于党国的运动，如清洁、识字、宣传党义……等等。甚至于在乡中办暑期学校——留在校中的只有一小部分女学生。

我们住的前院的大礼堂，三十多位，一间屋子便住完了。室前有一座木瞭望台，三层，每层有丈多高，室后是一个草坪，再往北便是内院了。女学生的寝室，便在内院的西房里。

换一个新环境，大家都觉得异常高兴，又忙累了一天，不到天晚，大半都入了黑酣乡了。到了第二天，Y君们又开始推敲，为甚么要离开库伦。

"我想起来了，这回事的主动者，一定是纸老虎！"J君说。

"何以见得？"Y君说。

"有一天，我们从办公处出来，走不几步，不是碰着他吗？那晚上，他请我过去谈话，说那一条街，都是暗娼，而且都有花柳病，不可常在那里逛。并且还劝我不要和你一块儿，因为你是得过花柳病的，不在乎！……"

"你怎么回答的呢？"Y君急忙的问。

"我没有话，只笑了一笑！"

"唉！糟糕！"Y君叹气。

访问

迁居已定，主人先来拜访。来的是该校教务长，曾经在莫斯科留学，所以用俄文致辞，表示欢迎；又说，要是需要什么，或是感觉什么不方便，都可以不客气的向他讲。后来介绍一位教汉文的教员与我们谈。

这位教员，是很客气的，和霭〔蔼〕的邀请我们到他家里去玩。他用手指着院外东边的一个漂亮蒙古堡，说这就是他的家，距此很近，随时都可以去。我们答应以后去，他才走了。

第二天，我们一共四位，前去拜访，看见他的蒙古堡，是白色新毡作的。四面的木柱，全是红漆漆过的。小门外睡着一条小哈叭狗。狗的左边，另外还有一个蒙古堡，毡色较旧一些。我们在室外谈话，主人即便跑出，把门打开，立在门旁，让我们屈身伏首的，挨次钻进去。里面是朱漆地板，中间搁一个一尺高的小桌，主人坐在左边，请我们坐在右边的几个蒲团上。他指着东北边的窗户，向我们说：

"这就是蒙古堡凉快的原故！"

"可是这么矮小?"U君说。

"虽是矮小，毡质不传热，也不透日光。四面的窗，都可开可阖。有太阳的地方，关得严严的，阴凉地方才打开，自然热气不能入，而凉风徐来了！"他文诌诌的说。

"你们很难得，到我们敝都来了。我们没有东西招待。我行蒙古礼，把我自己作的酒，敬大家一杯。"他又说。

"可惜敝内不在家，我不会招待！"他一面拿一个磁碗，在一只大瓦壶前斟酒，一面向我们说。他斟好了，自己先喝一口，递给正对他坐着的U君。U君接在手里一看，才〈知〉是一碗雪白的马奶。"也许他斟错了罢！"心里这样想，眼睛向这位蒙古教员一望再望。看见他坦然自得的，在谈旁的问题去了。U君素来好洁，就不喝马奶；这一次没法，只得喝一口，哪知还是发了酵的，他蹙着眉头尝了一下，便递给第二位，挨次下去，都像U君一样。回头又挨次递回来，仍然只是尝一尝，递到U君手里，仍然是原来的容量。U 君无法递回主人手里，闭着眼喝了大半碗，主人接到手里，还说道：

"作得不好！"

大家望着 U 君，几乎笑出来了！赶忙谈旁的问题，才掩饰过去了。从蒙古的政治、教育，一直谈到最近的商情；把主人的话匣子打开了，他滔滔不绝说过〔个〕不了！

"蒙古的工业，还说不上！商业，都操在中俄两国人手里。譬如在库伦，只有几家牛羊肉店，是蒙古人办的；其余，政府办了一个百货公司，此外，便没有蒙古商店了。中国人的商务，失败在眼前，不过他们毫无智识，不明白罢了！唉！……你们想知道，蒙古人恨蛮子（称汉人的别名）极了。这都是那般中国商人引起的。他们不是来做买卖，简直是抢人！特别是老西利害！……唉……"

他说道此处，提起老西——我们回想在恰克图老西乱敲的情形——我们精神为之一爽，觉得蒙古人都还有眼睛，不禁深深的表同情。他又继续的说：

"比方葡萄一磅，在蒙古百货公司，与苏联合作社，都是定价一元。在中国人手里，东口——张家口一带——的商店，至少要三元一斤；老西要卖六元以上，而且名为一斤，事实上还不及一磅之多！不过他们也快倒霉了！……"

"这么贵，还有人去买吗？"

"自然，他们商店，一天一天的门前冷落。可是捐税一天一天的加重。"

"他们不会关门回国吗？"

"现在不行了，迟了！蒙古的人民，对这般人，都存报复的心，哪能让他们回去作富家翁呢？"

"他们不过赚几个钱，还没有像国际帝国主义在中国一般，经济压迫之外，再加上政治的压迫。"

"哼！他们以前，比世界上哪一个帝国主义也不弱！不过蒙古革命时，在库伦就杀死几千，现在才把政治的护符脱掉！以前他们贩来的货，完全是在中国已经卖不出去的陈腐东西——现在还未全改——卖价非常的贵，当时徐树铮们的兵在此地，蒙古人的生命财产，同高丽人在日本一样。一般中国商店，摆着花花绿绿的货物。无智识的蒙古人去看了一看，这些货非卖给他不可。店主的理由就是，你看了，谁还买？——蒙古人不特应当买，而且非店主自由定的价不可。当时不收钱，以后再牵牛羊折合！如此的买卖，纯息动辄几十倍！假设蒙古人稍微倔强一点，一定送到中国兵营！你们想：比帝国主义何如？"

"过去这些事实，我们不知道！"

"哈哈！这也像帝国主义国家中的人民，不知道中国如何受他们的压迫一样！"他微笑了，我们的脸红了，我们恨不得把这般奸商锄尽！他见着我们的不安，又继续的说道：

"这些事已成过去了。现在翻个了！要眼见着他们破产流离，而他们还睡在鼓里，去迷信喇嘛的传说：'狗多财发！'现在蒙古政府，对中俄商人的待遇，显然是不平的，不过一般国民，都认为应当如此，俄国人卖的东西，货不是坏的，价是一定的。所以蒙古的女人，现在都穿俄国的大皮靴了。俄国货是定价，上税自然按定价纳。中国货乱敲竹杠，税费自然要先乱敲他一下。现在不管他们如何乱敲，一天一天顾客减少，弄到有货卖不出，就要补〔赔〕本了。现在蒙古禁止现金出口，私人不许营汇兑业，私人兑款的数目，又加以限制。国家银行的汇费又高，他们赚了钱，也拿不回去了。"

"他们不能办原料出口吗？"

"这是可以的！不过第一税重了，第二是政府正打算自营出口业呢！譬如獭皮一项，今年不许商营了。以后出口业，渐渐的统归政府垄断，这般奸商更没办法了。"

他们又给我们一些蒙古的珍贵食品——炒米——吃着，谈着，直到蒙古堡内全体窗户打开了，我们才扒出来。他又指着旁边的旧蒙古堡说：

"这是纯粹旧式的，里面没有地板。我留来听差们住。我自己这个蒙古堡，已经算欧化了！你们看河边几个漂亮蒙古堡，那都是西洋人的，你们要是住得久，也可以试试这个，真是夏凉冬温哟！"

归途中的默想，想着种族间隔膜！

浴

在库伦市内，最难得着适当解决的，就是洗澡。中国澡堂有一个，其脏也，不可言。比较好的一个俄式澡堂，又常常人满为患，并且水也有限制，不能尽量的如意的用。

移居到了河岸，洗澡当然恰意。最初，大家还有相当顾虑，因为这是圣地的边境，也许禁止洗澡的。

蒙古的旧派先生们，如喇嘛——大概脑子中，还没有"洗澡"这两个字存在。所以图拉河的鱼，虽然禁人钩〔钓〕取，而洗澡是不在乎的。我们放心大胆的去了，因为我们还未尝试以前，早看见有西洋人在内了；夕阳西下的时候，牛马也来享这种福了。

图拉河内的碧水澄澄，岸上的绿草茸茸，乍见的时候，万想不到这是库伦的附近。河中的鱼，多如牛毛，刚伸下脚去，他们便结队成群的来吸来吮了。惜乎水浅而激，不能游泳，只能真个洗澡式的洗。

访问

第二次同去的，有 B 君、U 君、L 君、Y 君、F 君等；落日已经衔山了，只留了一点残照在地上了。大家先下水去，胡乱的洗了一番，有的裸着躺在天然的草褥上，领略大地的风景；有的在岸边掘坑，为鱼儿们预备行宫。因为有些先生们，正在弯着腰，同鱼儿们赛跑，打主意请他们光临岸上来。

大概没有被追逐的习惯罢，不大会跑，常常被握在手里，不过他们的身躯很滑，不容易请上岸。B 君旁观了许久，不禁喟然：

"这真像中国人哟！"

大家莫名其妙的，除 L 君、U 君等两三位不在意而外，都向他惊视着。他又继续的说道：

"你看，你们一面捉他，一面拿草叶引诱他，他们毫无所知的跟上来了；这正像中国人在帝国主义、封建余孽的压迫下，反受他们的诱惑……"

大家有一线的光明了。

"可惜鱼儿没有第三国际的援手……" L 君笑着说。

恍然大悟了。

"不过革命是必须经过失败之路的！" U 说。

"自然，革命失败一次，有一次的经验和成绩；并且也是党员的试金石；愈反动，愈革命，才配称革命党员。老实说，这一次中国的反动，给了共产党很大的益处，'天然清党'，投机的自然都跑出去了，再没有鱼目混珠！至于革命的同志呢……" B 君很兴奋地，望着几位落后分子，再加重他的嗓音："在这个时候，正是加入共产党的好机会！在困难中，才显出革命的真精神！"

他不语了，四下的望，大家低头的沉默着。F 君忽然道：

"我才不信这一套！要革命，一个人也干！要加入甚么党！都是狐群狗党。"

落后分子，全体嚇然了！Y君低声的向我说道：

"这是吃了虎的心、龙的胆！"

又听L君说道：

"不错！老F真是好李逵！豪气！"

"对啦！"F君笑了。"甚么都是一场把戏！能学李逵，什么也胡乱干一场，才算痛快！"

"要是我们的革命成功，你们看老F干甚么合式？"U向大家发问。

"最好是GNU（内防处）！"L君说。

所有的问题，渐渐移谈到琐碎事上去了。月光微熹中，我们才一同归去！

"今天的变化神乎哉！"Y君去向J君说。

J君知道了这回事以后，回答道：

"留心。他们还没有死心！至少，要把F君捧去的！"

《突起周刊》

北平华报社

1930 年 2—13 期

（李红权　整理）

拉逊氏蒙古社会考察记

宾秋[①]　译

蒙古是我国北部的屏藩，满清时代派有边防长官驻蒙坐镇；但此辈大都不学无术，非特不能为蒙人谋幸福，又复作威作福，敲剥不餍，以致大失民心。迨至清廷颠覆，蒙人即驱逐这驻防长官，而自组政府。民国成立，虽以五族一家相标榜，但对于蒙人仍嫌隔膜，加以频年内乱，更无暇顾及边陲。在段执政时代，徐树铮以西北筹边使名义，入据蒙古，任意拘捕蒙古王公。蒙人不胜小徐的压迫，乃暗向俄人乞援，白俄先至，即将小徐赶跑，而统辖蒙古，赤俄继至，复驱白俄而代之，引狼入室，从此蒙古不复为我有矣。蒙古民风淳朴，我国政府若能稍加羁縻，必不致携贰；即不然，蒙古地广人稀，正是移民实边的好地方，一则可以巩固边防，一则也可解决平民的生计问题。讵历来政府对于蒙古不是一味放任，便是压迫过甚，为丛驱爵，咎由自取，言之曷胜浩叹！美人拉逊氏（Frans August Larson）住蒙有年，熟谙蒙古的情形。他本其亲身的经验，写成此文，对于喇嘛的生活，尤刻划入微，读之殊饶兴趣。其他如说蒙人的迷信、陋俗，以及人口的衰落，和统治权递邅〔嬗〕的经过，在在可供我们的研究，故亟为移译，

---

①　《青年进步》1930年135期作者作"宾秋"，136期作"秋宾"。——整理者注

以饷读者。

译者

一　喇嘛的生活

我写此文是在夜间荧荧的烛光之下，那时我住在一个旧相识的蒙人的帐幕内。我的居处适与"神幕"相近，每当喇嘛悲哀的鼓声喧闹时，我的低矮的小写字台也会微微的震动起来，在鼓声中又夹杂着喇嘛高声嗤诵梵经的音调。

我的老友察克泰患病已有多时，家中请到一班僧众，为他祈祷消灾。察氏自己是一个喇嘛，他的侄子和侄孙也都是喇嘛。他的家中三世相传，每一代的长子照例是须做和尚的，故一家五个男子之中倒有三人是出家的，只剩下一个已长成、一个未成人的男子，以尽他们物质上的义务。

在蒙古的人口中，喇嘛占一极大的百分数。照蒙古的风俗，每一个长子须剃度为僧，以后在子孙中做和尚的自以愈多愈妙，这于一家是一大损失，因为家中只留下少数人来担任畜牧的事情；但一家做喇嘛的人数愈多，就表明这家的德望愈高，依据喇嘛教的信念，一家的康健、财富和幸福，全视它的子孙奉献给寺院的多寡而定。

喇嘛教有一严格的规律，禁止僧人婚娶，这与蒙古人口的减少有极大的关系——虽然未见得个个僧人都守这条规律的。举一个例，台伯西也是一个喇嘛，他在不久以前结婚，礼仪非常隆重。原来台氏性爱女色，在未结婚之前，他屡以厚礼如马、猪、羊、毡呢，以及其他珍品，馈赠给女子，以博取她们的欢心。他的家庭以为这样闹下去，终非善计，所以他们提出会议决定让台氏娶妻。他的妻子是一姣好的女子，人颇聪明伶俐，并能善相夫子。

佛教输入蒙古是由元太祖夫人因受一西藏僧人的感化而皈依佛法时起始的。蒙人看西藏为圣地，当我在蒙古各地旅行时，一路遇到来往西藏的香客络绎不绝。喇嘛教是合巫术、自然崇拜和佛教三者而成的混合物，它是蒙古的国教，差不多为全体人民所崇信的。喇嘛寺到处皆有，自俄国边境以至中国边境，弥望皆是。要维持这些寺院，实是蒙人经济上的一大负担，不单是建筑、设备和修理等需费不资，而且蒙古人口中男子总数的三分之一以上都进入寺院当和尚，这些人是不生产阶级，全仗非僧群众来维持他。

在蒙古除少数基督教堂以外，要算喇嘛寺为唯一的宗教建筑。在寺内的人数有的以千计，有的虽不到百人，但有许多依附着的僧人，他们一年中有一时是住在家中的。

决定将来过宗教生活的儿童，在八岁以内就须送入寺中，我常见有二三岁的小孩已早住在寺中了。照他们的规则，一个儿童蓄志为僧，就不应有身体上的污点，就我们所知，他们并没有什么身体检验，但在规章上确有这样一条罢了。这不过是说一个身体上有畸形或口吃的儿童是不配做僧人的。

有几处寺院只准从良好家庭出来的子弟入教——就是有数代好名誉的家庭。

一个儿童在被寺院接受以后，就交托一个年长的僧人管理，他对于他的学徒负教育、训练和道德上的责任。在儿童方面若是可能的，总是选择与他有亲戚关系的人充当师傅；否则，就要看这儿童的八字以定他师傅的人选。当儿童拜师的时候，这儿童的父母，就有许多礼物送给他的师傅当作贽见仪；至于贽仪的厚薄，要看他家庭的财富而定。

在不多时以后，这负保护之责的和尚把他的学徒带到该寺的僧众面前，请求承认这儿童加入他们的队伍，此后这儿童就列入

"新入教者"的名额内。倘使他年尚幼少，他便有一个保护人专司他的食物和物质上的需要，还有一人则专教以经文；为图报答起见，儿童在他能力所及的范围以内也应为师傅尽服役之劳。当这儿童学会了几篇西藏祷文以后——这些祷文非儿童所能索解，因为都是用藏文写的——就再到僧众前受试验，如果他背诵顺熟，便可擢升一级，并认为有受较高深的教育的程度了。

此时做师傅的报告给该寺的方丈知道，并将儿童的父母所能供给的最贵重的礼物献上去。在一切手续完备以后，这学徒和师傅的姓名就登入高级的报名册内，在他们的名字下面印上他们的指模，在指模下面又有二个证人盖章。

这小喇嘛直到现在是穿着普通俗人的衣服。当他将受高等教育之际，有一种隆重的礼节，那时他穿着穷极华丽的衣服——凡是一个俗人所能置备的最华丽的锦袍；但在这礼节终了时，就将这美丽的衣服脱去，而换上僧人所穿的缁衣，在项间系了一条围巾的领结，这是表明他拒绝一切物质的浮华，而进入宗教的庄严世界。有许多僧人到了这层阶级就停止不前，不是因为他没有求进取所必需的钱财，就是因天资滞钝，不能学会更多的祷文。在一有钱的学生，则可以贿赂掩饰他的愚鲁。

一个和尚一经穿上僧衣，就不许再御俗人的服装。僧人所穿的是一袭宽大有襞摺〔褶〕的外衣，一件无袖的背心，肩上披着一方丝织的披巾，头上戴着一顶僧帽。衣服的颜色或是红的，或是黄的，因喇嘛教的宗派不同而有区别。每一僧人也挂着一串念珠。

第二步当这新进的教徒请求方丈允许他得参与寺院中的公众礼拜时，须附呈厚礼。倘使得准如所请，便择吉举行一种礼节。在早晨有一师兄给他剃发，惟头顶上留着一簇余发，在公众礼拜的时候，由师傅领导与僧众见面，他穿着一身破旧的百衲衣，对僧众说，他自动的选择这圣洁的方外生涯，当他的终身事业，于是领袖喇嘛将他头上留着的一簇头发剃去。

现在这新进者被赐给一教名，以后遂以此出名。当这礼节结束时，他背诵一种誓言说："我托庇于佛法、法律和教士的生活。"

接着还有所谓与教堂结婚的典礼。这年轻的和尚手中握着一束香，由一僧人称为傧相的陪伴入大殿。他把这束香插在祭坛前，点着以后，便屈膝下拜，并应许终身与宗教结合，不再作世俗的婚娶。

自此以后这新进者享受一个正式喇嘛的许多权利。在三四年以后，依他读经的成绩，迁入较优的宿舍内，不论他有无钱财。现在他须熟读一厚册一厚册的经典，如果他在功课上稍有弛懈，他的师傅就要不客气的加以体刑，因为学生在考试时失败，也要连累师傅致受上级僧人的惩处的。

此后这新进者要经过许多定期考试，参与公众辨〔辩〕论会，并熟读各书。一个年轻僧人要成为一完全合格的喇嘛，至少需十二年工夫，自来没有一个僧人能在二十岁以前达到这个阶级的，实际上总须在四十岁以后，才能达到这个阶级。达到这个阶级以后，他可进一步研究形而上学以及西藏玄妙的经典。有些僧人研究巫术，得了一种学位或名衔以后，就可离开寺院，公然以巫术行世。有的悬壶行医，用符咒或玄妙的喇嘛教义治病。其中有少数人，的确是很聪名〔明〕的，从附近地方采集草根树叶，用以治病，颇见灵验。

医病——不论用巫术、符咒或草药治疗——在僧人阶级中要算最赚钱的一种营业。当一个人为疾病所侵，呻吟于床榻的时候，如果有人能恢复他的健康，即使尽斥家产，亦所不惜。那些贪婪的僧人即因以为利，往往在一次灾疫以后，邻近人家的马、牛、羊、骆驼尽变成一个喇嘛寺或喇嘛个人的财产。

每一寺院有一方丈和一高级喇嘛，据说在他的身上有佛的灵附着。

　　当这些高级喇嘛有一死亡时，在他身上所附着佛的灵就转入于与他死亡同时产生的一个婴孩体内。在他死后有自同级喇嘛和博学的喇嘛所组成的一个代表团，四出探访这灵所新进入的婴孩，他们求教于星相家，照他所指示的方向去找寻。到了那里他们就访问在新生的婴孩中，当他出世时有否无数流星出现，或牲畜表示异常不安的现象。若遇有同样情景的婴孩四五人，就将他们的姓名都记下来。

　　当这些婴孩到了几个月大的时候，这代表团又来探访，将这已故喇嘛在生前所用的物件罗列在各个婴孩面前，倘使这婴孩见了这些物件就缩回去，他们乃转而往访第二个婴孩，这样的尝试过去，直至找到了一见此物就表示欢欣的一个婴孩，他们以为这是那重生的圣僧认识他自己的物件的一种标记。一个人在蒙古游历，时常可以遇见这样的委员。作者与他们谈话过多次，并知道他们所用的方法自我第一次到蒙古以后，迄未变更。

　　在蒙古每当一个人死时，就立即邀请喇嘛为之超度。他们先为唪经，以安死者的幽魂，继由一熟谙巫术的僧人择定一适宜的处所，安置尸体。这些喇嘛用绳索圈出一块地方，将全身赤裸而仅盖上一方白布的尸身置于其间。喇嘛们守尸三天，口中并喃喃有词的念着。

　　在这三天中，喇嘛的饮食全由死者家属供给，他们则唪经礼忏，以为这幽魂祈福。在第三天以前没有一人敢走近这陈尸的所在，如果在这时有鸟兽把它吞噬了，在蒙人是觉得非常满意的一件事，以为它的灵魂升天了。他们认肉体消亡愈早，就是表明这死者的德行愈高。

　　这种野蛮的风俗，使库伦城外的地方变成非常恐怖的。库伦是蒙古人烟唯一稠密的地方，但无一营幕能免恶狗进来把人的一腿一臂噬去的危险。作者在蒙古已住了三十五年之久，对于这种陋俗，总觉看不惯，所以每闻有狗食人的消息，便不禁栗栗危惧。

有些蒙人不忍将他们亲爱者的尸身抛诸原野，以膏狐狗的馋吻，故有少数家庭把尸身火焚，并将残灰送至像一西藏寺院或五台山寺院中的神龛那样的圣地去埋葬。

二 活佛的写真

活佛生于西藏，当他在孩提时由喇嘛迎至库伦，喇嘛宣称他们受了启示，知道这孩童是上帝派遣至世间来治理蒙古人民的，蒙人也一致接受他。他所受的训练完全是蒙古式的，但因他自西藏而来的缘故，故藏僧在蒙事上占有极大的势力。他的爱玩的性情，深得爱玩的蒙人的欢心，他们不仅把他尊若神明，到末了并拥戴他为国王。即使在未登王位以前，他在蒙古的政治地位与中古时代基督教国的教皇相仿佛。

我的第一次遇见活佛，足以证明一个外国人新到一国，对于该国的语言文字略知一二，是容易闹出笑话的。我第一次到库伦是在一八九四年，那时我在一良教师——蒙古人——的指导之下，努力学习蒙文。有一天我读毕了日常功课，因伏案过久，觉得亟需运动，我乃独自骑马出游。

我行不多远就遇见一队喇嘛，他们穿了黄色的袍子，骑着雄壮的骏马，迎面疾驰而来。我听闻有人喊叫"婆"的声音，"婆"字的意义就我所知道的不过是指"枪"罢了，我身边并未带着枪，故亦不以为意。我立刻觉得个个人都在注视我，并大呼"婆！婆！婆！"不止，我仍然莫名其妙，并见除喇嘛队以外，路上行人都下马鹄立道左，心中颇为纳罕。

有一喇嘛从他的队伍中出来，跃马驰至我的面前，高声喊叫

"婆"，我不懂他的意思，庄重地解释给他听，我并未带着一杆枪。我话还未说完，他和四周的群众都轰然大笑起来，他指着地上，并扶我从马上下来。

我柔驯地站在马旁，这喇嘛就拨转马头，奔向他的队中。他们在我身旁疾驰而过，面上还露出呆笑的状态。等到他们跑远了，我即取捷径回家去见我的教师。我将经过的情形告诉他——我并未携枪，他们却硬派我有枪，当他们在路上经过时，又强迫我下马。他对我说"婆"字有数解，也可解作下马的意思。从我的述说，他猜知那喇嘛队必是护卫活佛出游，他并告诉我，照蒙古的法律，不论男女老幼，如途遇活佛，必须下马以表敬意。

这桩事件激动我对于活佛的好奇心，据我的教师告诉我说，他受蒙古全体人民的崇拜，即在君王的目中，他也是毫无瑕疵的。后来我常选择在他的宫殿附近地方去散步游玩。

有一天，刚在我第一次看见他以后，我见这宫殿的面前有好几千喧嚷的群众拥挤着，到处都塞满了人；我因身长力大，终于得挤入这一队和善的群众的垓心。

我想今天总可以目击一种宗教的礼节；孰知楼上的窗牖忽窸然开启，有一穿金黄色袍子、满面喜气的人，把一件妇女内衣从窗口抛掷下来，那时我的惊奇也就可想而知了。这件内衣刚刚落在我的头上，我即抓住它，正想把它掷回去，忽有一人从我的手中夺去了。

我的黄金般的头发在这面目黝黑的群众中成为众矢之的，那立在窗口的人见我受窘的情状，也不禁拍手大笑。他抛下来一大瓶香水，着地敲成粉碎，这些人还以鼻嗅之，面上装出种种的鬼脸来。

接着有一大批表雨点般的落下来——都是很好的瑞士表。争夺的情形大可惊人——男的女的跳跃奔突，似狂若癫；幸而蒙人不仅性情温柔，即体格亦非常强壮，故尚不致有一人受伤。表以后，继之以钟，都是外国制造的，并有多种的式样，大多数都是小巧玲珑、为妇女们所喜爱的；但他也掷下一架高大古式的钟，着地轰然作响，碎片四飞。

钟以后，又继以灯及香水，掷毕他即离开窗口。群众哗噪着请他回来，当他挟着西洋妇女衣服出来时，群众又欢声雷动。这些服饰，他一件件的抛出来——有滚银边的夜服，骑马用的服装，游行用的绒布衣裳，以及包头布、帽子，如天女撒〔散〕花般的飘下来。男的女的将抢到的都置在他们布巾包着的头上。即活佛自己亦在头上试戴一顶插着鸵鸟毛的草帽，并将头伸出窗外，以引起群众的羡慕，随后也将这帽子抛下来。

接着就有鞋子抛下来——有皮面高跟的，也有缎面的。再后则有润面粉并间有粉扑，在空中飞舞，煞是好看。还有一只跑冰鞋，一架风车的玩具，一只拿亚的方舟（Noah's ark）和一艘雏形的帆船。

末了他分散无数号角、惊〔警〕笛和圣诞树上的饰物，待分散完毕，他即将窗牖关闭。这些蒙人欢呼、吹号并吹指作响，以催促活佛出来，他回至窗口，把一只空手伸出来，以示已无余物之意，于是群众便一哄而散。在那天下午及晚上，他们在街上乘马驰骤，吹号鸣笛，尽情欢乐，仿佛与瑞典儿童在演马戏日的情形一样。

后来我与活佛交好，知道他酷爱西洋货物，因为他不能出洋，故常从斯德哥尔摩（瑞典京城）、柏林、伦敦、巴黎、罗马和纽约各地索取商品目录。凡是他所喜爱的货物，他就立即订购，所以在吐勒河（Tola River）上常有外国货物源源不绝的运进来。

因欲腾出空地以便储藏新的物事，且因他对于这些物件的好奇心业经满足，不必再予保存的缘故，他便宣布一分散的日期。每逢这种日期，有一大堆群众麇集在活佛的宫殿面前，争相攫夺，以引起无穷的乐趣。活佛对此，兴亦不浅，我因帮同分散，亦觉其乐无艺。

我在库伦住了些时，结识许多朋友，对于蒙古语亦已熟谙了。那时有一年轻的蒙古王公——汉塔王（Prince of Hata）的长子——邀我同赴"七盟的佳节"（Dolan Horsone Natam）。这个佳节由活佛召集，在离库伦不远的一处地方举行。这种会集每三年举行一次，在这三年中人们忙于置备最华美的服饰，并训练赛跑的马；他们期望着他们的罪愆可因活佛亲身的祝福而消除。这在蒙古要算最大的会集，全国的人民不惮跋涉，从远近奔集拢来。

这位年轻的汉塔王在活佛前为我关说，并请求许我与他同行，所以当活佛出发赴佳节时，我很荣幸得厕身于他的扈从之列。我终于随从那些护卫他的少年贵族向着佳节所在地行去。

从各盟前来赴会的人数约有二万。在这会期中无人无时不穿着最珍贵、最鲜艳的服装，我的一切朋友一天都要换上好几套服装，我因此知道这是他们一种普遍的习惯。

这儿的妇女也和西方社会的女子一样，她们的服饰穷极华丽，没有一件衣服不是绚烂夺目的，但这些光艳的颜色是合宜于蒙古式的美。她们头上戴着笨重的金银的冠冕，冠上满缀珠宝，有些颈上挂着一串珍珠，真〔直〕垂至腰际。纯生（Lopsen Jensen）告诉我说，一个妇女的头饰有值价至数千数万元者，他并指给我看一个美貌的少女，她的头饰就有五千匹马的价值。

这些妇女在头饰上总有若干珊瑚点缀着，珊瑚是蒙古全国的一种装饰品；她们都穿骑马用的长靴，式样和男人所穿的相仿佛，不过在有色的皮统上端镌着美丽的花纹罢了。

在这佳节期中，个个人都以马代步；即使从一个蓬帐至别一蓬帐相距不过数码之遥，也以为非骑马不可。其实在这马蹄纵横的情景下，步行确是一件很危险的事。在每一蓬帐外面有许多疲惫了的马，等待着它们的主人的驱策。

照蒙古的习俗，马也装饰得如骑它的男女主人一样美观。它们的缰绳和束尾的皮带都嵌着金银或宝石，各视所骑的人的爱好和财力而有不同。马鞍都加上红色的装潢，也有金银装饰着。

在蓬帐上面飘扬着各部落鲜明的旗帜，旗上绣着代表各族的标帜。

在山脚下和蓬帐四周的草地上，牧放着赛跑的马、榨取奶汁的牝马和母牛，以及充食料的羊群都有牧人看顾着。这些牧人身上穿着颜色显明的衣服，头上戴着有条纹的帽子。

这佳节亘八天之久，大部分的时间都用在赛马的事上。活佛在每天赛马时高踞他的宝座上，身御镶着金子的华服，四周有一队喇嘛和王公环侍着。

赛马是依马的种类分别在各日举行的，凡是在蒙古畜养的马都可加入竞赛。奖品甚微——一卷丝或一小块银子——但得胜一匹马的主人所获的荣誉是非常大的。蒙人以此存心而豢养马匹，每逢赛马，就以他最好的马与赛。在我们西方人的心理，恐不愿意作此事，因为得胜的马，例须奉献给活佛的。但活佛深得蒙古人民的信仰，以致各个人都以畜养和训练一匹配献给活佛的马为极大的荣宠。

每次赛马的骑师都由七岁至十五岁的儿童担任，他们都穿着丝织的短衣，和靴统很短的丝织的靴子；有少数的马是用鞍子的，但据汉塔王对我说，从前这些小骑师因马鞍滑下或钩住衣角，以致受伤陨命者颇不乏人，所以马主人、群众和骑师都不赞成有马鞍。结果，差不多一切的马都不用马鞍了。

活佛在这次佳节也带来许多他自己的马。汉塔王与我同去参观，我们尤其注意前三季赛马接连得胜的那一匹马。它是一匹美丽的马——全身栗色，惟四肢的下半截是白色，额上有一簇白毛——形状非常雄壮。但我们知道它的年龄，据汉塔王说，此届竞赛，尚有二三匹马也同有得锦标的希望，未知究将鹿死谁手。

在我们参观的进程中，有一自东部来的王公带来一匹良驹与赛。它的年龄较轻，乳白色，四肢细长，肌肉发达得非常坚实。我一见了它以后，就引起我的特殊注意，而对于其他的马群，遂以"自桧以下"看待了。

比赛的时间到了，群马展开足蹄，向前飞奔。我偕同汉塔王策马至山坡上，从那里可以俯视赛跑的前半期，再绕至别一山冈，即可纵览山谷的全景，赛跑的后半期就在这山谷中举行。我们从颜色上很容易认出这匹乳白色的马进展的远近，同样，活佛那匹四蹄穿上白袜的马也最易看出来。

这两匹马肩并肩的跑着，正是棋逢敌手，不分胜负。后来这匹我所最喜爱的乳白色的马渐渐赶上面前，直至把那匹栗色马遗在它的尾后。离着前面的目标已不远了——我想这匹乳白色的马总可稳得锦标了，我放松了缰绳，精神倍觉兴奋。但事竟有出人意料之外者，这骑马的幼童好像将马首拉至左面——这幼童在无鞍的良马上驰骋了十英里，一定已是精疲力尽，以致将马首歪转。结果，仍是这匹栗色马第一，获得它第四次的锦标。

在每天赛毕以后，活佛即回到他的蓬帐；跟着有一排一排的人民跪在这蓬帐四周的草地上，他们俯首至于手上。那些从蒙古各地而来的有钱的贵族也是卑躬屈节，等待活佛的祝福，现已长大成人的这个西藏小孩，据喇嘛们告诉民众说，他自天上下凡，来宣布上帝的旨意。活佛从他的蓬帐中出来，在人丛中缓步行去，按手在每一个人头上。于是他们起来，回到他们自己的蓬帐中去。

一俟祝福的时间过去，他们便立即抛弃严肃的面貌，而回复活泼喜乐的旧态，他们所最感兴趣的，莫如赛马和嬉戏。活佛在尽了他的责任以后，也与他们一同嬉戏。

这些蒙人都骑着马从这蓬帐到那蓬帐，探望朋友，或与他们聚饮；妇女也和男人一样的自由和爱玩。他们在跑马场上试验骑马的技术，相与易马而骑，或唱歌吹箫，纵情欢乐，非闹到天明不止。

我从朋友介绍第一次与活佛相识以来，他对我优礼有加，并能顾到我身体上的安适。有一夏天——在库伦夏天也是很热的——他请我到吐勒河旁他的宫廷中与他同居。我迟疑不敢接受他的邀请，以为这只是一种礼貌罢了；但他又遣人来邀请，我才决定应召前去，在宫廷中住上二星期。当我在宫廷内时，极蒙优待，凡可以增进我的娱乐和兴趣的事情，无不设备周到，活佛又时加关注，以视我有否感觉不舒适的地方；他的夫人操持家政，井井有条，并照看我在物质上的需要。

佛教禁止活佛娶亲，但若是他爱上了一个活泼美丽的蒙古女子，蒙人也能为他开出一条路来，当时举行一种盛大的礼节，以庆祝这女子之成为女神。当她成为女神以后，她就有资格可做活佛的配偶，实际上非一个神或活佛，就不配做她的伴侣，此后蒙人永远以她当作女神看待。她是一个精敏强干、感觉锐敏的女子，又善治理家政，自她入门以后，活佛宫中从前所有黯淡的气象，全被驱散尽净。她是一个喜悦的同伴，善于骑射的妇女；活佛深以有妻如此而自豪。

当我住在宫中的两星期间，每晨同活佛夫人到圣山上去演习打靶。有一天活佛对我们说："现在你们必须有一比赛，以视毕竟谁是较优的枪手。"

他命人装置好一个靶子，并给予我们各人一支枪，他并特别声明着说，这支给予我的枪是从法国以重价买来的。他的夫人先放三枪，枪枪中的。我瞄准了三次，三次都不中的，这使活佛大乐。

我仔细一考察我的枪，就发觉枪杆已敲歪一边。我把这缺点指给活佛看，他不禁大笑了一阵，并对我说："如果你是一真正的好枪手，你在未射之前就该注意到你的枪的情形。"

他是很喜欢戏谑的。在几年以后，我带给他在库伦从未见过的第一辆摩托卡，他把车身接上电流，然后邀请最高级的喇嘛和贵族茶点。茶点毕，他把这汽车陈列给他们看，并请这些宾客按摩引擎外面光滑的地方。

第一个触到这车身的人就赶快把手缩回，好像被火灼痛了一般，其余的人都笑他怯懦。第二个人又伸出一只勇敢的手去，也是急急缩回来，活佛与众宾客乃愈益狂笑不止。他在这次茶会觉得非常的有趣，每一宾客都上了他的当，所以当他请他们与他同乘这车时，没一人敢答应——他们看他安稳地坐在车中在宫内空场上驶行一周，莫不大为惊奇。

活佛的生活非常奢侈，他想到什么，就得有什么，他吃的是珍馐，饮得是法国最值钱的香槟酒，他自己和他的侍从都穿着最华丽的衣服。但他是一非常慈善的人，照我所晓得的凡到他那里求助的一个穷困的人，不论是喇嘛或非喇嘛，未有不得着他的垂怜而予以尽量援助的。他的仁风广被蒙古全地，即远在边徼凡是知道他是活佛的人，无不沾他的恩泽。他对于一切生物也以博爱为怀。

在库伦之南，离开活佛宫廷不远的地方，有一座山叫做 Bogda-Col，当活佛在世之日，禁止在这山上猎兽。在这山中长年可以见到大群的驯鹿、熊、狼、狐、山鹿和千百种的鸟类，都是非常驯服，见了人也不逃避。

活佛时常从各处搜集兽类放在这乐园中——猿猴、熊、珍禽，甚至连象也有一只。同样，在经过库伦的吐勒河中，活佛也禁止人民捕鱼。

在一九一一年蒙人把满清政府所派的驻蒙长官遣送出境，并决定蒙古由蒙人自治，不与中国合作。有一王公、贵族以及平民所组织的代表团向活佛请愿，拥戴他为王，他答应了。当这新王登极时有一极隆重的典礼，北蒙古的全体人民麇集于库伦，身上都穿着赴宴时用的袍服，街上有一队一队的穿着庄严制服的蒙古骑兵往来游行。

人民为表示敬意起见，贡献给活佛三百匹白马，配以黄的羁绁，每一匹马的颈项都系了一条红狐皮，还有一百只白骆驼，在每一只的颈项间有一块貂皮缚着。这些牲畜牵到宫廷中请活佛收纳。在活佛举行严肃的宣誓礼以后，贵族、王公和平民一致表示拥护。

活佛即位以后，便先委派卿相和有司，他的政府进行顺利，蒙人中的优秀分子都集合在他的左右，翊赞政治，这是库伦的全盛时代。生活安逸，希望极高，国富民阜，大有升平的气象。中俄商人云集，全国商业发达，苛捐杂税，一概豁免。队商络绎于道，南经张家口而至中国，北入俄境。自我居住蒙古以来，从未见它有这样繁荣的时期。

蒙古的国祚不久就告终止，因为蒙人的天性太过和善的缘故——过于信任他人，脑筋简单，看他人也以为与他们自己一样的忠实。

在一九一九年十一月有一中国军官"小徐"（即徐树铮），借名防边，得蒙政府的允许假道库伦，但他的军队一到库伦，他竟违背赤塔会议，而自为北蒙古的主人。他是一凶悍尖刻的小人，决断力很快。蒙古的贵族在欢迎他的当儿都被执下狱，库伦遂入他的掌握中。

有两队蒙人派遣出去向俄国乞援，一队到莫斯科请求苏维埃政府派兵驰救，其他一队去见驻扎库伦迤东的山中恩琴·斯顿堡男爵（Ungern-Sternbergo）。蒙人并不知道当时俄国已分成两派，在他们的目光中，以为俄人都像他们所见的那些与蒙古通商已逾一世纪的和蔼而公平的商人一样，况且俄国也是赤塔会议签字的一国，故特向它乞援。蒙人并不晓得有什么"赤俄"、"白俄"，如果他们明白此中曲折，也就不致贸然求教〔救〕于人了。

恩琴·斯顿堡因距库伦较近，故他的援兵先到。他以七百五十的俄兵和同数的蒙兵于一九二一年二月攻克库伦，小徐以一万五千之众，竟惨败于恩氏之手。恩氏既驱走小徐，乃成为库伦和北蒙古的统治者。他虽是一残酷的兵士，但很尊敬活佛，他以王礼待活佛，但实际上则毫无实权。

恩氏是一有作为的人，他在库伦开设一规模宏大的硝皮厂，装置电灯，建筑和修理许多桥梁。但他非常仇视犹太人，将在库伦的俄国犹太人都置之死地。虽经活佛和蒙人的多方营救，但亦终属无效。他的执政时期很短，因为赤俄接踵而至，即从北方进攻，他在战败之余，就被敌人杀死了。

赤俄军在一九二一年七月进入库伦，他们担保蒙人的独立，并允许在履行赤塔会议的事上予以援助。但他们的政治观念是反对君主的，活佛便从此失去他从前的尊荣和威权，在北蒙的一切贵族也因不能容身而远遁了。平民受赤俄的煽惑而握有这新政府的大权。活佛因受刺激过深，遂于一九二四年一病不起，照这情形看来，蒙古以后恐永不复有第二的活佛了。

活佛待我甚厚，他给我许多贵重的馈赠，并赐给我公爵的勋章。当我带领我的朋友希廷（Sren Hedin）去见他的时候，他已卧病在床，他的双目几乎已失了明，他又因不胜今昔之感而柔肠寸裂了。但他还不忘旧情，凡是他的权力所及的，给予希廷的到库伦游历以种种便利。他不仅是一活佛，每星期给人民赦罪两次，但也是一伟大的人物，能赏识真才。

《青年进步》（月刊）

上海中华青年全国协会

1930 年 135、136 期

（李红权　整理）